KB068969

대중교통중심(TOD)

제5전정판

도시교통론

원제무

박영사

제5전정판 머리말

골목길의 조용한 발자국과 옛길에서만 느낄 수 있는 정겨운 거리냄새가 그리운 것은 왜일까? 사람이 다니는 인도는 주차 차량이 점령하고 있고, 거리는 기나긴 자동차의 물결이 이어진다. 자동차에서 뿜어내는 매연가스는 뿌연 색 하늘을 만들어 내고 있다. 도시민들이 걷고 싶어 하는 거리, 살고 싶어 하는 도시와는 거리가 먼 모습이다. 자동차로 망가진 우리 도시는 고즈넉한 옛 도시에 대한 향수를 자극한다. 우리의 도시는 더 이상 사람의 도시가 아닌 자동차의 도시가 된지 오래되었다. 우리 도시는 대중들에게 살갑게 다가가는 대중교통 중심도시가 되기에는 아직도 넘어야 할 산이 많다.

도시교통은 사람의 입장에서 바라보아야 그 실체를 알 수 있다. 사람의 관점에서 바라보아야 한다는 것은 보행과 대중교통의 문제를 정면으로 대면하고 있는 자리에서 살펴보아야 한다는 의미이다. 도시민들을 위한 '교통'이라는 근본에 도달하지 못하면 좋은 도시교통을 만들 수 없다. 이제 도시교통을 차분히 들여다보면서 그동안 간과해왔던 내면에 숨겨진 현상과 문제들을 살펴보아야 한다. 우리가 당면한 교통문제는 무엇이고, 어떻게 계획을 세워야 하며, 어떤 전략을 세워야 할지 고민해야 한다.

도시교통서비스가 우리 경제에서 차지하는 몫과 영향이 커짐에 따라 도시교통의 현상분석과 문제해결을 위한 방법론에 대한 욕구가 그 어느 때보다 높아지고 있다. 관련 분야에서 일하고 있는 실무자, 기술사도 엄청 늘어났고, 도시교통을 공부하려는 학도들의 뜨거운 열기도 느껴지기도 한다. 도시관리자, 도시개발회사, 교통계획가, 국회·시의회 의원, 건축가, 도시설계가, 도로공학·교통공학 엔지니어 등이 도시교통의 기초적인 이론과 실천적인 분석방법에 대한 지식이 있으면 정책개발이나 개선대안 도출, 그리고 연구를 수행하는 데 커다란 도움을 받게 될 것이다.

이 책은 모두 7부 27장으로 구성되어 있다. 1부에서는 교통이란 무엇인가에 대해 이해도를 넓히는데 주안점을 두었다. 이에 따라 도시교통의 특성과 문제 등을 다면적이고 종합적으로 살펴본다. 아울러 왜 교통계획이 필요한지를 교통계획의 역할, 유형, 그리고 과정별로 고찰한다.

2부에서는 우선적으로 교통계획과 교통정책 입안과 집행단계에서 요구되는 자료에는 어떤 것들이 있는지를 살펴본다. 교통정책이나 교통프로젝트에서 가장 핵심적인 정보나 자료가 교통수요이다. 교통수요모형에서는 개략적인 수요추정모형을 위주로 수요분석방법을 알아본다. 장기·자본집약적 교통프로젝트에 활용되는 4단계 수요추정법에서는 4단계별 수요분석모형을 심층적으로 고찰하면서 예제를 통해 이해도를 높여나간다. 개별행태모형의 장점이 부각되면서 개별행태모형의 교통 및 도시현상과 정책분야에 활발하게 적용되고 있다. 여기서는 개별행태모형의 이론, 구조, 장단점, 그리고 적용성 등을 구체적으로 논한다.

3부에서는 대중교통에 관련된 이론, 방법론, 정책을 다루게 된다. 우선적으로 대중교통이 왜 필요하고, 어떻게 대중교통 정책을 펼쳐나가야 하는지를 고민해본다. 여기서는 대중교통 비용, 성과, 용량, 요금 등에 대한 개념과 이론을 살펴본다. 버스서비스 계획 및 평가지표에서는 버스계획과정을 논하면서 버스관련 개선대책을 고찰한다. 버스서비스의 수준을 가늠하는 평가지표의 중요성을 감안하여 버스서비스관련 평가지표를 운영자, 이용자 등의 측면에서 포괄적으로 살펴본다. 11장에서는 1990년대 이후 나타난 지속가능한 도시개발 패러다임 중의 하나인 대중교통중심개발(TOD)에 대한 원리, 계획철학, 실천방법 등에 대해 살펴본다. 아울러 도시철도의 계획과정과 도시철도의 유형에 대해 고찰해 본다. 도시철도역에서는 도시철도역의 기능과 유형, 철도정차장 구성요소, 복합환승센터, KTX역세권 개발 등에 관한 개념과 방법론을 논한다.

4부는 평가와 평가방법을 집중적으로 분석해 본다. 교통프로젝트의 당위성과 타당성을 가늠하기 위해서는 평가기법에 대한 이해가 선행되어야 한다. 이런 맥락에서 교통관련회사의 재무성 분석기법에서는 민간투자회사 등이 교통프로젝트 추진시 반드시 알아두어야 할 기법들을 소개하고 있다. 4부 마지막에서는 교통사업의 영향을 고찰해 보고, 교통영향평가제도에 대해 살펴본다.

5부에서는 교통류란 무엇이고, 교통류를 분석하기 위한 분석방법에는 어떤 것들이 있는지 이해해 본다. 이는 교통현상을 파악하기 위해서는 교통류 분석이 선행되어야 하기 때문이다. 도로의 용량분석에서는 연속류와 단속류를 구분하여 용량을 분석하는 기법을 포괄적이면서 심층적으로 설명한다.

6부에서는 주차수요분석 방법을 살펴보고, 주차문제와 개선대책을 설명한다. 보행에서는 보행교통계획과정을 단계별로 음미하고 보행교통관련 문제들을 열거해 본다. 그리고 보행속도와 밀도간의 관계를 고찰하면서 보행자서비스수준 산정방법을 논한다.

7부의 도로계획에서는 도로계획과정을 단계별로 살펴본다. 교통체계관리기법(TSM)에서는 교통체계관리기법에는 어떤 기법이 있고, 어디에 어떻게 활용되는지를 고찰한다. 교통수요관리(TDM)에서는 교통수요관리기법의 유형과 활용도에 대해 논한다. 자치구교통개선사업(TIP)에서는 자치구 교통개선사업의 과정과 전략에 대해 이해도를 높인다. 지구교통계획에서는 지구교통계획의 개선대안을 열거해 보고, 차량주행속도 억제방안을 고찰한다. 지능형 교통체계(ITS)에서는 "ITS의 의미란 무엇인가? ITS의 분야별 서비스에는 어떤 것들이 있고, 어떤 효과를 기대할 수 있을까? ITS 관련법에는 어떤 법들이 있을까?" 하는 질문과 이슈를 논한다.

이 개정판을 엮는 데는 박영사의 안종만 회장님의 적극적인 격려가 커다란 힘이 되었다. 이 책의 원고를 가다듬고 여러 차례에 걸쳐 열성적으로 교정작업하느라 애써주신 김효선 선생님께 깊은 고마움을 전하고 싶다. 그리고 이 책의 전정판을 권유하면서 지속적으로 저자와 교류를 해 주신 정병조 선생님께도 그저 감사하다는 마음뿐이다.

2015년 8월
원 제 무

차 례

|제1부| 도시교통의 특성과 교통계획 개관

|제1장| 서 론

제1절 교통의 개념 ·· 3

   Ⅰ. 교통의 개념 ·· 3

   Ⅱ. 교통의 의의 ·· 3

   Ⅲ. 교통의 기능 ·· 4

   Ⅳ. 도시교통의 특성 ·· 4

   Ⅴ. 교통의 3대 요소 ··· 5

   Ⅵ. 공공서비스로서의 교통 ··· 5

   Ⅶ. 통행의 개념 및 목적 ·· 6

      1. 통행의 개념 ·· 6

      2. 통행의 주체 ·· 6

      3. 통행목적 ·· 6

제2절 교통의 분류와 특성 ·· 7

   Ⅰ. 공간적 분류 ·· 8

   Ⅱ. 도시교통수단의 분류 ·· 8

제3절 교통체계 ·· 9

   Ⅰ. 교통체계의 개념 ·· 9

   Ⅱ. 교통체계와 토지이용체계 ··· 10

제4절 도로의 분류 ·· 11

   Ⅰ. 도로의 기능별 분류 ··· 11

      1. 고속도로 ·· 11

      2. 도시고속도로 ·· 11

      3. 외곽순환고속도로 ··· 11

      4. 간선도로와 보조간선도로 ·· 12

      5. 집산도로 ·· 12

      6. 국지도로(구획가로) ·· 12

Ⅱ. 도로의 규모별 분류 ··· 13

|제 2 장| 도시교통문제의 유형

제 1 절 교통문제의 유형 ··· 16
Ⅰ. 도시구조와 교통체계간의 부조화 ················· 16
Ⅱ. 교통시설공급의 부족 ······································· 17
Ⅲ. 교통시설의 운영관리미숙 ······························ 18
    1. 도　　로 ··· 18
    2. 교통시설물 ··· 18
    3. 교 차 로 ··· 19
    4. 주　　차 ··· 19
    5. 교통안전 ··· 20
    6. 보행자 및 교통약자 ································· 21
    7. 표 지 판 ··· 21
Ⅳ. 교통계획 및 행정의 미흡 ····························· 22
Ⅴ. 대중교통체계의 비효율성 ······························ 22
    1. 버스노선 ··· 22
    2. 정 류 장 ··· 23
    3. 운전자 버스운행행태 ······························ 23
    4. 버스회사 운영 ··· 24
    5. 도시철도와 버스 ····································· 24
    6. 도시철도 이용 ··· 24

제 2 절 결　　어 ··· 25

|제 3 장| 교통계획

제 1 절 교통계획의 개념 ··· 27
Ⅰ. 교통계획의 역할 ··· 27
Ⅱ. 교통계획의 유형 ··· 28
제 2 절 교통계획과정 ··· 28
제 3 절 교통정책의 목표와 수단 ························· 31
Ⅰ. 교통정책 ··· 31
Ⅱ. 정책목표 ··· 31

Ⅲ. 목표를 달성하기 위한 수단 ·················· 35
　　 1. 도시정책적 수단 ······················· 35
　　 2. 도로망수단 ··························· 35
　　 3. 대중교통체계수단 ······················ 36
　　 4. 교통운영관리수단 ······················ 36
　　 5. 보 행 자 ··························· 37

제 4 절　장 · 단기 교통계획 ·················· 37
　　Ⅰ. 단기교통계획 ························· 38
　　 1. 성과자료의 수집 ······················ 38
　　 2. 교통체계의 결함인식 ···················· 38
　　 3. 정책목표의 설정 ······················ 40
　　 4. 집행 가능한 대안의 설정 ················· 40
　　 5. 성과기준의 설정 ······················ 40
　　 6. 대안평가 ··························· 40
　　Ⅱ. 장기교통계획 ························· 41
　　Ⅲ. 교통체계평가 ························· 42
　　Ⅳ. 세부기획과 사업선정 ···················· 42

|제 2 부| 교통수요

|제 4 장| 자　　료

제 1 절　장기도시교통계획의 자료 ················ 47
　　Ⅰ. 도시현황과 특성조사 ···················· 50
　　 1. 존의 설정 ··························· 50
　　 2. 기본지도작성 ························· 50
　　 3. 인구자료 ··························· 51
　　 4. 고용현황 ··························· 51
　　 5. 토지이용현황 ························· 52
　　 6. 기타 도시특성자료 ····················· 53
　　 7. 차량보유대수 및 교통시설투자 ·············· 53
　　Ⅱ. 사람통행실태조사 ······················ 53
　　 1. 사람통행실태조사 방법 ··················· 54
　　Ⅲ. 사람통행실태조사 형식 ···················· 62
　　 1. 시내간 통행량분석 사항 ·················· 63

  2. 터미널 여객통행실태조사 ··· 65
Ⅳ. 시외유출입 통행실태조사 ··· 66
  1. 조사내용 및 분석사항 ·· 66
Ⅴ. 전수화과정 ··· 67
Ⅵ. 화물교통조사 ··· 70
  1. 조사의 내용 ··· 70
  2. 화물의 물동량조사분석 ··· 70

제 2 절 단기도시교통계획의 자료 ··· 74
Ⅰ. 교통운영 · 관리에 관련된 조사 ·· 74
  1. 교차로 교통량 및 교통시설 조사 ·· 74
  2. 속도특성조사 ·· 76
  3. 교통사고조사 ·· 77
Ⅱ. 버스서비스에 관련된 자료 ·· 77
  1. 승객통행량 조사 ··· 78
  2. 승객기종점(O−D) 및 환승조사 ·· 78
  3. 버스운영실태조사 ·· 82

제 3 절 표본설계 ··· 84
Ⅰ. 표본추출 ··· 84
Ⅱ. 표본크기 ··· 85
  1. 모집단평균의 추정 ··· 85
  2. 표본크기의 결정 ··· 86

|제 5 장| 교통수요모형

제 1 절 수요와 공급의 평형상태 ·· 89
제 2 절 교통수요의 개념 ·· 92
제 3 절 통행의 구성요소 ·· 93
Ⅰ. 통행의 요소 ··· 93
Ⅱ. 요소를 이용한 장래통행수요분석 ·· 95
Ⅲ. 교통수요추정의 대상 ·· 96
제 4 절 교통수요 추정과정 ·· 96
제 5 절 수요추정기법의 유형 ··· 100
Ⅰ. 개략적 수요추정방법 ··· 100

1. 과거추세연장법 ·· 100

2. 수요탄력성법 ··· 101

Ⅱ. 직접수요모형 ··· 105

1. Baumol – Quandt 모형······························· 106

2. McLynn 모형 ·· 109

3. 우리나라 국가교통 DB 모형························· 112

Ⅲ. 4단계추정법 ··· 112

|제 6 장| 4단계추정법

제 1 절 통행발생예측 ·· 117

Ⅰ. 과거추세연장법··· 117

1. 증감률법 ·· 117

2. 원단위법 ·· 118

Ⅱ. 회귀분석법 ··· 119

Ⅲ. 카테고리분석법 ··· 120

제 2 절 통행분포예측 ·· 122

Ⅰ. 현재패턴법 ··· 123

1. 성장률법 ·· 123

Ⅱ. 중력모형법 ··· 127

1. 제약 없는 중력모형 ······························ 128

2. 통행유출량 제약모형 ····························· 129

3. 이중제약모형 ····································· 131

제 3 절 통행수단분담예측······································· 132

Ⅰ. 교통수단선택 예측시 필요자료와 교통수단 선택요인 ······ 132

1. 교통수단선택 예측시 필요자료 ···················· 132

2. 교통수단 선택요인 ······························· 133

Ⅱ. 교통수단선택 모형 ····································· 134

1. 트립엔드모형 ····································· 134

2. 트립인터체인지모형 ······························ 134

3. 다항 로짓모형 ···································· 135

제 4 절 통행배정 또는 노선배정 ································ 136

Ⅰ. 최단경로 또는 All-or Nothing 방법 ················· 137

Ⅱ. 용량제한최단경로방법 ································· 139

Ⅲ. 다경로확률배정방법 ··· 140
Ⅳ. 교통량–속도(Q-V)곡선 방법 ································· 140

|제 7 장| 개별행태모형

제 1 절 개별행태모형 ··· 143
Ⅰ. 개   념 ··· 143
1. 개별행태모형이란 ··· 143
2. 개별행태모형의 출현배경 ······································ 143
3. 개별행태모형과 4단계 교통수요 추정모형의 차이점 ········· 144
Ⅱ. 개별행태모형의 형태 ··· 145
1. 변수설정 ·· 145
2. 모형의 이론적 배경 ··· 145
3. 로짓모형의 도출 ·· 147
4. 로짓모형의 탄력성 ··· 148
Ⅲ. 개별행태모형의 활용방법 ··· 150
1. 모형구조의 선택 ·· 151
2. 설명변수의 설정 ·· 151
3. 자료수집 : 통행자의 행태에 대한 설문조사 수행 ············· 152
4. 정   산 ·· 153
5. 모형의 검토 : 합리성 검토, 통계적 검토, 모형의 적용가능성
검토 ··· 157
6. 집   계 ·· 158
Ⅳ. 비관련대안의 독립성과 극복방안 ································· 159
1. 비관련대안의 독립성이란 ······································ 159
2. 비관련대안의 독립성 극복방안 ······························· 161
3. 로짓모형에 의한 시간가치 ···································· 163

|제 3 부| 대중교통

|제 8 장| 대중교통

제 1 절 대중교통의 개념 ·· 169
Ⅰ. 대중교통의 의의 ··· 169

Ⅱ. 대중교통수단의 유형 ·· 170
　　1. 대중교통 이용형태에 따른 분류 ··················· 170
Ⅲ. 대중교통수단의 기능 ·· 171
Ⅳ. 대중교통수단별 특성 ·· 172

제 2 절　대중교통수요 추정모형 ······································· 175
Ⅰ. 4단계 수요추정모형 ·· 176
Ⅱ. 대중교통 배정모형 ·· 177
　　1. 대중교통 존과 노선망의 설정 ····················· 177
　　2. 대중교통 노선배정 ··································· 180

제 3 절　대중교통 비용 및 성과 ······································· 183
Ⅰ. 비용이론 ··· 183
　　1. 비용이란 ··· 183
　　2. 한계비용이란 ··· 187
　　3. 수입과 비용과의 관계 ······························· 189
　　4. 총연간비용 ··· 192
　　5. 대중교통 비용모형 ··································· 193
Ⅱ. 대중교통의 성과 ·· 194
　　1. 대중교통운영회사 ····································· 194
　　2. 승　　객 ··· 196
Ⅲ. 용량분석 ··· 197

제 4 절　대중교통수단의 선택 ··· 199
Ⅰ. 도시여건에 적합한 대중교통체계 ····················· 199
Ⅱ. 대중교통수단 선택과정 ······························· 199
　　1. 대중교통체계의 목표 ································· 199
　　2. 서비스지역의 특성·상태분석 ······················ 200
　　3. 교통수요예측 ··· 201
　　4. 비용분석 ··· 201
　　5. 승객·운영자·지역의 요구 및 기준설정 ··········· 201
　　6. 교통수단 대안의 통행로방식 설정 ················· 202
　　7. 교통수단 대안의 기술 및 운영형태 선택 ········· 203
　　8. 교통수단 대안의 평가 ······························· 203

제 5 절　대중교통 요금정책 ·· 206
Ⅰ. 요금구조 ··· 207
　　1. 균일요금제 ··· 207

2. 거리요금제 ··· 208

3. 거리비례제 ··· 208

4. 구역요금제 ··· 208

Ⅱ. 요금수준 ··· 209

1. 수요탄력성 파악 ··· 209

2. 수요탄력성과 차등요금 구조 ······················ 210

Ⅲ. 요금의 사회적 역할 ·· 211

1. 자원배분 역할 ·· 211

2. 형평성적 소득분배 ······································ 211

Ⅳ. 요금유형별 이론적 근거 ···································· 211

1. 한계비용요금 ··· 211

2. 램지요금 ··· 213

Ⅴ. 요금대안별 성과지표 도출 ································· 214

1. 요금대안별 성과지표산정시 고려사항 ·········· 214

2. 공급자측면의 성과지표 산정방법 ················ 214

3. 이용자측면의 성과지표 실정방법 ················ 216

|제 9 장| 도시버스체계

제 1 절 버스정책 ··· 221

제 2 절 버스운송과 규모경제 ·································· 225

Ⅰ. 버스운행비용지표 ·· 226

Ⅱ. 버스회사규모와 버스-km당 평균운행비용의 관계와 의미 ··· 226

제 3 절 버스운행체계의 대안 ·································· 226

Ⅰ. 정책목표 ·· 227

Ⅱ. 버스운행체계 특성 ·· 227

Ⅲ. 버스체계개편 ·· 228

Ⅳ. 중앙버스전용차로 ·· 233

|제10장| 버스서비스 계획 및 평가지표

제 1 절 버스서비스 계획 ·· 236

Ⅰ. 단기 버스서비스 계획과정 ································ 236

Ⅱ. 단기적 개선대안의 진단 ··································· 236

Ⅲ. 버스노선의 변경가능 형태 ································ 237

Ⅳ. 개선대안 필요성의 원인이 되는 요소 ················· 237

제 2 절 버스서비스 개선대안 평가방법 ························· 238

Ⅰ. 노선분리 타당성 평가방법 ···························· 238

1. 최대 재차인원수의 비율방법 ····················· 238

2. 최대재차인원수의 비율 예제 ····················· 239

Ⅱ. 급행버스서비스 도입의 타당성 평가방법 ··········· 239

1. 급행버스서비스 ································· 239

2. 급행버스서비스 타당성 판단과정 ················· 240

3. 급행버스서비스 타당성 판단과정 예제 ············· 241

제 3 절 역방향 논스톱 ································· 241

Ⅰ. 역방향 논스톱이란 ····························· 241

Ⅱ. 역방향 논스톱의 효과 ····························· 242

Ⅲ. 역방향 논스톱의 유형 ····························· 242

1. 부분적 논스톱 ································· 242

2. 완전 논스톱 ································· 242

Ⅳ. 부분적 역방향 논스톱의 이론 ····················· 242

|제11장| 대중교통중심개발(TOD)

제 1 절 포스트모더니즘과 TOD ························· 246

Ⅰ. TOD 배경 ································· 246

1. TOD가 생겨난 배경 ····························· 246

2. 모더니즘과 포스트모더니즘 속의 TOD ············· 246

3. 무엇이 TOD를 부추기는가? ····················· 247

4. 역세권 개발의 개념변화 ························· 247

Ⅱ. TOD에 영향을 미치는 도시 패러다임 ············· 248

제 2 절 TOD의 개요 ································· 249

Ⅰ. TOD 목표 및 원리 ····························· 249

1. TOD란 ································· 249

2. 대중교통지향형개발(TOD)의 내용 ················· 249

3. TOD의 목표 ································· 250

4. TOD 계획의 기본 원리 ························· 251

5. TOD 기능별 복합적 토지이용 비율 ··············· 251

Ⅱ. TOD의 요소 ·· 251
  1. TOD 계획요소 ······························· 252
  2. TOD 평가지표 · 효과 · 전략 ·········· 253
Ⅲ. TOD를 보는 시각 ······························ 255
  1. 세베로의 3D ······································ 255
  2. 세베로의 TOD 교통축 ··················· 255
  3. TOD와 세베로의 3D ······················ 256
Ⅳ. 복합용도 기반 TOD ························· 257
  1. 복합용도 기반 TOD의 배경 ·········· 257
  2. 모던도시와 포스트모던도시의 특징 ······· 257
  3. 무엇이 복합개발을 부추기나? ········ 258
  4. 복합용도 기반 TOD 접근방법 ······· 258
  5. 도시 건축적 측면의 복합용도 기반 TOD의 의미······ 258
  6. 복합용도 기반 TOD의 효과 ·········· 260
  7. 복합용도 기반 TOD 전략 ·············· 261
Ⅴ. 외국의 TOD 사례 ···························· 261
  1. Arlington시의 Bull's Eye 형태의 TOD ············ 261
  2. 브라질 꾸리찌바 TOD ··················· 264
  3. 스웨덴 하마비 허스타드 TOD ········ 267
Ⅵ. 국내 TOD 사례 ······························· 269
  1. 강병기의 염주형 TOD 구상 ··········· 269
  2. 운정신도시 TOD 계획 ··················· 270
  3. 판교신도시 TOD 계획 ··················· 271
  4. 위례신도시 TOD 계획 ··················· 273
  5. 화성동탄 TOD 계획 ······················ 273

|제12장| 도시철도

제1절 도시철도의 특성 ······································· 277
  Ⅰ. 용어의 개념 ······································· 277
    1. 고속전철 ··· 277
    2. 경 전 철 ··· 278
    3. 통근전철 ··· 278
  Ⅱ. 지하철 및 경전철의 특성 비교 ······· 279
  Ⅲ. 지하철(전철)건설을 위한 재원조달방법 ····················· 280

제 **2** 절 도시철도 노선계획 ·· 280
   Ⅰ. 도시철도건설시 고려사항 ·· 280
     1. 승객수요 ··· 280
     2. 도시의 형태 ··· 281
     3. 인구 및 고용밀도 ··· 281
     4. 자동차보유대수와 전철수요 ···································· 281
   Ⅱ. 도시철도 노선계획과정 ·· 282
     1. 사업계획 ··· 282
     2. 개략노선검토 ·· 283
     3. 도시철도 수요추정 ··· 285
     4. 개략설계 ··· 286
     5. 예비설계 ··· 287

제 **3** 절 신교통시스템 ··· 288
   Ⅰ. 신교통수단의 개념 및 유형분류 ·································· 288
     1. 무인자동대중교통수단 ··· 290
     2. 선형유도모터 ·· 290
     3. 모노레일 ··· 291
     4. 노면전차 ··· 291
     5. 궤도승용차 ··· 292
     6. BRT ··· 292
     7. 자기부상열차 ·· 293
   Ⅱ. 신교통수단 서비스유형별 용량과 노선길이 ················· 293

|제13장| 도시철도역

제 **1** 절 도시철도역의 기능과 유형 ··································· 296
   Ⅰ. 역이란 ·· 296
     1. 역의 정의 ··· 296
     2. 역의 기능 및 역의 유형결정요인 ····························· 296
     3. 역의 유형 및 분류 ··· 297
     4. 구조적으로는 어떻게 분류되나? ······························ 298
     5. 교외역과 도심역의 특징 ·· 299
   Ⅱ. 도시철도역 설계시 고려사항 ······································ 300
     1. 설계요소 ··· 300
     2. 터미널 승객동선 ·· 300

Ⅲ. 철도역의 유형과 특성 ···································· 301
   1. 중간소역 ·· 301
   2. 중간대피역 ·· 301

제 2 절 철도정차장의 구성요소 ····························· 303
  Ⅰ. 정차장시설의 유형과 면적산정방법 ············· 303
    1. 정차장의 구성요소 ································· 303
    2. 정차장내 시설별 면적산정방법 ············· 303
    3. 정차장의 유형결정요인 ·························· 305
  Ⅱ. 정차장의 승객처리시설 기준 ······················ 306
    1. 승강장시설의 검토기준 ·························· 306
    2. 승강장시설의 산정방법 ·························· 308
  Ⅲ. 철도역 길찾기 ··· 309
    1. 철도역 길찾기 정보체계 ························· 309

제 3 절 역세권 환승시설계획 ································· 312
  Ⅰ. 환승시설 계획과정 ···································· 312
  Ⅱ. 환승지원시설 계획과정 ······························ 313
  Ⅲ. 역세권시설 계획의 평가지표 ······················ 314

제 4 절 복합환승센터 ··· 315
  Ⅰ. 「국가통합교통체계효율화법」의 환승센터 정의 ·········· 315
  Ⅱ. 복합환승센터의 기능 ································· 316
    1. 교통수단간의 환승기능 ·························· 316
    2. 사회경제활동 지원기능 ·························· 316
    3. 복합환승센터 효과 ································· 316
    4. 복합환승센터 현황(시범사업) ················· 317

제 5 절 KTX 역세권 개발 ··································· 317
  Ⅰ. KTX 역세권 유형과 전략 ·························· 317
    1. 역세권 개발원칙 ··································· 317
    2. KTX 역세권 개발유형 ·························· 318
    3. KTX 역세권 개발범위와 전략 ··············· 318
    4. KTX 역세권 개발유형과 해당도시 ·········· 319
  Ⅱ. 국내 역세권 개발유형별 추진현황 ················ 319
    1. 복합공간형 ··· 319
    2. 도시재생형 ··· 320
  Ⅲ. 프랑스의 TGV 역세권 개발 ······················ 320

　　1. 복합공간형 ……………………………………………… 320
　　2. 역세권 개발의 6가지 유형 …………………………… 321
제 6 절　역세권 관련법규 ………………………………………… 323
　Ⅰ. 역세권의 개발 및 이용에 관한 법률 …………………… 323
　　1. 목　　적 ……………………………………………… 323
　　2. 용어의 정의 ………………………………………… 323
　　3. 개발구역의 지정 …………………………………… 323
　Ⅱ. 철도산업발전기본법 …………………………………… 327
　　1. 목　　적 ……………………………………………… 327
　　2. 용어의 정의 ………………………………………… 327
　　3. 철도시설 투자의 확대 ……………………………… 328
　　4. 철도산업의 지원 …………………………………… 328
　　5. 철도시설 …………………………………………… 328
　　6. 철도자산의 구분 …………………………………… 329
　　7. 철도자산의 처리 …………………………………… 329
　Ⅲ. 철도건설법 ……………………………………………… 330
　　1. 목　　적 ……………………………………………… 330
　　2. 용어의 정의 ………………………………………… 330
　　3. 시설의 귀속 등 …………………………………… 330
　　4. 비용부담의 원칙 …………………………………… 331
　　5. 수익자 · 원인자의 비용부담 ……………………… 331

┃제 4 부┃　평가와 평가기법

┃제14장┃　평가의 과정

제 1 절　평가의 개념 ……………………………………………… 335
　Ⅰ. 교통계획과정상에서 평가의 위치 ……………………… 336
　Ⅱ. 판단기준 ………………………………………………… 337
　Ⅲ. 평가에 관련된 문제 …………………………………… 340
제 2 절　교통정책대안의 평가과정 …………………………… 340
　Ⅰ. 필요한 정보 …………………………………………… 342
　Ⅱ. 대안설정 ………………………………………………… 343
　　1. 대안의 인식 ………………………………………… 343

2. 대안의 설정 ··· 343

Ⅲ. 영향분석 ··· 343

1. 비 용 ··· 343

2. 교통체계 이용자에 대한 영향 ································· 344

3. 환경영향 ·· 344

4. 교통사고 ·· 344

5. 지역(혹은 도시)경제에 대한 영향 ························ 345

6. 에너지소비 ·· 345

7. 접근성과 토지이용 패턴에 대한 영향 ··················· 345

8. 교통시설의 건설과 이용에 따른 국지적인 영향 ········ 348

9. 재정적·조직적 영향 ·· 348

Ⅳ. 종합적 평가 ·· 348

1. 영향평가 ·· 348

2. 형 평 성 ·· 349

3. 경제적 효율성 ·· 349

4. 대안설정 범위의 적합성 ·· 349

5. 재정적 타당성 ·· 349

6. 법적·행정적 타당성 ·· 349

Ⅴ. 대안선택 ··· 350

|제15장| 평가기법

제 1 절 경제성분석기법 ·· 352

Ⅰ. 경제성분석기법 ·· 352

Ⅱ. 편익-비용비 ··· 352

Ⅲ. 순현재가치 ·· 353

Ⅳ. 내부수익률 ·· 353

제 2 절 비용·효과분석법 ··· 355

Ⅰ. 비용·효과분석법의 개념 ·· 355

1. 비용·효과분석법에서 정책목표 ······························· 356

2. 비용·효과분석법에서 정보의 흐름 ·························· 356

Ⅱ. 효과 및 결과물 ·· 357

1. 효과항목 ·· 357

2. 효과의 표현양식 ·· 358

Ⅲ. 비 용 ··· 359

　　　　1. 담당부서의 소요비용 및 이용자비용 ································ 359
　　　　2. 추가비용(점진적 비용) ·· 360
　　Ⅳ. 지역의 가치 ··· 361
　　Ⅴ. 비용·효과분석의 적용 예 ·· 361

|제16장| 교통관련회사의 재무성 분석기법

제 1 절　재무분석 ·· 364
　　Ⅰ. 재무분석이란 ··· 364
　　Ⅱ. 재무재표란 ··· 364
　　　　1. 대차대조표 ·· 365
　　　　2. 손익계산서 ·· 366
　　　　3. 현금흐름표 ·· 367

제 2 절　재무비율분석 ·· 368
　　Ⅰ. 유동성 비율 ··· 369
　　Ⅱ. 레버리지 비율 ··· 369
　　Ⅲ. 활동성 비율 ··· 370
　　Ⅳ. 수익성 비율 ··· 371

제 3 절　수익성 평가기법 ··· 372
　　Ⅰ. 순현재가치법 ·· 372
　　Ⅱ. 내부수익률법 ·· 373
　　Ⅲ. 수익성 지수법 ··· 374

제 4 절　이익률 평가지표 ··· 374
　　Ⅰ. 자기자본 이익률 ··· 374
　　Ⅱ. 자산수익률 ·· 375
　　Ⅲ. 투자자본이익률 ·· 377
　　Ⅳ. 매출액이익률 ·· 377
　　Ⅴ. 레버리지분석 ·· 378
　　　　1. 레버리지란 ··· 378
　　　　2. 레버리지분석 종류 ·· 379
　　Ⅵ. 손익분기점분석 ·· 379
　　Ⅶ. 자본분기점분석 ·· 381

제 5 절　교통관련회사의 재무위험 평가지표 ····························· 383
　　Ⅰ. 유동성 비율 ··· 383

1. 유동비율 ·· 383
2. 당좌비율 ·· 383
3. 순운전자본 ·· 383
Ⅱ. 레버리지 비율 ·· 384
1. 부채비율 ·· 384
2. 이자보상비율 ·· 384
3. 현금흐름대 자본비율 ··································· 384
4. 비유동(고정)비율 ·· 385
5. 비유동장기적합률 ······································· 385

제 6 절   교통영향평가 ··· 385
Ⅰ. 교통영향평가제도의 발전과정 ······················ 385
Ⅱ. 교통영향평가제도의 내용 ····························· 386
1. 교통영향평가의 적용범위 ·························· 386
2. 절차적 내용 ··· 388
Ⅲ. 교통영향평가제도의 문제점 및 최근 동향 ······ 389
1. 평가의 객관성 ·· 389
2. 심의의 공정성 ·· 389
3. 평가서의 정확성 ·· 389
4. 행정절차의 효율성 ····································· 390
5. 통합법의 실효성 ·· 390
6. 교통영향평가제도의 개선을 위한 최근 동향 ········ 390

제 7 절   대중교통 성과지표 ······································· 392
Ⅰ. 대도시 및 중소도시 교통정책관련 평가지표 ······· 392
Ⅱ. 교통정책의 목표에 따른 평가지표 ················ 393
Ⅲ. 교통체계의 영향에 대한 평가지표 ················ 394

|제 5 부| 교통류 이론

|제17장| 교통류 이해

제 1 절   교통량, 속도, 밀도 ······································· 399
Ⅰ. 교 통 량 ··· 399
Ⅱ. 속   도 ··· 400
Ⅲ. 밀   도 ··· 402

제 **2** 절　교통량, 속도, 밀도의 관계 ·· 402
　　 Ⅰ. 속도-밀도 관계 ··· 402
　　 Ⅱ. 교통량-밀도 관계 ··· 405
　　 Ⅲ. 교통량-속도 관계 ··· 405

제 **3** 절　교통류의 해석 ·· 408
　　 Ⅰ. 추종이론 ·· 408
　　 Ⅱ. 충격파이론 ··· 410
　　 Ⅲ. 대기행렬이론 ·· 412
　　　　 1. 단일창구 FIFO 시스템 ······································· 413
　　　　 2. 다중창구 FIFO 시스템 ······································· 414

|제18장|　도로의 용량분석

제 **1** 절　연속류와 단속류의 이해 ·· 418

제 **2** 절　연속류 용량분석 ·· 419
　　 Ⅰ. 용량분석의 개념과 목적 ··· 419
　　 Ⅱ. 고속도로 기본구간 용량분석 ···································· 421
　　　　 1. 개　　요 ·· 421
　　　　 2. 서비스 교통량 산정 ·· 423

제 **3** 절　단속류 용량분석 ·· 427
　　 Ⅰ. 단속류 용량분석의 기본개념 ···································· 427
　　 Ⅱ. 신호교차로 분석 ·· 428
　　　　 1. 분석의 종류 ··· 428
　　　　 2. 분석과정 ·· 429
　　　　 3. 입력자료 및 교통량 보정 ···································· 430
　　　　 4. 직진환산계수 ··· 432
　　　　 5. 차로군 분류 ··· 436
　　　　 6. 포화교통량 산정 ·· 437
　　　　 7. 서비스수준 결정 ·· 438

|제 6 부| 주 차 및 보행

|제19장| 주   차

제 1 절 주차의 개념 ·· 447

　Ⅰ. 주차정책의 목표 및 수단 ·· 447

　　1. 주차공간의 확보 ··· 448

　　2. 교통안전의 향상 ··· 448

　　3. 교통류의 원활화 ··· 448

　　4. 주차수요의 억제 ··· 448

　Ⅱ. 주차시설의 유형 ··· 448

제 2 절 주차수요추정 ··· 449

　Ⅰ. 과거추세연장법 ·· 450

　Ⅱ. 주차원단위법 ·· 450

　　1. 주차발생원단위법 ··· 450

　　2. 건물연면적원단위법 ·· 451

　　3. 교통량원단위법 ··· 451

　Ⅲ. 자동차 기종점에 의한 방법 ······································ 451

　Ⅳ. 사람통행에 의한 수요추정 ······································· 452

　　1. P요소법 ·· 452

　　2. 사람통행조사에 의한 수요추정 ································ 453

　Ⅴ. 누적주차수요추정법 ·· 454

제 3 절 주차문제 ··· 456

　Ⅰ. 주차면 공급부족 ··· 456

　Ⅱ. 불법노상주차 성행 ·· 456

　Ⅲ. 도시계획 및 공공주차장의 부족 ································ 456

제 4 절 주차개선대책 ·· 457

　Ⅰ. 도심주차수요의 억제 ··· 457

　　1. 주차요금의 차등별 실시와 현실화 ··························· 457

　　2. 대중교통수단의 정비 ··· 457

　　3. 도심기능의 분산과 도시구조 개편 ··························· 458

　Ⅱ. 도심주차시설확충 ··· 458

　　1. 공공 및 도시계획주차장의 확보 ······························ 458

　　2. 민영주차시설의 건설유도 ·· 458

3. 건물부설주차장의 정비확충 ·· 459

4. 주차장관리제도의 개선 ·· 460

|제20장| 보   행

제 1 절 보행교통계획과정 ·· 464

제 2 절 도심지 보행교통의 문제 ··· 466

Ⅰ. 문제진단의 준거 ·· 466

Ⅱ. 도심지 보행교통문제의 진단 ································ 467

1. 보행의 안전성 ·· 467

2. 접근에 대한 체계성 ··· 467

3. 시설의 기능성 ·· 467

4. 보행환경의 쾌적성 ··· 467

5. 시설이용의 형평성 ··· 468

제 3 절 보행속도와 밀도 ··· 468

Ⅰ. 국외 속도와 밀도 관계식 ···································· 469

Ⅱ. 국내 속도와 밀도 관계식 ···································· 469

제 4 절 교통량 및 밀도 ·· 471

제 5 절 보행신호시간 ·· 472

Ⅰ. 국외의 보행신호시간 산정방법 ···························· 472

Ⅱ. 국내의 보행신호시간 산정방법 ···························· 473

제 6 절 보행자 서비스수준 ·· 475

Ⅰ. Fruin 서비스수준 ··· 475

Ⅱ. Pushkarev와 Zupan 서비스수준 ························· 476

Ⅲ. USHCM 서비스수준 ··· 476

Ⅳ. KHCM 서비스수준 ··· 478

제 7 절 도시보행공간의 설계기준 ····································· 479

Ⅰ. 평균보행교통류량 ··· 479

Ⅱ. 보도시설 ··· 480

Ⅲ. 자전거도로 ·· 481

|제 7 부| 장단기 교통계획

|제21장| 도로계획

제 1 절 도로계획의 개념 ··· 487
　Ⅰ. 도로의 기능 ··· 487
　Ⅱ. 도로계획시 기본적인 고려사항 ····························· 487
제 2 절 노선계획과정 ··· 489
　Ⅰ. 현황조사 및 분석 ·· 489
　　1. 사회경제지표 및 관련계획 ······························· 489
　　2. 교통체계현황분석 ·· 489
　　3. 기종점(O-D)표의 구축 ····································· 490
　　4. 링크(구간)별 도로시설조사 ······························ 490
　Ⅱ. 교통수요추정 ·· 491
　　1. 사회경제지표의 예측 ·· 491
　　2. 교통수요추정모형 ·· 491
　Ⅲ. 도로노선선정 및 개략설계 ································· 491
　　1. 도로노선망설정 ··· 491
　　2. 설계기준 및 표준단면설정 ································ 491
　　3. 지형·지질 및 수문조사 ····································· 492
　　4. 개략공사비 및 유지관리비 산출 ······················ 493
　　5. 운행비용의 산출 ··· 496
　　6. 예비경제성분석 ··· 497
　　7. 최적노선망 및 노선확정 ···································· 497

|제22장| 교통체계 관리기법

제 1 절 교통체계 관리기법의 특성 ································· 499
　Ⅰ. 교통체계 관리기법의 연혁 ································· 499
　Ⅱ. 교통체계 관리기법의 의의 ································· 499
　Ⅲ. 교통체계 관리기법의 특성 ································· 500
　Ⅳ. 교통체계 관리기법의 적용요건 ·························· 500
　Ⅴ. 교통체계 관리기법의 개선전략 ·························· 501
제 2 절 교통체계 관리기법의 유형 ································· 502

Ⅰ. 교통체계 관리기법의 유형구분 ························· 502

Ⅱ. 도로시설 효율화방안 ································· 503

  1. 교통망운영 ····································· 504

  2. 교통축운영 ····································· 504

  3. 도로운영 ······································ 507

  4. 교차로운영 ····································· 510

|제23장| 교통수요관리

제 1 절 교통수요관리의 개념과 목적 ························· 518

Ⅰ. 교통수요관리방안의 개념과 목표 ··············· 518

Ⅱ. 교통수요관리의 특징 ························ 519

제 2 절 교통수요 관리기법 유형 ························· 520

Ⅰ. 통행발생 자체를 차단하는 기법 ················ 520

Ⅱ. 교통수단의 전환을 유도하는 정책 ··············· 521

Ⅲ. 통행발생의 시간적 재배분 ··················· 522

Ⅳ. 통행의 목적지/도착지/노선전환을 통한 공간적 재배분 ··· 522

제 3 절 교통수요관리의 문제점 및 극복방안 ··············· 522

Ⅰ. 혼잡비용부과에 관한 문제점 및 극복방안 ············ 523

  1. 혼잡비용이론을 통한 교통수요관리 ············ 523

  2. 혼잡비용부과와 지역경제 ················· 524

  3. 잠재수요 ·························· 525

Ⅱ. 혼잡비용부과에 따른 형평성에 관한 이슈 및 극복방안 ··· 525

  1. 수 혜 자 ·························· 525

  2. 수 익 금 ·························· 526

  3. 교 통 권 ·························· 526

|제24장| 자치구 교통개선사업

제 1 절 자치구 교통개선사업(TIP)의 개념 및 위상 ············ 529

제 2 절 지구교통개선사업 ····························· 531

제 3 절 자치구 TIP의 계획과정 ······················· 531

Ⅰ. 제도적인 TIP 계획절차 ···················· 531

Ⅱ. TIP 단계별 계획절차 ·· 532
　1. TIP 발의 – 1단계 ··· 532
　2. TIP 수립 – 2단계 ··· 532
　3. 계획안 확정 – 3단계 ··· 533
　4. 재정계획 수립 – 4단계 ··· 533
　5. 당해연도 사업계획 수립 – 5단계 ······························ 534
　6. 공사 – 6단계 ··· 536
　7. 사후평가 및 관리 – 7단계 ··· 537

제 4 절　TIP의 연구내용 ··· 538
　Ⅰ. 시간적 연구범위 ··· 538
　Ⅱ. 공간적 연구범위 ··· 538
　Ⅲ. TIP 계획 수립시 고려사항 ·· 539
　Ⅳ. TIP의 내용적 범위 ·· 539

|제25장|　교통축계획

제 1 절　교통축계획의 과정 ·· 547
　Ⅰ. 문제의 인식 ··· 547
　Ⅱ. 교통축의 설정 ·· 547
　Ⅲ. 정책목표의 설정 ··· 549
　Ⅳ. 자료수집 ··· 549
　Ⅴ. 문제지점(구간)설정 ··· 549
　Ⅵ. 개선대안의 분석 및 평가 ··· 550
　Ⅶ. 선택된 개선안의 설계 및 집행 ·································· 550

|제26장|　지구교통계획

제 1 절　지구의 개념 및 연혁 ··· 553
제 2 절　지구도로망 ·· 555
　Ⅰ. 지구도로의 유형 ··· 555
　1. 간선도로 ··· 555
　2. 보조간선도로(집산도로) ·· 555
　3. 구획도로 ··· 555
　4. 전용도로 ··· 555

Ⅱ. 지구도로망계획 ·· 555
  1. 도로망의 배치 ··· 555
  2. 토지이용별 도로망 배치원칙 ······························· 556
제 3 절 지구교통계획과정 ··· 557
  Ⅰ. 자료수집 ··· 558
  Ⅱ. 정책목표의 설정 ··· 560
    1. 거시적 목표 ··· 561
    2. 구체적 목표 ··· 561
  Ⅲ. 개선대안의 설정 ··· 562
  Ⅳ. 평   가 ··· 563

| 제27장 |　**지능형 교통체계(ITS)**

제 1 절 지능형 교통체계(ITS) ······································· 570
  Ⅰ. ITS란 무엇인가 ··· 570
  Ⅱ. ITS 구축의 필요성 ·· 573
  Ⅲ. ITS의 목적 · 특징 · 관련법 ··································· 573
    1. ITS의 목적 ·· 573
    2. ITS 요소기술 특징 및 활용분야 ·························· 574
    3. 한국의 ITS 서비스 경쟁력 평가 ························· 575
    4. ITS 관련 법률의 주요내용 ································· 576
    5. ITS 계획의 내용 ··· 577
    6. ITS 계획 프로세스 ·· 577
  Ⅳ. ITS의 적용분야 ··· 578
    1. 교통관리최적화 분야 ·· 578
    2. 여행자정보고급화 분야 ····································· 583
    3. 대중교통첨단화 분야 ·· 583
    4. 화물운송효율화 분야 ·· 584
    5. 차량 및 도로첨단화 분야 ··································· 586
  Ⅴ. 유비쿼터스의 개념과 특징 ································· 587
    1. 도심 속 유비쿼터스 ··· 587
    2. 국내 U-CITY 사례 ·· 589
찾아보기 ··· 597

| 제 1 부 |

도시교통의 특성과
교통계획 개관

| 제1장 | 서   론
| 제2장 | 도시교통문제의 유형
| 제3장 | 교통계획

제1장 서 론

제1절 교통의 개념

I. 교통의 개념

교통(transport)은 사람이나 화물의 운반을 위하여 장소와 장소간의 거리를 극복하기 위한 행위라고 할 수 있다. 도시생활에서 사회·경제활동의 욕구가 일어나는 곳과 욕구가 채워지는 곳이 대부분 일치하지 않기 때문에, 거리를 극복하기 위한 교통서비스가 필요하다. 그러므로 교통은 장소와 장소간의 움직임의 편의를 제공하는 행위라고 할 수 있다.

교통은 여행, 산책 등과 같이 자체가 목적일 수 있지만, 대부분 출근, 업무, 쇼핑, 친교 등과 같은 다른 목적이나 기회를 충족시키기 위한 수단이다. 이 같은 관점에서 볼 때 교통은 그 자체가 목적이 아니므로 마지막 행위로 볼 수 없고, 중간재(intermediate goods)로서 교통의 마지막에서 이루어지는 활동(즉, 목적)을 보조해 주기 위한 수단적인 의미를 가진다. 교통수요를 유발된 수요(derived demand)로 보는 이유가 바로 이러한 까닭 때문이다.

II. 교통의 의의

의·식·주와 마찬가지로 교통도 인간생활에 없어서는 안 될 기본적인 요소이다. 사람은 매일 교통수단을 이용하면서 살고, 교통수단에 의해 많은 일을 수행하며, 나아가 사회·경제활동의 발전을 꾀한다.

도시패턴은 도시교통체계에 영향을 미치고, 거꾸로 도시교통 시설은 도시의 물리적 형태에 크게 영향을 미친다. 또한 도시교통은 도시 내의 고용과 생산을 적절히 집중시켜 도시경제활동의 효율성을 높이고 의료, 교육 등의 도시서비스에 보다 쉽게 접근할 수 있게끔 하는 수단으로서의 역할을 한다. 따라서 교통은 인간의 사회·경제활동을 보조해 주는 쉼없는 인간의 맥박이라고 하겠다.

Ⅲ. 교통의 기능

도시교통은 도시에 사는 사람과 도시 내의 화물의 이동이 도시공간에 표출된 행위이다. 도시교통은 도시경제의 효율성 제고와 사회활동의 다양화 등 도시활동에 기여하면서 '도시의 골격', '도시의 심장' 내지 '가능성의 상징'으로 인식되어졌다.

이러한 교통의 기능을 살펴보면 다음과 같다.

① 승객과 화물을 일정한 시간에 목적지까지 운송시킨다.

② 문화, 사회활동 및 기타 건강, 교육 등의 활동을 수행시키는 데 이동성(mobility)을 부여한다.

③ 도시화를 촉진시키고, 대도시와 주변도시를 유기적으로 연관시켜 준다.

④ 산업활동의 생산성을 제고시키고 생산비를 낮추는 데 기여한다.

⑤ 유사시에 국가방위에 기여한다.

⑥ 도시간 혹은 지역간의 정치·사회적 교류를 촉진시킨다.

⑦ 소비자에게 여러 가지 서비스와 품목(물건)을 제공해 주고 교역의 범위를 확대시켜 준다.

Ⅳ. 도시교통의 특성

도시교통의 특성을 살펴보면 다음과 같다.

① 통행목적을 달성하기 위해 도시 내의 각 지점(출발지와 목적지)을 연결해 주는 단거리 교통이다.

② 대량 수송을 필요로 한다.

③ 하루 중 오전과 오후 2회에 걸쳐 피크현상이 발생된다.

④ 도심지와 같은 특정지역에 통행이 집중된다.

⑤ 통행로, 교통수단, 터미널 등에 의해서 승객에게 서비스를 제공한다.

Ⅴ. 교통의 3대 요소

교통은 교통주체, 교통수단, 교통시설의 3대 요소에 의해 형성된다. 각 요소들은 〈그림 1-1〉과 같은 관계와 속성을 지니고 있다.

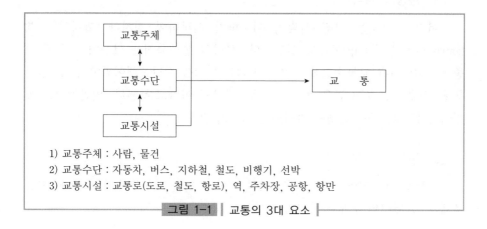

1) 교통주체 : 사람, 물건
2) 교통수단 : 자동차, 버스, 지하철, 철도, 비행기, 선박
3) 교통시설 : 교통로(도로, 철도, 항로), 역, 주차장, 공항, 항만

그림 1-1 │ 교통의 3대 요소 ├

Ⅵ. 공공서비스로서의 교통

교통은 공공성이 강한 서비스이기 때문에 정부의 개입이 필요한데 그 이유는 다음과 같다.

① 교통서비스는 일반적인 사적 재화나 용역과 달리 외부효과가 크므로 다분히 공공재적 성격을 지니고 있다.

② 교통시설에 대한 투자와 관리는 해당 지역뿐만 아니라 도시 전역에 걸쳐 커다란 영향을 미치므로 정부에 의해 교통계획이 수립되어 집행되어야 한다.

③ 교통서비스는 공공을 위한 서비스이므로 서비스의 효율성과 형평성을 확보하기 위해서 정부의 개입이 필요하다.

④ 교통체계를 구성하는 요소들은 복잡하고 다양하기 때문에 요소간의 연결성, 체계성을 유지하려면 시장기능에만 맡겨 놓을 수 없는 당위성이 생긴다.

⑤ 교통은 공공재이므로 사적 독점에서 나타나는 부작용을 방지하고, 일정 수준 이상의 교통서비스를 확보하기 위해서는 규제와 제한정책을

필요로 한다.

Ⅶ. 통행의 개념 및 목적

1. 통행의 개념

어떠한 목적을 가진 사람이 이동하기 시작하여 정지하기까지의 여행 (journey)을 통행(trip)이라고 일컫는다. 하나의 통행목적을 달성하기 위해 종종 몇 개의 다른 교통수단을 이용하게 되는데 이를 수단통행이라고 한다. 출근통행, 업무통행 등과 같은 통행 자체를 목적통행이라고 부른다. 일반적으로 통행이라 할 때는 목적통행을 가리키는 경우가 많다.

2. 통행의 주체

교통행위에 있어서 주체적인 역할을 하는 것을 교통주체라고 한다. 교통주체는, 교통행위 주체로서 사람과 화물이 있다.

3. 통행목적(trip purpose)

교통계획에서는 통행을 기·종점간의 통행목적별로 구분하여 접근하는 데 다음과 같은 몇 가지 목적으로 나눈다.

① 출근통행: 회사, 공장, 가게와 같은 개인의 고용장소로 가기 위해 행하는 통행
② 등교통행: 학생들이 학교에 가기 위해 행하는 통행
③ 쇼핑통행: 물건을 사기 위해 백화점, 상점, 가게로 가기 위해 행하는 통행
④ 친교·여가통행: 음악회, 교회, 모임, 스포츠행사에 참여하기 위해 행하는 통행으로 파티, 친지방문 등도 포함된다.
⑤ 업무통행: 하루의 업무를 추진하기 위해 행하는 통행으로 대부분 회사 (직장)를 기점으로 하는 것이 일반적이다.

제2절 교통의 분류와 특성

교통은 크게 공간과 수단에 따라 구분된다. 공간적 분류는 교통이 일어나

표 1-1 │ 교통의 공간적 분류와 특성

구분 공간 적 분류	교통계획목표	공간범위	교통체계	교통특성
국가교통	• 국토이용의 효율성을 제고하기 위한 교통망 형성 • 국토의 균형발전을 위한 교통망	• 국가 전지역	• 고속도로 • 철도 • 항공 • 항만	• 화물과 승객의 장거리 이동 • 국가경제발전의 측면에서 접근
지역교통	• 지역간 승객 및 화물이동 촉진 • 지역의 균형발전을 위한 교통망	• 지역 • 광역	• 고속도로 • 철도 • 항공	• 화물과 승객의 장거리 이동 • 지역생활권간의 교류
도시교통	• 도시내의 교통 효율성 증진 • 대량교통수요의 원활한 처리	• 도시	• 간선도로 • 승용차 • 이면도로 • 택시 • 도시고속도로 • 지하철 • 전철 • 버스	• 도시 경제활동을 위한 교통 서비스
지구교통	• 지구내 자동차의 통행제한 • 안전하고 쾌적한 보행자 공간의 확보 • 대중교통체계의 접근성 확보	• 주거단지 • 상점가 • 도심지 일부 • 터미널	• 이면도로 • 주차장 • 골목 • 보조간선도로	• 블록으로 형성 • 근린지구의 교통 처리
교통축교통	• 교통축별 교통처리능력의 향상 • 교차로 용량의 증대	• 교통축	• 간선도로 • 교차로 • 승용차 • 택시 • 버스 • 지하철	• 교통체증이 발생되는 축 • 도심과 연결되는 주요 동서, 남북, 방사선 간선도로

는 지역적 규모에 의해 분류하는 것이고, 수단적 분류는 승객이나 화물이 이용하는 교통수단을 유형별로 분류하는 방법이다.

Ⅰ. 공간적 분류

교통은 교통서비스의 대상지역의 규모에 따라 국가, 지역, 도시, 지구, 교통축으로 구분된다. 〈표 1-1〉은 교통을 공간적으로 분류한 다음 교통계획의 목표, 교통체계, 교통특성을 유형별로 구분한 것이다.

Ⅱ. 도시교통수단의 분류

도시교통의 특징이 다양한 것만큼 도시교통수단은, 관점에 따라 여러 가지의 분류가 가능하다.

① 개인교통수단: 자가용 승용차, 택시, 오토바이, 자가용 버스, 렌트카, 자전거 등을 이용하는 부정기성의 교통수단.

② 대중교통수단: 버스, 도시철도와 같은 대량수송 수단으로서 일정한 노선과 스케줄에 의해 운행되는 교통수단.

③ 준대중교통수단(paratransit): 자가용 승용차와 대중교통수단의 중간에 위치하면서 고정적인 운행스케줄이 없고 승객이 서비스에 대한 요금을 지불하는 교통수단(택시를 비롯하여 인력거와 4륜차까지 다양하며 미국, 캐나다 등지에서는 콜택시(dial-a-ride)와 합승(shared ride)도 준대중교통수단)이라고 한다.

④ 화물교통수단: 철도, 트럭, 트레일러 등을 이용하여 화물을 수송하는 교통수단(장거리·대량화물은 철도가, 중·단거리 소형화물은 대체로 화물자동차가 담당한다).

⑤ 보행교통수단: 도보에 의한 교통수단으로서 어떠한 교통목적을 충족시킬 수 있을 뿐 아니라 타교통수단의 연계기능을 하는 교통수단.

⑥ 서비스교통수단: 소방차, 구급차, 이동 우편차, 이동 도서차, 청소차 등 공공서비스를 제공하는 교통수단.

교통체계(Transportation System)

Ⅰ. 교통체계의 개념

교통현상을 분석할 때 체계(system)라는 개념이 널리 사용되고 있는데, 이는 교통현상을 전체적으로 조망할 수 있는 틀을 제공해 주는 이점을 지니고 있다. 교통도 자동차의 엔진처럼 무수한 요소들이 기능적으로 상호관련을 맺으면서 운영되고 있어 하나의 체계로 볼 수 있는데, 이것을 교통체계(transportation system)라고 부른다.

대중교통의 효율성을 분석하고자 할 때 체계의 개념이 필요하다. 교통체계는 대중교통회사(버스, 지하철회사), 이용자(승객), 지역사회, 정부로 구성되어 각각 상호연관성을 유지하고 있음을 보여 주고 있다. 〈그림 1-2〉에서 보듯이 대중교통회사는 이용자, 지역사회, 정부로부터 필요한 요소를 제공받고, 대중교통회사는 이를 토대로 하여 이용자에게 서비스를 제공한다. 한편 지역사회는 이용자가 교통수단을 이용함에 따른 결과물로서 사회, 경제, 환경적 영향을

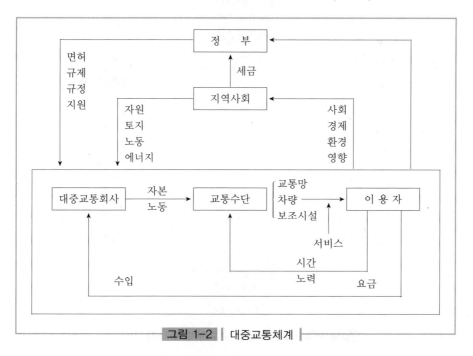

그림 1-2 | 대중교통체계

받게 된다.

정부는 대중교통 운영에 관련된 제반정책을 입안하고 규제하는 역할을 한다. 또한 이용자와 비이용자로 구성된 지역사회는 정부에 세금을 지불하고 정부는 이같은 세금의 일부를 도시철도와 같은 대중교통수단의 건설에 사용하게 된다.

Ⅱ. 교통체계와 토지이용체계

토지이용과 교통체계간의 관계는 '닭과 계란'과 같은 관계로서 상호밀접한 연관을 지니면서 작용하고 있다. 이를 '체인'에 비유해도 좋다. 즉, 토지이용과 교통체계는 서로 엇물려서 돌고 있는 체인과 같다는 말이다. 이를 〈그림 1-3〉과 같이 도식화하여 설명해 보기로 한다.

우선적으로 토지이용상태에 변화가 생기면 통행발생량이 증가하게 되고 통행발생량이 증가되면 차량이 증가되어 교통시설의 추가적인 확충(도로확장,

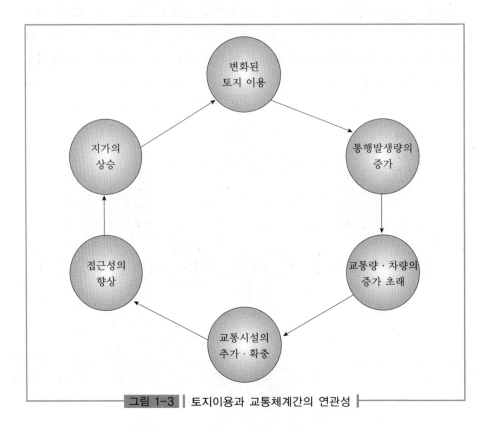

그림 1-3 │ 토지이용과 교통체계간의 연관성

새로운 도로건설, 지하철건설 등)이 필요하게 된다. 교통시설이 추가적으로 확충
되면 종전보다 접근성이 향상되므로 이 지역의 지가를 상승시키는 요인으로 작
용한다. 지가가 상승되면 새로운 토지시장이 형성되어 빌딩을 건설하거나, 신
사가지 개발사업과 같은 도시개발사업에 의해 토지이용 패턴이 변하게 된다.
새로운 토지이용 패턴은 또다시 같은 과정을 거치면서 끊임없는 상호작용을 하
게 된다.

제 4 절 도로의 분류

도로를 유형별로 분류하는 데에는 도로가 갖고 있는 기능을 중심으로 하
는 기능별 분류와 도로 폭에 따른 규모별 분류가 있다.

Ⅰ. 도로의 기능별 분류

1. 고속도로(expressway)

고속도로는 국가기간도로망의 중추적인 역할을 하는 도로이다. 고속도로
는 주로 지역간 교통을 연결해 주는 도로로서 교차로가 없는 고속주행도로이
다. 고속도로는 통행료를 지불하는 유료도로와 통행료를 지불할 필요가 없는
무료도로(freeway)의 두 가지 유형이 있다.

2. 도시고속도로(urban expressway)

고속도로가 지역간 교통을 연결하는 데 비해 도시고속도로는 도시 내 교
통의 흐름을 원활히 하기 위해 설치되는 신호등 없는 도로로서 고속주행이 가
능하다. 서울시의 올림픽대로, 강변북로, 서부간선도로, 동부간선도로가 대표
적인 도시고속도로이다.

3. 외곽순환고속도로(circumferential expressway)

외곽순환고속도로는 도시외곽에 기종점을 둔 지역간 교통과 도시 지역간
교통, 도시 내에서 도시외곽 및 다른 지역으로 빠져 나가는 교통을 신속하게
처리하는 기능을 갖는다. 수도권의 100번 고속도로가 외곽순환 고속도로이다.

고속의 통행이 가능하도록 이 도로와 교차 및 접속은 입체적으로 처리한다. 도로주변에는 시설물의 배치를 억제하고, 특히 주거지를 통과하는 구간에는 완충녹지 혹은 차음벽을 설치하여 소음과 매연가스로부터 주거지를 보호한다.

4. 간선도로(major arterial)와 보조간선도로(minor arterial)

간선도로는 도시의 동맥과 같은 기능을 발휘하는 도로로서 도시고속도로와 연결시켜 주는 역할뿐만 아니라 집산도로에 의해 모여진 교통을 연결시키고, 반대로 이 도로를 거쳐 진입하는 교통을 집산도로에 연결시켜 주는 기능을 한다.

간선도로상에는 교차로와 신호등 및 고가차도 혹은 지하차도가 설치된다. 한정된 도로폭으로 교통처리능력을 극대화시키기 위해 신호주기의 조정, 중앙분리대, 가각의 정리, 회전차량의 배려 등 교통공학적인 접근방법을 필요로 한다.

5. 집산도로(collector or distributor street)

집산도로는 가구(block)나 지구에서 발생하는 교통을 모아서 간선도로로 유도하고, 반대로 간선도로로부터 가구나 지구로 진입하는 교통을 모아서 국지도로 혹은 구획가로로 접속시켜 주는 역할을 하는 도로이다.

6. 국지도로(구획가로)

국지도로(구획가로)의 가장 기본적인 기능은 공공의 도로에 접한 개인의 공간적 영역이다. 국지도로에는 접근을 위한 통로의 제공으로 자동차나 보행의 접근이 동시에 이루어질 수 있어야 한다. 이때 차량통행이나 속도는 최소한으로 감소되어야 하며 버스나 화물차량의 접근은 배제되어야 한다.

표 1-2 │ 가로의 기능별 배치기준

구 분	배 치 간 격
주간선과 주간선의 간격	1,000m 내외
주간선과 보조간선의 간격	500m 이하
보조간선과 국지도로의 간격	250m 내외
국지도로간의 간격	장측: 120m~150m
	단측: 30m~60m

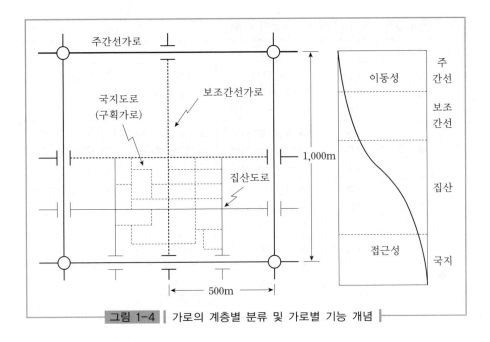

그림 1-4 | 가로의 계층별 분류 및 가로별 기능 개념

Ⅱ. 도로의 규모별 분류

도로의 사용 및 형태상으로 분류하면, 일반도로, 자동차 전용도로, 보행자 전용도로, 자전거 전용도로, 고속도로, 고가도로, 지하도로로 구분된다. 한편 도시계획시설기준에서는 교통량과 주변용도의 중요성에 따라 광로, 대로, 중로, 소로로 구분한다.

표 1-3 ┃ 도시계획상 도로폭원별 분류

대분류	소분류	노폭(m)	비 고
광 로	1류	70 이상	도시 내 상징적 가로로서 도시지역의 중심부에 계획
	2류	50 이상~70 미만	
	3류	40 이상~50 미만	
대 로	1류	35 이상~40 미만	대량통과교통의 처리를 목적으로 하는 가로, 자동차 가로로서의 기능을 최대한 발휘할 수 있는 가로
	2류	30 이상~35 미만	
	3류	25 이상~30 미만	
중 로	1류	20 이상~25 미만	도시 내 생활권 연결가로로서 교통량이 많은 구간에 설치
	2류	15 이상~20 미만	
	3류	12 이상~15 미만	
소 로	1류	10 이상~12 미만	주거단위에 해당되는 구획가로로서 특히 지형, 방향, 규격 등을 고려
	2류	8 이상~10 미만	
	3류	8 미만	

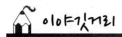
이야깃거리

1. 도시교통의 특성에는 어떠한 것들이 있는지 이야기해보자.
2. 도시구조와 교통체계간의 부조화는 왜 일어나며, 부조화를 해결하기 위한 방안은 무엇인지 생각해보자.
3. 교통체계와 토지이용간의 관계는 서로 밀접한 연관성을 지니고 있다. 그렇다면 교통체계와 토지이용은 서로 어떻게 상호작용을 하는지에 대해 이야기해보자.
4. 대중교통의 효율성을 분석하고자 할 때 체계의 개념이 필요하다. 그렇다면 대중교통체계는 어떠한 요소로 구성되어 있으며, 각각의 상호연관성에 대해 이야기해보자.
5. 앞으로 다가올 미래의 교통 여건의 변화에는 어떤 것들이 있을지 생각해보자.
6. 교통계획을 공간적 범위에 따라 분류해보고, 각각의 목표에는 어떤 것들이 있는지 생각해보자.
7. 교통시설에 대한 효율적인 투자와 관리는 누가 주체가 되어야 하는지 생각해보고 그 이유에 대하여 이야기해보자.
8. 도시교통의 특징이 다양한 만큼 도시의 교통수단은 관점에 따라 여러 가지로 분류가 가능하다. 도시의 교통수단을 분류해보고 각각에 포함되는 대상들에는 어떤 것들이 있는지 이야기해보자.
9. 대중교통 운영과 관련하여 정부의 역할은 무엇인지 이야기해보자.
10. 교통행위에 있어서 주체적인 역할을 하는 것을 교통주체라고 한다. 이러한 교통주체에는 무엇이 있는지 이야기해보자.
11. 수도권의 주택공급이 수도권 교통체계에 미친 영향은 무엇인지 생각해보자.
12. 교통시설 투자재원의 확보방안에는 어떠한 것들이 있는지 생각해보자.
13. 교통의 3대 요소는 무엇인지 이야기해보자.
14. 교통체계의 연결성과 체계성을 유지하기 위한 구성요소들에 대하여 이야기해보자.
15. 교통서비스의 효율성과 형평성을 확보하기 위하여 정부가 어떻게 개입해야 하는지를 설명해보자.

제 2 장 도시교통문제의 유형

제 1 절 교통문제의 유형

교통문제는 도시교통에 있어서 병리적 표상이 되는 문제이다. 여기서는 교통문제의 유형을 크게 도시구조와 교통체계의 부조화, 교통시설 공급의 부족, 교통시설 운영관리의 미숙, 교통계획 및 행정의 미흡과 대중교통체계의 비효율성의 다섯 가지 관점에서 검토해 보기로 한다.

Ⅰ. 도시구조와 교통체계간의 부조화

① 도시가 단핵도시로 형성되어 왔기 때문에 도시기능이 도심지에 편재되어 교통집중을 야기하고 있다.
② 도시의 확산으로 인해 직장과 주거지가 멀어짐에 따라 교통시간이 증가된다.
③ 도시구조가 간선도로 위주로 형성되었기 때문에 간선도로 이외의 도로는 교통을 처리할 능력이 미흡하다.
④ 도심지 등에 대형빌딩들이 건설되어 교통유발과 이로 인한 주변지역에 교통혼잡이 가중된다.
⑤ 아파트단지를 주로 도시외곽에 집중시켰으나 일부 도시지역에서는 도시 내의 직장과 인접되지 않아 도시 내 간선도로에 심한 교통체증을 일으키고 있다.
⑥ 대규모 택지개발(신도시 포함)로 인해 도시의 구조변화에 대응하지 못하는 광역 교통체계로 인한 접근 및 연결성이 미흡하다.

Ⅱ. 교통시설공급의 부족

① 우리나라 도시의 도로율은 선진외국과 유사한 수준이나 이들 국가보다 도로운영이 효율적이지 못하다.

② 방사형 도로망체계로 되어 있어 우회도로가 부족하여 도시 내부의 교통혼잡을 가중시킨다.

③ 도로의 기하구조가 불량하여 교통처리능력이 떨어지고 사고위험이 높아진다. 이와 관련된 문제로 엇갈림 구간(weaving distance)이 짧아서 교통체증과 사고를 유발한다.

④ 도로간 접합지점(시내↔시외) 차로수의 연속성이 결여되어 도로용량감소 및 교통흐름이 방해받는다.

⑤ 도로의 위계(hierarchy)가 제대로 되어 있지 않다. 도로는 주간선도로, 보조간선도로, 집산도로, 국지도로(구획가로) 순으로 위계가 형성되어야 효율성을 높일 수 있지만 우리나라 도시의 도로는 이러한 기능적 구분 및 연계가 미흡하다.

⑥ 이면도로가 제대로 활용되지 못하고 있다. 우리나라 대도시는 소로나 뒷골목이 지나치게 많은 반면 중로는 얼마 되지 않아 교통량이 간선도로에 과다하게 몰린다.

⑦ 터미널에 진출입하는 대형차량(버스, 화물 등)의 차량 동선처리가 불량하여 터미널 주변 교차로의 교통혼잡이 심각하다.

⑧ 도시 외곽지역에 순환도로가 부족하여 지역간 교통과 부도심간의 교통에 악영향을 미치고 있다.

⑨ 대도시 주변에 신시가지 등이 건설되면서 교통수요가 증가하는데 비해 광역간선기반시설(지하철, 도로 등)의 공급이 상대적으로 부족한 실정이다.

⑩ 교통수단간의 환승시 환승거리가 길어 환승승객들이 불편을 겪고 있다.

⑪ 통합환승시설이 제대로 구축되지 않아 연계교통시스템이 미흡한 실정이다.

Ⅲ. 교통시설의 운영관리미숙

1. 도   로

① 도시고속화도로의 인터체인지의 접합과 처리가 불량하다(교량과 도시고속도로의 인터체인지도 포함).

② 도시고속화도로의 종합적인 지능형교통체계(ITS) 운용이 미흡하다.

③ 도시순환도로에 지나치게 신호등이 많이 설치되어 있다.

④ 간선도로의 폭원(예, 서울의 강남지역과 일산, 분당 등 신도시)이 지나치게 넓다.

⑤ 간선도로에 보행자시설이 부족하다.

⑥ 간선도로의 잦은 공사(노면보수, 기타 하부시설 설치 및 보수)로 인해 차량통행에 지장을 초래한다.

⑦ 간선도로와 도시고속화도로(고속도로 등)가 만나는 지점의 램프 곡선반경이 짧고, 확폭량이 부족하다.

⑧ 간선도로와 도시고속화도로가 만나는 지점의 가감속차선 길이가 짧고, 심한 엇갈림 현상을 일으키도록 설계되어 있다.

⑨ 일부 간선도로의 곡선반경이 짧아 교통사고의 위험이 있다.

⑩ 일부 간선도로의 종단구배가 과다하고 짧은 종단곡선이 반복된다.

⑪ 보조간선도로상에서 교차로지점의 설계와 처리가 불량하고, 신호등이 있어야 할 지점에 신호등이 없다.

⑫ 구획도로의 폭이 지나치게 협소하거나 차량소통이 전혀 안 되는 도로가 많다.

⑬ 구획도로가 소방도로의 역할을 하지 못하는 도로가 많다.

⑭ 전체도로 중 소로의 비중이 매우 높아 교통혼잡의 주요한 원인이 되고 있다.

⑮ 도로간 기능분담이 미흡하여 교통소통기능에 문제가 발생하고 있다.

2. 교통시설물

① 보도의 표면에 굴곡이 많고 균열이 있는 곳이 있다.

② 보도의 경사가 지나치게 급한 곳이 있다.

③ 보도가 장애자가 통행하기에는 매우 불편하게 되어 있다.

④ 보도에 지상물(지하철 부대시설, 전주 등)이 설치되어 있어 유효보도폭이
  협소한 곳이 많다.
⑤ 육교 및 지하도의 위치가 부적절하고 육교계단의 경사가 급하다.
⑥ 가로등이 연속적으로 설치되어 있지 않고 가로등 조도가 불량하다.
⑦ 주차수요와 시설공급의 불균형으로 불법주차문제가 발생한다.

3. 교 차 로

① 대도시 간선도로 교차로의 평균 신호주기가 길고, 지체시간 역시 길기
  때문에 지체도가 심한 편이다.
② 대도시의 경우 그동안 신호체계연동화를 지속적으로 확대시키고 있으
  나 아직도 많은 구간이 연동화가 되지 않고 있다.
③ 신호체계의 주기가 교통량과 맞지 않아 최적신호주기 상태에서 교차로
  가 운영되지 않고 있다.
④ 교차로의 가각이 정비되어 있지 않고 코너(corner) 처리가 불합리하다.
⑤ 직진차선이 갑자기 좌회전차선으로 바뀌어 운전자의 혼란을 초래하고
  전체 교통류의 흐름을 방해한다.
⑥ 교차로의 차선수가 갑자기 줄어들어 병목현상(bottleneck)이 일어난다.
⑦ 교차로 면적이 지나치게 넓은 교차로가 있어 운전자의 혼란과 무질서
  한 교통류를 초래한다.

4. 주   차

우리나라 도시의 주차문제를 구체적으로 살펴보면 다음과 같다.
① 주차수요에 비해 주차시설이 아직도 부족한 곳이 있다.
② 주차수요에 비해 주차시설 공급 부족으로 노상 불법주정차가 많다.
③ 주차시설이 영세하고 난립되어 있다.
④ 주차시설운영이 수지가 맞지 않아 시설운영을 기피하고 있다.
⑤ 공용주차장이 부족하다.
⑥ 주차장 출입구의 산재로 교통소통에 장애가 되고 있다.
⑦ 주차요금이 시간대별, 지역별로 적절히 차등화되어 있지 않은 곳이
  있다.
⑧ "거주자 우선주차제" 확산에 따라 주택가에서 주차장을 확보하지 못한

차량의 일부는 도로변 야간불법주차가 일상화되고 있다.

⑨ 화물차 운전자의 차고지 확보가 미흡하여 운전자 집근처 간선도로변에 불법주차가 일상화됨에 따라 교통소통에 장애를 일으키고 있다.

⑩ 국지도로(생활도로)의 불법주차로 인한 화재나 긴급차량의 구조활동에 방해가 된다.

⑪ 승용차의 도심 진입을 억제하기 위한 환승주차장의 이용활성화 및 홍보 등의 전략이 미흡하다.

5. 교통안전

① 차량교통량이 많은 주요도로에서 보도와 차도가 분리되지 않아 보행자 사고율이 높다.

② 횡단보도의 경우 안전성이 결여되어 전체 사고 중에서 횡단보도관련 사고의 비율이 상당히 높다.

③ 교차로 구조 자체가 불량하여 사고위험이 높은 곳이 있다.

④ 일부 신호등의 위치가 부적절하고 가시성이 불량하여 교통사고의 요인이 된다.

⑤ 일부도로의 가로등의 수가 부족하고 그나마 설치된 가로등의 관리부실로 인하여 조도가 낮다.

⑥ 교통사고에 관련된 자료가 제대로 정리가 안 되어 있고, 데이터베이스 (database)가 체계적으로 수립되어 있지 않다.

⑦ 일부 교통안전관련법과 제도가 교통안전에 적극적으로 대응하지 못한다.

⑧ 교통안전과 관련된 특수지역(공사구간, 재해다발지점, 사고다발지점 등)에 대한 일반지역과 차별된 기준의 마련이 시급하나 이 부분에 대한 연구개발, 제도나 행정적인 측면이 소홀하다.

⑨ 교통사고를 종합적(인적·차량·환경)으로 접근하는 분석방법이 미흡하여 종합적인 대책마련이 어렵다.

⑩ '도로안전시설 설치 및 관리지침'은 도로안전시설의 형식·규격, 기능, 시공, 유지관리에 이르는 모든 과정을 망라하여 기준을 제시하고 있으나 급변하는 도로, 교통환경과 이에 따른 다양한 요구를 포용하기에는 다소 미흡하다.

⑪ 교통안전시설 설치 및 관리를 위한 산학연의 협력체계 구축이 요구된다.

⑫ 교통안전시설관리자의 전문성 강화를 위하여 지속적인 교육이 필요하다.

⑬ 교통안전정책에 대한 모니터링(monitering) 시스템의 구축이 미흡하여 사후관리가 제대로 되지 않고 있다.

6. 보행자 및 교통약자

① 보도가 없거나 좁은 경우가 많아 보행자가 보행하기에 불편하다.

② 보행자 횡단시설이 부족하고 위치가 부적절한 경우가 있다.

③ 주차장 및 내부 세가로로 출입하는 차량 때문에 보도가 단절되어 보행자와 차량의 충돌 가능성이 높다.

④ 자전거 전용도로가 부족하고 자전거를 이용할 시설여건이 구축되어 있지 않다.

⑤ 육교와 지하도의 폭이나 출입구가 협소하거나 경사가 급하여 불편하고 위험하다.

⑥ 횡단보도의 횡단신호가 짧아 보행자가 빠른 걸음으로 횡단해야 하므로 차량·보행자 간 사고 요인이 상존하고 있다.

⑦ 보도상의 불법주차, 무질서한 간판 및 교통표지, 각종 교통시설물, 오토바이 운행 등으로 인해 쾌적한 보행환경이 갖추어 있지 않다.

⑧ 노약자와 신체장애자를 위한 보도환경이 결여되어 있다.

⑨ 교통약자의 이동을 증진할 수 있는 제도나 법규가 마련되어 있으나 그 시행이 미비하다.

⑩ 보행에 관련된 업무가 여러 부서에 분산되어 있다.

⑪ 어린이 교통사고 예방을 위한 스쿨존, 어린이 교통안전시설물 등이 설치되어 있으나 제대로 운영이 되지 않고 있다.

⑫ 교차로 부근에서 단시간 주·정차가 다량 발생함에 따라 후미 차량의 시야방해로 인해 교통사고 위험이 증가한다.

⑬ 어린이와 노약자 등의 교통약자들을 위한 시설과 운영·관리에 대한 법규나 제도가 미흡하여 교통약자들이 교통사고의 위험에 노출되어 있는 실정이다.

7. 표 지 판

① 동일한 의미의 표지판을 어떤 것은 주의표지, 어떤 것은 규제 및 지시

표지로 분류하여 혼란을 초래하고 신뢰성을 약화시킨다.

② 의미전달이 불분명하거나 꼭 필요하지 않은 표지판들이 많다.

③ 같은 교통 여건에 각기 다른 표지판이 설치되어 있어 혼란을 초래한다.

④ 표지판의 위치가 부적절하여 운전자를 자연스럽게 유도해 주지 못해 불필요하게 배회하거나 교통사고의 위험을 높인다.

⑤ 노면표지가 부족하고 노면표지와 교통표지가 불일치하는 경우가 많다.

⑥ 차선유도표지나 추월금지표지가 적절한 지점에 설치되어 있지 않다.

⑦ 안내나 규제표지의 색상, 노선번호 표기 및 영문명 오류가 나타나는 경우가 있어 표지판 정보를 이용하는 운전자에게 혼란을 야기시킨다.

⑧ 분기 및 합류되는 도로의 일부구간에서 차량이 진입 또는 진출 전에 있었던 안내지명이 진입 후 사라짐으로 인하여 운전자에게 혼란을 초래한다.

Ⅳ. 교통계획 및 행정의 미흡

① 교통분야의 거버넌스(협치)기능이 미비하다.

② 교통담당부서가 다원화되어 교통정책의 집행기능이 분산되어 있다.

③ 교통행정 연관부서간의 협의 및 조정체계가 미흡하다.

④ 교통행정 연관부서의 전문성과 연구능력이 부족하고 전문인력 양성체제가 미비하다.

⑤ 자동차 위주의 교통정책이 입안·집행되어 왔기 때문에 자전거, 오토바이, 보행자에 대한 정책적 배려가 미흡하다.

Ⅴ. 대중교통체계의 비효율성

1. 버스노선

① 많은 버스노선이 도심지를 통과 또는 경유함으로 인해 도심지역에 과다한 노선중복현상을 나타내고 있어 주요간선도로에 교통체증을 발생시키고 있다.

② 버스노선의 집중은 출퇴근시에 승차경쟁 및 차내혼잡을 가중시킨다.

③ 출퇴근시간과 비출퇴근시간의 버스배차간격이 비슷하여 비출퇴근시간

에 버스가 불필요하게 운행함에 따른 운행비용이 증가된다.

④ 버스노선이 '승객의 신속한 수송'보다는 버스회사의 채산성을 위주로 형성되었기 때문에 버스노선이 일반적으로 길고 운행시간이 많이 소요된다.

⑤ 버스종점이 지역적으로 불균형적으로 분포되어 있을 뿐 아니라 기·종점 승객교통량 변화에 신축성 있게 대응할 수 있게끔 노선이 설정되어 있지 않다.

⑥ 광역버스, 시내버스, 마을버스간의 환승이 원활하지 못하여 버스이용의 효율성이 저조하다.

2. 정류장

① 정류장에서 버스의 무질서한 정차로 인하여 정체, 혼잡, 보행자와 승객간의 마찰, 승객 승·하차시 사고의 위험이 있다.

② 승·하차시 일부 버스운전자는 완전히 멈추지 않고 보행속도로 운행하게 되므로 노약자와 어린이들의 불편 내지는 사고의 위험이 있다.

③ 무리한 배차간격으로 인하여 버스운전자가 일부 정류장에서는 정차하지 않고 그대로 통과한다.

④ 도심지 정류장에서 버스가 열을 지어 정차하기 때문에 간선도로의 교통체증과 교통류의 원활한 흐름을 저해하고 있다.

⑤ 일부 정류장의 위치가 불합리하게 선정된 곳이 있어서 교통사고의 위험과 승객에게 불편을 초래하고 있다.

⑥ 교차로와 인접한 곳에 설치된 버스정류장이 대부분이어서 교차로 주변의 교통처리능력을 저하시키고 있다.

⑦ 정류장에 버스도착시간을 알려주는 버스정보시스템(Bus Information System: BIS)의 구축이 되어 있으나 아직까지 대도시 지역에서만 이루어지고 있으며 도착예정시간 오류발생 등의 문제가 발생하고 있다.

3. 운전자 버스운행행태

① 버스운전자가 돌발적으로 차선을 변경하기 때문에 교통사고의 위험이 높고, 도로의 교통처리 능력을 저하시킨다.

② 교차로의 차량대기행렬에서 버스의 돌발적인 위치전환과 회전이 잦다.

③ 버스의 급정차, 급출발, 급회전으로 인하여 연료비 등 운송비용을 증가시키고, 교통사고의 주원인이 되고 있다.

4. 버스회사 운영

① 일부 버스회사의 운영이 전근대적이고 영세성을 면치 못한 상태에서 운영되고 있다.

② 버스회사의 채산성 추구 때문에 수지균형에만 집착하여 무리한 배차간 격과, 비수익성 노선은 운행을 기피하는 경향이 있다.

③ 운송원가의 중요성에 관한 인식이 결여되어 있고, 운행원가를 과학적으로 분석하지 못하고 있다.

④ 비피크시 운행스케줄을 피크시와 비슷하게 설정하고 있어 비피크시 운영수입에 비해 운행비용이 과다하게 지출되고 있다.

⑤ 손익계산서 등의 회계자료가 정확하지 못하고, 신뢰성이 부족하여 실효성이 있는 요금정책이나 노선조정정책을 수립하기가 힘들다.

⑥ 버스운행에 연관된 각종 자료가 체계적으로 정리되어 있지 않다.

⑦ 운행구역이 2개 시·도에 걸치는 버스의 경우 요금조정시기와 주체가 시도별로 서로 달라 시민들의 불편과 분쟁이 나타난다.

5. 도시철도와 버스

① 도시철도와 버스노선이 연계노선체계가 아닌 경쟁노선체계로 된 구간이 있다.

② 도시철도와 버스의 연계교통체계를 위한 안내정보가 부족한 역과 정류장이 있다.

③ KORAIL·도시철도공사 등 운영주체별로 안내표지의 디자인, 정보 등이 달라 이용자가 불편을 겪는 역이 있다.

④ 연계교통수단, 연결교통망 등 환승체계가 제대로 구축되지 않은 역이 있다.

6. 도시철도 이용

① 승객의 도시철도 이용시 잦은 환승과 환승시 긴 보행거리가 도시철도 서비스의 이용률과 만족도를 떨어뜨리고 있다.

② 도시철도역에서 상업광고의 무분별한 도입으로 승객들에게 불편을 초
   래한다.
③ 안내표지판의 시인성이 부족하고 체계화되어 있지 못하다.
④ 교통약자를 위한 시설의 활용성이 떨어지고 시설의 수가 절대적으로
   부족하다.
⑤ 도시철도 일부구간의 첨두시 혼잡으로 인해 이용자 서비스수준을 떨어
   뜨리고 있다.
⑥ 도시철도 노선간의 시스템 운영 및 시스템이 상이하고 낙후된 열차제
   어 시스템으로 인해 승객안전이 위협받고 있다.

제 2 절 결 어

본 장은 현재 다양한 도시교통문제의 유형을 밝혀 문제의 심각성을 부각
시키려고 하였다. 이렇게 다원적이고 폭넓은 도시교통문제를 해결하기 위해서
는 체계적이고 계획적인 접근이 필요함을 암시하였다고 하겠다. 도시교통문제
는 전통적 의미의 계획적인 측면과 관리의 측면이 동시에 고려되어야 한다. 왜
냐하면 도시교통문제를 해결하려면 장기적인 자본집약적 대안뿐만 아니라 단
기적인 저투자 운영관리 대안도 강조되어야 하기 때문이다.

이야깃거리

1. 현재 우리가 살고 있는 도시에는 여러 가지 유형의 교통문제가 발생하고 있다. 도시교통문제를 유형별로 분류해보자.
2. 도시구조와 교통체계간의 부조화에 대하여 생각해보자.
3. 도시교통문제를 해결하기 위한 방안인 공급정책과 운영정책의 장·단점에 대하여 생각해보자.
4. 대도시의 주요도로에서는 수시로 교통체증이 발생한다. 이런 교통체증이 발생하는 근본적인 원인은 무엇인지 이야기해보자.
5. 수도권 대도시의 교통문제해결을 위하여 많은 도로계획들이 수립되어 있다. 이러한 도로사업의 중·장기적 관점에서 효율적인 사업을 위한 방안에 대하여 생각해보자.
6. 도시교통수요를 충분히 고려하지 않고 도시를 계획하고, 개발할 경우 발생되는 문제들을 생각해보자.
7. 교통시설의 운영미숙으로 인하여 발생하는 교통문제들을 살펴보고 이를 해결할 수 있는 방안에 대하여 생각해보자.
8. 교통약자란 누구를 의미하며, 교통약자와 관련된 교통문제에는 무엇이 있는지 이야기해보자.
9. 세계의 대도시 중심지의 승용차 통행억제 방안으로 혼잡통행료 징수를 징수하고 있다. 이로 인하여 발생하는 장·단점에 대하여 생각해보자.
10. 우리나라 대도시의 대중교통환승체계의 문제점에 대하여 생각해보자.
11. 주차수요와 주차시설공급의 불균형으로 불법주차가 늘어나면서 발생되는 문제점은 무엇이며, 해결방안은 무엇인지 생각해보자.
12. 대도시의 주차난을 해결하기 위한 방안에 대하여 생각해보자.
13. 자동차 통행으로 인하여 발생하는 대기오염이 날로 심각해지고 있는 실정에서 이를 해결할 수 있는 방안에 대하여 생각해보자.
14. 친환경 교통수단인 보행자도로와 자전거도로의 계획은 어떠한 방향으로 계획되고 집행되어야 할지 생각해보자.
15. 도시교통문제의 해결을 위하여 정부, 학계, 엔지니어가 해야 할 역할에 대하여 생각해보자.

제 3 장 교통계획

제 1 절 교통계획의 개념

Ⅰ. 교통계획의 역할

교통계획은 현 교통여건과 교통문제에 대한 정확한 인식을 바탕으로 교통 정책의 바람직한 미래상을 제시하는 규범체계이자 실천강령이다. 이 같은 교통계획의 역할을 정리하면 다음과 같다.

① 근시안적인 교통계획의 장기적인 테두리를 설정해 준다.
② 즉흥적인 계획과 집행을 제어할 수 있다.
③ 교통행정의 지침을 제공할 수 있다.
④ 단기·중기·장기 교통정책의 조정과 상호연관성을 높여 준다.
⑤ 정책목표를 세울 수 있는 계기가 마련된다.
⑥ 재원의 투자우선순위를 설정해 준다.
⑦ 부문별 계획간의 상충과 마찰을 방지해 준다.
⑧ 교통문제를 진단하고 인식할 수 있는 여건을 조성해 준다.
⑨ 세부계획(programming)을 수립할 수 있는 준거를 마련해 준다.
⑩ 집행된 교통정책을 점검(monitoring)해 줄 수 있는 틀을 제공한다.
⑪ 계획가와 의사결정자 및 계획의 수혜자인 시민과 상호교류와 사회학습 의 분위기를 조성해 준다.

Ⅱ. 교통계획의 유형

교통계획은 계획을 바라보는 관점에 따라 다양하게 유형화될 수 있다. 계획기간(planning horizon) 측면에서 장기계획, 중기계획, 단기계획으로 분류될 수 있다. 계획수단과 계획대상의 특성에 따라 관리·운영계획, 가로망계획, 대중교통계획, 간선도로계획, 이면도로계획 등으로 구분된다. 계획의 공간적 범위에 따라 국가교통계획, 지역교통계획, 도시교통계획, 지구교통계획, 교통축계획으로 나눌 수 있다.

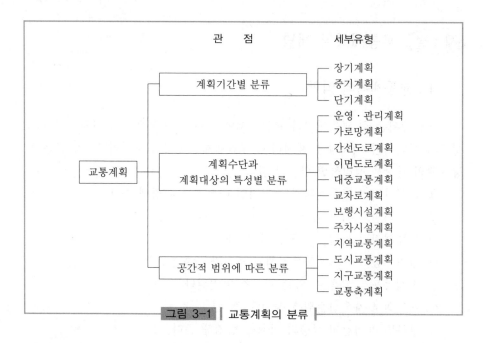

그림 3-1 │ 교통계획의 분류 │

제 2 절 교통계획과정

교통계획과정에는 다음 열 가지 사항이 포함된다.
① 상위목표와 하위목표의 명확한 설정
② 현재의 토지이용, 인구, 경제, 통행패턴 분석을 위한 자료의 수집
③ 현재의 통행, 토지이용, 인구, 경제적 변수간의 계량적 관계설정
④ 목표연도의 토지이용, 인구, 경제적 변수의 추정과 토지이용패턴 추정

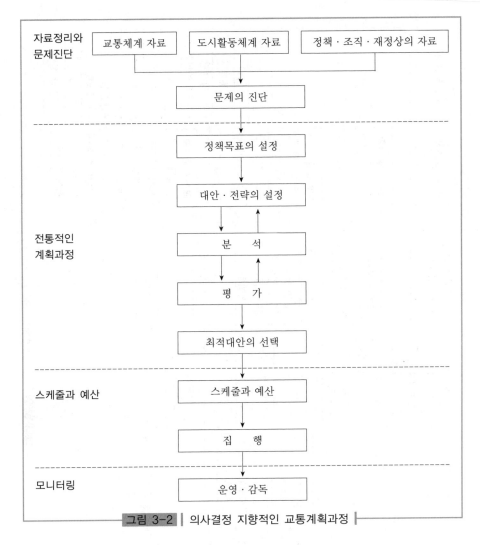

그림 3-2 | 의사결정 지향적인 교통계획과정 |

⑤ 현재의 통행패턴과 추정된 토지이용, 경제적 변수를 토대로 하여 목표 연도의 기·종점간 통행수요의 분포 추정

⑥ 목표연도의 교통수단별 통행수요 추정

⑦ 추정된 토지이용패턴에 적합한 가로망 및 대중교통망 구축

⑧ 대안적 교통망에 대한 추정된 통행의 노선배정

⑨ 사회·경제적 비용 및 편익의 관점에서 대안적 교통망의 효율성 경제 성 평가

⑩ 가장 우수한 교통망의 선택과 집행

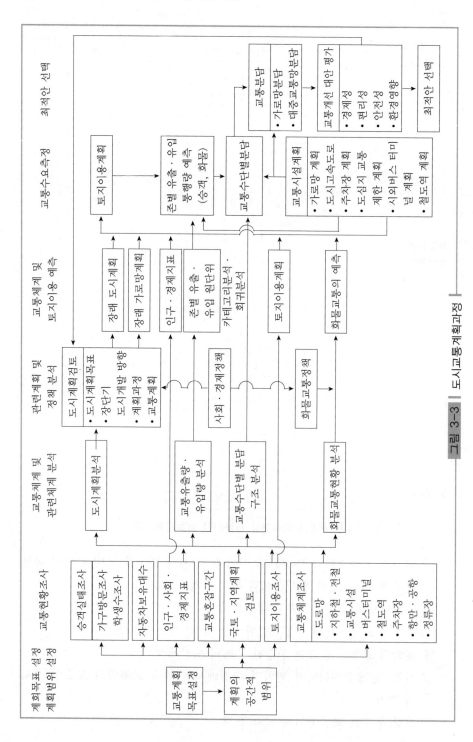

그림 3-3 도시교통계획과정

〈그림 3-2〉는 교통계획과정으로 의사결정과정까지 포함시킨 과정이라고 하겠다. 여기서는 교통계획과정을 크게 자료정리와 문제진단, 전통적인 계획 과정, 스케줄과 예산, 모니터링의 4단계로 나누어 교통계획과정을 포괄적으로 다루고 있다. 특히 스케줄과 예산 및 모니터링은 전통적인 계획과정에서 소홀 하게 취급된 의사결정단계이다. 스케줄·예산·모니터링을 교통계획과정에서 고려하지 않으면 계획과 의사결정이 별도로 진행되어 집행되지 못하는 계획이 될 수 있다.

교통분석, 수요추정, 사업평가까지의 상세한 교통계획과정을 나타낸 것은 〈그림 3-3〉으로서 종합적 도시교통계획과정의 단계별 내용을 보여 주고 있다. 여기서는 교통계획과정을 목표설정, 교통현황조사, 교통체계 및 분석, 관련계 획분석, 교통체계 및 토지이용의 예측, 교통수요추정, 최적안 선택의 일곱 가 지 단계로 구분하여 사람교통과 화물교통을 종합적인 안목에서 다루고 있다.

제 3 절 교통정책의 목표와 수단

Ⅰ. 교통정책

교통문제란 현실 교통여건과 바람직한 교통여건 사이의 벌어진 틈이다. 이를 메우려면 교통정책이 필요하다. 교통정책은 단순히 교통문제해결을 위한 수단적 의미뿐만 아니라 교통여건 가운데 질적 또는 양적 모순을 객관적이고 구체적인 목표를 세워 개선하는 실천 사항을 담고 있다. 따라서, 교통정책은 당위성을 갖고 현실문제 인식에 근거를 두어야 한다.

Ⅱ. 정책목표

현재 당면하고 있는 교통문제의 진단과 바람직한 개선방향은 교통정책의 목표 아래서 모색되어야 할 것이다. 교통정책의 목표는 도시나 지역의 특성과 여건에 따라 다양하게 설정될 수 있으나 일반적으로 질적 목표와 양적 목표, 장기목표와 단기목표로 구분할 수 있다. 질적 목표는 교통체계와 교통서비스 의 질적인 변화를 유도하려는 목표이고, 양적 목표는 교통체계의 틀 안에서 교통의 양적인 측면을 조절하려는 목표가 된다. 또한 장기목표는 교통대안의 장기적 안목에서의 목표이고, 단기목표는 교통관리기법과 같은 단기교통사업을 추구하고자 할 때 설정하는 목표가 된다.

　장기적인 목표는 일반적으로 (ⅰ) 균형된 도시발전과 합리적인 토지이용을 수립할 수 있는 교통체계의 확립, (ⅱ) 다른 계획과 상호 보완되는 교통계획 확립, (ⅲ) 지역간 수단별 연계수송체계의 확립, (ⅳ) 에너지절약적이며 토지공간이용이 적은 교통수단과 시설의 공급, (ⅴ) 도시 전체의 균형 있는 교통서비스의 공급, (ⅵ) 교통사고의 감소, (ⅶ) 교통으로 인한 환경오염의 최소화, (ⅷ) 교통시설의 투자·개선으로 지역의 사회·경제적 파급효과 촉진 등을 들 수 있다. 장기적 교통계획목표는 물론 중·단기 교통계획목표와 상호연관성을 유지하면서 추구되어야 할 당위성을 안고 있다.

　단기적 목표는 교통체계 관리기법의 관점에서 (ⅰ) 기동성의 향상, (ⅱ) 교통

표 3-1 │ 교통정책의 상위목표(goals)와 하위목표(objectives)

상 위 목 표	하 위 목 표
기동성의 향상	• 도시통행의 서비스수준 향상 • 통행의 신뢰성 향상 • 자가용 승용차의 이용 억제를 위한 대안적 교통수단의 제공 • 노인, 지체부자유자 등 교통약자에 대한 양호한 교통서비스 제공 • 보행자와 자전거 등과 같은 교통수단을 위한 교통시설개선
교통사고의 감소	• 교통사고건수의 감소 • 사망과 중경상건수의 감소
환경의 질적 개선	• 자동차 방출가스의 영향 감소 • 자동차관련 소음의 감소 • 자연환경에 대한 악영향 감소 • 도시환경의 심미성 향상
에너지 절약	• 도시통행에 소요되는 연료소비량의 감소
교통의 경제적 효율성 증진	• 사람과 화물의 처리능력 향상 • 개인 통행비용의 감소 • 도시교통체계의 공공비용 감소 • 공공교통비용 지불시에 발생하는 비형평적 요소 제거 • 화물수송비용 감소 • 도시교통에 의해 초래되는 경제적 효과의 최대화

사고의 감소, (ⅲ) 환경의 질적 개선, (ⅳ) 에너지의 절약, (ⅴ) 교통의 경제적 효율성 증진과 같은 정책목표를 설정하는가 하면, 도심지 통행제한, 주차공급량의 증가, 버스우선제 등 보다 구체적인 목표도 설정되곤 한다. 교통체계 관리기법과 같은 단기교통정책의 중요성에 비추어 볼 때 정책목표의 상위목표를 설정하고 이에 따른 구체적인 하위목표를 살펴보면 다음과 같다.

(1) **교통서비스개선 및 서비스의 질적 향상**
① 통행시간, 대기시간, 환승시간의 감소
② 통행비용(운행비용, 요금, 주차요금 등)의 감소
③ 교통서비스의 신뢰성회복
④ 교통사고의 감소

(2) **기존 교통체계의 교통처리능력의 제고**
① 자가용 승용차와 택시 이용의 가급적 억제
② 버스와 지하철 등 대중교통수단의 효율성 제고
③ 교차로 및 도로구간의 교통처리능력 제고
④ 자전거 이용의 도모
⑤ 대중교통수단의 생산성 제고

(3) **교통체계의 자원낭비 감소 및 교통투자비용의 절감**
① 교통체계에서 소모되는 에너지의 감소
② 교통시설투자(특히 도로건설)의 최소화
③ 도시철도 등 대중교통 운영상의 적자를 없애고 운영비의 최소화

(4) **교통체계로 인한 환경적 피해의 최소화**
① 대기오염의 감소
② 소음 · 진동 등에 의한 공해의 감소
③ 생활공간 및 도시공간의 시각적 환경파괴 감소

(5) **도시 전체에 균등한 교통서비스 제공**
① 변두리지역 및 저소득층지역에까지 균등한 교통서비스 제공
② 대중교통서비스 의존자(captive riders)에게 일정 수준 이상의 서비스 제공
③ 장애우, 어린이, 노인 등 교통약자에게 균등한 교통서비스 제공

(6) 기존 시설개선으로 인한 지역개발의 효과 증진
① 기존 시설개선으로 경제적 투자효과 증진
② 기존 도로연변의 토지이용의 효율성 제고
③ 기존 시설개선으로 문화, 학교, 의료시설에 대한 접근성 제고

이러한 목표들은 도시교통시스템이 추구해야 하는 다섯개의 이상과 가치에 기반을 두어야 한다.

첫째, 교통체계의 효율성(efficiency)이다. 교통정책의 제1차적 목표는 교통체계의 효율성을 최대한으로 제고시킬 수 있는 것이어야 한다. 교통체계의 효율성이란 (i) 교통수요를 충족시키기 위하여 승객수송을 최대한으로 증가시키고, (ii) 자가용 승용차의 이용을 가급적 억제하여 대량수송수단 위주로 하고, (iii) 교통체계의 생산성을 높이는 것을 말한다.

둘째, 교통서비스의 질적 향상이다. 교통서비스의 질적 향상이란 (i) 승객과 화물을 수송하는 데 소요되는 통행시간을 줄이고, (ii) 승객과 화물의 통행비용을 줄이며, (iii) 승객의 안전성, 쾌적성, 안전성을 확보하는 것을 말한다.

셋째, 교통서비스의 형평적 배분이다. 형평적 배분이란 (i) 도시 전체에 균형 있는 교통서비스를 공급하고, (ii) 모든 통행자에게 기동성(mobility)을 확보해 주고, (iii) 신체장애자, 노인, 어린이, 저소득층에게 교통서비스에 대한 접근성을 높이는 것이다.

넷째, 다른 도시정책과의 조화성(compatibility)이다. 교통체계는 토지이용, 도시개발, 도시구조, 도시경제, 도시미관, 도시행정 등과 밀접한 관련성을 가지기 때문에 모든 부문의 정책계획 및 집행과 최대한 조화되고 통합될 당위성이 있다.

다섯째, 환경적 악영향의 최소화이다. 이는 (i) 자동차 배출가스로 인한 대기오염을 최소화하고, (ii) 교통사업(도로나 지하철 건설 등)으로 인한 소음, 먼지, 진동을 줄이고, (iii) 도시미관적인 측면에서 악영향을 최소화하고, (iv) 에너지 소비를 감소시키는 것이다.

이상과 같은 교통정책목표는 교통문제의 진단에서부터 대안의 설정, 대안의 평가, 집행에 이르는 교통계획과정의 준거 혹은 목표가치가 된다. 이들 정책목표 상호간의 중요도나 우선순위는 각 도시의 여건이나 시기에 따라 차이가 있겠으나, 모든 도시에 보편적으로 적용되는 공통적인 정책목표로 충분한 의미를 갖는다.

Ⅲ. 목표를 달성하기 위한 수단

앞에서 살펴본 다양한 정책목표를 달성하려면 각 목표별로 적절한 정책수단이 동원되어야 하는데, 이같은 정책수단을 계획대상별로 분류하여 검토해 보기로 한다.

1. 도시정책적 수단

도시정책적 수단은 그것이 교통체계에 미치는 영향력이나 효과성이란 관점에서 볼 때 중요한 위치를 차지한다. 교통시간과 교통비용을 절감시키고 도시경제활동의 효율성을 증진시키는 등의 정책목표를 달성시키기 위한 수단 등은 아래와 같다. (ⅰ) 단핵도시로부터 다핵화도시로 도시공간구조를 재편성, (ⅱ) 도심지 재개발사업은 교통영향을 최소화하는 방향에서 추진, (ⅲ) 부도심 등 활동거점에 주거지역과의 직주근접을 유도, (ⅳ) 화물유통단지 및 화물터미널 배치시 교통영향을 최소화할 수 있는 입지에 건설, (ⅴ) 아파트단지 선정시 교통체계의 영향을 최소화할 수 있는 위치에 배치, (ⅵ) 공업지역 선정시 공업지의 특성을 감안해 교통영향이 최소화되는 지역에 배치하는 것 등을 들 수 있다.

2. 도로망수단

도로망수단은 도시정책적 수단과 더불어 중요하고도 유효한 정책수단이다. '방사선 도로망에 기인하여 발생되는 교통문제의 해소'라는 정책목표를 위한 수단으로는 (ⅰ) 도심지 통과교통을 배제하기 위하여 순환도로의 정비, (ⅱ) 도심지의 이면도로 정비, (ⅲ) 방사선도로와 순환도로의 연계 정비 등이 있다.

'도시권을 포함하는 지역생활권의 지역경제발전을 도모하기 위한 기반시설의 정비'라는 정책목표를 위한 수단으로 (ⅰ) 도시의 동서 교통축 및 남북 교통축의 교통처리능력의 제고, (ⅱ) 도심과 부도심간을 연결하는 도로망의 강화, (ⅲ) 도시근교농업지역 및 공업지역을 연결하는 산업도로와 같은 광역간선도로망 확충과 광역간선도로망간의 연결성 제고 등이 있다.

'토지이용의 효율성 증진'이라는 정책목표를 위한 수단으로 (ⅰ) 연도지역(도로에 접한 지역)의 토지이용의 합리화 도모, (ⅱ) 신시가지, 주거지개발을 위한 도시기반시설 확충시 효율적인 토지이용을 위한 도로망의 구축 등이 있다.

3. 대중교통체계수단

대중교통체계는 도시에서 발생되는 대규모의 승객수요를 짧은 시간에 처리하는 교통체계이기 때문에 도시교통 정책수단 중에서도 매우 중요하고도 유효한 정책수단이 된다. 대중교통체계에는 버스에 관한 정책수단과 도시철도에 관한 정책수단이 있다.

(1) 버   스

'도시의 균형적 발전'이라는 보다 거시적인 정책목표를 달성하기 위해서는 버스노선의 조정을 통해 도시전역에 균형적인 서비스를 공급해야 할 것이다. 또한, '토지이용과 버스노선망의 연결성 도모'라는 정책목표는 버스노선망의 개편과 같은 정책수단이 동원될 수 있다.

한편 '버스 서비스의 개선'과 같은 목표를 위해서는 버스 수송력 증강(배차간격, 버스용량증대 등)과 서비스 향상이 수단으로 동원될 수 있다. 서비스 향상을 도모하기 위한 구체적인 수단은 버스 서비스의 정시성확보, 정류장 질서유지, 차내 승객혼잡 감소, 승객안전 확보 등을 들 수 있다. '버스승객에 대한 우선권 부여'라는 정책목표를 달성하려면 버스전용차선제와 BRT노선구축 등이 효과적인 수단이 된다.

(2) 도시철도

정책목표가 '부도심 형성에 따른 교통의 분산'이라고 하면 이에 대한 수단으로는 도심지에서 부도심까지 도시철도망을 확충해야 하고 부수적인 수단으로 주거지에서 부도심까지 도시철도에 연계될 수 있도록 연계버스를 운영하는 것이다. 비슷한 맥락에서 '도심과 위성도시의 연결강화'라는 정책목표를 달성하기 위해서는 고속전철망의 확충과 같은 정책수단이 유효하다. 또한 '도시철도와 일반차량과의 분리'라는 정책목표는 고용량 대중교통수단에 우선권을 주기 위한 목표로서 도시철도 노선확충 등의 정책수단이 있을 수 있다.

4. 교통운영관리수단

'도심지 교통체증 해소'라는 정책목표를 달성하기 위해서는 실로 다양한 교통체계 관리기법이 적용될 수 있다. 교통운영관리수단으로서 (i) 교차로의 교통체증 해소방안, (ii) 일방통행제, (iii) 회전금지, (iv) 도심지 통행세 징수, (v)

주차요금의 인상, (ⅵ) 보행자 전용지구의 설치, (ⅶ) 버스 및 택시 정류장의 정비 등의 수단이 고려될 수 있다. 또한 '도심지 환경의 질적 개선'이란 정책목표에는 (ⅰ) 도심지 보행자 전용지구 설치, (ⅱ) 도심지 차량제한 정책, (ⅲ) 대중교통수단의 도심지 접근성 향상 등을 수단으로 적용할 수 있다.

5. 보 행 자

정책목표가 '보행을 위한 쾌적하고 안전한 도로환경의 조성'이라면 (ⅰ) 도심지 및 간선도로를 포함한 모든 도로의 보도폭원 확폭, (ⅱ) 차량과 보행자간 상충지점의 가급적 감소, (ⅲ) 보도블록의 정비 등이 정책수단으로 적용될 수 있다. 보행자를 위한 정책목표는 그동안 우리나라 도시교통이 차량을 위주로 하여 교통정책이 수립되어 온 까닭에 그다지 주안점이 주어지지 않은 목표이므로 앞으로 지속적인 정책적 배려가 있어야 한다.

제 4 절 장 · 단기 교통계획

계획기간(planning horizon)의 관점에서 교통계획은 장기계획, 중기계획, 단기계획으로 구분할 수 있다. 중기계획은 장기계획과 단기계획의 중간적인 특성을 갖는다. 장기계획과 단기계획을 중심으로 각각의 계획 특성을 살펴보면 〈표 3-2〉와 같다.

표 3-2 ┃ 장기교통계획과 단기교통계획의 특성

특 성	장기교통계획	단기교통계획
대 안	① 소수의 대안 ② 유사한 대안	① 다수의 대안 ② 서로 다른 대안
교통수요	③ 교통수요가 비교적 고정	③ 교통수요가 변화가능
교통수단	④ 단일 교통수단 위주	④ 많은 교통수단 동시 고려
집 행	⑤ 공공기관 정책	⑤ 공공기관 및 민간기관정책
내 용	⑥ 장기적 관점 ⑦ 시설지향적 ⑧ 자본집약적 ⑨ 추정지향적	⑥ 단기적 관점 ⑦ 서비스지향적 ⑧ 저자본비용 ⑨ 피드백지향적

Ⅰ. 단기교통계획

교통 실무처리를 할 때 대상지역에서 일어나는 교통문제를 진단하고 이를 해결하는데 단기적이고 서비스개선 위주의 교통관리 및 운영을 내용으로 담는 단기교통계획이 필요하다.

단기적 계획과정은 계획가에 따라 다양한 접근이 가능하나 보편적으로 〈그림 3-4〉와 같은 과정을 거친다.

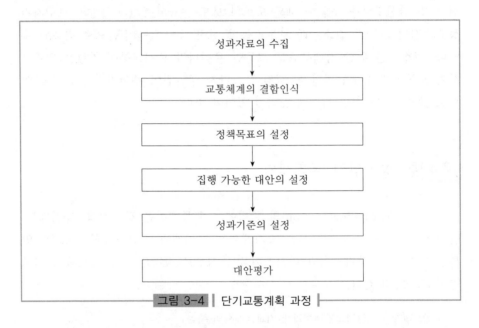

그림 3-4 | 단기교통계획 과정

1. 성과자료(performance data)의 수집

성과자료는 현재의 교통체계가 얼마나 효율적으로 운영되고 있는지를 가늠하기 위한 기초자료이다. 예컨대 현재 운행되고 있는 버스의 운행상태를 알려면 배차간격, 승객의 수, 재차인원, 운행속도 등에 관한 성과자료가 필요하게 된다.

2. 교통체계의 결함인식

교통체계의 결함인식은 성과자료를 이용하여 현안이 되는 문제의 내용, 규모, 관련 사항 등을 파악하는 것이다. 도로의 교차로 혹은 구간별 V/C비,

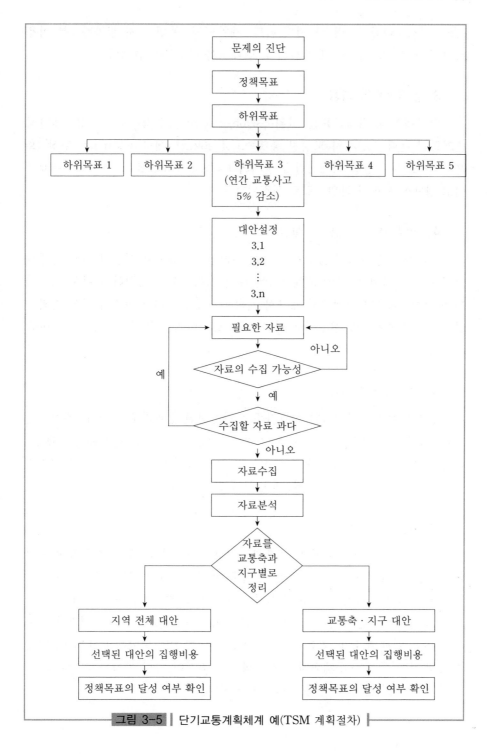

그림 3-5 │ 단기교통계획체계 예(TSM 계획절차)

속도, 지체도라든가, 버스노선의 속도, 재차인원 등 몇 가지 성과자료를 이용
하여 구체적으로 파악하고 개선해야 할 대상을 한정하는 단계이다.

3. 정책목표의 설정

단기계획의 정책목표는 하위목표(objectives)를 설정하여 각 정책대안의
준거로 삼는다. '현재의 도심지 통행속도를 20km/h에서 30km/h로 향상' 혹
은 '교차로의 차량당 지체시간을 현재의 130초에서 80초로 단축' 등의 구체적
이고 상세한 사항이 하위목표로 설정된다.

4. 집행 가능한 대안의 설정

단기계획의 집행에 동원될 수 있는 대안이 다양하기 때문에 현재 발생하
고 있는 교통체계의 결함을 해결하는 대안적 리스트를 작성하여 활용하는 것
이 합리적이다. 이 단계에서 개략적 계획(sketch planning)방법과 같은 기법을
활용하여 집행가능한 현실적 대안을 중심으로 범위를 좁혀 나가는 것이 바람
직하다.

5. 성과기준의 설정

성과기준에는 직접적인 성과기준과 간접적인 성과기준이 있다. 직접적인
성과기준으로는 차량-km당 승객, 차량-시간당 승객, 주행차량-km, 통행량/
용량비, 백만 차량-km당 사고건수 등과 같은 것들이 있다. 간접적인 성과기
준으로는 토지이용변화와 경제활동변화를 꼽을 수 있다.

6. 대안평가

각 대안별 평가가 통행량, 주행차량-km, 승객-km, 통행량/용량비 등의
성과기준에 의해 수행된다. 대부분의 경우 한 대안이 다른 모든 대안보다 탁월
할 정도로 우수하지 않기 때문에 쉽사리 대안을 선택하기가 힘들게 된다. 따라
서 주요 성과지표를 선정하고 성과지표별 적정가중치를 설정하고 평가하여 최
적 대안을 선택해야 할 필요가 있다. 또한 다양한 여건변화에 대비하여, 대안
별 성과지표 특성을 구체화하고 서열화하여 최적이 아닌 차상의 대안이 적용
될 수 있는 여지를 남겨 놓는 전략도 필요하다.

Ⅱ. 장기교통계획

장기교통계획에는 도시교통여건에 의해 설정된 정책목표를 달성하기 위한 여러 가지 정책대안이 포함된다. 장기계획의 목표연도로는 도시의 여건에 따라 다르지만 일반적으로 계획기준연도 대비 10년 내지 20년 후를 설정한다.

장기교통계획은 주로 도로, 도시철도의 건설이나 교통체계의 구조적 변화

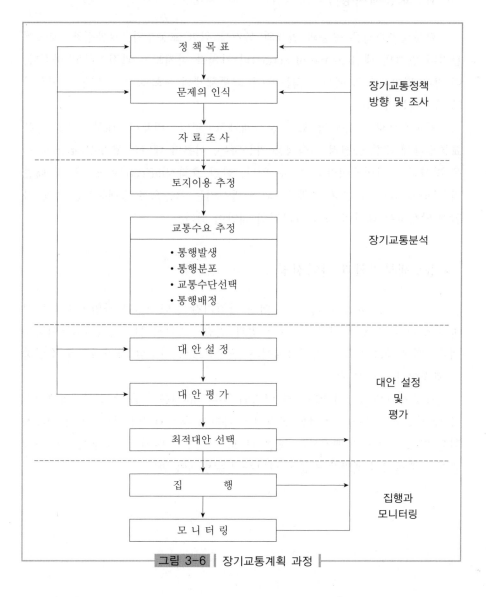

그림 3-6 │ 장기교통계획 과정

와 교통수요패턴의 대폭적인 변화를 예측하여 계획하여야 하므로 단기교통계
획보다 더욱 복잡한 과정을 거치게 된다. 장기교통계획 과정은 (i) 장기교통
정책방향 및 조사, (ii) 장기교통분석, (iii) 대안설정 및 평가, (iv) 집행과 모니터
링의 4단계로 구성된다.

Ⅲ. 교통체계평가

교통평가과정은 공공의 필요와 복지를 위한 교통투자, 교통정책, 교통에
관련된 일련의 행위(course of action)의 가치를 따져보는 과정이라고 하겠다.
이 같은 평가과정의 핵심이 되는 것은 교통체계의 변화로 인한 영향을 인식하
고 측정하는 일이다.

전통적으로 사용되어 오는 순현재가치, 편익 · 비용비, 내부수익률 등은
교통투자에 대한 금전적 수익성을 가늠하는, 이른바 대안의 효율성(efficiency)
을 평가하는 기법들이라고 할 수 있다. 한편 효과성(effectiveness)은 각 대안
의 성과(performance)를 정책목표와 연관시키는 기준으로 정책목표를 가장 가
깝게 달성하는 대안이 가장 효과적인 대안이 된다.

Ⅳ. 세부기획과 사업선정

세부기획(programming)은 주어진 사업기간 동안에 교통사업목표를 달성
하기 위하여 가용한 재원을 교통사업과 연결 · 조화시키는 작업이다. 이렇듯
세부기획은 교통계획의 집행단계에서 구체적으로 연도별 사업계획을 수립하
는 과정이라고 말할 수 있다.

세부기획은 교통계획과정과 연결되어야 실효성을 거둘 수 있고, 의사결정
자 및 의사결정부서와 밀접한 연관성을 가지고 추진되어야 한다. 특히 세부계
획은 연도별 예산을 배정하는 작업이므로 예산부서와 사업집행부서간의 이해
관계와 조직적인 맥락을 충분히 파악하여 수립해야 한다.

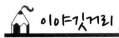
이야깃거리

1. 교통계획은 무엇이며, 왜 하는지 생각해보자.
2. 도시교통의 계획과정에 대하여 이야기해보자.
3. 교통계획의 필요성과 계획가의 역할에 대하여 생각해보자.
4. 도시계획 패러다임의 변화에 따라 교통계획가의 역할은 어떻게 달라져야 하는지 생각해보자.
5. 압축도시 계획원리를 적용할 때 교통계획은 어떠한 방향으로 수립되어야 하는지 생각해보자.
6. 장기교통계획과 단기교통계획의 특징에 대하여 이야기해보자.
7. 교통현황조사에는 어떠한 것들이 있는지 유형별로 구분하여 생각해보자.
8. 토지이용별로 통행발생량이 다른 이유는 무엇인지 생각해보자.
9. 교통계획시 관련계획 및 정책분석을 실시하는 이유에 대하여 생각해보자.
10. 교통계획에 대한 성과기준은 직접적인 성과기준과 간접적인 성과기준으로 분류할 수 있다. 각각의 성과 기준에는 어떠한 요소들이 포함되는지 이야기해보자.
11. 교통체계평가의 목적은 무엇이며, 과정에 대하여 설명해 보고 어떠한 기법들이 있는지 이야기해보자.
12. 정책목표가 '보행을 위한 쾌적하고 안전한 도로환경의 조성'이라 한다면 목표를 달성하기 위하여 어떠한 정책수단들을 적용할 수 있을지 생각해보자.
13. 교통사업에서 세부기획은 목표를 달성하기 위하여 가용한 재원을 교통사업과 연결·조화시키는 작업이다. 효과적인 세부기획이란 어떻게 이루어질 때 가능한지 생각해보자.
14. 우리나라 대도시들이 추진해야 할 교통정책의 목표는 무엇이며, 어떠한 것들이 있는지 이야기해보자.
15. 고유가 시대에 대응한 교통정책에는 어떠한 것들이 있을지 생각해보자.

|제 2 부|

교통수요

|제4장|　자　　료

|제5장|　교통수요모형

|제6장|　4단계추정법

|제7장|　개별행태모형

제 4 장 자   료

제 1 절 장기도시교통계획의 자료

신뢰성 있는 자료는 교통문제를 정확히 진단하여 실효성 있는 교통정책을 수립하여 집행할 수 있는 토대를 마련해 주기 때문에 매우 중요하다.

장기(종합)도시교통계획은 여러 가지 교통계획의 유형 중에서 가장 기본적이고 포괄적이며 종합적인 장래의 교통체계에 관한 장기적 계획이다. 따라서 수집해야 할 자료의 양이 방대하고 분석해야 할 항목이 다양하다. 장기도시교통계획에 포함되어야 할 분석항목은 도시마다 다를 수 있고 계획가의 가치나 선호에 따라 결정되기 때문에 일정한 틀은 없으나 〈표 4-1〉과 같은 내용이 일반적으로 포함될 수 있다. 이같은 계획에 따른 조사내용과 조사방법을 개괄적

표 4-1 　장기교통계획에 필요한 자료

Ⅰ. 도시현황과 특성조사	(1) 조사내용
1. 존의 설정	(2) 분석사항
(1) 시내존 구분	2. 터미널 여객통행실태
(2) 시외존 구분	(1) 터미널시설 현황
(3) 시외유출입지점	(2) 운행에 관련된 조사
2. 기본 지도 작성	(3) 여객통행 실태
3. 인구자료 수집	Ⅲ. 시외유출입통행실태
4. 고용 현황	(1) 조사내용
5. 토지이용 현황	(2) 분석사항
6. 기타 도시특성 자료	Ⅳ. 교차로교통량 및 시설조사
7. 차량 및 교통시설	Ⅴ. 화물교통조사분석
Ⅱ. 사람통행실태조사	1. 조사의 내용
1. 시내간 통행량	2. 시외유출입물동량

표 4-2 ▌ 도시장기교통계획에 필요한 조사 및 일정 계획표

조사 항목	조사 내용	조사 방법	조사 일정 (5월 21일~6월 29일)
1. 도시현황과 특성조사 · 사회 · 경제지표 · 토지이용	인구, 학생수, 고용수 등별 토지이용 및 건물상면적	도시연구원 자료 교육위원회, 세무서 자료 구청자료	
2. 사람통행패턴 조사 · 가정방문 패턴 조사 · 직장방문 조사 · 터미널 여객통행 실태조사 · 시외유출입자동차 교통량 및 통행 실태 조사	가구특성, 통행실태(5%표본) 통행실태 고속 · 시외버스, 철도역 유출입 지점 24시간 교통량 조사	KOTI 자료 학생 매체 조사 조사원 파견 도시연구원 자료	
3. 화물물동량조사 · 영업용 화물차량 통행실태 · 노선 · 구역(응답) · 자가용 화물 차량 통행실태	화물 통행 실태 제조업 조사시(표본 30%)	KOTI 자료 운수조합 매체 조사원 파견	
4. 시외지역간 교통량 및 통행실태 조사	자동차별 교통량 및 통행실태	KOTI 자료 조사원 파견	
5. 주요 교통시설 현황조사 · 교차로 · 도로구간	시설물, 목련, 신호주기, 차선표시 폭원, 차선수, 보도폭, 위치	도시연구원 자료 조사원 파견 경찰청 자료	
6. 주요 교차로 교통량 조사	조사 지점(방향별 · 차종별)	조사원 파견, 경찰청 자료	
7. 교통소통 및 운영실태조사 · 차량속도 및 지체조사 · 보행자 조사 · 교통사고 조사 · 차종별 차량운행 특성 조사	속도, 정차횟수, 정차시간 보행교통량, 밀도, 속도 등 사고다발지점, 원인 등 운행특성, 주행거리 등	KOTI 자료 차량합승 조사 경찰청자료 조사 차량합승 조사	
8. 주차시설 및 주차이용특성 조사 · 주차시설 조사 · 주차특성 조사	블록별 노상, 노외(평면, 입체) 주차능력 발생원단위조사	지자체주차담당부서 조사원 파견	
9. 대중교통운영조사 · 버스운수업계 경영실적 및 규모조사 · 버스이용객 행태 조사	위치, 시설규모, 경영실태 등 정류장별 노선별 조사	지자체대중교통부서 버스연합회 버스조합 조사원 파견	

표 4-3	교통계획에 필요한 자료별 협조부서 및 협조사항

1. 도시관련부서
   (1) 시내존 구분도(행정구역도) 구입
   (2) 항측도(1 : 1,200)구입
   (3) 기존 자료수집
      - 도시 기본계획
      - 시정백서
      - 도시기본계획(안)
      - 기타 기존 계획자료
   (4) 공업단지 개발계획
      - 시설규모, 업체수, 종업원수
   (5) 기타 도시계획 자료 및 개선안
   (6) 행정동별 · 용도별 토지면적 및 기능별 건물연면적 현황자료
2. 도로관련부서
   (1) 가로망도 구입(주요 가로명, 폭원, 거리 자료)
   (2) 현재 및 장래 진행 예정중인 도로건설 및 포장계획
   (3) 시가지도 구입
   (4) 도로시설물 현황 및 계획(도면 포함)
   (5) 기타 계획자료(조사 포함)
3. 교통관련부서
   (1) 차종별 차량 현황
   (2) 터미널시설 및 운영 현황(고속, 시외버스)
   (3) 주차장시설 현황 및 개선계획안
   (4) 택시 운수업체 현황 및 업체별 규모, 차량 보유대수, 운영실적 자료
   (5) 버스 운수업체 현황 및 업체별 규모, 차량 보유대수, 운영실적 자료표(시외버스, 고속버스, 시내버스)노선도
   (6) 트럭 운수업체 현황 및 업체별 규모, 차량 보유대수, 운영실적 자료, 노선, 구역(용달)
      - 자가용 트럭 주소록
   (7) 각 조합 방문 협조의뢰
      - 택시 운수조합
      - 버스 운수조합
      - 화물 운송조합
   (8) 기타 계획자료(조사 포함)
4. 경찰청
   (1) 주요 교차로의 신호 통제체제
      - 신호주기, 방향별 진행시간, 교차로명
      - 교차로 신호시설 위치도
   (2) 교통사고 통계분석
      - 교통사고 조서의 조사원 파견 기록(특정분석 항목)

⑶ 시외유출입교통량 조사를 위한 협조
　• 조사원 파견(24시간 교통량 및 통행실태조사)
⑷ 도시내 교차로 교통량 조사 및 시설물 조사를 위한 협조
　• 조사원 파견 조사
5. 교육위원회
⑴ 학교 시설현황조사
　• 조사원 파견(학교별 주소, 학급수, 학생수, 토지면적, 건축면적, 건물연면적 등 기록)
⑵ 학생 매체 사람통행실태조사 협조의뢰
　• 각 학교 대표자 소집→사람 통행실태조사표 기록 요령 설명→각 학교 대표자의 학급별 기록 요령 설명→학생 개개인의 가족 통행실태기록→학교별 회수→교육위원회 회수
6. 세무서
　• 각 세무서의 고용실태 자료조사 협조(조사원 파견, 특정항목 기록)
7. 구청
　• 구청 건축과에 조사원 파견→토지 · 가옥 자료의 특정항목 기록집계
8. 전산실
　• 건물 연면적
　• 용도별 토지현황
　• 동별 자동차 등록대수

으로 살펴보면 〈표 4-2〉와 같다. 이같은 계획내용을 토대로 하여 항목별로 준비해야 할 사항과 조사내용 및 분석계획을 살펴보기로 한다.

Ⅰ. 도시현황과 특성조사

1. 존의 설정

도시교통계획을 위한 조사 및 분석에서 가장 기초가 되는 작업은 교통존을 설정하는 것이다. 교통존은 대·중·소로 나누어 구분하고, 폐쇄선조사를 위해 시외유출입지점도 현장답사를 통해 설정한다. 폐쇄선은 도시주변의 외곽 도로상에 선정하는데, 주로 도시로 진입하는 국도상에 설정하게 된다.

2. 기본지도작성

도시교통계획시 기본적으로 갖추어야 할 지도는 대개 여섯 가지 정도로서 〈표 4-4〉와 같다. 이 같은 지도들은 장기종합교통계획에서부터 교통체계관리기법과 대중교통운영계획에 이르기까지 다양한 목적에 사용된다. 따라서 각

표 4-4 │ 지도의 종류별 축척	
지도의 종류	축　　척
존　　구　　분　　도	1 : 50,000 ~ 1 : 100,000
외　부　존　구　분　도	1 : 500,000
시　내　가　로　망　도	1 : 25,000 ~ 1 : 50,000
외　부　지　역　가　로　망　도	1 : 200,000 ~ 1 : 500,000
항　　측　　도	1 : 1,200 ~ 1 : 5,000
도 심 지 가 로 망 도 및 특 별 지 도	1 : 1,200 ~ 1 : 1,500

지도의 유형별로 10질 정도씩 구입하여야 한다.

3. 인구자료

인구자료는 장래교통수요추정에 필수적인 자료가 되기 때문에 신뢰성 있는 자료가 수집되어야 한다. 보통 각 시의 통계연보상의 인구를 이용하는데, 분석시기로부터 약 10~15년 전부터 현재까지의 연도별 인구자료를 수집한다.

4. 고용현황

고용현황은 존별 통행유입량과 유출량을 추정하는 데 귀중한 자료로 쓰일 뿐만 아니라 주차정책 등에도 이용된다. 고용현황은 5인 이상 업체와 5인 이하 업체로 나누어 자료를 수집하는 것이 사업체와 사업체가 취급하는 업종을 분류하는 데 도움이 된다. 먼저 5인 이상 고용인을 가진 업체의 자료는 노동부에서 발행한 사업체 조사명부를 조사하여 자료를 집계한다. 5인 이상 고용인을 가진 업체의 분류는 아래와 같이 9개의 업종으로 분류한다.

① 농업 · 수렵업 · 임업 및 어업
② 광업
③ 제조업
④ 전기 · 가스 및 수도사업
⑤ 건설업
⑥ 도 · 소매 및 음식 · 숙박업
⑦ 운수 · 창고 및 통신업
⑧ 금융 · 보험 · 부동산 및 용역업
⑨ 사회 및 개인 서비스업

5. 토지이용현황

각 용도별 토지이용현황을 파악하기 위해서는 토지 및 건물용도의 구분이 필요한데, 〈표 4-5〉와 같은 용도와 분류에 의해 구분한다.

표 4-5 | 토지 및 건물 용도구분

용 도	세 분 류
주거용지	단독주택, 연립, 아파트, 사택
상업용지	도·소매활동(철물, 잡화, 식품, 자동차 부속품, 가구, 음료 등), 금융·보험·증권업 등 사무소, 유흥업, 숙박업(호텔, 여관)
공업용지	공장건물대지
공공용지	관청·행정부서·경찰서·소방서 등
교육용지	각급학교
문화시설	박물관, 시민회관, 고아원, 양로원, 교회, 사찰
공공시설	철도·도로, 주차장, 항만 등
녹 지	공원녹지(자연공원, 근린공원 등), 생산녹지(전답, 과수원 등 녹립지역)
공 한 지	공지
기 타	하천

(1) 주거 · 상업 · 공업용도

우선적으로 시청 도시계획과와 통계담당부서에서 집계한 주거·상업·공업용도별 토지이용현황을 파악한다. 전산화된 세무 및 행정실무자료를 활용하면 세부 토지이용현황을 보다 용이하게 정리할 수 있다.

(2) 교육용도

교육용도현황은 시교육위원회의 자료를 협조받아 시에 소재하는 학교별 주소, 학급수, 학생수, 토지면적, 건축면적, 건물연면적에 대한 자료를 수집한다.

(3) 공한지 분석

공한지는 1 : 1,200 내지 1 : 5,000의 항측도를 구하여 항측도의 판독에 의해 면적을 집계한다. 이같이 집계된 면적을 확인하고 동별 공한지 현황을 분석하기 위해 구청에 문의한다.

6. 기타 도시특성자료

(1) 수용학생수

도나 시통계연보, 혹은 시교육위원회에 의뢰하여 유치원, 초등학교, 중학교, 고등학교, 대학교, 전문학교의 학생수를 동별, 존별로 파악한다. 학생수의 과거 10~15년간의 추세를 살펴보기 위해 이 기간 동안의 교육통계연보를 활용한다.

(2) 지역총생산액(GRP)

대상지역의 지역총생산액과 평균소득을 구한다.

7. 차량보유대수 및 교통시설투자

차량보유대수는 교통존별 통행량을 추정하는 데 귀중한 자료가 될 뿐만 아니라 현재 및 장래의 교통체계의 상태를 조명해 볼 수 있는 자료가 된다. 차량보유대수는 차종별·동별 차량보유대수를 파악하는데, 지난 10년간의 차종별 성장추이를 구해야지만 장래 차량보유대수에 대한 예측이 가능하다.

교통시설에 관한 자료는 도로, 철도, 터미널로 구분하여 수집하는데, 도로는 시청 도로과에서 주요 가로명, 폭원, 거리 등이 포함된 가로망도를 구한다.

철도시설에 관한 자료는 시에 위치하는 철도노선의 이전이나 철도역이전, 지역간 철도승객 및 화물분석 등에 활용되는데, 철도통계연보와 철도청 지방지청에 의뢰하여 철도시설현황 및 장래계획에 관한 자료를 수집하고, 철도청에서 발행하는 철도통계연보의 철도역간 기종점에 관한 자료를 수집·정리한다.

마지막으로 터미널에 관련된 자료는 사람 통행실태분석, 터미널의 이전, 터미널의 개선방안, 터미널과 시내버스간의 연계, 터미널과 지하철간의 연계방안 등에 활용된 다. 터미널은 고속버스터미널과 시외버스터미널을 분석대상으로 하는데, 터미널을 방문하여 시설규모, 종업원, 보유차량, 차량운행일지 등을 수집하고, 터미널의 외부 및 내부동선처리현황과 택시, 시내버스, 시외버스, 지하철간의 연계상태를 분석한다.

Ⅲ. 사람통행실태조사

교통계획을 수립하기 위해서는 대상지역 및 영향권역의 사람통행실태조사자료가 필요하다. 통행실태조사는 대상지역에서 추출된 표본(사람)의 1일 통행활동의 기·종점 , 통행목적, 이용하는 교통수단 등을 파악하는 작업이다.

사람통행실태조사는 사람의 움직임의 기종점을 조사하기 때문에 기종점조사 혹은 O-D조사라고 부른다. 자동차의 통행량에 대한 기종점을 조사한 경우 이를 자동차 O-D조사라고 하는데, 자동차 O-D조사는 자가용 승용차 O-D조사, 택시 O-D조사, 트럭 O-D조사로 구분된다. 또한 대중교통의 기종점조사를 대중교통 O-D조사라고 일컫는다.

사람통행조사는 조사목적에 따라 조사내용이 달라지고, 조사대상지역의 특성에 따라 그 접근방법도 달라진다. 도시교통계획 수립시 사용되는 조사방법은 아래와 같다.

① 가구방문조사(home interview survey)

② 영업용 차량조사(commercial vehicle survey)

③ 노측면접조사(roadside survey)

④ 대중교통수단 이용객조사(transit passenger survey)

⑤ 터미널 승객조사(terminal passenger survey)

⑥ 직장방문조사(office interview survey)

⑦ 차량번호판조사(license plate survey)

⑧ 폐쇄선조사(cordon line survey)

한편 이 같은 조사를 보완 내지는 검증하기 위하여 스크린라인조사(screen line survey)를 실시한다.

1. 사람통행실태조사 방법

(1) 폐쇄선(cordon line)

교통조사를 실시하기 위해서는 〈그림 4-1〉과 같이 조사의 공간적 범위를 설정하여야 한다. 조사대상지역을 포함하는 외곽선을 폐쇄선(cordon line)이라고 부른다. 폐쇄선 내의 지역을 가구설문조사의 대상지역으로 잡는다. 일반적으로 폐쇄선 설정시 고려할 사항은 다음과 같다.

① 가구설문조사를 용이하게 하고, 자료정리의 효율성을 높이기 위하여 폐쇄선을 가급적 행정구역 경계선과 일치시키도록 한다.

② 도시주변에 인접한 위성도시나 장래 도시화지역 등은 가급적 폐쇄선 내에 포함시킨다.

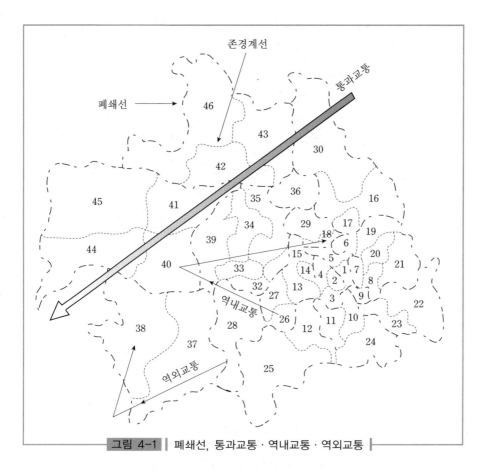

존경계선

폐쇄선

통과교통

46

43

30

42

45

41

35

36

16

34

39

29

17

18

19

6

15

5

20

40

33

14

4

1

7

8

21

32

27

13

2

3

9

역내교통

26

11

10

23

22

28

12

24

38

37

역외교통

25

그림 4-1 | 폐쇄선, 통과교통 · 역내교통 · 역외교통

③ 폐쇄선을 횡단하는 도로나 철도 등이 가급적 최소가 되게 한다.

④ 주변에 동이 위치하면 폐쇄선 내에 포함하도록 한다.

(2) **교통존**(traffic zone)

교통계획에서 승객이나 화물이동과 흐름을 분석하고 추정하기 위해서 〈그림 4-2〉와 같은 단위공간을 설정하는데 이를 교통존이라고 부른다. 교통존은 교통분석 대상지역에 인위적으로 경계를 그어 각 교통지구의 사회 경제적 특성 및 교통 여건을 파악하고, 이를 기본으로 하여 자료의 수집, 분석, 예측을 하는 공간단위이다. 그러므로 자료수집의 용이성과 자료분석의 편의성을 위해서 아래와 같은 기준에 의하여 교통존을 설정할 필요가 있다.

① 각 존은 가급적 동질적인 토지이용이 포함되도록 한다.

② 행정구역과 가급적 일치시킨다.

그림 4-2 │ 교통존 구분도 │

③ 간선도로가 가급적 존경계선과 일치하도록 한다.

④ 소규모 도시의 주거지역인 경우는 한 존에 대개 1,000~3,000명을 포함
하고, 대도시의 경우는 한 존에 5,000~10,000명이 포함된다.

존의 크기는 분석목적과 자료를 어느 정도까지 상세히 처리하느냐에 달려
있다. 존을 크게 하면 조사의 정밀도는 저하되지만 조사비용과 분석시간을 줄
일 수 있다. 반면 존을 작게 하면 보다 상세하고 정밀한 자료를 얻을 수 있으
나 조사비용과 자료정리 및 분석량이 많아지게 된다. 표본의 수가 적을 때에는
작은 존일 경우 하나의 존에 포함되는 통행수가 별로 없기 때문에 실용적인 결
과를 얻지 못하는 단점이 있다.

도시종합교통계획에서는 존을 대·중·소로 나누어 분석목적에 따라 적절
히 활용하는 데, 이를 분류하는 방법은 다음과 같다.

① 행정구역 혹은 도시계획구역에 의하든가, 혹은 하천, 철도, 임야 등과

같이 지형적 조건에 따라 대존으로 나눈다.

② 대존을 도시의 개발측과 도시기본계획 등에서 나누어진 생활권을 고려하여 지역특성이 유사한 것끼리 중존으로 묶는다.

③ 중존을 다시 소존으로 나눈다.

조사대상지역 내의 교통존이 설정되면 조사대상지역 외의 도시외곽지역을 존으로 나눈다. 이는 폐쇄선을 통과하는 통행을 조사하기 위한 것이다. 교통존이 설정되면 폐쇄선 내측에 대하여 가구를 표본추출하여 가구방문조사, 직장방문조사, 차량방문조사 등을 실시하게 된다.

(3) **가구방문조사**(home interview survey)

가구방문조사는 조사대상지역 내에 기·종점을 가진 사람통행에 대하여 조사하는 방법이다. 이 방법은 조사지역 내의 가구 중에서 표본을 추출하여 추출된 가구를 방문하여 가족구성원에 대한 통행실태를 조사하게 된다.

① 가구방문조사: 가구방문조사의 조사방법을 살펴보면 먼저 조사원이 표본에 의해 추출된 가구에 엽서를 보내어 정해진 조사일에 방문을 의뢰한다. 조사일 당일에는 조사원이 직접 해당가구를 방문하여 조사내용을 설명하고 가족구성원의 전날 24시간의 통행을 문의하여 조사표에 기록한다.

가구방문조사는 통행의 내용을 조사하는 것이므로 출발지와 목적지, 출발시간, 통행목적, 이용한 교통수단, 도착시간, 교통비, 환승 여부에서부터 운전면허증 소지 여부, 자가용 승용차 보유 여부, 주차방법, 주차시설의 여부에 이르기까지 포괄적이라고 할 수 있다.

② 우편에 의한 회수법: 가구방문을 대신하여 조사표를 추출된 가구에 우송하여 조사표에 회답하도록 하는 방법을 우편에 의한 회수법이라고 한다. 이 방법은 숙련된 조사원을 필요로 하지 않고 조사비용도 적게 드는 이점이 있는 반면 회수율이 저조하고, 회수율이 직업유형별, 연령별, 지역별 등에 따라 달라지므로 균형된 표본을 얻기가 힘든 단점이 있다.

③ 학생이용설문조사: 가구방문조사에 따른 높은 조사비용과 조사기간의 장기화 때문에 가구방문조사를 실시할 수 없는 여건에서 가구방문조사의 대안으로 학생을 매체로 하여 가구설문조사를 대신하게끔 하는 방법이다. 이 방법은 교육당국의 협조만 얻으면 학교별 학생설문이 용이하고, 조사에 소요되는 비용이 가구방문설문조사보다 적게 드는 장점이 있다.

표 4-6 ┃ 가구통행실태조사표(1)

※ No. ☐☐☐☐

주소 : ＿＿＿ 구 ＿＿＿ 동 ＿＿＿ 번지(＿＿＿ 아파트 ＿＿＿ 동 ＿＿＿ 호) ＿＿＿통 ＿＿＿반)   ☐☐

가족수 : ☐☐   5세 이상 가족수 : ☐☐   고용자수 : ☐☐

가구 총 월수입 : ＿＿＿＿＿＿＿만원 ※ ☐   승용차대수 : ☐

가족현황 :

가족번호	통행유무	성 별	연 령	직업 및 직장 주소	비통행이유
1	유＝1	남＝1		직업 ＿＿＿＿＿＿ 직장주소 ＿＿＿ 구＿＿＿동	
0 1	무＝2	여＝2			
2	유＝1	남＝1		직업 ＿＿＿＿＿＿ 직장주소 ＿＿＿ 구＿＿＿동	
0 2	무＝2	여＝2			
3	유＝1	남＝1		직업 ＿＿＿＿＿＿ 직장주소 ＿＿＿ 구＿＿＿동	
0 3	무＝2	여＝2			
4	유＝1	남＝1		직업 ＿＿＿＿＿＿ 직장주소 ＿＿＿ 구＿＿＿동	
0 4	무＝2	여＝2			
5	유＝1	남＝1		직업 ＿＿＿＿＿＿ 직장주소 ＿＿＿ 구＿＿＿동	
0 5	무＝2	여＝2			
6	유＝1	남＝1		직업 ＿＿＿＿＿＿ 직장주소 ＿＿＿ 구＿＿＿동	
0 6	무＝2	여＝2			
7	유＝1	남＝1		직업 ＿＿＿＿＿＿ 직장주소 ＿＿＿ 구＿＿＿동	
0 7	무＝2	여＝2			
8	유＝1	남＝1		직업 ＿＿＿＿＿＿ 직장주소 ＿＿＿ 구＿＿＿동	
0 8	무＝2	여＝2			
9	유＝1	남＝1		직업 ＿＿＿＿＿＿ 직장주소 ＿＿＿ 구＿＿＿동	
0 9	무＝2	여＝2			

┌─＊직업분류표＊─

01. 농업, 수렵업, 임업 및 어업 종사자
02. 광업 종사자
03. 제조업체, 공장(소규모 포함)의 기능공, 생산공장, 노무종사자
04. 전기, 가스 및 수도사업 종사자
05. 건설업체 종사자
06. 도·소매 및 음식 숙박업 종사자
07. 운수·창고 및 통신업 종사자
08. 금융, 보험, 부동산 및 용역업 종사자

09. 전문직종(대학교수, 교사, 연구소 근무자)
10. 관리직 종사자(공무원, 사무원)
11. 사회 및 개인서비스업 종사자(오락, 문화, 교회, 불교, 기타, 사회사업)
12. 학생
13. 가정주부
14. 미취업(무직)
15. 기타

┌─＊비통행이유표＊─

1. 방학
2. 노령
3. 질병
4. 출장
5. 휴가
6. 가사
7. 미취업(무직)
8. 기타

※ 란은 기입하지 마십시오.

가구통행실태조사표(2)

※ No. ☐☐☐☐

주소 동번호 ☐☐☐

가족번호	직업	성별	연령	통행횟수	통행목적	통행수단	통행출발지동번호 (동명 및 주요지명)	통행도착지동번호 (동명 및 주요지명)	출발시간	도착시간	갈아타기 유 무
									시 분	시 분	유＝1
☐	☐	☐	☐☐	☐	☐	☐	☐☐☐	☐☐☐	☐☐ ☐☐	☐☐ ☐☐	무＝2 ☐
									시 분	시 분	유＝1
☐	☐	☐	☐☐	☐	☐	☐	☐☐☐	☐☐☐	☐☐ ☐☐	☐☐ ☐☐	무＝2 ☐
									시 분	시 분	유＝1
☐	☐	☐	☐☐	☐	☐	☐	☐☐☐	☐☐☐	☐☐ ☐☐	☐☐ ☐☐	무＝2 ☐
									시 분	시 분	유＝1
									☐☐ ☐☐	☐☐ ☐☐	무＝2 ☐
									시 분	시 분	유＝1
									☐☐ ☐☐	☐☐ ☐☐	무＝2 ☐
									시 분	시 분	유＝1
☐	☐	☐	☐☐	☐	☐	☐	☐☐☐	☐☐☐	☐☐ ☐☐	☐☐ ☐☐	무＝2 ☐
									시 분	시 분	유＝1
☐	☐	☐	☐☐	☐	☐	☐	☐☐☐	☐☐☐	☐☐ ☐☐	☐☐ ☐☐	무＝2 ☐
									시 분	시 분	유＝1
☐	☐	☐	☐☐	☐	☐	☐	☐☐☐	☐☐☐	☐☐ ☐☐	☐☐ ☐☐	무＝2 ☐
									시 분	시 분	유＝1
									☐☐ ☐☐	☐☐ ☐☐	무＝2 ☐
									시 분	시 분	유＝1
									☐☐ ☐☐	☐☐ ☐☐	무＝2 ☐
									시 분	시 분	유＝1
									☐☐ ☐☐	☐☐ ☐☐	무＝2 ☐
									시 분	시 분	유＝1
									☐☐ ☐☐	☐☐ ☐☐	무＝2 ☐
									시 분	시 분	유＝1
									☐☐ ☐☐	☐☐ ☐☐	무＝2 ☐
									시 분	시 분	유＝1
									☐☐ ☐☐	☐☐ ☐☐	무＝2 ☐
									시 분	시 분	유＝1
									☐☐ ☐☐	☐☐ ☐☐	무＝2 ☐
									시 분	시 분	유＝1
☐	☐	☐	☐☐	☐	☐	☐	☐☐☐	☐☐☐	☐☐ ☐☐	☐☐ ☐☐	무＝2 ☐

─ * 통행목적표 * ─
1. 등교
2. 출근
3. 귀가
4. 업무수행
5. 시장보기
6. 오락, 친교, 여행
7. 기타

─ * 통행수단표 * ─
1. 도보(5분이상 또는 400m이상의 도보)
2. 시내버스
3. 기타버스(출근버스 포함)
4. 택 시
5. 승용차
6. 기 차
7. 기 타

(4) 영업용차량조사

이 방법은 버스, 택시, 화물트럭 등의 영업용 차량을 대상으로 그 대상지역에서 무작위로 추출된 영업용 차량에 대해서 조사표를 이용하여 설문조사를 하는 방법이다. 영업용차량의 표본은 버스나 택시 연합회 또는 화물연합회의 기록된 명부에 의하여 추출하게 되는데, 조사원이 운송회사를 직접 방문하거나 운송조합 등의 협조로 일정한 장소에 운전사를 집합시켜 설문조사하는 방법이 있다.

조사내용은 조사대상일의 영업용차량의 유형, 출발지, 목적지, 출발시간, 도착시간 , 승차인원, 통행목적, 주차상태, 차고 등에 대하여 실시한다. 택시의 경우에는 하루 동안 택시를 전세내어 설문양식을 배부하여 택시승객의 통행실태를 파악하는 방법을 활용할 수 있다.

(5) 노측면접조사

노측면접조사는 간선도로나 이면도로상에서 차량을 세우거나 또는 신호대기시 대기하는 차량 등을 대상으로 출발지와 목적지를 조사하는 방법이다. 출발지와 목적지 외에 통행목적, 평균 재차인원 등도 함께 조사할 수 있다.

(6) 대중교통수단 이용객조사

대중교통수단 이용객을 조사하는 방법은 두 가지가 있는데, 하나는 버스정류장, 지하철역 등에서 승차하기 위해서 기다리는 승객에게 설문지를 배부하여 우편으로 우송케 하는 방법이고, 또 하나는 정류장에서 승객에게 조사표를 배부하고 대중교통수단에 승차한 후, 조사요령을 설명하고 승객이 내리기 전에 조사표를 수거하는 방법이다.

(7) 터미널 승객조사

이 방법은 기차, 시외버스, 고속버스 등의 터미널에서 승차를 위해 대기하는 승객과 차에서 하차하는 승객을 대상으로 출발지와 최종목적지, 통행목적, 직업, 소득 등을 조사하는 방법으로 노측면접조사보다 신뢰성 있는 자료를 수집할 수 있다.

(8) 직장방문조사

가구방문조사는 가구를 근간으로 하여 통행을 조사하는 방법이지만 직장방문조사는 조사자가 직장의 고용자를 대상으로 하여 조사표를 배부하고, 조사일의 통행실태를 조사하는 방법이다.

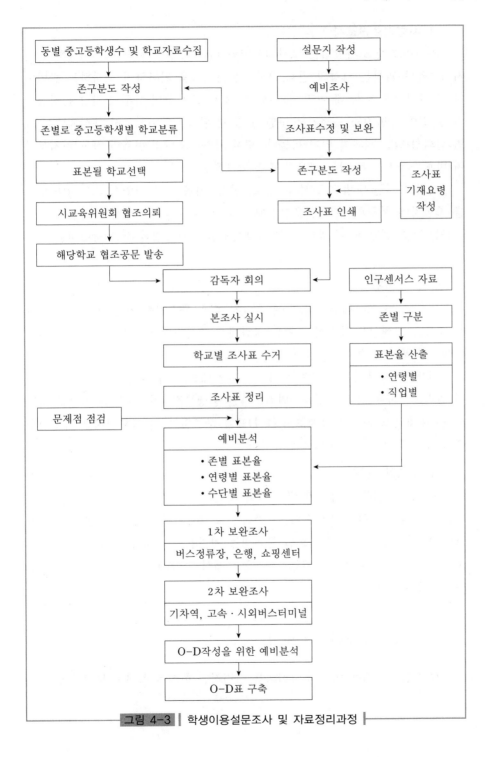

동별 중고등학생수 및 학교자료수집 → 존구분도 작성 → 존별로 중고등학생별 학교분류 → 표본될 학교선택 → 시교육위원회 협조의뢰 → 해당학교 협조공문 발송 → 감독자 회의

설문지 작성 → 예비조사 → 조사표수정 및 보완 → 존구분도 작성 → 조사표 인쇄 → 감독자 회의

조사표 기재요령 작성 → 존구분도 작성

감독자 회의 → 본조사 실시 → 학교별 조사표 수거 → 조사표 정리 → 예비분석

인구센서스 자료 → 존별 구분 → 표본율 산출 • 연령별 • 직업별

문제점 점검 → 예비분석

예비분석 • 존별 표본율 • 연령별 표본율 • 수단별 표본율 → 1차 보완조사 버스정류장, 은행, 쇼핑센터 → 2차 보완조사 기차역, 고속 · 시외버스터미널 → O-D작성을 위한 예비분석 → O-D표 구축

그림 4-3 ┃ 학생이용설문조사 및 자료정리과정 ┃

(9) **차량번호판조사**

차량번호판 조사방법은 조사대상지역 내에 일정한 지점들을 선정하여 이 지점들을 통과하는 차량의 번호, 차종, 통과시간을 기록하여 조사하는 방법이다. 조사지점을 도시 내 여러 개소에 설치하여 조사하면 하루의 차량 움직임을 알 수 있어 출발지와 목적지를 구할 수 있게 된다. 그러나 조사 대상지역이 크면 신뢰성 있는 결과를 얻기 힘들다. 또한 차량번호판의 번호가 작고 지저분하여 번호를 식별하기 힘든 경우가 종종 발생하곤 한다.

이와 유사한 방법으로 시각, 장소, 방향, 차종 등을 기입한 스티커(부착물)를 자동차에 부착한다든가, 운전자에게 주어 다른 조사지점에서 회수하여 조사하는 방법이 있다. 이 방법 역시 차량번호판 조사방법과 같은 장단점을 지니고 있다.

(10) **폐쇄선조사**

이 조사는 조사대상지역 밖에 출발지 혹은 목적지를 가진 통행을 조사하는 것으로 폐쇄선을 통과하는 주요 지점에서 조사지역으로 유입·유출하는 차량을 조사하는 방법이다.

폐쇄선조사에서는 통과하는 차량의 시간대별, 차종별 통과량과 차량을 세워 면접조사하는 방법이 있다. 면접조사는 통행목적, 기·종점을 위주로 조사한다. 폐쇄선조사는 그 자체로서 O-D표를 구축하는 데 이용되지만 가구설문조사 등 본조사의 보완용으로 활용된다.

(11) **스크린라인조사**

이 조사방법은 조사지역 내에 하나 혹은 몇 개의 선을 그어 이 선을 통과하는 차량을 조사하는 방법이다. 일반적으로 남북선과 동서선을 간선도로상에 그어 이 선상에 위치한 교차로를 통과하는 차량을 조사하게 된다. 스크린라인조사의 결과는 가구방문조사나 폐쇄선조사에서 구한 교통량과 비교하여 그 정밀도를 검증한다.

Ⅲ. 사람통행실태조사 형식

사람 통행실태에 대한 조사결과를 정리하는 형식을 설정해 보고자 한다.

1. 시내간 통행량분석 사항

(1) 통행자 · 비통행자

직업별 통행자 비율

구 분	조사인구	표본통행자	표본비통행자	통행자비율	표 본 율
1차산업					
2차산업					
3차산업					
학 생					
기 타					
계					

연령별 통행자 비율

연 령	조사인구	표본통행자	표본비통행자	통행자비율	표 본 율
5~9					
10~14					
15~19					
20~24					
25~29					
30~39					
40~49					
50~59					
60이상					
계					

(2) 가구 관련자료

(중존) 동명	표본 가구수	총 가족수	5세 이상 가족수	승용차 보유대수		소득항목		가 구 총소득	개인 소득 (가장)
				자가	관용	기록 자수	무기록 자 수		
계									

(3) 통행비율

중 존	표본 가구수	5세이상 가족수	통행자수	비 통행자수	총수단 통행수	총목적 통행수
계						

(4) 연령별 통행분포

중존	연 령 별 통 행 자 수											연령별 수단통행수	연령별 목적통행수
	5~9	10~ 14	15~ 19	20~ 24	25~ 29	30~ 39	40~ 49	50~ 59	60 이상	미기 록	계	~	~
계													

(5) 성별 통행분포

중 존	통행자수			수단통행수			목적통행수		
	남	여	계	남	여	계	남	여	계
계									

(6) 직업별 통행분포

중 존	직업별 통행자수		수단통행수		목적통행수	
	직업분류번호	계	직업분류번호	계	직업분류번호	계
계						

(7) 직업별 목적통행

목적 / 직업	등 교	출 근	시 장 보 기	업 무 수 행	오 락 친 교	귀 가	여 행	기 타	계
1 ～ 15									
계									

(8) 직업별 수단통행

수단 / 직업	도 보	시내 및 좌석버스	택시	자가용 승용차	회사버스 학교버스	트 럭	기 타	계
1 ～ 15								
계								

2. 터미널 여객통행실태조사

위에서 밝힌 바와 같이 터미널 여객통행실태는 O-D조사(가구설문조사 등)를 보완해 주고, 터미널개선, 터미널이전, 교통수단의 연계 등에 활용된다.

(1) 터미널 시설현황

우선적으로 터미널시설에 관련된 자료를 수집하는 것이 필요한데 주요한 조사항목으로는 터미널별로 위치, 면적, 건평, 주차장, 구조, 대합실규모, 매표실 등을 파악한다.

(2) 운행에 관련된 사항

터미널에 위치한 각 운수업체의 주요 노선별 매표실적자료와 1일 및 월별 평균수송인원 현황을 파악하고 아울러 터미널이용상의 문제점에 대하여 설문조사를 실시한다.

(3) 여객통행실태

터미널을 이용하는 승객을 대상으로 하여 기종점, 통행목적, 환승 여부 등을 설문조사한다.

Ⅳ. 시외유출입 통행실태조사

시외유출입 통행실태를 분석하는 목적은 유출입지점별, 시간대별, 차종별 교통량을 분석하여 교통량의 유입·유출현황을 파악하고, 유출입지점별, 차종별 탑승인원을 조사하여 총 사람통행량을 구한다. 더 나아가서는 유출입지점에서 차량을 대상으로 기종점을 설문조사하여 O-D표를 구축하기 위한 수단으로도 사용된다.

1. 조사내용 및 분석사항

먼저 도시외곽의 시외유출입통행조사를 위한 장소를 선정하는 것이 중요한데, 대부분 시경계에서 주변도시로 연결되는 국도상에 선정한다. 또한 고속도로에 의해 조사대상지역으로 유출입이 가능한 지역은 고속도로 톨게이트에서 유출입통행실태를 설문조사하여야 한다.

(1) 시외유출입 차량교통량조사

시외유출입 지점에서의 차량교통량은 24시간 교통량을 조사한다. 조사방법에는 사람이 직접조사, 차량검지기활용, GPS, CCTV 활용 방법이 있다.

표 4-7 | 시외유출입 차량교통량 조사표

조사지점 : _____   조사연월일 : _____
유출입구분 : 유입, 유출   조 사 자

조사 시간대	영업용 택 시	자가용 승용차	버 스				트 럭			특수차	기타
			시 내	고 속	시 외	관광및 기 타	소형	중형	대형		

*트럭의 소형은 2.5톤 이하, 중형은 2.5~8톤, 대형은 8톤 이상이고, 특수차는 콘테이너·레미콘을 포함하며, 기타는 주로 오토바이 종류이다.

(2) 시외유출입 통행실태조사

시외유출입 통행실태조사는 사람과 화물의 출발지와 목적지를 조사하여 O-D표를 구축하는 데 활용하고, 정원 및 탑승인원을 조사함에 따라 시내로 들어오고 나가는 전체 유출입통행량을 알 수 있다. 또한 화물의 적재량을 파악

함으로써 물동량의 지역간, 도시간, 시내의 움직임을 알 수 있다.

(3) O-D분석

유출입지점을 시내간 O-D표에 추가시키고, 궁극적으로는 유출입지점을
유출입존으로 변형시켜 교통수단별, 목적별 O-D표가 구축되어야 한다.

표 4-8 ┃ 시외유출입 통행실태조사

조사지점 : _____　　　방향 : 유입, 유출　　　조사일 : _____

시　분	차종	업종	출발지	도착지	화물의 종류 적재량	정원 및 탑승 인원	여행목적

표 4-9 ┃ 유출입지점을 대상으로 한 분석

O ＼ D	시 내 존	시외유출입지점
시 내 존	시 내 간	
시외유출입지점		

Ⅴ. 전수화과정

위에서 살펴본 여러 가지 조사방법을 이용하여 조사된 결과는 전수화과
정을 통해 최종 O-D표가 구축된다. 이 과정은 〈그림 4-4〉에 나타나는 바와
같다.

우선 가구면접조사자료의 문제점을 수정하여 비통행자, 통행자, 가구특성자
료의 세 가지 파일로 나눈다. 여기서 통행자자료를 뽑아 목적별 목적통행(linked
trip by purpose), 목적별 수단통행(unlinked trip by purpose)의 두 개의 O-D
표를 만든 다음, 목적별·존간 거리별 통행분포를 정리해 본다. 목적별·존간
거리별 통행분포결과에서 미흡한 점이 발견되면 시장, 백화점, 병원 등에서 설
문조사를 통하여 보완시킨다. 수단별, 존간 거리별 통행분포자료를 정리한 후
에 역시 문제가 발생되면 택시 기종점조사, 터미널 등의 설문조사를 이용하여
보완한다.

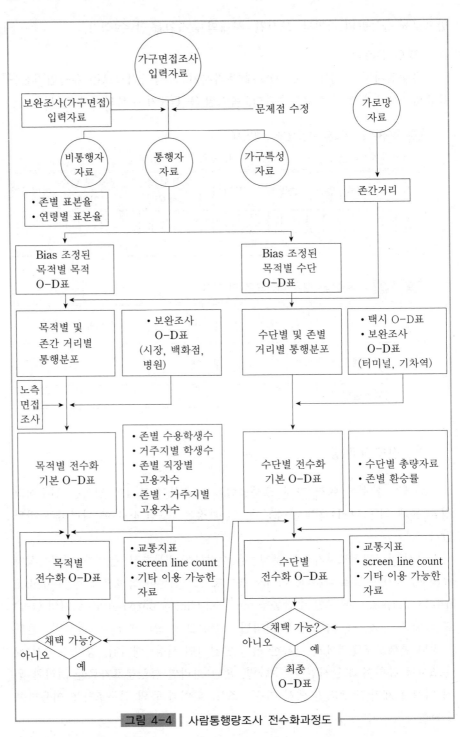

그림 4-4 | 사람통행량조사 전수화과정도

　이러한 보완작업이 완료되면 목적과 수단별로 전수화계수를 적용하여 기본 O-D표를 구축하게 된다. 이 기본 O-D표를 점검하여 존별 전수화작업상에 나타난 문제점을 목적 O-D표인 경우에는 존별 수용학생수, 거주지별 학생수, 존별·직장별 고용자수 등으로, 수단 O-D표인 경우에는 수단별 총량자료와 존별 환승률을 각각 적용하여 보다 정밀화된 목적별·수단별 전수화 O-D표를 도출한다.

　마지막 단계로 전수화 O-D표에 나타난 존간 통행의 신뢰성을 검증하기 위해 스크린라인 조사, 각종 교통지표, 폐쇄선 조사자료 등을 이용한다. 만약 스크린라인 조사에 의한 결과와 전수화된 O-D표간의 차이가 생길 경우에는 다시 반복과정을 거쳐서 최종 O-D표를 도출하게 된다.

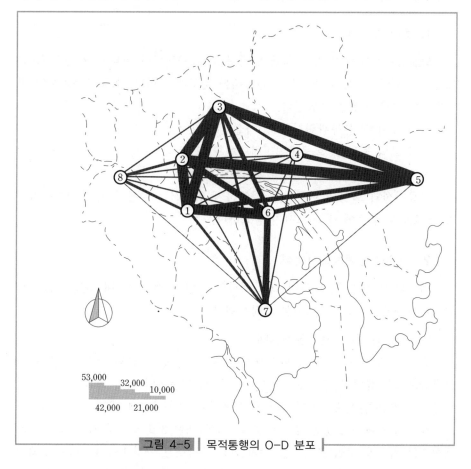

53,000　32,000　10,000
42,000　21,000

그림 4-5 ┃ 목적통행의 O-D 분포

스크린라인을 적용할 때는 우선 O-D표에서 구한 존간의 교통량을 지도 상에 표시한다든가 혹은 교통존의 중심(centroid)을 이은 거미줄망(spider network)에 통행량을 배분시켜 스크린라인 검증에서 구한 통행량과 비교하여 O-D표를 수정하게 된다. 스크린라인에 의해서 구한 통행량은 가구설문조사 에 의해 구해진 결과보다 보편적으로 크다.

최종적으로 도출된 기종점표는 희망선(desire line)을 긋는 데 활용된다. 〈그림 4-5〉는 목적통행의 O-D희망선을 표시한 것으로 굵기에 따라 존간의 통행이동의 패턴을 쉽게 알아볼 수 있다.

Ⅵ. 화물교통조사

1. 조사의 내용

화물유통실태를 알려면 화물의 품목별 O-D표뿐만 아니라 차량의 O-D 표를 구축해야 하고, 화물차량 운행실태를 분석해야 한다. 화물교통조사의 내 용으로는 다음 사항을 포함한다.
① 물류시설: 유통관련시설 및 시설현황 파악
② 화물의 물동량: 화물반입 · 반출현황 파악
③ 화물차량이동현황: 차량운행실태조사
물류시설과 화물의 이동량을 파악하기 위해서는 유통단지, 항만, 공업단 지, 철도화물역 등에 대한 조사가 필요하다.

2. 화물의 물동량조사분석

화물의 이동패턴은 〈그림 4-6〉에서와 같이 크게 도시 내 화물이동과 시 외유출입화물, 그리고 통과화물로 분류된다.

(1) 도시 내 화물차량 통행실태

도시 내 화물교통현황을 파악하기 위해서 차종을 영업용, 용달, 자가용 화 물차량으로 분류하여 영업용과 용달차량은 시 교통과와 시의 화물운송조합 및 용달 화물자동차 운송조합에 협조를 의뢰하여 운송사업체 대표자를 소집하여 조사표 작성요령을 설명한 후, 전 보유차량에 대한 3일 정도의 기간 동안의 운 행실태를 기록케 하여 조사표를 수거한다. 조사내용은 장래의 화물교통정책에 기본이 될 수 있는 내용을 모두 포함하기 위하여 차량의 크기, 운행일자, 운행횟

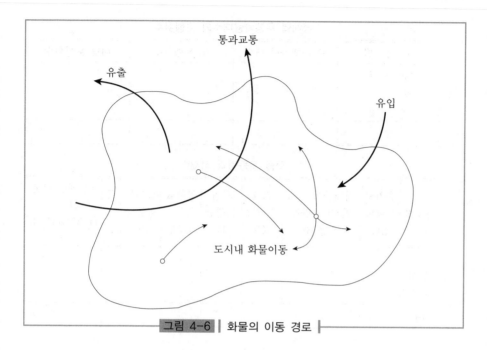

그림 4-6 | 화물의 이동 경로 |

수, 화물의 종류, 적재량, 출발지, 도착지, 출발시간, 도착시간, 운행거리, 운임 등이 조사되어야 한다. 이러한 내용을 정리할 정리 양식은 〈표 4-10〉과 같다.

이외에 화물차종별 · 시간대별 교통량을 분석하고, 화물 품목별 · 시간대별 이동량도 파악되어야 한다. 끝으로 출발지와 목적지 자료에 의해 시내간물 동량에 관한 O-D표를 만들어 낸다.

표 4-10 | 화물차량 운행실태 조사표

주　소 :＿＿＿＿＿＿ 구 ＿＿＿＿＿ 동 ＿＿＿＿＿＿　　전화번호 : ＿＿＿＿＿＿＿

업체명 : ＿＿＿＿＿＿＿＿＿＿＿＿＿　　작 성 자 : ＿＿＿＿＿＿＿

차　종 : ① 영업용 ② 자가용 ③ 관용 ④ 용달

　　　　3일간 운행실적(　　　～　　　)

운행 일자	차량등 록번호	적재정 량(톤)	운행 횟수	화물의 종류	적재량 (톤)	출발지		도착지		운행 거리 (km)	운임 (원)	비고
						지명	시간	지명	시간			

업체별 운행차량대수와 운행횟수

차 종 별	총 운행차량 대수	총 운행횟수	대당 운행횟수
소 형 중 형 대 형			
계			

화물 물동량과 적재량

차종별	총차량 통행량 (A)	적재량이 기재 안 된 차량통 행량(B)	적재 통행량 (C)	공차 통행량 (D)	공차율 (%) (D/A)	총화물 물동량 (E)	E / C	1통행당 화물 적재량 $\dfrac{(E/C) \times B + E}{A}$
소 형 중 형 대 형								
계								

(2) 시외유출입차량 운행실태조사

화물차량은 특히 시외유출입차량이 많으므로 시외유출입지점조사(cordon line survey)가 필요하다. 시외유출입 지점조사를 위해서 시경계선 부근의 유입로에 몇 개 지점을 선정하여 24시간 동안 차종별 차량교통량을 조사하고, 조사원에 의한 운전사 면담, 설문조사를 실시하여 차량운행실태에 관한 조사를 실시한다.

조사의 내용으로는 조사지점별·차종별 24시간 동안의 유출입 차량수를 파악하고, 이 중 표본차량을 면접하여 기종점, 적재량을 조사한다. 이같은 조사과정에 의하여 수집된 자료는 도시 내 화물차량 운행실태의 정리양식과 동일하게 정리한다. 마지막 작업으로 사람통행실태분석과 같은 요령으로 품목별 화물 O-D표를 구축하면 분석이 끝나게 된다. 지금까지 살펴본 화물교통 조사과정부터 분석단계까지의 과정을 종합해 보면 〈그림 4-7〉과 같다.

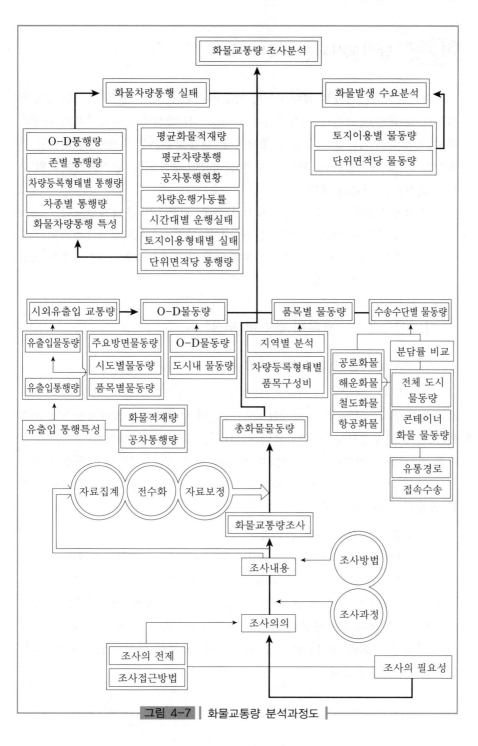

화물교통량 조사분석

화물차량통행 실태

화물발생 수요분석

O-D통행량
존별 통행량
차량등록형태별 통행량
차종별 통행량
화물차량통행 특성

평균화물적재량
평균차량통행
공차통행현황
차량운행가동률
시간대별 운행실태
토지이용형태별 실태
단위면적당 통행량

토지이용별 물동량
단위면적당 물동량

시외유출입 교통량

O-D물동량

품목별 물동량

수송수단별 물동량

유출입물동량
유출입통행량

주요방면물동량
시도별물동량
품목별물동량

O-D물동량
도시내 물동량

지역별 분석
차량등록형태별
품목구성비

공로화물
해운화물
철도화물
항공화물

분담률 비교

전체 도시
물동량
콘테이너
화물 물동량

유출입 통행특성

화물적재량
공차통행량

총화물물동량

유통경로
접속수송

자료집계 전수화 자료보정

화물교통량조사

조사내용

조사방법

조사의의

조사과정

조사의 전제
조사접근방법

조사의 필요성

그림 4-7 ┤ 화물교통량 분석과정도 ├

제 2 절 단기도시교통계획의 자료

　　단기도시교통계획은 계획대상지역도 비교적 작고, 기간도 단기인 교통계획으로 그 대상은 교통축 계획에서부터 버스노선 개선안에 이르기까지 다양하다. 그러므로 조사내용도 교통축 개선방안, 대중교통운영 개선방안, 터미널 이전방안, 주차 개선방안 등 여러 가지 개선대책에 활용된다. 단기교통계획의 유형을 살펴보면 다음과 같다.

　　① 교통운영관리계획: 교통문제지점 선정, 교통축별 운영개선계획
　　② 주차계획: 주차의 문제점 및 대상지역 선정, 지역별 주차개선계획
　　③ 대중교통운영계획: 대중교통운영상의 문제분석, 대중교통서비스 개선
　　　계획, 버스노선 개편계획

Ⅰ. 교통운영·관리에 관련된 조사

1. 교차로 교통량 및 교통시설 조사

　　교차로의 교통량과 교차로의 교통시설현황을 조사하는 목적은 현재 교차로에서 발생되는 문제점을 파악할 수 있고, 더 나아가서는 장래교통수요 추정에 의한 노선배정시에 이용될 뿐만 아니라 장래 교통체계상에서 문제가 되는 구간 및 지점을 예측하는 데 자료를 제공해 준다. 또한 교차로 교통량과 교차로 교통시설에 관련된 자료는 교통운영 및 관리계획을 수립할 때 없어서는 안 될 귀중한 기초자료가 된다.

(1) 주요 교차로의 교통량 자료

　　도시교통계획을 수립하려면 도심지를 위주로 한 주요 교차로에 관하여 교차로의 접근로별 교통량조사를 해야 한다. 조사시간은 오전 7시경부터 저녁 8시경까지로 교차로 방향별 교통량조사를 하고, 조사 후에 피크시간을 설정한다. 조사대상 교차로는 사전에 충분한 현장답사를 통해 선정하고, 현장답사시에 교차로별 필요한 조사원의 수를 예측한다. 교차로 회전교통량 조사양식의 예는 〈표 4-11〉과 같다.

| 표 4-11 | 회전교차량 조사양식의 예 |

위치번호 _____

위 치 명 _____

차　종
　대형 : 버스, 4.5t 이상 트럭, 기타
　소형 : 택시, 승용차, 승합차, 기타
　(오토바이 0.5대)

조사일 : 200 ． ． ． 요일
날　씨 : 맑음, 흐림, 비, 눈
조사원 : _____
조장검인 ___ 연구원 검인 ___

Code No.
☐

시간 \ 차종 \ 방향		1	2	3	4	5	6	7	8	9	10	11	12	소계	합계	비고
7 : 30 ~ 7 : 45	소형															
	대형															
7 : 45 ~ 8 : 00	소형															
	대형															
8 : 00 ~ 8 : 15	소형															
	대형															
8 : 15 ~ 8 : 30	소형															
	대형															

약도설명　N

```
              3 2 1
              ↓ ↓ ↓
    4 →   ┌──────┐   ← 12
    5 →   │      │   ← 11
    6 →   └──────┘   ← 10
              ↑ ↑ ↑
              7 8 9
```

＊교차점 약도 그린 후 상세한 설명 기입 바람.

(2) 주요 교차로의 교통시설 현황조사

각 주요 교차로 주변의 조사해야 할 교통시설의 항목은 아래와 같다.

① 각 교차로의 신호주기, 현시, 현시방법(현장답사 및 시경찰청의 협조)

② 각 교차로의 폭원, 차선수, 차선표시, 도로표시 등

③ 진행방향별 차선수

④ 주요 구간(link)의 가로시설물, 버스정류장, 택시정류장의 위치

⑤ 구간별 거리, 폭원, 차선수

2. 속도특성조사

통행속도는 여러 가지 유형으로 나누어지고 이같은 여러 유형의 속도는 도로구간, 도로망, 가로망, 버스노선, 전철노선의 서비스 수준을 나타내는 척도가 된다. 속도에는 도로여건에 따른 기준속도, 개별차량 관측을 통해 파악되는 관측속도, 관측속도를 집계하여 파악되는 집계속도로 나눌 수 있다. 이들 세부속도는 다음에 제시되는 바와 같다.

(1) 기준속도

　① 자유속도(free speed): 다른 차량의 영향을 받지 않고 자유롭게 주행하는 속도

　② 설계속도(design speed): 차량의 안전한 주행과 도로의 구조 및 설계조건 등을 감안하여 설정한 속도

(2) 관측속도

　① 주행속도(running speed): 어느 구간의 거리를 통행시간(travel time)에서 정지시간(stopped time)을 뺀 시간으로 나눈 값

　② 통행속도(travel speed): 어느 구간의 거리를 차량정지시간(교차로, 역, 정류장)이나 교통정체시간을 모두 포함한 시간으로 나눈 값

　③ 지점속도(spot speed): 어느 구간상의 1개 지점에서 속도검출기에 의해 측정한 속도로서 평균지점속도(average spot speed)는 특정지점을 통과하는 전차량의 지점속도를 구하여 산출평균한 값

(3) 집계속도

　① 공간평균속도(space mean speed): 공간평균속도는 일정시간(또는 1시간) 내에 차량이 주행할 수 있는 평균거리의 개념으로 식 〈4-1〉과 같이 표현된다.

$$v_s = \frac{1}{\frac{1}{N}\sum\frac{1}{v_i}} \qquad \cdots\cdots\langle 4-1\rangle$$

v_s = 공간평균속도
v_i = 차량별 주행속도
N = 일정지점을 통과하는 차량수

② 시간평균속도(time mean speed): 시간평균속도는 일정구간(또는 1km)을 주행하는데 필요한 평균시간의 개념으로 식 〈4-2〉와 같이 표현한다.

$$v_t = \frac{1}{N}\sum v_i \qquad \cdots\cdots\langle 4\text{-}2\rangle$$

v_t = 시간평균속도

3. 교통사고조사

교통사고조사의 목적은 교통사고발생의 직접적·간접적 원인을 규명하여 사고발생의 실태를 분석하고, 교통사고예방을 위한 기초적 자료로 이용하고자 함에 있다.

교통사고조사는 해당지역의 경찰청에서 연별, 월별 통계자료집을 구하여 사고지점별 사고특성자료를 수집한다. 사고특성자료는 다음과 같은 내용을 포함한다.

① 시간·상황: 발생연월일, 시각, 주야, 날씨
② 사고위치의 유형: 도로구간, 교차로접근로, 교차로유출로, 교차로내 횡단보도
③ 사고위치의 여건: 발생장소, 도로선형, 노면상태, 교통안전시설, 교통규제, 주변의 환경
④ 사고의 종류 및 정도: 사고유형, 피해정도(사망사고, 경상사고 등)
⑤ 사고발생 과정: 충돌·추돌·접촉 등의 위치, 최종 정지 위치
⑥ 피해상황: 인명(피해·가해 부위, 부상의 정도), 재산피해내용, 피해액
⑦ 사고의 형태: 접촉, 회전, 정면, 보행

Ⅱ. 버스서비스에 관련된 자료

버스의 승객수요를 분석하고 추정하여 얻은 결과는 버스 관련 담당부서나 버스회사에서 유용하게 활용된다. 버스 관련 담당부서에서는 버스의 적정공급량, 요금, 서비스의 효율성, 노선조정 등의 정책에 자료를 활용할 수 있고, 버스회사에서는 운행비용, 수입, 노선의 효율성 등을 스스로 파악해 볼 수 있게 한다.

1. 승객통행량 조사

승객통행량 조사는 승차승객과 하차승객을 각각 조사하는 것이다. 이 조사는 전자지불에 따른 전산자료조사와 CCTV를 이용한 자료조사, 직접 차량탑승 조사방법이 적용된다. 버스노선 운행자료와 함께 이 조사방법에 의해 각 버스노선별로 얻을 수 있는 기본적인 자료를 결합하면 다음 특성자료를 파악할 수 있다.

① 피크시 평균재차인원
② 피크시 최대재차인원
③ 운행대수 및 운행횟수
④ 평균수송인원
⑤ 수송인·km
⑥ 총수송인원
⑦ km당 수송인원
⑧ 평균승차거리

2. 승객기종점(O-D) 및 환승조사

승객통행량 조사를 보완하며 승객특성에 관한 보다 구체적인 자료를 수집하기 위해서는 O-D조사를 실시해야 한다.

(1) 조사방법

조사방법의 기본적인 원칙은 승객에게 승차시 고유번호가 부여된 카드를 배부한 뒤 하차시 이를 회수하는 것이다. 카드는 사전에 일련번호가 붙여져 있어 조사원은 각 버스 정류장에서 나누어 준 카드의 번호를 조사결과기록표에 기록하며, 승객이 하차시에는 이를 회수하여 하차정류장 번호를 카드에 기록한다. 각 카드에 붙여진 일련번호와 조사결과기록표로 카드가 배부된 정류장을 알 수 있다. 각 카드에는 버스승객 개개인의 승하차 정류장을 나타내는 자료가 기록된다. 그러므로 배부 및 회수된 카드에 의해 각 정류장에서 승차 및 하차한 인원수와 각 정류장에서의 재차인원을 알 수 있다.

이 조사에 의해 각 버스정류장에서의 승하차 승객수는 자동적으로 나타난다. 이로써 노선별, 정류장별로 승객수를 나타내는 총 통행량이 산출될 수 있으며, 이는 승객통행거리, 평균승차인원, 수송인·km, 정원초과율 등과 같은

표 4-12 │ 승객통행량조사표(시내버스)   조사감독 _____

조 사 일	년 월 일					조사원		
노 선 번 호		운행구간	부터 까지	구간거리	km	총 노 선 운행대수		대
조 사 차 량 번 호	왕편 : 복편 :	조사차량 1일운행횟수			회	정원수		명
출발지점 및 시간	시(도) 구(시) 동 시 분발					시 분착		
도착지점 및 시간	시(도) 구(시) 동 시 분착					시 분발		

정 류 장 명	도착시간	승 차 인 원		계	출발시간	하차인원	비 고
		학 생	일 반				
1.							
2.							
3.							
4.							
5.							
6.							
7.							
8.							
9.							
10.							
11.							
12.							
13.							
14.							
15.							
16.							
17.							
18.							
19.							
20.							

노선이나 가로망의 효율성을 판단하는 척도가 된다.

(2) 조사결과의 분석과 전수화과정

조사결과는 노선별, 운행별로 분류되어 있으며 이는 컴퓨터분석을 위하여 사전에 준비된 양식에 맞게 조사자료가 입력되게 된다. 이들 자료가 입력되어 에러에 대한 수정작업을 거친 후 전수화 단계에 이르게 되는데 필요한 자료는 노선운행일지와 조사카드 파일, 조사결과 파일 등이 있다. 전수화과정은 조사된 표본에 의해 전수화가 되는데 표본율의 역수로서 산출된다.

(3) 기종점(O-D)표의 작성

O-D표 작성의 가장 기본적인 목적은 통행배정모형(assignment model)을 개발하여 장래의 교통수요를 예측하는 근거로서 사용하는 데 있다. 이러한 O-D표는 교통망구축에 절대적으로 영향을 미치고 있는 통행패턴에 대한 상세한 자료를 얻을 수 있을 뿐 아니라 O-D표의 분석을 통해서 조사된 자료의 처리과정에서의 에러를 체크할 수가 있다. O-D표는 각 존(zone)에서 통행한 승객의 수를 포함하며, 각 존은 교통망에 있어서 버스정류장을 몇 개씩 묶어 놓은 것으로 분석대상지역에서는 각 버스정류장이 하나의 존이 되고, 대상지역에서 정류장이 멀어질수록 여러 개의 정류장을 하나로 묶어 존으로 사용한다. 참고로 어느 분석대상지역의 존 구축패턴을 보면 〈그림 4-8〉과 같다.

(4) 최종적인 결과물

위와 같은 과정을 거쳐 산출되는 최종적인 결과는 다양한 내용으로 나누어질 수 있는데, 네 가지로 분류하여 살펴보면 다음과 같다.

① 통행과 환승 특성
- 노선별 총승차인원
- 노선별 총하차인원
- 정류장별 재차인원
- 1회 운행당 평균승차인원(총승차인원수/총편도운행횟수)
- 1회 운행당 평균하차인원(총하차인원수/총편도운행횟수)
- 정류장별 대당 평균 재차인원
- 환승하지 않는 승객수
- 다른 버스로부터 환승한 승객수
- 도시철도로부터 환승한 승객수

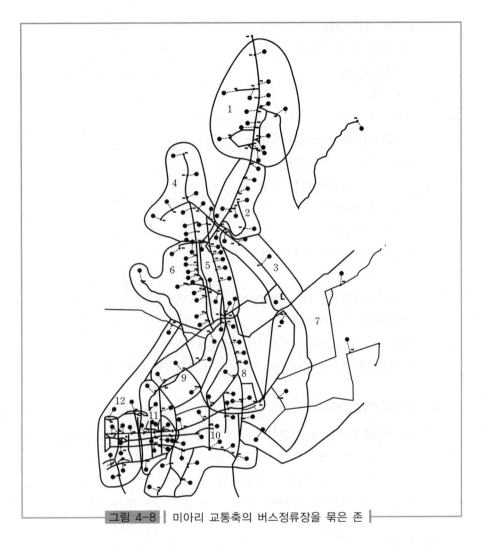

그림 4-8 │ 미아리 교통축의 버스정류장을 묶은 존

- 다른 버스로 환승할 승객수
- 도시철도로 환승할 승객수

② **노선별 표본 및 카드 회수율**

- 조사된 편도운행횟수
- 평균표본비율(조사된 운행수/전체운행수)
- 카드의 평균회수율(회수된 카드/배분된 카드)
- 카드의 평균응답률(응답한 카드/회수된 카드)

③ 승객에 관한 사항
- 노선별 총 수송인원
- 총수송인-km
- 총여행시간
- 평균승차거리(총수송인-km/총수송인원)
- 평균재차거리(총여행시간/총수송인원)
- 승차거리에 따른 승객분포

④ 노선별 승차인원에 관한 사항
- 1km당 평균승객수
- 평균재차인원
- 평균재차비율(평균재차인원/정원)
- 최대재차인원
- 평균 최대재차인원(최대재차인원의 합/총편도운행횟수)
- 정원초과인-km(정원초과시 승객수×승차거리)
- 정원초과운행거리(정원초과시 버스운행거리)
- 정원초과 평균승객수(정원초과인-km/정원초과 운행거리)

3. 버스운영실태조사

버스운영실태조사는 버스 운수업체의 경영실적을 분석하여 경영합리화를 도모하고자 함에 있다. 버스 운영실태조사는 버스회사별 운행노선, 차고지, 시설규모를 파악하고, 운영수입과 운송원가를 비교하여 채산성 여부를 검토하는 등 회사경영과 관련된 개선대책을 마련하는 데 그 목적을 두고 있다.

표 4-13 노선현황표

업종별	노선번호	기·종점 현황			허가대수	허가운행횟수(편도)	노선거리 km(전도)				평균편도운행시간(분)	비고
		기점	주요경유지	종점			고속도로	국도	지방도	계		
시내버스												
좌석												

(1) 노선 및 시설물현황

버스 노선현황은 기종점현황, 노선거리, 운행횟수, 편도운행시간 등의 자료를 버스회사로부터 수집한다. 그 양식은 〈표 4-13〉과 같다. 시설물 현황은 사무실, 차고, 주차장 등 시설 자료를 파악 정리한다.

(2) 경영상태

각 버스회사로부터 최근 수년간의 손익계산서 및 대차대조표를 분석하여 각 업체의 재무구조 및 수익성을 분석한다. 경영실적자료를 보다 구체적으로 살펴보면 월별 종업원현황, 직접재료구입단가, 손익계산서, 대차대조표, 감가상각비내역, 주주현황 등이다.

표 4-14 | 버스노선별 운행실태

노선번호 : □□□－□

기　간	총 운행 대수	총 운행 거리 (km)	총운행횟수		수송인원(명)			수송수입(천원)				
			왕복	편도	할인	일반	계	카　드		현　금		계
								할인	일반	할인	일반	
1.1~ 1.31												
2.1~ 2.28												
3.1~ 3.31												
4.1~ 4.30												
5.1~ 5.31												
6.1~ 6.30												
7.1~ 7.31												
8.1~ 8.31												
9.1~ 9.30												
10.1~10.31												
11.1~11.30												
12.1~12.31												
계												

주) 1. 매 1개월 합계를 기입하시오.
　　2. 총 운행횟수 작성시 실제 왕복운행한 횟수는 왕복난에, 운행시작 및 종료시 편도 운행한 횟수는 편도난에 각각 구분하여 기입하십시오.

(3) 운영상태

각 버스회사로부터 최근 수년간의 운행실적자료를 분석하여 업종별·노
선별 운행실태, 운송원가, 운송수입 등을 분석한다. 노선별 운행실태는 〈표
4-14〉와 같은 양식에 의해 매월 운행실태에 관한 자료를 수집한다.

① 월별 총 운행대수
② 총 운행거리
③ 총 운행횟수
④ 수송인원(일반, 할인)
⑤ 운송수입(카드, 현금)

운송원가는 급료, 유류비, 기타 공과금 등 최근 몇 년간의 운송원가 내용
에 관한 자료를 수집하여 분석하게 된다.

제 3 절 표본설계

표본설계는 교통계획이 이루어지는 가장 초기의 단계로서 표본설계가 신
중한 검토와 연구를 거쳐야만 훌륭한 분석과 평가를 할 수 있는 토대를 마련하
게 된다.

Ⅰ. 표본추출

교통조사에서는 통계적 관찰대상이 되는 전집단인 모집단이 아닌, 표본
(sample)을 조사하여 모집단의 특성을 추정하는 경우가 있다. 일반적으로 모집
단의 특성을 추측할 때는 확률표본에 의한다. 그러므로 표본추출의 계획인 표
본설계는 확률표본 개념에 의해 세 가지 유형으로 나누어진다.

① 단순확률표본설계(simple random sampling design): 모집단개체가 똑
   같은 확률로 뽑혀지도록 표본단위를 모집단에서 추출하는 방법
② 층화확률표본설계(stratified random sampling design): 모집단의 개체
   특성치 분포가 계층별로 다를 경우에 적용
③ 집락확률표본설계(cluster random sampling design): 모집단이 지리적
   으로 구분되어 있고, 또 지역적으로 개체특성치 분포가 다를 때 적용

Ⅱ. 표본크기

교통계획에 필요한 자료를 조사할 때 가장 중요한 작업 중의 하나가 적절한 표본 크기를 설정하는 것이다. 모집단추측의 신뢰도는 표본의 크기에 따라 비례하나 어느 정도 수준에 이르면 표본크기가 증가되어도 신뢰도가 비례하지 않아, 추가적으로 소요되는 비용이 불필요한 경우가 발생된다. 따라서, 적합한 표본규모를 결정하는 것이 중요하다.

1. 모집단평균의 추정

표본추출은 모집단이 정규분포를 따른다는 것을 가정으로 한다. 이같은 가정을 토대로 표본평균치가 모집단평균의 추정치로서 과연 얼마나 정확한가를 알 수 있다. 즉 모집단평균 μ와 표본평균 $\bar{x}$간의 오차로 자료의 신뢰도를 분석할 수 있다. 예로서 버스-km당 운송원가가 정규분포를 따르고 모집단평균치 μ는 알 수 없었다. 표준편차는 $\sigma=24$라면 36대의 버스를 대상으로 조사한 결과 표본평균 $\bar{x}$가 300원이었다. 그러면 오차를 파악하기 위해 모집단평균 μ와 표본평균 $\bar{x}$간의 얼마의 차이가 있는지 분석해야 한다.

모집단 평균 μ와 표본평균 $\bar{x}$간의 표본오차는 다음 식에 의하여 도출된다.

$$\sigma_{\bar{x}}=\frac{\sigma}{\sqrt{n}} \qquad \qquad \cdots\cdots\langle 4-3\rangle$$

$\sigma_{\bar{x}}$＝표본오차
σ＝모집단 표준편차
n＝표본의 크기

앞의 예시 표준편차 24와 조사된 버스대수 36을 식 〈4-3〉에 대입하면 표본오차가 4가 됨을 알 수 있다.

$$\sigma_{\bar{x}}=\frac{24}{\sqrt{36}}=4$$

표본오차 $\sigma_{\bar{x}}=4$의 정규분포는 〈그림 4-9〉와 같이 표현될 수 있다.

오차의 확률을 고려할 때 정규분포의 표준화변수 Z를 활용하여 오차범위를 파악할 수 있다. 95% 오차확률에서 Z값은 1.96이므로 오차범위는 ±8(≒$Z\cdot\sigma_{\bar{x}}$＝1.96·4)이 된다. 즉 36대의 버스를 대상으로 조사한 결과 버스-km당 운송원

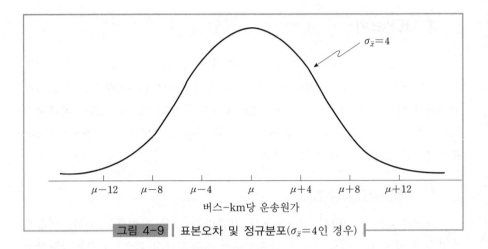

그림 4-9 표본오차 및 정규분포($\sigma_{\bar{x}}=4$인 경우)

가의 모집단평균과 표본평균간의 오차가 8원 이하일 확률이 95%라고 해석할 수 있다.

2. 표본크기의 결정

위의 모집단평균의 추정치 예제에서 확률을 95%로 설정하고, 표본크기를 증가시키더라도 모집단평균과 표본평균간의 오차를 5원으로 감소시키고 싶다면, 다음 식이 성립되는 n값 이상의 조사가 필요하다.

$$Z\sigma_{\bar{x}}=1.96\frac{24}{\sqrt{n}}=5$$
$$\therefore\ n=88.5$$

즉, 89대의 버스를 조사해야 오차 5원 미만으로 될 확률이 95%가 된다.

이 같은 관계식에서 평균의 표본분포가 정규분포라 하면 모집단평균과 표본평균간의 오차, 즉 추정치의 최대허용오차를 d라 하고, 또 주어진 확률에 대응되는 표준화변수를 z, 그리고 모집단표준편차를 σ라 할 때 적정 표본의 최소 크기 n은 식 〈4-4〉와 같다.

$$n=\left[\frac{z\sigma}{d}\right]^{2} \qquad\qquad \cdots\cdots \langle 4-4\rangle$$

모집단의 표준편차 σ는 파악하지 못하고 모집단 중 조사대상 특성을 표출하는 비율 p를 알고 있으면 다음 식을 적용하여 적정 최소표본수 n을 파악할 수 있다.

$$n = \frac{[z]^2(p)(1-p)}{d^2} \qquad \cdots\cdots \langle 4-5 \rangle$$

여기서 p는 모집단의 개체특성치의 몫에 관한 관측값이 된다. 또한 절대적 오차 d대신에 상대적 오차 r을 사용하여 분석의 편의를 도모하기도 하는데, 예로서 모집단평균보다 추정치가 5% 이상 초과하지 않도록 하는 등 상대적인 개념이 된다. 이를 토대로 하여 식 〈4-5〉의 d를 $(r \cdot p)$로 대치하면 다음식이 성립된다.

$$n = \frac{[z]^2(p)(1-p)}{(r \cdot p)^2} = \frac{[z]^2(1-p)}{r^2 p} \qquad \cdots\cdots \langle 4-6 \rangle$$

예로서 어느 도시에서 출근통행자의 수를 추정하고자 하는데, 이 도시의 통행자 중 30%가 출근자로 나타났다면 $p=0.30$이 된다. 가령 추정치의 오차 허용범위를 ±5%($r=0.05$)로 하고, 95% 신뢰구간을 적용한다면 p의 값 0.3에서는 표본크기 500에 13.53%, 표본크기 1,000에 9.56%, 표본크기 2,000에 6.76%, 표본크기 5,000에 4.28%의 신뢰수준을 각각 확보할 수 있게 된다. 따라서 요구되는 신뢰수준(정확도)이 $r=0.05$이므로 표본크기가 2,000에서 5,000 사이가 필요하게 된다. 이를 수치로 산출하면 아래와 같다.

$$n = \frac{(1.96)^2(0.7)}{(0.05)^2(0.3)} = 3,585$$

결국 95% 신뢰수준에서 3,585개의 표본이 필요하게 된다. 설문지에 의하여 교통조사를 할 경우에는 표본크기는 기대회송률(expected response rate)을 고려하여야 한다. 기대회송률을 고려한 표본의 크기는 식 〈4-7〉을 이용하여 구한다.

$$n = \frac{[z]^2(1-p)}{(r)^2 p \cdot s} \qquad \cdots\cdots \langle 4-7 \rangle$$

여기서 s는 배부된 설문지가 돌아올 기대회송률을 나타낸다. 위의 예제에서 발송된 설문지가 돌아올 회송률이 과거의 경험에 비추어 볼 때 60%라면 필요한 표본크기는 다음 계산과 같이 5,976이 됨을 알 수 있다.

$$n = \frac{(1.96)^2(0.7)}{(0.05)^2(0.3)(0.6)} = 5,976$$

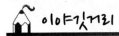

1. 도시교통계획시 필요한 조사자료는 어떠한 것들이 있는지 유형별로 구분하여 설명해보자.
2. 도시교통계획에서 도시현황 및 특성 조사시 조사해야 할 항목 및 내용에 대하여 생각해보자.
3. 교통시설에 관한 자료는 도로, 철도, 터미널로 구분하여 수집한다. 이때 각 시설별로 필요한 자료에는 어떠한 것들이 있는가?
4. 도시교통계획에서 교통존(Traffic Zone)의 설정은 대·중·소로 나누어 분석목적에 따라 적절하게 활용된다. 교통존을 분류하는 방법 및 기준을 설명하시오.
5. 교통계획에서 교통존(Traffic zone)을 설정하는 이유는 무엇인지 생각해보자.
6. 현재의 통행패턴이 장래의 교통체계와 활동체계에 어떠한 영향을 미치게 되는지 생각해보자.
7. 폐쇄선 조사에서 폐쇄선 선정시 고려해야 할 점에는 어떠한 것들이 있는지 생각해보자.
8. 가구방문조사(home interview survey)의 방법 중 학생이용 설문조사에 장·단점에 대하여 설명해보자.
9. 가구통행실태조사에 있어 폐쇄선 조사와 스크린조사의 주요 목적은 무엇이고 어떠한 차이가 있는지 설명해보자.
10. 가구통행실태조사 결과를 이용하여 전수화하는 이유에 대하여 생각해보자.
11. 단기 도시교통계획과 장기 도시교통계획을 수립하는데 있어 필요한 자료의 차이점은 무엇인지 생각해보자.
12. 교차로의 주요 '교통시설 현황조사'시 조사하여야 할 시설 항목을 나열하시오.
13. 차량의 속도특성 조사시에 조사되는 속도의 종류를 나열하고, 각각의 속도를 정의하시오.
14. 버스의 서비스 수준을 분석하기 위해 조사되어야 할 항목을 특성별로 분류해보자.
15. 버스운영실태조사를 통하여 얻을 수 있는 자료는 무엇이며, 이들 자료를 이용하여 적용할 수 있는 버스운영부분은 어떤 것이 있는지 생각해보자.

제 5 장   교통수요모형

제1절 수요와 공급의 평형상태

교통체계상에서 일어나는 변화를 예측하기 위해서는 교통체계와 활동체계간의 관련성을 인식해야 한다. 교통체계상의 통행패턴은 교통체계와 활동체계에 의해 결정되고, 또한 현재의 통행패턴은 장래 교통체계와 활동체계에 영향을 미치게 된다. 여기서 활동체계는 도시공간에서 발생되는 사회경제적인 활동을 지칭한다.

도시철도건설과 같은 교통공급정책은 가구, 회사, 공장의 입지선정 패턴에 영향을 미치게 되어 교통수요의 변화를 일으키게 된다. 이같은 소비자의 행태를 수요곡선으로 표시하면 전통적으로 경제이론에서 사용되는 정적인 수요곡선과 다르게 된다. 고전경제학상의 수요곡선은 소득과 물가의 변화에 따라 변하게 되고 총량적 수요는 인구의 자연증가에 따라 변한다. 그러나 교통의 경우는 이같은 수요변화 외에 도시철도의 신노선건설 등에 의해 접근성(accessibility)이 좋아지면 지하철노선 주변에 새로운 입지자가 생겨나게 되어 교통량이 증가하게 된다. 따라서 수요곡선을 오른쪽으로 이동시키게끔 유도하게 된다.

〈그림 5-1〉에서 보는 것처럼 수요곡선 D_1과 서비스곡선 S_1에 따라 Q_1이 도출된다. P_1과 Q_1이 서로 작용하여 평형상태에 이른다. 교통공급의 변화(새로운 도로, 지하철노선 등)에 의하여 새로운 평형상태의 통행량과 교통비용은 Q_2, P_2가 된다. 그러나 이러한 현상은 단기적인 평형상태이고 장기적으로는 D_2와 S_2가 함께 작용하는 Q_3, P_3가 평형상태의 점이 된다.

이같은 기본적 관계에서 출발하여 교통체계상에서 일어나는 변화를 추정

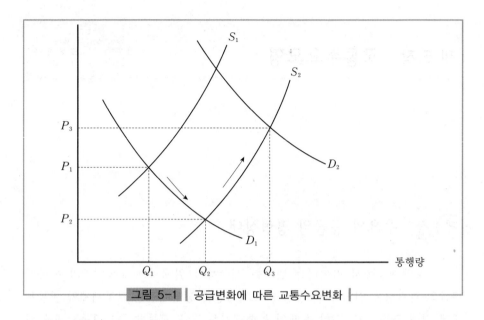

그림 5-1 | 공급변화에 따른 교통수요변화

하기 위해 예를 들어 설명해 보기로 한다. 새로운 도로가 기존 교통체계에 어떠한 영향을 미치는가에 대하여 파악하려면 교통체계(T), 활동체계(A), 교통량(V), 서비스특성(S: 통행시간, 요금, 편리성 등)을 동시에 고려하지 않으면 안된다.

교통체계, 교통량, 활동체계의 관계는 〈그림 5-2〉와 같이 설명될 수 있다. 교통량(V)은 교통체계와 활동체계에 의하여 결정되고, 현재의 교통량은 교통서비스 패턴과 교통서비스를 제공하는 데 필요한 자원을 통하여 장래의 활동체계(A)에 변화를 초래한다. 현재의 교통량은 또한 현재와 장래의 교통체계(T)에 영향을 미치는 것으로 상호관계를 설정하고 있다.

교통체계와 통행량(V)의 함수인 서비스함수(S)의 일반적인 형태는 식 〈5-1〉과 같다.

$$S = J(T, V) \qquad\qquad \cdots\cdots \langle 5\text{-}1 \rangle$$

교통체계가 교통량에 선형(linear)의 연관관계가 있다고 가정하면 서비스함수는 식 〈5-2〉와 같이 표현될 수 있다.

$$S = m + nV \qquad\qquad \cdots\cdots \langle 5\text{-}2 \rangle$$

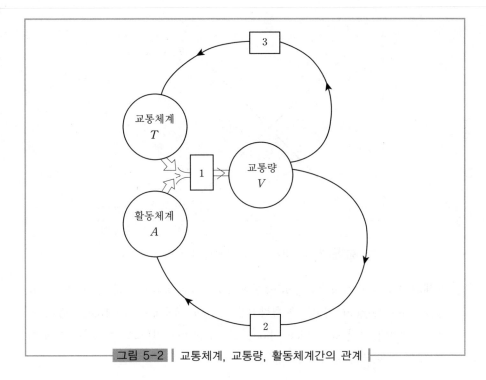

그림 5-2 │ 교통체계, 교통량, 활동체계간의 관계 │

교통량은 활동체계와 서비스함수의 함수이므로 식 〈5-3〉과 같이 표시된다.

$$V = D(A,\ S) \qquad\qquad \cdots\cdots\langle 5\text{-}3\rangle$$

단기적으로 활동체계가 비교적 변동이 없으면 통행량은 식 〈5-4〉와 같이 〈그림 5-2〉교통체계, 교통량, 활동체계간의 관계서비스함수(S)와 선형관계로 표현될 수 있다.

$$V = a + bS \qquad\qquad \cdots\cdots\langle 5\text{-}4\rangle$$

이를 〈그림 5-3〉처럼 도식화하면 X축이 통행량, Y축이 통행시간이 되고 서비스함수와 수요함수의 패턴이 도출된다. 여기서 두 개의 직선이 만나는 지점의 통행량을 평형상태의 통행량이라고 부른다.

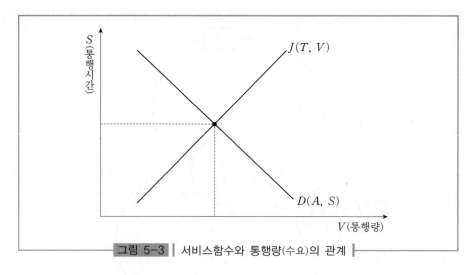

그림 5-3 | 서비스함수와 통행량(수요)의 관계 |

[예제 1] 서비스함수 $S=m+nV$에서 m=5분, n=0.005분/대/시간(minute per vehicle/hour)이고, 통행량함수 $V=a+bS$에서 a=10,000대/시간, $b=-200$대/시간/분(vehicles/hour per minutes)이라고 주어졌다면 평형 상태의 통행량은 얼마나 되는가?

[해] $V=10,000-200S$

$S=5+0.005V$

따라서 V=4,500대/시간

S=27.5분

$F_1=(V,\ S)=(4,500,\ 27.5)$

제 2 절 교통수요의 개념

수요는 무엇인가? 경제학적으로 논하자면 수요는 여러 가격 수준에 따른 어떤 물건(품목)의 소비수준을 나타내는 수요함수(demand function)라고 말할 수 있다. 그러므로 교통수요는 여러 비용수준(통행비용 등)에 따라 나타나는 통행량이라고 하는 정의가 가능하게 된다. 비용수준은 시간비용과 운행비용을 포괄적으로 나타낸 개념이라고 하겠다.

제 3 절 통행의 구성요소

I. 통행의 요소

통행(trip)은 어떠한 교통수단을 이용하든 반드시 기점(origin)과 종점(destination)을 갖게 마련이다. 각 기점과 종점간의 통행에는 항시 통행목적이 있게 마련이다. 이 통행은 출발지와 목적지를 각각 포함하는 교통존(traffic zone)을 기반으로 하며 그 양단의 유출 및 유입을 통행단(trip end)이라고 부른다.

교통수요의 모형화, 분석, 예측을 위해 〈그림 5-4〉에서와 같이 총통행량을 통행목적, 통행시간, 출발지, 목적지, 이용한 교통수단, 선택한 노선으로 단계별로 나누어 볼 필요가 있다.

〈그림 5-4〉에서 첫번째 등장하는 통행요소가 통행목적인데 일반적으로 통행은 여러 가지 목적을 위해 수행된다. 통행목적은 또한 출근, 등교, 업무, 퇴근, 친교, 오락 등으로 구분되며 이러한 통행목적의 분석결과는 현재 통행패턴을 설명해 줄 수 있을 뿐 아니라 장래의 통행예측을 하는 데 활용된다. 이 모든 통행목적별 통행을 합하면 1일 총통행량 V_T가 된다.

두 번째 요소는 통행시간대로서 통행이 이루어진 시간을 말하는 것이다. 도시교통의 특징은 출·퇴근시간대에 몰리는 현상이 나타나므로 예컨대 출근시의 통행량을 분석하려면 08 : 00~09 : 00 시간대의 통행을 살펴보면 된다. 또한 통행목적에 따라 24시간 중 몇 개의 시간대로 나누어 분석할 수도 있다. 모든 통행목적을 위해 모든 통행시간대에 일어난 통행을 합하면 1일 총통행량이 된다.

세 번째 요소는 통행의 공간적 분포(spatial distribution)로서 통행의 공간적 배분 형태는 교통시설의 규모와 위치에 많은 영향을 미친다. 통행의 공간적 패턴을 분석하는 기초적인 작업으로서 전지역을 여러 개의 교통존(traffic zone)으로 나누게 된다. 교통존이 설정되면 각 통행의 유출존과 유입존을 밝혀야 하는데, 즉 하나의 통행목적을 위해 어느 특정한 시간대에 일어나는 통행량의 공간적인 분포현황을 분석하는 단계가 된다. 이를 분석하는 과정이 〈그림 5-4〉에서 세 번째와 네 번째 단계가 된다. 통행의 공간적 분포패턴을 분석하기 위하여 O-D표가 구축되어 이용된다. 1일 총통행량을 지금까지 살펴본 요

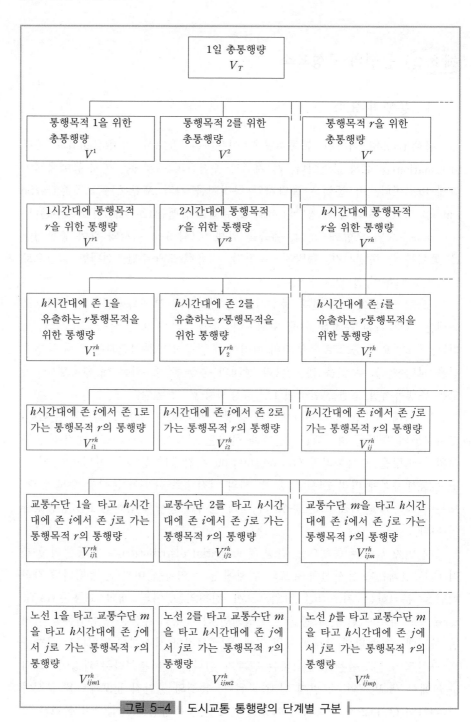

그림 5-4 | 도시교통 통행량의 단계별 구분

소들로 표시하면 아래와 같다.

$$V_{12} = \sum_r \sum_i V_{12}^{ri}$$ ······〈5-5〉

위의 식은 존 1에서 존 2로, 통행목적 r을 수행하기 위하여 i시간대에 통행하는 통행량의 총합계가 된다. 그러므로 업무통행을 1로 설정한다면 1일 총업무통행은 다음과 같다.

$$V_{12}^1 = \sum_i V_{12}^{ri}$$ ······〈5-6〉

다섯 번째 요소는 이용하는 교통수단으로서 승용차, 버스, 지하철, 택시 등으로 구분하여 존간의 통행을 분석하는 단계이다.

여섯 번째 요소는 노선선택의 과정으로서 도시고속화도로, 간선도로 등 선택하는 노선을 분석하는 단계이다. 이 단계에서 어느 노선을 택하여 어느 교통수단을 타고, 어느 시간대에 출발존에서 목적하는 존까지 가는 어느 목적을 가진 통행량이 도출될 수 있다. 위에서 살펴본 모든 통행요소를 결합시켜 모든 존쌍(zone pair)에 대하여 분석하면 어느 특정한 노선에 부하되는 통행량을 구할 수 있는데, 이 통행량은 도로의 용량과 비교하여 용량을 초과하는지의 여부를 결정할 수 있는 틀을 제공해 준다.

Ⅱ. 요소를 이용한 장래통행수요분석

위에서 고려한 통행의 요소를 염두에 두고, 계획가들은 기법, 사회경제적 변수, 기타 변수 등을 이용하여 관측된(조사된) 통행요소들에 최대한으로 근접하도록 모형을 개발하게 된다. 다시 말하면 현재 일어나고 있는 통행패턴을 가장 잘 묘사할 수 있는 모형을 정산(calibration)한다고 할 수 있다. 일단 현실을 가장 잘 설명하는 모형이 개발되면 이 모형의 변수만 조정하여 10년 내지 20년 후의 교통수요를 추정할 수 있게 된다. 이러한 과정을 거쳐 추정된 장래의 교통수요는 장래의 교통시설건설 및 교통체계개선대안 등에 없어서는 안 될 귀중한 자료가 된다.

Ⅲ. 교통수요추정의 대상

교통수요추정의 대상을 파악하고 이해하는 것이 교통수요를 추정하기 전에 선행되어야 한다. 수요예측의 대상은 다원적이고 복합적이기 때문에 다양하게 나타날 수 있다. 따라서 아래와 같이 교통체계, 공간규모, 기간, 통행목적, 통행의 유형, 단위로 나누어 체계적으로 살펴볼 필요가 있다.

(1) **교통체계**
① 교통주체: 사람, 화물
② 교통수단: 도보, 자전거, 승용차, 버스, 화물차, 전철, 항공, 선박
③ 교통시설
  • 네트웍: 교통망, 도로망, 철도망, 버스노선망, 화물노선망
  • 노선: 도로, 철도, 버스노선, 항로, 항공노선
  • 지구 · 지점: 역, 터미널, 항만, 공항, 주차장, 교차로
(2) **공간규모**: 국토, 지역, 도시, 지구, 교통축
(3) **기 간**: 장기, 중기, 단기
(4) **통행목적**: 출근, 등교, 업무, 쇼핑, 친교, 귀가
(5) **통행의 유형**: 통행발생량, 통행유출 · 유입량, 통행배분량, 교통수단별 통행량, 통행배정량, 유발통행량, 전환통행량
(6) **단 위**
① 시간단위: 피크시, 시, 일, 주, 월, 년, 주말, 휴일
② 통행량단위: 트립, 인, 대, 톤, PCU(승용차 환산계수), 인-km, 톤-km, 대-km, 인/시, 톤/시

제 4 절 교통수요 추정과정

교통수요추정은 장래의 교통체계에서 발생될 수요를 현재의 시점에서 예측하는 작업이다. 장래의 수요(혹은 통행량)는 장래의 교통체계에서 어떠한 문제가 발생되는가를 미리 진단할 수 있기 때문에 교통문제의 심각성을 가늠하는 근거로 활용된다. 따라서, 어느 지점 혹은 구간에 교통시설개선이 요구되며 어느 지역에 새로운 교통시설이 필요한가를 예측하기 위해서는 교통수요분석

이 전제되어야 한다. 장래의 토지이용패턴에 따라 교통체계가 크게 변동될 수 있다. 따라서 장래의 토지이용패턴을 신뢰성 있게 추정하여 교통수요분석에 반영하는 것이 교통계획의 관건이 된다고 하겠다.

교통수요추정과정은 일반적으로 〈그림 5-5〉와 같이 개념화가 가능하다. 〈그림 5-5〉의 왼편에는 기준연도, 즉 현재의 통행패턴을 현실과 가장 가깝게 그려내는 단계로서 현재의 토지이용과 교통체계를 토대로 하여 통행발생, 통행분포, 교통수단선택, 통행배정의 모형을 적용하여 현재의 통행패턴을 가장 잘 묘사해 낼 수 있는 모형을 개발하는 단계이다. 모형 개발단계에서 자료와 모형의 적합성을 검증, 최적으로 보완하는 과정을 정산(calibration)이라고도 칭한다. 정산단계가 교통수요 추정과정에서 가장 중요한 단계라고 할 수 있다. 모형들이 개발되면 최종적 모형을 선택하기까지에는 여러 단계의 모형검증을 거쳐야 한다.

모형이 최종설정된 후에는 〈그림 5-5〉의 오른편 목표연도 교통수요 추정단계로 넘어가게 된다. 목표연도의 교통수요추정은 기준연도에서 개발한 모형의 변수에다가 장래의 토지이용과 인구, 자동차 보유대수, GRP등의 사회경제적 지표를 대입하여 산출하게 된다. 그러므로 장래 교통수요 추정단계에서 가장 중요한 것은 해당 도시(혹은 지역)의 장래에 형성될 토지이용패턴과 사회경제적 여건변화를 신뢰성 있게 추정하는 것이다. 〈그림 5-6〉은 단계적인 교통수요 추정과정을 나타내고 있다.

단계적 교통수요 추정과는 달리 토지이용과 교통수요의 상호밀접한 연관관계를 기반으로 한 토지이용 및 교통모형이 있다. 이 모형에서는 토지이용과

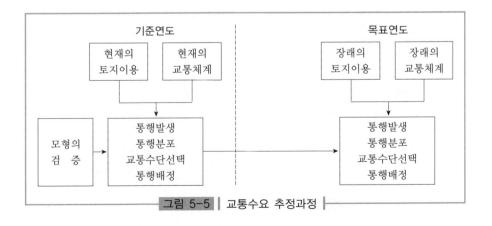

그림 5-5 │ 교통수요 추정과정

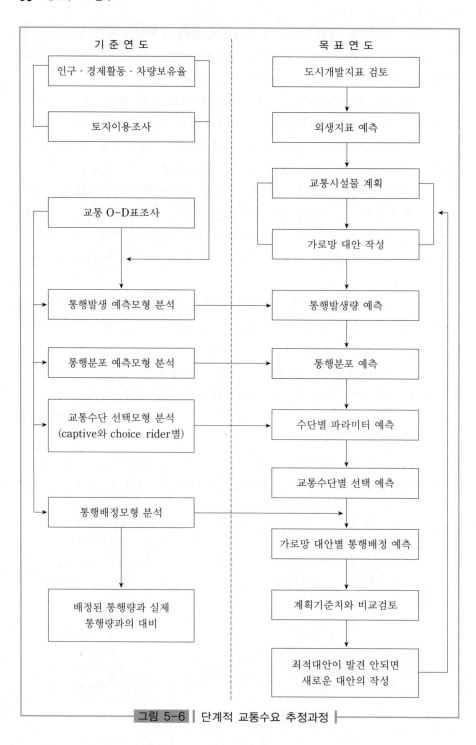

그림 5-6 단계적 교통수요 추정과정

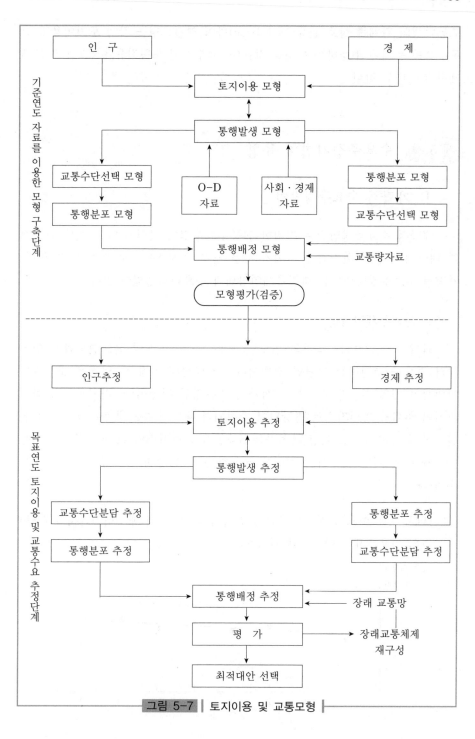

그림 5-7 │ 토지이용 및 교통모형

교통발생의 관계를 상호 환류(feed-back)하여 연관모형을 작성 토지이용과 교통수요를 동시에 추정하는 특성을 갖는다. 세부적인 모형적용은 〈그림 5-7〉에 제시되는 바와 같다.

제5절 수요추정기법의 유형

Ⅰ. 개략적 수요추정방법

개략적 수요추정방법은 정밀한 교통수요추정이 여의치 않고 선택 교통정책 대안의 우열이 현격하게 차이가 있을 경우 임시변통으로 활용될 수 있다. 개략적 수요추정방법에는 과거추세연장법과 수요탄력성법이 있다.

1. 과거추세연장법

과거추세연장법은 과거의 연도별 교통수요를 미래의 목표연도까지 연장시켜 수요를 추정하는 간단한 방법이다. 이 방법의 가장 큰 약점은 분석가의 임의성이 개입되는 문제이다. 분석가의 주관적인 관점이나, 가치관에 따라서 과거의 추세가 임의적으로 연장되어 추정되기 때문에 수요예측이 분석가마다, 달라질 수 있다. 가령 어떤 분석가는 S곡선이나 로지스틱(logistic)곡선을 적용하는가 하면 어떤 분석가는 직선을 적용하는 등 다양하게 교통수요를 추정할 수 있다.

[예제 2] 어느 도시철도구간에 있어서 승객의, 첫 해부터 9년째까지 8년간의 이용추세가 아래 그림과 같다.

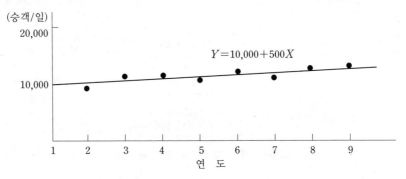

연도별 이용 승객을 기초로 하여 직선식을 구하니 $Y=10,000+500X$가 도출되었다고 할 때, 13년째의 전철승객수를 구하라.

[해] Y가 승객수이고 X가 경과연도이다. 따라서 초기년은 X가 0이며 13년째는 13이다. 따라서 X에 13을 대입하면 16,500이 되어 13년째의 도시철도승객수요는 16,500명에 이른다.

2. 수요탄력성법(elasticity model)

과거추세연장법에서는 수요에 미치는 영향을 변수에 내재시킬 수 없는 단점이 있으나 수요탄력성법에서는 교통수요에 긍정적 혹은 부정적인 영향을 미치는 사항을 변수에 내재시켜 분석할 수 있다.

수요탄력성의 단위추정식은 식 〈5-7〉과 같이 표시되며, 교통체계의 변수 변화에 따른 수요민감성을 추정하는 단위로서 나타낼 수 있다.

$$\mu=\left(\frac{\partial V}{V_0}\Big/\frac{\partial P}{P_0}\right) \qquad \cdots\cdots\langle 5\text{-}7\rangle$$

여기서 $(\partial V/\partial P)$는 P에 대한 V의 편미분값(partial derivative)으로 지점 탄력성을 제시해 준다. 현실적으로 구간탄력성을 표현하는 현탄력성법(arc elasticity)이 수요추정에 보다 광범위하게 적용할 수 있다. 현탄력성은 식 〈5-8〉과 같이 표현된다.

$$\mu_a=\left(\frac{\Delta V}{V_0}\Big/\frac{\Delta P}{P_0}\right)=\left(\frac{\Delta V}{\Delta P}\Big/\frac{V_0}{P_0}\right) \qquad \cdots\cdots\langle 5\text{-}8\rangle$$

[예제 3] 도시철도공사의 경험에 의하면 〈그림 A-1〉과 같은 지하철요금과 승객수요간의 관계가 도출된다고 한다. 이 같은 관계를 이용하여 수요탄력성을 구하여라.

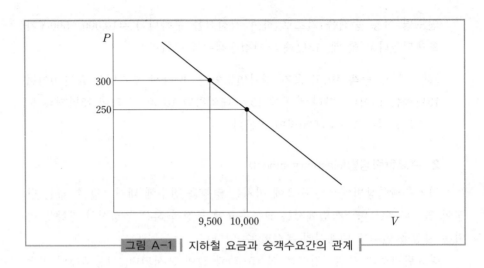

그림 A-1 | 지하철 요금과 승객수요간의 관계

[해] $\mu=\left(\dfrac{\Delta V}{\Delta P}\cdot\dfrac{V_0}{P_0}\right)$

$\mu_1=\left(\dfrac{10,000-9,500}{250-300}\cdot\dfrac{250}{10,000}\right)=-0.25$

$\mu_2=\left(\dfrac{9,500-10,000}{300-250}\cdot\dfrac{300}{9,500}\right)=-0.315$

이 예제에서 보면 요금이 250원일 때 10,000명의 승객이 지하철을 이용하고, 요금이 300원으로 인상되면 9,500명의 승객이 지하철을 이용한다. 요금수준 250원과 300원에서 요금에 대한 수요탄력치는 각각 −0.25와 −0.315가 된다. 수요 탄력성 분석결과는 요금이 적은 경우보다 요금이 많은 경우 수요가 요금에 더 민감하게 변화된다는 것을 보여 준다.

보편적으로 수요모형에 의해 수요탄력성치를 산출하게 되는데 〈표 5-1〉과 같은 3개의 수요모형에 있어서 가격에 대한 교통량의 수요탄력성치를 도출할 수 있다.

표 5-1 │ 수요모형별 수요탄력성치

수요모형	가격에 대한 교통량의 수요탄력성	수요탄력성치
$V=aP^b$	$\dfrac{\partial V}{\partial P}=a\cdot b\cdot P^{b-1}$ $\mu=\dfrac{\partial V}{\partial P}\cdot\dfrac{P}{V}=\dfrac{a\cdot b\cdot P^{b-1}\cdot P}{aP^b}=b$	b
$V=a+bP$	$\dfrac{\partial V}{\partial P}=b$ $\mu=b\cdot\dfrac{P}{a+bP}=\dfrac{bP}{a+bP}=\dfrac{1}{1+\dfrac{a}{bP}}$	$\dfrac{1}{1+\dfrac{a}{bP}}$
$V=a+b\cdot\ln P+gP$	$\dfrac{\partial V}{\partial P}=\dfrac{b}{P}+g$ $\mu=\left[\dfrac{b}{P}+g\right]\cdot\dfrac{P}{a+b\cdot\ln P+gP}$ $=\dfrac{b+gP}{a+b\cdot\ln P+gP}$	$\dfrac{b+gP}{a+b\cdot\ln P+gP}$

[예제 4] 다음과 같은 수요함수가 있다고 가정하자.

$$V=100P^{-0.5}$$

$P=0.25$일 때 수요는 얼마인가? 탄력성을 이용하여 가격이 20%인상되는 경우(즉 $P=0.20$), 수요는 얼마나 변화하는가를 구하여라. 또 이는 합리적인가? P의 계수에 대하여 올바른 부호를 사용하였는가? 이제는 P=0.20을 식에 직접 대입시켜 구하여라. 수요에 관한 식에서 구한 수요와 탄력성을 이용하여 구한 수요를 어떻게 비교할 수 있는가? 왜 그러한가?

[해] $V=100P^{-0.5}$

$P=0.25$일 때 $V=\dfrac{100}{\sqrt{P}}=\dfrac{100}{0.5}=200$

$\mu=-0.5$이므로 $\Delta P=20\% \Rightarrow \Delta V=\mu\cdot\Delta P$

$\Delta V=-0.5\times20\%=-10\%$

$V'=V-0.1V=200-0.1(200)=180$

$P=0.30$을 식에 직접 대입하면,

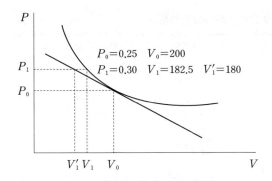

$$V = \frac{100}{\sqrt{0.03}} = \frac{100}{0.548} = 182.5$$

식에서 구한 수요와 탄력성을 이용하여 구한 수요간에 차이가 발생되는 것은 수요함수가 비선형이므로 "수요함수의 $P=0.25$에서 접선"상의 $P=0.30$ 과 수요함수상의 $P=0.30$에서 수요 V_1과 V_1'값이 일치하지 않기 때문이다.

수요탄력성에는 직접수요탄력성(direct demand elasticity) 이외에도 간접 혹은 교차탄력성(indirect or cross elasticity)이 있다. 직접수요탄력성은 분석하고자 하는 교통수요에 직접 영향을 미치는 변수를 고려하는 방법이다. 버스요금과 버스통행수요간에는 직접적인 수요탄력성이 산출된다.

간접 혹은 교차탄력성은 한 교통수단의 변수가 다른 수단 수요에 영향을 미칠 때 교차탄력성이 존재한다고 할 수 있다. 예로서 택시요금이 증가하여 택시승객이 지하철로 전환되어 도시철도의 수요가 증가한다면 이를 교차탄력성으로 설명할 수 있다. 이같은 관계를 택시요금에 대한 도시철도수요의 교차탄력성이라고 일컫는다.

[예제 5] $V_1 = 10 - 6P_1 + 5P_2$와 같은 수요모형이 있다고 가정하자. 여기서 V와 P의 1과 2는 교통수단을 나타내는 부호로서 1을 택시, 2를 도시철도라고 하자. P_1은 일반화된 통행비용이다. 여기서 도시철도의 통행비용에 대한 택시의 승객수요의 교차탄력성을 구하여라.

[해] $V_1 = 10 - 6P_1 + 5P_2$

$$\frac{dV_1}{dP_2} = 5$$

$$\mu = \frac{dV_1}{dP_2} \cdot \frac{P_2}{V_1} = \frac{5P_2}{10 - 6P_1 + 5P_2} = \frac{1}{1 - \frac{6P_1}{5P_2} + \frac{2}{P_2}}$$

[예제 6] $V_1 = 9P_1^{-0.6}P_2^{0.3}$과 같은 모형의 지하철 통행비용에 대한 택시의 승객수요의 교차탄력성을 구하여라.

[해] $V_1 = 9P_1^{-0.6}P_2^{0.3}$,

$$\frac{dV_1}{dP_2} = 9(0.3)\ P_1^{-0.6}P_2^{-0.7}$$

$$\mu = \frac{(0.3)9P_1^{-0.6}P_2^{-0.7}P_2}{9P_1^{-0.6}P_2^{0.3}} = 0.3$$

[예제 7] $V_1 = 10 - 6P_1 + 5P_2$모형에서 $P_1 = 1$, $P_2 = 1$이면 지하철의 요금이 50% 증가할 때 택시의 승객수요에 얼마만큼의 영향을 미치는가를 분석하여라.

[해] $P_1 = 1$, $P_2 = 1$일 때 $\mu = \dfrac{1}{1 - \dfrac{6}{5} + 2} = \dfrac{5}{9}$

$$V_1의\ \%변화 = \frac{5}{9} \times P_2의\ \%변화$$

$$= \frac{5}{9} \times 50\% = 28\%(V_1증가)$$

II. 직접수요모형(Direct Demand Model)

직접수요모형은 통행발생, 통행분포, 수단선택의 세 가지 과정을 하나의 수학적 공식에 의해 동시에 추정하는 방법으로 도시교통모형과정과 같은 연속적인 분석단계를 거치지 않고 같은 변수로서 통행자의 여러 가지 형태를 찾아내려고 시도한 모형이다.

일반적으로 직접수요모형은 다음과 같이 표현된다(Kanafani, 「Transportation demand analysis」 p. 96).

$$T^p_{ijmrt} = f(D^p, S_{ijmrt})$$

T^p_{ijmrt} = 통행목적 p를 위해 출발지 i로부터 목적지 j로 교통수단 m과 통행경로 r을 이용해 t시간대에 통행하는 통행량

D^p=통행목적 p를 위한 수요변수의 벡터

S_{ijmrt}=i, j, m, r, t에 의해 주어진 특성을 가진 통행을 위한 공급변수의 벡터

수요변수와 공급변수의 벡터가 모형의 설명변수로 포함되어 있고 이러한 수요변수로는 인간의 활동수요를 나타내는 인구, 고용자수 등이 포함될 수 있고, 공급변수로는 통행시간, 통행비용 등이 대표적인 예이다.

1. Baumol-Quandt 모형

이 모형은 Quandt와 Baumol에 의해 모형화된 직접수요모형의 전형적인 형태로서 미국 북동부 Northeast Corridor Project 연구를 위해 개발되었다. 이 모형의 특징은 몇 가지 설명변수에 의해 통행발생, 통행분포, 수단선택을 추정하는 방법이다. 추상수요모형은 사회경제변수 이외에도 분석하고자 하는 모든 교통수단의 통행시간과 통행비용을 설명변수(혹은 독립변수)로 하여 존간 통행을 산출하는 방법이다. 모형의 형태는 아래와 같다.

$$T_{ijm}=aP_i^b P_j^c Q_i^d Q_j^e f(t_{ijm})f(c_{ijm})f(h_{ijm}) \qquad \cdots\cdots \langle 5-9 \rangle$$

T_{ijm}=존 i와 존 j간의 수단 m을 이용하는 통행량

P, Q=존 i와 존 j간의 교류의 정도(예로서 인구, 고용 등)

t_{ijm}=수단 m을 이용하는 존 i, j간 통행의 상대적인 통행시간

c_{ijm}=수단 m을 이용하는 존 i, j간 통행의 상대적인 통행비용

h_{ijm}=수단 m을 이용하는 존 i, j간 통행의 상대적인 주기(배차간격, 통행 횟수의 주기 등)와 신뢰성

a, b, c, d, e=상수

위의 모형으로 존 i, j간의 통행량과 선택한 교통수단뿐만 아니라 설명변수들이 교통수단 및 교통수단간에 미치는 영향을 분석할 수 있다. 이 모형의 장점을 두 가지로 요약해 보면, 첫째, 이 모형은 교통수단의 함수로서 총교통수요가 구해질 수 있고, 둘째, 새로운 서비스 특성을 구할 수 있으므로 현재 존재하지 않는 새로운 교통수단의 수요를 추정할 수 있어 장래 교통대안을 평가할 수 있는 자료를 제공해 줄 수 있다는 것이다.

이 모형의 단점은 모든 교통수단의 속성이 고려되지 않고, 최적교통수단(best mode)의 속성에 준거하여 분석하고자 하는 교통수단을 비교하기 때문에

최적교통수단 이외의 다른 교통수단의 여건 변화가 분석하고자 하는 교통수단의 수요에 영향을 미칠 수 없는 문제점이다. 또 한 가지 단점으로 집단화된 자료(aggregate data)를 사용하므로 통행자의 개별적-행태적 측면의 고찰이 미흡한 점이다.

▣ 장 점
- 교통수단의 함수로서 총교통수요가 구해질 수 있다.
- 새로운 서비스 특성을 구할 수 있으므로 현재 존재하지 않는 새로운 교통수단의 수요를 추정할 수 있다.

▣ 단 점
- 모든 교통수단의 속성이 고려되지 않고, 최적교통수단의 속성에 준거하여 분석하기 때문에 다른 교통수단의 여건 변화가 분석하고자 하는 교통수단의 수요에 영향을 미칠 수 없는 문제점이 있다.
- 집단화된 자료를 사용하므로 통행자의 개별적 · 형태적 측면의 고찰이 미흡하다.

[예제 8] 분당과 이천의 수단별 통행시간, 통행비용, 운행빈도는 다음과 같다고 가정하자. 이때 최적 교통수단은 경전철이라 하고, Baumol-Quandt 모형을 이용하여 존간 수단별 교차통행량을 예측하려 한다(단, 모형정립과정을 통해 추정된 모형의 계수값은 $\alpha_0=7.60$, $\alpha_1=0.21$, $\alpha_2=0.19$, $\alpha_3=0.08$, $\alpha_4=0.09$, $\alpha_5=0.13$, $\alpha_6=0.14$, $\alpha_7=0.16$, $\beta_0=-1.4$, $\beta_1=-1.1$, $\beta_2=0.6$이다).

교통수단	통행시간(분)	통행비용(원)	운행빈도(회/시간)
K=1(일반버스)	65	700	8
K=2(직행버스)	55	900	7
K=3(지하철)	40	500	6

(1) 분당과 이천의 인구수는 각각 40,000명, 30,000명, 일인당 소득액은 110만원, 130만원, 제조업 고용자 구성비는 24%, 28%라 가정하였을 때 두 존간의 수단별 통행량과 분담률을 구하라.

(2) 분당과 이천에 새로운 교통수단(경전철)이 도입될 예정이라고 한다. 이 신교통 수단에 의한 통행시간, 통행비용, 운행빈도는 각각 40분, 600원, 6회/시간이라 하였을 때 신교통수단 도입에 따른 두 지역간 수단

별 통행량과 분담률을 구하고, 그 차이를 비교하라.

[해]

(1) 문제에 주어진 Baumol-Quandt 모형에 두 지역의 인구수, 일인당 소
득액, 제조업 고용자 구성비와 각 교통수단의 통행시간, 통행비용, 운
행빈도 등의 변수값을 대입하여 각 수단별 통행량을 추정하면 다음과
같다.

$$T_1 = 7.60 \cdot 40,000^{0.21} \cdot 30,000^{0.19} \cdot 110^{0.08} \cdot 130^{0.09} \cdot 24^{0.13} \cdot 28^{0.14} \cdot 3^{0.16}$$
$$\cdot (65/40)^{-1.4} \cdot (700/500)^{-1.1} \cdot (8/6)^{0.6} = 1,345$$

$$T_2 = 7.60 \cdot 40,000^{0.21} \cdot 30,000^{0.19} \cdot 110^{0.08} \cdot 130^{0.09} \cdot 24^{0.13} \cdot 28^{0.14} \cdot 3^{0.16}$$
$$\cdot (55/40)^{-1.4} \cdot (900/500)^{-1.1} \cdot (7/6)^{0.6} = 1,190$$

$$T_3 = 7.60 \cdot 40,000^{0.21} \cdot 30,000^{0.19} \cdot 110^{0.08} \cdot 130^{0.09} \cdot 24^{0.13} \cdot 28^{0.14} \cdot 3^{0.16}$$
$$\cdot (40/40)^{-1.4} \cdot (500/500)^{-1.1} \cdot (6/6)^{0.6} = 3,235$$

∴ 위의 수단별 통행량을 이용하여 두 지역간 수단별 통행분담률을 산출
하면 각각 일반버스 23%, 직행버스 21%, 지하철 56%가 된다.

(2) 새로운 교통수단(경전철)의 통행시간 통행비용 운행빈도가 각각 40분,
600원, 6회/시간이라면 두 존간의 수단별 통행량을 추정하면 다음과
같다.

$$T_1 = 7.60 \cdot 40,000^{0.21} \cdot 30,000^{0.19} \cdot 110^{0.08} \cdot 130^{0.09} \cdot 24^{0.13} \cdot 28^{0.14} \cdot 4^{0.16}$$
$$\cdot (65/40)^{-1.4} \cdot (700/500)^{-1.1} \cdot (8/6)^{0.6} = 1,409$$

$$T_2 = 7.60 \cdot 40,000^{0.21} \cdot 30,000^{0.19} \cdot 110^{0.08} \cdot 130^{0.09} \cdot 24^{0.13} \cdot 28^{0.14} \cdot 4^{0.16}$$
$$\cdot (55/40)^{-1.4} \cdot (900/500)^{-1.1} \cdot (7/6)^{0.6} = 1,246$$

$$T_3 = 7.60 \cdot 40,000^{0.21} \cdot 30,000^{0.19} \cdot 110^{0.08} \cdot 130^{0.09} \cdot 24^{0.13} \cdot 28^{0.14} \cdot 4^{0.16}$$
$$\cdot (40/40)^{-1.4} \cdot (500/500)^{-1.1} \cdot (6/6)^{0.6} = 3,387$$

$$T_4 = 7.60 \cdot 40,000^{0.21} \cdot 30,000^{0.19} \cdot 110^{0.08} \cdot 130^{0.09} \cdot 24^{0.13} \cdot 28^{0.14} \cdot 4^{0.16}$$
$$\cdot (40/40)^{-1.4} \cdot (600/500)^{-1.1} \cdot (6/6)^{0.6} = 2,772$$

∴ $T_1 = 1,409$(통행), $T_2 = 1,246$(통행), $T_3 = 3,387$(통행), $T_4 = 2,772$(통행)
로 추정된다.

∴ 따라서 수단별 통행분담률은 각각 16%, 14%, 38%, 32%가 된다.

2. McLynn 모형

McLynn 모형은 McLynn이 Northeast Corridor Prohect에서 도시 간 교통에 있어서 수단분담결정을 위해 개발한 모형이다. McLynn 모형은 미리 어떠한 명시적 형태를 전제하기보다는 일련의 가정을 전제하고 이러한 가정에 만족될 수 있는 모형을 구성해 나가는 것이 특징이다. 여기에서 기본적 가정은 논리적 제약조건이나 또는 소비자 이론에 의거한 수요탄성에 대한 가정을 뜻한다.

McLynn 모형의 구조는 다음과 같이 표현할 수 있다.

$$T_{ijm} = \varphi_m \cdot (P_i \cdot P_j)^{\alpha_{m1}} \cdot (Q_i \cdot Q_j)^{\alpha_{m2}} \cdot \frac{(t_{ijm})^{\beta_{m1}} \cdot (C_{ijm})^{\beta_{m2}}}{\sum_k [(t_{ijk})^{\beta_{k1}} \cdot (C_{ijk})^{\beta_{k2}}]}$$
$$\cdot \left\{ \sum_k [(t_{ijk})^{\beta_{k1}} \cdot (C_{ijk})^{\beta_{k2}}] \right\}^\theta$$

T_{ijm} = 존 i와 존 j간의 수단 m을 이용하는 통행량
P, Q = 존 i와 존 j간의 교류의 정도(예로서 인구, 고용 등)
t_{ijm} = 수단 m을 이용하는 존 i, j간 통행의 상대적인 통행시간
C_{ijm} = 수단 m을 이용하는 존 i, j간 통행의 상대적인 통행비용
t_{ijk} = 수단 k를 이용하는 존 i, j간 통행의 상대적인 통행시간
C_{ijk} = 수단 k를 이용하는 존 i, j간 통행의 상대적인 통행비용
$\varphi_m, \alpha_{m1}, \alpha_{m2}, \beta_{m1}, \beta_{m1}, \beta_{k1}, \beta_{k2}$ = 모형의 계수

■ 단 점

• McLynn 모형을 실제로 적용하는 데 있어서 이슈가 되는 점은 타당한 총수요모형을 별도로 구해야 한다는 점이다.

[예제 9] 모형정립과정을 통해 추정된 모형의 계수 값은 다음과 같다. Mclynn 모형을 이용하여 수단별 존간 교차통행량을 예측하라.

표 A-1 ┃ 추정된 모형의 계수

	φk	αk_1	αk_2	βk_1	βk_2	θ
k=1(승 용 차)	1.3	0.7	0.75	−0.55	−0.50	0.0
k=2(대중교통)	1.4	1.5	0.67	−0.48	−0.42	

또한 존별 인구수, 일인당 소득 그리고 존간 수단별 통행시간 및 통행비용은 다음과 같다고 한다.

표 A-2 │ 존간 통행시간 및 통행비용

	1		2		3		인구수 (만인)	일인당 소득 (만원)
i \ j	k=1	k=2	k=1	k=2	k=1	k=2		
1	0		50 / 600	40 / 440	60 / 1350	70 / 550	1.2	200
2	35 / 1500	50 / 500	0		35 / 1150	47 / 540	1.1	230
3	47 / 780	51 / 500	29 / 950	35 / 450	0		1.4	270

범례 : 시간(분)/비용(원)

(1) 존간, 수단별 통행수요를 추정하라.
(2) 대중교통요금을 10% 인상하였을 때 수단분담률의 변화를 예측하라.

[해]

(1) 문제에서 주어진 McLynn 모형은 다음과 같다.

$$T_{ij1} = 1.2(P_i \cdot P_j)^{0.5} \cdot (I_i \cdot I_j)^{0.71} \cdot \frac{(t_{ij1})^{-0.53} \cdot (C_{ij1})^{-0.55}}{[(t_{ij1})^{-0.53} \cdot (C_{ij1})^{-0.55} + (t_{ij2})^{-0.47} \cdot (C_{ij2})^{-0.45}]}$$

$$T_{ij2} = 1.4(P_i \cdot P_j)^{1.5} \cdot (I_i \cdot I_j)^{0.68} \cdot \frac{(t_{ij2})^{-0.47} \cdot (C_{ij2})^{-0.45}}{[(t_{ij1})^{-0.53} \cdot (C_{ij1})^{-0.55} + (t_{ij2})^{-0.47} \cdot (C_{ij2})^{-0.45}]}$$

여기서 각 존의 인구수, 일인당 소득과 각 교통수단의 통행시간, 통행비용을 대입하여 각 수단별 통행량을 구하면 다음과 같다.

$$T_{121} = 1.3 \times (1.2 \times 1.1)^{0.7} (200 \times 230)^{0.75} \cdot \frac{(50^{-0.55} \times 600^{-0.50})}{(50^{-0.55} \times 600^{-0.50}) + (40^{-0.48} \times 440^{-0.42})}$$

$$= 1,311$$

위와 같은 방법으로 수단별 존간 교차통행량을 추정하면 다음 표와 같다.

표 A-3 │ 승용차 교차통행량 추정치

	1	2	3	합계
1	0	1,311	1,573	2,884
2	1,216	0	1,876	3,092
3	1,847	1,850	0	3,697
합계	3,063	3,161	3,449	9,673

표 A-4 │ 대중교통 교차통행량 추정치

	1	2	3	합계
1	0	2,078	3,444	5,522
2	2,132	0	3,173	5,305
3	3,257	3,189	0	6,446
합계	5,389	5,267	6,617	17,273

∴ 결국 승용차 9,673, 대중교통 17,273통행으로 추정되어 수단별 통행부
담률은 각각 36%, 64%가 된다.

(2) 대중교통요금을 10% 인상한 값을 대입하여 수단별 존간 교차 통행량
을 추정하면 다음과 같다.

표 A-5 │ 승용차 교차통행량 추정치(대중교통 요금 10%인상시)

	1	2	3	합계
1	0	1,350	1,621	2,971
2	1,253	0	1,931	3,184
3	1,901	1,905	0	3,806
합계	3,154	3,255	3,552	9,961

표 A-6 │ 대중교통 교차통행량 추정치(대중교통 요금 10%인상시)

	1	2	3	합계
1	0	2,056	3,411	5,467
2	2,111	0	3,138	5,249
3	3,220	3,154	0	6,374
합계	5,331	5,210	6,549	17,090

∴ 요금인상으로 인해 대중교통의 전체 통행량이 감소하고, 승용차의 전체 통행량이 증가하였다. 그러나 수담분포률은 승용차 37%, 대중교통 63%로 거의 변화하지 않았는데, 이것은 위에서 정의한 함수가 대중교통 요금에 대해 비탄력적이기 때문이라 할 수 있다.

3. 우리나라 국가교통 DB 모형

국가교통 DB 모형은 기존 OD와 관측교통량을 이용한 보정된 OD의 교통량차이를 개선하기 위해 구축된 모형이다.

국가교통 DB 모형에서는 각 존별 총수단 발생량과 존별 사회경제지표간의 상관관계분석을 통해 인구, 종사자수, 자동차수 및 GRP를 변수로 선택해 군집분석을 실시한 결과 167개 존을 5개 군집으로 분류하였다. 이때 군집간 동질성을 나타내는 거리측정방법은 유클리디안 제곱거리, 결합방식은 평균연결법이다.

$$\ln TRIP_{ij} = \alpha + \beta_1 \ln T_{ijb} + \beta_2 \ln POP_{ij} + \beta_3 \ln CAR_{ij} + \beta_4 D_1 + \beta_5 D_2 \cdots$$

$TRIP_{ij}$＝존 i와 j간의 여객 통행량(통행/일, 항공 통행량 제외)

T_{ijb}＝존 i와 j간의 승용차 통행시간(분)

POP_{ij}＝존 i와 j의 인구의 곱(인)

CAR_{ij}＝존 i와 j의 1인당 자동차등록대수의 곱(대)

D_1＝존 i와 j간의 통행시간(T_{ijb}＝)에 대한 더미변수

D_2＝존 i와 j의 인구의 곱(POP_{ij})에 대한 더미변수로서, 존 I와 j의 인구의 곱이 3백억명 이상이면 1, 이하면 0

$\alpha, \beta_1, \beta_2, \beta_3 \cdots$ ＝추정계수

군집-2: T_{ijb}가 30분 이하이면 1, 이상이면 0

군집-3: T_{ijb}가 45분 이하이면 1, 이상이면 0

군집-4: T_{ijb}가 65분 이상이면 1, 이상이면 0

군집-5: T_{ijb}가 60분 이상이면 1, 이상이면 0

Ⅲ. 4단계추정법

4단계추정법은 교통수요추정에서 전통적으로 가장 많이 사용되어 오는 방법이다. 4단계추정법은 주로 대규모 도로건설 및 도시철도사업의 수요추정에 활용되어 왔다. 이 방법은 그 동안 다양한 도시교통 여건에 적용되었을 뿐

아니라 세계 주요도시의 교통수요측정에 있어서도 이 방법을 광범위하게 사용하고 있다. 이 방법은 〈그림 5-8〉에서 보는 것과 같이 통행발생, 통행분포, 교통수단선택, 통행배정의 4단계로 나누어 순서적으로 통행량을 구하는 기법이다. 우선 인구, 사회경제적 지표, 토지이용계획 등의 장래 지표에 의해 대상지역의 존별 통행유출량과 통행유입량을 구하게 되는데, 통행유출량(trip pro-duction)과 통행유입량(trip attraction)이 바로 통행발생량이 된다.

통행발생량이 산출되면 통행의 출발지와 목적지를 연결시켜 주는 통행분포의 단계로서 교통존간을 이동하는 통행을 밝혀내는 과정이라고 하겠다. 통행분포가 된 후에는 교통수단 선택단계에 이르는데, 교통수단 선택은 분포된 통행을 이용하는 교통수단으로 분류시키는 과정이다. 교통수단 선택이 수행된 다음에는 4단계모형의 마지막 단계인 통행배정단계에 이른다. 통행배정은 교통수단별 통행량을 각 존간의 개개의 노선(route)에 부하시키는 작업이 된다.

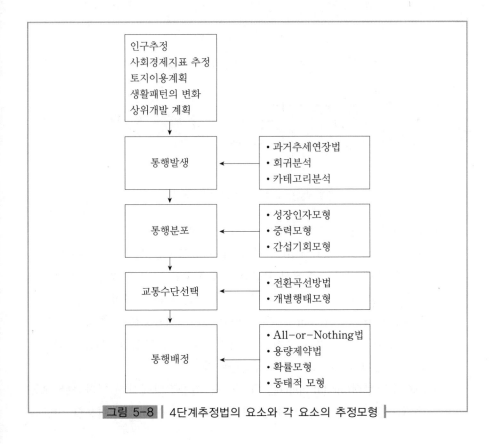

그림 5-8 │ 4단계추정법의 요소와 각 요소의 추정모형

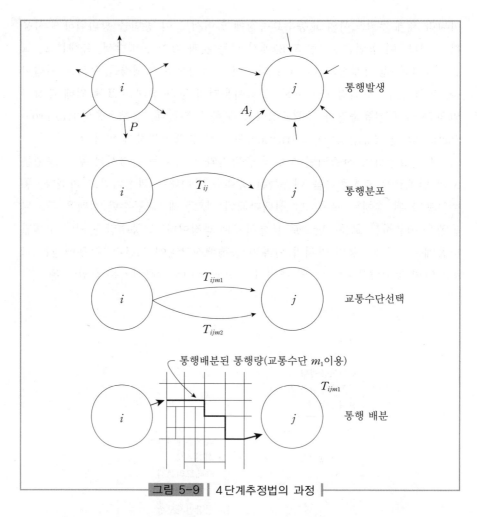

그림 5-9 4단계추정법의 과정

이를 이해하기 쉽게 도식화하면 〈그림 5-9〉와 같다.

① 통행발생(trip generation)은 각 존에서 유출되는 통행과 각 존으로 유입되는 통행이다. i존에서 유출되는 통행량을 나타낸 것은 통행발생의 좌측 그림이고, j존으로 유입되는 통행량은 우측 그림이 된다.

② 통행분포(trip distribution)은 기종점, 즉 O-D 통행을 추정하는 단계로서 통행의 출발지와 목적지를 연결시켜 주는 작업이 된다. 그림에서 T_{ij}는 i존에서 j존으로 가는 통행량이다.

③ 교통수단선택(modal split)은 O-D, 즉 기종점상에서 선택가능한 교통수단(승용차, 버스, 택시 등) 중 통행자가 각 교통수단을 이용할 비율을

추정하는 단계이다.

④ 통행배정(trip assignment)은 교통수단별 O–D 통행을 구체적으로 가로망상의 하나의 노선에 부하(혹은 배정)시키는 단계이다.

4단계추정법은 현재 교통 여건을 지배하고 있는 교통체계의 메커니즘이 장래에도 크게 변하지 않는다는 기본적인 가정을 토대로 하고 있다. 현재의 통행자의 통행행태나 통행패턴이 장래에도 그대로 존속된다는 것이 전제되는 것이다. 4단계추정방법은 각 단계별로 도출되는 분석결과에 대한 적절성을 검증하면서 순서적으로 추정해 가는 장점을 지니고 있다.

한편 4단계추정법의 약점은 다음과 같다. 첫째, 과거의 일정한 시점을 기초로 하여 구한 자료로서 모형화하기 때문에 장래를 추정하는 데 경직성을 드러낸다. 즉 어느 시점의 고정적인 모형이므로 그 모형의 구조가 시간에 따라 변하지 않는다는 가정을 토대로 하고 있다는 의미이다. 둘째, 어느 시점의 자료를 토대로 하여 통행발생, 통행분포, 교통수단선택, 통행배정의 작업을 별개로 거치게 되므로 4단계를 거치는 동안 계획가나 분석가의 주관이 강하게 스며들 여지가 있다. 셋째, 총체적 자료(aggregate data)에 의존하기 때문에 통행자의 총체적·평균적 특성만 산출될 뿐 행태적 측면은 거의 무시된다.

이야깃거리

1. 교통수요란 무엇이며, 교통수요예측의 필요성에 대해 생각해보자.
2. 교통수요 추정시 가장 먼저 해야 할 것들은 무엇인지 생각해보자.
3. 토지이용패턴과 교통수요와의 관련성에 대해 생각해보자.
4. 교통수요예측에서 가장 기본이 되는 사회경제지표의 종류 및 예측방법에 대하여 논의해보자.
5. 통행발생과정에서 적용할 수 있는 방법론에 대하여 생각해보자.
6. 통행분포과정에서 성장인자모형의 장·단점에 대하여 생각해보자
7. 교통수요예측의 대상은 다원적이고 복합적이기 때문에 다양하게 나타난다. 교통체계, 공간규모, 기간, 통행목적, 통행의 유형으로 나누어 구체적으로 설명해보자.
8. 직접수요모형은 통행발생, 통행분포, 수단선택의 세 가지 과정을 하나의 수학적 공식에 의해 동시에 추정하는 방법이다. 직접수요모형의 종류는 어떠한 것들이 있으며, 모형별 장단점에 대해 설명해보자.
9. 선형수요함수에서 수요함수의 수요추정방법과 수요탄력성을 이용한 수요결과는 어떻게 다른지 생각해보자
10. 수요탄력성의 유형에 대하여 설명해보고, 택시요금이 증가하여 택시 승객이 지하철로 전환될 경우의 수요탄력성은 무엇인지 생각해보자.
11. 기존의 전통적 4단계추정법의 장점과 단점이 무엇인지 생각해보자.
12. 국가교통 DB모형의 특징은 무엇이며 모형의 구조와 모형의 존 분류방법에 대해 설명해보자.
13. 교통수요예측결과에 대한 정산(Calibration)을 실시하는 이유와 방법론에는 어떤 것들이 있는지 생각해보자.
14. 도시철도시설에 대한 잘못된 교통수요예측으로 인하여 발생할 수 있는 문제는 무엇이며, 이를 해결하기 위한 방안은 무엇인지 생각해보자.

제 6 장　4단계추정법

제1절 통행발생(Trip Generation)예측

통행발생량은 교통존 혹은 대상지역에서 발생되는 통행량이다. 통행발생량은 통행자의 속성(직업, 연령, 성별, 차량보유 여부 등)과 통행목적(등교, 출근, 업무, 여가, 친교 등)별로 분류하여 파악할 수 있다. 통행발생은 통행유출과 통행유입으로 구분된다. 통행유출(Trip Production)은 대상존이 기점(origin)이 되어 다른 존으로 나가는 통행이다. 통행유입(Trip Attraction)은 대상존이 종점(destination)이 되어 들어오는 통행을 말한다.

Ⅰ. 과거추세연장법

1. 증감률법

증감률법이란 현재의 통행유출·유입량에 장래의 인구와 같은 사회경제적인 지표의 증감률을 곱하여 장래의 통행량을 구하는 방법으로서 해당지역의 성장이나 발전의 정도에 따라 통행량이 비례하여 증가한다고 가정한다.

즉 현재의 존별 교통량(t_i)에 장래시점까지의 성장률(F_i)을 곱하여 장래 존별 교통량(T_i)을 추계하는 방법이다.

$$T_i = F_i \cdot t_i$$
$$F_i = (P_i'/P_i) \cdot (M_i'/M_i)$$

　T_i＝장래교통량　　　　　　t_i＝현재교통량
　F_i＝증감률　　　　　　　　P_i'＝장래인구
　P_i＝현재인구　　　　　　　M_i'＝장래자동차보유대수

M_i＝현재자동차보유대수
P_i'/P_i＝존 i의 인구성장률
M_i'/M_i: 존 i의 자동차 보유율의 성장률

[예제 1] Zone (A)에서의 현재 통행량이 100,000 통행일 때 장래 통행량은 얼마로 추정되는지 증감률법을 이용하여 구하라.

표 A-1 | Zone (A)의 현재와 장래의 인구와 자동차 보유대수

구 분	인 구		자동차 보유대수	
	현재	장래	현재	장래
Zone (A)	5만	10만	2천대	8천대

[해] $F_i=(P_i'/P_i)\cdot(M_i'/M_i)$
$$=(10/5)\times(8/2)=8$$
$t_i'=t_i\cdot F_i=100,000\times8=800,000$ 통행

2. 원단위법

통행 유출·유입량과 해당지역의 토지이용특성, 사회·경제적인 요인과 관련된 통행발생과 통행유입을 단위지표당 통행발생을 원단위로 산정하여 장래 목표연도의 예측치를 곱하여 통행량을 추정하는 방법이다.

자동차 통행의 경우, 토지이용면적당의 원단위에 대해서는 인구밀도 등의 각 존의 지표와의 중회귀모델을 사용한 원단위 모델도 있으며, 이러한 모델은 도시권 교통계획에 주로 사용되었다.

[예제 2] 도심외곽 지역의 Zone (A)부터 도심지까지 연결해 주는 도로가 건설된다고 할 때, 이로 인하여 Zone (A)에서 도심지로 유입되는 통행량을 아래 〈표 B-1〉의 자료를 활용하여 원단위법으로 구하라.

| 표 B-1 | Zone (A)의 직업별 통행발생 원단위 및 장래 통행지수 |

Zone (A)	구 분	통행발생 원단위	장래 통행자의 수
통학	대 학 생	1.9	50명
	중 고 등 학 생	1.2	800명
	초 등 학 생	0.9	1,800명
통근	사 무 직 고 용 자	0.9	200명
	도 매 업 고 용 자	1.3	100명
	소 매 업 고 용 자	1.1	50명

[해] 주거지 → 등교통행유입량

1.9×50(대학생수)$+1.2 \times 800$(중고등학생수)$+0.9 \times 1,800$(초등학생수)

$= 2,675$

주거지 → 출근통행유입량

0.9×200(사무직고용자수)$+1.3 \times 100$(도매업고용자수)$+1.1 \times 50$(소매업고용자수)$= 365$

1일 총 통행량

등교통행유입량$+$출근통행유입량$=3,040$

Ⅱ. 회귀분석법

통행 유출·유입량과 해당지역의 사회경제적인 특성을 나타내는 지표와의 관계식을 구하고 이로부터 장래교통량을 구하는 방법이다.

즉 발생교통량(종속변수)에 대한 독립변수와의 상관성을 규명하는 통계적 기법이며, 독립변수의 개수에 따라 단순회귀기법과 다중회귀기법으로 분류된다.

이 경우 그 존의 활동을 나타내는 인구통계지표에는 상주지 거주인구, 산업별거주지 취업인구, 산업별 종업지 취업인구 등이 있으며 여러 단계의 회귀모델의 과정을 가진다.

$$Y = \alpha + \beta X$$

Y＝종속변수

X＝설명변수

α＝회귀상수

β＝회귀계수

[예제 3] 어느 도시의 통행발생량과 자동차 보유대수가 아래 〈표 C-1〉과 같다고 가정하였을 때 장래 자동차 보유대수가 5만대일 경우 통행발생량을 구하라.

표 C-1 | 존별 통행발생량과 자동차 보유대수

구 분	신당동	을지로동	명동	회현동
통행발생량(천통행)	20	40	90	60
자동차 보유대수(천대)	5	7	14	12

[해] 통행발생량을 Y, 자동차 보유대수를 X라 하면

$n=4$, $\sum X=38$, $\sum X^2=414$, $\sum Y=210$, $\sum XY=2,360$이므로

$$\beta=\frac{(4\times 2360)-(38\times 210)}{(4\times 414)-(38)^2}=6.89$$

$$\alpha=\frac{210}{4}-6.89\times\frac{38}{4}=-12.96$$

$Y=-12.96+6.89X$에서 $X=50$을 대입, $Y=331.54$

∴ 장래 통행발생량은 331,540 통행

Ⅲ. 카테고리분석법

카테고리분석법은 분류분석기법 또는 교차분류법이라고도 하며, 가구당 통행발생량과 같은 종속변수를 소득이나 자동차 보유대수 등의 설명변수에 의해 도출해 내어 발생교통량을 추정하는 방법이다.

특히, 이 기법에서 통행발생모형을 위한 설명변수들은 다음과 같다.

① 경제사회적 변수: 승용차보유수준, 가구소득수준, 가구규모, 가구당 취업자수, 직업, 운전면허자수, 연령 등

② 입지변수: 인구밀도, 주거환경, 주요활동지역과의 거리 등

③ 접근도 변수: 대중교통수단 또는 주요활동에 대한 접근도

■ **장   점**

• 이해가 용이하다.

• 자료이용이 효율적이다.

• 검정과 변수조정이 용이하다.

• 추정이 비교적 민감하다.

• 교통정책에 민감하게 변화한다.

• 다양한 유형에 적용이 가능하다.

• 타지역에의 이전이 용이하다.

[예제 4] 다음 표는 소득수준에 따른 이용교통수단의 평균통행발생률이
며, 소득수준별, 교통수단이용별, 가구규모별 카테고리분석에 의한 가구
의 수가 아래와 같이 도출되었다. 이때 이 존의 총 통행발생량을 구하라.

표 D-1 │ 카테고리별 평균통행발생률

소득수준 이용 교통수단	가구당 월평균 소득수준					
	하		중		상	
	3인 이하	4인 이상	3인 이하	4인 이상	3인 이하	4인 이상
버 스	2.6	3.3	2.9	3.5	3.2	4.0
택 시	0.4	0.7	1.8	2.2	2.3	2.7
승용차					2.3	3.5

• 저소득, 택시, 3인 이하 가구규모: 400

• 저소득, 택시, 4인 이상 가구규모: 300

• 중소득, 버스, 3인 이하 가구규모: 300

• 중소득, 택시, 3인 이하 가구규모: 500

• 고소득, 버스, 3인 이하 가구규모: 100

• 고소득, 버스, 4인 이상 가구규모: 200

• 고소득, 승용차, 4인 이상 가구규모: 300

• 고소득, 택시, 3인 이하 가구규모: 200

[해] $(400 \times 0.4) + (300 \times 0.7) + (300 \times 2.9) + (500 \times 1.8) + (100 \times 3.2)$
$+ (200 \times 4.0) + (300 \times 3.5) + (200 \times 2.3) = 4,760$

∴ 총 통행발생량은 4,760이다.

제 2 절 통행분포(Trip Distribution)예측

도시교통수요예측의 두 번째 단계로 통행분포를 위한 모형연구는 교통지구들 사이에 교차되는 통행수를 파악하기 위한 작업이다. 따라서 통행분포를 예측하기 위한 여러 가지 방법들을 다음과 같이 나열할 수 있다.

통행분포는 예측된 각 존별 통행유출과 통행유입에 대해 완전한 통행의 형태를 갖추도록 출발지와 목적지 즉, 기·종점을 연결하는 단계로, 여기에는 기점과 종점이 되는 출발 존과 목적 존 사이의 교통비용(시간) 및 접근도 등을 설명변수로 사용한 수학적 모형을 사용하며, 그 추정방법에는 성장인자모형, 중력모형, 기회모형 등이 있다.

우선적으로 조사된 O-D표를 기준으로 통행유출과 통행유입의 산출 과정을 통합한 모형들은 다음과 같다. 그 종류들로는 프라타방법(Fratar method), 디트로이트방법(Detroit method), 평균성장인수법(Average growth factor method) 등이며, 개략적인 수요측정 방법이다.

다음으로는, 통행을 일으키는 인과관계를 분석한 인간행태분석(Human behavior analysis)을 이용하여 통행모형을 추정하는 모형이 있다. 그 종류들로는 중력모형(Gravity Model), 확률모형(Opportunity Model), 선형계획법(Linear Programming) 등이다.

O-D표를 기준으로 한 통행분포 예측모델을 살펴보기로 한다.

어느 존에서 어떤 존으로 일정 시간 내에 이동하는 교통량을 O-D교통량이라고 하며 주어진 장래 발생·집중교통량에 대해서 분포교통량을 추정하는 것을 분포교통량 예측이라고 한다.

현재까지 많은 분포교통량의 예측모델이 제안되었으나 주로 활용중인 모델은 다음과 같다.

① 현재의 O-D 패턴을 가능한 보존해서 장래의 O-D표를 구하는 현재패턴법
② 현재의 O-D 패턴을 기초로 작성된 통행의 존간 이동량모델에 장래의 조건을 부여하여 O-D표를 구하는 중력모델법
③ 확률론을 적용하여 장래의 O-D표를 구하는 확률모델법
  이상과 같은 3가지 모델을 설명해 본다.

I. 현재패턴법

인구증가가 적고 전체 활동변화가 적으며, 또 교통시설정비도 거의 없는 지역에 사용된다.

현재패턴법의 장·단점은 다음과 같다.

■ 장   점
- 구조가 간단하며, 이해가 쉽다.
- 존간 소요시간을 필요로 하지 않는다.
- 시간교통량, 일교통량 어느 쪽도 예측 가능하다.
- 모든 교통목적별 O-D표를 예측하는 데 적용할 수 있다.
- O-D표의 주변통행분포의 변화가 적은 경우에 유효하다.
- 철도여객의 역간 O-D 분포를 구하는 데 유효하다.

■ 단   점
- 기준연도의 완전한 O-D표를 필요로 한다.
- 대상지역에 도시개발, 토지이용, 공간구조상 큰 변화가 있을 경우 수요 추정력이 약해진다.
- 장래시점의 존 분할이 변하는 경우 사용해서는 안 된다.
- 현재 O-D교통량이 0이면 장래 O-D교통량도 0으로 된다.
- 현재 O-D교통량이 적은 경우, 수요예측의 신뢰성이 떨어져 장래교통량에까지 영향을 미치게 된다.

1. 성장률법

현재 O-D표에 존의 교통성장률을 이용하여 O-D표를 반복 수정하여 주어진 교통발생·집중량에 일치하는 장래 O-D표를 구하는 방법을 성장률법이라 한다. 이 성장률법에는 균일성장률법과 평균성장률법이 있으며, 평균성장률법에는 디트로이트(Ditroit)방법, 프라타(Fratar)방법 등이 있다. 장래 발생·집중교통량의 기준년에 대한 발생·집중교통량의 비를 각각 교통발생성장률, 교통집중성장률이라 하며, 그 성장률 식은 다음과 같이 산출된다.

존 i의 교통발생 성장률 $Fg_i = G_i / g_i$

존 j의 교통집중 성장률 $Fa_j = A_j / a_j$

G_i＝장래발생교통량

g_i＝기준연도의 발생교통량

A_j＝장래집중교통량

a_j＝기준연도의 집중교통량

또 예측연도의 총통행수 대 기준연도의 총통행수의 비를 전역에 대한 교
통성장률이라 하면 다음 식으로 산출된다.

전역의 교통성장률 $F=T/t$

T＝예측연도의 총통행수

t＝기준연도의 총통행수

(1) 균일성장률법

현재 기종점 교통량에 전지역 교통성장률을 곱하여 장래 기종점 교통량을
구하는 방법이다.

균일성장률법 $t'_{ij}=t_{ij}\times F$

t'_{ij}＝장래의 존 i와 j간의 통행량

t_{ij}＝현재의 존 i와 j간의 통행량

F＝균일성장률(장래의 교통량/현재의 교통량)

(2) 평균성장률법

존의 교통 발생 · 집중량에 대한 성장률 계산 후 장래 기종점 교통량은 발
착 2개 존의 평균치에 비례하여 증가한다고 가정하여 구하는 방법이다.

$$t'_{ij}=t_{ij}\times\{(E_i+F_j)/2\}$$

$$E_i=P_i/p_i, \ F_j=A_j/a_j$$

t'_{ij}＝장래의 존 i와 j간의 통행량

P_i＝존 i의 장래 통행유출량

p_i＝존 i의 현재 통행유출량

A_j＝존 j의 장래 통행유입량

a_j＝존 j의 현재 통행유입량

E_i＝유출량의 성장률

F_j＝유입량의 성장률

① 디트로이트방법

J. D. Carol에 의해 1856년에 제안되었으며, 2개 존간의 기종점교통량은 i존의 교통발생성장률과 j존의 상대적 성장률에 비례해서 증가한다고 가정하여 장래기종점의 교통량을 구하는 방법이다.

$$t'_{ij} = t_{ij} \cdot \frac{E_i \cdot F_j}{F}$$

t'_{ij}＝장래통행량 E_i＝각 존의 유출량의 성장률
t_{ij}＝현재통행량 F_j＝각 존의 유입량의 성장률

디트로이트방법의 장·단점은 다음과 같다.

■ 장   점
• Fratar 모형보다 간단하다.
• 적용이 용이하다.

■ 단   점
• 교통량의 증감에 따라 결과가 매우 상이하게 나타난다.

② 프라타방법

T. J. Fratar에 의해 제안되어 미국 오하이오주의 고속도로 교통예측에 사용한 방법으로 발착 존간의 연결도를 고려한 예측모델이다.

존간의 통행량은 E_i, E_j에 비례하여 증가한다는 원리를 이용한 것으로서 반복과정을 통해 통행발생단계에서 산출된 통행 유출·유입량과 일치되도록 조정하며, 평균성장률보다 계산횟수가 적게 나타난다.

$$t'_{ij} = t_{ij} \cdot E_i \cdot F_j \frac{L_i + L_j}{2}$$

$$L_i = \sum_{j=1}^{n} t_{ij} / \sum_{j=1}^{n} t_{ij} \cdot F_j$$

$$L_j = \sum_{j=1}^{n} t_{ij} / \sum_{j=1}^{n} t_{ij} \cdot E_i$$

t'_{ij}＝장래통행량 L_i＝보정식
t_{ij}＝현재통행량 L_j＝보정식
E_i＝각 존의 유출량의 성장률
F_j＝각 존의 유입량의 성장률

[예제 5] 어느 한 도시의의 통행량이 〈표 E-1〉과 같다고 가정하였을 때 프라타법을 이용하여 장래 통행량을 구하라.

표 E-1 현재의 존간 O-D	1	2	계
1	8	3	11
2	5	4	9
계	13	7	20

표 E-2 장래의 존별 통행유입·유출량	1	2	계
1			19
2			14
계	18	15	33

[해]

표 E-3 각 존 유출·유입량의 성장률 계산	1	2
E_i	$\dfrac{19}{11}=1.73$	$\dfrac{14}{9}=1.56$
F_j	$\dfrac{18}{13}=1.38$	$\dfrac{15}{7}=2.14$

표 E-4 보정식 계산	1	2
L_i	$\dfrac{8+3}{(8\times1.38+3\times2.14)}=0.63$	$\dfrac{5+4}{(5\times1.38+4\times2.14)}=0.58$
L_j	$\dfrac{8+5}{(8\times1.73+5\times1.56)}=0.60$	$\dfrac{3+4}{(3\times1.73+4\times1.56)}=0.61$

각 존간 통행량 계산

$t_{11}=8\times1.73\times1.38\times[(0.63+0.60)/2]=11.8$

$t_{12}=3\times1.73\times2.14\times[(0.63+0.61)/2]=6.89$

$t_{21}=5\times1.56\times1.38\times[(0.58+0.60)/2]=6.35$

$t_{22}=4\times1.56\times2.14\times[(0.58+0.61)/2]=7.94$

최종 배분 결과는 다음과 같다.

표 E-5 최종 배분 결과	1	2	계
1	12	7	19
2	6	8	14
계	18	15	33

Ⅱ. 중력모형법

기종점간의 통행수가 각 지역의 발생교통량, 집중교통량에 비례하고 2개 지역간의 거리에 반비례하는 수식을 중력모형이라고 한다. 중력모형은 뉴턴의 만유인력 법칙을 O-D간의 통행이동의 법칙으로 유추한 것이다.

도시개발로 인해 도시구조와 산업이 변화함으로써 분포교통패턴도 크게 변할 것으로 예상되는 지역에 적용된다. 특수성을 고려하지 않아 실제와 맞지 않는 통행수가 추정될 수 있으므로 그 보정방법을 고려할 필요가 있다.

중력모형의 기본 식은 다음과 같다.

$$t_{ij} = kP_iA_jf(Z_{ij})$$

> k = 상수
>
> P_i, A_j = 통행유출지와 유입지의 흡입성을 나타내는 지표
>
> $f(Z_{ij})$ = 통행비용, 시간, 거리로 표시되는 통행에 대한 저항함수

중력모형법의 장·단점은 다음과 같다.

◼ 장   점
- 토지이용이 교통발생 · 집중에 미치는 영향을 고려할 수 있다.
- 교통시설 정비 등에 의한 존간의 통행시간 변화에 대하여 민감하게 대응할 수 있다.
- 모형의 구조가 이해하기 쉽고 어떤 지역에서도 이용 가능하다.
- 완전한 현재 O-D표가 없어도 장래분포교통의 예측이 가능하다.

◼ 단   점
- 물리학의 법칙을 인간행동 파악에 적용한 것이 한계점이다.
- 평균적 교통패턴을 대상지역 전역에 적용함으로써 분포교통량예측의 신뢰도를 떨어뜨린다.
- 통행량 분포는 전지역에 일정하지 않고, 거리에 관한 계수는 반드시 일정치가 아닌데도 일정하다고 가정한다.
- 존간 통행시간은 교통시간 및 시간대에 따라 변화하는데도 불구하고 하나의 통행시간을 사용하고 있다.
- 존간 거리가 0에 가까우면 교통량은 무한대로 되며 거리가 짧은 경우는

과대예측된다.
- 존 내의 교통량 예측을 위한 통행시간의 결정이 어렵다.
- 장래 주어신 발생, 집중량에 일치시키기 위해 성장률법을 사용하여 필히 반복계산하지 않으면 안 된다.

1. 제약 없는 중력모형

아래 모형에서 k는 모형상의 O-D표의 존간 총통행량이 조사된 O-D표의 존간 총통행량과 일치되도록 조정하는 계수이다. 모형상에서 행과 열의 통행량이 합쳐져서 존간 유출량·유입량이 추정된 결과를 보면 조사된 존간 유출량·유입량과 대개의 경우 일치하지 않는다.

유출량·유입량이 같지 않으므로 제약 없는 중력모형이라고 부른다.

$$t_{ij} = kP_i A_j / f(Z_{ij})$$

$$k = \frac{\sum_i \sum_j t_{ij}^s}{\sum_i \sum_j t_{ij}^m}$$

$\sum_i \sum_j t_{ij}^s$ = 조사된 O-D표의 존간 총통행량
$\sum_i \sum_j t_{ij}^m$ = 모형상 O-D표의 존간 총통행량
P_i = 존 i에서 유출되는 총통행유출량
A_j = 존 j로 유입되는 총통행유입량
$f(Z_{ij})$ = 통행시간, 거리로 표시되는 통행저항함수

[예제 6] 현재 존간 통행량과 거리가 아래와 같다고 하자. 이 지역의 기존 통행량과 거리를 사용하여 장래의 존간 통행을 구하라.

표 F-1 현재의 존간 O-D

O-D	1	2	계
1	8	6	14
2	4	2	6
계	12	8	20

표 F-2 장래의 존별 통행유입·유출량

O-D	1	2	계
1			16
2			19
계	21	14	35

| 표 F-3 | 각 존간의 거리 |

O-D	1	2
1	5.5	8
2	7	7

[해] 상수 k를 구한다.

$k = 20/35 = 0.57$

존간 통행량을 계산한다.

$t_{11} = 0.57 \times 14 \times 12/5.5 = 17.41$

$t_{12} = 0.57 \times 14 \times 8/8 = 7.98$

$t_{21} = 0.57 \times 6 \times 12/7 = 5.86$

$t_{22} = 0.57 \times 6 \times 8/7 = 3.91$

장래의 통행발생량은 다음과 같다.

| 표 F-4 | 장래의 통행발생량 |

	1	2	계
1	17	8	25
2	6	4	10
계	23	12	35

2. 통행유출량 제약모형

k_i를 사용하여 존 i의 총통행유출량을 도출하여 조사된 존 i의 총통행량과 일치시키기 때문에 통행유출량 제약모형이라고 부른다.

다시 말하면 통행유출량 제약모형은 k_i라는 상수가 각 통행유출 존마다 포함되어 있어서 이들이 O-D표 각각의 존의 통행량을 합하였을 때 추정된 통행유출량의 합은 조사된 존간 통행유출량과 일치하게 된다. 따라서 통행유출량을 '같게 묶어 놓는다'하여 유출량 제약모형이라 한다. 그러나 O-D표의 행의 추정된 통행유입량은 조사된 통행유입량과 반드시 일치하지 않는다.

$t_{ij} = k_i P_i A_j / f(Z_{ij})$

$k_i = [\sum A_i / f(Z_{ij})]^{-1}$

P_i＝존 i에서 유출되는 총통행유출량

A_j＝존 j로 유입되는 총통행유입량

$f(Z_{ij})$＝통행시간, 기리로 표시되는 통행저항함수

[예제 7] 어느 도시의 기존 통행량과 장래 추정통행량이 아래와 같다고 할 때 단일제약 중력모형을 이용하여 통행배분하여라(통행저항함수는 존간 거리를 이용함).

표 G-1 ┃ 현재의 존간 O-D

O-D	1	2	계
1	8	6	14
2	4	2	6
계	12	8	20

표 G-2 ┃ 장래의 존별 통행유입·유출량

O-D	1	2	계
1			16
2			19
계	21	14	35

표 G-3 ┃ 각 존간의 거리

O-D	1	2
1	4.2	20
2	15	9

[해] 보정치 k_i값 계산

$k_1 = (12/4.2)^{-1} = 0.35$

$k_2 = (8/15)^{-1} = 1.875$

존간 통행량을 계산한다.

$t_{11} = 0.35 \times 14 \times 12/4.2 = 14.0$

$t_{12} = 0.35 \times 14 \times 8/20 = 1.96$

장래 통행량을 분포를 계산한다.

$t_{21} = 1.875 \times 6 \times 12/15 = 9$

$t_{22} = 1.875 \times 6 \times 8/9 = 10$

장래의 통행발생량은 다음과 같다.

표 G-4 ┃ 장래의 통행발생량

O-D	1	2	계
1	14	2	16
2	9	10	19
계	23	12	35

3. 이중제약모형

이중제약모형은 각 통행유출존(k_i)과 각 통행유입(k'_j)에 상수를 적용하여 O-D표상의 총 i-j쌍(모형 O-D표의 행렬의 합)이 조사된 O-D표의 행렬의 합과 같게 묶어 놓는 방법이다. 즉 모형 O-D표의 총통행유출량·총통행유입량을 각각 일치시킨다 하여 이중제약모형이라 일컫는다.

$$t_{ij}=k_ik_jP_iA_j/f(Z_{ij})$$
$$k_i=[\sum k_j\cdot A_j/f(Z_{ij})]^{-1}$$
$$k_j=[\sum k_i\cdot P_i/f(Z_{ij})]^{-1}$$

P_i=존 i에서 유출되는 총통행유출량
A_j=존 j로 유입되는 총통행유입량
$f(Z_{ij})$=통행시간, 거리로 표시되는 통행저항함수

[예제 8] 현재 통행이 〈표 H-1〉과 같다고 할 때 존간 통행량을 이중제약형 중력모형을 이용하여 배분하라.

표 H-1 ┃ 존별 통행량

O-D	1	2	3	계
1				140
2				330
3				280
계	300	270	180	750

표 H-2 ┃ 존간 통행시간

O-D	1	2	3	계
1	5	2	3	
2	2	6	6	
3	3	6	5	
계				

| 표 H-3 | 통행시간과 마찰계수 관계 |

시 간	F	시 간	F
1	82	5	39
2	52	6	26
3	50	7	20
4	41	8	15

[해] K_{ij}=1로 가정하여 통행 배분

$$T_{ij}=P_i\left[\frac{A_jF_{ij}k_{ij}}{\sum_i^n\sum_j^n A_jF_{ij}k_{ij}}\right]$$

$$T_{11}=140\times[(300\times29)/(300\times29+270\times52+180\times50)]=47$$
$$T_{12}=140\times[(270\times52)/(300\times29+270\times52+180\times50)]=47$$

제 3 절 통행수단분담(Modal Split)예측

통행수단분담은 2단계의 분포된 통행을 이용 가능한 여러 수단에 대해 배분하는 단계이다. 기종점상에서 선택 가능한 교통수단 중 통행자가 각 교통수단을 이용할 비율을 추정하는 방법이다. 통행수단분담의 추정방법에는 통행단모형, 전환곡선이용방법, 로짓모형 등이 있다.

I. 교통수단선택 예측시 필요자료와 교통수단 선택요인

1. 교통수단선택 예측시 필요자료

분담예측을 위해서는 아래 자료가 필요하다.

① 교통수단의 수와 종류
② 통행의 지리적 분포(CBD방향 통행)
③ 목적별 통행분포(총통행, 통근, 통학, 업무 등)
④ 교통네트워크, 통행시간, 통행비용 등
⑤ 통행의 시간적 분포(1일 피크시)
⑥ 장래교통량 예측치 및 교통수단분담률

⑦ 수단별 통행분포

교통수단의 선택요인을 통행특성, 통행자의 특성, 세대속성, 지역특성, 시간특성 등으로 나누어 살펴보기로 한다.

2. 교통수단 선택요인

첫째, 교통수단 선택요인을 다음과 같은 여러 가지 특성들로 분류할 수 있다.

① 교통목적: 교통목적에 따라 교통수단 선택이 크게 달라진다. 가구나 회사의 통행자의 유무, 교통비용 부담력의 능력여부, 교통거리에 따라 교통목적이 변하기 때문이다.

② 통행시간: 목적지까지의 통행시간이 교통수단 선택에 크게 영향을 미친다.

③ 통행비용: 통행비용도 교통수단 선택에 큰 영향을 미친다.

④ 쾌 적 성: 교통수단 선택시의 쾌적성이란 교통수단의 혼잡도, 승차감, 좌석의 확보율, 냉난방 유무 등의 여러 가지 복합요인을 포함한다. 그러므로 교통수단 선택시의 쾌적성은 매우 중요한 요인이 된다.

⑤ 안 전 성: 안전성은 교통수단 선택시의 핵심 요인이 된다.

⑥ 정 시 성: 목적지까지의 도착시간의 불확실성은 교통수단 선택을 좌우하는 요인이 된다.

⑦ 환승횟수와 대기시간: 환승횟수가 증가하면 환승시간도 증가하므로 대기시간과 함께 목적지까지의 소요시간이 증가해서 교통수단 선택에 큰 영향을 미친다.

둘째, 교통수단 선택요인을 통행자의 특성으로 분류해 보기로 하자.

① 직업, 성별, 연령

② 개인소득

③ 교통약자

④ 가계지출액

⑤ 자가용 승용차 보유여부

⑥ 가족수, 운전면허자수

⑦ 주거형태

II. 교통수단선택 모형

1. 트립엔드(trip end)모형

교통수단의 선택을 통행의 발생지 또는 집중지의 지역특성을 이용하여 설명하는 모형이다. 교통수단선택의 밀접한 요인은 거주밀도, 자가용차 보유율, 용도지역의 유형, 역 또는 버스정류장까지의 평균도보거리, 접근용이도, 주차용량 등을 들 수 있다.

트립엔드모형 가운데서 발생지역 특성에 대하여 교통수단을 선택하는 모형을 발생지역모형이라고 하고 집중지역의 특성에 의해서 발생시의 교통수단을 선택하는 모형을 집중지역모형이라 한다. 세대당 자동차보유율이나 접근용이도를 사용하는 방법은 발생지역모형에, 존의 주차가능대수를 사용하는 방법은 집중지역모형에 속한다.

2. 트립인터체인지모형(O-D pair 모형)

사람통행의 O-D분포가 주어진 다음, 이것을 각 교통수단에 분담시키는 모형으로 O-D pair모형이라고도 한다. O-D pair 모형의 일반적 특징을 트립엔드모형과 비교하면 다음과 같다.

① 기·종점의 특성을 배려할 수 있다

② 존간을 연결하고 있는 네트워트를 고려할 수 있다.

③ 도시개발 도로, 철도, 주차장 등에 대한 상세한 분석이 가능하다.

트립인터체인지모형들의 장·단점은 다음과 같다.

(1) 선택률곡선에 의한 방법

■ 장   점

• 구조가 간단하고 알기 쉽다.

• 모형의 수정이 비교적 용이하다.

• 비교적 안정된 예측치를 얻을 수 있다.

■ 단   점

• 계층(Category)의 종류(O-D pair분류 등)와 수단분담 등에 대한 다양한 곡선을 설정해야 한다.

• 설명변수의 한계로 인하여 설명력이 불충분한 경우가 많다.

- 시설용량에 관한 요인(도로, 철도, 주차장 등)의 적용이 힘들다.

(2) 함수모형에 의한 방법

■ 장   점

- 모형의 적합도가 상관계수에 의해 표현되므로 모형식을 산출하고 그 가운데에서 적합도가 좋은 모형을 선택할 수 있다.
- 회귀모형의 경우와 같이 많은 설명지표를 도입할 수 있다.

■ 단   점

- 설명지표와 선택률추정치 사이에 (−)의 결과가 도출될 수 있다.
- 선택률이 (−)가 되기도 하고 수단선택이 100%를 넘는 경우도 생긴다.

3. 다항 로짓모형

각 교통수단의 현재수요와 서비스수준관련 변수들의 변화폭을 알고 있을 때 장래의 수요추정을 해 볼 수 있는 모형이다. 이 모형은 서비스수준관련 변수 중 어느 특정한 변수의 변화량을 파악할 수 있을 때 이 변화량을 이용하여 교통수요를 추정할 수 있는 장점을 지니고 있다.

다항 로짓모형의 형태는 다음과 같다.

$$P_k = \frac{P_k^0 \exp(U_k - U_k^0)}{\sum_k P_k^0 \exp(U_k - U_k^0)}$$

P_k＝교통수단 k의 새로운 분담률

P_k^0＝교통수단 k의 기존 분담률

$(U_k - U_k^0)$＝교통수단 k의 효용성의 변화폭

[예제 9] 어느 도시에 지하철, 버스, 승용차 3개의 교통수단이 존재하고, 교통수단 분담구조와 효용함수는 다음과 같다.

시정부에서는 지하철의 이용을 장려하기 위하여 지하철역에서의 승객대기시간을 현재 5분에서 2.5분을 줄이고, 버스정류장에서의 승객대기시간을 현재 10분에서 15분으로 증가시키려고 한다. 이렇게 할 경우 예상되는 새로운 교통수단 분담률은 어떻게 변하게 되는가?

| 표 I-1 | 도시의 교통수단 분담 구조와 효용함수 |

분 담 구 조	효 용 함 수
지하철(P_s) 버 스(P_b) 승용차(P_a)	$U_k = -0.05\text{IVTT} - 0.20\text{OVTT} - 0.10\text{C}/\text{I}$ IVTT: 재차시간 OVTT: 대기시간 C: 통행비용(요금 등) I: 소득

[해] $U_s - U_s^0 = -0.20 \times (2.5-5) = 0.5$

$U_b - U_b^0 = -0.20 \times (15-10) = -1.0$

$$P_s = \left[\frac{0.4\exp(0.5)}{0.4\exp(0.5) + 0.3\exp(-1.0) + 0.3} \right] = 0.6164$$

$$P_b = \left[\frac{0.3\exp(-1.0)}{0.4\exp(0.5) + 0.3\exp(-1.0) + 0.3} \right] = 0.1031$$

$P_a = 1 - 0.6164 - 0.1031 = 0.2805$

제 4 절 통행배정(Trip Assignment) 또는 노선배정(Route Assignment)

기종점간 교통수단별로 배분된 통행을 도로망상의 노선에 배정하는 단계이다. 통행배정모형에는 최단시간경로에 의한 모형과 다중경로에 대한 확률적 배정모형이 통용된다. 교통량의 노선배정 추정방법에는 All-or-Nothing, 용량제약법, 노선선택모형 등이 있다.

분포교통량을 교통네트워크속의 흐름으로 보고 교통주체의 경로선택에 의한 네트워크간의 각 링크상의 교통량을 예측하는 작업을 교통배정이라고 한다.

통행배정 예측은 통행수요 예측의 최종단계로서 교통수단 선택 과정에서 산출된 통행량을 교통망시설에 배정하는 것이다.

현재까지 개발된 노선선택모형 방법을 그 특성에 따라 분류하면 다음과 같다.

I. 최단경로(Min-Path) 또는 All-or Nothing 방법

기종점별 최단거리 노선을 찾아 통행량을 배정하는 방법이다. 이 방법은 수식이 간단하므로 현재까지 많은 방법이 개발되어 있으며, 특히 용량제한이 없는 경우는 All-or-nothing 방법에 의해 O-D교통량은 모두 최단경로에 배분되어진다.

[예제 10] 어느 도시의 기종점간 통행량이 아래와 같다고 가정할 때, 이 도시의 기종점간 통행량을 All-or-Nothing법을 이용하여 아래에 제시된 교통망에 부여하라.

표 J-1 ┃ 도시의 기종점간 통행량

O-D	1	2	3	4	5	계
1	0	100	50	70	50	270
2	40	0	60	30	70	200
3	50	40	0	60	30	180
4	70	120	90	0	30	310
5	50	20	30	80	0	180
계	210	280	230	240	180	1,140

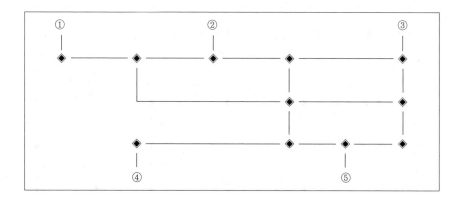

[해]   1번 존을 출발존으로 하는 통행량의 통행배분결과

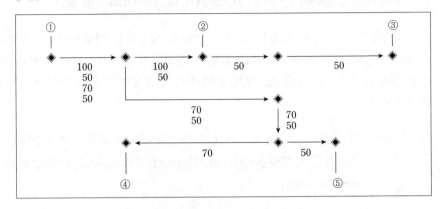

2번 존을 출발존으로 하는 통행량의 통행배분결과

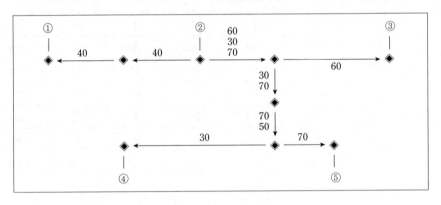

3번 존을 출발존으로 하는 통행량의 통행배분결과

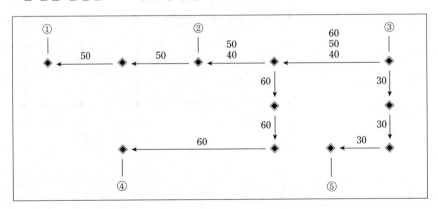

4번 존을 출발존으로 하는 통행량의 통행배분결과

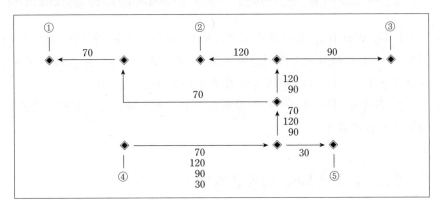

5번 존을 출발존으로 하는 통행량의 통행배분결과

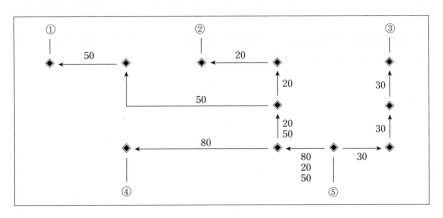

Ⅱ. 용량제한최단경로(Min-Path with Capacity Restraint)방법

배분율을 사용한 배분은 경로탐색을 위한 반복계산을 피하기 위하여 처음부터 하나의 O-D에 대해서 복수의 경로를 지정하여 기히 설정한 배분율로 O-D교통량을 배분시키는 방법이다.

용량제한이 있는 배분법은 주행시간이 교통량에 영향을 미친다고 보고 교통량-주행시간 곡선을 사용한다. 용량제한 최단경로방법은 반복계산에 의한 방법과 연립방정식에 의한 방법으로 나눌 수 있다.

Ⅲ. 다경로확률배정(Multi-Route Probabilistic Assignment)방법

J. G. Wardrop가 제안한 방법으로 O-D간에 이용 가능한 경로 중 이용되는 경로에 대해서는 주행시간이 같게 되고 이용되지 않는 경로에 대해서는 주행시간이 더 걸린다는 원칙에서 통행을 배분하는 방법이다.

이 원칙에 의한 배분방식은 경로교통량에 의한 배분과 구간교통량에 의한 배분으로 분류된다.

Ⅳ. 교통량-속도(Q-V)곡선 방법

교통량-속도곡선은 미국 HCM(Highway Capacity Manual) 등의 연구에 의한 곡선이다. 이 곡선은 교통량이 교통용량에 달하기까지는 교통량의 증가에 따라 통행속도는 저하하고, 교통용량에 달한 후에는 속도가 저하하여도 교통량은 증가하지 않고 감소하는 곡선식의 방법이다.

이야깃거리

1. 신규도로사업에 대한 교통수요추정시 4단계 추정법의 각 단계별로 고려해야
   할 요소들은 무엇이 있는지 생각해보자.
2. 통행발생(trip generation)단계에서 사용되는 모형의 종류와 각 모형의 추
   정과정을 설명해보자.
3. 회귀분석법의 계수 결정과정에 대해 설명해보자.
4. 회귀분석은 수집된 자료를 토대로 종속변수와 설명변수간의 관계를 규명하
   는 방법이다. 모형의 정산방법으로서 회귀분석의 문제점은 무엇인지 생각해
   보자.
5. 분류분석기법 또는 교차분류법이라고 불리는 카테고리분석법의 설명변수들
   은 무엇이 있으며, 장점과 단점은 무엇인지 설명해보자.
6. 통행분포(trip distribution) 예측단계에서 성장인자법에 따른 프라타, 디트
   로이트, 평균성장 인수법 등이 있으나 잘 사용되지 않고 있다. 그 이유에 대
   해서 논해보자.
7. 통행분포교통량 예측모델의 유도과정에서 확률론을 이용한 모델 중 개재기
   회모형의 3가지 기본전제조건에 대해 생각해보자.
8. 통행분포단계에서 중력모형이 쓰이는 원리와 모형의 종류에 대해 설명해
   보자.
9. 통행발생과 통행 분포단계에서 수단 분담을 하는 통행단 모형(trip end
   model)의 수행과정을 설명해보자.
10. O-D조사시 교통수단별 분담특성을 파악하기 위해 조사해야 할 것들은 무
    엇이 있는지 생각해보자.
11. 교통주체인 인간이 가진 속성에 따라 교통수단의 선택에는 차이가 있다. 인
    간의 속성요인 중 직업, 성별, 연령, 소득 등을 들어서 요인의 특성을 설명해
    보자.
12. 교통수단간 서비스 특성에 기초하여 교통수단의 선택시 사용되는 기준에는
    어떠한 것들이 있는지 생각해보자.
13. 통행배정모형(assignment model)의 유형에는 링크용량을 고려하는 것과
    링크용량을 고려하지 않는 모형이 있다. 이들 모형을 이용하여 분석한 결과
    의 장·단점에 대하여 생각해보자.

14. 통행배정(assignment) 예측단계에서 현재까지 개발된 노선선택모형의 방법을 그 특성에 따라 분류해보고 장점과 단점을 설명해보자.
15. 통행배정단계의 목적과 도출된 결과물의 활용에 대해 생각해보자.
16. 4단계 교통수요 분석과정에서 피드백이 왜 필요한지, 그리고 바람직한 피드백의 구조는 어떻게 되어야 하는지 논해보자.

제 7 장   개별행태모형

제1절 개별행태모형

Ⅰ. 개 념

1. 개별행태모형이란

개별행태모형(disaggregate behavioral model 또는 individual behavior model)이란 교통수요를 추정함에 있어서 개인 또는 가구의 통행특성자료에 근거해서 교통수요를 추정하는 기법을 의미한다. 개별행태모형은 기존의 전통적 4단계 교통수요추정모형에 대해서 제기되는 각종 문제점을 극복하기 위해서 개발되었으며, 모형의 구조와 관련하여 다음과 같은 특성을 지닌다.

① 개인의 통행특성자료에 근거해서 교통수요를 추정한다.
② 효용이론에 근거해서 모델이 구축된다.
③ 관측불가능한 효용에 대해서 가정된 분포의 형태에 따라서 다양한 형태의 모형이 구축된다.
④ 4단계 교통수요추정모델과 비교해서 여러 가지 과정을 동시에 수행할 수 있는 모델 구축이 가능하다.

일부 학자들은 모형이 이용하는 자료의 형태를 기준으로 해서 개별행태모형을 비집계모형(disaggregate model)이라 하고, 4단계추정모형을 집계모형(aggregate model)이라 정의함으로써 두 모형을 대조적으로 표현하기도 한다.

2. 개별행태모형의 출현배경

과거 교통계획과정에서 교통수요추정기법의 근간을 이루어온 전통적 4단계 교통수요 추정모형은 중·장기적 교통계획의 수립, 또는 대안의 평가에는 유용하게 적용되었으나, 단기교통계획, 또는 교통정책의 영향을 분석·평가하는 데에는 한계가 있었다. 기존의 전통적 4단계 교통수요추정모형의 문제점은 다음과 같다.

① 설명변수가 제약되어 있다.
② 모형의 이론적 토대가 명확하지 않다.
③ 수요추정에 소요되는 비용이 크다.
④ 수요추정에 소요되는 시간이 오래 걸린다.
⑤ 존별 집계자료에 근거해서 개발된 모형이기 때문에 개발된 모형을 타 존의 교통수요추정에 활용할 수 없다.
⑥ 수요관리정책 등과 같이 비물리적 교통계획대안에 대한 평가가 불가능하다.
⑦ 단계별로 활용하는 자료의 형태가 상이하기 때문에 오차의 누적현상에 의한 신뢰도 저하현상이 발생할 수 있다.

전통적 4단계 교통수요추정모형의 문제점이 지속적으로 대두됨에 따라서 짧은 시간 내에 저렴한 비용으로 단기교통계획 또는 교통정책과 같은 대안을 평가할 수 있는 모형의 개발이 요구되었다.

이러한 배경하에 개인의 통행행태에 근거한 개별행태모형이 개발되었고, 지속적으로 개량되어 왔다.

3. 개별행태모형과 4단계 교통수요 추정모형의 차이점

개별행태모형은 개인의 통행특성자료를 토대로 교통수요를 추정하였다. 반면 4단계 수요추정모형은 모형의 이론적 배경이 개별행태모형과 다르다. 따라서 존간 집계자료를 이용하여 교통수요를 추정하는 4단계 수요추정모형은 수집된 자료의 형태, 모형의 구조, 수요추정과정 등을 달리하는 경우, 예측결과가 상이하게 나타날 수 있다.

개별행태모형은 효용이론에 근거하여 구축된 반면 전통적 4단계 교통수요 추정모형은 단계별로 명확한 이론적 구조를 갖지 못한다. 개별행태모형과 기존의 전통적 4단계 수요추정모형을 비교하면 〈표 7-1〉과 같은 차이점이 있다.

| 표 7-1 | 개별행태모형과 4단계 교통수요 추정모형의 특징 비교 |

구분＼모형	개별행태모형	4단계 수요추정모형
자료의 형태	• 개인의 통행행태 관련자료 [통행빈도, 목적지선정빈도, 선택된 대안의 속성자료(통행시간, 통행비용), 개인의 속성자료(소득, 승용차보유 여부) 등]	• 존별 집계자료 [존별 인구, 취학아동수, 산업부문별 고용자수, 소득수준별-자동차보유대수별 가구수, 용도별 건물연면적 등]
이론적 배경	• 효용이론	• 특별한 이론이 없음
모델의 구조	• 확률모형	• 결정적 모형
변수의 속성	• 종속변수 : 선택확률 • 독립변수 : 개인의 행태관련 자료	• 종속변수 : 통행량 • 독립변수 : 존의 사회-경제지표
모델의 활용성	• 타존에 적용가능	• 타존에 적용하기 곤란함
수요추정과정	• 수요추정과정의 통합 가능	• 수요추정과정의 통합에 한계

Ⅱ. 개별행태모형의 형태

1. 변수설정

개별행태모형은 앞에서도 언급한 바와 같이 통행자의 행태와 관련한 특성을 변수로 설정한다. 즉 모형은 통행자의 의사결정결과를 종속변수로 하고, 의사결정에 영향을 미치는 요소를 독립변수로 하는 경우, 이들의 상관관계를 규정할 수 있다.

개별행태모형의 종속변수는 선택확률로 표시되는데, 즉 특정시간대에 통행을 할 확률, 특정목적지로 향할 확률, 특정 교통수단을 선택할 확률, 특정경로를 선택할 확률 등이 종속변수가 된다. 반면 독립변수는 앞에서 제시된 종속변수에 영향을 미치는 요소가 된다. 교통수단을 선택하는 문제에서 독립변수로는 수단별 통행시간과 요금(또는 차량운행비용) 등이 된다.

2. 모형의 이론적 배경

개별행태모형의 이론적 배경은 심리학적 선택이론과 소비자 선택이론에 근거한다. 이 가운데 모형의 정립과정은 소비자 선택이론인 효용극대화이론을 통해서 설명된다. 통행자가 어떠한 선택행위를 취할 때에는 선택된 대안에 대한 효용이 선택되지 않은 대안과 비교해서 크게 인지되었기 때문이다.

이러한 대안의 효용(U_i)은 객관적 입장에서 보면 식 〈7-1〉에 표현된 바와 같이 관측가능한 효용(V_i)과 관측불가능한 효용(ε_i)으로 구성되어 있음을 알 수 있다.

$$U_i = V_i + \varepsilon_i \qquad \cdots\cdots\langle 7-1\rangle$$

U_i : 효용
V_i : 통행시간, 통행비용과 같이 관측이 가능한 효용
ε_i : 안락감, 개인의 선호도와 같이 관측이 불가능한 효용

개별행태모형의 이해를 돕기 위해서 버스와 승용차의 두 가지 대안이 선택가능하고 승용차가 25%의 수요를 분담하고 있는 가상 환경을 가정하자. 승용차에 대해서 인식되는 총효용의 크기가 버스에 대해서 인식되는 총효용보다 작다면 모든 통행자는 버스를 선택하고 승용차는 이용하지 않을 것이다. 그러나 수단분담률이 25%인 승용차 이용자는 버스보다는 승용차에 대해서 더 큰 효용을 느끼고 있기 때문에 버스라는 대안적 교통수단을 이용하지 않고 승용차를 이용할 것이다.

따라서 어떤 통행자 n이 승용차를 선택할 확률은 승용차에 대해서 인식하는 효용이 버스에 대해서 인식하는 효용보다 클 확률과 같다. 즉 다음과 같은 식으로 표현할 수 있다.

$$P_n(a) = \Pr(U_a > U_b) \qquad \cdots\cdots\langle 7-2\rangle$$

$P_n(a)$: 통행자 n이 승용차를 선택할 확률
$\Pr(U_a > U_b)$: 승용차의 효용이 버스의 효용보다 클 확률

식 〈7-1〉을 식 〈7-2〉에 대입하면 통행자 n이 승용차를 선택할 확률은 다음과 같이 전개된다.

$$P_n(a) = \Pr(V_a + \varepsilon_a > V_b + \varepsilon_b) \qquad \cdots\cdots\langle 7-3\rangle$$
$$P_n(a) = \Pr(V_a - V_b > \varepsilon_b - \varepsilon_a) \qquad \cdots\cdots\langle 7-4\rangle$$

총효용을 구성하는 인식가능한 효용(V_i)과 인식불가능한 효용(ε_i)이 산정될 수 있다면 대안의 선택확률은 쉽게 구할 수 있다. 그러나 앞에서도 언급한 바와

같이 V_i는 관측가능한 효용이므로 산정될 수 있지만 ε_i는 관측이 불가능한 효용이므로 산정이 힘들다. 따라서 ε_i에 대해서는 일정한 분포를 가정하게 된다.

3. 로짓모형의 도출

개별행태모형의 도출과정을 쉽게 설명하기 위하여 승용차와 버스의 이항선택환경을 가정하자. 통행자 n이 승용차를 선택할 확률은 식 〈7-4〉와 같다.

$$P_n(a) = \Pr(V_a - V_b > \varepsilon_b - \varepsilon_a) \qquad \cdots\cdots \langle 7\text{-}4 \rangle$$

식 〈7-4〉에서 $V_a - V_b$는 관측가능한 효용의 차이므로 수치적 계산이 가능하고 상수적 의미를 갖는다. 따라서 승용차의 선택확률은 $\varepsilon_b - \varepsilon_a$에 의해서 결정된다. 현실적으로 관측불가능한 효용 ε_a, ε_b는 알 수 없을 뿐만 아니라 수치적 표현이 불가능하기 때문에 일정한 분포를 가정해야 된다. 즉 통행자들이 승용차, 또는 버스에 대해서 인식하는 선호도, 또는 안락감 등은 수치로 표현할 수는 없지만 평균이 있을 뿐만 아니라 일정한 분포함수로서 설명할 수 있음을 가정한다.

가장 바람직한 것은 대부분의 사회현상을 설명할 수 있는 정규분포가 가정되어야 하겠지만 정규분포는 분포함수의 적분이 기초수학으로 불가능하기 때문에 수식의 전개과정이 용이하지 않고 개발된 모형의 활용 역시 매우 제약된다.

따라서 학자들은 ε_i를 정규분포와 유사한 웨이블(Weibull)분포로 가정한

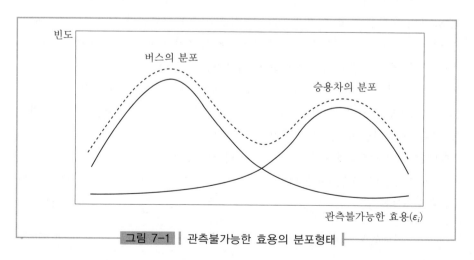

그림 7-1 | 관측불가능한 효용의 분포형태

다. 부연 설명하면 ε_i의 분포를 정규분포로 가정해서 도출된 개별행태모형을 프로빗모델이라 하고 웨이블분포를 가정해서 도출된 모형을 로짓모델이라 한다. 대부분의 개별행태모형은 로짓모델의 구조를 갖는다.

관측 불가능한 효용 ε_i가 웨이블분포를 따른다고 가정하면 이항선택 개별행태모델(이항로짓모형)은 다음과 같은 형태를 갖는다.

$$P(a) = \frac{\exp(V_a)}{\exp(V_a) + \exp(V_b)} \qquad \cdots\cdots \langle 7-5 \rangle$$

식 $\langle 7-5 \rangle$는 이항로짓모형의 일반형이다. 반면 관측불가능한 효용 e_i가 웨이블분포를 따른다는 전제하에서 이항로짓모형은 다항로짓모델로 확장될 수 있다.

$$P(i) = \frac{\exp(V_i)}{\sum_{i=1}^{n} \exp(V_i)} \qquad 단=1, 2, 3, \cdots, n \qquad \cdots\cdots \langle 7-6 \rangle$$

4. 로짓모형의 탄력성

탄력성이란 독립변수가 변화하였을 때 종속변수의 변화율을 나타낸 것이다. 로짓모델의 탄력성은 사회환경의 변화, 또는 교통정책의 시행에 의해서 변화된 조건에 대해서 특정대안을 선택할 확률의 변화를 추정하는 데 중요한 도구가 된다.

승용차와 버스의 이항선택 로짓모델을 예로 들면 가솔린 요금의 인상은 승용차의 선택률을 낮출 뿐만 아니라 버스의 선택확률을 높이는 요인이 된다. 따라서 가솔린 요금 1%를 인상하였을 때 승용차 이용률의 변화를 추정하는 것은 교통정책을 평가하는데 중요한 판단기준이 된다.

로짓모형의 탄력성은 직접탄력성과 교차탄력성으로 나누어서 분석할 수 있다. 직접탄력성이란 대안 i의 독립변수의 변화율에 대한 대안 i의 종속변수(선택확률) 변화율이다. 반면 교차탄력성이란 대안 $j(j \neq i)$의 독립변수 변화율에 대한 대안 i의 종속변수(선택확률) 변화율이다.

관측가능한 효용(V_i)은 다음 식 $\langle 7-7 \rangle$과 같이 독립변수 X_{ik}의 함수로 나타낼 수 있다.

$$V_i = \theta_1 X_{i1} + \theta_2 X_{i2} + \theta_3 X_{i3} + \cdots + \theta_k X_{ik} + \cdots \qquad \cdots\cdots \langle 7-7 \rangle$$

식 〈7-7〉을 식 〈7-6〉에 대입하는 경우 선택확률과 독립변수와의 상관관계를 나타내는 식 〈7-8〉을 구할 수 있다.

$$P(i) = \frac{e^{\sum_k \theta_k X_{ik}}}{\sum_j e^{\sum_k \theta_k X_{ik}}} \qquad \cdots\cdots \langle 7-8 \rangle$$

식 〈7-8〉을 독립변수 X_{ik}에 대해서 미분하면 식 〈7-9〉가 얻어진다.

$$\frac{dP(i)}{dX_{ik}} = \frac{\theta_k \cdot e^{\sum_k \theta_k X_{ik}} \left(\sum_j e^{\sum_k \theta_k X_{ik}} \right) - e^{\sum_k \theta_k X_{ik}} \cdot \theta_k \cdot e^{\sum_k \theta_k X_{ik}}}{\left(\sum_j e^{\sum_k \theta_k X_{ik}} \right)^2} \qquad \cdots\cdots \langle 7-9 \rangle$$

변수 X_{ik}에 대한 로짓모형의 탄력성치는 식 〈7-10〉과 같이 표현된다.

$$E_i dX_{ik} = \left(\frac{\delta P(i)}{P(i)} \right) \Big/ \left(\frac{\delta X_{ik}}{X_{ik}} \right) = \left(\frac{X_{ik}}{P(i)} \right) \times \left(\frac{\delta P(i)}{\delta X_{ik}} \right) \qquad \cdots\cdots \langle 7-10 \rangle$$

(단, $V_i = \theta_1 X_{i1} + \theta_2 X_{i2} + \theta_3 X_{i3} + \cdots + \theta_k X_{ik} + \cdots$)

식 〈7-10〉에 식 〈7-9〉를 대입하면 식 〈7-11〉을 이끌어 낼 수 있다.

$$E_i dX_{ik} = \frac{X_{ik}}{P(i)} \times \frac{\theta_k \cdot e^{\sum_k \theta_k X_{ik}} \left(\sum_j e^{\sum_k \theta_k X_{jk}} \right) - e^{\sum_k \theta_k X_{ik}} \cdot \theta_k \cdot e^{\sum_k \theta_k X_{ik}}}{\left(\sum_j e^{\sum_k \theta_k X_{jk}} \right)^2}$$

$$= \frac{X_{ik}}{P(i)} \times \frac{\theta_k \cdot e^{\sum_k \theta_k X_{ik}}}{\left(\sum_i e^{\sum_k \theta_k X_{jk}} \right)} \times \frac{\sum_j e^{\sum_k \theta_k X_{jk}} - e^{\sum_k \theta_k X_{ik}}}{\sum_j e^{\sum_k \theta_k X_{jk}}}$$

$$= \theta_k X_{ik} \frac{1}{P(i)} \times \frac{e^{\sum_k \theta_k X_{ik}}}{\left(\sum_j e^{\sum_k \theta_k X_{jk}} \right)} \times \frac{\sum_j e^{\sum_k \theta_k X_{jk}} - e^{\sum_k \theta_k X_{ik}}}{\sum_j e^{\sum_k \theta_k X_{jk}}} \qquad \cdots\cdots \langle 7-11 \rangle$$

$$= \theta_k X_{ik} \frac{\sum_j e^{\sum_k \theta_k X_{jk}}}{e^{\sum_k \theta_k X_{ik}}} \times \frac{e^{\sum_k \theta_k X_{ik}}}{\left(\sum_j e^{\sum_k \theta_k X_{jk}} \right)} \times (1 - P(i))$$

$$= \theta_k X_{ik} (1 - P(i))$$

$E_i dX_{ik}$: 대안 i의 독립변수 X_{ik}에 대한 대안 i의 직접탄력성

$\delta P(i)$: 독립변수 X_{ik}의 변화에 대한 대안 i의 선택확률의 변화량

$P(i)$: 대안 i의 선택확률

δX_{ik} : 대안 i의 선택확률에 영향을 미치는 독립변수의 변화량

X_{ik} : 대안 i의 독립변수

θ_k : 독립변수의 계수

같은 방법으로 로짓모형의 교차탄력성을 구하면 식 〈7-12〉와 같다.

$$E_i dX_{jk} = -\theta_k X_{jk} P(i) \qquad\qquad \cdots\cdots \langle 7\text{-}12 \rangle$$

단, $\underset{j\neq i}{V_j} = \theta_1 X_{j1} + \theta_2 X_{j2} + \theta_3 X_{j3} + \cdots + \theta_k X_{jk} + \cdots$이고

$E_i dX_{jk}$: 대안 j의 독립변수 X_{jk}에 대한 대안 j의 교차탄력성

$\delta P(i)$: 독립변수 X_{jk}의 변화에 대한 대안 i의 선택확률의 변화량

$P(i)$: 대안 i의 선택확률

δX_{jk} : 대안 i의 선택확률에 영향을 미치는 독립변수의 변화량

X_{jk} : 대안 j의 변수값

θ_k : 독립변수의 계수

Ⅲ. 개별행태모형의 활용방법

개별행태모형을 활용하기 위해서는 모형작성지침 정립, 설명변수 설정, 자료 수집, 정산, 모형의 검토, 선택확률의 계산, 집계과정이 순차적으로 수행되어야 한다.

① 모형구조의 선택: 모형에 포함될 선택대안의 선택(이항모형, 다항모형) 모형의 구조선택(로짓모델, 프로빗모델)

② 설명변수의 설정: 대안의 선택확률에 영향을 미치는 변수선정, 즉 효용함수의 독립변수 선정

③ 자료수집: 통행자의 행태에 대한 설문조사 수행

④ 정산: 정산기법(회귀분석법, 판별분석법, 최우추정법)에 의한 모형수립

⑤ 모형의 검토: 합리성 검토, 통계적 검토, 모형의 적용가능성 검토

⑥ 집계: 모형을 통해서 모집단의 선택확률 추정

개별행태모형의 활용을 승용차와 버스의 두 가지 대안이 존재하는 이항로짓수단 선택모형의 개발 및 적용과정을 통하여 알아보자.

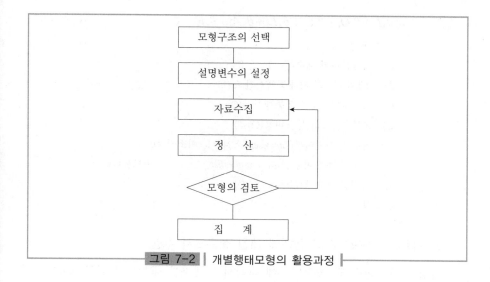

그림 7-2 개별행태모형의 활용과정

1. 모형구조의 선택

여기에서는 모형으로 승용차와 버스의 이항 교통수단 선택모형으로 구축하되 정산이 용이한 이항로짓모형을 선택한다. 따라서 이의 개략적 모형구조는 식 〈7-13〉과 같이 표현된다.

$$P(a) := \frac{e^{V_a}}{\sum_i e^{V_i}} = \frac{e^{\sum_k \theta_k X_{ka}}}{\sum_i e^{\sum_k \theta_k X_{ki}}} \ (단 \ i = a, \ b) \qquad \cdots\cdots \langle 7\text{-}13 \rangle$$

$P(a)$: 승용차를 선택할 확률
$P(b)$: 버스를 선택할 확률 $(1-P(a))$

2. 설명변수의 설정

교통수단선택에 영향을 미치는 변수로서 대안의 속성에 따른 변수와 통행자의 속성에 따른 변수를 선정하며 선정된 변수는 다음과 같다.
① 대안의 속성에 따른 변수: 차내통행시간, 차외통행시간, 통행비용(요금, 또는 차량운행비용)
② 통행자의 속성에 따른 변수: 면허증 보유 여부, 승용차 보유 여부, 월평균지출액
따라서 대안별 효용함수는 식 〈7-14〉와 같이 정립될 수 있다.

$$V_i = \theta_1 I_i + \theta_2 O_i + \theta_3 C_i + \theta_4 L_i + \theta_5 A_i + \theta_6 E_i + C_i \qquad \cdots\cdots \langle 7\text{-}14 \rangle$$

V_i : 대안 i의 효용

θ_k : 독립변수의 계수($k=1, 2, 3, \cdots, 6$)

I_i : 교통수단 i의 차내통행시간($Ivtt_i$)

O_i : 교통수단 i의 차외통행시간($Ovtt_i$)

C_i : 교통수단 i의 통행비용($Cost_i$)

L_i : 면허증 소지여부($License_i$) 소지＝1, 미소지＝0

A_i : 승용차 보유여부($Auto\text{-}ownership_i$) 보유＝1, 미보유＝0

E_i : 월평균 지출액($Expenditure$)

C_i : 상수

3. 자료수집 : 통행자의 행태에 대한 설문조사 수행

선정된 독립변수 및 종속변수에 대해서 통행자를 대상으로 설문조사를 수행한다. 적정한 결과를 얻기 위해서 500~1,000개의 표본을 수집한다. 자료는 일반적으로 통행자가 실지로 선택한 결과를 토대로 한 실지선택자료, RP(revealed preference)를 주로 사용하나 통행자의 선호의식자료, SP(stated prefer-

표 7-2 | 자료수집 예

표본 번호	선택수단		차내통행 시간(분)	차외통행 시간(분)	통행비용 (원)	면허증 보유여부	자동차 보유여부	월평균 지출액(원)
1	승용차	1	15	2	2,000	1	1	350,000
	버 스							
2	승용차	1	40	1	3,400	1	1	250,000
	버 스							
3	승용차							
	버 스	1	35	10	600	1	1	150,000
...	승용차							
	버 스							
599	승용차							
	버 스	1	18	17	890	1	1	270,000
600	승용차							
	버 스	1	50	10	290	0	1	70,000

ence)도 종종 이용되고 있다.

4. 정   산

수집된 자료를 토대로 종속변수와 설명변수간의 관계를 규명한다. 종속변수와 설명변수의 관계를 규명하는 방법으로는 회귀분석법, 판별분석법, 최우추정법 등이 제시되고 있다.

(1) 회귀분석법(regression)

회귀분석을 위해서 식 〈7-15〉와 같은 일반식을 구축할 수 있다.

$$P_{im}=\theta_0+\theta_1 X_{im1}+\theta_2 X_{im2}+\cdots+\theta_k X_{imk} \qquad \cdots\cdots\langle 7\text{-}15\rangle$$

P_{im} : 개인 m이 대안 i를 선택할 확률

θ_k : k번째 설명변수에 대한 계수

X_{imk} : 대안 i의 k번째 설명변수에 대한 개인 m의 변수값

모형의 정산방법으로서 회귀분석은 몇 가지 문제점을 안고 있는데 첫째로 위의 조사를 통해서 종속변수인 개인의 선택확률을 관측할 수 없다는 점이다. 이러한 문제점을 해결하기 위해서는 관찰단위를 계층별로 그룹핑하여 각 계층별 선택확률을 조사하고, 설명변수 역시 계층별 평균치를 활용하는 방법이 있다.

둘째로 회귀분석의 기본개념은 설명변수와 종속변수간의 상관관계를 회귀계수 형태로 규명하는 것인데, 여기에는 종속변수가 연속형이라는 가정이 전제되어 있다. 반면 개별행태모형의 정산과정에서 개인단위의 자료를 이용해야 하는 경우 종속변수가 이산형이므로 회귀분석의 기본개념에 위배된다. 또한 회귀방정식의 오차항에 관한 확률적 분포의 가정에 위배되기 때문에 회귀분석을 통해서 계수를 구했다 할지라도 이에 대한 적합도를 평가할 수 없게 된다.

(2) 판별분석법(discriminant analysis)

판별분석법은 인간의 선택은 각 대안이 갖는 비효용의 상대적 크기에 의해 결정된다는 가정하에 상대적(비)효용함수인 판별함수를 통해서 계수를 추정하는 방법이다. 판별함수는 식 〈7-16〉과 같은 형태를 지닌다.

$$Z_{im}=\lambda_1 X_{im1}+\lambda_2 X_{im2}+\cdots+\lambda_k X_{imk} \qquad \cdots\cdots\langle 7\text{-}16\rangle$$

Z_{im} : 집단 i에 속한 개인 m의 상대적 비효용

X_{imk} : 집단 i에 속한 개인 m에 대한 k번째 변수의 값

λ_k : k번째 요소에 대한 가중계수

판별분석법에 의한 정산은 몇 가지 문제점을 안고 있다. 첫째 판별분석법에 의해서 추정된 계수의 의미설명이 어렵다. 둘째 판별함수의 정산과정에서 소속집단의 판별은 모든 개인이 어느 한 집단에 결정적으로 속한다는 가정에 근거하고 있으며 이는 확률적 선택의 가정과 대치된다.

(3) 최우추정법(maximum likelihood method)

최우추정법은 종속변수가 이산형이고 독립변수가 연속형인 경우에 대해서 설명변수의 계수를 추정하는 방법으로서 가장 적합한 방법이다. 대안이 a와 b로 구성된 이항로짓모형을 대상으로 최우추정법에 의해서 계수를 추정하는 과정을 보다 상세하게 설명하기로 하자.

로짓모델에 의해서와 같이 개인 m이 대안 a 또는 b를 선택할 확률은 식 〈7-17〉과 같다. 즉,

$$P_m(a) = \frac{\exp(V_{am})}{\sum_i \exp(V_{im})} \text{이고} \quad P_m(b) = \frac{\exp(V_{bm})}{\sum_i \exp(V_{im})} \qquad \cdots\cdots \langle 7\text{-}17 \rangle$$

$$V_{im} = \theta_0 + \theta_1 X_{im1} + \theta_2 X_{im2} + \cdots + \theta_k X_{imk}$$

$P_m(a)$: 개인 m이 대안 a를 선택할 확률

$P_m(b)$: 개인 m이 대안 b를 선택할 확률

V_{im} : 대안 i에 대한 m의 효용

θ_i : 파라미터($i=0, 1 \cdots k$)

$i=a, b$

반면 조사자의 입장에서 개인 m이 대안 i를 선택한 결과를 관측할 수 있는 확률은 식 〈7-18〉과 같이 표현된다.

$$f_m(i) = P_m(a)^{\delta_{am}} \times P_m(b)^{\delta_{bm}} \qquad \cdots\cdots \langle 7\text{-}18 \rangle$$

$f_m(i)$: 개인 m이 대안 i를 선택하는 행위를 관측할 수 있을 확률

$P_m(a)$: 개인 m이 대안 a를 선택할 확률

$P_m(b)$: 개인 m이 대안 b를 선택할 확률

δ_{am} : 통행자 m이 a를 선택하면 1, 그렇지 않으면 0

δ_{bm} : 통행자 m이 b를 선택하면 1, 그렇지 않으면 0

최우추정법에 의해서 로짓모형의 효용함수의 계수를 추정하기 위해서는 우도함수(likelihood function)를 도입한다. 우도함수란 "현상은 가장 개연성 있는 확률의 표출이다"고 표현하는 함수로서 식 〈7-18〉을 활용하여 다음 식 〈7-19〉와 같이 정의된다.

$$
L = \prod_{m=1}^{M} f_m(i) = \prod_{m=1}^{M} \prod_i P_m(i)^{\delta_{bm}}
$$

$$
= \prod_{m=1}^{M} P_m(a)^{\delta_{am}} \times P_m(b)^{\delta_{bm}} \quad\quad \cdots\cdots \langle 7\text{-}19 \rangle
$$

$$
= \prod_{m=1}^{M} \left(\frac{\exp(V_{am})}{\sum_i \exp(V_{im})} \right)^{\delta_{bm}} \times \left(\frac{\exp(V_{bm})}{\sum_i \exp(V_{im})} \right)^{\delta_{bm}}
$$

$$
= \prod_{m=1}^{M} \left(\frac{\exp\left(\sum_k \theta_k X_{amk}\right)}{\sum_i \exp\left(\sum_k \theta_k X_{imk}\right)} \right)^{\delta_{bm}} \times \left(\frac{\exp\left(\sum_k \theta_k X_{bmk}\right)}{\sum_i \exp\left(\sum_k \theta_k X_{imk}\right)} \right)^{\delta_{bm}}
$$

L : 우도함수
M : 표본의 수
$P_m(i)$: 개인 m이 대안 i를 선택할 확률
i : 대안 a, b

개인 m이 대안 i를 선택할 확률이 타인의 대안선택확률에 대해서 독립이라고 가정하면 위의 우도함수는 어떠한 조사를 통해서 특정한 사건이 발생한 결과를 관측할 확률과 같다. 이를 구체적 예를 통해 살펴보자.

① 통행자의 수 : 2인(m_1, m_2)
② 가용대안 : 2(a, b)
③ 통행자 m_1이 대안 a를 선택할 확률=0.7(대안 b를 선택할 확률은 0.3)
④ 통행자 m_2가 대안 a를 선택할 확률=0.6(대안 b를 선택할 확률은 0.4)

이러한 경우 조사자가 관측을 통해서 각각의 통행자가 특정대안을 선택한 결과를 얻을 확률은 다음과 같다.

① m_1, m_2 모두 대안 a를 선택하는 경우를 관측할 확률
$P(a, a \mid m_1, m_2) = f_{m1}(a) \cdot f_{m2}(a) = (0.7^1 \times 0.3^0) \times (0.6^1 \times 0.4^0) = 0.42$

② m_1이 대안 a를 선택하고 m_2가 대안 b를 선택하는 경우를 관측할 확률
$P(a, b \mid m_1, m_2) = f_{m1}(a) \cdot f_{m2}(b) = (0.7^1 \times 0.3^0) \times (0.6^0 \times 0.4^1) = 0.28$

③ m_1이 대안 b를 선택하고 m_2가 대안 a를 선택하는 경우를 관측할 확률

$$P(b, \ a \mid m_1, \ m_2) = f_{m1}(b) \cdot f_{m2}(a) = (0.7^0 \times 0.3^1) \times (0.6^1 \times 0.4^0) = 0.18$$

④ $m_1, \ m_2$ 모두 대안 b를 선택하는 경우를 관측할 확률

$$P(b, \ b \mid m_1, \ m_2) = f_{m1}(b) \cdot f_{m2}(b) = (0.7^0 \times 0.3^1) \times (0.6^0 \times 0.4^1) = 0.12$$

조사를 통해서 수집된 자료에는 통행자별 대안선택결과(종속변수)와 더불어 효용함수의 독립변수들이 포함된다. 따라서 위에서 제시된 우도함수에서 분석가가 모르는 것은 독립변수의 계수뿐이다.

만약 모든 통행자가 합리적으로 행동함을 가정한다면, 조사된 결과는 가장 발생확률이 높은 상황이라 할 수 있다. 따라서 위 우도함수를 극대화하는 계수값을 찾는 과정이 곧 로짓모형 내 효용함수의 계수를 찾는 과정이다.

우도함수의 극대값을 찾기 위해서 다음 식 〈7-20〉과 같은 과정을 취한다. 먼저 식 〈7-19〉인 우도함수의 양변에 ln을 취하면 다음 식 〈7-20〉과 같이 전개된다.

$$\ln L = L^* = \sum_{m=1}^{M} \delta_{am} \ln P_m(a) + \sum_{m=1}^{M} \delta_{bm} \ln P_m(b) \qquad \cdots\cdots \langle 7\text{-}20 \rangle$$

$$= \sum_{m=1}^{M} \sum_{i} \delta_{im} \ln P_m(i)$$

위 함수의 극대값을 찾기 위한 1차조건은 θ_k에 대해서 미분하여 0이 되는 것이다. 또한 우도함수 L이 극대값을 갖기 위한 2차 조건은 2차 편도함수 $\partial^2 L / (\partial \theta)^2$가 음의 값을 가져야 한다. 따라서 다음 식 〈7-21〉을 만족하는 θ_k를 구함으로써 로짓모형 내 효용함수의 계수를 구한다.

$$\partial^2 L / (\partial \theta_k)^2 < 0 \text{이고} \ \frac{\partial L^*}{\partial \theta_k} = 0 \qquad \cdots\cdots \langle 7\text{-}21 \rangle$$

식 〈7-21〉은 k(독립변수특성)에 대해서 비선형형태를 가지므로 해를 구하기 위해서는 수치해석적 방법이 필요하다. 이를 위해 Newton-Raphson방법, 또는 일명 DFP법(Davidon-Fletcher-Powell) 등의 컴퓨터 프로그램이 개발되어 있다.

5. 모형의 검토 : 합리성 검토, 통계적 검토, 모형의 적용가능성 검토

상기 600개의 자료에 대해서 최우추정법을 이용하여 다음과 같은 효용함수가 도출되었다고 가정하자.

$$V_a = 25.2 - 0.08I_a - 0.14O_a + 0.0003C_a + 0.00005L_a + 1.3A_a + 0.00004E_a$$
$$V_b = 15.2 - 0.08I_b - 0.14O_b + 0.0003C_b + 0.00004E_b$$

모형을 검토하는 데에는 먼저 도출된 모형의 형태를 기준으로 합리성 검토가 수행될 수 있다. 이러한 합리성 검토는 계수의 부호가 합리적인지를 검토하는 것으로 도출된 모형의 경우를 예로 들면 승용차의 효용함수 가운데 통행비용의 계수가 +의 부호로 도출된 것은 합리적이지 못하므로 위의 모형은 재검토되어야 한다.

이에 비해서 통계적 검정은 독립변수의 계수가 합리적인 경우에 도출된 모형이 통계적으로 유의한지를 검토하는 것으로 각각의 변수에 대한 t-value를 토대로 t검정을 수행한다.

모형의 전체적 검증은 우도함수를 통해서 도출된 값을 기준으로 해서 ρ^2을 이용해서 검정을 수행할 수 있다. 특히 통행자 개인의 선택확률은 관측불가능하기 때문에 R^2을 이용할 수 없으며 따라서 R^2과 유사한 개념의 ρ^2을 활용한다.

$$\rho^2 = 1 - \frac{\ln L(\bar{\theta})}{\ln L(0)} \qquad \cdots\cdots \langle 7-22 \rangle$$

$\ln L(\bar{\theta})$: 최우추정법을 통해서 도출된 계수 $\bar{\theta}$를 이용하여 산정한 우도함수
의 ln값

$\ln L(0)$: 모든 계수가 0일 때 우도함수의 ln값

그러나 식 〈7-22〉는 자유도가 고려되지 않았으므로 자유도를 고려하기 위하여 식 〈7-22〉는 식 〈7-23〉으로 전개된다.

$$\rho^2 = 1 - \frac{\sum\limits_{m}(A_m - 1)}{[\sum\limits_{m}(A_m - 1) - K]} \frac{\ln L(\theta)}{\ln L(0)} \qquad \cdots\cdots \langle 7-23 \rangle$$

A_m : 통행자 m의 가용대안 수
K : 변수의 총 수

모형의 적용가능성은 도입된 변수가 장래에도 추정가능한 변수인가에 달려 있다. 만약 장래에 추정이 불가능하다면 도출된 모형을 통해서 수요추정을 하는 것은 불가능하다.

6. 집 계

개별행태모형은 개인 또는 가구의 표본(sample)을 대상으로 수집한 자료에 근거해서 개인 또는 가구의 통행관련 선택확률을 추정하는 모형이다. 따라서 도출된 개별행태모형을 이용해서 전체교통수요를 추정하기 위해서는 모집단의 선택확률을 구해야 하는데 이러한 과정을 집계(aggregation)라 한다.

집계방법에는 단순한 방법(naive approach), 분류방법(classification), 표본방법(sampling) 등이 있다.

〈그림 7-3〉에서 나타난 단순한 방법(naive approach)은 모집단의 모든 통행자의 평균적 특성을 고려하여 집계하는 방법이다. 예로서 평균소득, 자동차 보유대수, 도로와 대중교통노선의 통행시간 및 통행비용의 차이 등의 평균변수가 적용되어 개별행태모형을 통해 해당지역의 대안선택확률을 추정하게 된다.

개략적인 수요탄력성치를 이용하는 것도 단순한 방법과 접근방법이 유사하다. 모집단의 각 가구별 수요탄력성치가 다르므로 지역 전체의 평균수요탄력성치는 개별가구의 진정한 통행특성을 반영치는 못한다고 하겠다. 이 같은 문제에도 불구하고 해당지역에 하나의 수요탄력성치를 사용하는 것은 모집단의 평균통행특성을 산출하는 것이라고 볼 수 있다.

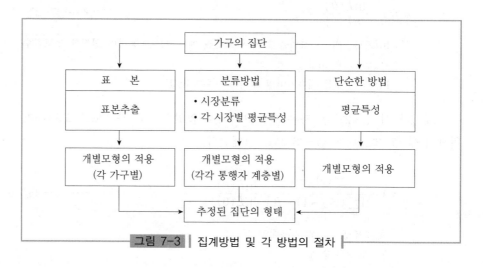

그림 7-3 집계방법 및 각 방법의 절차

두 번째 방법은 분류방법(classification)으로서 해당지역의 모집단을 몇 개의 집단이나 시장분할(market segment)하여 추정하는 방법이다. 각 시장의 평균특성은 개별행태모형을 적용하여 추정하게 된다. 시장은 주로 자가용 승용차 보유, 소득계층, 가구의 규모, 각 교통존이나 동별로 집단을 분류하여 접근하게 된다. 따라서 각 시장(또는 교통존)의 평균적 특성들이 개별행태모형에 적용되어 각 시장(또는 교통존)의 대안선택확률을 추정하게 된다.

세 번째 방법은 표본방법(sampling)으로서 해당지역의 가구 중에서 표본을 추출하여 개별행태모형을 적용, 표본 내의 각 가구의 선택확률을 추정하는 방법이다. 표본에 의해서 구해진 선택확률은 모집단 전체의 선택확률로 간주되고, 모집단 전체의 통행량은 표본으로부터 전수화시켜 산출하게 된다. 예를 들어 해당지역의 모집단의 사회경제적 특성에 대한 확률분포(probability distribution)를 안다면 원하는 표본규모나 이러한 확률분포에 관한 통계적 관계식을 산출하기 위해 확률분포로부터 Monte Carlo표본추출을 할 수도 있다. 물론 이같은 접근방법의 정확도나 신뢰도는 모집단특성의 다원적인 분포를 얼마나 신뢰성 있게 확률분포화 시켰느냐에 달려 있다고 하겠다.

전통적으로 활용되고 있는 4단계추정방법에서는 존으로 해당지역을 나누고, 여러 가지 사회경제적·입지적 특성에 의해 가구를 집단화시킨다. 이같은 접근방법은 바꾸어 말하면 분류방법(classification)에 의한 집계의 형태와 유사한 방법이라 하겠다.

Ⅳ. 비관련대안의 독립성(IIA Property)과 극복방안

1. 비관련대안의 독립성이란

비관련대안의 독립성(Independence of Irrelevant Alternative Property)이란 로짓모델이 안고 있는 가장 큰 약점이다. 이는 기존의 대안집합 내에 새로운 대안이 도입되면 새로 도입된 대안이 비관련 독립대안의 선택확률에 영향을 미치는 효과를 갖게 될 경우 특히 문제가 된다.

비관련대안의 독립성에 대해서 보다 구체적인 설명을 위해 다음의 환경을 가정해 본다. 특정도시에서 교통서비스는 승용차와 버스에 의해서 이루어지고 있으며 이들간의 수단분담률은 각각 40%, 60%이다.

$$P(a) = \frac{\exp(V_a)}{\exp(V_a) + \exp(V_b)} = 0.4$$

$$P(b) = \frac{\exp(V_b)}{\exp(V_a) + \exp(V_b)} = 0.6$$

$$P(a)/P(b) = \frac{2}{3}, \ V_a = V_b + \ln\frac{2}{3}$$

$P(a)$: 승용차의 선택확률

$P(b)$: 버스의 선택확률

V_a : 승용차의 효용

V_b : 버스의 효용

기존의 교통체계에 시정부는 도시철도 공급 계획을 수립하였으며, 특히 공급되는 도시철도의 효용(V_s)은 버스의 효용과 같은 수준을 유지토록 계획하고 있다. 도시철도를 새로운 대안으로 설정하고 로짓모델을 이용하여 교통체계의 변화에 따른 장래 교통수단선택확률을 추정하면 다음과 같은 결과가 도출된다.

$$V_a = V_s + \ln\frac{2}{3} = V_b + \ln\frac{2}{3}\text{이므로}$$

$$P(a) = \frac{\exp\left(V_b + \ln\frac{2}{3}\right)}{2\exp(V_b) + \exp\left(V_a + \ln\frac{2}{3}\right)} = 0.24\text{이고}$$

$$P(b) = P(s) = 0.375\text{가 되고 } P(a)/P(b) = 0.25/0.375 = 2/3$$

신설되는 도시철도의 주 이용자는 기존에 버스를 이용하던 승객이 대부분이며, 승용차 이용자는 없을 수도 있다. 그럴 경우 이러한 추정은 설득력이 없다. 즉, 승용차 이용자에게 있어서 도시철도는 비관련대안으로 분류될 수 있으며 장래 수단분담비의 구조는 기존에 2 : 3에서 2 : 1.5 수준으로 전환되어야 한다. 반면 로짓모형을 통해서 추정된 장래 수단분담 구조에서 버스와 승용차의 수단분담비는 2 : 3으로 도시철도가 공급되기 이전과 같다. 다시 말해서 장래 수단분담률의 추정치가 적절치 않음을 반증하고 있다.

비관련대안의 독립성은 이러한 상황에 대해서 로짓모델의 활용성을 제약하는 가장 큰 문제점이 되며 이에 대한 극복방안 역시 다각도로 제시되고 있다.

2. 비관련대안의 독립성 극복방안

비관련대안의 독립성 문제는 로짓모델의 활용을 제약하는 최대의 약점이다. 반면 로짓모델은 프로빗모델에 비해서 계산이 간편하고 모형의 도출이 용이하다는 장점이 있으며, 선택확률의 계산 역시 간편하다. 로짓모델의 이러한 장점에 의해서 로짓모델의 활용은 더욱 확대되고 있으며, 교통수요추정과정에서 제기되는 선택문제에 가장 많이 적용되고 있다.

따라서 수많은 학자들이 로짓모델의 비관련대안의 독립성을 극복하기 위하여 노력하였으며, Ben Akiva, McFadden 등이 IIA속성을 극복할 수 있는 모형을 개발하였다. Ben Akiva는 로짓모델의 IIA속성 극복방안으로서 결합로짓모델(Joint Logit Model)을 제안하였으며, McFadden은 Nested Logit모델을 제안하였다.

승용차와 버스의 두 가지 교통수단으로 구성된 교통체계에 도시철도라는 새로운 대중교통수단이 도입되었을 경우에 대해서 수단선택확률의 계산과정을 위의 두 모델에 대해서 개념적으로 설명하면 다음과 같다.

(1) 결합로짓모델(Joint Logit Model)

기존의 교통시장이 승용차와 버스로 구성되어 있으므로 기존의 수단선택확률은 이항로짓모델을 활용하여 수단선택을 구할 수 있다. 반면 도시철도라는 새로운 대중교통수단이 건설되면 곧바로 다항로짓모델을 활용하여 선택확률을 계산할 경우 IIA속성에 의해서 승용차선택확률이 과소추정되는 반면 버스선택확률은 과다추정되는 문제점을 안고 있다. 이러한 문제점을 해결하기 위해서 결합로짓모델은 다음과 같은 선택확률을 도입한다.

① 개인교통수단인 승용차 선택확률
② 대중교통수단인 버스선택확률
③ 대중교통수단인 도시철도선택확률

위의 선택확률은 물론 다항로짓모델에 의해서 추정되지만 교통수단이 지

닌 속성을 효용함수에 추가함으로써 대중교통수단의 속성과 개인교통수단의 속성을 고려하여 수단별 선택확률을 구할 수 있다. 따라서 각 수단별 효용함수에는 각각의 수단이 지닌 일반적 효용변수(통행시간, 통행비용, 개인의 소득, 승용차 보유 여부)와 더불어 교통수단특성변수(대중교통수단이 지니는 특성과 개인교통수단이 지닌 특성)를 포함함으로써 개인교통수단의 선택확률이 과소추정되고, 버스의 선택확률이 과다추정되는 문제점을 완화할 수 있다.

(2) Nested Logit Model

Nested Logit Model은 계층을 두고 각각의 수단선택확률을 구하는 과정을 수행한다. 즉 개인교통수단과 대중교통수단을 가용대안으로 설정하여 각각의 효용함수를 구하고 도출된 효용함수를 통해서 1차적으로 개인교통수단과 대중교통수단의 선택확률을 구한다.

다음으로 개인교통수단 가운데에서 가용한 교통수단의 선택확률과 대중교통수단 가운데에서 가용한 대안의 선택확률을 구하게 되는데, 가정된 교통시장에 대해서는 대중교통수단인 버스와 도시철도에 대한 선택확률을 구하게 된다.

① 1차 로짓모델
  • 개인교통수단의 선택확률
  • 대중교통수단의 선택확률
② 2차 로짓모델
  • 버스의 선택확률
  • 도시철도의 선택확률

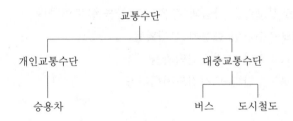

따라서 도시철도가 새로이 공급됨에 따라서 각 수단별 선택확률은 2개의 이항로짓모형을 통해서 산정된다.

3. 로짓모형에 의한 시간가치

다항로짓모형에서 파라미터를 이용하여 시간가치를 구하는 방법은 다항로짓모형의 시간변수의 파라미터를 비용변수의 파라미터로 나누면 된다. 이같은 논리에 깔린 가정은 통행자가 추가적인 시간절약치(한계시간절약치)와 추가적으로 소요되는 통행비용(한계통행비용)간에 무차별(indifferent)하다는 것이다. 시간가치를 구하는 방법을 식으로 표시하면 아래와 같다.

$$V = a_1(통행비용/소득) - a_2(통행시간) \qquad \cdots\cdots \langle 7\text{--}24 \rangle$$

식 〈7-24〉의 통행시간과 통행비용에 관해서 편미분하면 아래와 같은 관계가 성립된다.

$$\frac{\partial V/\partial t}{\partial V/\partial c} = \frac{a_1}{a_2} \times 소득 \qquad \cdots\cdots \langle 7\text{--}25 \rangle$$

[예제 1]

$$U = a \cdot \text{IVTT} + \beta \cdot \text{PARKING} \qquad \cdots\cdots \langle A \rangle$$

  a, β = 파라미터
  IVTT = 차내시간(승용차)
  PARKING = 주차요금

식 〈A〉와 같은 아주 단순한 효용함수가 있다고 하자. 이 공식을 이용하여 시간의 파라미터를 비용의 파라미터로 나누면 시간가치가 산출됨을 증명하라.

[해] 만약 식 〈A〉에서 차내시간(IVTT)을 1분 증가시키면 효용(utility)을 항상 일정하게 하기 위하여 주차요금을 K만큼 감소시켜야 한다. 이를 공식으로 표현하면 아래와 같다.

$$U = a(\text{IVTT} + 1) + \beta(\text{PARKING} - K) \qquad \cdots\cdots \langle B \rangle$$

식 〈B〉를 식 〈A〉와 동일하게 놓고 풀면 식 〈C〉가 된다.

$$a(\text{IVTT}+1) + \beta(\text{PARKING}-K) = a \cdot \text{IVTT} + \beta \cdot \text{PARKING} \quad \cdots\cdots \langle C \rangle$$

따라서 $\alpha-K\beta=0$, $K=\alpha/\beta$가 된다.

그러므로 시간가치를 구하는 방법을 논리적으로 증명한 셈이다.

[예제 2] 어느 로짓모형을 정산한 결과 〈표 A-1〉과 같은 파라미터를 얻었다. 통행자의 분당 시간가치를 계산하라.

표 A-1 | 차내시간 · 차외시간 및 통행비용

구 분	차내시간(IVTT)	차외시간(OVTT)	통행비용(COST)
파라미터	0.08972	0.19345	0.00363

[해] 로짓모형으로부터 시간가치를 도출하려면 시간의 파라미터를 비용의 파라미터로 나누면 얻어지므로,

$$차내시간 \ 가치 = \frac{0.08972}{0.00363} = 24.7원/분$$

$$차외시간 \ 가치 = \frac{0.19345}{0.00363} = 53.3원/분이 \ 된다.$$

일반적으로 차외시간은 교통수단간의 환승이나 교통수단으로의 접근에 소요되는 시간이므로 대부분 도보에 소요된 시간이나 정류장 대기시간이 된다. 차외시간은 차내시간보다 심리적으로 훨씬 더 짜증스럽고 부담스럽기 마련이다. 따라서 승객이나 통행자가 차외시간가치를 차내시간가치보다 훨씬 더 높게 부여하고 있다.

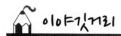
이야깃거리

1. 개별행태모형의 개념과 모형이 출현하게 된 배경에 대해 살펴보자.
2. 통행행태에 영향을 미치는 결정인자는 무엇이 있는지 설명해보자.
3. 개별행태모형과 4단계 수요추정모형에 대한 각각의 특징을 비교해 보고 무엇이 다른지 이야기해보자.
4. 개별행태모형의 활용과정 중 "정산"의 단계에서 판별분석을 이용할 때 나타나는 문제점을 생각해보자.
5. 개별행태모형의 검토단계에서 도출된 모형이 합리적이고, 적용 가능한 모형인지 검토하는 방법은 무엇이 있는지 생각해보자.
6. 비관련대안의 독립성 문제는 로짓모델의 활용을 제약하는 최대의 약점이다. 비관련대안의 독립성을 극복할 수 있는 방안은 무엇인지 설명해보자.
7. 로짓모형의 탄력성에 대해 승용차와 버스의 이항선택 로짓모델을 예로 들어 직접탄력성과 교차탄력성으로 나누어 설명해보자.
8. 개인교통조사에 의한 통행만을 대상으로 하는 것이 아닌 다른 활동과 관련해서 분석한 조사방법인 활동일지(activity-diary) 조사를 양식에 맞게 작성해보자.
9. 통행과 활동행태를 연관해서 통행수요 분석을 한 활동중심모형과 기존 모형과의 비교를 통해 기존 수요추정모형의 한계점이 무엇인지 생각해보자.
10. 시차제 출근, 버스전용차선 등과 같은 교통정책의 변화로 인한 개인과 가구 차원의 통행행태의 변화를 활동중심모형을 활용하여 설명해보자.

| 제 3 부 |

대중교통

| 제 8 장 | 대중교통

| 제 9 장 | 도시버스체계

| 제10장 | 버스서비스 계획 및 평가지표

| 제11장 | 대중교통중심개발(TOD)

| 제12장 | 도시철도

| 제13장 | 도시철도역

제 8 장 대중교통

제1절 대중교통의 개념

Ⅰ. 대중교통의 의의

현대 도시는 급격하게 성장·발전하고 있다. 따라서 도시 내에서 생활영역은 광대해지고 사회·경제활동이 복잡 다양화되고 있다. 이 같은 역동적인 활동을 지탱할 수 있는 기본적인 에너지는 도시 내 공간과 공간을 연결해 주는 교통시스템에서 비롯되는 것이다. 특히 도시 내 공간간의 일시적으로 발생되는 막대한 통행을 무리 없이 처리하기 위해서는 효율성이 높은 대중교통의 역할이 필수적이다.

버스나 도시철도로 아침에 출근하고 역시 버스나 도시철도로 저녁에 퇴근하는 소시민적 생활은 도시민에게 있어서는 중요한 삶의 단면이다. 대중교통은 현대인의 도시생활에서는 필수불가결한 것이다. 따라서 대중교통수단이 도시교통체계에 중요한 몫이 되었고 대중교통서비스는 어떠한 도시서비스보다 긴요한 현실적 가치로 받아들여진다.

대중교통 이용이 활성화되는 교통정책이 자리잡지 못하면 도시교통문제는 해결될 실마리를 찾지 못하게 된다. 교통문제를 해결하기 위해서는 대중교통이 도시의 기본서비스로 전제되어야 한다. 이러한 전제가 무시된 승용차 위주의 교통처리 정책은 도시교통체계를 기형화시킬 뿐만 아니라 나아가서는 도시의 사회·경제활동을 저해하는 요소가 된다.

Ⅱ. 대중교통수단의 유형

대중교통은 사람의 이동을 짧은 시간내에 효과적으로 처리하는 대량수송 방식이다. 대중교통이 여객을 짧은 시간내 대량수송할 수 있는 데에는 대중교통의 특수한 시스템 특성 때문이다. 대중교통을 이용하는 승객들은 무수한 기점과 종점이 연결되는 통행을 실제 필요로 한다. 그러나 대중교통은 기점-결절점과 결절점-기점의 통행을 승객의 몫으로 생략하고, 결절점간을 버스나 지하철 같은 대량의 수송수단을 이용하여 단시간에 고효율의 이동을 가능하게 하는 역할을 한다.

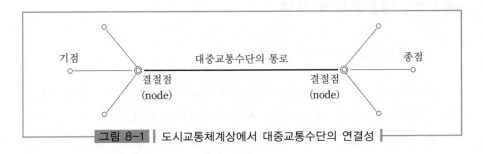

그림 8-1 │ 도시교통체계상에서 대중교통수단의 연결성

1. 대중교통 이용형태에 따른 분류

대중교통수단은 개인교통수단이 아닌 교통수단을 의미한다. 일반적으로 버스, 철도만을 대중교통수단으로 생각할 수 있지만, 항공기, 여객선과 같은 교통수단도 대중교통수단에 포함될 수 있다. 대중교통수단과 개인교통수단의 중간적인 특성을 갖는 준교통수단으로 택시와 지트니 같은 교통수단도 있다.

대중교통수단은 대중교통을 바라보는 관점 또는 특성별로 다음과 같이 분류될 수 있다.

(1) 운영노선
① 궤도 운영
② 궤도-비궤도 동시운행
③ 고정노선 운영
④ 고정기점-종점+비고정노선운영
⑤ 비고정노선운영

(2) **통행범위의 특성**

① 단거리교통수단(short-haul transit)

② 시내교통수단

③ 시외(지역간)교통수단

(3) **정차 및 운영 특성**

① 완행: 모든 차량이 매 정류장마다 정차

② 준급행: 차량별로 정차하는 정류장이 달라지는 방식

③ 급행: 모든 차량의 정류장 간격이 완행에 비해 장거리, 경우에 따라서
   는 똑같은 노선에 완행과 급행이 같이 운행

(4) **통행시간**

① 정규 또는 전일운행: 대부분의 대중교통수단이 정규 또는 전일운행

② 통근운행: 출퇴근시간 등 피크시간에만 운행되며 정규운행의 보완 역할

③ 비정규운행: 운동경기나 전람회 등의 특별한 행사기간 동안만 운행

Ⅲ. 대중교통수단의 기능

대중교통수단이 갖고 있는 기능을 열거하면 다음과 같다.

① 도시교통의 기본적인 이동권을 확보해 준다.

② 교통혼잡을 완화할 수 있다.

③ 승용차를 위한 주차장 등 공공공간 소요를 줄인다. 도시 생활을 활성
   화하는 공간으로 이용이 가능하도록 한다.

④ 도시 미관과 소음, 분진 등 환경문제를 줄이고, 에너지 효율적인 도시
   시스템이 가능하도록 한다.

⑤ 고용량 교통수단으로서 피크시 대량의 승객을 운송해 준다.

대중교통수단이 그 본래의 기능을 충분히 발휘하기 위해서는 다음과 같은
조건을 기본적으로 만족시켜야 한다.

① 공공성에 입각한 서비스를 제공할 수 있을 것

② 많은 승객을 수용할 수 있을 것

③ 신속하게 승객을 수송할 수 있을 것

④ 승객에게 저렴한 요금으로 서비스를 제공할 것

⑤ 운행스케줄을 엄수해야 하고 승객이 이를 알 수 있도록 배려할 것

⑥ 운행노선을 승객이 쉽게 알 수 있도록 설정할 것

대중교통이 위와 같은 기능과 목적을 수행하기 위해서는 대중교통에 대한 정부의 개입이 필요하다고 하겠다. 정부의 개입 내지는 통제가 필요한 이유는 다음과 같다.

① 대중교통은 시민이 도시경제활동을 함에 있어서 없어서는 안 될 중요한 서비스이다. 정부가 사회복지차원에서 필요한 수준만큼의 대중교통 서비스를 제공해야 한다.

② 대중교통서비스는 도시경제뿐만 아니라 국가 전체의 경제적 효율성을 높이는 데 기여하므로 정부의 개입이 요구된다.

③ 대중교통은 외부경제와 외부불경제라는 서로 상충되는 효과를 지니고 있으므로 정부가 공공성에 입각해서 두 가지 효과를 적절히 조정할 필요가 있다.

④ 대중교통은 대중을 위한 서비스이므로 서비스의 형평한 분배를 위해 정부의 개입이 필요하다.

⑤ 우리나라 도시처럼 버스가 사기업에 의하여 운영되고 있는 상황에서는 일부 회사의 황금노선독점, 난폭운전, 불량한 서비스행위 등을 통제하기 위해 정부의 개입이 불가피하다.

Ⅳ. 대중교통수단별 특성

대중교통수단별 특성을 검토하면 〈표 8-1〉의 특성이 파악된다. 도시철도는 건설비가 많이 소요되는 대신에 대량성·신속성·저렴성·안전성 면에서 우수하다. 버스는 추가적인 건설비가 필요 없는 장점이 있으나 다른 차량과 같이 노면 위를 운행하므로 신속성이 미흡하다. 택시는 준대중교통수단으로서 건설비가 필요없고, 기동성·쾌적성도 있으나 요금이 비싸고 대량수송성이 부족하다.

대중교통수단을 버스, 전용 노선상의 버스, 경전철, 지하철로 나누어 각각의 특성을 살펴보면 〈표 8-2〉와 같다. 버스는 시간당 6,000~9,000명, 경전철은 10,000~25,000명, 지하철 30,000~63,000명 정도의 승객을 수송할 수 있다. 버스는 노선조정이 용이하고, 수요에 대처하기 쉬운 반면, 교통혼잡을 일으

표 8-1 │ 대중교통수단별 장단점

대중교통 수단	판 단 기 준							기타 문제점	개 선 가 능 성
	대량성	신속성	쾌적성	기동성	저렴성	안전성	건설비		
지하철	○	○	×	×	○	○	×	버스와 연계에 따른 불편	진동·소음제거, 냉온방시설 설치, 피크시 급행선 배치 운영, 새로운 공법개발 적용가능
전 철	○	○	×	×	○	○	△	지하철과 버스요금의 정산에 따른 불편	전철과 국철과 연결(통근열차) 가능
버 스	△	×	△	△	○	△	○	정시성의 부족, 노선이 복잡, 버스회사간 과다경쟁, 노선조정의 난이, 배기가스	버스전용차선, 우선통행, 차량의 개선, 지하철과 연계 노선
택 시	×	△	○	○	×	×	○	노사분규 소지, 배기가스	차량의 개선, 요금구조 조정
자가용 승용차	×	△	○	○	×	×	×	배기가스, 사회비용 창출, 주차장문제	매연가스 제거장치, 안전성 장치, 자동 방향안내기

주: ○ 우수, △ 보통, × 불량

키는 단점이 있다. 경전철은 지하철에 비하여 공비가 적게 들고 수요변화에 유동적인 장점을 지니고 있다. 한편 지하철은 시간당 30,000~63,000명의 고용량의 교통수단으로서 소음이 없는 장점이 있는 반면, 막대한 건설비가 소요된다.

표 8-2 │ 대중교통수단의 특성 비교

	시간당 최대 수 송 인 원	장 점	단 점
버스	6,000~9,000 굴절 버스는 8,500~12,000	• 노선조정 용이 • 서비스수준 조정 용이 • 수요에 대처 용이 • 직접적인 시설투자를 필요로 하지 않는다	• 수요가 높을 경우→증 차 → 교통혼잡을 초래 →속도 및 서비스 수준 저하 → 다른 교통수단 으로 승객 이전 가능성 • 석유에 의존, 공해배출 • 다른 노면교통수단에 영향을 미쳐 전체적인 속도 저하
전용도로 상의 버스	20,000~30,000 (터미널 용량에 좌우됨)	• 서비스수준 조정 용이 • 수요에 대처 용이	• 도로건설비의 소요 • 공해배출
경전철 (light rail transit)	10,000~25,000	• 전기사용으로 공해 및 연료상의 문제가 용이 • 버스에 비하여 높은 용량 • 지하철에 비하여 노선 설정 용이 • 건설형태 다양(지상, 지하, 고가) • 지하철과 같이 승객이 상하로 보행하는 불편 을 감소 • 지하철에 비하여 수요 변화에 유동적	• 장기간 건설 • 건설비가 지하철의 25%~75%정도 소요
지하철	30,000~63,000	• 고용량, 고속 • 전기사용으로 공해 및 연료상의 문제가 용이 • 다른 노면교통수단에 영향을 미치지 않음 • 소음이 없으며 도시미 관에 영향을 미치지 않음	• 막대한 건설비 • 장기간의 건설 • 노선 및 정차장 위치의 경직성

표 8-3	교통환경 측면에서 비교한 궤도와 노면교통수단		
구 분	궤도 교통수단 (지하철, 신교통)	노면 교통수단 (승용차, 버스)	비 고
배기가스 배출량 (10^{-1}g/통행)	0.0008	1.56	약 2000 배
소요 에너지량 (kcal/통행)	80	890	약 11 배
사고 건수 (건/백만통행)	0.004	0.63	약 160 배
통행로 이외의 부대 필요시설	역과 차량기지	도로외 차량당 20m² 의 주차공간 필요	약 6 배

자료 : 한양대학교 도시공학연구실 연구자료, 2015.

제 2 절 대중교통수요 추정모형

교통수요모형은 대중교통의 수요추정에서도 적용할 수 있다. 단순한 노선 연장이나 소폭적인 노선개편은 통행전환모형이나 교통수단선택모형을 이용하여 수요를 추정할 수 있다.

대폭적인 버스노선 개편, 혹은 새로운 전철노선 도입 등의 정책사업을 위

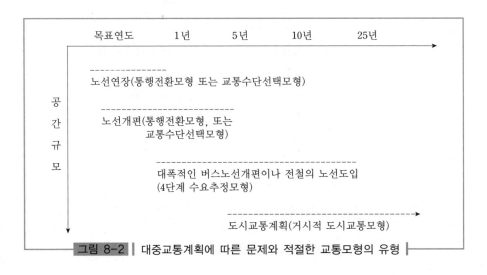

| 그림 8-2 | 대중교통계획에 따른 문제와 적절한 교통모형의 유형 |

해서는 4단계 수요추정모형과 같은 체계적이고 분석적인 모형이 필요하다. 또한 도시교통계획과정으로 대중교통정책을 평가하고자 할 때에는 4단계 수요추정모형에 도시의 다양한 요소를 고려하는 사항이 포함된 거시적인 도시교통모형 활용이 필요하다.

I. 4단계 수요추정모형

대중교통수요 예측에 4단계 수요추정모형을 사용한다. 4단계 수요추정의 첫번째 단계에서는 사회ㆍ경제지표와 토지이용특성을 고려하여 통행발생량을 구하여 존간 통행유출유입량을 구한다. 두 번째 단계에서는 승용차와 대중교통을 분리시켜 존간 통행배분량을 구한다. 이때 통행단모형(trip-end model)이나 배분ㆍ교통수단 선택모형을 적용할 수도 있다. 세 번째 단계에서는 승용차와 대중교통 통행의 O-D표를 별도로 구축한다. 여기서 승용차(자가용ㆍ택시)로부터 대중교통수단으로의 전환율과 대중교통 의존통행자(captive riders)를

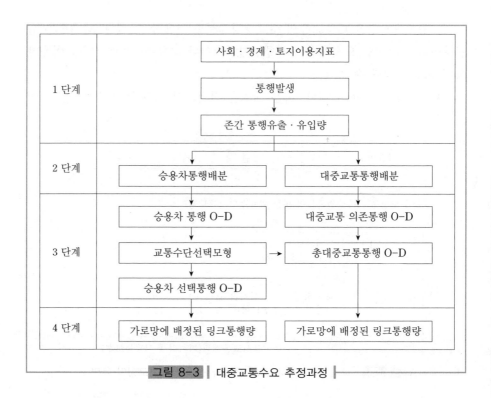

그림 8-3 | 대중교통수요 추정과정

고려하여 대중교통 O-D표를 작성한다. 마지막 단계는 세 번째 단계에서 구한 존간 대중교통통행을 대중교통망의 대안노선에 부하시킨다. 링크에 배정된 대중교통 통행량은 대중교통서비스의 특성과 각종 성과(performance)를 평가하는 데 활용된다.

대중교통수단의 유형이 단순한 중·소 도시에서는 승용차와 대중교통으로 이분하지만, 일반버스, 좌석버스, 지하철 등 여러 가지 대중교통수단이 운영되는 대도시에서는 부교통수단 선택모형(sub-modal split model)을 적용할 필요가 있다.

Ⅱ. 대중교통 배정모형(Public Transit Assignment Model)

대중교통 배정모형은 대중교통체계를 구체적으로 분석하기 위한 모형이다. 존의 설정방법이나 노선배정(route assignment)방법이 도시교통모형 과정의 일반적인 접근방식과는 다르다. 대중교통 배정모형은 대중교통의 분석을 위해 개발된 모형으로 대중교통의 특성을 반영하여 정밀하고 체계화된 모형이다.

대중교통 배정모형은 컴퓨터 패키지 형태로 개발되어 활용되고 있다. EMME/2모형 등이 대표적인 것이다. 이들 모형이 갖는 특징과 장점은 다음과 같다.

① 정류장 군별 O-D표 구축
② 기준연도 및 장래 노선망 분석·평가
③ 차량의 노선배정
④ 노선망 대안의 평가

이 같은 대중교통모형을 적용하기 위해 별도의 수요추정모형을 활용하여 교통수요 추정결과를 활용할 수도 있다. 여기서는 일반적인 교통수요 추정방법과는 차별적인 존과 노선망설정 그리고 노선배정방법에 대해 논하고자 한다.

1. 대중교통 존과 노선망의 설정

도시교통계획에서 설정한 존으로는 대중교통승객의 O-D 및 승하차인원 등을 신뢰성 있게 분석하지 못하는 한계가 있다. 따라서 대중교통분석시 존의 설정방법은 도시종합교통계획시 설정하는 것과는 다르다. 보다 심층적인 분석을 위해 몇 개의 정류장을 묶어 하나의 존으로 설정하는 방법이 적용된다.

그림 8-4 │ 정류장군 및 공통정류장 번호

 각 노선별로 버스가 정차하는 위치는 같으나 운행노선이 다름으로 인하여 발생되는 분석상의 문제를 피하기 위해 공통정류장을 설정한다. 공통정류장으로는 몇 개의 정류장을 묶어 존을 설정한 후, 이 중에서 적절한 것들을 골라 설정한다. 〈그림 8-4〉는 정류장군과 공통정류장의 예를 나타낸 것이다.

 노선망(network)은 정류장군을 연결하여 구축하게 되는데 여기서는 정류장군 번호, 링크의 거리, 링크의 통행시간, 도보 링크와 같은 자료가 산출된다. 〈그림 8-5〉는 노선망의 예를 나타낸 것이다. 여기에는 정류장 번호, 링크, 도보링크, 정류장에 의해 서비스되는 지역이 표현된다.

 노선망을 구성하는 개별노선유형은 〈그림 8-6〉과 같이 i) 시점-종점의 구간 중 어느 곳에서도 만나지 않는 노선, ii) 시점-종점의 구간 중 특정 지점에서 만나는 노선(순환노선포함), iii) 시점 → 종점의 방향이 다르면 정차하는 정류장이 달라지는 노선으로 구분될 수 있다. 이들 노선과 관련된 자료는 일반적

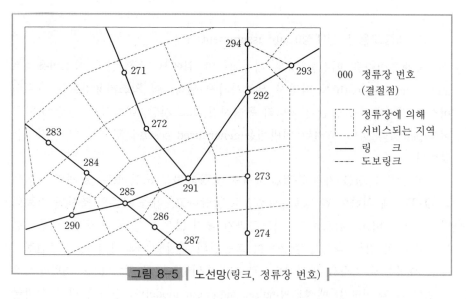

그림 8-5 | 노선망(링크, 정류장 번호)

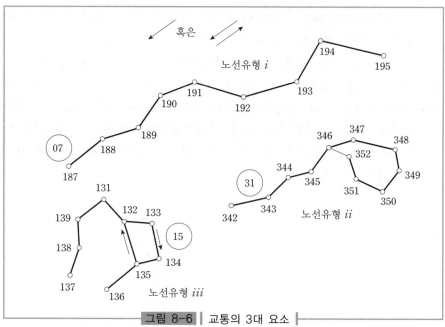

그림 8-6 | 교통의 3대 요소

으로 노선번호, 노선의 유형, 차량유형(좌석버스 혹은 일반버스), 요금구조, 노선의 기종점에서의 대기시간 등이 있다.

2. 대중교통 노선배정(route assignment)

승객통행량을 배정할 경우 대중교통망 위에서 각 노선별 최소비용경로 (minimum cost path)를 따라서 부하시키게 된다. 이 최소비용경로는 단순히 버스나 지하철의 요금만이 아니라 통행시간, 도보시간, 대기시간, 환승에 따른 비용(penalty) 등이 고려된 일반비용(generalized cost)이 최소가 되는 경로를 말한다.

이 같은 과정을 거쳐 특정한 교통축을 통과하는 노선 또는 몇 개의 노선들의 O-D표에 의하여 각 경로(path)별로 할당하고, 이를 기존의 조사된 자료와 반복적으로 비교·검토한다. 비교결과가 좋지 않으면 〈그림 8-7〉의 대중교통 노선배정 및 검색 과정을 활용하여 교통망의 결함을 체크하거나, 경로선정단계의 특성들의 조정을 반복한다. 각각의 수단별(예컨대 광역버스와 일반버스 혹은 일반버스와 지하철) 배정모형(sub-assignment model)이 만족할 만한 성과를 얻을 수 있다고 판단되면 수단별 O-D표를 하나로 합하여 전체 O-D표를 작성하게 되며, 이를 경로에 따라 배정하게 된다.

〈그림 8-8〉은 대중교통노선망 분석모형에 의해 교통축별로 배정된 양방향의 버스승객 통행량으로서 통행량의 규모를 지역별·교통축별로 쉽게 인식할 수 있다. 이같은 수요 위에 버스용량(버스공급)을 부하시키면 어느 노선(혹은 링크)이 혼잡한지를 파악할 수도 있다. 대중교통모형을 활용하면 기준연도 및 장래의 대중교통체계 대안을 평가하여 사전에 어느 대안이 해당 지역에 가장 합당한지 예측할 수 있다.

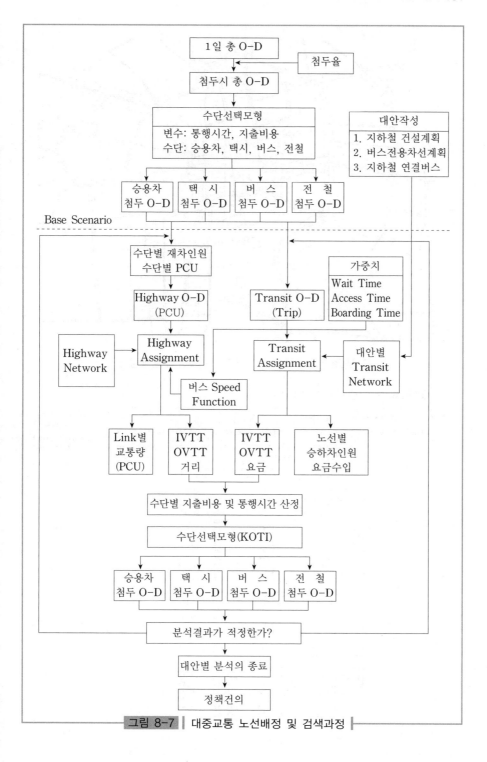

그림 8-7 대중교통 노선배정 및 검색과정

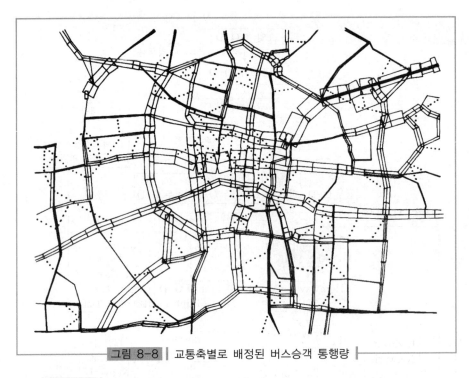

그림 8-8 교통축별로 배정된 버스승객 통행량

표 8-4 대중교통대안의 평가결과

```
         SUMMARY OF  3.0 HOURS                                          VOLVO ROUTE
                                                                         TABLE 15
LEVEL OF SERVICE                 TOTAL    AVERAGE   MEDIAN 90-PERC   MAX
         RIDING TIME            102080 HRS   16 MIN     13     34    121 (STOP 5703-2101)
         RIDING DISTANCE        2309610 KM    6.2 KM    5.0   13.0   46.9 (STOP 1904-5602)
         RIDING SPEED            22.6 KM/HOUR
         WALKING TIME            77486 HRS   12 MIN
         WAITING TIME            10756 HRS    2 MIN
         TRANSFER TIME            5314 HRS    1 MIN
         TRANSFERS              192045       0.51
         WALK TRIPS              1438        0 PERCENT
         1-TRANSFER TRIPS      177125       47 PERCENT
         2-TRANSFER TRIPS        7460        2 PERCENT
         3-TRANSFER TRIPS           0        0 PERCENT
RESOURCES                                    SUB    BUS
         DRIVERS MAXIMUM         1144        24    1120
         DRIVERS MINIMUM         1126        22    1104
         DRIVER HOURS            3377        66    3311
         DRIVER KMS             64255      1704   62551
         VEHICLES MAXIMUM        1244       124    1120
         VEHICLES MINIMUM        1218       114    1104
         VEHICLE HOURS           3652       341    3311
         VEHICLE.KMS            71383      8832   62551
LOADING
         PASSENGERS            376607    120622  446592
         PASSENGER KMS        2309610    453265 1856346
         VEHICLE LOAD             32        51      30
         CAP.UTILIZE            0.38      0.43    0.37
         LINK LOAD              9194                       (MAX   37233   STOP  652- 752)
         STOP LOAD              1929                       (MAX   58539   STOP  351      )
PRODUCTIVITY
         PASS/VEH.HOUR          103        353     135
         PASS.KMS/VEH.HOUR      632       1327     561
ECONOMY
         COSTS                390779     80977  309802
         PER VEH.HOUR         106.99     237.13   93.57
         PER VEH.KM             5.47      9.17    4.95
         PER PASSENGER         1.04      0.67    0.69
         PER PASSENGER-KM      0.17      0.18    0.17
         REVENUES             616214    131468  484746
         REVENUE/COST          1.58      1.62    1.57
```

제 3 절 대중교통 비용 및 성과

Ⅰ. 비용이론

1. 비용이란

(1) 수요와 비용

대중교통 운영에 따른 비용은 차량의 속도, 배차간격, 용량, 차량-km 등의 공급지표에 의해 결정된다. 통행자는 대중교통의 통행시간, 쾌적성, 편리성, 안전성, 신뢰성 등을 고려하여 대중교통 대안을 선택한다. 이런 대안선택 과정 하나하나가 모여 교통수요가 된다. 그러므로 대중교통 서비스 공급에 소요되는 비용은 교통수요에 영향을 미치게 된다.

통행수요는 대중교통 운영에 소요되는 비용의 근거가 된다. 비용은 공급지표를 결정해주고, 공급지표는 서비스 속성을 결정한다. 이런 맥락에서 비용은 교통수요를 결정한다. 결국 비용과 수요를 연결하는 고리(ring)를 형성하게 된다.

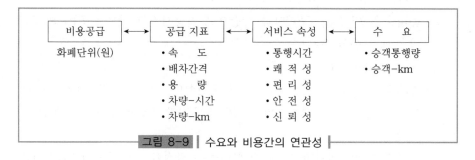

그림 8-9 | 수요와 비용간의 연관성

(2) 이윤, 총비용, 고정비용, 가변비용

① 이 윤

• 민간대중교통회사(이하 대중교통회사)의 목표는 이윤극대화이고, 이윤은 총수입에서 총비용을 차감한 금액으로 정의된다.

$$이윤(\pi) = 총수입(TR) - 총비용(TC)$$
$$총수입(TR) = 가격 \times 판매량$$
$$총비용(TC) = 생산의 효율성에 의하여 결정$$

- 대중교통회사 경영에 있어, 이윤을 극대화하는 방법을 알기 위해서는 총수입과 총비용에 대한 이해가 선행되어야 한다.
- 대중교통회사의 비용은 공급곡선의 형태, 시장진입여부결정에 영향을 미친다.

② 총비용(total cost)

- 생산에 소요되는 모든 비용으로 총고정비용과 총가변비용을 합한 값이다.

$$총비용(TC) = 총가변비용(TVC) + 총고정비용(TFC)$$
$$총가변비용(TVC) = 생산량\ 증가에\ 따라\ 증가$$
$$총고정비용(TFC) = 생산량\ 변동에\ 무관$$

- 총비용은 총가변비용과 총고정비용의 합이므로, 총가변비용곡선을 총고정비용만큼 상방으로 이동시키면 총비용곡선이 도출된다.
- 임의의 산출량 수준에서 총비용곡선의 기울기는 항상 총가변비용곡선의 기울기와 동일하다.
- 총가변비용은 생산량이 일정단위에 도달할 때까지는 체감적으로 증가하나 그 이후에는 체증적으로 증가한다.
- 총비용은 TVC를 TFC만큼 상방으로 이동시킨 것이므로 TVC와 TC의 형태는 동일하다.

③ 총고정비용(TFC)

- 총고정비용(Total Fixed Cost)은 철도건설비, 차량구입비, 차입금에 대한 이자 등과 같이 생산량의 크기와 무관하게 지출해야 하는 비용을 의미한다.
- 승객수송량이 변화하더라도 고정비용은 일정한 값이므로 TFC곡선은 수평선의 형태이다.

④ 총가변비용(TVC)

- 총가변비용(Total Variable Cost)은 전력비, 차량운영비, 정비비, 인건비 등과 같이 승객수송량에 따라 그 크기가 변화하는 비용을 말한다.
- 승객수송량이 증가할 때 총가변비용은 체감적으로 증가하다가 수송량이 일정단위를 넘어서면 체증적으로 증가한다.

(3) 평균비용(average cost)

① 평균고정비용(AFC)

- 평균고정비용(Average Fixed Cost)은 총고정비용을 산출량으로 나눈 값이다.

$$AFC = \frac{TFC}{Q}$$

- 총고정비용(TFC)이 고정된 값이므로 생산량이 증가하면 평균고정비용은 지속적으로 감소한다.
- 평균고정비용곡선은 직각쌍곡선의 형태이며, 총고정비용곡선에서 원점으로 연결한 직선의 기울기로 측정된다.
- 직각쌍곡선은 수요탄력성은 항상 1이다.

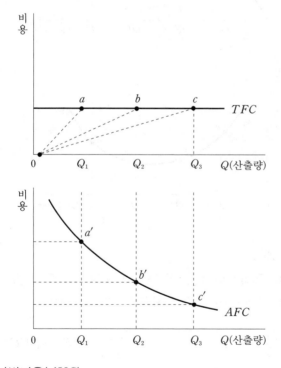

② 평균가변비용(AVC)

- 평균가변비용(Average Variabel Cost)은 총가변비용을 생산량으로 나눈 값이다.

$$AVC = \frac{TVC}{Q}$$

- 평균가변비용(AVC)은 총가변비용곡선에서 원점으로 연결한 직선의 기울기로 측정된다.
- 평균가변비용은 처음에는 체감하다가 나중에는 체증하므로 AVC곡선은 U자 형태로 도출된다.

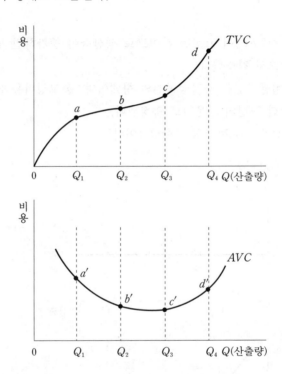

③ 평균비용(AC)

- 평균비용(Average Cost)은 산출량 1단위당 소요되는 비용이므로 총비용을 생산량으로 나눈 값으로 다음과 같이 정의된다.

$$AC = \frac{TC}{Q} \rightarrow AC = \frac{TFC}{Q} + \frac{TVC}{Q} = AFC + AVC$$

- 총비용은 총고정비용과 총가변비용의 합이므로 평균비용은 평균고정비용과 평균가변비용의 합이다.

- 평균가변비용곡선이 U자 형태이므로 평균비용도 U자 형태로 그려진다.
- AC곡선은 AFC곡선과 AVC곡선을 수직으로 합하여 구할 수도 있고, TC곡선에서 원점으로 그은 직선의 기울기를 이용해서 구할 수도 있다.
- 평균고정비용은 지속적으로 감소하므로 평균비용최소점(Q_1)은 평균가 변비용곡선 최소점(Q_0)보다 더 오른쪽에 위치하게 된다.

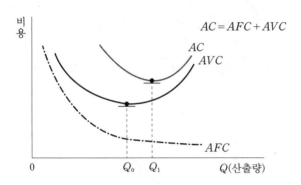

2. 한계비용(marginal cost)이란

(1) 한계비용의 개념

① 한계비용(Marginal Cost)은 생산량을 1단위 증가시킬 때 증가하는 총 비용증가분(=총가변비용 증가분)을 의미한다.

$$MC = \frac{\triangle TC}{\triangle Q} \rightarrow MC = \frac{\triangle TFC}{\triangle Q} + \frac{\triangle TVC}{\triangle Q}$$

② 한계비용은 각 생산량 수준에 대응하는 총비용곡선 혹은 총가변비용의 접선의 기울기로 측정된다.

③ 처음에는 생산량이 증가할 때 총비용이 체감적으로 증가하므로 한계비 용은 점점 낮아지나, 생산량이 증가하면서 총비용이 체증적으로 증가 하기 때문에 한계비용도 점점 높아진다.

(2) 한계비용곡선

① 생산량이 Q_2에 도달할 때까지는 총비용곡선의 기울기가 완만해지므로 한계비용이 낮아지고 변곡점인 Q_2에서 최소가 되고 그 이후에는 다시 증가하므로 한계비용곡선은 U자 형태로 도출된다.

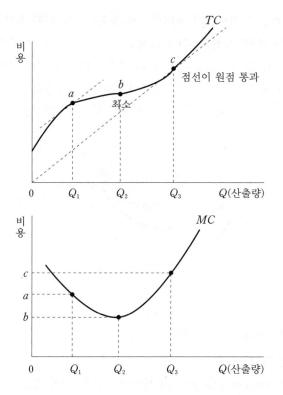

② 생산량이 Q_3일 때는 총비용곡선의 점선이 원점을 통과하므로 총비용곡
   선의 기울기와 원점으로 연결하는 직선의 기울기가 동일하게 된다.
③ 이때가 한계비용과 평균비용이 같아지는 지점이다.

$$MC = AC$$

[예제 1] 어떤 철도기업의 비용함수가 $TC = Q_3 - 10Q_2 + 40Q_1 + 50$으로 도
출되었다고 하자. 생산량이 10단위일 때 평균고정비용(AFC), 평균가변비
용(AVC), 평균비용(AC), 한계비용(MC)은 각각 얼마인지 산정하시오.

[해] 총가변비용 $TVC = Q^3 - 10Q^2 + 40Q$이고 $TFC + 50$이다.
    생산량은 10단위일 때 AFC, AVC, AC, MC를 각각 계산하면
    아래와 같다.

$$AFC = \frac{TFC}{Q} = \frac{5}{10} = 5$$

$$AVC = \frac{TVC}{Q} = Q^2 - 10Q + 40 = 100 - 100 + 40$$

$$AC = \frac{TC}{Q} = Q^2 - 10Q + 40 + \frac{50}{Q} = 100 - 100 + 40 + 5 = 45$$

$$MC = \frac{dTC}{dQ} = 3Q^2 - 20Q + 40 = 300 - 200 + 40 = 140$$

⑶ 한계수입과 한계비용의 관계

① 상품을 생산하고 있는 기업이 상품을 하나 더 생산할까 말까 고민하는 과정에서는 한계수입이 한계비용보다 크면 수입이 더 크기 때문에 생산량을 늘리게 된다.

② 반대로 한계수입보다 한계비용이 더 크면 생산을 하였을 때 손해를 보기 때문에 생산을 중단해야 한다.

③ 결국 한계비용과 한계수입이 일치하는 점까지 생산하는 기업이 이윤을 극대화 할 수 있게 된다.

  한계수입 > 한계비용 = 생산량 증대
  한계수입 < 한계비용 = 생산 중단

3. 수입과 비용과의 관계

⑴ 이윤 · 한계수입 · 한계비용

① 수입과 비용 모두를 고려하여 이윤이 최대가 되는 생산량을 찾아야 하는데 이때 한계수입, 한계비용에 대한 생산량과의 미분을 통해 도출할 수 있다.

$$\pi = R(q) - C(q)$$

  $\pi =$ 이윤
  $R(q) =$ 수입을 q로 미분한 값
  $C(q) =$ 비용을 q로 미분한 값

② 접선의 기울기(미분함수)를 표현한 것이 MR과 MC 곡선이다.

③ MR과 MC로 표현된 그래프에서는 $MR > MC$인 곳이 이윤극대화가 아니라 $MR = MC$인 곳이 이윤극대화 지점이 된다.

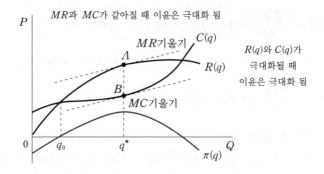

(2) 이윤극대화 상태

① 기업은 경쟁시장에 있어 이윤극대화를 추구하고 있다.

② 이윤극대화는 앞에서 배운 [이윤(π) = 총수입(TR) − 총비용(TC)]을 Q에 대해 한번 미분한 값이 0이 되는 지점이라 볼 수 있다.

$$\frac{d\pi}{dQ} = \frac{dTR}{dQ} - \frac{dTC}{dQ} = 0 \rightarrow MR = MC$$

③ 접선의 기울기(미분함수)를 표현한 것이 MR과 MC 곡선이다.

④ MR과 MC로 표현된 그래프에서는 $MR > MC$인 곳이 이윤극대화가 아니라 $MR = MC$인 곳이 이윤극대화 지점이 된다.

[예제 2] 도시철도공사가 열차 1편성을 제작하는데 드는 총비용이 500억 원이라 하자. 피크시 승차인원이 급격히 늘어 열차 1량씩 추가 생산하여야 할 때, 열차 1량의 생산에 따른 이윤이 얼마나 되는지 아래 표를 토대로 도출하여 보자.

[해] 생산량에 따른 한계비용과 한계수입은 다음과 같이 정리할 수 있다.

생산량	총비용	평균비용	한계비용	총수입	평균수입	한계수입	이윤
1량	500	500		400	400		−100
			100			240	
2량	600	300		640	320		40
			83			200	
3량	683	228		840	280		157
			67			160	

량							
4량	750	188		1,000	250		250
			83			120	
5량	833	167		1,120	224		287
			110			80	
6량	943	157		1,200	200		257
			150			40	
7량	1,093	156		1,240	177		147
			200			0	
8량	1,293	162		1,240	155		−53
			270			−40	
9량	1,563	174		1,200	133		−363

위의 표를 보면 생산량이 증가함에 따라 한계비용이 점차 줄어들고 있으나 4량 이상부터는 오히려 한계비용이 증가하고 있다. 그리고 이윤을 살펴보면 1량을 생산했을 때에는 100억 원의 손실을, 2량을 생산했을 때에는 40억원의 이윤을 얻고 있다.

이윤은 점차적으로 증가하다 한계비용이 증가함에 따라 감소하게 된다. 이윤은 대개 총수입−총비용의 관계이므로 이를 그래프로 도출하면 다음과 같다.

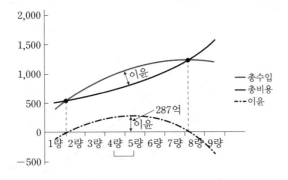

결과적으로 2~7량 생산할 때의 비용에 비해 수입이 높아 이윤이 증가함을 알 수 있다. 1량과 8량 일때 총수입곡선과 총비용곡선이 겹쳐지는 부분을 보면 이윤이 없다.

한계비용과 한계수입을 그래프로 도출하면 다음과 같다.

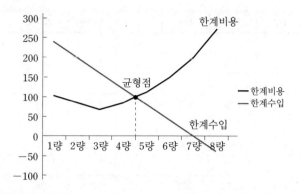

$MR = MC$인 점을 도출하면 대략 4~5량 정도가 균형점인 것을 알 수 있다. 즉, 한계비용과 한계수입의 값이 같아지는 지점이 이윤극대화의 점이 된다.

4. 총연간비용

총비용 개념을 실제 활용하는 데에는 보다 현실적인 1년간 비용인 총연간비용이 적용된다. 총연간비용은 총비용과 마찬가지로 연간고정비와 연간변동비의 합이다. 연간변동비는 매년 여건 변화에 상당한 수준 가변적이지만 고정비는 비교적 변동이 두드러지지 않는다. 따라서 다음 관계가 성립된다.

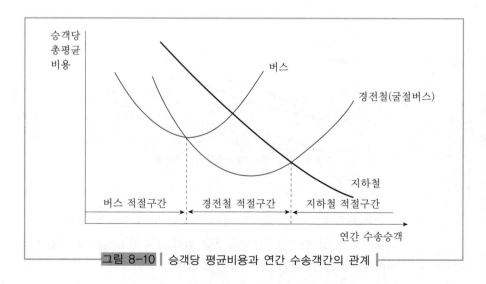

그림 8-10 | 승객당 평균비용과 연간 수송객간의 관계

$$C_{TA} = C_{fA} + C_{vA}$$
$$\quad\quad = C_f \cdot CRF + C_{vA}$$

C_{TA}는 총 연간비용
C_{fA}는 연간고정비
C_{vA}는 연간변동비
C_f는 고정비
CRF는 자본회수계수

고정비를 연간고정비로 전환해 주는 자본회수계수(CRF: capital recovery factor)는 할인율(또는 연이자율)을 고려하여 사업 혹은 차량 등의 수명 동안 회수되어야 할 고정비를 매년 균등하게 배분하는 배분계수로 다음과 같이 파악한다.

$$CRF = \frac{i(1+i)^n}{(1+i)^n - 1}$$

$i =$ 연이자율
$n =$ 교통시설이나 장비의 수명(년)

5. 대중교통 비용모형

대중교통 비용모형은 대중교통비용과 영향변수의 관계를 나타낸 것이다. 대중교통비용에 영향을 끼치는 변수와 세부영향사항은 〈표 8-5〉에 제시되는 바와 같다.

대중교통 비용모형은 영향변수간 독립적인 영향을 끼친다고 가정하면 다음과 같은 선형식이 작성될 수 있다.

$$C_T = C_f + C_v$$
$$\quad\quad = C_f + \sum a_i X_i$$

C_T는 총비용
C_f는 고정비, C_v는 변동비
a_i는 영향변수의 영향정도(또는 단위비용)
X_i는 영향변수

| 표 8-5 | 대중교통비용에 영향을 끼치는 변수와 세부영향사항 |

영향변수	세부영향사항
차량시간	운전기사
차량-km	에너지, 차량관리
피크시 운행차량	에너지, 차량관리
노선운행거리	트랙, 신호 및 통신체계 관리, 안전시설 관리
역(정류장)	차량관리, 에너지, 역(정류장) 관리
교통수단 고정비	차량정비, 차고지, 빌딩운영 및 관리, 세금
운영체계 고정비	행정, 관리

Ⅱ. 대중교통의 성과(Performance)

대중교통의 효율성이란 대중교통수단이 얼마만큼 효율적으로 대중교통서비스를 제공하는지를 판단하기 위한 기준이다. 대중교통서비스 진단에는 서비스의 효율성을 측정할 수 있는 효율성지표(performance measure 혹은 performance indicator) 설정이 전제된다. 대중교통 효율성 일반지표에는 다음 사항이 있다.

① 시스템 특성: 용량, 속도, 비용, 운행 주기
② 서비스 특성: 안락성, 편리성, 신뢰성, 안정성
③ 지속적 특성: 에너지 소비량, 환경적 영향, 지역적 영향 등

이를 대중교통을 바라보는 직접이해자의 관점에서 대중교통운영회사와 승객의 측면으로 나누어 구체적인 효율성지표로 표시하면 아래와 같다.

1. 대중교통운영회사

(1) 운영비용

운영비용은 대중교통서비스의 효율성을 측정할 수 있는 가장 기초가 되는 자료로서 아래와 같은 세 가지 지표가 널리 이용된다.

① 운영비용/차량-km
② 운영비용/승객-km
③ 운영비용/승객

(2) 자   원

자원에 관련된 효율성지표는 대중교통 운행지표 한 단위를 산출하기 위하여 얼마만큼의 자원이 투입되어야 하는가를 나타낼 수 있는 지표가 된다. 대중교통 운영에는 인건비와 에너지가 중요한 몫을 하므로 다음 지표가 주로 활용된다.

① 인건비/차량-km

② 인건비/승객-km

③ 인건비/승객

④ 에너지(연료, 윤활유 등)/차량-km

⑤ 에너지/승객-km

⑥ 에너지/승객

(3) 서비스 척도

서비스 척도는 대중교통운영 회사에서 보유하고 있는 노동력(즉 승무원)을 얼마만큼 효율적으로 활용하는가에 관한 지표로서 아래와 같이 설정할 수 있다.

① 수송승객수/차량

② 차량-km/1인 1시간 근무(labor)

③ 승객-km/1인 1시간 근무(labor)

④ 수송승객수/1인 1시간 근무(labor)

(4) 운영수입

운영수입은 대중교통 운영회사의 운영 측면에서 볼 때 가장 중요한 자료로서 운영뿐만 아니라 노선조정, 배차간격, 승객수요 등 제반 대중교통정책 계획과 집행에 없어서는 안 될 필수적인 지표라 할 수 있다.

① 운영수입/차량-km

② 운영수입/승객-km

③ 운영수입/승객

④ 운영수입/1인 1시간 근무

⑤ 운영수입/차량

2. 승   객

승객의 입장에서는 저렴한 비용으로 안선하고 높은 수준의 대중교통서비스를 받을 수 있는 것이 주된 관심 사항이다. 따라서 승객관점의 성과지표에는 다음과 같이 통행비용과 서비스 수준, 안전성 등의 사항이 있다.

(1) **통행비용**(교통비용)

① 통행비용/단위통행거리

② 시간비용/단위통행거리

③ 평균주행시간＝총여행거리/총수송인원

(2) **서비스의 질**

① 승객/차량－km＝총수송인원/총구간거리

② 평균여행거리＝총 인－km/총수송인원

③ 평균재차인원＝정류장간 승차인원(각 정류장별 승차인원－하차인원)/(정류장수－1)

④ 평균재차율＝평균재차인원/정원

⑤ 정원초과인－km＝정원초과시 승객수×여행거리

⑥ 정원초과 평균승객＝정원초과인－km/정원초과 운행거리

(3) **서비스의 편리성**

① 배차간격

② 서비스에 대한 접근성

(4) **서비스의 쾌적성**

① 차내 면적/승객

② 평균좌석수/평균수송승객수

(5) **서비스의 신뢰성**

① 정시도착 여부

② 정류장 무단통과 여부

(6) **안 전 성**

① 사상자/버스-km

② 사상자/승객-km

Ⅲ. 용량(Capacity)분석

대중교통 용량분석은 대중교통서비스 여건파악에는 필수적인 사항이다. 대중교통 용량분석을 위해서는 우선 대중교통수요를 파악하고, 대중교통용량을 파악해야 한다. 대중교통 용량분석은 파악된 교통수요와 용량을 비교하여 대중교통 시스템 특성을 객관적으로 진단하는 것이다.

대중교통용량은 노선 전체 구간에 동일한 반면, 대중교통수요는 대중교통 노선의 각 구간별로 동일하지 않다. 특정 구간의 대중교통수요 또는 승객통행량(Q)은 다음과 같이 파악된다.

$$Q = f \cdot n \cdot p = \frac{60}{h} \cdot n \cdot p$$

f는 시간당 서비스 빈도($=60/h$)
n은 대중교통 단위별 차량수
p는 차량별 평균 목격 승객
h는 배차간격(단위: 분)

대중교통용량(C)은 대중교통수요(Q)를 파악하는 앞의 식과 유사하며, 차량별 평균 목격 승객(p)을 차량별 용량(q)으로 대체하여 다음과 같이 표현할 수 있다.

$$C = f \cdot n \cdot q = \frac{60}{h} \cdot n \cdot q$$

q는 차량별 용량

수요와 용량비(Q/C)는 다음과 같다.

$$Q/C = Q/f \cdot n \cdot q = (f \cdot n \cdot p)/(f \cdot n \cdot q) = p/q$$

수요가 비교적 고정되어 있다면, 수요와 용량비를 결정하는 요인은 서비스 빈도(f)와 단위별 차량수(n), 차량별 용량(q)이다. 수요/용량비를 줄여 차내 쾌적성을 증진하고자 한다면, 결국 서비스 빈도를 높이거나 단위별 차량수를 늘이거나 차량별 용량을 늘이는 정책적 개선방안 추진이 필요한 것이다. 단위별 차량수와 차량별 용량이 결정되었다면 수요와 용량비는 서비스 빈도(f) 또는 배차간격(h)에 좌우된다. 대중교통업체가 일정 노선을 위해 활용할 수 있는 차량(또는 단위)이 u대이고 대중교통노선을 운영하는 데 소요되는 시간(cycle time)이 C라 하면 배차간격(h)은 다음과 같이 설정될 수 있다.

$$h=C/u$$

총 대중교통노선 길이(왕복 운영에서는 노선길이의 2배)가 L이고 평균운행속도가 V이면, 대중교통노선을 운영하는 데 소요되는 시간 C는 다음과 같이 설정될 수 있다.

$$C=L/V$$

대중교통용량은 승객을 수용할 수 있는 차량공간과 차량운행에 영향을 끼치는 요인에 의해 결정된다. 이를 대상별로 정리하면 다음과 같다.

(1) 차 량
① 차량의 규모(즉, 이용가능한 차량수)
② 대중교통수단 단위당 가능한 차량수(예로서 객차의 수)
③ 좌석배치 구조
④ 출입문의 수와 위치
⑤ 최대운행속도
⑥차량의 가·감속 능력

(2) 통 행 로
① 타 차량과의 분리 정도
② 교차로 구조(정면교차로 혹은 고가차도 등)
③ 종단면과 횡단면

(3) 정 류 장
① 정류장간 간격
② 요금 수거 방식
③ 승차계단의 위치(높음 혹은 낮음)
④ 승강장의 크기
⑤ 터미널에서의 회차공간의 크기

(4) 교 통 류

① 차량이용과 다른 교통류의 특성(같은 통행로를 이용하는 차량의 특성)

② 교차로에서의 교통량

(5) 배차간격 조정방법

① 피크시 배차간격 조정

② 비피크시 배차간격 조정

제 4 절   대중교통수단의 선택

Ⅰ. 도시여건에 적합한 대중교통체계

도시의 여건에 따라 적합한 대중교통체계가 다르다. 도시의 규모, 도시의 밀도, 인접도시와 연담정도, 도시의 사회·경제여건, 인구구조와 같은 여건에 따라 도시가 지향하는 대중교통 목적과 정책수단이 달라지게 된다.

현재의 대중교통체계는 과거 도시의 공간 및 시설여건에서 단편적으로 변동되어온 과정의 산물이다. 따라서 현 도시 및 교통 여건에 최적체계라고 볼 수 없다. 최적 대중교통망을 구축하기 위해서는 정기적으로 대중교통체계와 도시의 여건을 조사 분석하여 보완대책을 강구하는 것이 필요하다.

Ⅱ. 대중교통수단 선택과정

특정한 도시에 적합한 대중교통수단을 선택하는 데에는 일정한 선택과정을 거친다. 〈그림 8-11〉과 같이 도시교통 정책목표의 설정으로부터 최적 교통수단 선택에 이르는 과정이 일반적이다. 물론 도시의 특성이나 대중교통체계 개선의 필요성에 따라 선택과정이 약간씩 달라질 수 있다.

1. 대중교통체계의 목표

어느 도시에 가장 적합한 대중교통수단을 확보하기 위해서는 우선적으로 그 도시가 추구하고자 하는 도시교통 정책목표를 명료화할 필요가 있다. 도시교통 정책목표가 명료화되면 이를 대중교통 정책목표로 구체화시켜야 한다.

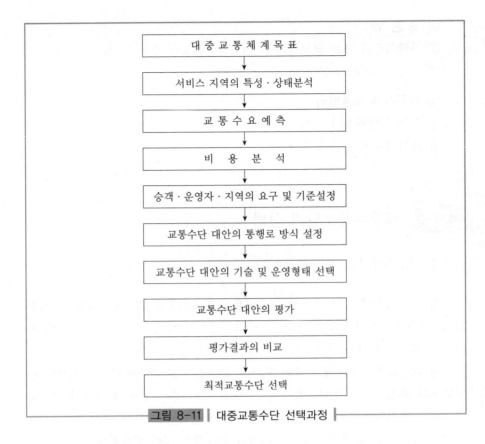

대중 교 통 체 계 목 표

서비스 지역의 특성 · 상태분석

교 통 수 요 예 측

비 용 분 석

승객 · 운영자 · 지역의 요구 및 기준설정

교통수단 대안의 통행로 방식 설정

교통수단 대안의 기술 및 운영형태 선택

교통수단 대안의 평가

평가결과의 비교

최적교통수단 선택

그림 8-11 대중교통수단 선택과정

대중교통체계의 목표로 다음 사항이 있다.

① 신속하고 안전한 대중교통체계의 확립
② 버스와 지하철의 연계교통망 구축
③ 수요에 따른 종합적 대중교통망 형성
④ 사회비용의 감소
⑤ 대중교통산업 활성화
⑥ 도심지역 교통혼잡을 완화시킬 수 있는 대중교통체계 확립

2. 서비스지역의 특성 · 상태분석

대중교통서비스 지역의 특성과 제약조건은 수요 측면에서 고려할 사항이다. 교통수요예측에 앞서 지역현황과 여건변화에 대한 정확한 분석이 필요하다.

3. 교통수요예측

현 대중교통수요는 현재 지역여건과 대중교통시스템 특성의 결과이다. 역으로 지역여건과 사회경제시스템의 변화, 또는 대중교통시스템의 변화는 대중교통수요를 변화시키게 된다.

개략적인 대중교통 수요예측은 일반적인 교통수요 예측과정에서 파악할 수 있다. 그러나 심도깊은 대중교통 예측을 위해서는 별도 통행자의 행태 분석, 지역여건과 교통시스템 변화를 반영하는 시나리오 분석, 수요분석 모형개발 및 적용이 필요하다.

4. 비용분석

대중교통수단의 비용은 그 유형에 따라 커다란 폭을 보이고 있다. 일반버스의 경우 자본비에 대한 운영비의 비율은 5 : 1을 초과하는 것이 보편적으로 나타나는 현상이다(84%의 운영비, 16%의 감가상각비 및 이자율). 그러나 지하철의 경우는 자본비(건설비)가 75%를 차지하고, 나머지 25%가 운영비 몫이 된다. 운영비 자체는 인건비, 에너지, 장비 등에 따라 영향을 받는다. 한편 자본비는 차량과 하부구조의 수명에 따라 그 규모가 산정되는데 버스는 6~15년, 도시철도(지하철 등)은 30년, 터널은 100년의 수명을 가진다고 하겠다. 그러므로 비용산정시에는 이 같은 제반 사항과 차이점을 포괄적이면서도 구체적으로 고려하여야 한다. 여러 교통수단대안의 비용 · 효과분석을 하려면 이와 같은 비용에 관한 결과는 필수적인 요소가 된다. 비용 · 효과분석법과 같은 평가방법에 필요한 비용자료는 총비용/승객-km 등이 활용된다.

5. 승객 · 운영자 · 지역의 요구 및 기준설정

정책목표와 서비스지역의 특성이 분석된 다음에는 지역의 각 이익집단의 욕구와 수요에 관련된 제반 요소들을 파악한다. 이익집단은 크게 승객, 운영자, 지역으로 나눌 수 있다. 이들 각 집단별 대중교통 평가의 판단기준(criteria)을 정리하면 〈표 8-6〉과 같다.

승객은 대중교통 서비스를 저렴한 가격에 편리하고 안전하게 이용할 수 있는 데 관심이 집중된다. 따라서 판단기준도 이를 효과적으로 표현하는 것을 주요 내용으로 한다.

| 표 8-6 | 대중교통수단의 평가시 판단기준

승 객	운 영 자	지 역
• 가용성(availability) • 정시성 • 속도 및 통행시간 • 이용자 비용 • 안락성 • 편리성 • 안전성	• 서비스지역 범위 • 주기 • 속도 • 신뢰성 • 비용 • 용량 • 안전 • 부수적인 영향 • 승객수요	• 서비스수준 및 승객수요 • 장기적 영향 • 환경, 에너지 측면 • 경제적 효율성 • 사회적 목표

6. 교통수단 대안의 통행로방식 설정

통행로(right-of-way)방식은 대중교통수단의 효율성, 비용, 서비스수준 등에 지대한 영향을 미친다.

통행로방식의 선택은 해당 도시의 기존 대중교통체계, 대중교통수단과 다른 교통수단과의 관계, 사회·경제적 정책목표 등에 따라 선택되어야 할 것이다. 어느 도시는 기존 대중교통체계에 연계버스체계만 강화해도 효율성을 높일 수 있을 것이고, 어느 도시는 지하철노선망을 구축해야 할 필요성이 있는 등 통행로방식은 그 도시의 교통 여건에 의하여 선택되어야 한다.

| 표 8-7 | 통행로 유형별 특성

방식 \ 특성		내 용	장·단점		방 법
			장 점	단 점	
별도노선	궤도	• 전용궤도	• 자동운행 가능 • 수송효율 최대	• 고비용(건설, 유지관리)	• 철도/전철 • 경전철, 모노레일
	비궤도	• 전용도로	• 수송효율 높음 • 기존대중교통망 연계	• 건설비 많이 소요 • 운용체계 동시 고려	• 트로이 버스 • 유도 버스
공용노선		• 전철차로 • 공용	• 비용이 가장 적게 소요	• 효율성 낮음	• 일반버스

7. 교통수단 대안의 기술 및 운영형태 선택

교통수단 대안의 기술은 차량과 통행로의 기계적인 특징에 좌우된다. 기술 및 운영형태 선택은 네 가지 중요한 요소들을 대상으로 한다.

① 지지방식: 차량과 도로의 수직적인 접촉방식을 규정지어 주는 것으로서 가장 일반적인 것은 공기타이어와 도로포장면 및 철륜과 철로이다. 그 외에 최근에 개발되고 있는 자기부상식은 자력의 특성을 이용하는 것이고 또 수상에서는 선체와 물이 직접 접촉된다.

② 유도방식: 수평상의 방향유지 및 전향방식을 규정지어 주는 것으로서 대개는 지지방식에 따라 결정되지만 최근에는 여러 가지 새로운 형태가 개발되고 있는데, 예를 들면 공기타이어 차량의 궤도운행방식 등이 그것이다.

③ 추진방식: 추진장치의 종류와 동력전달방식을 나타내는 것인데 추진장치로서는 내연기관과 전동기(motor)가 가장 일반적이다. 그 외에 가스·터빈, 새로운 종류의 증기기관과 선형모터 등도 개발중에 있다. 한편 동력전달방식으로서는 마찰력 및 점착력을 이용하는 것이 가장 일반적이지만 그 외에 자력, 케이블, 프로펠러 등이 있다.

④ 제어방식: 시스템 내의 차량들을 제어하는 방식을 나타내는 것으로서 차량 사이의 간격을 유지시켜 주는 것이 가장 큰 역할이 된다. 여기에는 직접관찰-수동조작, 신호-수동조작, 완전자동 및 이들의 여러 가지 복합적인 형태 등이 있다.

8. 교통수단 대안의 평가

대중교통수단 대안 평가는 대중교통시스템 변동 또는 새로운 대중교통수단 도입의 타당성 검증을 내용으로 한다.

각 대중교통수단 대안들은 기히 설정된 판단기준으로 평가한다. 또한 평가의 내용, 평가의 정밀도, 평가의 범위는 자료의 가용성과 평가결과의 이용목적 등에 따라 달라질 수 있다. 판단기준은 가급적 계량화함을 원칙으로 하나 계량화할 수 없는 판단기준은 서열이나 가중치 등을 적용한다.

〈표 8-8〉은 어느 대도시의 승객수요를 토대로 하여 경전철과 지하철대안을 서비스수준, 자원, 승객수요, 생산성, 효율성의 측면에서 비교 분석한 결과

표 8-8 장래 교통수단 대안의 평가항목별 분석결과

평가항목		현재 버스노선망 합계	현재 버스노선망 평균	경 합계	경 평균(전철)	경 전철	경 버스	지 합계	지 평균(지하철)	지 지하철	지 버스
서비스 수준	승차시간	112,615hrs	18min	98,783hrs	16min			102,080	16min		
	승차거리	2,379,670km	6.3km	2,276,551km	6.1km			2,309,610	6.2km		
	주행속도	21.1km/hr		23.1km/hr				22.6km/hr			
	보도시간	53,132hrs	8min	65,236hrs	10min			77,486hrs	12min		
	대기시간	11,670hrs	2min	12,521hrs	2min			10,756hrs	2min		
	승차시간	986hrs		7,002hrs	1min			5,314hrs	1min		
	환승통행수	27,602		188,681				192,045			
	보도환승수	1,349		1,606				1,438			
	1회환승수	27,592		177,003				177,125			
	2회환승수	5		5,839				7,460			
	3회환승수	326		20				0			
자원	최대운전사수	1,148		862		96	766	1,144		24	1,120
	최소운전사수	1,130		849		92	757	1,126		22	1,104
	운전사수	3,389		2,547		276	2,271	3,377		66	3,311
	운전사시간	62,832		50,284		5,966	44,318	64,255		1,704	62,551
	최대차량대수	1,148		1,054		288	766	1,244		124	1,120
	최소차량대수	1,130		1,034		277	757	1,218		114	1,104
	차량대수	3,389		3,099		828	2,271	3,652		341	3,311
	차량-km	62,832		62,216		17,898	44,318	71,383		8,832	62,551
승객수요	승객수요	376,281		376,586		278,890	284,771	376,607		120,622	446,592
	승객-km	2,379,670		2,276,551		939,086	1,337,469	2,309,610		453,265	1,856,348
	평균차량인원	38		37		52	30	32		51	30
	차량이용효율성	0.47		0.40		0.44	0.38	0.38		0.43	0.37
생산성	승객/차량-시간	111		122		337	125	103		353	135
	승객-km/차량-시간	702		735		1,134	589	632		1,327	561
효율성	총비용	312,112		331,614		113,207	218,407	390,779		80,977	309,802
	차량-시간당비용	92.10		107		136.69	96.11	106.99		237.13	93.57
	차량-km당비용	4.97		5.33		6.33	4.93	5.47		9.17	4.95
	승객당비용	0.83		0.88		0.41	0.77	1.04		0.67	0.69
	승객-km당비용	0.13		0.15		0.12	0.16	0.17		0.18	0.17
	순운영수입	438,739		614,346		303,969	310,378	618,214		131,468	486,746
	영업비	1.41		1.85		2.69	1.42	1.58		1.62	1.57

로서 교통수단 대안 평가의 하나의 예를 제시해 주고 있다. 이는 일종의 구체
적인 평가의 사례로서 32개의 평가항목에 대해 종합적인 비교분석이 행해졌다.
　이 같은 심층적인 분석은 전철이나 지하철과 같이 대규모의 공공자원이
소요되는 교통사업에 반드시 수행되어야 하며 아울러 경제적 타당성까지도 비
교분석에 포함시켜야 할 필요가 있다. 32개의 세부 평가항목의 정보가 관련 이
해자에게 명확하게 전달되고 의사결정을 원활하게 하기 위해 〈표 8-9〉와 같이
개략적이고 정성적인 내용으로 정리될 수 있다.

표 8-9 | 경전철대안과 지하철대안의 비교분석

판단기준		경 전 철 대 안	지 하 철 대 안
승객	가 용 성	◉	◉
	속 도 및 통 행 시 간	△	◉
	신 뢰 성	△	◉
	이 용 자 비 용	△	◉
	안 락 성 및 편 리 성	△	◉
	안 전 성	△	◉
운영자	서 비 스 지 역 범 위	◉	△
	주 기	△	◉
	속 도	△	◉
	건 설 비	◉	×
	운 영 비	△	△
	승 객 수 요 창 출	◉	△
지역	환 경 적 영 향	×	△
	지 역 경 제 영 향	◉	◉
	연 도 주 민 피 해	×	△

주) ◉ 양호, △ 보통, × 불량

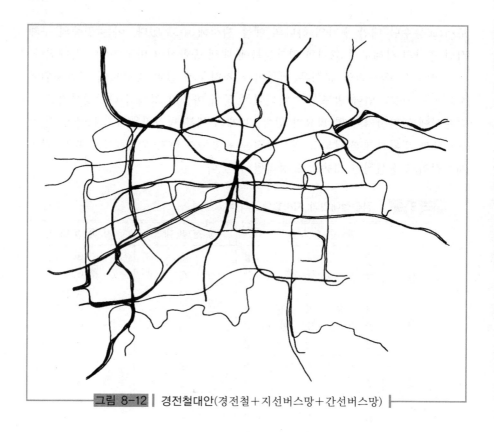

그림 8-12 ┃ 경전철대안(경전철＋지선버스망＋간선버스망)

제 5 절 대중교통 요금정책

요금체계는 요금구조, 요금수준, 요금징수방식의 종합적인 개념이다. 요금체계는 다음 10가지의 정책목표를 갖는다.

① 수입의 증대: 적당한 수준의 요금책정은 승객수요를 감소시키지 않고 수입을 증대시킨다.

② 공평성: 요금부과는 공정하고 형평성이 있어야 한다. 또한 소요되는 운행비용을 고려하여 산출된 것이어야 한다.

③ 간편성: 요금제도는 모든 승객들이 이해하고 이용하기 쉽게 간단하고 편리해야 한다. 또한 승객이 지불해야 할 요금을 승차하기 전에 알 수 있어야 한다.

④ 안전성: 요금제도는 승객이나 승무원에 의한 부정행위를 최소한으로

줄여 모든 수입금이 경영자에게 안전하게 전달될 수 있어야 한다.

⑤ 비용의 최소화: 요금징수에 소요되는 인건비와 장비 및 이외 유지비 등은 최소화되어야 한다.

⑥ 사회적 목표와의 일치성: 요금제도는 교통계획, 토지이용정책 등을 포함하는 사회 제반 목표와 부합되어야 한다. 즉 도심지에서는 승용차의 출입을 제한하고 되도록 도시철도를 많이 이용하도록 하며, 도시 팽창을 억제하고, 저소득층이나 장애자들의 기동성(mobility)을 확보해 주어야 한다.

⑦ 요금징수 속도: 요금징수방식은 운행비용과 승객들의 승차 및 대기시간을 최소화하며, 다른 차량 이용자나 보행자들을 방해하지 않아야 한다.

⑧ 정보: 요금제도는 버스회사나 정부관련기관에 교통체계의 운영상태에 관한 제반정보를 효과적으로 제공해 줄 수 있어야 한다.

⑨ 융통성: 요금제도는 근본적인 체계에는 변함이 없이 요금수준이나 노선망 그리고 차량형태 등에 있어서 장래에 일어날 변화에 대처할 수 있을 만큼 융통성이 있어야 한다.

⑩ 할인요금: 요금제도는 학생이나 노인들과 같은 특정 사회집단에 대하여는 요금할인으로 정책적인 배려를 해야 한다. 이러한 할인요금제도를 실시하는 데 필요한 비용은 그들보다 많은 요금을 내는 다른 버스 승객들로부터가 아니라 세금 등 사회 전체로부터 충당되어야 한다.

Ⅰ. 요금구조

1. 균일요금제

균일요금제는 승객의 통행거리에 관계 없이 동일한(고정된) 요금이 부과되는 요금구조이다. 균일요금제는 수단통행 균일요금제, 목적동행 균일요금제, 정기권 균일요금제로 분류될 수 있다. 수단통행 균일요금제는 적용이 가장 용이한 방법이다. 차량을한번 탈 때마다 통행거리에 상관없이 일정한 요금을 낸다. 목적통행 균일요금제는 목적통행을 위해 단시간에 이루어지는 환승에 대해 추가요금을 지불하지 않아도 되는 요금제이다.

2. 거리요금제

거리요금제는 승객이 통행한 서리에 따라 요금이 차별적으로 부과되는 요금구조이다. 형평성의 관점에서 볼 때, 장거리 승객은 단거리 승객보다 더 많은 운행비용이 소요되므로 더 많은 요금을 지불해야 한다. 그러나 균일요금체제하에서는 단거리 승객들은 소요비용보다 더 많은 요금을 지불하며, 장거리 승객들은 보다 적게 지불하므로 단거리 승객이 장거리 승객을 위하여 추가 부담하는 특성이 있다. 거리요금제는 이 같은 균일요금제의 형평성 문제에 대한 대안적인 방안이다.

또한 효율성에 대한 측면으로서 거리요금제는 보다 훨씬 많은 수입의 증대효과를 가져올 수 있다. 단거리 승객 수요는 장거리 승객 수요보다 가격에 대한 탄력성이 크다. 따라서 균일요금제를 거리요금제로 바꾸면 현재보다 많은 수입의 증대가 가능하다.

3. 거리비례제

거리비례제는 노선별로 수많은 소지역(section)으로 세분하여 비례하여 요금을 설정하는 방법이다. 일반적으로 소지역간의 경계는 정류장을 기준으로 한다. 소지역간 거리는 보통 1~1.5km정도로 설정하고, 동일한 지역에 운행되는 노선이 많은 경우에는 요금이 균일하도록 소지역을 통일시켜야 한다. 요금은 승객이 여행한 소지역의 수에 따라 쉽게 계산된다.

표 8-10 │ 거리비례제 적용 요금기준표 예

통행한 소지역의 수	요금(원)
1	500
2	600
3	700
4	800
5	900
6	1,000
7	1,100

4. 구역요금제

구역요금제는 출발구역-도착구역을 기준으로 요금을 결정하는 방식이다.

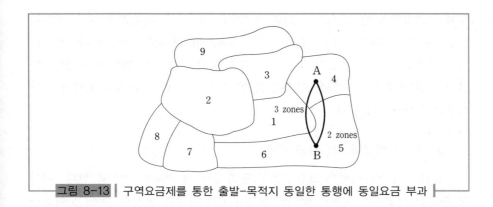

| 구역요금제를 통한 출발−목적지 동일한 통행에 동일요금 부과 |

여러 노선의 대중교통이 운영되는 지역을 여러 개의 구역으로 세분하여, 출발지역−도착지역을 기준으로 요금을 결정하게 된다. 거리요금제와 거리비례제가 노선 여건에 따라 동일한 출발지역−도착지역 요금이 다를 수 있는 문제를 해결할 수 있는 요금부과 방법이다.

Ⅱ. 요금수준

1. 수요탄력성 파악

대중교통의 수요는 요금수준, 서비스의 질과 양, 그리고 이외에 대중교통 운영자측에서 조정할 수 없는 변수들에 의해 영향을 받는다. 수요탄력성은 이러한 변수의 변화에 따른 대중교통 수요의 변화 특성을 의미한다.

수요탄력성 추정방법은 단편적인 자료분석 방법과 모형분석의 두 가지 방법이 있다.

첫 번째 접근방법은 요금이나 서비스 변화의 경험적인 실례에 의해 제공된 자료로써 탄력성을 추정하는 방법이다. 요금탄력성 추정에는 요금변화의 전과 후의 물가상승 감안에는 한계가 있다.

두 번째 방법은 대중교통운영 통계연보 등을 이용하는 시계열분석법, 집계직접수요모형과 집계교통수단 선택모형에 의해 추정하는 방법, 행태적 교통수단 선택모형에 의해 추정하는 방법의 세 가지 종류가 있다. 이러한 세 가지 방법은 실질적인 요금 변화보다는 승객의 행태적인 측면에 초점을 두고 있다.

요금에 따른 수요탄력성치는 그 자체로서 요금정책, 승객수요, 운영수입에 직접적으로 활용하기에는 너무 개괄적이기 때문에 요금 이외의 다른 변수들까지 고려해야 한다. 요금 이외의 타변수들이라 함은 대중교통 서비스의 질, 정류장에서 기다리는 시간, 걷는 시간, 서비스의 신뢰성 등을 일컫는 것으로 이들 변수들도 요금과 같이 승객수(수요)에 영향을 미치고 있다고 하겠다. 따라서 요금 이외의 변수들을 어떻게 조정하느냐에 따라 요금의 수요탄력성 분석결과가 다소 변동된다.

2. 수요탄력성과 차등요금 구조

요금의 수요탄력성은 요금구조를 구축하는 데 중요한 역할을 한다. 여기서 중요한 역할이란 서비스에 따라 요금구조를 다르게 설정할 수 있는 여건을 제공해 줄 수 있다는 것이다. 서비스에 따른 차등요금은 대중교통운영자로 하여금 서비스제공에 따른 운영비를 충당하는 데 필요하다. 이는 각 서비스에 따른 수요탄력성에 근거하여 승객수가 종전보다 감소되지 않는 범위 내에서 차등요금구조가 설정되어야 한다는 것이다. 따라서 구간제, 피크시 할증요금, 거리제 등 차등요금 계획시 수요탄력성에 관한 자료가 반드시 필요하다.

가장 보편적으로 적용되고 있는 차등요금은 거리요금제, 시간대별 요금제, 서비스질에 따른 요금제로서 다음과 같은 세 가지 이유 때문에 널리 사용되고 있다. 첫째, 서비스에 소요되는 운영비용이 단거리 · 장거리 · 시간대별 서비스의 질에 따라 다르고, 둘째, 이러한 요금구조가 집행이 용이하고, 셋째, 통행수요를 감소시키지 않는 범위 내에서 장거리 승객, 피크시 이용승객, 급행서비스 이용승객들에게 높은 요금을 지불하게끔 유도할 수 있다.

표 8-11 ┃ 요금구조와 정책목표간의 관계

요금구조		수 입 효율성	형평성	승객의 편리성	비용에 대한 영향		신기술 적용성
					수거비용과 복잡성	운영비와 승차시간	
균일요금		×	×	◉	◉	◉	◉
차등 요금	시 간	◉	○	○	△	△	△
	거 리	◉	◉	△	×	△	△
	서비스	◉	△	○	○	○	○

주) ◉: 우수, ○: 양호, △: 보통, ×: 불량

Ⅲ. 요금의 사회적 역할

1. 자원배분 역할

① 자원배분을 적정하게 해줄 수 있는 역할을 해준다.

② 대중교통수요는 지속적으로 늘어나는데 대중교통공급량, 즉 용량이 부족할때 이 한정된 공급량을 수요자에게 적정수준에서 서비스를 제공해야 한다.

③ 적정요금수준이 설정되면 수요에 미치지 못하는 대중교통서비스 공급량이라도 이 대중교통노선을 이용하는 수요자들에게 효용을 극대화 시킬 수 있게 된다.

2. 형평성적 소득분배

① 소득분배를 형평적으로 실현하는 역할을 해준다.

② 적정 요금으로 인해 자원배분이 제대로 되었다 해도 그 배분이 고소득층에만 편중되고 저소득층에는 혜택이 주어지지 않는다면 사회적 형평성에 어긋난다.

③ 지역별, 시간대별, 소득계층별을 골고루 감안하여 요금이 설정된다면 소득분배에 기여할 것이다.

Ⅳ. 요금유형별 이론적 근거

1. 한계비용요금

(1) 한계비용요금이란

① 한계요금 결정원리는 대중교통노선이나 대중교통 수혜지역의 소비자잉여를 최대로 할 수 있다.

② 한정된 자원을 효율적으로 활용하기 위한 대중교통요금을 설정하기 위해서는 한계비용가격(marginal cost pricing) 원리를 적용해야 한다.

③ 요금이 한계비용에 설정되면 자원이 적정히 배분된다.

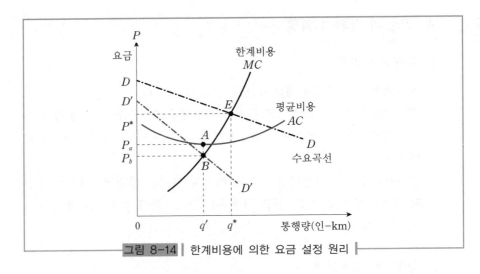

그림 8-14 | 한계비용에 의한 요금 설정 원리

(2) 한계비용요금 대중교통회사에 주는 영향

① 수요곡선이 DD일 경우 적정요금

• 한계비용(MC)과 수요곡선(D)이 만나는 E지점에서 대중교통 이용자, 운송회사 등 편익이 최대화가 된다.

• E지점을 기준으로 P^* 요금수준으로 q^*만큼의 승객을 실어 나르게 된다.

② 수요곡선이 $D'D'$일 경우 대중교통회사 적자 발생

• 어느 철도 노선의 수요곡선이 $D'D'$일때 $D'D'$가 평균비용(AC)이 체감하는 부분과 만나게 된다.

• 한계비용과 수요곡선($D'D'$)을 토대로 요금수준 P_B를 정하게 되면 자원은 적정히 배분되나 대중교통회사는 이윤은 고사하고 운영에 소요되는 평균비용(AC)도 건지지 못한다.

• 이 대중교통회사가 철도운영에 필요한 총수입은 $OPaAq'$이고 그 대중교통회사의 총비용은 $OPbBq'$이므로 대중교통회사는 $PaPbBA$만큼의 적자가 발생된다.

$$PaPbBA(적자) = OPaAq'(총수입) - OPbBq'(총비용)$$

2. 램지(ramsey)요금

(1) 램지요금의 개요 및 산정식

① 한계비용 가격결정원리에 의해 요금수준을 설정하게 되면 철도와 같은 비용체감산업에서는 적자가 날 수 있다.

② 램지요금 결정원리는 한계비용요금이라는 최선의 정책을 단념하고 대중교통산업의 수지균형을 맞추기 위한 차선의 요금원리이다.

③ 램지요금은 도시철도, 버스와 같은 대중교통회사(지자체, 공사 등을 포함)가 2개의 교통시장(예컨대 도시철도회사는 서울메트로와 도시철도공사, 버스회사는 광역버스와 시내버스)을 운영하면서 수지의 균형을 유지하는 선에서 이들 시장의 수요자들에게 최대의 편익을 제공한다는 원리를 지닌다.

(2) 램지요금 산정식

$$\frac{P_i - MC_i}{P_i} = \frac{K}{e_i}$$

P_i = 시장 i 에서 요금
MC_i = 시장 i 에서 한계비용
e_i = 시장 i 에서 가격탄력성
만약 $K = 1 \rightarrow$ 시장별 차별요금
$\quad\quad K = 0 \rightarrow$ 한계요금

(3) 램지요금 문제점

① 서비스 시장별로 요금이 달라지게 되므로 수요자(승객)들의 반발이 예상된다.

② 램지요금 결정원리는 수요의 가격 탄력성에 이론적 토대를 두고 있어서 현실 적용 시 모순이 발생될 수 있다.

③ 예컨대 수요의 가격 탄력성이 큰 비 피크시 승객의 요금은 낮고, 수요의 가격 탄력성이 적은 출퇴근, 등교시간인 피크시의 요금이 높아진다면 사회적으로 수용하는데 논란이 벌어질 수 있다.

V. 요금대안별 성과지표 도출

1. 요금대안별 성과지표산정시 고려사항

① 철도요금체제 대안별 성과지표는 서비스의 공급측면과 수요측면을 동시에 고려해야 한다.
② 이를 위해서는 먼저 공급측면과 수요측면에서 각각의 특징을 설명할 수 있는 변수를 설정해야 한다.
③ 공급측면의 변수는 운영자의 수입과 비용을 동시에 고려해야 한다.
④ 이용자측면에서는 서비스의 질 형평성, 신속성, 안전성 등의 항목이 설정되어야 한다.

2. 공급자측면의 성과지표 산정방법

(1) 총대중교통-km

① 총대중교통-km는 고정비용 및 운영비용의 기준이 된다. 우리나라에서는 운송원가 산정시 고정비용 역시 총대중교통-km당 원단위를 활용하고 있다. 따라서 총대중교통-km는 경영자 입장에서 중요한 지표가 된다.
② 총대중교통-km는 노선길이와 운행횟수에 의해서 결정되는데, 운행횟수는 다시 배차계획, 운영시간계획 등과 연관되어 있다.

$$TBK = (60/HpPp + 60/HoPo)L$$

TBK = 총대중교통 - km
Hp = 첨두시 배차간격(분)
Pp = 첨두시간(일일 몇 시간을 첨두시간으로 운영하는가, 시간)
Ho = 비첨두시 배차간격(분)
Po = 비첨두시간(일일 운영시간-첨두시간, 시간)
L = 노선길이 (왕복, km)

③ 또한 위 변수 중에서 첨두시 및 비첨두시 최소 배차시간은 수요의 규모, 이용자의 행태(첨두시 집중률과 시간대별 방향비 등)와 밀접한 관계가 있으며 다음 식을 통해서 도출한다.

$$Hp = \frac{(60 \times Q \times PHF \times Df)}{D_p}$$

$$Ho = \frac{(60 \times Q \times PHF \times Df)}{Do}$$

Hp = 첨두시 배차간격(분)

Ho = 비첨두시 배차간격(분)

Dp = 첨두시 수요(일평균 수요×첨두시 집중률)

Do = 비첨두시 수요(일평균 수요×비첨두시 집중률)

Q = 대중교통수단 1회 왕복하면서 수송할 수 있는 최대승객수(인/대)

PHF = 첨두시간계수(1시간 수요/(4×첨두 15분 수요)

Df = 중방향 계수(첨두방향에 대한 비첨두 방향의 교통비율)

④ 노선용량은 평균탑승거리와 대중교통의 최대재차인원, 노선거리에 의해서 산출되는데 산출식은 다음과 같다.

$$Q = \frac{(Lm \times L)}{d}$$

Q = 대중교통이 1회 왕복하면서 수송할 수 있는 최대승객수(인/대)

L_m = 최대 재차인원

L = 노선길이

d = 평균탑승거리

(2) **총수입-km**(total passenger-km)

① 총승객-km는 값이 크면 클수록 운송원가의 상승이 초래되기 때문에 운수업체의 효율성 지표와 관련이 있다,

② 총승객-km는 탑승거리별 승객수에 의해서 결정되는데 산정식은 다음과 같다.

$$TPK = \sum_{t=0}^{l} P_i \times d$$

TPK = 총승객-km

P_i = 탑승거리가 i인 승객수(인)

d = 평균탑승거리(km)

(3) **총수입**(total revenue)
① 총수입은 운수업체의 경영목표가 되기 때문에 여러 가지 지표 가운데
가장 중요한 지표 가운데 하나다.
② 운수업자는 총수입의 규모가 커지는 방향으로 요금수준 및 요금체계를
결정하기를 원하며 총비용과 함께 요금체계대안 평가에서 공급측면의
변수 중에서 가장 중요하다.
③ 총수입은 승객평균 요금과 총승객수에 의해서 산정되며 산정식은 다음
과 같다.

$$TR = \sum_{f=0} P_f \times f$$

TR = 총수입
P_f = 요금이 f인 승객수(인)
f = 요금(원/인)

(4) **총비용**(total cost)
① 총비용은 총수입과 더불어 운수업체의 경영목표가 되므로 공급측면의
변수 가운데 가장 중요한 변수가 된다.
② 운수업체는 수입의 극대화와 더불어 비용의 최소화를 목표로 하며, 따
라서 요금체계 및 요금수준의 평가에 있어서 중요한 변수가 된다.
③ 운수업체의 비용은 크게 고정비용과 운영비용으로 구분되는데 우리나
라에서는 고정비용과 운영비용 모두를 철도-km 원단위를 적용하여
산정하고 있다. 이에 대한 근거로는 운수업체의 경우에는 규모의 경제
가 존재하지 않는다는 연구결과에 기인한다.

$$C_t = C_f + C_o$$

C_t = 총비용
C_f = 고정비용(철도-km당 고정비용 × 총철도-km)
C_o = 운영비용(철도-km당 운영비용 × 총철도-km)

3. 이용자측면의 성과지표 실정방법

(1) **평균탑승거리**(average travel distance)
평균탑승거리는 이용자측면에서 보면 짧을수록 편익이 발생된다.

$$D = \frac{\sum_{i=0}^{L} P_i \times d}{\sum P_i}$$

D = 평균탑승거리
P_i = 탑승거리가 i인 승객수
d = 탑승거리

(2) 평균통행시간(average travel time)

① 평균통행시간은 이용자측면에서 요금과 더불어 비용을 의미하므로 최대한 감소시켜야 이용자 편익이 발생된다.

② 따라서 대중교통 요금체계 및 요금수준 대안의 평가에 있어서도 평균통행시간은 평가의 중요 척도가 될 수 있다.

$$t_a = \frac{Va}{D}$$

t_a = 평균통행시간
D = 평균탑승거리
V_a = 평균주행속도

(3) 평균요금(average fare)

① 평균요금은 이용자측면에서 통행시간과 더불어 비용항목이 되므로 이용자는 평균요금을 최소화 하는 대안을 선호하게 된다

② 따라서 요금체계 및 요금수준에 대한 평가에서 이용자를 고려할 수 있는 대표적 변수가 평균요금이다.

$$F_a = \frac{\sum_{f=0} P_f \times f}{\sum_{f=0} P_f}$$

F_a = 평균요금
P_f = 요금이 f인 승객수
f = 요금

(4) 평균내부보조금(average cross subsidy)

① 균일요금제에서는 단거리 통행자가 장거리통행자를 보조해 주는 결과가 일어난다.

② 이때 보조되는 금액을 버스이용자간 내부보조금이라 할 수 있다.

③ 평균내부보조금은 철도요금체계의 형평성 지표로 활용될 수 있다.

④ 내부보조금이라 함은 승객이 지불하는 요금과 해당 대중교통서비스의 양이 일치하지 않는데서 발생한다. 균일요금체계와 같이 요금과 서비스량이 비례하지 않는 요금체계 하에서는 서비스를 조금만 받는 승객이 서비스를 많이 받는 승객을 보조해 주는 현상이 생겨나게 된다.

⑤ 따라서 내부보조금이 크다는 것은 그만큼 요금과 서비스간에 균형이 맞지 않다는 의미가 된다.

$$CS = \frac{\sum_{i \in A} P_i \times (F_i - U \times d)}{\sum P_i}$$

CS = 평균내부보조금(cross-subsidy)

d = 승객의 탑승거리(km)

A = 다음 조건식을 만족하는 탑승거리 i의 집합

   조건식 → $(F_i - U \times i) \geq 0$

P_i = 탑승거리가 i인 승객수(인)

F_i = i(km)를 탑승했을 때 지불해야하는 요금(원/인)

U = 승객-탑승거리당 요금(원/인-km)

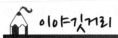 이야깃거리

1. 대중교통수단에는 무엇이 있으며, 각 수단들의 장·단점에 대하여 이야기 해
   보자.
2. 대중교통계획 과정은 어떤 과정을 거쳐서 집행되는지 단계별로 설명해보자.
3. 대중교통수단의 평가시 승객, 운영자의 입장에서 고려할 수 있는 평가지표
   에 대하여 생각해보자
4. 대중교통수단의 용량이란 무엇이며, 용량 설정시에 고려해야 할 사항은 무
   엇인지 생각해보자.
5. 대중교통노선망 유형에는 어떠한 것들이 있으며 어떤 특징이 있는지 기술하
   시오.
6. 대중교통수요 예측에는 주로 4단계 수요추정모형을 사용한다. 이 4단계 수
   요추정과정에 대하여 단계별로 구체적으로 설명해보자.
7. 자가용 위주의 이동으로 인하여 수도권 대도시에서는 만성적인 교통체증현
   상이 발생하는데 대중교통이용의 활성화를 유도할 수 있는 방안에 대하여
   생각해보자.
8. 대중교통은 현대인의 도시생활에서는 필수불가결한 것으로 도시교통체계에
   서 중요한 역할을 하고 있다. 이러한 대중교통이 갖고 있는 기능에는 무엇
   이 있는지 논의해보자.
9. 도시특성에 적합한 대중교통수단을 선택하기 위한 과정에 대하여 생각해보자.
10. 대중교통의 요금구조에는 균일요금제, 거리요금제, 거리비례제, 구역요금제
    등이 있다. 각 요금구조에 대하여 설명해보자.
11. 대중교통의 수요는 요금수준, 서비스의 질과 양 등 운영자측에서 조정이 쉽
    지 않은 여러 변수에 의해 영향을 받는데, 이러한 변수의 변화에 따른 대중
    교통수요의 변화 특성을 수요탄력성이라 한다. 수요탄력성을 추정하기 위해
    서는 어떤 방법들이 있는지 생각해보자.
12. 승객당 평균비용과 연간 수송객과의 관계에 대하여 그래프로 표현하고 설명
    해보자.
13. 총비용수준에서 추가로 교통서비스 공급량을 증가하는 데 소요되는 비용을
    한계비용이라 한다. 한계비용을 구하는 방법을 그래프를 그려서 설명하시오.
14. 신교통수단에는 어떠한 것들이 있는지 기술하시오.

15. 경전철과 지하철에 대한 노선평가시 고려할 수 있는 평가지표에 대하여 생각해보자.
16. 요금대안별 성과지표를 신정해보지.
17. 요금유형별 이론적 근거를 논해보자.

제 9 장 도시버스체계

제 1 절 버스정책

어느 도시에서나 버스서비스는 그 도시가 갖추어야 할 중요한 도시적 기능으로 간주되고 있다. 이는 버스서비스가 있음으로 해서 활발한 도시의 사회

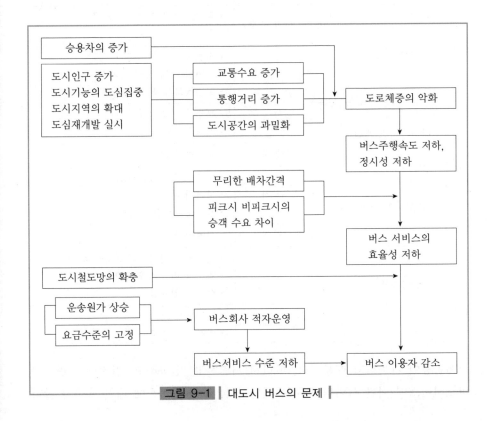

그림 9-1 | 대도시 버스의 문제

표 9-1 ┃ 버스에 관련된 정책

대 분 류	중 분 류	소 분 류
버스통행로 개선	버스차선 정책	• 버스전용차로 • 중앙버스전용차로 • 버스우선차로 • 역류버스차로
	신 호 정 책	• 버스우선신호 • 신호체계 연동화
버스차량 개선	버스승강구의 개 선	• 버스승강구의 확대 • 저상버스, 굴절버스(하차문 2개) • 요금징수 방법의 자동화
	차량효율성의 향 상	• 가감속 성능의 향상 • 저공해 버스의 개발(LNG, CNG)
	차량편리성의 향 상	• 에어콘디션장치, 통로개선 • 좌석 개선
버스노선 개편	버스노선의 조정	• 굴곡노선의 직선화 • 노선길이의 단축
	정류장 개선	• 정류장 위치의 조정 • 터미널, 정류장구조 개선 • 노선정보제공, 도착시간안내
버스서비스 개편	이 용 자	• 무정차 통과억제 • 기사친절도
	교 통 약 자	• 교통약자 좌석
운행방식 개선	배 차 간 격	• 비피크시 배차간격조정 • 피크시 배차간격조정 • 왕복운해시간의 증대
	운행시간대	• 심야버스
요금정책 및 보조정책	요 금 정 책	• 버스와 도시철도의 환승요금 정산 • 버스와 버스의 환승요금 • 각종 할인요금
	보 조 정 책	• 적자노선 보조 • 벽지노선 보조

경제활동이 가능하기 때문이다. 따라서 저렴하고, 신속하고, 안전하고 편리한
버스서비스에 대한 시민의 욕구는 대단하다. 좋은 서비스에 대한 욕구가 많다

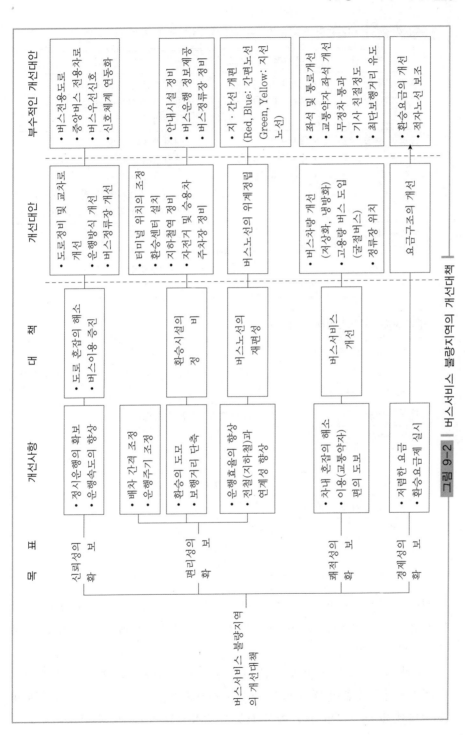

목 표	개선사항	대 책	개선대안	부수적인 개선대안
신뢰성의 확보	• 정시운행의 확보 • 운행속도의 향상	• 도로 혼잡의 해소 • 버스이용 증진	• 도로정비 및 교차로 개선 • 운행방식 개선 • 버스정류장 개선	• 버스전용도로 • 중앙버스 전용차로 • 버스우선신호 • 신호체계 연동화
편리성의 확보	• 배차 간격 조정 • 운행주기 조정 • 환승의 도모 • 보행거리 단축 • 운행효율의 향상 • 전철(지하철)과 연계성 향상	• 환승시설의 정 비	• 터미널 위치의 조정 • 환승센터 설치 • 지하철역 정비 • 자전거 및 승용차 주차장 정비	• 안내시설 정비 • 버스운행 정보제공 • 버스정류장 정비
		• 버스노선의 재편성	• 버스노선의 위계정립	• 지・간선 개편 (Red, Blue: 간선노선 Green, Yellow: 지선 노선)
쾌적성의 확보	• 차내 혼잡의 해소 • 이용(교통약자) 편의 도모	• 버스서비스 개선	• 버스차량 개선 (저상화, 냉방화) • 고용량 버스 도입 (굴절버스) • 정류장 위치	• 좌석 및 통로개선 • 교통약자 좌석 개선 • 무정차 통과 • 기사 친절정도 • 최단보행거리 유도
경제성의 확보	• 저렴한 요금 • 환승요금제 실시	• 요금구조의 개선	• 요금구조의 개선	• 환승요금의 개선 • 적자노선 보조

그림 9-2 버스서비스 불량지역의 개선대책

| 표 9-2 | 버스관련 문제점 및 문제점 측정지표와 단기적 개선대안 |

문 제 점	문제점 측정지표	개 선 대 안
운행스케줄이 지켜지지 않음	• 스케줄을 이행치 않는 버스의 비율	• 운행시간의 연장 • 차고지 휴식시간 조정 • 노선의 일부 조정
극심한 혼잡, 비생산적인 운영	• 재차인원 • 재차율 • 차량-시간당 승객수	• 배차간격을 줄임 • 배차간격을 늘림 • 노선을 분리시킴 • 노선을 축소시켜 회전율을 높임 • 역방향 노선의 논 스톱 운행
비효율적인 노선구조	• 수입금/비용 비율 • 차량-시간당 승객수	• 노선의 일부를 제거 • 운행의 중지 • 노선의 연장 • 스케줄의 조정

| 표 9-3 | 노선상태별 개선대안 |

개 선 대 안	노 선 상 태
노선의 폐지 (혹은 노선의 분리)	운행스케줄 이행문제, 지나치게 긴 노선, 낮은 승객 수요
배차간격을 줄임	극심한 혼잡, 혼잡한 상태
배차간격을 늘림	낮은 생산성, 낮은 승객수요
노선의 분리	낮은 생산성, 방향별 불균형적 수요, 긴 노선
짧은 회전	긴 노선, 높은 승객수요
역방향 노선의 논스톱 운행	방향별 승객수요의 과다한 차이
운행중지	• 아주 낮은 승객수요 • 운행중지로 인하여 상당한 운송비용을 절감할 수 있는 경우

는 것은 역설적으로 버스서비스가 위의 기능을 만족시키지 못하고 있다는 의미도 된다. 사실상 이같이 기본적인 버스서비스가 제대로 갖추어 있지 않은 것이 우리의 현실이다.

우리나라 대도시의 버스문제는 〈그림 9-1〉과 같은 요소들과 정책에 의해서 버스서비스 수준이 저하되고, 버스가 적자운영을 하게 되는 구조적인 문제를 지니고 있다. 〈그림 9-1〉에서 보듯이 승용차의 증가, 도시과밀 등의 요소는 교통수요를 증가시켜 도로의 교통체증을 악화시키므로 버스 주행속도가 저하되어 버스의 효율성이 떨어지게 된다. 한편 도시철도망의 구축으로 인해 기존 버스승객이 도시철도로 전환하게 된다. 여기에 버스회사의 비효율적 운영이 더해져서 버스회사가 적자에 허덕이게 된다.

버스와 관련된 교통문제는 실로 복잡다양하기 때문에 그 대책을 마련함에 있어서도 다양한 정책을 고려하여야 한다. 그러므로 어느 개선대책 하나만으로써 버스에 관련된 교통문제를 해결하려는 발상은 커다란 실효를 거두기 힘들다. 〈표 9-1〉은 버스에 관련된 정책을 버스통행로개선, 차량개선, 운영방식개선, 요금 및 보조정책으로 나누어 구체적인 개선안을 마련하고자 하였다.

버스의 정책목표는 보편적으로 크게 버스서비스의 신뢰성 확보, 편리성의 확보, 쾌적성의 확보, 경제성의 확보의 네 가지로 구분될 수 있는데, 각 정책목표를 달성시키기 위한 구체적인 대안(수단)들이 〈그림 9-2〉에 나타나 있다.

한편 〈표 9-2〉는 버스운영상의 문제점과 문제점을 측정할 수 있는 척도를 설정하고, 이들 지표에 의한 개선대안의 유형을 설명한 것이고, 〈표 9-3〉은 이같은 개선대안이 어떠한 노선상태일 때에 적합한 것들인가를 유추하여 보여 주고 있다.

제 2 절 버스운송과 규모경제

버스운송을 하나의 생산과정(production process)으로 볼 때, 그 최종산출물(output)을 무엇으로 보느냐에 따라 규모의 경제에 관한 접근이 크게 두 가지로 나누어진다.

첫째, 총운행거리, 즉 버스-km를 최종산출물로 보는 경우이다. 여기에서는 버스회사 규모(회사 규모의 지표는 버스대수)에 따라 단위운행비용에 규모의 경제성(또는 불경제성)이 나타나는가를 분석하는 것이다.

둘째, 운송활동의 최종산출물을 승객수(또는 인-km)로 간주하여 인당(또는 인-km당) 비용의 경제성 여부를 평가하는 경우이다.

Ⅰ. 버스운행비용지표

일반적으로 운행비용지표로서는 대당 평균비용(원/대), 운행거리당 평균비용(원/버스-km) 등이 사용될 수 있다.

Ⅱ. 버스회사규모와 버스-km당 평균운행비용의 관계와 의미

버스회사의 규모경제성은 버스회사의 규모가 증대됨에 따라, 즉 버스대수가 늘어날수록 버스-km당 평균운행비용이 줄어드는가(규모의 경제) 늘어나는가(규모의 불경제) 혹은 무관한가를 밝히는데 활용된다. 만일 규모의 경제(또는 불경제)가 존재한다면 적정규모(optimum size)는 어느 정도인가를 가늠할 수 있게 된다.

제 3 절 버스운행체계의 대안

버스서비스는 도시의 대중교통체계가 지녀야 할 3대 요소인 신속성, 쾌적성, 안전성을 기반으로 한다. 3대요소를 충족하지 못하는 버스체계는 대도시의 도시경제활동을 저해하는 요소가 된다. 도시에서 운행되고 있는 버스에는 버스노선의 중복 및 노선간의 경쟁이 심하게 일어나며 도심지역에 버스노선이 과다하게 집중되는 문제가 발생된다. 또한 수익성이 떨어지는 도시외곽지역에 대한 운행기피로 시민에게 커다란 불편을 가중하여 버스이용을 기피하는 현상을 초래한다.

버스운행체계에서는 출퇴근시간의 승차난, 정류장의 무질서, 노선간 과다경쟁 등으로 인한 교통혼잡과 교통사고의 증대뿐만 아니라 불균형적인 서비스, 버스운행비용의 증가 등의 문제가 있다. 이 같은 여러 가지 문제는 그 심각성으로 인하여 주요 국가정책 과제로 부각되고 있다.

도시 버스운행과 도시교통체계 각각의 구성요소간의 연관성, 그리고 버스서비스가 도시구조 및 교통체계에 미치는 광범위한 파급성을 감안할 때 버스운행체계에 대한 개선대안을 마련하여 적극적으로 대처해야 한다.

Ⅰ. 정책목표

버스운행체계의 대안을 모색하려면 정책목표를 고려해야 하는데, 도시의 버스에 관련된 정책목표로 다음 사항이 있다.

① 도심지역의 교통혼잡 완화
② 수요에 따른 종합적인 버스서비스망의 구축
③ 버스와 지하철(전철)간의 연계수송체계 확립
④ 승객에게 신속, 쾌적, 안전한 서비스 제공
⑤ 버스회사의 채산성유지
⑥ 경쟁 버스노선의 극소화
⑦ 버스회사의 합리적인 경영체계의 도입

Ⅱ. 버스운행체계 특성

정책목표를 염두에 두고 도시의 버스운행체계를 분석하면 다음 사항을 파악할 수 있다.

① 버스업계는 스스로 어느 정도의 수익성을 유지한다.
② 피크시에는 혼잡운행이 발생된다.
③ 서비스수준을 낮추거나 비수익성노선을 운행하는 것을 꺼린다.
④ 정원초과 현상을 해소하고 도로혼잡을 완화시키기 위한 방법으로 용량이 큰 버스운행이 고려될 수 있다.
⑤ 버스와 지하철의 통합운영을 반영하여 노선의 재조정, 교통수단간 환승 및 요금체계의 개선이 전제되어야 한다.
⑥ 일반 승객에게 버스 정보의 효율적이고 통합된 전달체계구축이 필요하다.
⑦ 운전사에게 무리한 근무시간과 비현실적인 운행계획(배차간격 등)과 차량 운행계획은 전면적인 검토보완이 필요하다.
⑧ 회사가 비수익성노선의 운행을 기피하므로 해당 노선 운영의 공공성을 고려한 대책보완이 필요하다.
⑨ 버스 운행을 지도감독하는 공공기관의 인원과 전문적 능력은 부족한 상황이다.

Ⅲ. 버스체계개편

(1) 버스노선체계개편

이용자의 버스이용상의 여러 가지 불편사항을 개선시키고 동시에 시내버스가 공공서비스 산업으로서의 역할과 기능을 다할 수 있도록 효과적이고 합리적인 버스노선체계개편을 실시해야 한다.

① 개편목표

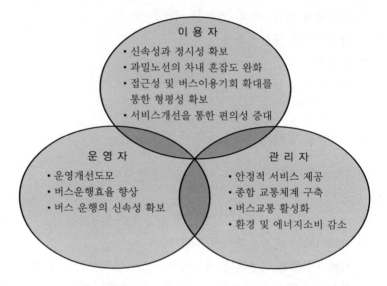

② 개편방향

- 버스의 기능별 위계 정립
- 노선서비스 공급의 형평성 제고
- 지역간 이동성 향상으로 승객의 통행시간을 최소화
- 버스 통행속도 향상에 따른 정시성 향상
- 버스운행 효율성 제고
- 노선 인식성 부여

③ 실행방안
  • 버스의 주요 기능별 위계 정립

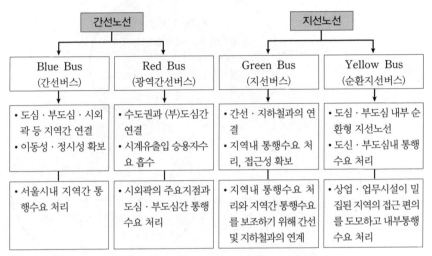

노선체계 개편에 따른 운행권역별 유형구분

  • 중앙버스전용차로제 확대실시
    - 교통류 정리, 안정된 운행, 버스의 간선기능 회복, 버스이용자 만
      족도 향상, 버스이용객 증가, 승용차 이용 감소
  • 굴절버스도입
    - 시민에게 좀더 편리한 운송서비스를 제공하고자 많은 승객을 수송
      할 수 있는 대용량의 굴절버스(articulated bus) 도입

⑵ 버스운영체계개편
  버스의 노선 공적 개념을 정착시켜 노선전체의 편익을 증대하며, 잠재적
경쟁원리를 도입하여 업체효율성을 향상시키기 위하여 버스운영체계개편을
실시한다.

① 개편목표

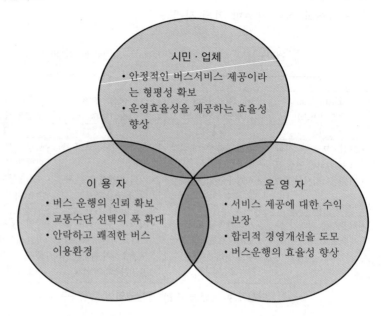

② 개편방향
- 적정이익 보장을 통한 업체 자율 조정: 업체 경영악화 개선
- 버스운영에 공적지원 개념 도입: 재정지원, 노선의 공공성 강화
- 기존업체 기득권 및 단위노조 변화 극소화: 업체 및 노조 참여유도
③ 실행방안
- 주간선노선 입찰
  - 지하철 대체기능·주요기반 노선(중앙버스전용차로 설치), 굴절버스·저상버스 등 고급버스 투입
  - 기존버스업체의 컨소시엄 유도
  - 시가 공공수요에 따라 노선결정 및 배차간격 등 운행방식 결정
  - 운영회사는 차량·차고지, 운수종사자 채용 및 관리
  - 서울교통카드회사와 기능적 연계, 버스수입금 정산관리, 보조금 지급
  - 버스운영의 총비용과 경영·관리·재정능력, 서비스 개선계획, 근로자 복지향상 방안 등을 경쟁입찰을 통하여 적격업체 선정
  - 최종 입찰선정된 업체 운행계약에 의해 한정면허 부여(6년)

- 버스업체 자율조정 추진
  - 공동운수협정에 의해 개편된 노선 자율조정 및 공동수입금관리
  - 차고지 중심으로 권역별 자율조정
  - 공공성 확보를 위해 노선계통, 운행대수, 배차간격 서울시가 조정
  - 민간자율운영체제 확립
  - 운송수입금공동관리협약 체결 및 수입금공동관리기구 구성 운영
  - 표준원가(대·km)에 의해 업체별 운행실적에 따라 운송수입금 배분
  - 수입금 배분시 부족분은 재정지원을 통해 안정적 수입보장체제 확립
  - 운행실적평가 전산화 및 버스사령실 운행모니터링을 통해 운행실적을 분석·평가하고 서비스품질평가제도 시행을 통해 서비스경쟁체제를 구축

(3) 대중교통 요금정책

대중교통요금체계가 다양한 교통수요변화에 비해 획일화되어 있어 이용자간 요금이 불공평하고, 대중교통체계 효율성에 문제가 발생함으로써 우리나라 대도시에서 대중교통의 경쟁력을 높이고 다양해지는 교통수요변화에 적극적으로 대응하기 위한 요금체계의 개편을 실시해야 한다.

① 개편목표
- 이용자의 형평성 측면에서의 요금제의 강화
- 운영자의 수입 측면에서의 현실성을 반영
- 이용자 편의증대를 위한 요금체계의 다양화
- 수단간 환승시 가중되는 대중교통이용자의 부담 완화

② 개편방향
- 대중교통은 도로교통혼잡 완화, 환경개선 등 다양한 외부경제효과를 발생시키며, 특히 저소득층에 대한 최소한의 교통서비스 제공의무라는 형평성의 논리 적용
- 시장기능에 전적으로 맡기기 보다는 정부가 직·간접 관여를 통해 서비스를 제고
- 3가지 분야의 대중교통요금정책 지표

구　분	방　향
이용자지표	- 이용자들의 특성에 따른 요금의 차등화 : 형평성 문제의 극복 - 이용수요의 증대에 기여 - 시민편의의 증대 - 다양한 수요계층의 선택의 폭을 확대해줄 수 있는 요금정책 　의 방향설정
대중교통재정 지표	- 요금정책을 통한 수입 증대 - 수입금의 누수방지 - 징수비용의 최소화 - 선불요금을 통한 재정력의 강화
경영관리/ 수용성 지표	- 요금정책을 쉽게 실행에 옮길 수 있어야 함 - 주민들의 수용성을 확보할 수 있도록 함

③ 실행방안
- 통합거리비례제를 통한 기본거리 10km이내 무료환승체계 구축
- 지하철 단독통행을 전체구간 거리비례제로 일원화
- 교통카드 할인제를 폐지하고 교통카드 표준요금제 도입
- 대중교통요금 학생 할인체계 정비

(4) 버스종합사령실 운영
　버스관계 및 안내시스템(Bus Management System: BMS)과 같이 버스의 정시성 확보, 배차간격 준수, 버스정보 안내 등 버스서비스의 만족도를 향상시켜 자가용 이용을 억제하고 버스 이용을 증가시킬 수 있는 경제적인 시스템 도입의 필요성이 대두되어, 버스종합사령실(BMS센터)을 구축하여 운영해야 한다.
　제공서비스는 다음과 같다.
- 실시간 배차관리 지원
- 버스운행정보 제공
- 운행조정지시
- 표준화된 툴(Tool)에 의한 배차관리 지원
- 버스도착 예정정보 제공
- 대중교통 최적경로 안내
- 운전행태 관리
- 정책 결정 지원자료 제공

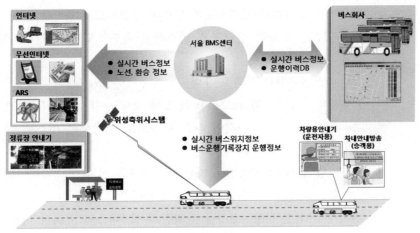

서울버스종합사령실 구성도

Ⅳ. 중앙버스전용차로

중앙버스전용차로는 도로 중앙에 버스만 이용할 수 있는 독립차로를 지정함으로써 버스를 다른 교통류와 분리하는 차로운영방식을 지칭한다.

(1) 중앙버스전용차로의 특성

■ 장   점

- 버스의 운행속도 향상
- 버스의 잦은 정류장 정차 및 갑작스런 차로 변경으로 인한 교통흐름의 단절과 위험방지
- 가로변버스전용차로에 비해 다른 차량의 유입을 근원적으로 차단

■ 단   점

- 일반차량의 차로수를 줄이기 때문에 일반차량의 교통상황 악화
- 일반차량의 좌회전 처리의 어려움
- 버스 승강장, 횡단보도, 기타 안전시설 등의 추가로 인한 설치비용의 과다

(2) 중앙버스전용차로의 운영방식

① 기존 도로의 중앙부에 버스전용차로를 제공하는 것으로 본선구간과 정류장부로 구분되어 설치

② 본선구간에서는 두 줄 청색선으로 다른 차로와 구분하고 있으며, 암

갈색으로 포장하여 일반차로와 뚜렷이 구분되도록 함

③ 정류장부는 보도와 승강장을 연결하는 횡단보도, 승강장, 정차면, 추월차로로 구분

④ 중앙버스전용차로 정류소 유형

- 통합형 정류소: 횡단보도 한 개로 양 방향 승강장을 모두 연결
    - 승객이 다른 방향으로 진행하는 버스로 갈아타기 용이함
- 분리형 정류소: 방향별로 따로 횡단보도를 설치
    - 횡단보행량을 분산시킴

⑤ 전차량 좌회전 허용, 전차량 좌회전 불허, 버스만 좌회전 허용 등의 세 가지 좌회전 처리방법

| 일본 나고야 | 프랑스 루엔 | 서울 |

이야깃거리

1. 버스에 관련된 정책을 버스통행로, 버스차량, 버스노선, 버스서비스, 운행방식, 요금정책별로 구체적으로 나열하고 의미를 논해보자.
2. 버스와 관련된 문제점을 열거하고, 문제를 측정할 수 있는 지표를 설정하여 개선대안을 설정해보자.
3. 역방향노선의 논스톱운행에 대한 원리를 연구해보자.
4. 버스운송에 있어서 규모의 경제개념을 어느 경우에 적용할 수 있을까?
5. 버스운행체계 대안을 모색하기 위한 정책목표에는 어떤 것들이 있는가?
6. 버스체계 개편의 목표와 개편방향을 논해보자.
7. 대중교통 요금정책의 목표와 개편방향을 설명해보자.
8. 중앙버스전용차로의 특성과 운영방식에 대해 논해보자.

제10장 버스서비스 계획 및 평가지표

제1절 버스서비스 계획

I. 단기 버스서비스 계획과정

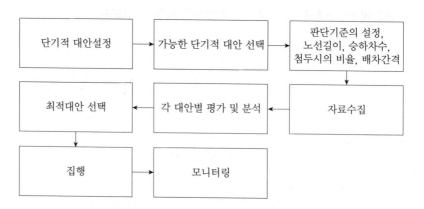

II. 단기적 개선대안의 진단

단기적인 개선대안은 다양하기 때문에 개선이 가능한 전략들을 버스운영 구역, 노선의 구조, 배차간격의 관점에서 검토해 보기로 한다.

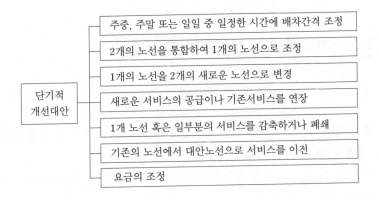

단기적 개선대안
주중, 주말 또는 일일 중 일정한 시간에 배차간격 조정
2개의 노선을 통합하여 1개의 노선으로 조정
1개의 노선을 2개의 새로운 노선으로 변경
새로운 서비스의 공급이나 기존서비스를 연장
1개 노선 혹은 일부분의 서비스를 감축하거나 폐쇄
기존의 노선에서 대안노선으로 서비스를 이전
요금의 조정

Ⅲ. 버스노선의 변경가능 형태

기존노선형태   변경노선형태

A   B   C   A   B   C

일반버스와 급행버스 노선으로 변경

일반버스

급행버스

일반버스와 급행버스 노선으로 변경

분리된 노선을 1개 노선으로 통합

Ⅳ. 개선대안 필요성의 원인이 되는 요소

원인 요소
승객 수가 어느 지점부터 아주 감소되어 운행하는 노선구간
하나의 노선상의 2개 구간에서 승차인원수의 현격한 차이
승객평균승차거리가 노선거리에 비해 현저히 짧을 경우

제 2 절 버스서비스 개선대안 평가방법

Ⅰ. 노선분리 타당성 평가방법

철도 정류장 "i"에서의 승 하차 인원을 각각 "b_i"와 "d_i"로 표시하고 노선 상의 정류장 번호를 "0"부터 N까지 번호를 부여한다.

여기서 "r_i"는 정류장 "i"에서 버스노선을 쪼개는 것이 타당한가의 여부를 판단해 주는 지표가 된다.

$$r_i = \frac{\sum_{j=1}^{i}(b_{j-1} - d_j)}{\sum_{j=1}^{i} b_{j-1}}$$

만약 $i = 3$이면

$$r_i = \frac{[(b_0 - d_1) + (b_1 - d_2) + (b_2 - d_3)]}{[b_0 + b_1 + b_2 + b_3 + b_4 + b_5 + b_6]}$$

여기서 "r_i"는 "0"에서 "1"까지로 표시되는 지표로서 그 값이 "0"에 근접할수록 노선분리 대안으로 적합하다.

1. 최대 재차인원수의 비율방법

새로운 2개의 노선대안의 최대재차인원수의 비율은 다음과 같다.

$$S_i = \frac{\underset{k=1, \cdots i}{Max}[\sum_{j=0}^{k}(b_j - d_j)]}{\underset{k=i+1, \cdots, N}{Max}[\sum_{j=0}^{k}(b_j - d_j)]}$$

$i = 3$까지

$$Max \begin{vmatrix} b0 - d0 \\ b1 - d1 \\ b2 - d2 \\ b3 - d3 \end{vmatrix} \longrightarrow 이중 최대재차인원$$

$i = 4$까지

$$Max \begin{vmatrix} b4 - d4 \\ b5 - d5 \\ b6 - d6 \end{vmatrix} \longrightarrow \text{이중 최대재차인원}$$

여기서 "Si"가 "1"보다 상당히 크거나 "1"보다 아주 작거나 할 때는 노선을 쪼개는 것이 타당성이 있다.

2. 최대재차인원수의 비율 예제

b_i	15	8	6	1	15	17	2	3	0
d_i	0	1	2	23	1	3	10	14	3
$\sum(b_{i-1} - d_i)$		14	20	3	3	15	22	10	0
정류장 번호	0	1	2	3	4	5	6	7	8
r_i		0.21	0.30	0.04	0.04	0.22	0.33	0.15	0

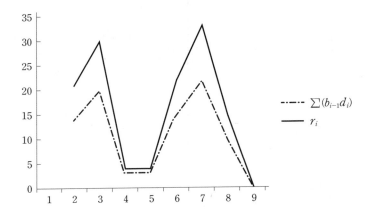

II. 급행버스서비스 도입의 타당성 평가방법

1. 급행버스서비스

출발지에서 목적지로만 가는 승객수가 많을 때 고려해 볼만한 버스서비스 대안이다. 주로 일반 버스노선에 추가로 급행버스노선을 설정하는 방식이다.

2. 급행버스서비스 타당성 판단과정

$$\overline{P_{af}} \geq \frac{K(60)}{H_{max}}$$

$\overline{P_{af}}$ = 외곽 존 "a"와 도심존 "f"의 승객수요
    (중방향/1방향/피크시 1시간)

K = 버스가 허용할 수 있는 용량

H = 최대로 가능한 평균배차간격

$\dfrac{k(60)}{H_{max}}$ = 1시간 최대서비스 용량

만약 $\overline{P_{af}}$가 급행버스노선을 도입할 정도로 크다면 버스운행시간 감소에 대한 편익을 계산해 볼 필요성이 있다.

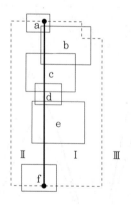

$$q = \frac{\overline{P_{af}}}{K}(t_L - t_E)$$

q = 급행버스 투입으로 감축되는 철도대수

t_L = 일반버스서비스의 왕복운행시간

t_E = 급행버스서비스의 왕복운행시간

q가 크면 클수록 급행버스서비스 도입으로 인해 버스회사와 승객이 많은 혜택을 보게 된다.

3. 급행버스서비스 타당성 판단과정 예제

① $a \rightarrow f$ 승객수요 1,000명/시
② $b \rightarrow f$ 승객수요 800명/시
③ $c \rightarrow f$ 승객수요 650명/시
④ $d \rightarrow f$ 승객수요 750명/시
⑤ $e \rightarrow f$ 승객수요 900명/시
⑥ 버스가 허용할 수 있는 용량(k): 50명
⑦ 최대로 허용가능한 평균 배차간격(H): 5분
⑧ 일반버스의 운행시간(t_L): 60분
⑨ 급행버스의 운행시간(t_E): 40분

$$\overline{P_{af}} \geq \frac{K(60)}{H_{max}}$$

$$\overline{P_{af}} = 1,000명 > \frac{60분 \times 50명}{5분} = 600명$$

∴ $a \rightarrow f$ 존간 급행노선을 신설하는 것이 타당
∴ 급행버스 투입으로 감소되는 버스대수(q)는

$$q(감소되는 \ 버스대수) = \frac{1,000명}{(60분 \times 50명)} \times (60분 - 40분) = 6.67대$$

 제 3 절 **역방향 논스톱**(Deadheading)

Ⅰ. 역방향 논스톱이란

① 역방향논스톱(Deadheading)은 도심과 외곽으로의 운행방향에 있어 방향별 용량이 많은 차이가 날 때 사용한다.
② 용량이 적은 방향에서 원래 서비스할 때 버스보다 더 빨리 운행할 수 있는 노선이 있을 때 승객을 태우지 않고 논스톱으로 운행하는 것이다.
③ 첨두시간의 운영비용을 감소시킬 수 있는 효과적인 전략이다.

Ⅱ. 역방향 논스톱의 효과

① 운행하는 차량이 정해진 노선에서 경방향의 이용가능한 차량을 감소시키고 중방향의 이용가능용량을 증가시킨다.
② 차량의 왕복통행시간이 빨리질 수 있으며 주어진 시간동안 중방향의 운행횟수를 늘릴 수 있다.

Ⅲ. 역방향 논스톱의 유형

1. 부분적 논스톱(deadheading)

① 경방향으로 몇 대의 차량은 서비스를 계속하고 몇 대의 차량은 Deadheading하는 것이다.
② 단일노선이나 중첩노선에서 사용할 수 있다.

2. 완전 논스톱(deadheading)

① 노선의 모든 차량이 Deadheading하는 것이다.
② 경방향에 대해서 다른 노선이 서비스할 수 있는 중첩노선에서만 가능하다.

Ⅳ. 부분적 역방향 논스톱(DeadheadIng)의 이론

A: 중방향 노선
B: 경방향 노선
t_A: 중방향노선의 운행시간
t_B: 경방향노선의 운행시간
t_D: Deadheading시 경방향의 운행시간
h_A: 중방향 배차간격
h_B: 경방향 배차간격

① 경방향으로 Deadheading이 없을 때 소요편성 수

$$Nc = \frac{t_A + t_B}{h_A}$$

② 경방향에서 모든 차량이 Deadheading할 때 소요편성 수

$$N_A = \frac{t_A + t_D}{h_A}$$

③ 경방향에서 모든 차량의 Deadheading 계산은 항상 N_A보다 적어도 1
번의 편성을 더 필요로 한다. 그러므로 만약 $N_A > N_C - 1$이면 부분적
Deadheading은 이 노선에서 편성 수를 줄일 수 없다.

④ 부분적 Deadheading 노선에서 편성감소 효과는 서비스시 운행시간
과 Deadheading시 운행시간 차인 $t_B - t_D$에 의한다.

⑤ 혼합 Deadheading은 여분의 운행기종점에서의 여유시간(회차시간, 승
무원 휴식시간 등) r을 포함하므로 "효율적인 감소 효과" ∏는 $(t_B - t_D)$와
$(t_B - t_D - h_A)$ 사이에 있다.

$$\pi = t_A + t_B - h_A n_A$$

⑥ 경방향 배차간격과 중방향 배차간격의 비인 $r = h_B / h_A$ 또한 중요한 변수
이다. Deadheading이 없으면 $r = 1$이고 절반이 Deadheading이면 $r =$
2이다.

⑦ 만약 r이 정수이면 매 r통행의 첫 번째는 완전한 서비스를 하고 나머지
$(r-1)$은 Deadheading한다는 뜻이다.

⑧ 정수가 아닌 서비스 배차간격 비율은 균등하게 배분된 서비스차량의
출발을 유지하기 위해서 더 긴 Layover(차고지)가 필요하다. 이러한 여
분의 Layover를 산정하기 위해 함수 $g(r) = y - 1/y$를 사용한다. 여기서
y는 r이 정수의 비율로 표시될 때 가장 작은 수이다. r이 정수라면 $r/1$
로 표시된다. 이때 $g(r) = 0$이 된다. 예로서 $r = 3.4$이면 $3.4 = 17/5$이므로
$g(r) = 5 - 1/5$이므로 0.8이다.

⑨ 부분적인 Deadheading을 사용하는 노선에서 필요한 철도편성의 총수
는 정수이며, 각 방향으로의 출발이 동등하다고 가정하면 다음 식에서
구할 수 있다.

$$Np(h_A, r) = n_A + n_B = \frac{t_A + t_A}{h_A} + \frac{\pi + g(r) h_A}{r h_A}$$

$$n_A = \frac{\pi + g(r)h_A}{rh_A}$$

⑩ Deadheading의 운영 및 효과분석을 위해서는 다음과 같은 자료가 필요하다.

⑪ 첨두시 정책적 배차간격, 차량용량, 도심방향 및 외곽방향으로의 승객수요, 현재 운행되고 있는 편성 수, 운행시간, 회차시간 등이다.

이야깃거리

1. 버스노선 체계 및 계획의 중요성에 대하여 생각해보자.
2. 수도권 대도시의 버스운영상 발생하는 문제점에 대하여 생각해보자.
3. 버스서비스 불량지역에 대한 개선대안을 도출하기 위한 개선대책에는 무엇
   이 있는지 생각해보자.
4. 버스서비스 개선을 위한 정책들에는 어떤 것들이 있는지 생각해보자.
5. 버스의 서비스평가시에 이용자에 관련된 평가지표에는 어떠한 것들이 있는
   지 논의해보자.
6. 새로운 버스노선을 개설하려고 할 때, 경제성 여부를 평가할 수 있는 경제
   성 지표에는 무엇이 있을지 생각해보자.
7. 버스관리 및 안내시스템(BMS센터)에서 제공하는 서비스에는 무엇이 있는지
   구체적으로 설명해 보자.
8. BIS(Bus Information System)의 도입이 승객, 버스기사, 운영회사들의 관점
   에서 누리게 되는 해택에 대하여 생각해보자.
9. 가변버스전용차로와 중앙버스전용차로의 장·단점에 대하여 생각해보자.
10. 수도권 대도시에 추가적으로 중앙버스전용차로제를 시행하려 한다면 노선의
    선정 및 계획은 어떻게 해야 하는지 생각해보자.
11. 서울시에서는 버스의 주요 기능별로 위계를 정립하여 운행하고 있다. 각 유
    형별 버스의 기능을 분리한 이유에 대하여 생각해보자.
12. 버스의 배차간격을 산정하기 위해서는 어떠한 요소들을 고려해야 할지 생각
    해보자.
13. 버스 정류장의 입지 및 간격 설정시 고려해야 할 사항에는 어떠한 것들이
    있는지 생각해보자.
14. 버스회사 운영형태에서 공영회사와 민영화사에 대한 서비스평가시 평가기준
    에 대하여 생각해보자.
15. 버스운행체계의 대안모색시 고려해야 할 정책목표에는 어떠한 것들이 있는
    지 생각해보자.
16. 노선분리타당성 평가방법을 예를 들어 설명해보자.
17. 급행버스 도입의 타당성 평가방법을 예를 들어 논해보자.
18. 역방향 논스톱정책은 어느 경우에 적합하고, 그 효과를 예를 들어 설명하면
    서 이론적 배경을 논해보자.

제11장 대중교통중심개발(TOD)

 포스트모더니즘과 TOD(Transit Oriented Development)

Ⅰ. TOD 배경

1. TOD가 생겨난 배경

철도시설 위주의 물리적 계획의 모더니즘의 역세권개발이 포스트모더니즘이라는 역세권 사회, 문화, 환경 등을 중시하는 지속가능한 역세권 개발로 전환되고 있다.

압축도시, 복합용도개발, 장소마케팅 등의 도시패러다임이 역세권 개발의 계획과 개발의 방향과를 제공해 주고 있다. 도시에서의 철도역의 가치와 역할이 늘어나면서 TOD의 중요성이 더욱 부각되었다.

2. 모더니즘과 포스트모더니즘 속의 TOD

3. 무엇이 TOD를 부추기는가?

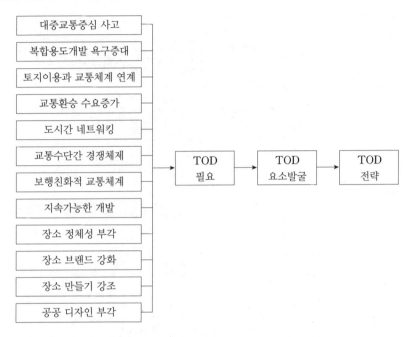

4. 역세권 개발의 개념변화

기존 역세권에서는 단일용도, 소수의 주체를 위한 개발이었다면 현재는 다수의 용도, 다수의 주체를 위한 개발로 변화하고 있다.

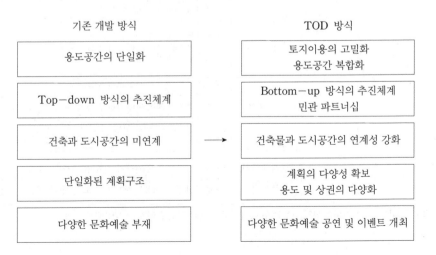

Ⅱ. TOD에 영향을 미치는 도시 패러다임

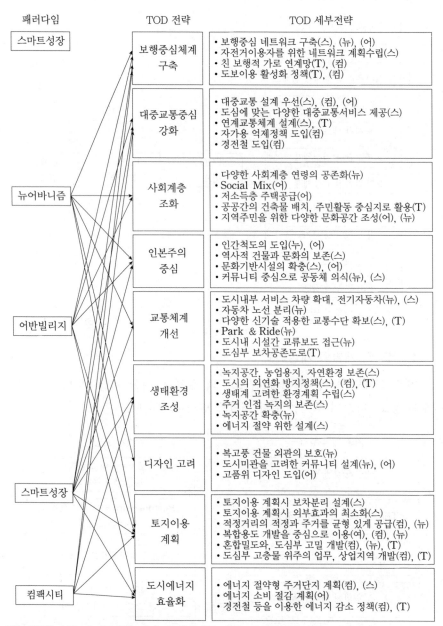

패러다임	TOD 전략	TOD 세부전략
스마트성장	보행중심체계 구축	• 보행중심 네트워크 구축(스), (뉴), (어) • 자전거이용자를 위한 네트워크 계획수립(스) • 친 보행적 가로 연계망(T), (컴) • 도보이용 활성화 정책(T), (컴)
	대중교통중심 강화	• 대중교통 설계 우선(스), (컴), (어) • 도심에 맞는 다양한 대중교통서비스 제공(스) • 연계교통체계 설계(스), (T) • 자가용 억제정책 도입(컴) • 경전철 도입(컴)
뉴어바니즘	사회계층 조화	• 다양한 사회계층 연령의 공존화(뉴) • Social Mix(어) • 저소득층 주택공급(어) • 공공간의 건축물 배치, 주민활동 중심지로 활용(T) • 지역주민을 위한 다양한 문화공간 조성(어), (뉴)
	인본주의 중심	• 인간척도의 도입(누), (어) • 역사적 건물과 문화의 보존(스) • 문화기반시설의 확충(스), (어) • 커뮤니티 중심으로 공동체 의식(뉴), (스)
어반빌리지	교통체계 개선	• 도시내부 서비스 차량 확대, 전기자동차(뉴), (스) • 자동차 노선 분리(뉴) • 다양한 신기술 적용한 교통수단 확보(스), (T) • Park & Ride(뉴) • 도시내 시설간 교류보도 접근(뉴) • 도심부 보차공존도로(T)
	생태환경 조성	• 녹지공간, 농업용지, 자연환경 보존(스) • 도시의 외연화 방지정책(스), (컴), (T) • 생태계 고려한 환경계획 수립(스) • 주거 인접 녹지의 보존(스) • 녹지공간 확충(뉴) • 에너지 절약 위한 설계(스)
	디자인 고려	• 복고풍 건물 외관의 보호(뉴) • 도시미관을 고려한 커뮤니티 설계(뉴), (어) • 고품위 디자인 도입(어)
스마트성장	토지이용 계획	• 토지이용 계획시 보차분리 설계(스) • 토지이용 계획시 외부효과의 최소화(스) • 적정거리의 적정과 주거를 균형 있게 공급(컴), (뉴) • 복합용도 개발을 중심으로 이용(여), (컴), (뉴) • 혼합밀도와, 도심부 고밀 개발(컴), (뉴), (T) • 도심부 고층물 위주의 업무, 상업지역 개발(컴), (T)
컴팩시티	도시에너지 효율화	• 에너지 절약형 주거단지 계획(컴), (스) • 에너지 소비 절감 계획(어) • 경전철 등을 이용한 에너지 감소 정책(컴), (T)

(T): TOD, (스): 스마트성장, (뉴): 뉴어바니즘, (어): 어반빌리지, (컴): 컴팩시티

제 2 절 TOD의 개요

Ⅰ. TOD 목표 및 원리

1. TOD(transit oriented development)란

토지이용과 교통체계를 연계해, 도시철도 역이나 버스정류장을 중심으로, 대중교통 중심의 복합적 토지이용과 보행친화적인 교통체계를 유도하고자 하는 도시개발 방식이다.

지하철이나 전철역 등으로부터 반경 500~600m의 보행 또는 자전거 통행 거리 내에는 상업지 및 고용중심지를 조성한다. 그 외곽에는 주거시설 등을 배치하여 가급적 자동차 통행을 줄이면서 직장과 상가, 주거시설 간을 대중교통, 보행, 자전거로 통행하도록 하는 개발방식이다.

대중교통지향형 도시개발(TOD)은 도시계획적인 측면에서는 도시의 성장을 효율적으로 관리하고, 교통계획적인 측면에서는 토지이용을 통하여 승용차 위주의 교통수요를 적절히 관리할 수 있는기법으로 인식되고 있다.

2. 대중교통지향형개발(TOD)의 내용

(1) 칼소프(Calthrope)의 TOD 계획철학

무분별한 도시의 외연적 확산을 억제하고 승용차중심의 통행패턴을 대중교통 및 녹색교통위주의 통행패턴으로 변화시키려는 노력 중 하나가 대중교통지향형 도시개발(Transit-Oriented Development: TOD)이다. TOD는 하나의 도시 또는 근린주구마을 단위에서의 토지이용과 교통과의 연관성을 강조하면서 대중교통결절점 중심의 고밀도 복합적 토지이용과 보행 친화적인 정주환경을 유도하는 기법이다.

TOD모형은 피터 칼소프(Peter Calthrope, 1993)가 새로운 도시설계이론인 뉴어바니즘에 입각하여 지속가능한 도시형태의 개념모형으로 제시한 것이다. 그는 도시규모 및 입지에 따라 TOD모형을 도시형 TOD(Urban TOD)와 근린주구형 TOD(neighborhood TOD)로 구분한다.

(2) 칼소프의 TOD 7 기본원칙

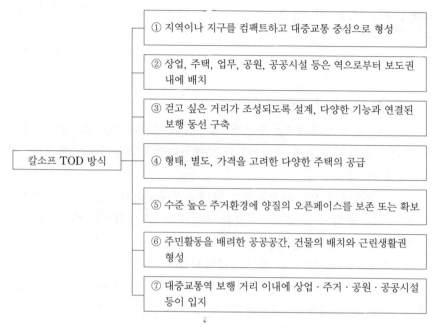

칼소프 TOD 방식

① 지역이나 지구를 컴팩트하고 대중교통 중심으로 형성

② 상업, 주택, 업무, 공원, 공공시설 등은 역으로부터 보도권 내에 배치

③ 걷고 싶은 거리가 조성되도록 설계, 다양한 기능과 연결된 보행 동선 구축

④ 형태, 별도, 가격을 고려한 다양한 주택의 공급

⑤ 수준 높은 주거환경에 양질의 오픈페이스를 보존 또는 확보

⑥ 주민활동을 배려한 공공공간, 건물의 배치와 근린생활권 형성

⑦ 대중교통역 보행 거리 이내에 상업·주거·공원·공공시설 등이 입지

3. TOD의 목표

(1) 대중교통중심개발(physically oriented to transit)

대중교통결절지 고용 및 상업업무중심지를 중심으로 대중교통과 연계한 토지이용의 효율성 증대와 대중교통 이용을 활성화한다.

(2) 복합적 토지이용(mixed land use)

토지이용의 복합화를 통해 활동의 집중 및 직주근접의 도시구조를 실현함으로써 도시기능의 집적화를 추구한다.

(3) 보행친화적 환경(pedestrian-friendly design)

TOD지역 내에는 보행자가 편하게 목적지까지 걸을 수 있도록 하는 거리(comfortable walking distance)환경을 조성한다. 이와 같은 보행을 기반으로 주거, 상업, 업무, 공공, 공원녹지, 오픈스페이스 등의 기능 도입과 시설배치를 통한 쾌적한 생활공간 및 커뮤니티를 만든다.

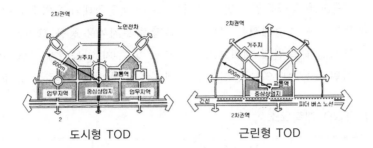

도시형 TOD   근린형 TOD

4. TOD 계획의 기본 원리

계획의 전제	계획의 원리
• 지역적 개발의 규모를 대중교통에 기반 • 주거유형, 밀도, 비용의 적절한 혼합 • 보행친화적인 가로 • 연계교통망의 구축	• 도시 규모 및 입지에 따라 도시형 TOD와 근린주구형 TOD로 구분 • 역세권이나 교통의 정류장 인근의 보행거리 이내에 상업, 주거, 직장, 공원, 공공용지 등의 입지 • 지역적 목적지까지 연결되는 보행친화적인 가로 연계망 구축 • 주거유형, 밀도, 비용의 적절한 혼합 • 양질의 오픈스페이스를 확보 • 공공공간을 건축물 배치와 주민활동의 주요 초점으로 활용 • 기존 근린주구 내의 교통회랑을 따라 개발

5. TOD 기능별 복합적 토지이용 비율

용 도	근린지구형TOD (주거중심의 TOD)	도시형TOD (고용중심의 TOD)
상업 및 업무시설	10~40%	30~70%
주거시설	50~80%	20~60%
공공시설(공원, 행정시설 등)	10~15%	5~15%

Ⅱ. TOD의 요소

① TOD의 개념을 각 요소별로 살펴보면 '대중교통결절점(transit center)'을 중심으로 도보로 접근 가능한 범위에서 '고밀도(density)의 복합적 토지이용(mixed use of land)'과 '보행 및 자전거 수단과 친화적인 도시설계(design)'로 대별할 수 있다.

② 대중교통 공급특성 측면의 계획요소로는 공급형태와 운영수준 등이 있다.

③ 토지이용 측면에서는 고밀도와 복합적 토지이용 등을 고려할 수 있다.

④ 도시설계 측면의 계획요소로는 도로 및 주차 건물설계, 그리고 친환경적인 교통수단의 이용편리성을 제고하는 설계 등을 들 수 있다.

1. TOD 계획요소

주요 계획요소			예상효과
대분류	중분류	소분류	
대중교통시설공급특성	공급형태	• 도시철도역(수) 또는 버스노선밀도 • 버스 정류장 수 • 버스 운행횟수	• 대중교통분담률 및 규모 증대
	운영수준 (환승연계)	• 버스정류장 또는 철도역까지의 거리 • 택시승강장과의 거리	• 대중교통분담률 증가 • 접근수단(녹색교통 및 단거리 대중교통) 분담률 증가
토지이용특성	고밀도	• 단위면적 총개발밀도(km²) • 개발형태(거리별 개발밀도)	• 통행거리 감소 • 대중교통분담률 증가 • 차량당 탑승자 수 증가 • 1인당 VKT 감소
	복합적 토지이용	• 토지이용시설의 복합정도(전체) • 블록단위의 복합성 • 건물단위의 복합성 (예: 주상복합건물 등)	• 도보수단분담률 증가 • 통행거리 감소 • 대중교통분담률 증가
도시설계특성	도로 및 주차 — 도로망	• 좁고 협소한 격자형 가로망 (전면도로폭과 블록의 크기)	• 도보수단분담률 증가 • 통행거리 감소
	도로 및 주차 — 주차	• 이면도로 진출입구 위치 • 주차장면적 축소(주차빌딩 장려)	• 도보의 안전성 제고와 이용 증가
	도로 및 주차 — 신호	• 횡단보도 신호등 설치 • 블록 중간에서의 횡단보도 설치	• 승용차 이용 억제 • 도보이용 증대
	도로 및 주차 — 정온화	• 도로폭 축소 • 노상주차장 및 가로수 등 • 가각(교차로 회전반경) 축소	• 승용차 이용 억제 • 도보이용 환경 제고
	녹색교통 — 보도	• 상업 및 업무시설과의 연속성 확보	• 도보접근 이용 증대
	녹색교통 — 자전거도로	• 상업 및 업무시설과의 연속성 확보 • 자전거 거취대 확보	• 자전거 이용 증대
	건물설계	• 건물 전면부 후퇴(setback) 최소화 • 비주거용 건물출 최소용적률 규정	• 도보접근거리 및 이용 증대

자료: 성현곤 외 TOD 도시개발의 효과분석 및 유도기법 적용방안, KOTI 연구총서 2007. 03.

2. TOD 평가지표 · 효과 · 전략

(1) TOD 평가지표

TOD 달성도에 대한 평가를 크게 공간성, 접근성, 환경성, 자족성의 4개 부분으로 나누어 구체적인 평가지표와 산정식은 아래 표와 같이 도출해 볼 수 있다.

대분류	소분류	평가지표	산정식	자료 및 종류
공간성	인구밀도	인구 밀도	인구 / 면적	통계연보
	개발밀도	용적률	용적률	통계연보
	복합토지이용	복합건물 비율	복합건축물 / 총건축물	부동산 홈페이지
	공원면적	1인당 공원면적	공원면적 / 인구	통계연보
접근성	지역간 연계수단	지역간 대중교통 노선 수	지역간 대중교통 노선 수	관련계획
	보행자 전용도로 면적	1인당 보행자 도로면적	보행자 도로면적 / 인구	관련계획
	자전거 전용도로 면적	1인당 자전거 도로면적	자전거 도로면적 / 인구	관련계획
	대중교통 노선 수	대중교통 노선 수	대중교통 노선 수 / 도시	관련계획
	환승주차장 면적	환승주차장 면수	환승주차장 면수 / 도시	관련계획
환경성	녹지 접근성	녹지와 거리	역 중심에서 녹지간 평균거리	인터넷 지도
	친수공간 면적	친수공간 면적	자연환경 보전지역, 자연공원 면적	통계연보
	공공미술작품	공공미술 작품 수	작품 수 / 역세권 반경 100m²	현장조사
	장소만들기	장소성(장소마케팅)	장소성 인식도	조사 및 인터뷰
	거리활성화	거리활성화 수준	보행밀도 / 주요가로	현장조사

(2) TOD 효과

자동차 이용 억제와 대중교통 이용 증진	교외화 · 난개발 억제	시가지 내 복합용도 개발
• 화석연료비 감소 • CO_2 감소 • 교통혼잡 감소 • 자동차주행거리 감소 • 교통사고 감소 • 자동차 이용공간 감소 • 주차수요 감소 • 대중교통 이용 활성화 • 환승센터 조립 • 보행거리 단축	• 도시교외화 방지로 교외의 난개발 억제 • 밀도가 높아져 인프라 확충 · 관리 비용절감 • 단조로운 교외주거지역, 신도시 개발 억제 • 도시재생 등 기존도시정비 사업 촉진 • 환경의 질이 높아져 지속가 능한 지역형성	• 도시중심부의 활성화 • 도시의 역사성 · 장소성 부각 계기 • 다양한 사회계층이 혼재된 커뮤니티 형성 • 높은 밀도로 인해 경제적 효율성 증대

(3) TOD 관련 요소별 전략

밀도	기능배치	토지이용	주택	교통
• 인구 • 주택 • 상업시설 • 업무시설 • 문화시설 • 밀도관련정책	• 복합용도 건축 • 재정비시 혼합 토지 이용 촉진 • 교통시설(도시 철도 등)과 연 계된 건축	• 여러 용도의 지역적 균형 • 용도규제 • 민간개발의 종합적 유도 • 기존도시와의 정합성	• 다양한 주택 공급 • 임대주택 공급 • 포스트모던적 디자인의 주택	• 자동차 억제 • 주차장 축소 • 자전거 이용 증진 • 보행시설 개선 확충 • 자동차 정온화 기법 도입 • 환승시설 • 혼잡세 부과

규제	계획방식	도시디자인	커뮤니티 조직
• 역세권 환경용량 내 에서 개발허용 • 규정외의 용도시설 입지 억제 • 도시정책과 연계된 규제	• 전통적 근린의 장점 살린 TND • 기존지역의 수복재생 • 대중교통과 일체된 대중교통중심개발 • 근린커뮤니티 계획 도입	• 우수한 디자인에 의한 도시환경개선 • '랜드마크' 디자인 건물 형성 • 공공스페이스에 공공 디자인 요소 도입	• 계획 · 운영시 시민참여 • 참여자간 '소통적 계획' 방식 도입 • 파트너십 구성 • 다양한 주체의 조직화 • 지자체와 연계된 계획 수립 · 집행

Ⅲ. TOD를 보는 시각

1. 세베로(Robert Cevero)의 3D

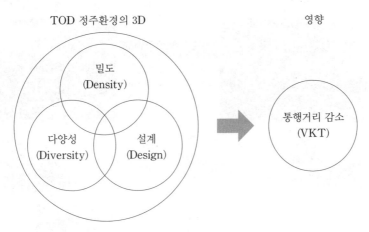

TOD 정주환경의 3D

밀도
(Density)

다양성
(Diversity)

설계
(Design)

영향

통행거리 감소
(VKT)

2. 세베로의 TOD 교통축

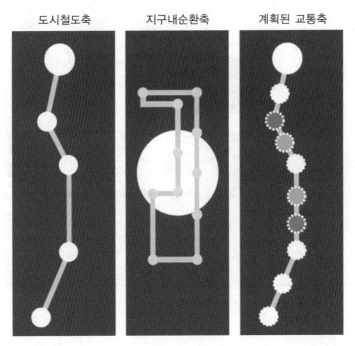

도시철도축   지구내순환축   계획된 교통축

3. TOD와 세베로(Cevero)의 3D

(1) 밀도(density)

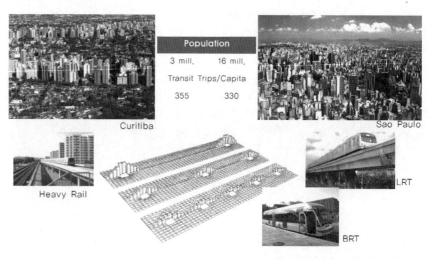

(2) 다양성(diversity)

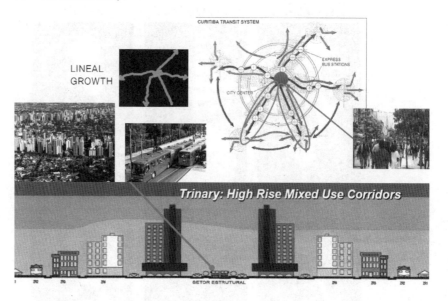

(3) 디자인(design)

① 기억할 수 있는 장소만들기(place making) 개념으로 설계

② 고밀고 개발이지만 쾌적성을 느낄 수 있게 설계

③ 보행자 중심으로 설계(보행자 편의시설, 길찾기 안배, 보행축 등)

④ 사회자본이 형성될 수 있도록 설계(교류, 안전, 신뢰, 방범 등)

Ⅳ. 복합용도 기반 TOD

1. 복합용도 기반 TOD의 배경

포스트모던도시는 다결절 구조, 융합, 관민 파트너십, 다양한 도시활동 등으로 특징지을 수 있고, 가장 큰 특징은 도시의 토지이용 용도간의 복합화이다.

포스트모던도시의 과제는 용도와 용도, 기능과 기능, 주체와 주체, 건축과 도시, 공공과 민간간의 복합화를 어떻게 이루어나가느냐 하는 이슈에 대해서 구체적인 방법론을 제시해야 한다.

2. 모던도시와 포스트모던도시의 특징

모던도시	포스트모던도시
• 소수의 결절점	• 다극화된 여러 개의 결절점
• 단일용도	• 융합 및 복합용도
• 관주도	• 관민 파트너십
• 동질적인 도시활동	• 다양성 있는 도시활동
• 단일 품종 대량생산 체계	• 다품종 소량생산

3. 무엇이 복합개발을 부추기나?

도시의 주요거점	• 도시의 균형촉진 등으로 주요거점 개발의 필요성 대두 • 주요역세권의 도시거점으로 부상 • 주요거점의 복합적 토지이용으로 효율성 증대 • 역사 · 문화 및 정보의 교류 거점화 • 상업 · 문화 · 교류 등의 여러 기능을 도입하여 활기 있는 도시공간 형성
지방정부	• 압축도시 등 토지이용의 고도화에 대한 시민적 요구에 대응 • 광역인프라 구축의 기회로 활용 • 문화시설 확충의 계기 마련 • 랜드마크 건물 등을 구축하여 도시이미지 제고 기회 • 다양한 계층과 조직이 참여하여 협력체계를 구축하는 개방형 도시정비 계기를 마련
기업	• 개발비용 및 운영비 절감 • 대규모 복합공간이 구축됨으로써 집객효과 • 안정적 수익창출 • 공간의 효율적 이용 • 이동거리가 짧아 수송 및 물류비용 절감

4. 복합용도 기반 TOD 접근방법

① 제대로 활용되지 않는 역세권을 고밀 개발하여 토지이용의 효율성을 높인다.

② 다양한 계층의 사람들과 조직이 협력체계를 구축하여 합의를 이루어내는 역세권 개발방식으로 가야 한다.

③ 도시의 맥락과 조화롭게 역세권이 개발되면서 도시환경의 질을 높일 수 있도록 해야 한다.

④ 역사 · 문화가 숨 쉬면서 장소의 정체성을 만들어 내는 복합개발 기반 TOD가 되어야 한다.

⑤ 도시민들의 다양한 욕구와 시대정신(포스트모더니즘 등)을 담아내는 도시의 거점으로 만들어야 한다.

5. 도시 건축적 측면의 복합용도 기반 TOD의 의미

⑴ 복합용도기반 TOD 효과

① 복합 인프라 시설 관련 기능 · 기술 · ICT를 결합하여 시너지효과를 창

출해내야 한다.

② 도시적 의미: TOD 대상지 주변을 포함한 여러 도시 기능과의 연관성을 가질 수 있도록 계획해야 한다.

(2) 역세권에서의 도시 건축적 측면의 복합용도 기반 TOD 전략

① 건축적 측면에서의 복합: 복합용도 건물 내에 다양한 기능을 결합시킨다.

② 도시적 측면에서의 복합: TOD 대상지 주변을 포함한 여러 도시 기능을 복합화한다.

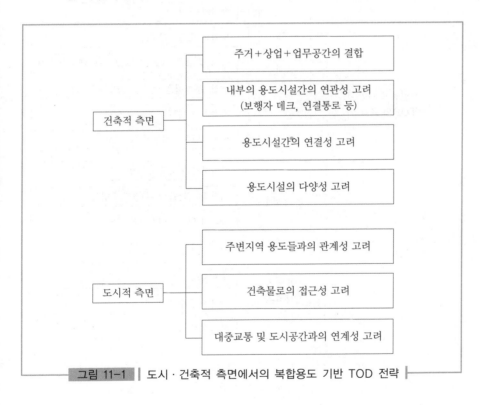

그림 11-1 도시·건축적 측면에서의 복합용도 기반 TOD 전략

6. 복합용도 기반 TOD의 효과

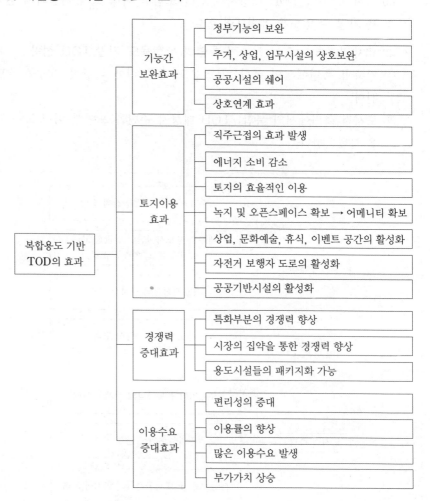

7. 복합용도 기반 TOD 전략

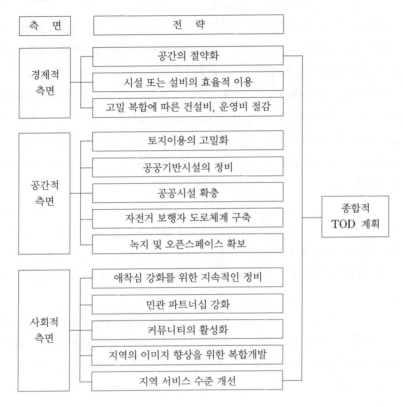

측 면	전 략
경제적 측면	공간의 절약화
	시설 또는 설비의 효율적 이용
	고밀 복합에 따른 건설비, 운영비 절감
공간적 측면	토지이용의 고밀화
	공공기반시설의 정비
	공공시설 확충
	자전거 보행자 도로체계 구축
	녹지 및 오픈스페이스 확보
사회적 측면	애착심 강화를 위한 지속적인 정비
	민관 파트너십 강화
	커뮤니티의 활성화
	지역의 이미지 향상을 위한 복합개발
	지역 서비스 수준 개선

종합적 TOD 계획

V. 외국의 TOD 사례

1. Arlington시의 Bull's Eye 형태의 TOD

미국 버지니아주 알링턴 카운티의 TOD는 2002년 미연방 환경보호청(US Environmental Protection Agency: US EPA)에서 주최한 "지혜로운 성장(smart growth)"의 우수모범사례로 수상하였을 정도로 TOD 성공사례가 되고 있다.

성공의 이유는 Rosslyn-Ballston Metro Corridor를 따라 5개의 철도역을 중심으로 고밀도의 복합적 도시개발을 유도하고, 역중심에서 멀어질수록 주거중심형 토지이용과 함께 개발가능밀도를 축소시키는 계획을 추진하여 온 결과, 상업과 업무, 그리고 주거 기능이 활성화된 도시마을(urban villages)로

재생되었다.

(1) Bull's Eye구상과 실현과정

워싱턴 대도시권의 내부 기성시가지에 위치하여 있던 Arlington County 는 1940~1950년대의 고속도로의 건설로 인하여 급속한 교외화를 경험하면서 내부시가지의 인구수의 감소로 인한 공동화로 상업활동이 쇠퇴하기 시작하였다.

이에 대한 대응책으로반 Arlington County는 1960년대 중반 Willson 4 차선 대로를 따라 서쪽으로는 Ballston 중심상업 구역에서부터 콜롬비아 구역 (District)의 Potomac강에 인접한 Rosslyn까지의 주요가로를 중심으로 향후 건설하게 될 5개의 지하철역을 중심으로 고밀도의 도시재개발을 유도하고자 하는 Bull's Eye 구상안을 일종의 제안하였다.

Bull's Eye 구상안은 첫째, 지하철역 연접부를 고층 · 고밀도로 개발하고, 둘째, 역중심에서 멀어질수록 개발밀도가 낮아지도록 계획하였다. 셋째, 역중심의 개발은 주로 역으로부터 400m(1/4mile) 반경 내의 도보권역에 위치하고, 주거용 시설과 다른 토지이용시설과의 복합적 토지이용을 유도하고자 하는 것이다.

이러한 구상안은 그 당시로서는 상당히 새로운 개발계획안이었으며, 대중교통수단을 이용하여 침체하여 가는 기성시가지를 지하철역 중심으로 재개발하려는 매우 획기적인 안이라고 평가하고 있다(Dennis Leach, 2004).

이런 계획안의 집행을 위하여 용도지역지구제(Zoning)와 교통수요관리를

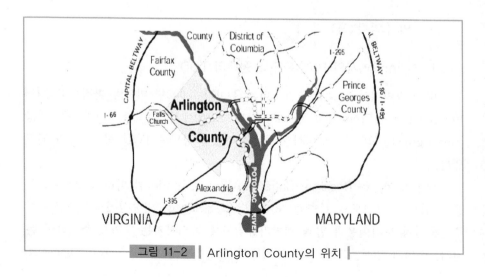

그림 11-2 ▐ Arlington County의 위치 ▐

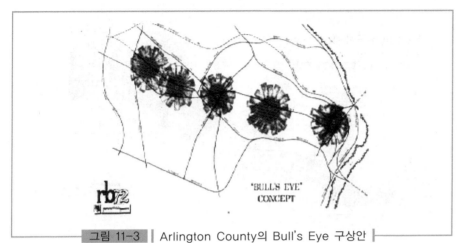

그림 11-3 │ Arlington County의 Bull's Eye 구상안 ├

자료: Dennis Leach(2004), TOD의 의의와 바람직한 개발방향, 도시정보지 2008. 12.

통하여 역 주변에서의 고밀도의 복합적 토지이용을 유도할 수 있도록 하였다.

(2) Bull's Eye 성공원인

① 계획철학과 원칙의 지속적 추진

• 1970년대 후반에 Orange Metro Line이 개통되면서 Arlington County
  는 도시철도역 중심의 고밀의 복합적 개발을 유도하고 그 이외의 지역
  은 자연환경의 보존과 양호한 저밀 중심의 주거환경을 보전하고자 노력
  하였다.

• 철도역을 중심으로 반경 1/4 mile 내에서는 고밀도로 개발할 수 있도록
  유도하고, 그 주변지역은 환경보전이라는 정책을 펴왔다.

② 도시 및 토지이용계획 수단의 종합적 활용

• 역세권 중심의 고밀의 복합적 토지이용을 유도하기 위하여 토지이용계
  획, 부문계획, 기능별 계획, 획지계획간의 개발방향과 가이드라인간의
  조화를 이루어 실천하였다.

• 이를 통하여 지역경제를 활성화시키고 대중교통 및 보행 이용을 촉진하
  는 지속가능한 정주환경을 구축하게 되었다.

• 토지이용계획(general land use plan)에서는 고밀도의 복합적 토지이용
  의 개발위치 지정과 함께 역세권별 개발목표를 설정하고, 역세권내 고
  밀개발에 대한 용도상향조정(up-zoning) 내용을 담고 있다.

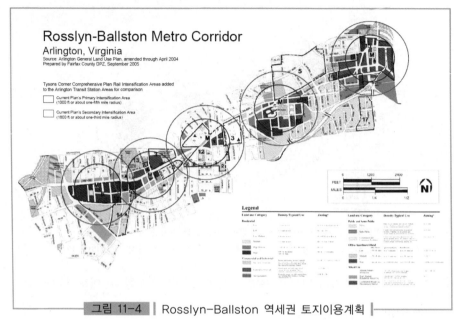

그림 11-4 │ Rosslyn-Ballston 역세권 토지이용계획 │

자료: TOD 의의와 바람직한 개발방향, 도시정보지 2008. 12.

2. 브라질 꾸리찌바 TOD

(1) 위치 및 개요

① 브라질 대서양 연안에 위치한 세계의 대표적인 TOD 도시

② 대중교통축을 따라 선형으로 고밀 개발이 일어나고 그 외의 지역은 낮은 밀도에 의해 개발

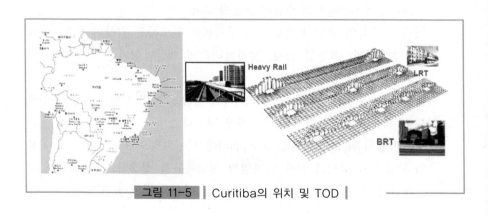

그림 11-5 │ Curitiba의 위치 및 TOD │

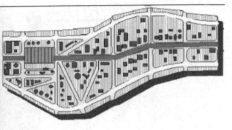

그림 11-6 | Curitiba 전경과 개발축 |

(2) 개발배경

① 자동차 위주의 도로와 고속도로 건설 및 자가용 급증에 따른 사회비용의 상승

② 1973년 오일쇼크로 대중교통중심 도시구조로서의 변화 필요성 인식

③ 장기간의 도시경제 침체 및 다양한 도시문제 발생. 예컨대 실업률 증가, 가계소득 감소, 무허가 주거지 형성, 강과 하천의 범람과 오염, 무분별 개발로 인한 환경문제 대두

(3) 계획개념

① 대중교통중심의 역세권 고밀 개발

② 버스전용차로(BRT)주변에 개발용적률 인센티브를 부여

③ 대중교통축 중심으로 고밀개발이 집적되도록 토지이용을 유도

④ 역으로부터 400m반경 내의 도보권역에 주거, 상업, 업무 등의 혼합을 통한 복합용도개발을 촉진

⑤ 쇠퇴되어 가는 시가지를 BRT정류장 중심으로 개발

(4) 설계방식

① 간선도로축: 꾸리찌바를 5개 노선의 주요교통축으로 구축

② 보조간선도로: 간선교통축에 연결되는 접속도로

③ 집산도로: 상업화동과 함께 각 지구의 교통을 처리하는 도로

④ 주요교통축과 밀도관리 체계를 연계

⑤ 도시를 북쪽, 남동쪽, 서쪽, 남서쪽 방향을 연결하는 56개 버스전용차선 가동

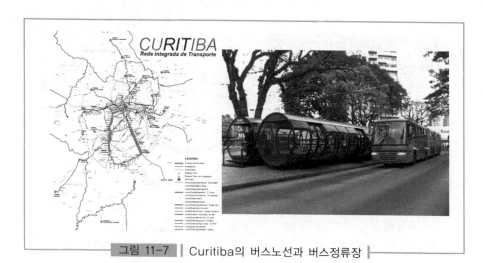

그림 11-7 | Curitiba의 버스노선과 버스정류장

그림 11-8 | Curitiba Bus-Based TOD

⑥ 총도시면적의 65%를 포괄하는 270km의 버스노선 구축

⑦ 간선과 지선버스를 연결하는 환승터미널 구축

⑸ 성공요인

① 지하철의 1/50의 저렴한 BRT 건설비용

② 일반버스의 3.2배 용량으로 수송량 처리

③ 전체 통근자의 80%가 버스를 이용하여 출퇴근 통행

3. 스웨덴 하마비 허스타드 TOD

(1) 위치 및 개요

① 스웨덴 스톡홀름 남쪽 약 5km에 건설된 친환경 신도시
② 계획인구 25,000인의 작지만 생태적으로 지속가능한 도시개발과 주민의 쾌적성과 편리성을 고려한 도시로 계획

그림 11-9 | Hammarby Sjostad의 위치 |

(2) 개발배경

① 1992년 도시재생을 통한 스톡홀름의 녹색도시(green city)계획의 일환
② Green TOD 개념을 도입하여 친환경 교통체계를 계획

(3) 계   획

① 에너지소비량 감소를 위한 Green TOD 개발을 통해 도시내부의 대중교통과 보행교통시스템을 구축
② 역으로부터 500m 반경 내의 도보권역에 복합용도로 개발
③ 친환경 주거, 업무, 상업간의 복합토지 이용 유도
④ 대중교통수단을 중심으로 시민들의 편의성 증진 및 환경성을 배려

	• 격자형 그리드형태로 계획 • 증정형 배치를 통해 조망권 확보
	• 도로폭 18m 제안 • 블록규모 70×100m로 규정
	• 에너지, 폐기물, 물 순환 과정을 통한 자원 순환체계 확립
	• Green TOD 도입 • 대중교통중심의 도시로 계획

그림 11-10 │ Hammarby Sjostad TOD 구상안 ├

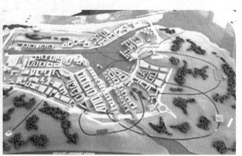

그림 11-11 │ Green TOD 개념을 바탕으로 도심 전체를 잇는 선로와 전차로 계획 ├

(4) 설계방식

① 녹색교통 정책의 실시

② 스톡홀름 시내 출입차량에 대한 혼잡통행료 부과

③ 하마비 시내버스 전 차량 Biogas 연료 이용

④ 노면전차를 통한 하마비 도시 전체를 연결

(5) 성공요인

① 환경을 고려한 교통체계 구축

② 환경의 피해를 최소화 할 수 있는 친환경 대중교통 활성화을 조성

③ 노면전차가 도시전체를 연결, Biogas를 이용한 버스로 확보

④ 스톡홀름 중심부까지 새로운 경전철 운행, 간선버스체계 구축, 수상서
  비스 이용자에 인센티브(요금할인 등)을 부여

⑤ 차량이용자의 대다수가 대중교통으로 전환

그림 11-12 | Hammarby Sjostad의 성공요인인 대중교통

Ⅵ. 국내 TOD 사례

1. 강병기의 염주형(rosario) TOD 구상

강병기(1980)는 역세권 개발을 통한 서울의 다핵화 전략인 '염주형 (Rosario) 도시개발 구상안'을 제안하였다. 그는 강북 도심을 중심으로 한 도시확산과 도로건설 등 지상교통을 통해서는 교통문제를 해결하기 어렵다는 판단 하에 지하철 네트워크를 중심으로 한 서울이라는 도시의 재조직화를 주장하였다.

서울의 도시공간구조를 염주형 도시구조로 재조직화는 정책적 제안 배경을 그는 5가지로 정의하고 있다.

① 공동주택 위주의 기성시가지의 재개발을 통하여 단독주택 위주의 도시개발을 지양함으로써 저밀도의 도시확산을 방지할 수 있다.

② 동심원적 도시구조는 향후 도시발전의 성장을 저해할 수 있으므로, 서울의 도시공간구조를 다핵화함으로써 1,000만의 인구를 수용할 수 있을 것이다.

③ 염주형 도시공간구조 형성전략을 통하여 일정한 기준 없이 인구분산화 정책을 수행함으로써 예상되는 도심의 공동화를 미연에 방지할 수 있을 것이다.

④ 기존 방사형 도로망 이외에 추가적으로 순환도로를 건설하여 동일한 토지이용 패턴 하에서도 교통량의 고른 분포를 유도함으로써 도심의 복잡한 교통혼잡을 예방할 수 있다.

⑤ 지상의 교통수단은 사회적·개인적으로 비용면에 있어 비효율적이므로 도시철도 중심의 도시 재조직화가 필요하다.

그림 11-13 | 역세권을 조직화 한 ROSARIO 구상

자료: 강병기(1993), "삶의 문화와 도시계획," 나남출판사.

2. 운정신도시 TOD 계획

파주 운정신도시에서는 Schneider가 제안하는 대중교통의 광역개발, 즉 거점을 대중교통으로 연결하는 E-TOD(Extended Transit-Oriented Development: E-TOD) 개념을 교통체계 구축의 기본방향으로 설정하여 토지이용 구상 및 교통체계 구축방안을 제시하였다. Calthrope가 제안하는 TOD 방식에 의한 토지개발 개념은 지하철이나 전철역으로부터 반경 600m 내외의 보행 및 자전거 통행거리 내에 상업 및 고용 중심지를 형성하고 그 외곽에 공공공지와 주택을 배치하여, 자동차 통행없이도 직장 및 상가주택간을 대중교통, 보행 또는 자전거로 통행하도록 하는 토지이용과 교통이 통합된 개발형태이다. 그러나 운정신도시는 남·북으로 약 3.8km, 동·서로 약 2.6km의 2,400여m²에 달하는 대규모 도시로 단일 TOD 개념을 적용하는데 한계가 있었다.

Schneider는 고(高)용량의 지하철역을 연결하는 1단계(feeder) 간선과 이를 연결하는 2단계(distributor) 집분산도로, 3단계(circulator)의 순환선의 F-D-C 체계와 Urban Oasis와의 교통체계를 연계시키고, Urban Oasis 내에는 보행 중심의 고밀개발을 유도하는 E-TOD 개념을 제시하였다. 이와 같은 개념에 따라 운정신도시의 경우 경의선 운정역을 중심으로, BRT 정류장을 Urban Oasis로 정하였고, Urban Oasis를 지원하는 보행 및 자전거 전용의 녹색교

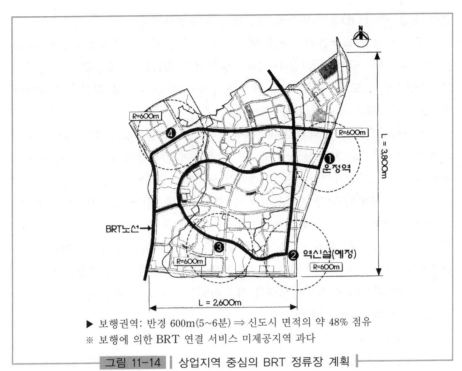

▶ 보행권역: 반경 600m(5~6분) ⇒ 신도시 면적의 약 48% 점유

※ 보행에 의한 BRT 연결 서비스 미제공지역 과다

그림 11-14 │ 상업지역 중심의 BRT 정류장 계획

자료: 대한주택공사(2007), 경의선 전철역 및 주변지역 교통처리 구상과 대중교통 위주의 신도시 개발을 위한 교통수단간 연계시스템 구축방안 연구.

통체계를 구축하였다. 이들 Urban Oasis를 연결하는 Feeder, Distributor, Circulator로 구성된 버스노선을 계획하였다.

Urban Oasis 및 Feeder 구축체계를 보면 운정신도시 내부에 운정역, 역신설 예정지 주변지역, 신도시 서측 2개소에 상업지역을 계획한 바 있다. 1차적으로 이들 4개 지역을 Urban Oasis로 하는 BRT 정류장을 계획하고 BRT 정류장에서 반경 600m를 도보권으로 하였다. 이때 4개의 BRT 정류장을 중심으로 한 보행서비스권역의 면적은 신도시 전체 면적의 48%이다. 여기에 BRT 정류장을 중심으로 신도시의 모든 지역이 보행서비스권역이 되도록 BRT 정류장 3개소를 추가하여 신도시 대부분이 BRT 정류장에서 걸어서 주거지역까지 도착할 수 있도록 BRT 정류장 및 BRT 노선을 계획하였다.

3. 판교신도시 TOD 계획

판교신도시에서는 지속가능한 도시환경을 조성할 수 있도록 대중교통중심의 개발, 즉 TOD를 기반으로 교통체계를 구상하였다.

　　개발에 의한 교통혼잡문제를 해결하기 위하여 광역도로 6개 노선(57.3km)을 확충 및 신분당선 전철(정차~신사), 광역버스, BRT 등 대중교통을 강화하고, 보행자용 녹도와 자전거도로 체계를 구축하는 등 자가용 이용을 억제하는 녹색교통시스템을 구축하였다.

　　동서방향으로 야탑역과 판교 서측지역을 연결하는 노선(6차선)과 국지도 57호선에서 국지도 23호선 상부도로를 이용하여 중심상업지역과 연결되는 도로(6~8차선)를 계획하였다. 분당~내곡간 도시고속도로의 양측으로 남북방향 2개 노선을 계획하여 각각 중심상업지 및 공동주택에 서비스되도록 계획하였다.

　　공원, 녹지, 학교 등의 주요시설을 연결하고 통근, 통학, 산책, 구매 등의 일상생활을 위한 각 생활권간의 보행 및 자전거 네트워크를 구성하였다. 주요 간선가로망에 인접하여 배치된 공공공지와 하천, 공원 등의 오픈스페이스를 적극적으로 활용하여 자전거도로를 계획하였고, 버스, 지하철 등 대중교통시스템과의 연계체계를 구축하였다

　　신교통정거장 주변에는 커뮤니티광장, 주민자치센터, 문화시설 등을 배치하여 공공, 업무, 상업, 문화 활동의 중심지로 조성하고 자전거보행 등 녹색교통과의 연계성을 높여 대중교통 이용률이 최대한 높아질 수 있도록 계획하였다.

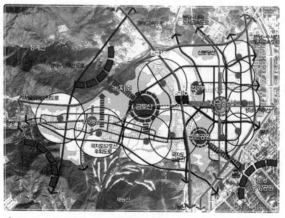

자료: www.pangyonewtown.com

4. 위례신도시 TOD 계획

(1) 위례 대중교통전용지구

위례신도시의 대중교통전용지구는 자동차의 진입을 제한하고 노면전차버스 등 대중교통수단만을 통행시키는 보행자위주의 공간을 조성하여 교통 및 쇼핑환경을 개선하고 쾌적한 "보행"과 "쇼핑"이 가능하도록 조성한 도심지 상업공간이다.

지구남북에 위치한 복정역과 마천역을 연결하는 친환경신교통수단을 신도시 중심부에 도입하고 노선주변에 주거와 상업이 일체화된 주상복합건물 등을 배치한 트랜짓 몰(Transit Mall)을 계획하였다.

(2) 위례 대중교통전용지구(transit mall)의 특징

① 대중교통수단만을 통행시키는 보행자위주의 공간
② 교통 및 쇼핑환경을 개선하고 쾌적한 "보행"과 "쇼핑"이 가능하도록 조성한 도심지 상업공간

위례 트랜짓 몰　　　　　　　　위례 대중교통전용지구

5. 화성동탄 TOD 계획

(1) 화성동탄 TOD

화성동탄신도시는 도시계획시설로 복합환승센터를 지정하였다. 철도 버스 신교통수단 등 대중교통이 집결되는 복합환승센터를 계획하고 중심부에 대규모 광역 비즈니스콤플렉스를 개발하여 복합환승센터와 연계된 입체복합개발을 통한 광역업무중심지로 조성하였다. 시범지구 내에 노선을 도입하고 복합환승센터를 입체시설로 결정하여 대중교통중심의 개발을 유도하고자 하였다.

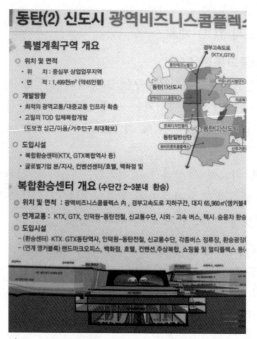

자료: www.dongtanlife.tistory.com

(2) 화성동탄 복합환승센터 특징
① 철도, 버스, 신교통수단 등 대중교통이 집결되는 복합환승센터 조성
② 토지이용계획에 복합환승센터를 반영

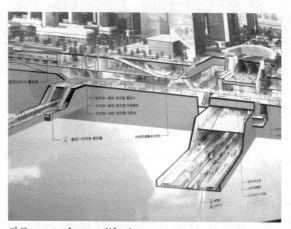

자료: www.dongtanlife.tistory.com

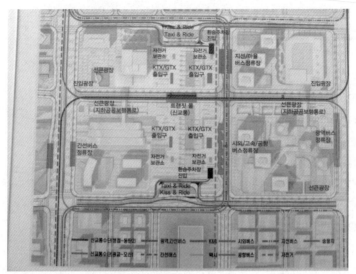

자료: www.dongtanlife.tistory.com

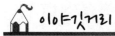
이야깃거리

1. 무엇이 TOD를 부추기는지 고민해보자.
2. TOD에 영향을 미치는 도시패러다임에는 어떤 것들이 있나?
3. TOD의 목표는 무엇일까?
4. 칼소프의 TOD 계획철학을 논해보자.
5. TOD계획의 기본원리는?
6. TOD의 계획요소에는 어떤 것들이 있을까?
7. TOD 평가지표를 열거해보자.
8. TOD의 효과에는 어떤 것들이 있을까?
9. TOD 관련 요소별 전략을 설명해보자.
10. 세베로(cevero)의 TOD원리를 논해보자.
11. 세베로의 3D를 하나하나 구체적으로 논해보자.
12. 복합용도 기반 TOD의 배경은 무엇일까?
13. 복합용도 기반 TOD 접근방법을 설명해보자.
14. 복합용도 기반 TOD의 효과를 논해보자.
15. 복합용도 기반 TOD 전략에는 어떤 것들이 있을까?
16. 미국 Arlington시의 Bull's Eye TOD전략에 대해 논해보자.
17. 브라질 쿠리티바 TOD의 계획개념과 전략에 대해 논해보자.
18. 스웨덴 하마비 허스타드 TOD의 특징을 열거해보자.
19. 국내 TOD 사례 중 운정신도시 TOD계획에 대해 살펴보자.
20. 위례 신도시의 트랜짓 몰(transit mall)의 특징은 무엇이며 이는 TOD와 어떤 관계가 있는지 설명해보자.

제12장 도시철도

제 1 절 도시철도의 특성

도시에서는 출·퇴근시간과 같이 일정한 시간에 대규모 통행량이 발생된다. 또한 발생한 통행량은 도심지 혹은 부도심지와 같은 도시경제활동의 중심지에 집중되는 구심성을 갖는다. 이 같은 도시교통의 특성에 적절히 대처하려면 가능한 한 많은 승객을 짧은 시간 내에 빠르고 빈번히 수송하는 교통수단이 필요하게 된다.

많은 승객을 수송하기 위해서는 교통수단이 대형화되어야 하고, 빠르고 빈번히 수송하기 위해서는 승객이 많은 시간을 기다리지 않고 탑승할 수 있는 시스템이 필요하다. 특히 신속성을 확보하려면 다른 교통수단과 다른 통행로를 갖는 것이 바람직하다. 이를 위해 분리된 궤도나 전용차선 설치 필요성이 있다. 이상과 같은 요구조건을 만족시키는 도시교통수단이 도시철도(경전철과 지하철 포함)라 할 수 있다.

I. 용어의 개념

1. 고속전철(rapid rail transit)

흔히 Metro라고 일컫는 지하철을 지칭하며 4~10개의 차량으로 연결 운행되는 고속전철시스템으로 도심지에서는 일부 또는 완전히 지하의 전용차선으로 운행되는 도시전철로서 정류장을 갖고 있다. 운행의 최소단위는 몇 대의 차량으로 되어 있으며, 시간당 20,000명 미만의 운행량으로는 부적당하고 25,000명 이상일 때 적당하다. 기록상의 최대통행량은 New York시의 시간당

72,600명이나 대개 시간당 편도 5만명을 지하철의 용량으로 본다.

　고속전철은 일반적으로 전기궤도 서비스를 지니고 있으며 최근에는 기술진보에 따라 공기타이어, 모노레일 등이 실용화되고 있는 추세이다. 고속전철의 주요한 특징은 아래와 같다.

① 정차장이 있는 지역간 교통수단이다.

② 타교통수단과 궤도에 의해 완전 분리된다.

③ 정차장의 정차대(platform)에서 직접 승·하차한다.

④ 열차로 운행된다.

⑤ 차량의 크기는 길이 13,715mm와 2,438~3,048mm의 폭을 가지고 있다.

⑥ 차량의 중량이 1,120~1,790kg/m(차량 길이)로서 무겁다.

⑦ 도시 내 교통수단으로 주로 이용된다.

2. 경전철(light rail transit: LRT)

　경전철은 전력에 의해 운행되는 다양한 전철시스템을 지칭하기 때문에 경우에 따라서는 정의가 애매모호하다. 경전철은 궤도나 타차량과 함께 도로를 운행하는 트램이나 노면전차와 같은 유형으로부터 지하철로의 전환을 염두에 두고 건설되는 예비지하철시스템(pre-metro system)에 이르기까지 실로 다양하다. 시간당 수송량은 9,000~18,000명에 달한다. 경전철의 일반적인 특성은 다음과 같다.

① 차량의 중량이 가볍다.

② 승객승차대가 낮아 승·하차시 매우 편리하다.

③ 도로상을 운행하기도 한다(다른 차량과 분리되거나 또는 분리되지 않고 공동이용 가능).

3. 통근전철(commuter rail system 혹은 suburban rail)

　통근전철은 교외지역에서 도심지로 출퇴근하는 승객을 위해 운행되는 시스템으로서 완전 분리된 궤도에 의해 지역간 철도망을 주로 이용하여 운행된다. 최근에 단궤철도 및 자기부상무궤도 철도 등의 기술이 개발되어 초고속전철시스템도 등장하고 있는 추세이다. 기존 철도망을 통근전철로서 이용하려면 전기시스템의 개선, 승차대 개량, 신궤도, 통제체계, 신차량 등 새롭게 대치해야 할 시스템이 많다.

Ⅱ. 지하철 및 경전철의 특성 비교

세계적으로 대량수송시스템의 하나인 전철 기술은 급진적으로 진보되어 왔다. 〈표 12-1〉은 여러 대중교통수단의 시설비용, 운행비용, 주행속도 등 특성을 비교한 것이다.

지하철과 경전철의 주행속도를 비교하면 시간당 지하철은 평균 38~58km의 속도로 주행할 수 있고 경전철은 28~38km로 주행한다. 소음(차내)은 경전철이 75dbA이고 지하철이 83dbA로서 경전철의 소음이 덜한 편이다. 한편 수송용량의 측면에서 보면 경전철의 보통 용량이 8,000~15,000명인 반면에 도시고속전철(지하철)의 보통 용량은 30,000~42,000명에 이르고 있다. 따라서 보통버스에 대한 수송량비는 경전철이 2.2이고 도시고속전철은 무려 7.0에 이르고 있어 경전철보다 훨씬 더 많은 승객을 수송할 수 있음을 알 수 있다.

또한 승객수요수준에 따라 경전철 및 지하철의 소요자본비용을 살펴보면 〈표 12-1〉처럼 전차는 시간당 승객 2,000명 경우에 적합하며 승객수요가 시간당 2,000~3,000명부터 25,000명까지는 경전철이 적합하다. 비용 측면에서 보면 승객 25,000명/시간당 이상이면 건설비가 급격히 증가함을 알 수 있다.

표 12-1 | 주요 대중교통수단의 실수송용량

내역 / 교통수단	구분	배차간격 (초)	차선당 차량통과용량 (대/시간)	대당 수송인원 (인/대)	최대 수송인원 (인/시간)	보통버스에 대한 수송량비
보통버스	최대	30	120	75	6,000~9,000	1.0
	보통	40	90	75	4,000~6,300	1.0
굴절버스	최대	33	110	150	8,500~12,000	1.4
	보통	45	80	110	5,000~8,500	1.3
노면전차	최대	33	110×2=220	100	14,000~22,000	2.4
	보통	40	90×2=180	100	10,000~16,000	2.5
경전철(LRT)	최대	60	60×2=120	180	12,000~20,000	2.1
	보통	80	45×2= 90	180	8,000~15,000	2.2
도시고속전철	최대	100	36×10=360	175	40,000~63,000	6.9
	보통	120	30× 8=240	175	30,000~42,000	7.0
지방전철	최대	120	30×9=270	180	30,000~48,000	5.2
	보통	180	20×9=180	180	30,000~32,000	5.0

Ⅲ. 지하철(전철)건설을 위한 재원조달방법

정부가 전철건설을 위한 재정조달 방법으로 실시해야 할 정책은 첫째, 중앙정부가 적극적으로 개입하여 보조금을 제공하여야 한다. 지하철은 도시 및 국민경제에 미치는 외부효과(external effects)가 상당히 큰 공공재이므로 보조금정책을 취해야 한다.

둘째, 지하철건설로 인해 지하철 노선주변의 노선상가나 토지·건물의 가치 상승을 부분적으로 환원하는 방법이다. 즉 토지소유자 등 지하철건설로 이익을 받은 사람들의 수익자부담금을 이용하는 방식이라고 하겠다.

셋째, 전철노선의 일부 구간 또는 새로운 노선을 민간회사로 하여금 개발케 하여 운영토록 하는 방법이다. 이 방법은 민영회사가 새로운 전철노선계획지의 토지를 매입하여 전철노선을 건설하고, 건설 후의 지가가 상승하게 되면 토지를 일반인에게 매각하여 건설비를 충당하고 이윤을 취하는 것으로 일본에서는 1960년대부터 실시하고 있는 방식이다.

넷째, 지하철이나 전철역 주변을 민간회사로 하여금 개발케 하고 개발이익을 지시정부 등에서 부분적으로 회수하는 방법이다.

다섯째, 지하철공채의 발행이나 요금인상에 추가되어 목적세의 징수로 지하철부채를 연차적으로 갚아 나가는 방법도 검토할 만한 정책이 된다.

여섯째, 휘발유에 부과되는 교통세, 또는 자동차세를 거두어 지하철(전철)의 건설비(혹은 운영비)에 충당하는 것도 재원조달의 한 방법이 될 수 있다.

제2절 도시철도 노선계획

Ⅰ. 도시철도건설시 고려사항

도시철도를 건설하기 위한 필요한 조건 혹은 판단기준이 다양할 수 있으나 몇 가지 주요한 판단기준을 설명해 보기로 한다.

1. 승객수요

지하철을 건설하려면 최소한 10km 정도의 노선에 보통 시간당 한 방향

24,000명의 승객수요가 존재해야 한다. 노선을 일반적으로 교통축이라고도 부르는데 지하철 건설시 수요가 어느 정도 수준 이상이 되는 교통축을 선정하는 것이 가장 중요하다고 하겠다. 지하철의 타당성 분석결과를 보면 지하철이 경제적으로 타당하려면 시간당 한 방향 30,000명의 승객수요가 발생되어야 한다고 제시된다.

경전철(light rail transit)이 건설되려면 전철의 형태에 따라 다르지만 대개 9,000~18,000명 정도의 승객수요가 발생되어야 한다. 지하철이나 전철의 장래 수요는 이처럼 전철의 유형을 선정하고 경제성을 분석하는 데 중요한 요소가 되므로 신뢰성 있는 추정을 해야 할 당위가 존재한다. 교통수요가 제대로 추정되지 못하여 지하철건설 후 문제를 야기시킨 경우가 종종 발생되고 있다.

2. 도시의 형태

도시의 형태도 지하철건설시 고려해야 할 요소가 된다. 선형도시인 부산이 지형적으로 볼 때 고밀도의 간선도로가 형성되어 있으므로 교통수요가 도로변에 집중되어 지하철이나 전철을 건설하기에 적합한 도시가 된다. 반면에 평면적으로 확산된 도시는 전철을 건설하기가 그다지 적합지 않다고 볼 수 있다. 그러나 평면적으로 확산된 도시일지라도 주요 간선도로상에 집중적인 수요가 발생된다면 전철 건설을 검토할 가치가 있다.

3. 인구 및 고용밀도

인구밀도는 도시의 규모나 형태보다 더욱 중요한 의미를 지닌다. 높은 인구밀도를 타나내는 도시는 대개 고밀도축을 갖는 것이 일반적이다. 전철이나 지하철이 건설되려면 최소한 km^2당 20,000명 정도의 인구밀도는 있어야 한다.

고용밀도 역시 전철이나 지하철의 건설 타당성을 분석하는 데 필수적으로 고려해야 할 요소로서 km^2당 20,000고용자가 있으면 지하철 건설을 검토해 볼 수 있는 규모가 된다.

4. 자동차보유대수와 전철수요

자동차보유대수와 전철간에는 상호밀접한 연관성을 지닌다. 자동차보유대수가 급격히 증가하여 어느 정도 포화상태에 이르면 도시철도의 필요성을 경감시키게 된다. 일반적으로 승용차의 이용이 증대되면 교통체증을 불러일으

키게 되고 도시 전체의 접근성이 낮아지게 된다. 이러한 시점에 이르게 되면
효율적인 대중교통수단의 공급이 필요하게 되는데 버스전용차선이나 버스노
선조정 등은 단기적이고 운영적인 해결책이고, 전철은 장기적이고 자본집약적
인 대안이라고 할 수 있다.

Ⅱ. 도시철도 노선계획과정

그 동안 지하철이나 전철노선이 설정된 과정은 그때 그때 즉흥적인 발상
에 의해 노선을 설정한 느낌이 없지 않다. 지금까지의 지하철, 전철노선은 도
시 전체의 교통체계나 도시토지이용적 특성 및 승객수요패턴을 충분히 배려하
지 못했다.

도시철도 노선계획과정은 최적노선을 선정하기 위하여 해당지역의 사
회·경제·물리적 여건 및 특성과 타교통수단 및 교통시설을 포함한 도시교통
체계의 요소를 종합적이며 총괄적으로 체계화하는 작업과정이다. 도시철도 노
선계획은 노선이 충분한 기능을 발휘하도록 대상지역의 제반 조건을 조사하여
최적노선의 위치를 설정해야 한다.

도시철도노선의 계획과정은 여러 각도에서 접근할 수 있으나 보편타당하
게 적용될 수 있는 계획과정의 틀을 〈그림 12-1〉과 같이 정립해 볼 수 있다.
이 같은 과정을 사업계획, 개략노선검토, 개략설계, 예비설계의 4단계로 나누
어 설명해 보기로 한다.

1. 사업계획

전철이나 지하철건설이 어떠한 지역 혹은 도시에 필요한지의 여부는 구체
적인 분석이 뒤따라야 판단될 일이지만 시민의 여론, 각계 각층의 전철에 대한
요구, 이익집단의 불평 등에 의하여 초기단계에서 여론에 부각되기 시작한다.
이러한 시민과 이익집단의 요구사항이 전철과 관련된 담당부서나 고위행정가
혹은 정치인에 의해 인식이 되면 그들 나름대로의 경험과 판단에 따라 전철의
필요성을 타진해 보게 된다.

관련부서의 의견수렴 결과, 전철(혹은 지하철)건설의 타당성이 있을 수 있
다는 결론을 얻게 되면 교통실, 교통본부나 철도시설공단, 철도공사 등에서 초
기적인 사업계획을 짜게 된다. 사업계획 수립단계에서 반드시 수행해야 할 사

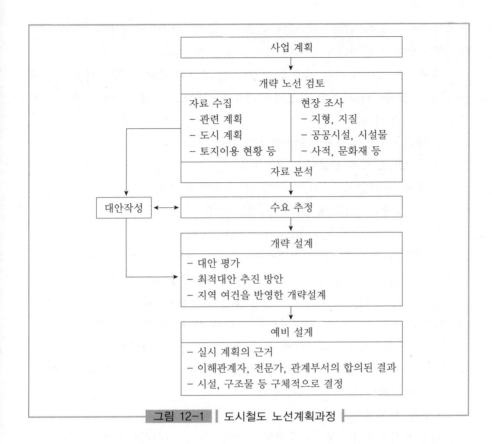

그림 12-1 | 도시철도 노선계획과정

항은 예산부처(중앙정부, 지자체 등)에서 도시철도를 건설하는 데 소요되는 비용을 지출할 수 있는지의 가능성을 미리 타진하는 것이다.

2. 개략노선검토

개략노선을 검토하려면 지형도에 노선을 그어 보는 작업을 실시해 본다. 그 다음에는 현장답사와 조사를 실시하여 도상작업에서 검토해 본 노선이 실질적인 제반여건과 조화되는지를 고려한다. 이를 위해 지질도나 항공사진을 이용하는 것이 효과적이다. 이 단계에서 전철노선의 개략의 기·종점, 건설방식(즉, 터널방식, 고가궤도 방식, 굴착방식 등), 철로의 폭, 정류장의 위치, 주행속도 등을 설정하고, 이에 따라 선형조절 및 노선대상지역의 사회적, 경제적, 지형적, 지질적 조건을 고려한다. 이 단계에서 노선의 거시적인 판단이 매우 중요하게 작용한다고 하겠다. 이 같은 판단을 보조해 주고 개략설계와 예비설계

단계까지의 작업을 위해 노선주변의 철도, 도로, 하천, 지역계획, 도시계획, 토지이용계획 등에 관련된 자료를 광범위하게 수집한다.

개략노선 검토시 가상 신중을 기해야 할 부분이 사회적, 물리적으로 장애가 되는 지상물이나 지하의 지질적 구조이다. 개략노선 검토시에 유의해야 할 요소는 다음과 같다.

① 하천 · 계곡의 통과지점(가교지점)
② 주요도로 혹은 철도와의 교차지점
③ 학교, 주택단지, 사적, 문화재 등 피해야 할 지점
④ 취약지반, 단층지대 등 지질상 문제지점
⑤ 지하시설물(공동구, 파이프라인 등) 위치지점

이 같은 문제지역(혹은 지점)을 참조하여 개략노선 검토시 현장답사와 관련자료를 수집하여 노선처리방안을 개략적으로 구상해야 한다. 일단 노선이 개략적으로 설정되면 이 노선과 유사한 대안적 전철노선을 2개 내지 3개 정도 설정하여 노선간 우열성을 비교하도록 하여야 한다. 여기서 몇 개의 대안노선을 설정하기 위해서는 100~500m 간격의 개략적 종 · 횡단면도와 지형도를 작성하고 토공에 대해서도 고찰하여야 한다. 물론 초기단계의 아주 개략적인 건설비도 대안노선별로 추정되어야 한다.

노선대안 설정시의 기본원칙은 다음과 같이 설정될 수 있다.

① 도시기본계획, 토지이용계획, 기타 주요 도시시설과의 관련하에서 기 · 종점, 통행유출 · 유입량 등을 감안하여 도심, 부도심, 공업지역, 대규모 도시시설과 주거지역이 연결되도록 고려하고 나아가서 도시구조를 바람직한 방향으로 개편할 수 있는 수단이 되도록 한다.
② 현재 교통수요가 집중적으로 발생하고 있는 교통축 대상을 위주로 노선을 고려한다.
③ 노선은 출발지(주거지역)에서 최단거리로 목적지(도심, 부도심 등)에 도달할 수 있도록 가급적 직선으로 설정한다.
④ 승객의 환승횟수를 가급적 최소화할 수 있도록 노선을 설정한다.
⑤ 장래 교외전철망 연계가능성과 국철(지역간철도)과의 연계성을 고려하여 노선을 설정한다.
⑥ 노선을 가급적 기존도로를 이용하여 건설하여 승객의 편의를 도모하고 민원발생을 줄이면서 공비가 최소화되도록 한다.

⑦ 외곽노선은 버스나 승용차와의 연계를 염두에 두고 설정한다.

⑧ 역세권개발을 사전에 염두에 두어 주변상가 및 아파트지역, 재개발 등을 감안한 노선이 설정되어야 한다.

3. 도시철도 수요추정

도시철도 교통수요는 전통적으로 사용되는 4단계추정법을 적용한 도시종합교통 수요추정의 결과에서 도시철도수요만을 택하는 방법을 이용할 수도 있고 해당 철도노선의 교통존을 대상으로 하여 승객수요를 구체적으로 추정하는 방법도 있다. 후자의 방법도 기본적으로 4단계추정법을 토대로 하고 있다. 전철승객수요는 도시철도수송계획을 수립하는 데 가장 중요한 자료로서 주로 피크시의 최대승객수요를 기준으로 한다. 보편적으로 도시철도수송계획을 수립하는 데 적용될 수 있는 수요추정과정은 〈그림 12-2〉와 같이 설정할 수 있다. 이를 순서대로 설명하면 아래와 같다.

① 권역의 설정: 권역은 생활권, 도심지까지의 통행시간, 사회경제적인 요소 등을 감안하여 설정한다.

② 존의 설정: 존은 교통수요추정의 기본이 되는 공간단위로서 행정구역, 지리적 · 경제적 상태를 고려하여 설정한다.

③ 현황분석: 인구, 토지이용, 사회경제적 현황을 분석한다.

④ 장래 사회경제지표 및 토지이용예측: 도시계획, 생활권계획 등을 참조하여 인구, 토지 이용 등을 예측한다.

⑤ 통행발생량추정: 존별 장래 통행 유출 · 유입량을 추정한다.

⑥ 통행분포량추정: 현재의 통행배분량과 노선망을 토대로 하여 장래 존 간 O-D표를 구축한다.

⑦ 교통수단 선택모형: 통행시간과 통행비용 등의 변수를 감안하여 철도이용승객수를 추정한다.

⑧ 통행배분모형: 각 노선별 수송저항의 비율, 환승, 통행비용, 혼잡도, 배차간격 등을 고려하여 방면별, 노선별 출근 · 등교 수송량을 추정한다.

⑨ 노선별 피크시 수송량: 1일 전철승객 중 피크시 이용승객의 비율을 산출하여 장래의 모든 목적 수송량을 추정한다.

⑩ 장래 노선망계획: 현황분석자료와 장래 도시계획, 관련계획, 철도(지하철공사 등) 회사의 장래 노선계획, 철도관계기관의 노선계획 등을 종합

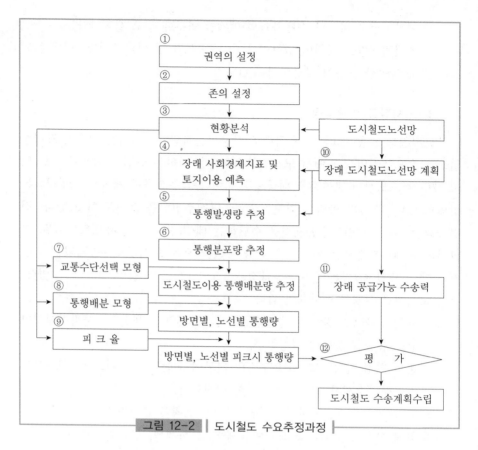

① 권역의 설정
② 존의 설정
③ 현황분석 ← 도시철도노선망
④ 장래 사회경제지표 및 토지이용 예측
⑩ 장래 도시철도노선망 계획
⑤ 통행발생량 추정
⑥ 통행분포량 추정
⑦ 교통수단선택 모형
⑧ 통행배분 모형 → 도시철도이용 통행배분량 추정
⑪ 장래 공급가능 수송력
⑨ 피 크 율 → 방면별, 노선별 통행량
방면별, 노선별 피크시 통행량
⑫ 평   가
도시철도 수송계획수립

그림 12-2 │ 도시철도 수요추정과정 │

적으로 고려하여 장래 노선망계획을 수립한다.

⑪ 장래 공급가능수송력: 장래 노선계획에 따라 얼마만큼의 승객수송이
   가능한지를 검토한다.

⑫ 평가: 노선구간별 수송력과 장래 수요를 조화시켜 보고 혼잡도 등의
   서비스수준에 의해 노선구간을 평가하여 타당하고 적합한 범위 내에서
   철도수송계획을 수립한다.

4. 개략설계

개략설계단계에서는 개략노선 검토 내용을 보완하는 구체적인 자료를 정
리하고 노선의 선정작업을 수행한다. 개략노선 검토 단계에서 설정된 2개 내
지 3개의 노선대안 각각에 대하여 경제적·기술적 타당성을 분석하여 최적노
선을 선택하게 된다. 이 단계에서 노선대안별 지형조건은 비교적 상세히 분석

되고 지역특성, 개발계획, 지질 등의 자료를 이용하여 세심한 주의를 요하는 지점을 구체적으로 기입한다. 이 같은 자료에 추가하여 시공성, 경제성, 기술성 등의 종합적인 판단하에서 최적 노선대안을 선택하여 위치를 확정한다.

최적 노선대안에 대하여 건설방식, 주요 구조물의 규모, 구조형식을 설정해야 하는데 50~100m간격으로 종횡단면도를 작성하여 건설비를 산출한다. 또한 주요 구조물을 검토하고 지질조사를 실시하여 시공의 난이도를 점검한다. 개략설계에서 거쳐야 할 중요한 사항은 전문가, 행정가, 관련 이해인을 노선대안 평가과정에 참여시켜 그들의 전문적 노하우를 반영하는 것이다. 경제적, 기술적으로 아무리 우수한 대안이라도 정치적, 행정적, 재정적 지원을 받을 수 없는 대안은 집행가능성이 없기 때문에 관련부서와의 상호교류는 개략설계 평가과정에서 중요한 의미를 지닌다.

5. 예비설계

예비설계는 실시설계의 실시측량을 하기 위한 예비적 설계단계로서 실시설계의 기본이 되는 도상설계라고 할 수 있다. 개략설계시에 물론 최적전철노선의 위치와 이 노선의 선형 등 제반사항이 고려되지만 노선의 정밀한 위치는 설정되지 않는다. 예비설계에서는 세부적이고 구체적인 자료에 의해 최적전철노선이 설정되며 이에 따라 노선설계가 진행되게 된다.

예비설계는 이미 개략설계에서 몇 가지 대안을 검토한 후 최적노선대안을 설정하였으므로 대안노선에 대한 고려는 할 필요가 없이 주어진 최적노선의 설계과정이라고 하겠다. 그러므로 개략설계에서 검토된 사항을 토대로 하여 등고선, 종단적 조건, 평면종단선형의 조화, 공상방식(터널, 굴착, 지상궤도), 토공량, 구조물의 취치 등을 구체적으로 결정해야 한다. 예비설계 단계에서 주변토지이용, 도시개발패턴, 환경적 측면 등 관계부서 및 이익단체와 충분한 협의를 거쳐야 한다. 예비설계의 결과를 기초로 하여 건설비가 산출되어 그 다음 단계인 전철사업 실시계획의 자료로서 활용된다.

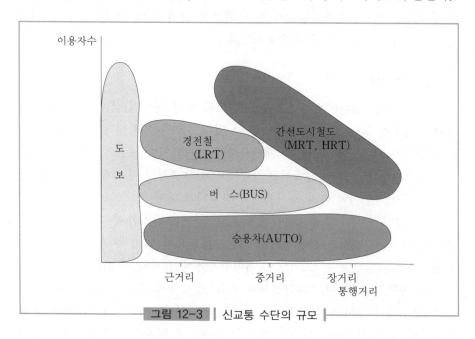
그림 12-3 │ 신교통 수단의 규모

> ## 제 3 절 신교통시스템

I. 신교통수단의 개념 및 유형분류

신교통수단이란 재래식 궤도 또는 독립 대중교통수단에 신호제어, 통신,
무인자동운전 등 첨단교통운영 기술을 접목시킨 대중교통시스템을 총칭한다.
구체적으로는 궤도형태로는 AGT(Automated Guideway Transit), 모노레일,
노면전차, 버스형태로는 BRT, 그리고 자기부상열차 등의 5가지로 구분한다.

표 12-2 │ 신교통수단의 특성 비교

구 분	AGT			모노레일		노면 전차	BRT	자기 부상 열차
	고무 차륜	철제차륜		과좌식	현수식			
		로터리	LIM					
승객정원 (량)	60~90	75~100	60~130	45~80	79~82	110~120	60~240	60~120
차량수 (편성)	2~6	2~4	1~6	2~6	2~3	1~7	1~2	2~4
수송능력 (시간·방향)	7,000 ~25,000	17,000~ 20,000	25,000 ~30,000	3,200 ~20,000	3,000 ~12,000	5,000 ~15,000	5,000 ~12,000	–
차륜형태	고무차륜	철제차륜	소형철제	고무차륜	고무차륜	철제차륜	고무차륜	자기판
최고속도 (km/h)	60~80	70~80	80~90	56~85	65~75	80	50~60	80~500
최급구배 (%)	5~7	4~6	5~6	8~10	6~7.4	4~8	–	6
최소회전 반경(m)	30~35	25~40	70~100	50~120	50~90	20	20	30

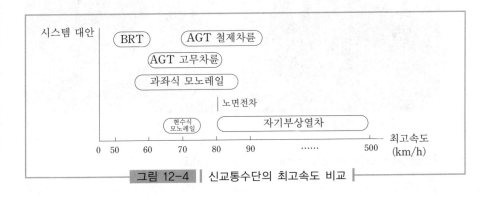

그림 12-4 │ 신교통수단의 최고속도 비교

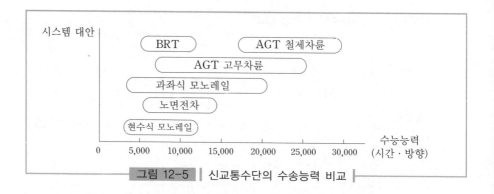

시스템 대안

BRT   AGT 철세차륜

AGT 고무차륜

과좌식 모노레일

노면전차

현수식 모노레일

수능능력
(시간 · 방향)

0   5,000   10,000   15,000   20,000   25,000   30,000

그림 12-5 │ 신교통수단의 수송능력 비교

1. 무인자동대중교통수단(automated guided transit: AGT 또는 automated people mover: APM)

AGT시스템이란 승무원없이 무인자동화시스템으로 고정된 도로상에 운영되는 대도시 교통수단이다. 차량은 일반적으로 철도량보다 규모나 용량이 작으며, 1~6량으로 편성되어 양방향 운전이 가능한 시스템이다.

유리까모메(일본, 동경)   셍간선(싱가포르)

2. 선형유도모터(linear induction motor: LIM)

선형유도모터(linear induction motor: LIM)는 자기부상열차의 원리에서 부상의 기능만 제외시킨 열차방식이다. 즉 바퀴가 달린 선형유도 전동기에 의해 추진되는 방식으로 회전형 전동기를 장착한 차량에 비하여 주행면부터 차량의 높이를 현저히 낮출 수 있으므로 지하구간이나 터널구간이 긴 노선에서는 토목공사비가 크게 절감되는 장점을 갖고 있다.

스카이트레인(캐나다, 밴쿠버)   쿠알라룸푸르(말레이시아)

3. 모노레일(monorail)

모노레일(monorail)은 보편적인 열차의 레일이 2개로 구성되어 있는 것과는 달리 레일이 1개인 단선(單線)으로 구성되어 있다. 바닥에 설치한 1개의 레일 위를 달리는 방식을 과좌식(seated)이라 하고 천장에 매달린 채 운행되는 방식을 현수식(suspended)이라 한다. 모노레일은 첨단기술로 생각하기 쉬우나 이미 오래전부터 하나의 교통수단으로 적용되어 왔으며 1901년 독일 위패르탈(Wuppertal)에 최초로 건설되어 지금까지 운영되고 있다. 모노레일은 역사가 100여 년에 가깝지만 관광지·위락시설 등에 제한적으로 건설되어 오다가 최근 일본 등지에서 인기 있는 도시교통수단으로 각광을 받고 있다.

과좌형 모노레일(시드니)   현수형 모노레일 쇼난(일본)

4. 노면전차(light rail transit: LRT)

일반적으로 일반도로 상에 레일을 부설하여 차량이 주행하는 시스템으로 기존의 구형 노면전차에 비해 최고속도, 가·감속 성능을 개선하고 연결대차 및 연결기를 이용하여 수송능력을 향상시킨 신교통수단이다. 신형노면전차는 승객의 승차시간단축을 통한 표준속도 향상을 도모하기 위하여 차량 내에서 요금을 징수하는 시스템을 적용하고 있다.

노면전차(필리핀)   노면전차(캐나다, 캘거리)

5. 궤도승용차(personal rapid transit: PRT)

PRT는 3~5인이 승차할 수 있는 소형차량이 궤도(Guideway)를 통하여 목적지까지 정차하지 않고 운행하는 택시개념의 새로운 도시교통수단이다.

히드로 공항(영국, 런던)   레이시혼사 PRT시범선

6. BRT(bus rapid transit)

BRT(bus rapid transit)는 여러 도시에서 보다 효율적인 버스서비스를 제공 및 교통문제 해결을 위해 각각의 여건을 고려하여 다양한 형태로 발전되어 왔으며 일반적으로 전용주행로를 갖는 철도시스템의 장점인 정시성 및 안전성과 버스의 장점인 저렴한 시스템 및 시설투자비를 만족시킬 수 있는 시스템으로 개발되었다.

BRT 전용차로(중국, 북경)　　　　　　　　BRT 버스시스템

7. 자기부상열차(magnetic levitation: maglev)

자기부상열차는 강한 전기자력을 발생시켜 열차를 자기 반발력에 의해 공중에 띄운 다음 선형유도 모터로 차체를 전진시키는 열차를 말한다. 영국, 독일, 일본에 이어 우리나라가 세계 4번째로 개발하였다.

자기부상열차(중국, 상하이)　　　　　　자기부상열차(중국, 푸동)

Ⅱ. 신교통수단 서비스유형별 용량과 노선길이

〈그림 12-6〉에서 보는 바와 같이 근거리 수요밀집지역을 연결하는 노선은 노선길이가 5km 미만이나 15,000~30,000인/시간의 수요를 처리할 정도로 수송용량이 크다. 공항내부의 신교통수단은 3km 미만의 거리를 순환하면서 1,000~5,000/시간의 승객수요를 담당한다.

연계교통수단은 트램과 같은 경전철이 주종을 이루고 있는데 수송용량의 폭이 너무 커서 일반화시키기 힘들다. 한편 중소도시의 간선교통수요를 담당하고 있는 VAL과 같은 경전철은 2,000~35,000인/시간의 승객수요를 충분히 처리하면서 중소도시의 핵심교통수단으로 자리잡고 있다. Vancouver시의 Skytrain은 노선길이 25km정도로서 비교적 장거리를 운행하는 것에 비해 승객처리용량은 10,000인/시간으로 비교적 작은 편이다.

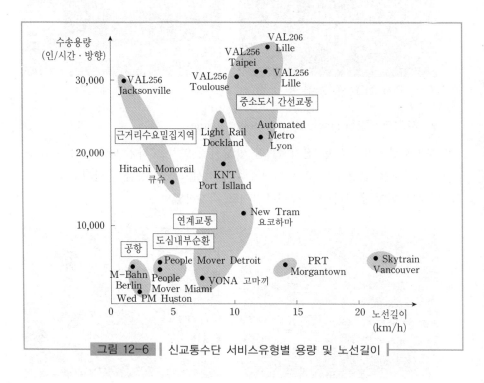

그림 12-6 │ 신교통수단 서비스유형별 용량 및 노선길이

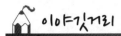 이야깃거리

1. 수도권 대도시 교통문제를 해결하기 위한 도시철도 계획방향에 대하여 생각
해보자.
2. 지하철과 경전철의 차이점을 비교해보고, 두 가지 시스템이 적용가능한 도
시특성은 무엇인지 생각해보자.
3. 도시철도의 건설에 소요되는 많은 비용을 조달할 수 있는 방법에 대하여 생
각해보자.
4. 도시철도 노선계획시 고려해야 할 사항에 대하여 생각해보자.
5. 도시철도 건설의 타당성을 분석하기 위하여 고려해야 할 평가항목에는 무엇
이 있는지 생각해보자.
6. 도시철도 수송계획을 수립할 때 적용될 수 있는 수요추정과정을 그림을 그
려서 설명해보자.
7. 도시철도를 광역적으로 확충하게 되면, 도시간이 얻을 수 있는 파급효과는
무엇일지 생각해보자.
8. 도시철도와 버스의 연계 방법에는 어떤 것들이 있는지 이야기해보자.
9. 수도권 도시철도와 버스간의 환승체계에서 발생하는 문제점들에 대하여 생
각해보자.
10. 수도권 도시철도에 종합환승센터를 계획할 때, 위치선정을 위한 평가기준에
는 무엇이 있을지 생각해보자.
11. 환승센터운영의 효율성을 평가하기 위한 평가지표는 무엇이 있을지 생각해
보자.
12. 버스와 도시철도의 상호보완적인 노선체계를 지향하기 위한 방안에 대하여
생각해보자.

제13장 도시철도역

 도시철도역의 기능과 유형

I. 역이란

1. 역(驛)의 정의

역(Station, Depot)이란 열차의 정차, 여객 화물 등의 취급을 위해 이용되는 장소로 정차장, 정류장을 말한다. 역은 철도와 지역사회, 철도와 타 교통기관과의 결절점이고, 기본적으로 통행의 집중점, 통과점의 기능을 한다.

2. 역의 기능 및 역의 유형결정요인

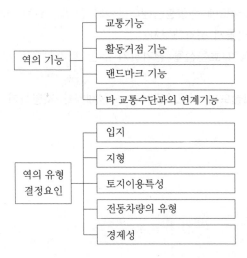

3. 역의 유형 및 분류

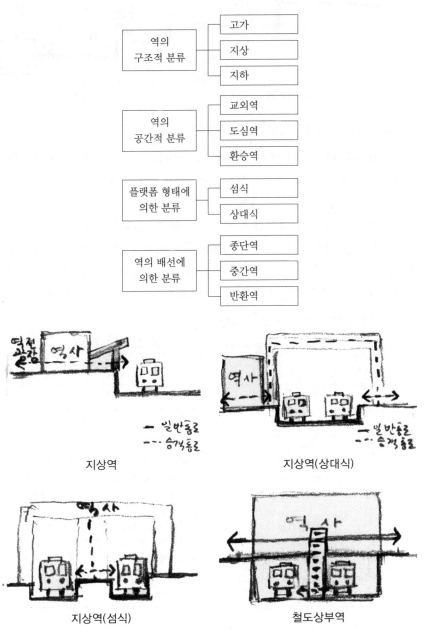

지상역

지상역(상대식)

지상역(섬식)

철도상부역

고가하부역   지하역

4. 구조적으로는 어떻게 분류되나?

고가역은 대합실의 배치에 따라 고가 대합실로 된 고가역, 지상 대합실로 된 고가역으로 세분되며 이는 정차장의 위치에 의해 결정된다.

지상역은 절토 및 성토 노반을 구축하여 그 위에 설치한 궤도의 노선상에 생기는 역사 형태로서 대합실의 위치에 따라 그 유형이 나누어 진다.

지하역은 지하 환경 속에서 이용자에게 심리적 압박감을 주거나 설비운영 상 불리한 점이 있으나 지상의 미적 환경 보존, 자동차와의 상충방지, 가로교통의 원활한 처리를 위한 역으로 평가 되고 있다.

(1) 역에 필요한 기능과 기능별 시설

주요기능 구분	기 능	관련시설
교통기능	• 결절 기능 • 안내 기능 • 물류 기능	• 교통시설, 이동지원시설 • 환승안내시설, 지역정보시설, 안내시설 • 물류시설, 상차장, 하차장
활동거점 기능	• 안전 기능 • 상업 기능 • 업무 기능 • 도시·생활서비스 기능 • 문화 기능 • 스포츠·레크레이션 기능 • 주거 기능	• 역관리시설, 파출소 • 백화점, 양판점, 소매점, 음식점 • 오피스, 업무지원시설, 숙박시설, 컨벤션시설 • 금융·교육·의료·복지시설, 행정서비스, 인터넷시설 • 문화시설, 오락시설 • 스포츠시설, 광장, 공원 • 도시형 주택
랜드마크 기능	• 랜드마크로서의 기능 • 전망 기능	• 역사, 기념건축물 • 전망대, 라운지

(2) 역사내 공공시설과 상업 서비스시설

공공시설	상업 · 서비스시설
• 지역정보 안내시설 • 업무지원시설 • 숙박시설 • 컨벤션시설 • 행정서비스시설 • 교육시설 • 의료시설 • 복지시설 • 문화시설 • 광장 · 공원	• 백화점 • 양판점 • 소매점 • 음식점 • 금융시설 • 생활서비스시설 • 인터넷시설 • 오락시설

5. 교외역과 도심역의 특징

(1) 교외역

① 도심주변지역에 설치된 역

② 구비조건

  • 역간거리가 길게 역을 배치

  • 역의 위치는 버스나 자전거 등의 접속이 유리하도록 설치

(2) 도심역

① 주로 피크시에 집중하는 통학 · 통근 목적의 통행자들이 이용

② 주간에는 업무, 관광, 쇼핑 등의 통행자들이 이용

③ 양방향 모두 피크시가 일치하므로 홈의 폭원, 계단, 에스컬레이터 등
의 승객들의 동선처리를 원활하게 할 수 있는 여유시설 확보

④ 출입구는 지상 상황, 여객의 이동 등을 사전에 파악하여 계획

(3) 환승역

방향 또는 노선이 다른 각각의 지하철(전철)의 상호 유입을 원활하게 해
주는 역

II. 도시철도역 설계시 고려사항

1. 설계요소

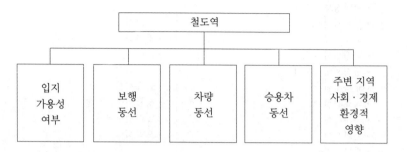

2. 터미널 승객동선

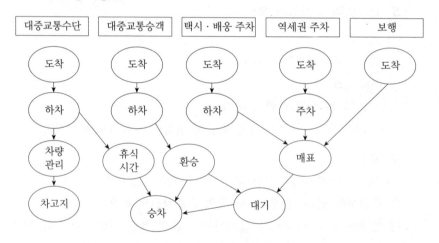

Ⅲ. 철도역의 유형과 특성

1. 중간소역

(1) **간이역**(簡易驛)

직선, 곡선, 소요면적 크기, 역요원수, 첨두시간시 여객 상하중복을 고려하여 결정한다.

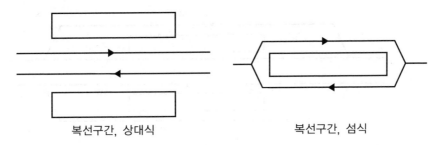

복선구간, 상대식   복선구간, 섬식

(2) **단선구간역**

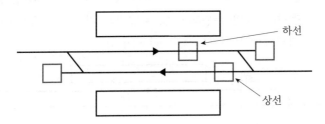

2. 중간대피역

(1) **단선구간 · 대피역**

단선구간에서 아래 그림의 대피선 경우가 가장 일반적인 배선이다.

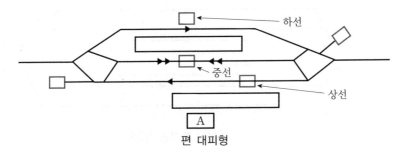

편 대피형

어떤 열차도 대항열차의 진행방향과 상충이 되지 않지만 소요용지가 확대되고, 분기기 수가 많고, 공사비가 고가이다.

(2) **복선구간 · 대피역**(대피선 2선)

주본선대피선은 어느 쪽도 여객을 취급할 수 있다. 고속열차가 정차하여 각 정차한 열차를 추월하는 경우와 동일방향의 교호착발 열차를 취급하는 경우 표준적인 배선이다.

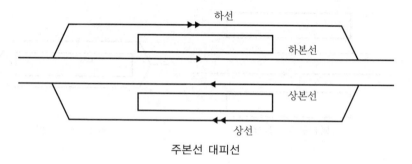

주본선 대피선

주본선 통과형은 급행열차가 정지하지 않는 역에 적용되며, 용지면적 · 공사비를 적게할 수 있지만 추월되지 않는 열차의 경우에도 정차하는 열차가 분기선을 지나 대피선에 들어가야 하는 단점이 있다.

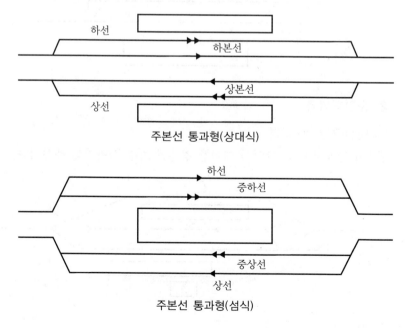

주본선 통과형(상대식)

주본선 통과형(섬식)

제 2 절 철도정차장의 구성요소

I. 정차장시설의 유형과 면적산정방법

1. 정차장의 구성요소

정차장시설은 열차운행계획 및 수송요소 처리능력을 감안하여 설계되어야 하는바 여객부문과 업무부문으로 나눌 수 있으며, 그 구성요소는 다음과 같다.

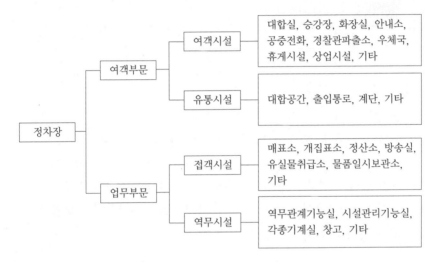

2. 정차장내 시설별 면적산정방법

(1) 출입시설

정차장을 이용하는 사람의 출입과 버스정류장 등 대중교통체계의 상호연계에 필요한 시설이다.

(2) 대합실

승객이 정차장으로 유입하는 첫 관문이며 매표구, 개집표구, 정산소, 역무시설 등의 부대시설과 승객의 편익을 위한 시설로 판매시설, 광고, 전시시설 등이 위치한다.

$$\text{매표창구수} = \frac{\text{혼잡시 승차인원}}{\text{1열차운행시격당 1개 창구의 최대발매수}}$$

$$개집표구수 = \frac{혼잡시\ 승차인원}{1열차운행시격당\ 개집표\ 통과인원}$$

표 13-1 | 매표 · 개집표 대기공간의 1인당 면적

구 분	점유면적(m²/인)
통근자 서 있는 경우	0.6
통근자 앉아 있는 경우	0.8
일반객 앉아 있는 경우	1.2

표 13-2 | 개집표구 통과속도

개집속도	구 분	집표속도
0.5명/초	국 철	0.65명/초
0.7명/초	도시철도	0.70명/초

(3) 승강장

승객의 승하차, 환승을 위한 시설로서 정차장의 주된 기능이 이루어지는 곳이다. 승강장의 단부는 승객이 타고 내리는데 미끄러지지 않도록 안전에 유의하여야 하고 승강장의 길이는 열차의 최대 편성길이에 따라 결정되며, 폭은 열차의 대기승객, 승객의 미동폭, 안전, 대피 등을 고려하여 결정한다.

(4) 수직 동선시설

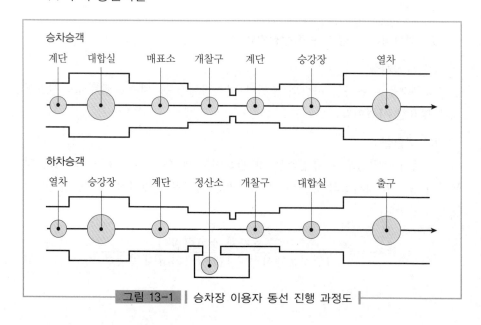

그림 13-1 | 승차장 이용자 동선 진행 과정도

도로와 대합실, 대합실과 승강장을 연계하는 기능을 가지며, 계단, 에스컬레이터 등이 이용된다.

수직 동선이 긴 터널 정차장에서 에스컬레이터는 필요시설이며, 여객의 흐름의 변화에 대처할 수 있도록 순회축이 가능하도록 설비하여야 한다. 수직 동선 시설은 출퇴근시의 통행이원에 충분한 폭과 속도, 대수산정을 하여야 하며 통행인의 경향을 고려하여 균등히 분포하게 하여야 한다.

(5) 지원시설

정차장을 이용하는 승객에 대한 서비스와 역사운영에 편리하도록 현대적 시설을 갖추어야 하고 지하에 근무하는 역무원의 생활환경이 쾌적하도록 해야 한다.

주요시설로는 역무시설, 설비시설 등이 있다.

3. 정차장의 유형결정요인

(1) 정차장의 유형은 도시 내에서의 입지, 지형, 주변의 토지이용특성, 전동차량의 유형, 경제성 등에 따라 결정
① 구조적으로는 고가, 지상, 지하
② 기능적으로는 종착역, 중간역, 환승역
③ 위치상으로는 On-street, Off-street
④ 승강장 내부 노선형태에 따라서는 On-Line, Off-Line
⑤ 승강장 형태상으로는 섬식과 상대식으로 분류

(2) 구조적인 분류는 수직동선에 따라 결정
① 고가역은 대합실의 배치에 따라 고가대합실로 된 고가역, 지상대합실로 된 고가역으로 세분되며, 이는 정차장의 위치인 On-Off Street에 의해 결정됨
② 지상역은 절토 및 성토 노반을 구축하여 그 위에 설치한 궤도의 노선상에 생기는 역사 형태로서 대합실의 위치에 따라 그 유형이 나누어짐
③ 지하역은 지하라는 특수성에서 생겨나는 심리적 압박감과 설비운영상 불리한 점이 있으나 현대 도시의 복잡성, 지상의 미관적 환경, 가로교통의 원활한 처리를 위해 대단히 매력적인 형태의 역으로 평가되고 있음

Ⅱ. 정차장의 승객처리시설 기준

1. 승강장시설의 검토기준

(1) 유효길이

승강장의 유효길이는 상대식과 섬식이 같다. 이는 전동차의 길이에 정차장의 여유 및 역무원의 전동차 앞뒤의 방향 표시판의 확인을 위한 여유를 고려해서 산정한다.

$$L = 차량길이(l) \times 편성차량수(N) + 여유분(5m)$$

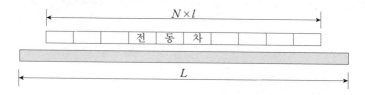

(2) 승강장의 폭원 산정기준

승강장의 폭은 1차적으로 승강장형식, 계단의 위치, Rush hour 때의 최대승차인원 및 열차운전간격 등으로 결정되며 2차적으로는 열차대피폭, 기둥 및 의자등의 너비를 고려하여 보정한다.

섬식일 경우는 상하행선 측별로 B_{1A}, B_{1B}로 구분하여 구하고 상대식일 경우 일방향 중 최대승차인원을 기준으로 폭을 산정한다.

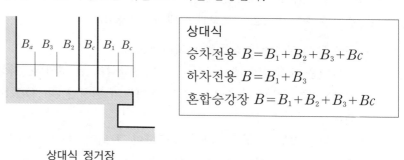

상대식 정거장

> **상대식**
> 승차전용 $B = B_1 + B_2 + B_3 + Bc$
> 하차전용 $B = B_1 + B_3$
> 혼합승강장 $B = B_1 + B_2 + B_3 + Bc$

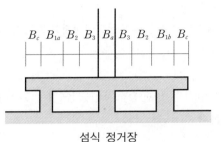

섬식

$$B = B_{1A} + B_{1B} + B_2 + B_3 + Bc$$

섬식 정거장

B_1: 승차 대기 공간

B_2: 승차객 이동 공간

B_3: 하차객 이동 공간

B_a: 계단폭

B_c: 승강장 대피폭

(3) 폭원정수의 기준

승차객의 군집밀도는 일정장소에서의 그 밀집수를 조사한 평균치를 3인/m²로 사용하기로 하되, 이는 일본의 경우 4인/㎡보다 큰 값이다.

군집밀도와 군집속도는 상한선(자유보행을 위한 군집밀도와 군집속도)과 하한선(군집보행의 군집밀도와 군집속도)을 조사하여 그 평균값을 사용하고 승하차인원 시간당 35,000명 정도의 정차장에서 플랫폼 폭의 차는 상·하한치의 30cm 정도로 나타낸다.

군 집	군집밀도	군집속도
상 한 치	1.25인/m²	1.10m/s
평 균 치	2인/m²	1.10m/s
하 한 치	2.50인/m²	0.80m/s

플렛폼에서의 승객의 편리를 위한 시설과 정차장의 기능상 필요로 하는 시설을 두고 열차대피시 필요한 대피폭을 가져야 한다.

구 분	의자	자유판매대	신문판매대	복권 등 기타 판매대	기둥
점유폭(m)	0.8	0.8	0.9	0.8	0.7

* 상기 폭원은 장차장 플렛폼을 차지하는 폭원으로 플렛폼상에 1열로 배치하는 폭임

2. 승강장시설의 산정방법(한국철도기술연구원, 철도설계지침 건축편, 2011 토대로 재작성)

(1) 승하차 설계인원

승강장 설계는 첨두 15분간의 열차당 평균승하차인원을 첨두 1시간의 열차당 평균 승하차인원의 1.2배로 본다.

(2) 승차필요폭원(B_1)

승차대기자들이 열차출입문을 중심으로 반원형으로 군집한다고 가정하고 승차필요폭을 산출한다. 이때 이웃출입구의 대기군집과 겹치면 가정자체가 성립되지 않으므로 차량길이 20m, 한쪽출입문이 4개인 경우는 1차량당 86명 이하일 때만 다음의 산정식을 사용한다.

$$B_1 = \sqrt{\frac{2}{\pi} \times \sqrt{\frac{1.2P_a}{N \times m \times \rho_a}}} = 0.2523 \times \sqrt{\frac{P_a}{N}}$$

P_a: 1열차의 첨두시 평균승차인원

N: 1열차의 편성차량수(10)

m: 1차량의 한쪽출입문수(4개)

ρ_a: 대기승객의 군집밀도(3인/m²)

(3) 승객의 유동폭원(B_2)

각 유동방향의 승차인원을 P_a인이라 하면

$$B_2 = \frac{1}{P_1 \times V_1} \times \frac{P_a}{T} = 0.727 \times \frac{P_a}{T}$$

P_a는 승강장 유출입 계단의 위치에 따라 약간의 차이는 있으나 계단의 수에 따라 결정된다.

$$P_a = \frac{1.2P_a}{\text{계단개소}}$$

(4) 하차객의 유동폭원(B_3)

P_b를 1열차의 하차인원이라 하고, 보행군집밀도 ρ_1을 B_2의 경우와 같이 1.25인/m²라 하면 다음과 같다.

$$B_3 = \frac{1}{\rho_1 \times L} \times \frac{1.2P_b}{N}$$

ρ_1: 보행군집밀도

L: 1열차의 차량길이(20m)

N: 1열차의 편성차량수(10)

P_b: 1열차의 하차인원

(5) 대피 및 장애물 폭(Bc)

정차장의 대피 및 장애물 폭 Bc는 무정열차와 열차폭에 대한 대피폭, 장애물 폭 등을 감안하여 총 3.0m를 확보하도록 하였다.

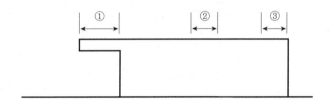

① 정차하는 열차에 대비한 대피폭: 1.5m

② 장애물 폭: 0.8m

③ 기둥 폭: 0.7m

합계(①+②+③): 3.0m

Ⅲ. 철도역 길찾기(Wayfinding)

1. 철도역 길찾기 정보체계

(1) 이용자가 역 입구 → 목적지까지의 길찾기 정보

이용자가 철도역에 진입 후 목적지까지 도착하기 위한 길찾기 정보는 다음과 같다.

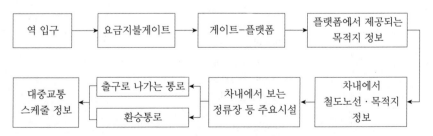

(2) 철도역 사인의 위계

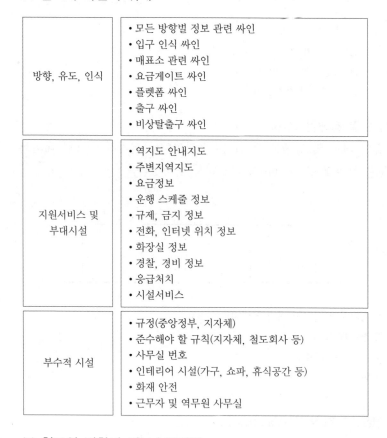

방향, 유도, 인식	• 모든 방향별 정보 관련 싸인 • 입구 인식 싸인 • 매표소 관련 싸인 • 요금게이트 싸인 • 플랫폼 싸인 • 출구 싸인 • 비상탈출구 싸인
지원서비스 및 부대시설	• 역지도 안내지도 • 주변지역지도 • 요금정보 • 운행 스케줄 정보 • 규제, 금지 정보 • 전화, 인터넷 위치 정보 • 화장실 정보 • 경찰, 경비 정보 • 응급처치 • 시설서비스
부수적 시설	• 규정(중앙정부, 지자체) • 준수해야 할 규칙(지자체, 철도회사 등) • 사무실 번호 • 인테리어 시설(가구, 쇼파, 휴식공간 등) • 화재 안전 • 근무자 및 역무원 사무실

(3) 철도역 길찾기 정보습득과정

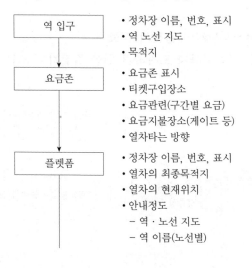

역 입구
• 정차장 이름, 번호, 표시
• 역 노선 지도
• 목적지

요금존
• 요금존 표시
• 티켓구입장소
• 요금관련(구간별 요금)
• 요금지불장소(게이트 등)
• 열차타는 방향

플랫폼
• 정차장 이름, 번호, 표시
• 열차의 최종목적지
• 열차의 현재위치
• 안내정도
  – 역·노선 지도
  – 역 이름(노선별)

```
                          – 역사 내 서비스
                          – 열차도착시간
                          – 배차간격
                       • 주의사항
 ┌─────────────┐
 │ 열차승차지점 │      • 열차방향 목적지 확인
 └─────────────┘      • 다음역 확인
                       • 배차간격
```

(4) 철도역의 종합적 사인 시스템

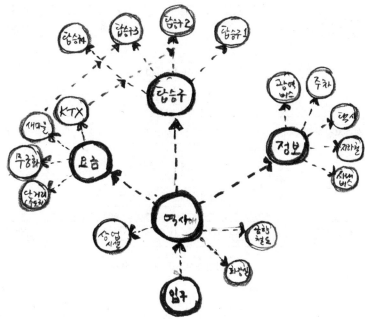

(5) 철도역 관련시설 심볼

제 3 절 역세권 환승시설계획

I. 환승시설 계획과정

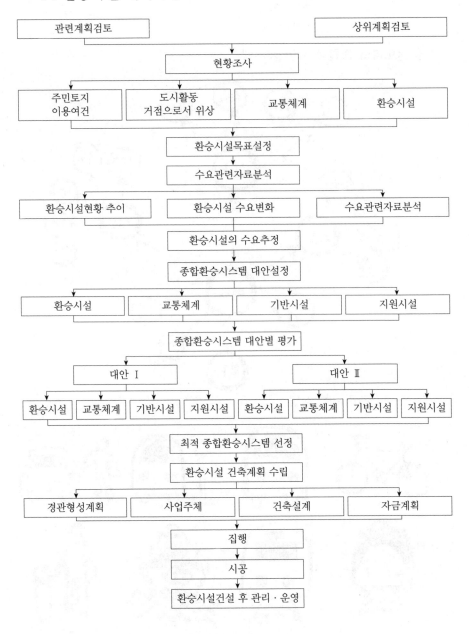

Ⅱ. 환승지원시설 계획과정

상가 오피스텔, 오피스, 백화점 등과 같은 환승지원시설의 단계별 계획과정은 다음과 같다.

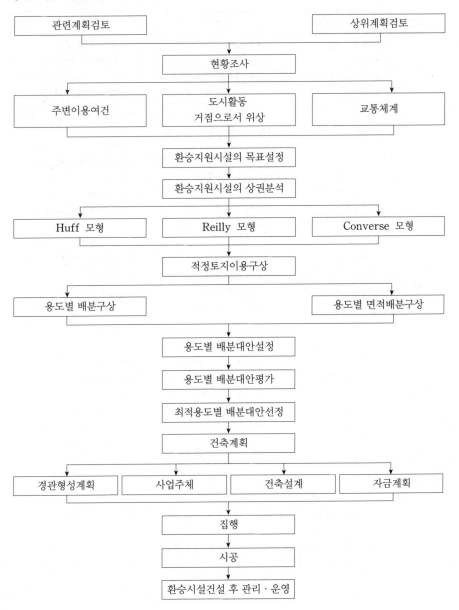

Ⅲ. 역세권시설 계획의 평가지표

역세권의 환승시설과 환승지원시설의 타당성 및 적정성 여부에 관한 평가지표와 산정방식은 아래와 같다.

대분류	소분류	평가지표	산정방식
공간성	• 활동인구밀도 • 개발밀도 • 복합토지이용 • 공원면적	• 활동인구밀도 • 용적률 • 주상복합건물비율 • 1인당 공원면적	• 활동인구/면적 • 건물연면적/총부지면적 • 주상복합건축물/총건축물 • 공원면적/총부지면적

접근성	• 지역간 연계수단
	• 보행자 전용도로 면적
	
	• 보행 서비스 수준
	
	• 자전거 전용도로 면적
	• 대중교통 노선수
	• 환승주차장 면적
		• 지역간 대중교통 노선수
		• 1인당 보행자 도로면적
		
		• 1인당 자전거 도로면적
		
		• 대중교통 노선수
		• 환승주차장 면수
		• LOS, 속도 · 밀도 교통
		  유율
			• 지역간 대중교통 노선수
			• 보행자 도로면적/총부지
			  면적
			• 자전거 도로면적/총부지
			  면적
			• 대중교통 노선수
			• 환승주차장 확보 면수
			• 속도−밀도 관계식
			  교통유율 산정식

환승성	• 승용차−철도 • 대중교통수단−철도 • 환승통로 • 환승시설규모	• 환승승객 • 환승승객 • 환승통로 길이 • 환승시설 면적	• 환승승객수 • 환승승객수 • 환승통로 길이 • 환승시설 면적/총연면적
건축 및 경관성	• 장소성 발굴 • 기본 구상 적절성 • 시설 배치 적절성 • 평면, 입면 우수성 • 시설간 기능적 연계성 • 주변환경 조화성 • 녹지 접근성 • 친수공간	• 장소성 발굴 적절성 • 기본 구상 적절성 • 시설 배치 적절성 • 평면 · 입면 우수성 • 기능적 연계성 • 주변환경 조화성 • 녹지까지 거리 • 친수공간까지 거리	• 적절성 수준 • 적절성 수준 • 적절성 수준 • 우수성 수준 • 연계성 수준 • 조화성 수준 • 역에서 녹지까지 거리 • 역에서 친수공간까지 거리
환승 시설 적정성	• 교통수단간 환승 체계 편의성 • 환승시설 배치기준 적절성	• 환승체계 편의성 • 환승시설 배치기준 적정성	• 편의성 수준 • 적정성 수준

환승 정보 적정성	• 환승정보 안내시설규모의
	  적정성
	• 환승정보 안내시스템
	  기능 및 구성의 적정성
		• 안내시설규모의 적정성
		
		• 안내시스템 기능 및 구성의
		  적정성
			• 적정성 수준
			
			• 적정성 수준

제 4 절 **복합환승센터**

Ⅰ. 「국가통합교통체계효율화법」의 환승센터 정의

2009년 6월 공포된 「국가통합교통체계효율화법」은 개별교통수단의 교통 혼잡, 환경오염 등의 경제 외적인 비용이 급증하여 국가교통시스템의 효율성을 극대화하기 위한 종합교통(intermodal transport)이 필요하다는 인식에서 출발하였다.

교통수단간의 연계교통 및 환승활동을 원활하게 할 목적으로 일정한 환승 시설이 상호연계성을 갖고 한 장소에 집합되어 있는 시설이다.

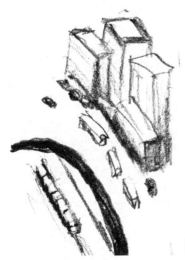
대중교통연계수송 환승센터

터미널형 환승센터

Ⅱ. 복합환승센터의 기능

1. 교통수단간의 환승기능

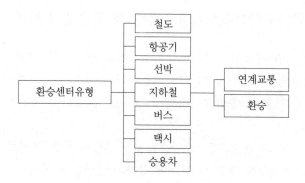

2. 사회경제활동 지원기능

3. 복합환승센터 효과

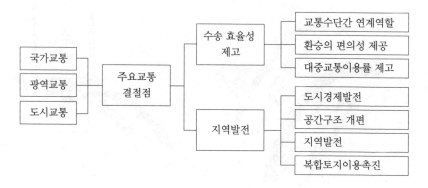

4. 복합환승센터 현황(시범사업)

국토교통부에 의해 지정된 전국의 8개 복합환승센터가 계획되어 추진 중에 있다. 이 복합환승센터시설의 설치비 중 50~70%가 국토해양부에 의해 지원되고 있다.

구 분	부지면적 (m²)	지역/지구	주 교통수단	개발 착수기간
동대구역	37,230	중심상업지역, 방화지구, 비행안전구역 등	KTX	2011~
익산역	185,850	일반주거지역, 자연녹지지역	KTX	2011~
울산역	37,904	역세권 개발지구 내 특별계획구역	KTX	2011~
광주 송정역	104,703	주거, 상업, 업무	KTX	2011~
부전역	82,880	일반상업지역, 방화지구, 상대정화구역	KTX (계획)	2012~
동래역	29,619	일반주거지역, 준주거지역	도시철도	2011~
대곡역	111,000	자연녹지지역(개발제한구역)	GTX	2011~
남춘천역	25,500	준주거지역	일반철도	2010~

자료: 국토해양부, 내부자료, 2012.

제5절 KTX 역세권 개발

Ⅰ. KTX 역세권 유형과 전략

1. 역세권 개발원칙

① 역세권 내의 주택 등 주거시설은 도보접근거리 이내에 위치하여야 한다.
② 업무와 상업기능을 수행하는 토지이용시설은 모든 역세권 내에 입지하여야 한다.
③ 역세권의 주변 여건과 환경을 보존하면서 지속가능한 개발계획을 수립하여야 한다.
④ 역세권 내에는 복합용도개발(mixed-use development)을 유도하여야 한다.

⑤ 역세권 내의 공공시설에는 도시설계 차원에서 공공예술과 공공디자인을 기획하고 시행한다.

⑥ 지하철역 광장과 주변에 입지한 업무 및 상업용 건물은 건물지하층에서 지하철로 직접 연결되어야 한다.

⑦ 지하철역과 그 주변 토지이용과 도시개발은 구상, 계획, 설계단계별로 상호조정과 조율이 되어야 한다.

⑧ 역세권 내의 환승통로, 보도, 보행밀도, 보행서비스수준 등의 보행여건을 감안하여 보행권을 확보해 주어야 한다.

2. KTX 역세권 개발유형

역세권 개발유형은 복합공간개발, 도시재생개발, 지역발전개발, 환승센터개발의 4가지로 나누어 볼 수 있다.

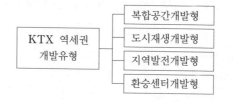

3. KTX 역세권 개발범위와 전략

오재학(2009)은 아래와 같이 KTX 역세권 개발범위와 이에 따른 개발 전략을 설정하고 있다.

구 분	개발범위	개발전략
역사부지	고속철도 역사	• 복합환승센터 • 대중교통 연계환승체계 구축
1차 역세권	반경 500m 이내(도보 5분 거리)	• 고밀 복합개발 • 상업업무 및 교류기능 중심
2차 역세권	반경 1km 이내(도보 10분 거리)	• 중고밀 복합개발 • 주거기능 중심
배후지역	반경 3km 이내(대중교통 5~10분 거리)	• 중저밀 주거중심 또는 신산업 기능 중심

자료 : 오재학, KTX 역세권 개발, 월간교통 제136호, 2009. 06.

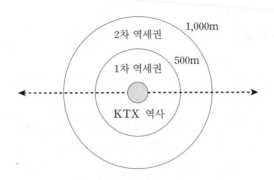

4. KTX 역세권 개발유형과 해당도시

개발유형 · 해당도시	KTX 역세권	외국 고속철도 역세권
복합공간개발형	서울, 용산, 대전, 동대구, 광명, 수서	나고야 센트럴타워즈(일본), 하마마츠 엑트시티(일본), 오오미야 소닉시티(일본), 리옹파르디우(프랑스),
도시재생개발형	용산, 대전, 동대구, 수서, 익산, 광주, 부산	나고야 센트럴타워즈(일본), 하마마츠 엑트시티(일본), 오오미야 소닉시티(일본), 시나가와(일본), 몸빠르나스(파리), 북역(파리), 리옹(파리), 낭트, 렌느, 르망
지역발전개발형	광명, 천안 · 아산, 오송, 김천, 구미, 울산, 경주, 정읍, 목표	후루카와 바흐음악홀(일본), 혼죠와세다역 와세다대 혼죠캠퍼스(일본), 신요코하마(일본), 사쿠다이라(일본), 릴 유레일(프랑스), 마시(프랑스)
환승센터개발형	서울, 용산, 대전, 동대구, 광명, 수서	코쿠라(일본), 샤를르드골(프랑스), 릴 유레일(프랑스), 리옹파르디우(프랑스), 몽빠르나스(파리), 북역(파리), 리옹(파리), 낭트, 렌느, 르망

Ⅱ. 국내 역세권 개발유형별 추진현황

1. 복합공간형

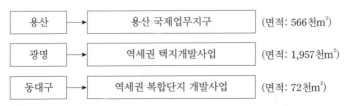

2. 도시재생형

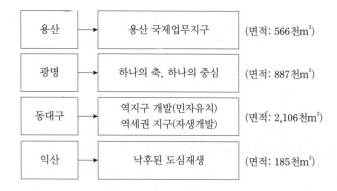

용산 →	용산 국제업무지구	(면적: 566천m²)
광명 →	하나의 축, 하나의 중심	(면적: 887천m²)
동대구 →	역지구 개발(민자유치) 역세권 지구(자생개발)	(면적: 2,106천m²)
익산 →	낙후된 도심재생	(면적: 185천m²)

Ⅲ. 프랑스의 TGV 역세권 개발

1. 복합공간형

Troin(1997)은 TGV 등장 이후 프랑스 역세권의 개발유형을 6개로 제시하였고 Troin(1997)은 Zembri(1992)에 의해 제시된 바와 같이 TGV 역과 도시와의 관계를 8개의 유형으로 구분하였다.

8개의 유형 중 ①~④는 기존의 역사 부지를 활용한 사례로서, ④의 경우 해당 도시를 직접 통과하지 않고 주변 도시를 통해 연결되는 형태이고 ⑤~⑧은 TGV 역사를 신설하는 경우로 기존의 도시와는 철도 혹은 도로로 연결되어 접근하는 형태를 보이고 있다(홍석진, 2009).

2. 역세권 개발의 6가지 유형

구 분	개발유형	도시공간에 미치는 영향	기존 사례	개발 중인 사례
유형 1	도시 중심부에 배치	서비스 산업중심의 도심 활성화	파리 몽빠르나스 역, 파리북역, 파리 리옹역, 낭트, 렌느, 르망역 등	앙제, 앙굴렘, 보르도, 마르세이유(셍 샤를르)
유형 2	역 주변을 도시 중심부로 창출	고급 업무 지구 형성	리옹 파르-디우(Part-Dieu), 릴 유라릴역, 마시	-
유형 3	그린역 또는 녹지공간에 위치	큰 효과가 기대되지 않음. 단, 여행객의 분산 효과	방돔, 마콩-로쉐, 르 크로쉬, 오트-삐카르디, 아르브와*(북 마르세이유), 아비뇽	님므, 몽뺄리에, 샹파뉴(렝스), 뫼즈(바르), 라발 노르, 샤뷸레, 브장송
유형 4	도시 외곽과 중심부 연결	인터모달 중심	샤를르드골, 리옹 사톨라스, 프뢰텅(깔레), 마른느 라 발레, 발랑스*(남 론- 알프스)	몰뗄리마, 디종
유형 5	두 도시 중간에 위치	연구단계로 타입 3의 변형	-	로렌느(메츠-낭시), 벨포르-몽벨리아르, 라 샤랑트 마리팀, 니오르-쌩-마시, 쌩트 꼬낙
유형 6	터널 내에 위치	열차 서비스의 교차, 터널을 통한 지역 연결	-	모단**

주: *계획 중, **리옹-투랭 구간으로 계획이 제안됨.
자료: Troin, 1997; 홍석진, 프랑스 TGV역 중심개발유형과 사례, 월간교통 제136호, 2009. 06.

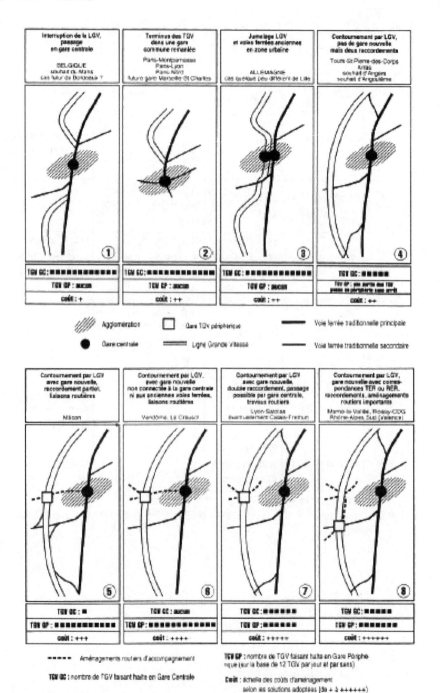

자료: Troin, 1997; 홍석진, 프랑스 TGV역 중심개발유형과 사례, 월간교통 제136호,
      2009. 06.

제 6 절 역세권 관련법규

Ⅰ. 역세권의 개발 및 이용에 관한 법률

1. 목 적

역세권을 체계적이고 효율적으로 개발하기 위하여 필요한 사항을 정함으로써 역세권의 개발을 활성화하고 역세권과 인접한 도시환경을 개선하는 데 이바지하는 것을 목적으로 한다.

2. 용어의 정의

① 역세권:「철도건설법」,「철도산업발전기본법」및「도시철도법」에 따라 건설·운영되는 철도역과 그 주변지역을 말한다.
② 역세권개발사업: 역세권개발구역에서 철도역 및 주거·교육·보건·복지·관광·문화·상업·체육 등의 기능을 가지는 단지조성 및 시설설치를 위하여 시행하는 사업을 말한다.
③ 역세권개발구역: 역세권개발사업을 시행하기 위하여 지정·고시된 구역을 말한다.

3. 개발구역의 지정

(1) **개발구역의 지정권자: 시·도지사**(국토교통부장관이 개발구역을 지정하는 경우)
① 철도역(「도시철도법」에 따라 지방자치단체가 건설·운영하는 역 제외)이 신설되거나 대통령령으로 정하는 규모 이상으로 증축 또는 개량되는 경우
② 지정하고자 하는 개발구역이 대통령령으로 정하는 규모 이상인 경우

(2) **개발구역을 지정할 수 있는 경우**
① 철도역이 신설되어 역세권의 체계적·계획적인 개발이 필요한 경우
② 철도역의 시설 노후화 등으로 철도역을 증축·개량할 필요가 있는 경우
③ 노후·불량 건축물이 밀집한 역세권으로서 도시환경 개선을 위하여 철도역과 주변지역을 동시에 정비할 필요가 있는 경우
④ 철도역으로 인한 주변지역의 단절해소 등을 위하여 철도역과 주변지역

을 연계하여 개발할 필요가 있는 경우

⑤ 도시의 기능회복을 위하여 역세권의 종합적인 개발이 필요힌 경우

⑥ 그 밖에 대통령령으로 정하는 경우

⑶ 개발구역의 지정 제안

① 사업시행자에 해당되는 경우 지정권자에게 개발구역의 지정을 제안할 수 있다.

② 개발구역의 지정 제안에 따른 절차, 구비서류, 그 밖에 필요한 사항은 대통령령으로 정한다.

⑷ 기초조사

① 사업시행자로 지정받거나 지정을 받으려는 자는 개발구역의 지정을 요청 또는 제안하려는 경우 개발구역으로 지정될 구역의 토지, 건축물, 공작물, 그 밖에 필요한 사항에 관하여 조사하거나 측량할 수 있다.

② 조사나 측량을 하려는 자는 관계 행정기관, 지방자치단체, 공공기관, 정부출연기관, 그 밖의 관계 기관의 장에게 필요한 자료를 요청할 수 있다. 이 경우 자료를 요청받은 기관의 장은 정당한 사유가 없으면 요청에 따라야 한다.

⑸ 주민 등의 의견청취

① 지정권자가 개발구역을 지정하려는 경우 또는 시장·군수·구청장이 개발구역 지정을 요청하려는 경우에는 공람이나 공청회를 통하여 주민이나 관계 전문가 등의 의견을 들어야 하며, 지방의회의 의견청취를 거쳐야 한다.

② 이 경우 지방의회는 지정권자 또는 시장·군수·구청장이 개발구역 지정에 관한 의견을 요청한 날부터 60일 이내에 의견을 제시하여야 하며, 의견제시 없이 60일이 경과한 경우 이의가 없는 것으로 본다. 개발구역을 변경(대통령령으로 정하는 경미한 사항 제외)하려는 경우에도 또한 같다.

③ 공람의 대상 또는 공청회의 개최대상 및 주민이나 관계 전문가 등의 의견청취방법에 필요한 사항은 대통령령으로 정한다.

⑹ 사업계획 수립시 포함사항

① 역세권개발사업의 명칭

② 개발구역의 명칭·위치·면적 및 지정목적

③ 역세권기능의 재편 또는 정비계획

④ 역세권개발사업의 시행방식 및 시행자에 관한 사항

⑤ 도시·군 계획시설의 설치계획

⑥ 공공시설의 설치계획

⑦ 도시경관과 환경보전 및 재난방지에 관한 계획

⑧ 토지이용계획·교통계획 및 공원녹지계획

⑨ 역세권개발사업의 시행기간

⑩ 재원조달계획

⑪ 토지등(수용 또는 사용할 토지·물건 또는 권리)의 세목과 그 소유자 및 권리자의 성명·주소: → 개발구역을 지정한 후에 사업계획에 포함할 수 있음

⑫ 임대주택 건설 등 세입자 등의 주거대책

⑬ 역세권개발사업의 용도지역 변경계획 및 용적율·건폐율에 관한 사항

⑭ 철도와 다른 교통수단과의 연계수송체계 구축에 관한 사항

⑮ 그 밖에 역세권개발사업의 시행에 필요한 사항으로서 대통령령으로 정하는 사항

(7) 사업시행자의 지정

① 국가 또는 지방자치단체

② 한국철도시설공단 또는 한국철도시설공단이 역세권개발사업을 시행할 목적으로 출자하여 설립한 법인

③ 한국철도공사 또는 한국철도공사가 역세권개발사업을 시행할 목적으로 출자하여 설립한 법인

④ 공공기관

⑤ 지방공기업

⑥ 철도사업의 면허를 받은 자

⑦ 철도건설사업 시행자

⑧ 도시철도사업의 면허를 받은 자 또는 도시철도건설자

⑨ 법인 중 다음 각 목의 어느 하나에 해당하는 자

• 토목공사업 또는 토목건축공사업의 등록을 하는 등 사업계획에 맞게 역세권개발사업을 시행할 능력이 있다고 인정되는 자

- 자기관리 부동산투자회사 또는 위탁관리 부동산투자회사(제1호부터 제8호까지의 규정에 해당하는 자와 공동으로 시행하는 경우에만 해낭)
⑩ 제1호부터 제9호까지의 규정에 해당하는 자 둘 이상이 역세권개발사업을 시행할 목적으로 출자하여 설립한 법인
⑪ 그 밖에 재무건전성 등에 관하여 대통령령으로 정하는 기준에 적합한 「민법」에 따라 설립된 재단법인 또는 「상법」에 따라 설립된 법인

(8) 실시계획에 포함하여야 할 사항
① 역세권개발사업의 명칭, 개발구역의 위치 및 면적
② 사업시행자의 성명 또는 명칭(주소와 대표자의 성명 포함)
③ 역세권개발사업의 시행기간
④ 토지이용·교통처리 및 환경관리에 관한 계획
⑤ 재원조달계획 및 연차별 투자계획
⑥ 기반시설의 설치계획(비용부담계획을 포함)
⑦ 조성토지의 처분계획서
⑧ 그 밖에 대통령령으로 정하는 사항

(9) 역세권개발이익의 환수
① 역세권개발사업으로 인하여 정상지가상승분을 초과하여 발생하는 토지가액의 증가분의 일부를 역세권개발이익으로 환수할 수 있다. 이 경우 개발부담금은 징수하지 아니한다.
② 역세권개발이익의 환수기준은 부과종료시점의 부과대상토지의 가액에서 다음 각호의 금액을 뺀 금액의 100분의 25로 한다.
  - 부과개시시점의 부과대상토지의 가액
  - 부과기간의 정상지가상승분
  - 역세권개발사업에 따른 개발비용
③ 환수한 역세권개발이익의 100분의 50에 해당하는 금액은 역세권개발이익이 발생한 토지가 속하는 지방자치단체에 귀속된다.
④ 이를 제외한 나머지 역세권개발이익은 교통시설특별회계의 철도계정 또는 교통체계관리계정(도시철도사업과 관련된 역세권개발사업에 귀속되는 역세권개발이익에 한함)에 귀속된다.
⑤ 부과개시시점은 개발구역이 지정·고시된 날로 하고, 부과종료시점은

국가나 지방자치단체로부터 준공검사를 받은 날로 한다.

⑥ 역세권개발이익의 환수에 관하여 이 법에 특별한 규정이 있는 것을 제외하고는 「개발이익환수에 관한 법률」을 준용한다. 이 경우 "개발부담금"은 "역세권개발이익"으로 본다.

Ⅱ. 철도산업발전기본법

1. 목 적

철도산업의 경쟁력을 높이고 발전기반을 조성함으로써 철도산업의 효율성 및 공익성의 향상과 국민경제의 발전에 이바지함을 목적으로 한다.

2. 용어의 정의

① 철도: 여객 또는 화물을 운송하는 데 필요한 철도시설과 철도차량 및 이와 관련된 운영·지원체계가 유기적으로 구성된 운송체계를 말한다.

② 철도시설
- 철도의 선로(선로에 부대되는 시설 포함), 역시설(물류시설·환승시설 및 편의시설 등을 포함) 및 철도운영을 위한 건축물·건축설비
- 선로 및 철도차량을 보수·정비하기 위한 선로보수기지, 차량정비기지 및 차량유치시설
- 철도의 전철전력설비, 정보통신설비, 신호 및 열차제어설비
- 철도노선간 또는 다른 교통수단과의 연계운영에 필요한 시설
- 철도기술의 개발·시험 및 연구를 위한 시설
- 철도경영연수 및 철도전문인력의 교육훈련을 위한 시설
- 그 밖에 철도의 건설·유지보수 및 운영을 위한 시설로서 대통령령이 정하는 시설

③ 철도운영
- 철도여객 및 화물운송
- 철도차량의 정비 및 열차의 운행관리
- 철도시설·철도차량 및 철도부지 등을 활용한 부대사업개발 및 서비스

④ 철도차량: 선로를 운행할 목적으로 제작된 동력차·객차·화차 및 특수차를 말한다.

⑤ 선로: 철도차량을 운행하기 위한 궤도와 이를 받치는 노반 또는 공작물로 구성된 시설을 말한다.

⑥ 철도시설의 건설: 철도시설의 신설과 기존 철도시설의 직선화·전철화·복선화 및 현대화 등 철도시설의 성능 및 기능향상을 위한 철도시설의 개량을 포함한 활동을 말한다.

⑦ 철도산업: 철도운송·철도시설·철도차량 관련산업과 철도기술개발 관련산업, 그 밖에 철도의 개발·이용·관리와 관련된 산업을 말한다.

3. 철도시설 투자의 확대

① 국가는 철도시설 투자를 추진함에 있어 사회적·환경적 편익을 고려하여야 한다.

② 국가는 각종 국가계획에 철도시설 투자의 목표치와 투자계획을 반영하여야 하며, 매년 교통시설 투자예산에서 철도시설 투자예산의 비율이 지속적으로 높아지도록 노력하여야 한다.

4. 철도산업의 지원

국가 및 지방자치단체는 철도산업의 육성·발전을 촉진하기 위하여 철도산업에 대한 재정·금융·세제·행정상의 지원을 할 수 있다.

5. 철도시설

① 철도산업의 구조개혁을 추진함에 있어서 철도시설은 국가가 소유하는 것을 원칙으로 한다.

② 국토해양부장관은 철도시설에 대한 다음 각호의 시책을 수립·시행한다.
- 철도시설에 대한 투자계획 수립 및 재원조달
- 철도시설의 건설 및 관리
- 철도시설의 유지보수 및 적정한 상태유지
- 철도시설의 안전관리 및 재해대책
- 그 밖에 다른 교통시설과의 연계성 확보 등 철도시설의 공공성 확보에 필요한 사항

③ 국가는 철도시설 관련업무를 체계적이고 효율적으로 추진하기 위하여

그 집행조직으로서 철도청 및 고속철도건설공단의 관련 조직을 통·폐합하여 특별법에 의하여 한국철도시설공단을 설립한다.

6. 철도자산의 구분

① 운영자산: 철도청과 고속철도건설공단이 철도운영 등을 주된 목적으로 취득하였거나 관련 법령 및 계약 등에 의하여 취득하기로 한 재산·시설 및 그에 관한 권리
② 시설자산: 철도청과 고속철도건설공단이 철도의 기반이 되는 시설의 건설 및 관리를 주된 목적으로 취득하였거나 관련 법령 및 계약 등에 의하여 취득하기로 한 재산·시설 및 그에 관한 권리
③ 기타자산: 운영자산 및 시설자산을 제외한 자산

7. 철도자산의 처리

① 국토교통부장관은 철도자산처리계획을 위원회의 심의를 거쳐 수립하여야 한다.
② 국가는 철도자산처리계획에 의하여 철도공사에 운영자산을 현물출자한다.
③ 철도공사는 현물출자 받은 운영자산과 관련된 권리와 의무를 포괄하여 승계한다.
④ 국토해양부장관은 철도자산처리계획에 의하여 철도청장으로부터 다음 각호의 철도자산을 이관받으며, 그 관리업무를 철도시설공단, 철도공사, 관련 기관 및 단체 또는 대통령령이 정하는 민간법인에 위탁하거나 그 자산을 사용·수익하게 할 수 있다.
   • 철도청의 시설자산(건설 중인 시설자산 제외)
   • 철도청의 기타자산
⑤ 철도시설공단은 철도자산처리계획에 의하여 다음 각호의 철도자산과 그에 관한 권리와 의무를 포괄하여 승계한다.
   • 철도청이 건설중인 시설자산: 완공된 때에는 국가에 귀속됨
   • 고속철도건설공단이 건설중인 시설자산 및 운영자산: 완공된 때에는 국가에 귀속됨
   • 고속철도건설공단의 기타자산

⑥ 철도청장 또는 고속철도건설공단이사장이 철도자산의 인계 · 이관 등을 하고자 하는 때에는 그에 관한 서류를 작성히여 국토해양부장관의 승인을 얻어야 한다.

⑦ 철도자산의 인계 · 이관 등의 시기와 당해 철도자산 등의 평가방법 및 평가기준일 등에 관한 사항은 대통령령으로 정한다.

Ⅲ. 철도건설법

1. 목 적

철도망의 신속한 확충과 역세권개발사업의 활성화를 위하여 철도망 구축계획의 수립, 철도건설, 역세권개발에 관한 사항을 규정함으로써 철도교통망의 효율적인 확충과 공공복리의 발전에 이바지함을 목적으로 한다.

2. 용어의 정의

① 철도망: 철도시설이 서로 유기적인 기능을 발휘할 수 있도록 체계적으로 구성한 철도교통망을 말한다.

② 철도건설사업: 새로운 철도의 건설, 기존 철도노선의 직선화 · 전철화 및 복선화, 철도차량기지의 건설과 철도역 시설의 신설 · 개량 등을 위한 다음 각 목의 사업을 말한다.

• 철도시설의 건설사업

• 철도시설의 건설사업으로 인하여 주거지를 상실하는 자를 위한 주거시설 등 생활편익시설의 기반조성사업

• 공공시설 · 군사시설 또는 공용건축물(철도시설 제외)의 건설사업

3. 시설의 귀속 등

① 철도건설사업으로 조성 또는 설치된 토지 및 시설은 준공과 동시에 국가에 귀속된다. 다만, 대통령령으로 정하는 토지 및 시설의 경우에는 그러하지 아니한다.

② 국토해양부장관은 제1항에 따라 국가에 귀속된 고속철도시설의 사업시행자에게는 그가 투자한 총사업비의 범위에서 대통령령으로 정하는 바에 따라 그 시설을 무상으로 사용 · 수익하게 할 수 있다.

③ 고속철도건설사업으로 조성 또는 설치되는 토지 및 시설의 귀속에 관하여는 사업시행자가 한국철도시설공단인 경우에는 「한국철도시설공단법」에서 정하는 바에 따른다.

④ 사업시행자가 「사회기반시설에 대한 민간투자법」에 따른 민자유치사업의 시행자인 경우에는 「사회기반시설에 대한 민간투자법」에서 정하는 바에 따른다.

⑤ 총사업비의 산정방법 및 무상으로 사용·수익할 수 있는 기간은 대통령령으로 정한다.

4. 비용부담의 원칙

① 철도건설에 관한 비용은 특별한 규정이 있는 경우를 제외하고는 일반철도는 국고 부담으로 하고, 고속철도는 국고와 사업시행자간의 분담으로 한다.

② 고속철도 건설비용에 대한 국고와 사업시행자간의 분담비율은 대통령령으로 정한다.

5. 수익자·원인자의 비용부담

① 사업시행자는 국가 이외의 자가 철도건설사업으로 현저한 이익을 얻는 경우에는 국토해양부장관의 승인을 받아 수익자에게 철도건설사업 비용의 전부 또는 일부를 부담하게 할 수 있다.

② 수익자가 부담하여야 할 비용은 사업시행자와 수익자가 협의하여 정한다. 이 경우 협의가 성립되지 아니하면 사업시행자 또는 수익자의 신청을 받아 위원회가 조정할 수 있다.

③ 국가 이외의 자의 요구에 의하여 철도건설사업을 하는 경우에는 필요한 비용의 전부 또는 일부를 요구자의 부담으로 한다.

④ 국가 이외의 자가 철도건설사업에 따른 비용의 전부 또는 일부를 부담하는 경우 그 부담비율은 대통령령으로 정한다.

| 제 4 부 |

평가와 평가기법

| 제14장 | 평가의 과정
| 제15장 | 평가기법
| 제16장 | 교통관련회사의 재무성 분석기법

제14장 평가의 과정

제 1 절 평가의 개념

어떠한 교통정책대안이 교통문제를 해결하는 데 필요한가? 또한 고려하고 있는 교통사업이 얼마나 적합하고 경제적으로 타당한가는 교통정책을 입안하고 집행함에 있어서 실무자나 전문가 등에게 중요한 과제가 되어 왔다.

평가는 교통사업의 타당성을 평가하여 사업의 값어치를 따져 보는 행위이며, 이를 통하여 정책수립의 합리성을 높이고, 아울러 의사결정자에게 교통사업의 효과에 대한 체계적인 자료를 제공이 가능한 것이다. 따라서 평가는 단순한 대안의 평가 그 자체가 아니라 포괄적이고, 의사결정을 염두에 둔 하나의 과정이다.

평가를 목표와 연관시켜서 논하면, 평가는 당초에 설정된 목표를 어느 정도 달성하였는가를 파악하는 과정이다. 그러나 평가는 단순히 한 단계에서 행해지는 것이 아니고, 계획의 전과정에서 이루어져야 한다. 그러므로 평가는 어느 정책의 입안으로부터 집행까지의 과정상에서 행해지게 된다. 교통평가는 일반적으로 사전평가(ex ante evaluation)와 사후평가(ex post evaluation)의 두 가지로 구분하고 있다.

사전평가는 교통사업을 장차 수행함에 있어서 어떠한 대안이 가장 우수한지를 사전에 따져 보기 위해 실시하는 방법론이고, 사후평가는 정책대안의 실시 후의 영향을 사업 전과 비교하여 당초의 목표에 얼마나 도달했는가를 검토하는 방법이다. 사전평가는 예로서 지하철노선이나 도로의 노선대안 중 어느 노선이 공공성의 측면에서 가장 많은 편익을 창출하는가, 아울러 어느 노선대안이 가장 비용이 적게 드는가를 분석하여 사전에 가장 우수한 노선대안을 의사결정자에게 제공하는 방법이다. 반면에 사후평가는, 버스전용차로 ITS사업 등을 실시한 후에 실시 전보다 얼마나 많은 효과를 나타냈는가를 평가하기 위하여 통행속도, 지체도, 교통사고, 에너지 소모 등의 판단기준을 설정하여 평가하는 것이다. 사후평가를 통해 버스전용차로, ITS사업 등의 실시 전의 정책목표(예컨대 현재 평균차량 속도 30km에서 50km로 개선)에 얼마만큼 달성되었가를 가늠할 수 있게 되는 것이다.

그러므로 평가는 사전평가이든 사후평가이든 간에 의사결정자에게 대안과 각 대안별 영향에 따른 체계적이고 과학적인 정보를 제공함으로써 정책수립의 합리성과 정책결정의 질을 향상시키고, 공공자원을 효과적으로 분배할 수 있는 토대를 마련해 준다.

Ⅰ. 교통계획과정상에서 평가의 위치

여기서는 〈그림 14-1〉과 같은 교통계획과정을 간략하게 살펴보면 평가의 교통계획과정에서의 중요성에 대해 논하고자 한다. 도시의 수많은 교통문제 중에서 그 정도가 심각하여 개선을 요하는 문제는 일반시민이나 관련 정부기관에 의해 교통계획의 필요성이 인식된다. 따라서 계획의 요구단계는 관련집단이 정부기관에 대해 특정한 교통문제에 관한 해결방안을 요구하는 단계이다.

그 다음 단계는 교통정책목표를 설정하는 단계로서 평가는 목표의 확인에 서부터 출발하므로 정책목표를 명료하게 세울 필요성이 있다. 다시 말해서 평가는 수단을 동원하여 과연 대안이 당초의 목표를 달성했는지를 판단하는 데 목적이 있으므로 먼저 정책목표가 무엇인지 명확히 제시해야 함은 당연하다. 그러나 종종 정책목표가 명쾌하게 설정되지 않은 경우를 볼 수 있고, 목표 자체에 대해서도 의사결정자간의 견해가 다른 경우가 있다. 또한 교통정책목표가 과다하게 많이 설정되어 혼란을 야기시킬 때도 있다.

대안이 평가되면 각 대안별 평가결과를 의사결정자(혹은 집단)에게 제출하게 되는데, 여기서 최적대안이 선택되는 정책결정단계가 이어진다. 이처럼 정책결정은 관료나 공무원단체가 교통문제해결을 위한 정책을 선택하는 과정이다. 최적대안이 선택되면 집행을 하게 되는데 교통정책이 집행된 다음 이 정책이 얼마만큼 실효성이 있는가를 분석하기 위해 사후평가를 실시하게 된다. 사후평가 전단계인 모니터링 단계에서도 물론 교통정책이 집행된 후 주기적으로

그림 14-1 │ 교통계획과정상의 평가의 위치 │

모니터링을 하여 실행 후에 나타나는 문제를 보완 내지는 수정하고 있으나 사후평가는 보다 구체적이고 체계성 있는 평가작업으로 간주될 수 있다.

Ⅱ. 판단기준(Criteria)

교통사업을 평가하기 위해서는 판단기준(criteria)이 필요하게 된다. 판단기준이란 주어진 정책목표를 달성하기 위한 기준으로 정성적인 것과 정량적인 것들로 구분된다. 이같이 정성적 · 정량적 판단기준을 포괄하여야 하는 이유는 교통체계의 영향이 사회 · 경제 · 환경적인 요소에 걸쳐 광범위하게 미치기 때문이다.

교통사업평가는 현재까지 주로 투자비나 통행시간의 최소화 등, 하나의 정책 목표를 설정하고 적절한 판단기준을 수단으로 하여 수행되어 왔으나 교통사업이 초래하는 영향이 다양해지고 복잡해짐에 따라 정책목표도 점차적으로 사회·경제·환경 등 제반 요소를 포괄하는 여러 가지 기준을 도출하여 교통사업평가에 고려해야 할 단계에 이르렀다.

판단기준은 교통계획가, 분석가, 교통담당부서, 이용자에 따라 각기 다르기 때문에 일정한 판단기준은 없으나 아래와 같은 8가지 유형의 판단기준과 이를 달성키 위한 구체적인 지표를 설정해 볼 수 있다.

(1) **교통서비스의 질**

① 통행시간, 대기시간

② 통행의 안전성

③ 통행의 편리성

④ 교통서비스의 주기

⑤ 교통수단간 환승의 정도

⑥ 교통서비스의 신뢰도

⑦ 교통정보의 보급, 이용성

(2) **각종 기회에 대한 접근성**

① 경제활동의 중심지(예컨대 도심지)에 대한 접근성

② 쇼핑센터에 대한 접근성

③ 직장에 대한 접근성

④ 학교에 대한 접근성

⑤ 휴식공간(공원, 놀이터)에 대한 접근성

⑥ 각종 사회적 서비스에 대한 접근성

⑦ 각 소득계층별 접근성의 균등한 분배

(3) **경제적 효율성**

① 자본비, 운영비

② 이용자와 해당 지역이 부담하는 총비용

③ 도시나 지역의 재정적인 능력

④ 지가, 세금원

⑤ 경제발전의 기회

⑥ 운영수입, 정부보조금

⑦ 비용 · 편익분석

⑧ 비용 · 효과분석

⑨ 교통체계(교통시설, 교통운영)간의 조화와 통합

⑩ 에너지 소비

(4) 교통수요와 공급

① 차량통행거리(vehicle km of travel)

② 승객통행거리

③ 교통축(혹은 노선)의 운행속도

④ 교통축(혹은 노선)의 교통량

⑤ 교통량/용량 비

⑥ 피크 및 비피크시 통행량의 특성

⑦ 주차수요

⑧ 터미널과 환승센터

(5) 지역영향

① 교통시설로 인해 이주해야 하는 가구 및 공장

② 유적지의 피해

③ 오픈 스페이스의 피해

④ 공원의 피해

⑤ 사회적 근린성의 파괴

⑥ 가로망체계에 관한 영향

⑦ 대중교통체계에 관한 영향

(6) 대기 · 소음 및 수질오염

① 대기오염, 차량방출가스

② 소음의 수준

③ 수질오염

④ 생태계의 균형적인 측면

(7) 융통성과 적응성

① 장차 개발될 기술에 대한 적응성

② 토지이용의 변화를 수용할 수 있는 융통성

③ 집행의 가능성

④ 교통수요(혹은 통행욕구)의 변화에 대한 적응성

(8) 미적인 질

① 시각적인 영향

② 토지이용패턴이나 도시구조와의 상응성

Ⅲ. 평가에 관련된 문제

평가에 관련된 보편적인 문제는 아래와 같은 것들이 있을 수 있다.

첫째, 모든 평가방법론은 정책결정의 질을 향상시키고자 하는 합리성에 입각하고 있다. 그러나 정책평가가 바람직스럽지 못한 목적을 정당화시켜 줄 가능성이 있을 뿐 아니라, 종종 그렇게 이용되고 있는 사례도 있다는 사실을 인식하여야 한다. 또한 교통정책결정이 평가과정에서 도출된 최적안이 항시 선택되는 것도 아닌 점을 유의할 필요가 있다.

둘째, 정책평가를 집행하려면 집행의 관점에서 어떠한 문제점이 있는지를 살펴보아야 한다. 집행은 의사결정 과정과 밀접히 연관되어 있는 단계로서 집행기관 내의 조직적인 맥락과 평가자와 집행자 사이의 관계, 평가의 역할 등 평가와 집행간의 괴리성을 간과해서는 안 될 것이다.

셋째, 교통평가방법은 주로 계량적인 것을 평가하기 위한 방법이 위주가 되어 발전되어 왔다. 따라서 질적인 분석방법은 평가방법상에서 소홀히 취급되고 있으나 정성적 요소 역시 정량적인 것 이상으로 중요하므로 질적인 요소에 대한 평가방법도 적정한 비중이 주어져야 할 것이다.

제2절 교통정책대안의 평가과정

교통사업을 평가하기 위한 표준화되고 어느 경우에나 보편적으로 적용할 수 있는 평가과정은 아직 설정되어 있지 않은 실정이다. 이는 평가가 지역의 특성에 따라 달라질 뿐만 아니라 교통사업의 규모가 평가자나 분석가의 학문적·경험적 배경에 따라 달라질 수 있기 때문이다. 또한 평가방법 자체에 내재하는 방법론적 약점 역시 표준화된 평가과정을 설정하기 힘든 요소라고 할 수

있다. 여기에서 보편적으로 적용할 수 있는 평가과정 정립을 위해 평가의 개념
적인 틀을 평가과정이라는 포괄적인 입장에서 정립해 보고자 한다.

〈그림 14-2〉에서 보는 것처럼 평가과정은 크게 평가작업계획, 평가방법
적용에 의한 평가, 보고의 세 가지 단계로 나누어지는데, 첫번째의 평가작업계
획은 전 평가과정상에서 필요한 자료와 정보가 어떠한 것들이 있는가를 알아
보는 단계로서 어느 자료가 어느 분석목적에 활용되는가를 검토하는 과정이

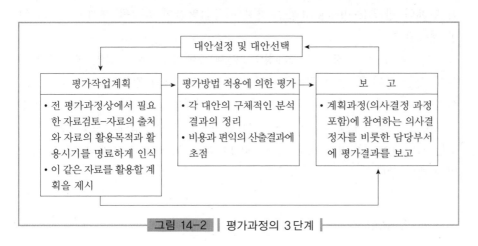

그림 14-2 | 평가과정의 3단계

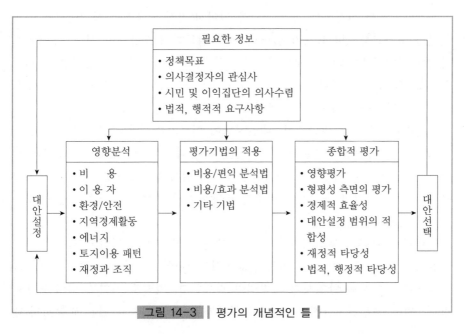

그림 14-3 | 평가의 개념적인 틀

다. 따라서 이 단계에서는 평가에 필요한 제반 자료를 활용할 계획을 제시하는 단계라고 하겠다. 두 번째 단계는 기술적인 평가단계로서 각 대안에 관련된 구체적인 분석·평가의 결과를 정리하는 단계이다. 여기서 각 대안별 경제성 분석이 수행되므로 편익·비용을 체계적으로 도출하게 된다. 세 번째의 보고 단계는 첫번째와 두 번째 단계에서 도출된 대안별 평가의 결과를 의사결정자에게 제시해 주는 단계로서 보고의 결과, 의사결정자의 반응에 따라 평가작업계획 단계와 환류(feedback)과정을 거쳐 최종선택안이 결정될 때까지 반복작업이 계속된다.

〈그림 14-2〉와 같은 평가과정의 3단계 중에서 2번째 단계인 '평가방법 적용에 의한 평가'를 좀더 구체화시키면 〈그림 14-3〉과 같은 과정과 요소들이 설정될 수 있다. 〈그림 14-3〉은 도시 교통정책대안을 평가하는 종합적인 과정으로서 장기적인 교통사업뿐만 아니라 단기적인 교통사업에까지도 적용될 수 있는 개념적인 틀이라고 하겠다. 〈그림 14-3〉의 각 단계를 구체적으로 분석하면 아래와 같다.

I. 필요한 정보

정책목표를 설정하는 것이 평가에 있어서 가장 기초적인 작업이므로 이미 설정된 도시교통 정책목표가 있다면 이를 검토하여 수용해야 한다. 정책목표가 설정되어 있지 않다면 교통계획가의 인식, 교통관련부서의 정책방향, 시민의 사고 및 정부에 대한 욕구, 정치가와 행정가의 교통정책방향 선호 등을 포괄적으로 감안하여 정책목표를 설정한다.

정책목표설정과 대안설정, 대안선택에 이르기까지의 과정에서 가장 중요한 집단은 의사결정자 혹은 의사결정집단이 된다. 따라서 계획가는 평가의 시작부터 최종안선택시까지의 의사결정자의 관심사와 선호도를 파악하고 이같은 관심사가 평가의 공정성에 비추어 타당한지의 여부를 스스로 가늠해 보는 노력이 필요하다.

또한 중요한 교통정책적 이슈와 문제를 인식하며, 고려하고 있는 대안의 적절성을 미리 판단해 보기 위하여 교통사업 대안으로 인해 영향받는 시민과 이익집단의 의사를 반영시키는 작업이 필요하다. 따라서 지역의 이익을 대표할 수 있는 공무원·단체·시민대표 등에게 현재 고려하고 있는 교통정책 대안을 설명하고 그들의 의견을 폭넓게 수렴하여야 한다.

Ⅱ. 대안설정

대안설정은 2단계로 나누어 검토되어야 하는데 그 2단계는 아래와 같다.

1. 대안의 인식

① 다양하고 폭 넓은 대안의 고려
② 부적합한 대안의 제거
③ 열등한 대안의 제거
④ 우수한 대안들의 설정

2. 대안의 설정

① 우수한 대안들의 개략적 평가(관련자의 의견 · 비판 등 관념적인 평가)
② 집행 측면을 고려한 최종적 대안 설정

첫번째 대안 인식은 대안이 한두 개밖에 없고 단순하면 구태여 ①, ②의 단계를 거칠 필요가 없다. 대안인식 단계는 부적절한 대안을 제거하고 우수한 대안들만 뽑는 단계로 볼 수 있다. 두 번째의 대안설정은 우수한 대안들을 최종적으로 심사하여 몇 개로 축소된 최종대안을 설정하는 단계가 된다.

Ⅲ. 영향분석

〈그림 14-3〉에서 '평가'에 대비하려면 교통사업 대안으로 인해 발생되는 영향을 총체적인 관점에서 추적하는 작업이 선행되어야 한다. 교통사업으로 인해 발생되는 영향은 〈그림 14-3〉의 영향분석에 포함된 항목이 보편적으로 포함되는 것들로서 이들을 하나씩 검토해 보기로 한다.

1. 비　용

비용은 평가에서 중요한 요소 중의 하나로서 자본비(혹은 건설비) · 운영비 · 관리비를 포함한다. 비용은 경제적 효율성, 재정적 타당성, 형평성, 불확실성에 대한 민감도 분석 등에 없어서는 안 될 자료가 된다. 규모나 특성에 있어서 서로 유사한 대안을 평가할 때에는 되도록 상세하고 구체적인 비용이 산출되어야 정확한 비교·평가가 가능하다. 반면에 규모나 특성이 서로 차이가 있는 대안들을 평가할 때에는 비용의 상한선과 하한선만을 설정하여 평가하는 것이 보다 효과적이다.

도로를 이용하는 차량의 운행비용의 변화를 추정하려면 다음과 같은 요소들을 고려하여야 한다.

① 차량의 특성과 도로를 이용하는 차량의 유형별 혼합
② 도로의 구조와 통행상태(교통체증의 정도)
③ 운전자와 통행특성
④ 차량운행비용 요소와 각각의 단위비용

장기적이고 자본집약적인 교통사업일 경우에는 이 같은 요소들이 충분히 고려되어야 하나 교통체계 관리기법과 같은 단기적인 사업은 그 중요성에 따라 적용하는 것이 타당하다.

2. 교통체계 이용자에 대한 영향

교통체계 이용자에 대한 영향은 통행시간·비용·안전성 등 교통서비스 수준의 변화를 지칭한다. 이같은 변화는 교통수요추정모형을 적용하여 대안별로 산출하여야 한다. 여기서 통행시간을 비용으로 환산해야 하는바, 시간가치를 산출하는 데에 따른 방법론상의 한계성 때문에 민감도분석을 하는 것이 적합하다.

3. 환경영향

탄화수소·산화질소·산화탄소와 같은 대기오염물질은 차량에 의해 주로 발생되지만 오염지역이 광범위하므로 교통사업으로 인해 발생되는 대기오염의 변화를 쉽게 측정하기 힘들다. 교통여건에 따른 대기오염의 변화를 분석하려면 차량이 통행한 거리(차량통행-km)와 같은 지표를 추정하여 개략적으로 측정할 수 있다.

4. 교통사고

교통사업대안이 교통사고에 어떠한 영향을 미치는가를 알려면 교통사고의 유형(사망·중상·경상·일일 교통사고 건수 등)별로 교통사업대안이 초래할 사고를 추정해야 한다. 전철이나 버스의 기술향상이 기존 혹은 새롭게 건설되는 노선망의 교통사고를 현저히 감소시킬 수 있다면 이같은 기술에 대한 대안별 상세한 분석이 따라야 한다.

5. 지역(혹은 도시)경제에 대한 영향

교통사업대안은 직접적으로는 새로운 교통시설의 건설에 따른 정부자금의 지출로 인하여 지역의 소득과 고용에 영향을 미치고, 간접적으로는 교통시설 이용자와 화물의 통행비용을 감소시키는 데 영향을 미치게 된다. 이 같은 교통사업이 지역의 소득과 고용에 미치는 영향을 경제기반이론(economic base theory)이나 산업관련분석표(input-output analysis table)를 이용하여 도출할 수 있다.

6. 에너지소비

교통사업대안에 의해 변화되는 에너지소비는 다음과 같은 요소들을 포함하고 있다.
① 차량운행에 의한 에너지소비
② 역·정류장에 소요되는 에너지
③ 관리·운영에 소요되는 에너지
④ 궤도건설에 소요되는 에너지
⑤ 차량제조에 소요되는 에너지
교통사업대안은 주거입지의 변화, 자동차 보유 대수의 변화, 대중교통체계의 개선으로 자가용 승용차로부터 대중교통수단으로의 전환 등에 의해 부수적(간접적)인 에너지소비의 변화를 초래할 수 있다.

7. 접근성과 토지이용 패턴에 대한 영향

교통사업으로 인한 토지이용패턴의 변화를 분석하는 기법은 분석가(계획가)의 판단에 의존하는 개략적인 방법에서부터 컴퓨터를 이용한 보다 상세한 분석기법까지 다양하다.

표 14-2 │ 평가결과의 정리형식

		교　통　정	
	0. 현재상태	1. 교차로 개선	2. 간선도로 개선
이　　　동　　　성	교통체증의 심각 서비스수준 F	서비스 수준 C 달성	서비스 수준 C 달성
사　회　적　영　향	교통이 근린지구에 악영향 초래	교통의 악영향 다소 감소	보행자의 횡단을 힘들게 하고 보행자와 차량 추돌사고 발생
대　기　오　염	CO HC NO_x	CO : 30% HC : 40% NO_x : 30%	CO : 30% HC : 40% NO_x : 30%
소음 (80dB 이상인 지역)	4개 지역	4개 지역	6개 지역
공사기간중 연도주민 피해	–	아주 적음	2년간 보통수준의 피해
금전적 평가 (단위: 억원)　시　간　비　용 　　　　차량운행비용 　　　　차　량　사　고	155 40 30	85 25 15	120 35 20
총　이　용　자　비　용	225	125	175
대 중 교 통 운 용 비 용	65	75	75
도　로　관　리　비　용	80	90	85
총　　운　　영　　비　　용	145	165	160
자　　　본　　　비	5	10	15
총 교 통 체 계 비 용	375	300	350
순　　　편　　　익	–	75	25
비용·효과평가 일일 통행자 통행 km당 자본비 및 운영비	87.7	101.7	101.7
현재 상태와 비교하여 통행시간 1시간 감축당 자본비	–	230	320
30분 내에 직장에 도착하는 새로운 출근자의 창출 (명)　승용차에 의해	–	2,000	2,300
버스에 의해	–	10,000	300
전철에 의해	–	15,000	10,000

책 대 안			
3. 버스운영 개선	4. 전철 건설	5. 도시고속도로	6. 버스차선 포함한 도시고속도로
서비스수준C 달성 및 버스재차율 80% 이상	서비스수준B 달성 및 버스승객 전환→ 재차율 80% 이상	서비스수준B 달성	서비스수준B 달성 및 버스재차율 80% 이상
지역사회의 사회경제 활동에 기여	지역사회의 사회경제 활동에 기여	1,000 가구와 10개의 회사 및 공장이 이전	1,000 가구와 10개의 회사 및 공장이 이전
CO : 50% HC : 45% NO_x : 45%	CO : 70% HC : 60% NO_x : 40%	CO : 70% HC : 55% NO_x : 35%	CO : 70% HC : 55% NO_x : 35%
5개 지역	2개 지역	9개 지역	14개 지역
적 음	2년간 많은 피해	3년간 많은 피해	3년간 많은 피해
70	70	75	65
20	20	25	25
10	10	15	10
100	100	110	100
50	100	60	50
55	45	50	50
105	145	110	100
20	22	30	35
225	267	250	235
150	108	125	140
71.4	95.4	76.9	73.0
210	260	300	300
200	400	3,300	2,250
56,000	40,000	300	40,000
45,000	98,000	15,000	15,000

8. 교통시설의 건설과 이용에 따른 국지적인 영향

교통시설의 건설과 이용에 따른 국지적인 영향을 분석하려면 아래와 같은 요소들을 고려해야 한다.

① 주거지 · 상업 · 고용 및 지역시설의 이전
② 교통사업의 근린지구 환경과 도로에 미치는 영향
③ 교통사업의 영향이 직접적으로 미치는 인접지역에 대한 대기와 소음에 관한 영향
④ 인접지역의 보행자와 차량통행 패턴에 대한 피해
⑤ 지역 서비스에 대한 주민들의 접근성 변화

9. 재정적 · 조직적 영향

교통사업대안으로 인해 교통관련부서들에 미치는 영향을 고려하여 대안의 타당성이 검토되어야 한다. 이렇게 함으로써 영향받는 조직이 인식되고 이들 조직은 교통사업대안으로 인해 받을 영향을 사전에 알 수 있게 된다.

Ⅳ. 종합적 평가

지금까지 설정대안의 영향분석과 영향분석에 의한 자료를 토대로 하여 평가기법을 통한 대안평가에 대해 살펴보았다. 대안평가의 결과는 여러 각도에서 조명해 볼 때 타당한가를 점검하기 위하여 종합적 평가의 단계를 거쳐야 한다. 종합적 평가를 여섯 가지의 각도에서 검토해 볼 수 있는데, 이들은 설정된 대안의 경제적 효율성, 형평성뿐만 아니라 정책집행까지의 대안의 적합성을 가늠해 볼 수 있는 준거라고 하겠다.

1. 영향평가

① 설정된 대안들의 주요한 차이점이 식별되었고 이같은 차이가 평가에서 적절히 고려되었는가?
② 대안들 중에서 필히 고려해야 할 상쇄성(trade-off)은 충분히 반영되었는가?

2. 형 평 성

① 교통대안의 대상지역에서 지역주민들에게 초래하는 편익과 비용의 분배는 어떤 것들이 있는가?

② 대상지역에서 어느 특정한 이익집단이 받는 편익에 비해 그들이 지불하는 비용(사회비용 포함)이 훨씬 많지 않은가?

3. 경제적 효율성

① 선택된 대안이 대안을 집행하는 데 소요되는 공공비용을 정당화할 수 있을 만큼 충분한 편익을 창출할 수 있는가?

② 비용이 적게 소요되는 선택되지 않은 대안과 비교할 때 선택된 대안이 추가적인 공공비용을 정당화할 수 있을 만큼 추가적인 편익을 창출하는가?

③ 계량화할 수 없는 비용과 편익항목이 경제적 효율성의 관점에서 내린 대안 선택결정에 영향을 미칠 수 있는가?

4. 대안설정 범위의 적합성

① 대안설정단계에서 어떠한 대안이 고려대상에서 제외되었는가?

② 설정되어 평가된 대안들이 규모, 사업기간, 특성, 초래할 영향 등의 측면에서 서로 유사성이 있는 것들인가?

5. 재정적 타당성

① 선택된 대안을 집행하는 데 충분한 예산이 확보되어 있는가? 예산의 출처는 어느 곳인가?

② 예산을 확보하는 데 따른 불확실성 또는 위험부담은 어떠한 것들이 있는가?

③ 만약 예산을 확보함에 있어서 위험성이 내포되어 있다면 어떠한 조치가 가능한가?

6. 법적 · 행정적 타당성

① 선택된 교통사업 대안 집행시에 어떠한 승인절차가 필요한가? 사업승

인을 받는 과정상의 예상되는 난관은 없는가?

② 현행 법, 행정조례 또는 행정관행에 비추어 볼 때 선택된 대안의 집행
이 가능한가?

Ⅴ. 대안선택

종합적인 평가에 의해 선택된 대안을 포함한 대안들을 포괄적인 척도에
의해 검토한 결과 선택된 대안을 집행하는 데 커다란 장애나 무리가 없을 것으
로 판단되면 이 대안을 최종적으로 선택하여 의사결정자에게 제시하게 된다.
만약 종합적 평가단계에서 선택된 대안의 집행에 따른 제약점이 발생하면 의
사결정자와 계획가간의 상호 교류에 의해 대안설정단계로 다시 돌아가 영향분
석, 평가기법의 적용, 종합적 평가를 실시하여 최적대안이 선택될 때까지 반복
작업을 거듭해야 한다.

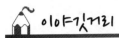

1. 교통사업에 있어 평가란 무엇을 의미하는가?
2. 교통계획 과정에 있어서 평가가 필요한 단계는 어느 단계이며, 각 평가단계에서는 어떠한 내용을 다루는지 플로어 차트(Flow Chart)를 그려서 설명하시오.
3. 교통사업의 평가는 어떠한 측면에서 접근하여야 하는지 유형을 구분하고, 구체적 판단기준 지표를 설명하시오.
4. 교통사업을 평가하는 데 있어 고려하여야 할 문제점들에는 어떠한 것들이 있는가?
5. 평가의 과정은 크게 평가작업계획, 평가방법적용, 보고의 세 가지 단계로 나누어지는데 각 단계에서 검토해야하는 것들에는 어떠한 것들이 있는가?
6. 교통사업 대안으로 인해 발생하는 영향을 분석할 때 포함되는 항목에는 어떠한 것들이 있는지 생각해보자.
7. 교통정책 대안평가시 '평가기법을 적용하는 단계'에서 평가대상에 포함시켜야 할 요소들에 대하여 생각해보자.
8. 교통사업의 평가단계에서 편익을 산정할 때 '교차교통수단 편익'은 어떠한 것이 있는지 예를 들어 설명하시오.
9. 교통사업의 대안평가시 대안의 적합성을 평가하기 위해 어떠한 것들을 고려해야 하는가?
10. 교통정책의 대안을 평가하는 데 있어 '종합적 평가단계'는 어떠한 관점에서 대안의 적합성을 판단하여야 하는지 서술하시오.
11. 교통개선 사업시행시 발생할 수 있는 '소비자 잉여'에 대하여 예를 들어 설명하고 그래프를 그려서 설명하시오.
12. 교통투자 사업에서 시행되는 '경제성 분석'과 '재무성 분석'의 차이점은 무엇인지 서술하고, 각각의 분석방법에 적용되는 할인율이 어떻게 다른지 비교하시오.
13. 사회적 기회비용(opportunity cost)이라 말하는 '잠재가격'이란 무엇인가?
14. 교통투자 사업이 지역사회 '소득증감'에 가져다주는 변화를 분석할 수 있는 방법 중 하나인 '승수효과 분석법(multiplier effect of the investment)'이란 무엇인지 생각해보자.
15. 교통시설 개선으로 인해 변화하는 주변 지역의 지가를 예측할 수 있는 방법에는 어떠한 것들이 있는지 생각해보자.

제15장 평가기법

제1절 경제성분석기법

I. 경제성분석기법

경제성분석기법은 어느 교통사업의 능률성 혹은 효율성(efficiency)을 평가하는 데 적용되는 방법으로서 효율성을 달성하기 위해 고려된 여러 대안 중에서 가장 우수한 대안을 택하기 위한 사전분석방법에 많이 사용된다.

경제성분석기법으로는 비용편익분석기법이 주축을 이루는 기법으로서 교통사업평가에 가장 많이 적용되어 온 방법이다. 비용편익분석방법에는 구체적인 평가기법으로 편익-비용비(Benefit-Cost Ratio), 순현재가치(Net Present Value), 내부수익률(Internal Rate of Return)이 있다. 이들 기법에 대한 개념과 용도를 상세히 살펴보기로 하자.

II. 편익-비용비(Benefit-Cost Ratio)

편익·비용비는 편익을 비용으로 나눈 비율의 결과가 가장 큰 대안을 선택하는 방법이다. 그러나 비용에 대한 효과 측정성은 우수하지만 순편익의 크기에 대한 것이 고려되지 못하는 단점을 가진다.

$$\frac{B}{C} = \sum_{t=0}^{n} \frac{B_t}{(1+d)^t} / \sum_{t=0}^{n} \frac{C_t}{(1+d)^t}$$

C_t : 시점 t의 비용
B_t : 시점 t의 편익

d : 할인율(%)

t : 기간(년)

Ⅲ. 순현재가치(Net Present Value)

순현재가치는 사업의 경제성을 가늠하는 척도(혹은 기법) 중에 하나로서 현재가치로 환산된 장래의 연도별 편익의 합계에서 현재가치로 환산된 장래의 연도별 비용의 합계를 뺀 값이 된다. 순현재가치는 대안선택에 있어서 정확한 기준을 제시해 주고, 계산이 용이하며 교통사업의 경제성분석시 보편적으로 이용되는 방법이다. 그러나 현재가치로 평가된 순편익의 크기만을 기준으로 하기 때문에 비용에 대한 효과가 고려되지 못하는 단점이 있다.

$$NPV : \sum_{t=0}^{t} \frac{B_t}{(1+r)^t} - \sum_{t=0}^{t} \frac{C_t}{(1+r)^t}$$

NPV : 순현재 가치

C_t : 시점 t 에서의 비용

B_t : 시점 t 에서의 편익

r : 할인율

t : 사업기간(년)

Ⅳ. 내부수익률(Internal Rate of Return)

내부수익률은 편익과 비용의 현재가치의 합계가 같아지는 할인율을 말한다. 다시 말하면 어떤 교통사업의 순현재가치(NPV)를 0으로 만드는 할인율을 말한다. 이는 비용(건설비, 운영비)을 사업내용기간 내에 회수하면서 동시에 수익을 창출하는 비용의 가득력을 의미한다. 그러므로 편익과 비용의 현재가치의 합이 같아지는 할인율이 사회적 기회비용보다 높으면 사업의 수익성이 있다고 보는 기준이다. 그러나 이 식에서 n차 방정식으로 n개의 근을 가질 수 있으므로 r의 값이 반드시 유일하지 않으며, 사업의 전기간에 걸쳐 단일 할인율을 묵시적으로 가정하는 2가지 단점이 있다.

$$IRR : \sum_{t=0}^{n} \frac{B_t}{(1+r)^t} = \sum_{t=0}^{n} \frac{C_t}{(1+r)^t}$$

r : 할인율

C_0 : 시점 0에서의 투자비용

B_t : 시점 t의 편익

C_t : 시점 t의 비용

[예제] 교통량 분산대책 중 하나인 원당(인천)-태리 간 광역도로건설 사업이 〈표 A-1〉과 같은 비용과 편익을 발생시킨다고 가정하였을 때 다음 질문에 답하라.

표 A-1 │ 사업에 다른 비용-편익비용   (단위: 억원)

구 분	사업초기연도	1년후	2년후	3년후	4년후	5년후
비 용	100					
편 익		45	35	25	15	10

(1) 이 사업의 비용-편익비를 구하라.

(2) 이 사업의 순현재 가치(NPV)를 구하라.(단, 할인율은 10%로 한다.)

(3) 이 사업의 내부수익률(IRR)을 구하라.

[해]

(1) 편익-비용비(B/C)를 구하는 방법은 다음과 같다.

$$\frac{B}{C} = \sum_{t=0}^{n} \frac{B_t}{(1+d)^t} / \sum_{t=0}^{n} \frac{C_t}{(1+d)^t}$$

초기연도에 전체 비용 소요: 10,000,000,000원

준공 후 5년간 편익: 45＋35＋25＋15＋10＝130억원

∴ 편익-비용비(B/C): 13,000,000,000/10,000,000,000＝1.3

(2) 순현재 가치(NPV)를 구하는 방법은 다음과 같다.

$$NPV : \sum_{t=0}^{t} \frac{B_t}{(1+r)^t} - \sum_{t=0}^{t} \frac{C_t}{(1+r)^t}$$

초기연도에 전체 비용 소요: 10,000,000,000원

사업 시행 후 1~7년 사이에 발생되는 편익을 현재가치화 한다.

할인율 10%

$$\frac{45}{(1+0.1)^1} + \frac{35}{(1+0.1)^2} + \frac{25}{(1+0.1)^3} + \frac{15}{(1+0.1)^4} + \frac{10}{(1+0.1)^5} = 105$$

∴ 순현재 가치(NPV):

$$(10,500,000,000원 - 10,000,000,000 = 500,000,000원)$$

(3) 내부수익률(IRR)을 구하는 방법은 다음과 같다.

$$IRR : \sum_{t=0}^{n} \frac{B_t}{(1+r)^t} = \sum_{t=0}^{n} \frac{C_t}{(1+r)^t}$$

초기연도에 전체 비용 소요: 10,000,000,000원

$$100 = \frac{45}{(1+r)^1} + \frac{35}{(1+r)^2} + \frac{25}{(1+r)^3} + \frac{15}{(1+r)^4} + \frac{10}{(1+r)^5}$$

$$100(1+r)^5 = 45(1+r)^4 + 35(1+r)^3 + 25(1+r)^2 + 15(1+r) + 10$$

$$\therefore r = 13\%$$

제 2 절 비용 · 효과분석법(Cost–Effectiveness Analysis)

Ⅰ. 비용 · 효과분석법의 개념

비용 · 효과분석법은 의사결정자와 이들이 처한 의사결정 환경을 고려하여 이들에게 필요한 정보를 제공해 주는 데 결정적인 기여를 하는 방법론이라고 하겠다.

비용은 설계, 건설, 운영, 관리에 소요되는 공공재원을 일컫는바, 교통사업대안의 비용을 정확하게 반영할 수 있는 여건 하에서만 이러한 비용을 화폐가치로 환산한다. 화폐화가 힘든 사업대안은 일정한 단위를 설정하는 데 몇 개의 비용단위를 설정하는 적합한 모형이나 틀을 적용한다.

효과(effectiveness)는 교통대안이 설정된 목표를 달성하는 정도를 나타내는 일종의 지표가 된다. 효과는 보편적으로 '교통서비스에 접근하는 통행자의 수', '통행시간의 단축', '자동차 매연가스의 감소'와 같은 정책 목표의 달성여부를 척도의 수치로 나타낸 개념이 된다. 그러므로 비용 · 효과비는 단위비용의 투자에 대한 목표달성의 효과도를 나타내게 되어 대안끼리의 우열성을 검토하는 준거를 마련해 준다. 효율성(efficiency)은 최소의 자원으로 최대의 효율(성과)을 올려야 하는 의미로 사용되나 효과는 주어진 목표에 교통사업대안이 어느 정도 충족하는가를 가늠하는 목표의 달성도이다.

1. 비용 · 효과분석법에서 정책목표

비용 · 효과분석법은 설정된 정책목표를 대안이 얼마만큼 달성시키는가를 판단하는 방법이므로 정책목표의 설정과정이 중요한 의미를 갖는다. 예컨대 통행을 증가시키거나 감소시키는 목표가 설정되었을 때 차량주행거리라는 효과성 척도가 유용한 것이지 다른 효과성 척도는 무의미해진다. 그러므로 교통 대안이 추구하는 목표가 명확히 설정되어야 비용 · 효과분석법을 수행할 수 있는 것이다.

2. 비용 · 효과분석법에서 정보의 흐름

비용 · 효과분석의 커다란 장점은 의사결정자에게 조직화된 자료를 제공하여 의사결정의 질을 높여 주는 데 있다. 그러므로 비용과 효과에 관한 자료를 의사결정자에게 연계시키는 과정이 체계적이어야 할 필요성이 있다. 비용 · 효과분석법상에서 교통사업대안과 의사결정간의 정보의 흐름이 〈그림 15-1〉에 나타나 있다. 교통사업대안에 의한 영향, 즉 산출물(output)이 결과물 (consequence)로 나타나고 이러한 결과물이 다양한 형태로 묘사될 수 있다.

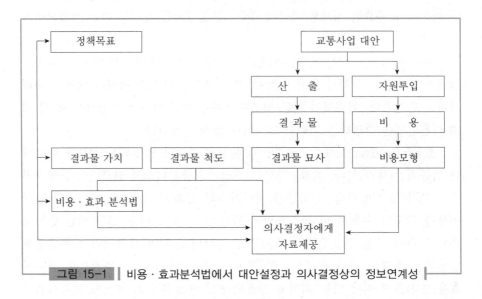

그림 15-1 │ 비용 · 효과분석법에서 대안설정과 의사결정상의 정보연계성

Ⅲ. 효과 및 결과물

1. 효과항목

비용·효과분석법에서 대안의 평가항목은 아래와 같은 투입 산출물들을 포함한다.

① 투입물: 화폐, 토지, 재료, 인력 등

② 성과산출: 접근성, 안전성, 이동성 등

③ 부수적인 결과: 장애물, 물리적 및 화학적 방출물, 시각적 이미지, 소음, 빛, 안전성 등

이 같은 결과물들을 살펴보면 아래와 같다.

(1) **투입의 결과물**(consequences of inputs)

① 재원투자에 따른 기회비용의 상실

② 고용구조의 변화

③ 소득의 변화

④ 자재 및 재료의 희귀화

⑤ 통행로건설에 따른 사회적 악영향

⑥ 토지이용 변화에 따른 지역주민 행태변화 및 자원배분의 변화

⑦ 기   타

(2) **성과산출의 결과물**(consequences of performance outputs)

① 지역성장 패턴의 변화

② 시장지역의 변화

③ 향상된 접근성으로 인한 사회적 결속

④ 접근성의 변화로 주민활동 패턴과 자원배분의 변화

⑤ 접근성의 변화로 인한 공공재 및 민간재의 변화

⑥ 접근성의 변화로 인한 고용 패턴의 변화

⑦ 교통안전의 향상으로 인명 및 사회적 피해의 감소

(3) **부수적인 결과물**(consequences of concomitant outputs)

① 교통시설에 의해 설치된 물리적 시설물이 초래하는 사회적·심리적 영향

② 교통시설의 심미적 영향

③ 차량에서 방출되는 매연가스 등으로 인한 심리적 영향

④ 차량과 교통시설에 의한 소음과 빛으로 인한 심리적 · 생리적 영향

⑤ 기   타

2. 효과의 표현양식

교통사업대안과 효과항목을 알기 쉽게 나열하는 방법의 하나로 〈그림 15-2〉와 같은 형식이 사용될 수 있는데 횡열에 교통사업대안을, 그리고 종열에 효과성항목을 나열하여 의사결정자로 하여금 대안별 효과성을 평가해 볼 수 있는 틀을 제공하는 방법이다. 또한 이 형식은 각 대안간의 항목별 상쇄성 (trade-off)을 분석해 볼 수 있는 계기가 된다. 〈그림 15-2〉와 같이 대안별 항

성과산출의 결과물
대   안

1. 시장의 변화
2. 주거지역 패턴의 변화
3. 활동 패턴의 변화
4. 고용 패턴의 변화

A	B	C	D

부수적인 결과물

1. 차량 매연가스
2. 소   음
3. 미관의 악영향
4. 사회성의 파괴

A	B	C	D

투입의 결과물

1. 고용구조의 변화
2. 도로건설용 토지매입의 영향

A	B	C	D

그림 15-2 │ 대안과 효과성을 표시한 비용 · 효과형식 ├

목이 많고 복잡한 경우에 의사 결정자가 적절한 대안선택을 하기는 쉽지 않으나 의사결정자가 교통사업대안과 효과성 항목이 복잡하다는 것을 이해한다는 자체가 의사결정 과정의 질을 높일 수 있다는 점에서 비용·효과분석법의 의의가 있다고 하겠다.

Ⅲ. 비   용

비용을 산출하는 방법을 몇 가지로 분류하여 구체적으로 살펴보면 다음과 같다. 첫번째 방법은 교통사업대안 담당부서의 소요비용과 이용자비용으로 나누는 방법으로 아래와 같은 항목으로 구성된다.

1. 담당부서의 소요비용 및 이용자비용

(1) 담당부서의 소요비용
① 통행로비용
② 통행로의 교통시설 설치비용
③ 역 혹은 터미널 건설비용
④ 운영에 필요한 장비 및 시스템 비용
⑤ 운영에 소요되는 인건비
⑥ 기타 비용

(2) 이용자비용
① 차량 감가상각비용
② 연료 및 오일비용
③ 타이어 등의 비용(감가상각 적용)
④ 관리비
⑤ 보험료
⑥ 사고비용(이용자가 지불해야 하는 순비용)
⑦ 운전자, 승객, 화물의 시간비용
⑧ 기타 비용

위의 비용들은 도로나 전철 건설과 같은 교통사업의 총비용을 포괄적으로 다룬 항목들이다.

두 번째 방법은 점진적 비용방법으로서 기존에 있는 교통시설을 개선하고 자 할 때 추가로 소요되는 비용을 대안별로 분석하는 것이다.

2. 추가비용(점진적 비용)

(1) 대중교통 운송회사에 대한 추가비용
① 추가로 필요한 버스구입 비용
② 왕복 운행속도의 증가로 인한 신규차량 구입비 감소
③ 현재 운행되는 버스의 부분적 개조에 필요한 비용(예로서 고속용 혹은 레디얼타이어)
④ 주행비용의 변화
⑤ 운전자 인건비의 변화

(2) 도로 운영자에 대한 추가비용
① 도로나 차도의 관리비용 변화
② 버스 전용차선이나 버스 우선신호, 가변차선제 등
③ 특수한 시설설치에 따른 비용

(3) 도로이용자에 대한 추가비용
① 운행비용의 변화(연료, 타이어, 오일 등)
② 시간비용의 변화
③ 사고에 따른 비용의 변화

(4) 버스이용자에 대한 추가비용
① 새로운 급행버스 이용자: 새로운 통행자에 대한 비용, 승용차에서 급행버스로 전환하는 통행자의 비용(급행버스요금−승용차운행 비용), 일반버스에서 급행버스로 전환하는 통행자의 비용(급행버스요금−일반버스요금), 감축된 일반버스 서비스를 계속적으로 이용하는 통행자의 비용 변화
② 터미널비용의 변화: 출발지에서 정류장까지의 비용변화, 정류장에서 목적지까지의 비용 변화
③ 시간비용의 변화

추가비용 방법은 따라서 세 가지의 커다란 장점이 있다. 첫째, 의사결정자에게 교통사업대안의 분리된 항목의 추가비용을 제공하게 되고, 둘째, 의사

결정자로 하여금 추가비용을 포함하거나 포함하지 않거나 하는 선택권을 부여해 주며, 셋째, 민감도분석(sensitivity analysis)을 할 수 있는 토대를 마련해 준다.

민감도분석은 교통사업대안을 더욱 구체적으로 분석하고자 할 때 유용한 방법으로서 교통사업대안에 집행이 필요한 예산의 범위 내에서 비용의 민감도가 효과성과 함께 의사결정자에게 제시하게 되는데 비용민감도분석결과는 의사결정자에게는 아주 귀중한 자료가 된다.

Ⅳ. 지역의 가치(Community Values)

비용 · 효과분석법을 적용함에 있어서 전제가 되는 것은 정책목표가 뚜렷이 설정되어야만 한다. 정책목표는 효과성을 나타내는 지표로 표현되어 사업대안별 비용에 대한 효과성의 달성도를 평가하기 때문에 중요한 의미를 가진다. 일단 지역의 가치에 의한 목표가 설정되면 목표의 중요도에 따라 서열화를 해야 한다. 서열화하는 방법은 편익 · 비용비에 의하거나 서열화방법을 적용하여 선호도의 우선순위를 결정하나 여러 가지 제약이 존재한다.

Ⅴ. 비용 · 효과분석의 적용 예

예로서 경전철(light rail transit)에 대하여 비용 · 효과분석법을 이용하여 평가를 한다고 하자. 〈표 15-1〉에서 보는 것처럼 여러 효과지표항목에 의해 6개의 대안 중에 어느 대안이 가장 우수한가를 비교한다. 대안 Ⅰ과 Ⅱ를 비교하면 비슷한 수준의 승객수를 보여 주고 있고, 평균 통행시간은 대안 Ⅰ이 대안 Ⅱ보다 적게 소요되며, 접근성은 대안 Ⅱ가 조금 높고, 그 밖에 다른 지표는 두 대안이 거의 비슷한 것으로 나타났다. 그러나 가장 중요한 지표 중의 하나인 총 건설비를 비교하면 대안 Ⅰ이 아주 우수하기 때문에 대안 Ⅱ는 일단 고려대상에서 제외시키기로 한다.

다음으로 대안별 점진적 상쇄성(incremental trade-offs)의 측면에서 나머지 대안을 비교하고자 한다. 대안 Ⅲ은 대안 Ⅰ보다 30%, 즉 9백만 승객을 더 수송하나 총건설비가 약 360억이 더 소요되고 연 운영비는 1억이 더 필요하다. 대안 Ⅲ과 Ⅳ를 보면 대안 Ⅳ가 대안 Ⅲ보다 120억원의 건설비가 더 소요되고, 10%의 승객수가 증가하나, 연 운영비가 엄청나게 증가하고 있다. 이를 승객당 비용으로 환산해도 같은 차이를 보이고 있다. 대안 Ⅲ이 대안 Ⅰ보다 많은 승객(9백만 증가)을 수송하나 총건설비가 대안 Ⅰ보다 약 18배 정도 소요되므로 대안 Ⅲ이 대안 Ⅰ보다 비용효과적이라고는 할 수 없다고 하겠다. 그러나 비용효과에 대한 가치판단은 의사결정자가 하므로 의사결정자가 승객증가량에 많은 선호성(preference)을 부여한다면 대안 Ⅲ을 택할 수도 있다. 한편, 대안 Ⅲ과 대안 Ⅳ를 비교할 때 120억을 더 투자하여 4백만밖에 승객이 늘어나지 않았다면 대안 Ⅳ가 대안 Ⅲ보다 비용효과적이라고는 할 수 없다고 여겨진다.

대안 Ⅵ은 대안 Ⅲ보다 1천 2백만의(13%) 승객이 증가되지만 170억(45%)의 건설비가 추가로 소요된다. 대안 Ⅲ의 평균 통행시간은 대안 Ⅰ에 비하여 6.6%가 감소되었으나 대안 Ⅵ을 위해 투자한 건설비를 감안할 때 대안 Ⅲ보다 평균 통행시간이 단지 4.2%밖에 감소되지 않았다. 대안 Ⅲ에 비해 볼 때 대안 Ⅵ의 커다란 장점은 평균차외시간(average out-of-vehicle travel time)이 22%나 감소되었고, 접근성이 28%나 증가되었다는 점이다. 이 같은 관점에서 볼 때 대안 Ⅵ의 장점이 추가로 소요되는 건설비를 능가한다고 보아 대안 Ⅲ보다는 유리한 위치에 있다고 보여진다.

마지막으로 서로 상충되는 항목간의 상쇄성(trade-off)을 고려해 보기로 한다. 대안 Ⅴ는 대안 Ⅲ보다 대중교통승객의 30% 증가효과를 가져올 수 있으나 320억원(혹은 84%)의 추가건설비가 소요되는 약점을 내포하고 있다. 또한 철거대상 및 일자리의 상실이라든가 도시환경과의 조화성과 같은 항목들이 대중교통승객의 증가와 같은 평가항목과 비교되어 대안의 상대적 우수성에 대한 적절한 판단이 내려져야 한다. 아무튼 계획가나 분석가는 대안별 평가항목을 되도록 상세하게 분석하여 의사결정자에게 제시하여 의사결정자가 적절한 판단을 내릴 수 있도록 배려해야 한다.

| 표 15-1 | 비용 · 효과분석법에 의한 교통사업대안 평가 |

효과지표항목		대 안					
		I	II	III	IV	V	VI
승객수 (백만)	총 승 객 수	31	30	40	44	52	52
	저 소 득 층 승 객 수	20	21	24	24	28	28
전 환 율 (타교통수단으로부터 전환율)		11	11	15	16	19	19
통행시간	총 통 행 시 간	25.7	27.3	24.1	24.5	22.7	23.0
	차 내 통 행 시 간	22.0	21.5	19.6	20.3	19.5	19.5
	차 외 통 행 시 간	3.7	5.8	4.5	4.2	3.2	3.5
접근성 (천명)	CBD에서 30분 거리	345	353	391	420	485	505
	평 균 접 근 성 지 표	208	203	226	264	291	290
철거대상 및 일자리상실	주 택	0	0	25	50	200	150
	영 업 소 · 사 무 실	0	0	5	13	18	12
	일 자 리 상 실	0	0	72	155	410	160
대 기 오 염		악화	악화	개선	개선	약간 개선	약간 개선
연 료 소 비 (총 교 통 수 단)		756	759	753	752	750	750
교 용 의 창 출 효 과		약함	약함	보통	강함	보통	보통
도 시 환 경 과 의 조 화 성		좋음	좋음	좋음	보통	보통	나쁨
시 스 템 의 장 래 융 통 성		좋음	좋음	보통	나쁨	나쁨	나쁨
비용 (억원)	총 건 설 비	22	110	380	500	700	550
	연 운 영 비	6	9	7	12	9	9
	시 부 담 건 설 비	18	88	285	350	455	385
	시 부 담 운 영 비	2	3	2	4	3	3

제16장　교통관련회사의 재무성 분석기법

 재무분석

Ⅰ. 재무분석이란

넓은 의미	좁은 의미
• 기업의 자금흐름과 관련된 모든 기업 활동을 평가하는 것 • 기업의 운영을 위한 의사결정에 도움을 주기 위한 분석이라 할 수 있음	• 미래의 기업경영에 필요한 기초자료를 얻는 재무활동 • 기업의 현재와 과거의 재무상태와 경영성과를 파악함

Ⅱ. 재무재표란

① 기업의 재무상태와 경영성과를 나타내는 보고서이다.

② 재무의사결정을 위한 재무자가 손쉽게 이용할 수 있는 정보의 원천이다.

③ 재무제표는 대차대조표, 손익계산서, 현금흐름표로 구성된다.

1. 대차대조표(balance sheet)

일정시점에서 기업의 재무상태를 나타내는 보고서이다.

(1) 대차대조표에 의한 대중교통회사의 재무상태

① 기업의 재무상태는 기업의 자산과 부채, 자본의 3요소로 구성된다.

② 왼쪽(차면)은 자산의 구성상태를 나타내며, 오른쪽(대변)은 부채, 자본의 구성상태를 나타낸다.

대차대조표등식 → 자산=부채+자본

자기자본=자산-부채

(2) 대차대조표 사례

① 대차대조표는 자산과 부채·자본간의 관계를 타나내는 것으로, 대차대조표작성 예는 다음과 같다.

자 산	당해년도	전년도	부채·자본	당해년도	전년도
Ⅰ. 유동자산	773,000	707,000	Ⅰ. 유동부채	486,000	455,000
1. 현금과 예금	152,000	107,000	1. 외상매입금	213,000	197,000
2. 외상매출금	294,000	270,000	2. 지급어음	50,000	53,000
3. 재고자산	269,000	280,000	3. 미지급비용	223,000	205,000
4. 기타유동자산	58,000	50,000			
			Ⅱ. 고정부채	588,000	562,000
Ⅱ. 고정자산	1,118,000	1,035,000	1. 장기차입금	117,000	104,000
1. 건물 및 기계설비	1,423,000	1,274,000	2. 사채	471,000	458,000
[감가상각누계액]	[550,000]	[460,000]			
	873,000	814,000	Ⅲ. 자본	817,000	725,000
2. 무형고정자산	245,000	221,000	1. 자본금	94,000	71,000
			2. 자본잉여금	347,000	327,000
			3. 이익잉여금	376,000	327,000
자산총계	1,891,000	1,742,000	부채·자본 총계	1,891,000	1,742,000

② 자산이란 기업이 소유하고 있는 경제적 자원으로 현금, 상품, 비품, 건

물, 토지 등이 해당된다.

③ 부채는 기업이 갚아야 할 채무를 의미한다.

④ 자본은 자산의 총액에서 부채의 총액을 차감한 잔액을 의미한다.

2. 손익계산서(income statement)

일정기간 동안 기업의 경영성과를 나타내는 보고서이다.

(1) 교통관련회사의 재무상태

① 일정기간 동안에 실현된 수익과 비용을 기록하고 해당 기간의 이익을 계산한 표이다.

② 기업의 이익은 수익에서 비용을 차감하여 계산한다.

기업의 이익 = 수익 - 비용

③ 수익(revenue)은 제품의 판매나 생산, 용역 제공 등 기업의 중요한 영업활동으로부터 일정 기간 동안 발생하는 "양(+)"의 요인을 의미한다.

④ 비용(expense)은 제품의 판매나 생산, 용역 제공 등 기업의 중요한 영업활동으로부터 일정기간 동안 발생하는 "음(-)"의 요인을 의미한다.

(2) 손익계산서 사례

Ⅰ. 매출액	2,262,000
Ⅱ. 매출원가	[1,655,000]
Ⅲ. 매출총이익	607,000
Ⅳ. 판매비와 관리비	[417,000]
1. 판매비와 일반관리비	[327,000]
2. 감가상각비	[90,000]
Ⅴ. 영업이익	190,000
Ⅵ. 영업외비용	[50,000]
이자비용	[50,000]
Ⅶ. 법인세비용차감 전 순이익	140,000
Ⅷ. 법인세비용[법인세율 30%]	[42,000]
Ⅸ. 당기순이익	98,000
배당: 49,000	-
유보이익: 49,000	-

(3) 대차대조표와 손익계산서의 차이점

대차대조표	손익계산서
일정시점에서 기업의 재무상태를 보여줌	일정기간 동안 일어난 경영활동의·성과를 나타냄

3. 현금흐름표(statement of cash flows)

일정기간 동안 기업의 경영성과를 나타내는 보고서이다.

(1) 현금(Cash)

① 여기서 현금(Cash)은 그 자체만을 의미하는 것이 아니라 예금의 형태로 보유하는 것을 포함한다.

② 현금의 변동내역을 유입과 유출로 구분하여 보여준다.

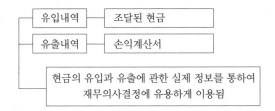

(2) 현금흐름표 사례

Ⅰ. 영업황동으로 인한 현금흐름			198,000
1. 당기순이익		98,000	
2. 현금의 유출이 없는 비용 가산		90,000	
감가상각비	90,000		
3. 영업활동으로 인한 자산·부채의 변동		10,000	
외상매출금의 증가	[24,000]		
재고자산의 감소	11,000		
기타 유동자산의 증가	[8,000]		
외상매입금의 증가	16,000		
지급어음의 감소	16,000		
미지급어음의 증가	18,000		

Ⅱ. 투자활동으로 인한 현금흐름			[173,000]
1. 투자활동으로 인한 현금유입액		0	
2. 투자활동으로 인한 현금유출액		[173,000]	
건물 및 기계설비 취득	[149,000]		
무형고정자산취득	[24,000]		
Ⅲ. 재무활동으로 인한 현금흐름			20,000
1. 재무활동으로 인한 현금유입액		69,000	
장기차입금의 차입	13,000		
사채의 발행	13,000		
신주의 발행	43,000		
2. 재무활동으로 인한 현금유출액		[49,000]	
배당금의 지급	[49,000]		
Ⅳ. 현금의 증가[Ⅰ+Ⅱ+Ⅲ]			45,000
Ⅴ. 기초의 현금			107,000
Ⅵ. 기말의 현금			152,000

제 2 절 재무비율분석(Financing Ratio)

① 재무제표상에 표기된 한 항목의 수치를 다른 항목의 수치로 나눈 것이다.
② 기업의 재무상태나 경영성과를 파악하는데 사용한다.
③ 사용목적에 적합한 비율을 기준이 되는 수치와 비교한다.

표 16-1 ┃ 재무비율의 종류

구 분	내 용
유동성 비율 (Liquidity Ratio)	짧은 기간(보통 1년)내에 갚아야 되는 채무를 지급할 수 있는 기업의 능력을 측정하는 비율
레버리지 비율 (Leverage Ratio)	부채성 비율이라고도 하며, 기업의 타인자본의존도와 타인자본이 기업에 미치는 영향을 측정하는 비율
활동성 비율 (Activity Ratio)	자산의 물리적인 이용도를 측정하는 비율
수익성 비율 (Profitability Ratio)	경영의 총괄적인 효율성의 결과를 매출에 대한 수익이나 투자에 대한 수익으로 나타내는 비율

Ⅰ. 유동성 비율(Liquidity Ratio)

① 유동성(liquidity)은 보통 기업이 단기부채를 상환할 수 있는 능력으로 기업이 현금을 동원할 수 있는 능력이라 할 수 있다.

② 유동비율(current ratio)은 대차대조표상에 있는 유동자산을 유동부채로 나눈 것이다.

③ 유동비율은 기업의 유동성을 측정하는데 가장 많이 상용되는 비율이며, 재무분석의 시발점이다.

$$유동성비율 = \frac{유동자산}{유동부채} \times 100$$

IF	해당회사 유동비율＞타회사평균 유동비율: 단기부채 지급능력이 높음
	해당회사 유동비율＜타회사평균 유동비율: 단기부채 지급능력이 떨어짐

[예제 1] A사의 유동자산이 1,028,500천원이고 유동부채가 557,600천원일 때 A사의 유동비율을 산정하고 타회사에 비하여 어떠한 위치에 있는지 해석하여라(타회사의 평균유동비율은 151.3%).

[해] A회사의 유동비율 = $\frac{유동자산}{유동부채} \times 100 = \frac{1,028,500}{557,600} \times 100 = 184.5\%$

A회사 유동비율: 타회사 평균유동비율 = 184.5% ＞ 151.3%

∴ 다른 회사에 비하여 A사의 단기부채 지급능력이 높다고 볼 수 있음

Ⅱ. 레버리지 비율

① 부채성 비율이라고도 하며 기업이 타인자본에 의존하고 있는 정도를 나타내는 비율이며, 장기부채 상환능력을 측정하는 지표이다.

② 부채비율(debt to equity ratio)은 총자본을 구성하는 자기자본과 타인자본의 비율이다.

③ 타인자본에는 유동부채, 장기차입금, 사채 등이 있으며, 자기자본에는 보통주, 유보이익, 자본준비금 등이 있다.

$$유동성비율 = \frac{타인자본}{자기자본} \times 100$$

IF	해당회사 레버리지비율 > 타회사평균 레버리지비율: 부채비율이 높음
	해당회사 레버리지비율 < 타회사평균 레버리지비율: 부채비율이 낮음

[예제 2] A사의 타인자본이 587,600천원이고 자기자본이 633,000천원일 때 A사의 레버리지 비율을 산정하고 타회사에 비하여 어떠한 위치에 있는지 해석하여라(타회사의 평균 레버리지 비율은 195.3%).

[해] A회사의 레버리지 비율 $= \dfrac{타인자본}{자기자본} \times 100 = \dfrac{587,600}{633,000} \times 100 = 92.8\%$

A회사 레버리지 비율: 타회사 평균 레버리지 비율 = 92.8% : 195.3%

∴ 다른 회사에 비하여 A사의 부채비율이 낮은 것으로 나타남

Ⅲ. 활동성 비율

① 활동성 비율이란 기업이 소유하고 있는 자산들을 얼마나 효율적으로 이용하고 있는가를 측정하는 비율로 재고자산회전율(inventory turnover)이 있다.

② 매출액을 재고자산으로 나눈 값으로, 1년 동안 몇 번이나 당좌자산(현금)으로 전환되었는가를 측정하는 비율이다.

③ 회전율이 낮으면 과다한 재고를 소유, 회전율이 높으면 적은 재고를 소유함으로써 효율적 생산, 판매활동을 수행했다고 판단한다.

$$재고자산회전율 = \frac{매출액}{재고자산} \times 100$$

IF	해당회사 재고자산회전율 > 타회사평균 재고자산회전율: 생산, 판매활동이 잘 이루어짐
	해당회사 재고자산회전율 < 타회사평균 재고자산회전율: 생산, 판매활동이 이루어지지 못함

[예제 3] A사의 매출액이 2,380,000천원이고 재고자산이 688,500천원일 때 A사의 재고자산회전율을 산정하고 타회사에 비하여 어떠한 위치에 있는지 해석하여라(타회사의 평균재고자산회전율은 6.89회).

[해] A회사의 재고자산회전율 $= \dfrac{\text{매출액}}{\text{재고자산}} \times 100 = \dfrac{2,380,000}{688,500} \times 100 = 3.46$회

A회사 재고자산회전율: 타회사 평균재고자산회전율 $= 3.46$회 < 6.89회

∴ 다른 회사에 비하여 A사는 효율적인 생산, 판매활동이 이루어지지 못함

Ⅳ. 수익성 비율

① 수익성 비율은 기업의 모든 활동이 종합적으로 어떤 결과를 나타내는가를 측정하는 것이다.

② 순이익과 총자본(총자산)의 관계를 나타내는 것으로 기업의 수익성을 대표하는 비율이다.

③ 투자수익률(return on investment)이라고도 하며 간단히 ROI로 쓰인다.

$$투자수익률 = \dfrac{\text{순수익}}{\text{자기자본}} \times 100$$

IF	해당회사 투자수익률 > 타회사평균 투자수익률: 타 회사에 비하여 수익성이 좋음
	해당회사 투자수익률 < 타회사평균 투자수익률: 타 회사에 비하여 수익성이 낮음

[예제 4] A사의 순이익이 18,000천원이고 자기자본이 633,000천원일 때 A사의 투자수익률을 산정하고 타회사에 비하여 어떠한 위치에 있는지 해석하여라(타회사의 평균투자수익율은 10.74%).

[해] A회사의 투자수익율 $= \dfrac{\text{순이익}}{\text{자기자본}} \times 100 = \dfrac{18,000}{633,000} \times 100 = 2.84\%$

A회사 투자수익률: 타회사 투자수익률 $= 2.84\% < 10.74\%$

∴ 다른 회사에 비하여 A사는 비능률적으로 운영하고 있거나, 타인자본을 적절히 사용하지 못하고 있음

제 3 절 수익성 평가기법

I. 순현재가치법(Net Present Value)

① 일정시점을 전제로 미래 발생할 수입과 투자비용을 현재의 가치로 환산하여 비교하는 방법으로 비교시 $NPV \geq 0$이면 투자가치가 있는 것이고, $NPV \leq 0$이면 투자가치가 없는 것으로 판단한다.

② 순현재가치법(NPV)을 적용할 경우 유의할 사항은 다음과 같다.

• 순현재가치의 값은 할인율의 크기에 따라 변하므로 할인율 적용시 유의해야 함

$$\sum_{t=0}^{n} \frac{I_t}{(1+r)^t} - \sum_{t=0}^{n} \frac{O_t}{(1+r)^t} = NPV$$

NPV: 순현재가치
I: 수입
O: 비용
r: 할인율(이자율)
t: 기간
n: 종료가 되는 시기

[예제 5] 어느 대중교통 기업이 300억 원에 해당하는 경전철회사를 인수하였다. 5년의 투자기간 동안 발생하는 수익이 1년차 80억 원, 2년차 80억 원, 3년차 90억 원, 4년차 90억 원, 5년차 150억 원이 발생하였다면, 이 프로젝트의 NPV는 얼마인가? (할인율은 10%로 가정)

0년차	1년차	2년차	3년차	4년차	5년차
−300억 원	+80억 원	+80억 원	+90억 원	+90억 원	+150억 원

[해] $NPV = \dfrac{80}{1.1} + \dfrac{80}{1.21} + \dfrac{90}{1.331} + \dfrac{90}{1.464} + \dfrac{150}{1.61} - 300$

$= 360.9 - 300 = 60.9$

∴ 이 기업이 경전철 프로젝트에 투자할 경우 60.9억 원 상당의 순현재가치 수익을 얻을 수 있음

II. 내부수익률법(Internal Rate of Return)

① 일정시점을 전제로 소득현가와 비용현가를 같게 만드는 할인율로 NPV를 0으로 만드는 할인율을 의미한다.

② 할인율이 바로 내부수익률이며 이것이 투자자의 요구수익률보다 높거 나 같다면 사업성이 있는 것이고 그렇지 않다면 투자성이 없는 것이다. 즉, 내부수익률이 자본비용 또는 시장이자율보다 큰 투자 안을 선택하 게 된다.

$$\sum_{t=0}^{n} \frac{I_t}{(1+r)^t} - \sum_{t=0}^{n} \frac{O_t}{(1+r)^t} = 0$$

  I: 수입
  O: 비용
  r: 할인율
  t: 기간
  n: 종료가 되는 시기

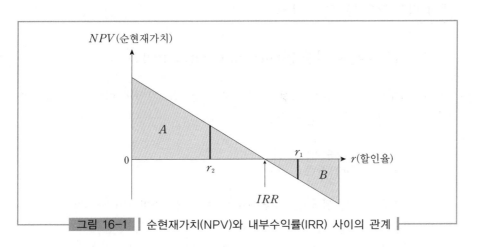

| 그림 16-1 | 순현재가치(NPV)와 내부수익률(IRR) 사이의 관계 |

- 영역 A의 경우 $r_2 < IRR \Rightarrow NPV(+)$
- 영역 B의 경우 $r_1 > IRR \Rightarrow NPV(-)$

Ⅲ. 수익성 지수법(Profitability Index Method)

① 투자로 인하여 발생하는 현금유입의 현가를 현금유출의 현가로 나눈 비율이다.

② 수익성지수가 1보다 크면 재무적 타당성이 있는 것으로 판단한다.

$$PI = \sum_{t=0}^{n} \frac{R_t}{(1+r)^t} / \sum_{t=0}^{n} \frac{C_t}{(1+r)^t}$$

PI: 수익성지수

R: 현금유입(수입)

C: 현금유출(비용)

r: 할인율(이자율)

t: 기간

n: 종료가 되는 시기

제 4 절) 이익률 평가지표

Ⅰ. 자기자본 이익률(Return on Equity: ROE)

① 자기자본에 대한 수익성을 나타내는 것으로 기업의 이익 창출 능력을 나타내는 지표로 활용된다.

$$ROE = \frac{당기순이익}{자기자본} \times 100$$

② 당기순이익은 세금 등을 공제한 순수이익을 의미하며 자기자본은 타인 자본(부채)에 상대되는 개념으로 투하된 자본이다.

③ 당기순이익과 자기자본은 모두 재무제표에 표현되므로 산출된 수치를 이용하여 계산한다.

④ ROE가 높은 기업에 투자하는 것이 좋은가?

• ROE는 기업의 위험을 반영하지 않은 것이므로 부채비율을 고려하여 확인해야 함

• 과거자료를 이용한 수치이므로 미래에 대한 불확실성을 염두에 두어야

함
* 경영자의 총체적인 기업경영의 평가의 잣대로 훌륭한 지표임
⑤ 여러 요소를 반영한 자기자본순이익률(ROE)는 아래와 같은 과정을 거쳐 도출된다.

$$ROE = \frac{\varepsilon}{E} = \frac{[EBIT - i \times D](1-t)}{E} = \frac{[ROA \times (E+D)](1-t)}{E}$$

$$\frac{[ROA \times D + ROA \times E - i \times D](1-t)}{E} = \left[ROA + (ROA - i)\frac{D}{E}\right](1-i)$$

ROE: 자기자본순이익률 　　ROA: 총자산영업이익률

ε: 순이익 　　　　　　　　E: 자기자본

$EBIT$: 영업이익 　　　　　i: 타인자본의 평균이자율(부채비용)

D: 총부채 　　　　　　　　t: 법인세율

$\dfrac{E}{D}$: 부채의존도

* 수익성(총자산영업이율) > 부채비율 → 투자자 주주의 수익성(자기자본수익률)이 늘어남
* 수익성(총자산영업이율) < 부채비율 → 자기자본 수이익률이 줄어듬

Ⅱ. 자산수익률(Return on Asset: ROA)

① 대중교통회사에서 주어진 총자산을 수익창출 활동에 얼마나 효율적으로 이용하였는가를 측정해주는 수익성 지표이다.

$$ROA = \frac{순이익}{총자산} \times 100$$

② 손익계산서에서 세금 차감 후 순이익을 평균총자산으로 나눈 값을 제시하고 있다.
③ 매출과 비용을 얼마나 잘 관리했는지를 보여주며, 얼마나 효과적으로 유가증권, 재고자산 및 고정자산 등을 잘 운용했는지 나타낸다.
④ 회사의 수익이 어떤 방향으로 이동하고 있을 때 왜 그런 일이 일어나는지를 판단할 수 있으며, 만약 수익은 상승하는데 ROA가 하락한다면

그것은 자산이 수익보다 더 빨리 증가하였다는 것이고 이는 회사의 자산을 효과적으로 운용하지 못했다는 의미이다.

⑤ 어느 경전철프로젝트의 수익지표는 다음과 같다고 한다.

	A경전철	B경전철
총자산영업이익률	7%	14%
총자산순이익률	6%	2%

- 두 경전철 프로젝트의 이익창출력을 보면 B경전철이 우수한 것으로 나타남
- 그러나 타인자본으로 인한 부채의존도가 반영된 총자산순이익률 측면에서는 타인자본을 활용한 A경전철이 우수하다고 볼 수 있음

표 16-2 ROE와 ROA의 차이

구 분	중점내용	내 용
ROA	기업 자산의 효율성	경영자가 운용한 자산 총액과 회사 전체 이익과의 관계에서 산출되는 비율로서 기업 자산 전체의 투자 효율성을 평가하는 지표
ROE	주주지분에 국한된 수익성	자기자본 총액과 주주들 몫과의 관계에서 산출되는 비율로 주주 지분에 국한하여 수익성을 평가하는 지표

표 16-3 ROE와 ROA의 수익률 예제

대차대조표(A 기업) 자산 50억 원 부채 15억 원 자본 35억 원	대차대조표(B 기업) 자산 50억 원 부채 35억 원 자본 15억 원

- A, B기업의 자산 규모는 50억 원으로 동일
- 두 기업 모두 50억 원을 투자하여 1년 뒤 똑같이 20억 원의 이익이 발생

A 기업은 부채 15억 원에 대하여 1억 원의 이자를 지불		B 기업은 부채 35억 원에 대하여 10억 원의 이자를 지불	
ROA	$=\dfrac{10억\ 원}{50억\ 원}\times100=20\%$	ROA	$=\dfrac{10억\ 원}{50억\ 원}\times100=20\%$
ROE	$=\dfrac{19억\ 원}{35억\ 원}\times100=54.28\%$	ROE	$=\dfrac{10억\ 원}{15억\ 원}\times100=66.66\%$

Ⅲ. 투자자본이익률(Return on Investment: ROI)

① 순이익을 총 자산으로 나눈 것으로 재무제표를 놓고 회사의 수익성을 분석할 때 사용하는 지표이다.

② 투자한 돈만큼 얼마나 수익을 얻을 수 있는지를 수치로 나타낸 것이다.

$$ROI = \frac{(단기순이익 + 차입금이자 + 배당)}{투자자본} \times 100$$

③ 투자자본과 이익의 유형이 다양하여 수익성 비율을 산정하는데 있어서 투자자본에 걸맞는 이익을 선택해야 한다.

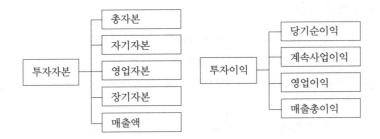

Ⅳ. 매출액이익률(Return on Sales: ROS)

① 매출액이익률은 승객요금과 기타 수입에서 제반비용을 빼고 이익을 낼 수 있는 평가지표가 된다.

$$매출액이익률(ROS) = \frac{영업이익}{매출액}$$

　　　영업이익: 매출액 − 영업비(주로 변동비: 운영비, 관리비, 홍보비 등)
　　　매출액: 철도요금수입, 광고수입 등
　　　영업비: 운영비, 인건비, 관리비, 홍보비

② 또한 매출영업이익률은 생산효율성(production effciency)지표와 관리효율성(managerial efficiency)지표로 나누어 진다.

$$생산효율성지표 = \frac{매출총이익}{매출액}$$

$$관리효율성지표 = \frac{영업이익}{매출총이익}$$

③ 이 두 가지 효율성 지표를 포함하여 매출액영업이익률은 다음과 같다.

$$매출액영업이익률 = \frac{영업이익}{매출총이익} = \frac{매출총이익}{매출액} \times \frac{영업이익}{매출총이익}$$

Ⅴ. 레버리지분석(Leverage Analysis)

1. 레버리지란

① 재무레버리지(financial leverage)란 타인자본을 이용함으로써 고정재무 비용(이자비용)을 부담하는 것이다.

② 손익계산서에서 영업이익으로부터 세후순이익이 결정되는 부분의 분석이다.

③ 기업의 매출액의 변화에 따른 이익의 변화양상을 분석한다.

④ 고정비용을 발생시키는 자산이나 자금의 사용을 의미한다.

⑤ 타인자본을 사용하게 되면 영업이익의 증가나 감소에 관계없이 일정금액의 이자를 지불하게 되고 그 나머지가 주주에게 돌아간다.

⑥ 타인자본사용에 따라 발생하는 고정적인 이자비용이 지렛대(lever)역할을 하여 주주에게 돌아가는 세후순이익의 변화율은 영업이익변화에 비해 커진다.

[예제 6] 어느 회사의 영업이익이 1억 원이며, 현재 매년 지불하여야 하는 이자비용이 2,000만 원이다. 이때 법인세율을 50%로 가정하였을 경우 영업이익의 변화에 따른 세후순이익에 미치는 영향을 파악하여라.

[해] 회사의 영업이익이 ±40% 증감시 세후순이익의 변화를 살펴보면 다음과 같다.

(단위: 만원)

항 목	40% 감소	현재	40% 증가
영업이익	6,000	10,000	14,000
(−)이자비용	2,000	2,000	2,000
세전이익	4,000	8,000	12,000
(−)법인세	2,000	4,000	6,000
세후순이익	2,000	4,000	6,000

∴ 영업이익이 40% 감소시 세후순이익은 기존보다 50% 감소
∴ 영업이익이 40% 증가시 세후순이익은 기존보다 50% 증가

2. 레버리지분석 종류

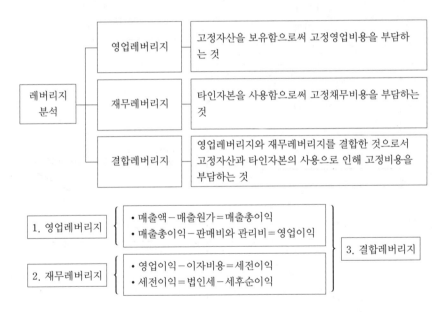

Ⅵ. 손익분기점분석(Break-Even Point)

손익분기점(break-even point)은 기업의 생산 및 판매활동에서 총수입과
총비용이 같게 되어 순이익이 "0"이 되는 점을 의미한다. 영업레버리지분석에
서는 매출액과 영업비용이 같게 되어 영업이익이 "0"이 되는 점을 손익분기점
이라 한다.

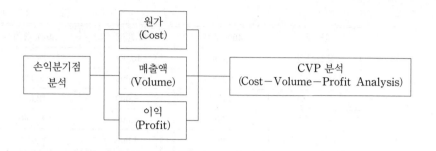

표 16-4 | 고정비용과 영업비용의 비교

고정영업비용	변동영업비용
건물과 기계의 감가삼각비	직접 노무비
임차표	직접 재료비
경영진의 보수	판매 수수료
기타	기타

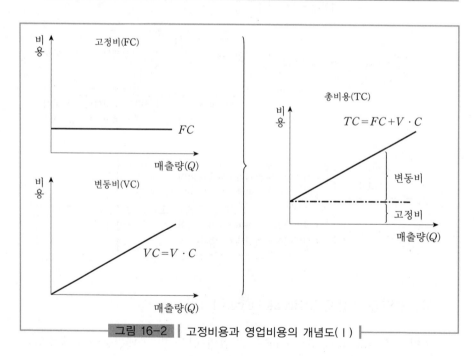

그림 16-2 | 고정비용과 영업비용의 개념도(Ⅰ)

매출액과 영업비용이 일치할 때의 매출량을 표현하면 다음과 같다.

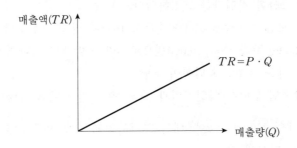

$$Q = \frac{FC}{P-V}$$

$PQ = FC + V \cdot C$

P: 단위당 판매가격

Q: 손익분기점의 매출량

FC: 고정영업비용

V: 단위당 변동비

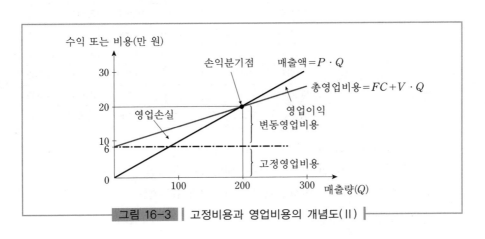

그림 16-3 │ 고정비용과 영업비용의 개념도(Ⅱ) │

Ⅶ. 자본분기점분석

세후순이익은 영업이익에서 이자비용과 법인세를 뺀 것으로서 주주에게 돌아가는 이익이다. 세후순이익을 보통주의 발생주식수로 나누면 주단순이익이 된다.

[예제 7] A사는 새로운 교통관련 시설 투자에 필요한 10억 원의 자본을 어떻게 조달할 것인가를 고려하였다.

대안 1: 보통주를 주당 10,000원으로 10만주 발행하여 조달

대안 2: 보통주를 주당 10,000원으로 5만주 발행하고 나머지 5억 원을 이 자율 10%로 차입하여 조달

각 조달방법에 따른 영업이익과 주당순이익의 관계를 나타내어라.

[해] 대안 1과 대안 2에 대한 영업이익에 따른 세후순이익에 대한 내용 은 다음과 같다.

대안 1 (자기자본 10억 원)	영업이익	5,000	10,000	15,000	20,000
	(−)이자비용	0	0	0	0
	세전이익	5,000	10,000	15,000	20,000
	(−)법인세(50%)	2,500	5,000	7,500	10,000
	세후순이익	2,500	5,000	7,500	10,000
	주당순이익(원): 10만주	250	500	750	1,000
대안 2 (자기자본 5억 원, 타인자본 5억 원)	영업이익	5,000	10,000	15,000	20,000
	(−)이자비용	5,000	5,000	5,000	5,000
	세전이익	0	5,000	10,000	15,000
	(−)법인세(50%)	0	2,500	5,000	7,500
	세후순이익	0	2,500	5,000	7,500
	주당순이익(원): 5만주	0	500	1,000	1,500

∴ 자본조달계획이 차이가 없는 점: 자본분기점

∴ 영업이익이 1억 원 이하일 경우: 대안 1이 유리함

∴ 영업이익이 1억 원 이상일 경우: 대안 2가 유리함

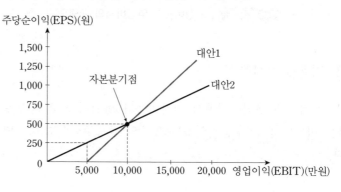

제 5 절 교통관련회사의 재무위험 평가지표

I. 유동성 비율(Liquidity Ratio)

유동성 비율은 교통프로젝트로 인해 빌리는 단기채무에 대한 변제능력이나 자금상황에 대한 평가지표이다.

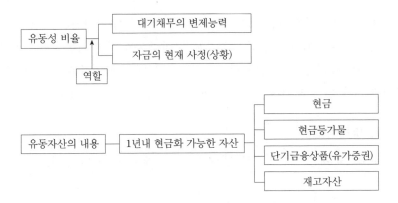

1. 유동비율(current ratio)

유동비율은 단기 채무에 충당할 수 있는 유동성 자산의 비율을 가늠해 보기 위한 지표이다.

$$유동비율 = \frac{유동자산(1년이내 \ 현금화 \ 가능 \ 유동자산)}{유동부채(1년이내 \ 만기가 \ 돌아오는 \ 유동부채)}$$

2. 당좌비율(quick ratio)

유동비율(current ratio) = 유동자산 − 재고자산

재고자산 = 유동자산 중 현금화되는 속도가 늦고 불확실성이 높은 재고자산

3. 순운전자본(net working capital)

순운전자본은 단기성 부채의 면제에 충당하고 나서 유동자산이 여유가 있는지에 대한 크기를 나타낸다.

$$순운전자본(Net\ Working\ Capital) = 유동자산 - 유동부채$$

순운전자본은 단기채무에 대한 지급능력을 평가하는 기준이 된다.

$$순운전자본\ 구성비율 = \frac{순운전자본}{총자본} = \frac{유동자산 - 유동부채}{총자본}$$

Ⅱ. 레버리지 비율(Leverage Ratio)

레버리지는 부채라는 지렛대를 이용하여 자본을 조달하는 것을 의미한다. 채권자 측면에서는 부채 의존도는 채권회수에 대한 위험요소로 작용할 수 있다. 돈을 빌려간 채무자의 회사나 프로젝트에서 타인자본이 차지하는 비중이 높아지게 되면 채권자가 채권을 회수할 위험이 그만큼 커지게 된다.

1. 부채비율

부채비율에는 일반적으로 부채비율과 부채구성비율이 있다.

$$부채구성비율(D/A비율) = \frac{총부채}{총자본}$$

D/E비율: Debt to Equity Ratio
D/A비율: Debt to Asset Ratio

2. 이자보상비율

이자보상비율(times interest earned: TIE)은 이자지급능력을 평가할 때 사용된다. 이 보상비율의 크기는 회사운영으로부터 얻어지는 현금흐름이 이자비용에 충당되는 여유를 판단하는데 사용된다.

$$이자보상비율 = \frac{영업이익(EBIT) + 감가상각비}{이자비용}$$

3. 현금흐름대 자본비율

교통투자프로젝트에서 현금흐름은 운영수입의 수준을 알 수 있고, 현금의 규모를 파악할 수 있게 하는 토대가 된다. 현금흐름대 자본지출비용은 프로젝트로 인한 현금창출능력과 부채상환능력을 평가하는 지표로 사용된다.

$$현금흐름대\ 자본지출비용 = \frac{현금흐름}{자본지출액}$$

4. 비유동(고정)비율(fixed ratio)

예컨대 도시철도프로젝트에 조달된 자본으로 고정자산(전동차 등)에 사용되면 이는 자금이 장기적으로 묶이게 된다. 따라서 투자된 비유동(고정)자산이 자기자본에서 차지하는 비율을 산출해보면 고정자산과 자기자본간의 균형관계를 파악할 수 있다.

$$비유동(고정)자산 = 투자자산 + 유형자산 + 무형자산$$

$$비유동(고정)비율 = \frac{투자자산 + 유형자산 + 무형자산}{자기자본}$$

5. 비유동장기적합률

예컨대 도시철도프로젝트에 있어서 비유동(고정)자산에 대한 투자는 사업기간 내 자기자본만을 투입하는데는 어려움이 있어서 장기부채를 활용하는 경우가 많다.

$$비유동장기적합률 = \frac{투자자산 + 유형자산 + 무형자산}{자기자본 + 장기부채}$$

 제 6 절 교통영향평가

I. 교통영향평가제도의 발전과정

1986년 법제화를 통해 시행이 이루어졌으며, 5차례에 걸친 제도의 수정보완을 통해 현재에 이르기까지 20여년 동안 도시교통문제를 완화하고 해소하는 데 기여를 하고 있다.

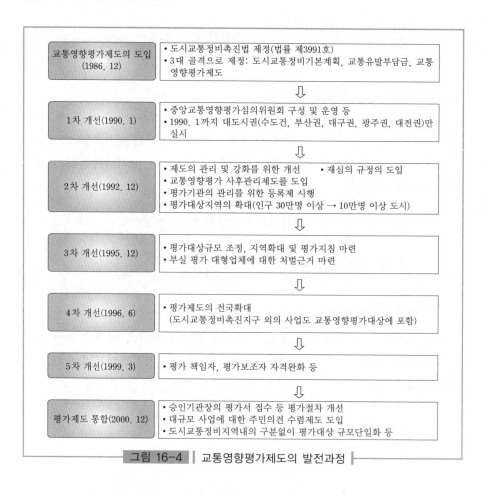

교통영향평가제도의 도입 (1986. 12)	• 도시교통정비촉진법 제정(법률 제3991호) • 3대 골격으로 제정: 도시교통정비기본계획, 교통유발부담금, 교통영향평가제도

⇩

1차 개선(1990. 1)	• 중앙교통영향평가심의위원회 구성 및 운영 등 • 1990. 1까지 대도시권(수도권, 부산권, 대구권, 광주권, 대전권)만 실시

⇩

2차 개선(1992. 12)	• 제도의 관리 및 강화를 위한 개선 • 재심의 규정의 도입 • 교통영향평가 사후관리제도를 도입 • 평가기관의 관리를 위한 등록제 시행 • 평가대상지역의 확대(인구 30만명 이상 → 10만명 이상 도시)

⇩

3차 개선(1995. 12)	• 평가대상규모 조정, 지역확대 및 평가지침 마련 • 부실 평가 대형업체에 대한 처벌근거 마련

⇩

4차 개선(1996. 6)	• 평가제도의 전국확대 　(도시교통정비촉진지구 외의 사업도 교통영향평가대상에 포함)

⇩

5차 개선(1999. 3)	• 평가 책임자, 평가보조자 자격완화 등

⇩

평가제도 통합(2000. 12)	• 승인기관장의 평가서 접수 등 평가절차 개선 • 대규모 사업에 대한 주민의견 수렴제도 도입 • 도시교통정비지역내의 구분없이 평가대상 규모단일화 등

그림 16-4 │ 교통영향평가제도의 발전과정

Ⅱ. 교통영향평가제도의 내용

1. 교통영향평가의 적용범위

현행 교통영향평가 적용대상은 환경·교통·재해 등에 관한 영향평가법, 시행령 제2조 제3항 및 제14조 1항에 명시되어 있으며 여기에는 크게 사업과 시설로 구분되어지고 있다. 사업의 경우는 11개의 대상사업으로 분류하여 28개의 개별사업으로 구분하고 있으며, 시설은 23개의 용도를 중심으로 37개의 개별시설로 구분하여 시행하고 있다.

(1) 공간적 범위

교통영향평가 작성지침에 의한 형가의 공간적 범위는 평가대상시설 및 사

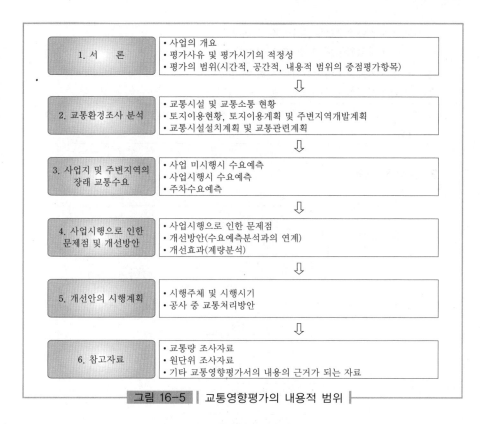

1. 서 론	• 사업의 개요 • 평가사유 및 평가시기의 적정성 • 평가의 범위(시간적, 공간적, 내용적 범위의 중점평가항목)
2. 교통환경조사 분석	• 교통시설 및 교통소통 현황 • 토지이용현황, 토지이용계획 및 주변지역개발계획 • 교통시설설치계획 및 교통관련계획
3. 사업지 및 주변지역의 장래 교통수요	• 사업 미시행시 수요예측 • 사업시행시 수요예측 • 주차수요예측
4. 사업시행으로 인한 문제점 및 개선방안	• 사업시행으로 인한 문제점 • 개선방안(수요예측분석과의 연계) • 개선효과(계량분석)
5. 개선안의 시행계획	• 시행주체 및 시행시기 • 공사 중 교통처리방안
6. 참고자료	• 교통량 조사자료 • 원단위 조사자료 • 기타 교통영향평가서의 내용의 근거가 되는 자료

그림 16-5 | 교통영향평가의 내용적 범위 |

업의 규모에 따라 적용되는 공간적 범위가 상이하여 시설의 경우 최소 12개 교차로, 사업의 경우 최소 20개의 교차로를 포함한다.

(2) 내용적 범위

현행 교통영향평가지침에 근거한 교통영향평가서 작성내용은 평가시점의 교통 환경을 조사·분석하고, 사업시행 전·후의 장래 교통수요를 예측하고 시행사업으로 인하여 발생하는 교통관련 문제점과 그 영향을 파악, 개선대책을 강구하여 주변 교통체계에 미치는 영향을 최소화하기 위한 것으로 그 내용은 다음과 같다.

(3) 시간적 범위

교통영향평가의 시간적 범위는 사업과 시설로 구분하고 있으며, 사업의 경우 완공 후 1년, 5년, 10년을, 시설의 경우 설치 후 1년, 5년을 기준으로 하여 사업시행으로 인한 추정되는 장래 교통수요 및 문제점이 유효하게 검증될 수 있는 기한을 정하여 검토하도록 하고 있다.

1. 사업: • 중앙교통영향심의 위원장 대상
      • 사업완공 후 1년 · 5년 · 10년

2. 시설: • 지방교통영향심의 위원회 대상
      • 시설설치 후 1년 · 5년

3. 제 1 호 및 제 2 호의 규정에 의하여 교통영향평가의 시간적 범위를 설정하는 경우 사업기간은 평가 완료일부터 계산한다.

2. 절차적 내용

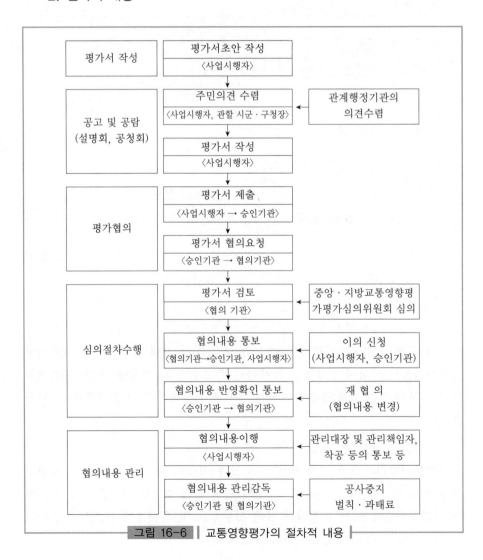

평가서 작성	평가서초안 작성 〈사업시행자〉	
공고 및 공람 (설명회, 공청회)	주민의견 수렴 〈사업시행자, 관할 시군 · 구청장〉	관계행정기관의 의견수렴
	평가서 작성 〈사업시행자〉	
평가협의	평가서 제출 〈사업시행자 → 승인기관〉	
	평가서 협의요청 〈승인기관 → 협의기관〉	
심의절차수행	평가서 검토 〈협의 기관〉	중앙 · 지방교통영향평가평가심의위원회 심의
	협의내용 통보 〈협의기관→승인기관, 사업시행자〉	이의 신청 (사업시행자, 승인기관)
	협의내용 반영확인 통보 〈승인기관 → 협의기관〉	재 협 의 (협의내용 변경)
협의내용 관리	협의내용이행 〈사업시행자〉	관리대장 및 관리책임자, 착공 등의 통보 등
	협의내용 관리감독 〈승인기관 및 협의기관〉	공사중지 벌칙 · 과태료

그림 16-6 │ 교통영향평가의 절차적 내용

Ⅲ. 교통영향평가제도의 문제점 및 최근 동향

교통영향평가제도 출범 초기에는 수도권 등 5대 도시의 교통문제 해결을 위한 방안으로 제시되었으나, 현재 전국적으로 동일한 평가기준에 의하여 교통영향평가를 실시하고 있고 도시교통문제 해소에 크게 기여하였다. 그러나 그 운영상의 문제점이 적지 않게 발생되었다.

1. 평가의 객관성

우리나라의 교통영향평가제도의 가장 큰 특징은, 평가대행자가 사업주의 의뢰를 받아 평가서를 작성하면 심의위원회가 이를 토대로 개선안을 확정하는 점이다. 이에 따라 사업주에 의해 선임된 대행자는 평가·개선안 작성에서 객관성이 요구됨에도 불구하고 사업주 편에 서는 것이 불가피하다. 즉 평가대행자가 사업주의 편에서 일하게 됨으로써 사업주에게 지나치게 유리한 평가서를 작성하는 경우가 발생할 수 있다.

2. 심의의 공정성

교통영향평가 심의위원회는 개선안 의결권을 가지고 있으며, 명문화된 상세한 심의기준 없이 운영되고 있으므로 비슷한 조건의 평가대상에 대하여 개선안의 요구 수준에 큰 차이가 나는 경우가 발생할 수 있다. 또한 짧은 시간 동안 많은 건의 심의를 함에 따라 심의위원이 이를 면밀하게 검토하지 못한다는 문제점이 있다.

3. 평가서의 정확성

현재 교통영향평가서 작성에 사용되는 유발교통원단위는 동일 유형이라도 대상사업의 규모와 유형, 도시규모, 사업지 위치, 시설의 질적 수준 등에 따라 일일, 또는 시간대별로 그 양상과 특성이 서로 다른 패턴을 보이고 조사시점에 따라 다양한 차이가 있을 수 있다. 주변가로 교통량 또한 계절, 날씨, 공사, 사고, 행사 등 사소한 변수에 의해서도 그 차이는 현격할 수 있다. 따라서 조사시점의 원단위와 교통량 자체를 가지고 정확성 여부를 판단하는 데는 한계가 있다.

또한 사업주에 의해 선임된 대행자는 사업주의 편에 서서 유리한 여건을 가진 유사시설에서 조사된 통행발생 원단위 자료를 이용하여 수요예측 작업을 수행하기도 한다.

4. 행정절차의 효율성

대규모 사업 등 일정규모 이상의 사업 및 시설에 대하여 주민설명회, 공청회 등 주민의견 수렴과정을 거치도록 하고 있어 이로 인해 4~5개월의 기간이 더 소요되고 있다. 그러나 주민의견 수렴의 내용은 교통보다는 보상 등과 관련된 사항이 대부분이어서 교통 측면에서의 실효성은 매우 낮은 편이다.

또한 교통영향평가 관련 행정절차가 복잡하여 평가서 접수 후 완료까지 많은 기간이 필요하게 되어 심의를 위한 심의위원회를 운영하는 과정에 많은 예산과 행정인력이 소요되고, 전문성과 경험, 연속성을 가진 심의위원 구성 및 운영에 어려움이 따른다.

5. 통합법의 실효성

영향평가라는 명칭은 동일하나 각 영향평가제도는 그 내용에 있어서 평가서 작성소요기간, 분석방법, 전문가 그룹, 심의방법 등이 달라 통합의 실익에 대하여 많은 논란이 있으며, 현재 각 영향평가는 별도로 운영되고 있어 평가제도의 통합이 사업자에게 도움이 되지 못하고 있다.

6. 교통영향평가제도의 개선을 위한 최근 동향

교통영향평가를 대체하는 교통영향분석 · 개선대책을 「도시교통 정비 촉진법」에 마련하면서 불필요한 절차와 규제는 폐지하고 제도의 본질적인 목적을 유지하면서, 제도의 실효성과 합리성을 높일 수 있도록 사업자 중심으로 심의 방법, 심의절차를 대폭적으로 조정하였다.

제도 개선에 따른 주요 내용은 다음과 같다.

① 「환경 · 교통 · 재해 등에 관한 영향평가법」을 폐지하는 과정에서 '교통영향평가'를 대체하는 '교통영향분석 · 개선대책'을 「도시교통 정비 촉진법」에 마련하여 평가에 따른 사업자의 부담을 줄인다.

② 당해 승인관청에서 교통영향분석 · 개선대책위원회를 설치, 심의함으로써 사업계획의 승인에 따른 자율과 책임을 강화한다.

③ 건축물의 경우 건축위원회에서 건축심의와 교통개선대책 심의를 통합

하여 사업자의시간적 · 경제적 편의를 제공한다.

④ 수립대상지역은 도시교통정비지역과 그 교통권역으로 구분하여 교통
권역의 수립대상범위를 완화한다.

⑤ 최근 5년간 평가자료를 근거로 새롭게 교통유발량을 산정한다.

표 16-5 교통영향평가제도의 최근 동향

구 분	변 경 전	변 경 후
명 칭	교통영향평가제도	교통영향분석 · 개선대책제도
근 거	「환경 · 교통 · 재해 등에 관한 영향평가법」	「도시교통 정비 촉진법」
취 지	사업시행시 4대 영향평가(환경 · 교통 · 재해 · 인구)를 통합 · 작성하여 사업자의 부담 완화	4대 영향평가를 실제로 통합하지 못하여 당초대로 분리 -제도운영상 불필요한 절차 축소 -초안작성, 심의방법과 절차 생략
평가지역	전국을 동일기준으로 적용	도시교통정비지역과 교통권역으로 구분하고 차등 적용
심의기관	별도로 협의기관에서 심의 - 대규모 사업: 중앙교통영향심의원회(국토해양부) - t업 · 시설:지방교통영향심의위원회(시 · 도지사)	사업승인관청에서 심의 -사업: 교통영향분석 · 개선대책위원회 -시설: 건축위원회(건축심의와 통합심의)
심의시기	별도의 심의기관에서 실시계획 승인 또는 건축허가 전까지 심의를 받아 사업승인관청에 통보	승인관청에서 실시계획 승인 또는 건축허가 전에 심의 후 사업승인
심의절차	〈8단계〉 ① 평가서 초안작성→② 주민의견 수렴→③ 평가서 재작성→④ 평가서 제출→⑤ 평가서 협의 요청→⑥ 평가서 협의→⑦ 협의내용 통보→⑧ 사업승인	〈4단계〉 ① 교통영향분석 · 개선대책수립→② 교통개선대책 제출→③ 교통개선대책 심의→④ 사업 승인
조사 · 확인	협의기관 및 승인관청에서 심의내용 조사 · 확인 - 협의기관: 중앙 · 지방교통영향심의위원회 - 승인관청: 국토해양부, 시 · 도, 시 · 군 · 구 등	승인관청에서 심의내용 조사 · 확인

제 7 절 대중교통 성과지표(Performance Indicators)

　　대중교통의 성과지표란 대중교통수단이 얼마만큼 효과적으로 대중교통서비스를 제공하는지를 판단하기 위한 기준이다. 대중교통서비스 진단에는 서비스의 효율성을 측정할 수 있는 성과지표(Performance Measure 혹은 Performance Indicator) 설정이 전제된다.

　　대중교통 성과지표에는 다음 사항이 있다.

① 시스템 특성: 용량, 속도, 비용, 운행주기

② 서비스 특성: 안락성, 편리성, 신뢰성, 안정성

③ 지속적 특성: 에너지 소비량, 환경적 영향, 지역적 영향 등

I. 대도시 및 중소도시 교통정책관련 평가지표

부문	교통정책	7대 도시 교통정책 평가지표	중소도시 교통정책 평가지표
녹색 교통 및 교통 약자 대책	보행시설정비	쾌적한 보행환경의 창출 실적	쾌적한 보행환경의 창출 실적
	자전거 이용시설정비	자전거도로 건설 실적 및 운영사항	자전거도로 건설 실적 및 운영사항
	환경친화적 교통대책	자동차 대기오염 저감 노력	자동차 대기오염 저감 노력
	교통시설 무장애화	노약자 · 장애인을 위한 교통시설 개선	노약자 · 장애인을 위한 교통시설 개선
	교통문화지수	–	운전행태 조사결과
		–	보행행태 및 교통환경 실태
교통 안전	교통사고율	교통사고 발생건수 및 사망자수	교통사고 발생건수 및 사망자수
	교통사고 개선노력	교통사고 잦은 곳 개선 노력	교통사고 다발지점 개선 노력
		어린이 보호구역 지정	어린이 보호구역 지정

Ⅱ. 교통정책의 목표에 따른 평가지표

정책목표	교통체계 유형	평가지표	
이동성 향상	대중교통	• 주행속도 비율(승용차 / 버스) • 교통투자 비율(개인교통시설 / 대중교통시설)	
	이용	• 주행시간 비율(실제주행시간 / 계획주행시간) • 상대지체율(이상적인 통행시간 / 실제통행시간)	
	공급	• 도로 평균주행속도 • 인구 천명당 고속도로 연장	
편리성 제고	공급	• 우회도로 유무 • 도로포장상태 • 연동화 교차로 계수	
	대중교통	• 대중교통 배차간격(분) • 좌석점유율(인 / 좌석) • 통행당 환승횟수(회 / 통행)	
	이용	• 도로표지 시인성 • 도시철도 연장당 환승주차면수(면/km) • 대중교통과 개인교통의 수송비용 비율	
안전성 확보	이용	• 도로폭원 • 적정 설계속도 • 교차로 신호체계	
	공급	• 도로험프 • 과속단속 카메라 개수(개/10km) • 대중교통 차내 안전시설(손잡이, 소방시설)	
	안전시설	• 급회전 구간 개수(개/10km) • 사고발생건수 • 대중교통 난폭운전(신호 위반건수/10km)	
쾌적성 증진	공급 및 대중교통	• 터널 개수(개/10km) • 교량 개수(개/10km) • 대중교통 차내 청소상태 • 대중교통 냉·난방시설	
	이용	• 주행속도 편차 • 노변 가로수	
교통 정보 제공	공급 및 이용	• 우회경로 안내(가변정보표지판 개수 등) • 교통표지판 신뢰도 • 교통정보 종류(혼잡, 우회도로 정보 등) • 정보전달 방법	

대중교통	• 대중교통 연계교통수단 안내 • 대중교통 차내 운행노선도 시인성 • 대중교통 정보제공 광역성(시외교통정보 등) • 정류장 도착시간 정보제공

Ⅲ. 교통체계의 영향에 대한 평가지표

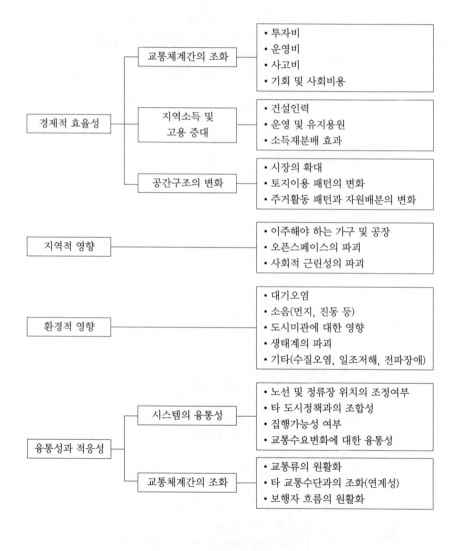

경제적 효율성	교통체계간의 조화	• 투자비 • 운영비 • 사고비 • 기회 및 사회비용
	지역소득 및 고용 증대	• 건설인력 • 운영 및 유지용원 • 소득재분배 효과
	공간구조의 변화	• 시장의 확대 • 토지이용 패턴의 변화 • 주거활동 패턴과 자원배분의 변화
지역적 영향		• 이주해야 하는 가구 및 공장 • 오픈스페이스의 파괴 • 사회적 근린성의 파괴
환경적 영향		• 대기오염 • 소음(먼지, 진동 등) • 도시미관에 대한 영향 • 생태계의 파괴 • 기타(수질오염, 일조저해, 전파장애)
융통성과 적응성	시스템의 융통성	• 노선 및 정류장 위치의 조정여부 • 타 도시정책과의 조합성 • 집행가능성 여부 • 교통수요변화에 대한 융통성
	교통체계간의 조화	• 교통류의 원활화 • 타 교통수단과의 조화(연계성) • 보행자 흐름의 원활화

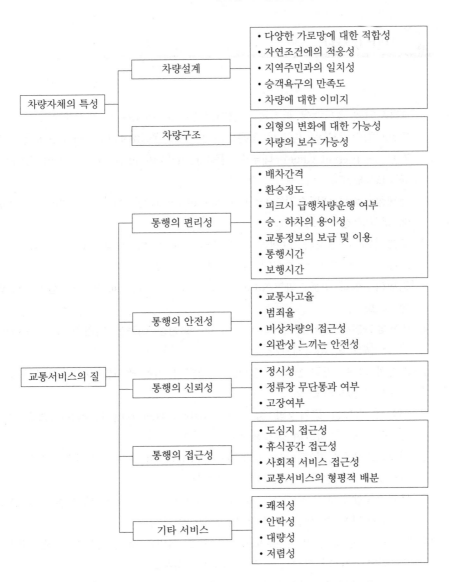

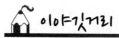 이야깃거리

1. 교통사업의 효율성을 평가하는 경제성 분석은 왜 하는지 생각해보자.

2. 도로사업의 경제성 평가시 적용하는 편익-비용비(Benefit-cast ratio), 순현재 가치(Net present value), 내부수익률(Internal rate of return) 기법의 장·단점 을 비교해보자.

3. 경제성분석시 내부수익률(Internal rate of return)을 적용하기 꺼려하는 이유 에 대하여 생각해보자.

4. 교통사업 대안평가 단계에서 시행하는 비용효과분석(Cost-Effectiveness Analysis)의 개념 및 특징에 대하여 서술하시오.

5. 경제성분석과 비용효과분석(Cost-Effectiveness Analysis)의 차이점에 대하여 생각해보자.

6. 비용효과분석(Cost-Effectiveness Analysis)법을 이용한 대안평가시 고려해야 할 평가요소를 생각해보자.

7. 기존의 비용·편익 분석의 결점을 보완하기 위한 평가방법에는 어떠한 것이 있는지 서술하시오.

8. 정성적 경제성 평가방법 중 AHP(Analytic Hierarchy Process)기법의 개념 및 적용대상에 대하여 생각해보자

9. 대차대조표작성법(planning balance sheet method)이란 무엇이며, 비용·편익 분석과의 차이점은 무엇인지 생각해보자.

10. 목표달성행렬법(goals-achievement matrix: GAM)의 분석과정을 설명하고, 분석과정에서 발생되는 단점에 대하여 설명하시오.

11. 평가기법 중 교통대안 선호도를 기반으로 대안의 우열성을 식별하는 방법은 무엇이며, 어떠한 분석과정 거치는지 설명하시오.

12. 교통사업 대안평가방법 중 상쇄법(trade-off analysis)의 장·단점을 기술하시오.

13. 교통사업의 대안평가방법을 선정하는 데 있어서 고려해야 할 요소들에는 어 떠한 것들이 있는가?

14. 교통영향평가에서 다루어야 할 주요 내용에는 어떠한 것들이 있는가?

15. 우리나라 교통영향평가제도의 문제점 및 최근 동향에 대하여 살펴보고, 앞으 로 교통영향평가제도가 나아가야 할 합리적인 방안을 생각해보자.

| 제 5 부 |

교통류 이론

| 제17장 | 교통류 이해
| 제18장 | 도로의 용량분석

제17장 교통류 이해

제1절 교통량, 속도, 밀도

교통류 특성은 교통량, 속도, 밀도로 표현된다. 이들 교통류 특성을 설명하는 변수들은 상호 밀접한 관계가 있다. 여기서는 이들 변수들의 특성과 상호관계를 알아 보겠다.

Ⅰ. 교 통 량

교통량은 일정 시간 t 동안에 특정 지점을 통과한 총 차량대수이다. 교통량 파악을 위한 시간구간은 15분, 1시간, 1일 등으로 구분하며, 각각에 대해서 15분 교통량, 1시간 교통량, 1일 교통량이라 한다.

교통량은 그 목적에 따라서 적절한 교통량 단위시간이 다르다. 도로계획에서는 연평균 일교통량(annual average daily traffic: AADT) 또는 일평균교통량(average daily traffic: ADT)을 이용하기 때문에 1일 교통량 자료가 필요하다. 그러나 도로설계, 또는 운영계획에서는 설계시간교통량(design hourly volume: DHV)을 이용하기 때문에 시간교통량 자료가 필요하다.

이에 비하여 15분 교통량은 교차로 분석과 같이 미시적 교통류 분석이나, 시간교통량의 보정에 활용된다. 시간교통량 보정에는 식 〈17-1〉의 첨두시간계수(peak hour factor: PHF)를 적용한다.

$$PHF = \frac{V_h}{4 \times V_{15}} \qquad \cdots\cdots \langle 17-1 \rangle$$

PHF : 첨두시간계수

V_h : 조사된 1시간 교통량

V_{15} : 첨두시 15분 교통량

교통량 조사에는 특정 지점에 조사원을 배치해서 통과차량의 대수를 계수하는 방법 외에도 이동차량법(moving vehicle method), 검지기를 이용하는 방법이 있다.

Ⅱ. 속   도

단위시간당 거리의 변화량을 속도라 한다. 속도는 측정방법 또는 계산방법에 따라서 여러 가지 유형의 속도가 있다.

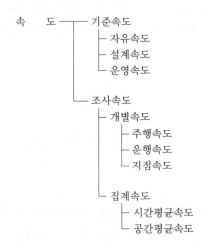

① 자유속도(free speed): 차량이 도로를 주행하면서 외부의 영향을 받지 않으면서 자유롭게 낼 수 있는 속도

② 설계속도(design speed): 차량의 안전한 주행을 확보하기 위하여 설정한 도로의 설계, 구조의 기준이 되는 인위적 속도

③ 운영속도(operating speed): 도로의 설계속도를 초과하지 않는 범위내에서 차량이 낼 수 있는 최대 안전속도

④ 주행속도(running speed): 총통행시간에서 정지시간을 뺀 값으로 이동한 거리를 나눈 속도

$$S_r = \frac{d}{(T_t - T_s)} \qquad \cdots\cdots \langle 17-2 \rangle$$

    S_r : 주행속도(km/h)

    d : 이동한 거리(km)

    T_t : 총통행시간(h)

    T_s : 주행중 정지한 시간(h)

⑤ 운행속도(travel speed): 총통행시간으로 이동한 거리를 나눈 속도

$$S_t = \frac{d}{T_t} \qquad \cdots\cdots \langle 17-3 \rangle$$

    S_t : 운행속도(km/h)

    d : 이동한 거리(km)

    T_t : 총통행시간(h)

⑥ 지점속도(spot speed): 특정 지점에서 속도감지기(speed gun) 등을 이용해서 측정한 속도

⑦ 시간평균속도(time mean speed): 일정시간 동안 특정 지점을 통과한 차량의 산술평균 속도로서 속도분석, 교통사고분석에 이용된다.

$$V_t = \frac{1}{N} \sum_{i=1}^{N} V_i \qquad \cdots\cdots \langle 17-4 \rangle$$

    V_t : 시간평균속도(km/h)

    N : 조사차량대수

    V_i : 조사된 개별 차량의 속도(km/h)

⑧ 공간평균속도(space mean speed): 일정시간 동안 도로의 한 구간을 점유하는 모든 차량의 조화평균속도로서 교통류 분석에 이용된다.

$$V_s = \frac{N}{\sum_{i=1}^{N} \frac{1}{V_i}} \qquad \cdots\cdots \langle 17-5 \rangle$$

    V_s : 공간평균속도(km/h)

    N : 조사차량대수

    V_i : 조사된 개별 차량의 속도(km/h)

Ⅲ. 밀   도

밀도는 일정시점에 도로의 단위구간 1개 차선을 점유하는 차량의 대수로 정의된다. 교통류의 밀도는 항공사진측량에 의한 조사법과 같이 직접조사를 통해서 측정하거나 교통량, 속도, 밀도 관계로부터 추정한다. 교통밀도는 운전자의 안락감 등 교통류의 상태를 측정하는 중요한 요소다.

$$K = \frac{(V_d/d)}{n} \qquad\qquad \cdots\cdots\langle 17{-}6\rangle$$

K : 교통밀도(대/km/차선)
V_d : 구간 d 내에 존재하는 차량대수(대)
d : 조사구간의 길이(km)
n : 차선수(차선)

제 2 절   교통량, 속도, 밀도의 관계

교통량, 속도, 밀도는 다음 식 〈17-7〉의 관계가 성립된다.

$$q = u \times k \qquad\qquad \cdots\cdots\langle 17{-}7\rangle$$

q : 교통량(대/차선)
u : 교통류 속도(km/h)
k : 교통류 밀도(대/km/차선)

위 식에서 교통량이 차선기준이므로 분석도로가 다차선도로이면 차선별 이용률을 고려한 차선수를 곱해야 해당구간의 교통량을 산정할 수 있다.

Ⅰ. 속도-밀도 관계

도로구간에서 밀도가 증가하게 되면 차량들간의 간섭현상이 심화되어 속도의 감소를 초래한다. 즉 극히 저밀도 상태에서의 교통류는 거의 자유속도에 이르게 되지만 밀도가 증가함에 따라서 타 교통류의 영향으로 차량속도는 자연히 감소하게 된다. 속도-밀도 모형에서는 직선식(Greenshield), 로그식(Greenberg), 단일식, 다중식 등이 있다.

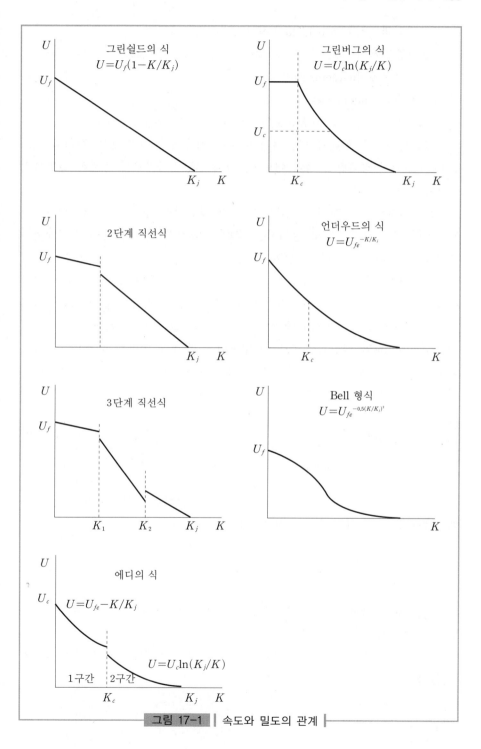

그림 17-1 속도와 밀도의 관계

① 직선관계식(Greenshield의 식)

② 다중관계식

③ 로그관계식(Greenberg의 식)

④ 지수식(Underwood식)

⑤ 단일관계식(Pipes와 Munjal의 식, Drew의 식, 종형태의 식)

직선관계식은 형태가 단순하기 때문에 적용이 용이한 반면 포화밀도(k_j: jam density)의 정확한 산정이 어렵고, 실제 현장조사자료를 충분히 설명하지 못하는 한계가 있다.

로그관계식은 포화밀도에 대해서 보다 설명력이 높은 식을 도출할 수 있고 조사자료와 대체적으로 일치하는 장점이 있지만 밀도가 낮은 영역에서는 부정확한 결과를 도출하는 단점이 있다.

다중관계식은 속도의 구간별로 설명하는 식을 별도로 규정함으로써 현장자료와 모형을 일치시키는 데 커다란 장점이 있다. 그러나 객관적으로 구간의 범위를 설정하기 어렵기 때문에 많은 논란의 소지를 안고 있다.

Greenshield 직선식의 속도와 밀도간의 관계를 이용하여 최대교통량인 용량을 구할 수 있다. 우선 식 〈17-7〉에 Greenshield의 직선식을 대입하면 식 〈17-8〉이 된다.

$$q = u_f \left(k - \frac{k^2}{k_j} \right) \qquad\qquad \cdots\cdots \langle 17\text{-}8 \rangle$$

u_f : 자유속도

용량에서는 교통량 q를 밀도 k에 대해서 미분하면 미분값이 0이 된다. 이때 용량밀도 k_m은 다음 식 〈17-9〉를 이용하여 구한다.

$$\frac{dq}{dk} = u_f \left(1 - \frac{2k_m}{k_j} \right) = 0 \qquad\qquad \cdots\cdots \langle 17\text{-}9 \rangle$$

u_f는 0이 아니므로 $1 - \frac{2k_m}{k_j} = 0$이다. 따라서 용량밀도는 $k_m = \frac{k_j}{2}$이며, 용량속도는 $u_m = \frac{u_f}{2}$가 된다.

용량은 위 조건을 식 〈17-7〉에 적용하여 아래 식 〈17-10〉과 같이 정리될 수 있다.

$$q_m = u_m \cdot k_m = \frac{u_f \cdot k_j}{2} \qquad \cdots\cdots \langle 17-10 \rangle$$

Ⅱ. 교통량–밀도 관계

교통량–밀도 관계는 교통류를 설명하는 기본 개념을 제공한다. 낮은 밀도
와 높은 밀도 사이에서 교통량($q-k$) 곡선은 볼록곡선의 모양을 이룬다. 교통
량과 밀도의 관계식을 Greenshield의 직선식으로부터 도출하면 식 〈17-8〉과
같이 설정될 수 있다.

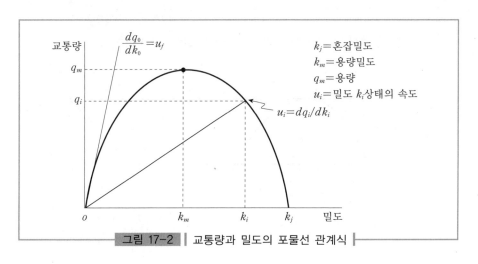

그림 17-2 │ 교통량과 밀도의 포물선 관계식 │

Ⅲ. 교통량–속도 관계

교통량이 적은 상태에서는 차량이 비교적 자유롭게 주행하게 되나, 교통량
이 증가함에 따라 교통류의 속도는 감소하게 된다. 일정수준의 속도에 도달하
면 교통량은 최대가 되고, 그 후부터는 속도와 교통량이 동시에 감소하게 된다.
최대교통량은 해당 도로구간의 용량이 되고 이때의 속도를 임계속도(critical
speed)라 한다.

교통량–속도 관계는 해당 도로구간의 서비스수준을 평가하는 데 근거를
제공한다. 자유속도로부터 임계속도 구간의 교통류를 안정류라 하고, 임계속
도 이하의 교통류를 강제류라 한다. 〈그림 17-3〉은 교통량–속도 관계그래프

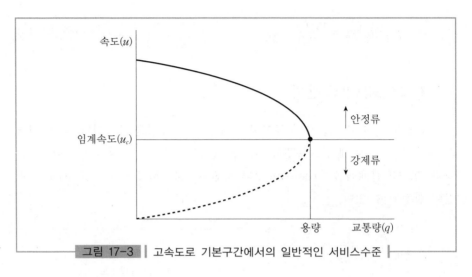

그림 17-3 | 고속도로 기본구간에서의 일반적인 서비스수준 |

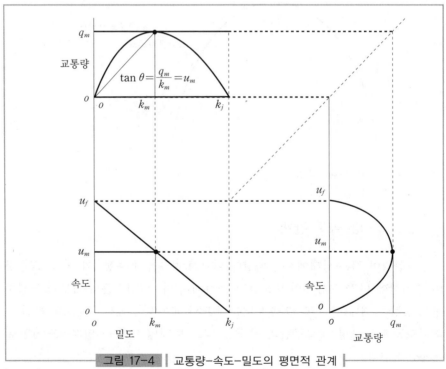

그림 17-4 | 교통량-속도-밀도의 평면적 관계 |

와 함께 고속도로 기본구간의 서비스수준 분석기준이다.

　　Greenshield의 직선식을 활용하여 교통량과 속도간의 관계식을 도출하면 다음과 같다.

$$k=k_j\left(1-\frac{u}{u_f}\right) \qquad \cdots\cdots\langle 17\text{-}11\rangle$$

식 〈17-11〉을 식 〈17-7〉의 교통량 속도 밀도 함수에 대입하면 다음 식이 작성된다.

$$q=k_j\left(1-\frac{u^2}{u_f}\right) \qquad \cdots\cdots\langle 17\text{-}12\rangle$$

식 〈17-12〉를 도식적으로 표현하면 〈그림 17-3〉과 같이 나타낼 수 있다. 〈그림 17-2〉와 〈그림 17-1〉, 〈그림 17-3〉을 종합적으로 정리하면 교통량, 속도, 밀도의 삼차원 관계를 〈그림 17-4〉와 같이 정리할 수 있다.

[예제] 속도와 밀도관계가 다음 그림과 같다. 용량교통량 속도 밀도 q_m, u_m, k_m을 구하여라.

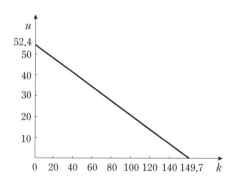

[해] $u=ak+b=\dfrac{-52.4}{149.7}k+52.4=-0.35k+52.4 \qquad \cdots\cdots\langle A\rangle$

$q=u\cdot k=(-0.35k+52.4)k=-0.35k^2+52.4k \qquad \cdots\cdots\langle B\rangle$

$\dfrac{dq}{dk}=-0.7k+52.4=0$

$\therefore\ k_m=\dfrac{52.4}{0.7}=74.9(\text{대}/\text{km})$

k_m을 〈A〉에 대입하여 u_m을 구한다.

$u_m=-0.35(74.9)+52.4=26.19(\text{km}/\text{시})$

q_m은 $q=u\cdot k$ 공식에 대입하거나 k_m을 〈B〉에 대입하여 구한다.

$q_m=u_m\cdot k_m=74.9\times 26.19=1961(\text{대}/\text{시})$

제3절 교통류의 해석

Ⅰ. 추종이론(Car Following Theory)

추종이론은 추월할 수 없는 연이은 도로를 주행할 때, 앞차의 가·감속과 속도에 따라 뒤차가 반응하는 특성을 규명하기 위해 개발된 분석이론이다. 이러한 연이은 차량의 주행 특성은 차량의 전체적인 흐름을 파악하는 데 기본이 된다.

앞차 n은 뒤차 $n+1$의 통행에 직접적으로 영향을 끼친다. 따라서, 운전자의 반응시간이 Δt이고 뒤차의 감속능력이 a_{n+1}이며, 통행속도가 V_{n+1}이면 제동거리 S_{n+1}은 다음 식 〈17-13〉과 같다.

$$S_{n+1} = \Delta t \cdot V_{n+1} - \frac{V^2_{n+1}}{2a_{n+1}} \qquad\cdots\cdots\langle 17-13\rangle$$

앞차와 거리가 L이고, 앞차가 속도 V_n으로 주행하다가 β_n의 감속을 하는 경우 앞차 n과 뒤차 $n+1$이 충돌하지 않으려면 다음 식 〈17-14〉의 관계가 성립되어야 한다.

$$L + S_n - S_{n+1} > 0 \qquad\cdots\cdots\langle 17-14\rangle$$

안전을 위한 한계거리를 X_0라 하면 다음 식 〈17-15〉가 성립된다.

$$L + S_n - S_{n+1} = X_0 \qquad\cdots\cdots\langle 17-15\rangle$$

앞차가 뒤차 제동시간 중에 이동하는 거리 S_n은 다음 식 〈17-16〉과 같다.

$$S_n = -\frac{V_n \cdot V_{n+1}}{a_{n+1}} + \frac{\beta_n V^2_{n+1}}{2a^2_{n+1}} \qquad\cdots\cdots\langle 17-16\rangle$$

식 〈17-15〉에 식 〈17-13〉과 식 〈17-16〉을 대입하면 식 〈17-17〉이 성립된다.

$$L - \frac{V_n \cdot V_{n+1}}{a_{n+1}} + \frac{\beta_n V^2_{n+1}}{2a^2_{n+1}} - \Delta t \cdot V_{n+1} + \frac{V^2_{n+1}}{2a_{n+1}} = X_0 \qquad\cdots\cdots\langle 17-17\rangle$$

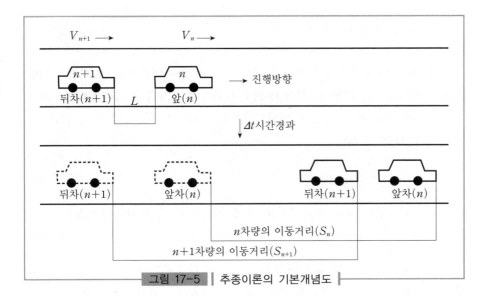

그림 17-5 | 추종이론의 기본개념도 |

앞차와 뒤차가 급작스런 제동시 안전거리 X_0를 확보할 수 있도록 할 수 있는 거리 L은 다음 식 〈17-18〉과 같이 정의될 수 있다.

$$L = \Delta t \cdot V_{n+1} + \frac{V_{n+1} \cdot (V_n - 2V_{n+1})}{2a_{n+1}} - \frac{\beta_n V_{n+1}^2}{2a_{n+1}^2} + X_0 \qquad \cdots\cdots \langle 17\text{-}18 \rangle$$

앞차와 뒤차의 속도 V_n과 V_{n+1}이 동일하고, 가감속능력 β_n과 a_{n+1}이 동일하면 다음 식 〈17-19〉가 성립된다.

$$L = \Delta t \cdot V_{n+1} + X_0 \qquad\qquad\qquad \cdots\cdots \langle 17\text{-}19 \rangle$$

L을 앞차와 뒤차의 t시점의 이격거리로 보면 식 〈17-20〉이 성립된다.

$$x_n(t) - x_{n+1}(t) = \Delta t \cdot V_{n+1}(t) + X_0 \qquad \cdots\cdots \langle 17\text{-}20 \rangle$$

뒤차의 속도 $V_{n+1}(t)$는 운전자가 Δt를 지난 이후에 변화하여 $V_{n+1}(t + \Delta t)$가 되므로 다음 식 〈17-21〉이 성립된다.

$$x_n(t) - x_{n+1}(t) = \Delta t \cdot V_{n+1}(t + \Delta t) + X_0 \qquad \cdots\cdots \langle 17\text{-}21 \rangle$$

식 〈17-21〉의 양변을 t에 대해 미분하여 정리하면 식 〈17-22〉가 성립된다.

$$a_{n+1}(t+\Delta t) = \frac{V_n(t) - V_{n+1}(t)}{\Delta t} \qquad \cdots\cdots \langle 17-22 \rangle$$

식 〈17-22〉에 의하면 앞차와 뒤차의 속도를 알면 반응시간 Δt 이후의 가감속을 파악할 수 있게 된다. 파악된 가감속도를 적용하면 $n+1$차량의 $t+\Delta t$시간의 변화된 위치와 $t+2\Delta t$에 변화된 위치를 다음 식 〈17-23〉과 식 〈17-24〉와 같이 파악할 수 있다.

$$x_{n+1}(t+\Delta t) = x_{n+1}(t) + \Delta t \cdot V_{n+1}(t) \qquad \cdots\cdots \langle 17-23 \rangle$$

$$x_{n+1}(t+2\Delta t) = x_{n+1}(t+\Delta t) + \Delta t \cdot V_{n+1}(t) + \frac{1}{2}\Delta t \cdot a_{n+1}(t+\Delta t)$$
$$\cdots\cdots \langle 17-24 \rangle$$

결국 앞차 n의 통행패턴 변화는 운전자의 반응시간 Δt 이후 뒤차 $n+1$의 통행특성 변화로 나타나고, Δt시간간격으로 변화가 파악되는 것이다.

이와 같은 추종이론은 앞차가 뒤차에 직접적으로 영향을 끼치는 경우에 확연히 적용될 수 있다. 그러나 차선변경과 같은 대처방안이 있으면 적용에 어려움이 있다. 또한 운전자의 반응능력과 반응시간의 차별성을 반영하지 못하는 한계와 앞차와 뒤차의 가·감속 능력이 동일하다는 가정은, 비록 차량의 성능이 동일해도 일상적인 경우에는 적용이 어렵고 긴급한 경우에 한정적으로 적용되는 한계가 있다. 따라서 일반적인 교통상황에 활용하기 위해서는 이상에서 파악된 많은 한계를 극복하는 기법을 개발하는 것이 필요하다.

II. 충격파이론(Shock Wave Theory)

추종이론이 개별차량간의 영향관계를 설명하는 교통공학 이론인 반면, 충격파이론은 차량군 또는 교통류 사이의 관계를 파악하여 교통현상을 이해하고자 하는 이론이다. 교통분석을 교통류의 관점에서 접근하기 위해서는 서로 특성이 다른 교통류간의 경계를 이해하고 이 경계의 움직임을 파악하는 것이 필요하다.

이 경계를 충격파(Shock Wave)라 부른다. 교통류 분석에서 기본이 되는 교통류의 특성은 속도, 교통량, 밀도가 있다. 이 중 하나만 달라도 성격이 다른 교통류가 된다.

성격이 다른 교통류가 만드는 충격파라는 경계는, 경계를 이루는 서로 다른 교통류의 성격에 따라, 다른 이동 특성을 갖는다. 이 경계의 움직임을 표현하는 것이 충격파의 속도이다.

〈그림 17-6〉의 (B)에 의하면 성격이 다른 교통류 A와 B가 t_1시간에 d_1이라는 지점에서 충격파를 형성하여 w_{AB}라는 속도로 진행하는 것을 알 수 있다. 이같이 충격파의 진행속도가 w_{AB}이기 때문에 $(t_1 - t_2)$ 시간 동안 충격파는 d_1에서 d_2지점으로 이동한 것을 〈그림 17-6〉의 (B)와 (C)를 통해 파악할 수 있다.

충격파의 진행속도 w_{AB}는 〈그림 17-6〉의 (A)에서 제시되는 바와 같이 속도와 교통량을 동시에 표현하는 $\vec{A}$에 $\vec{B}$를 감한, $(\vec{A} - \vec{B})$가 된다. 이는 전방 교통류와 후방 교통류의 교통량 차이를 밀도차이로 나눈 식 〈17-25〉를 이용

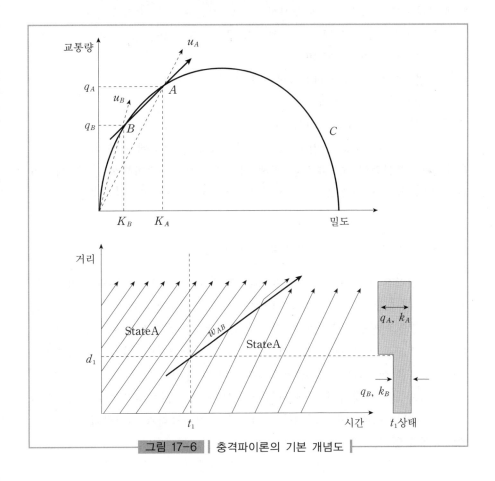

그림 17-6 │ 충격파이론의 기본 개념도

| 표 17-1 | 전 · 후방 충격파의 진행과 교통상태 |

후방　　　　전방	고　　　정	앞 으 로	뒤　　로
고　　　정	균형교통 상태	이동정체	이동정체 해소
앞 으 로	고정정체 해소	균형이동	정체 해소
뒤　　로	정지정체 발생	이동정체 확대	균형이동

하여 파악할 수 있다.

$$w_{AB} = \frac{\Delta q}{\Delta k} = \frac{q_A - q_B}{k_A - k_B} \qquad \cdots\cdots \langle 17-25 \rangle$$

교통류는 전방과 후방의 충격파로 경계를 이루며, 이 두 충격파의 이동상태에 따라 다음 〈표 17-1〉에 제시하는 바와 같은 특성을 갖게 된다.

충격파이론은 다음 교통상황 분석에 유용하게 적용될 수 있다.

① 교차로의 지체증가 파악

② 병목지점(bottle neck) 지체특성 파악

③ 저속차량의 영향 파악

④ 지체요인 소멸효과 파악

충격파이론은 주로 단일 특성의 간단한 교통류 분석에 활용되고 있다. 그러나 좀더 현실적인 교통분석을 위해서는 복합적인 충격파특성 분석, 다양한 속도-밀도 특성이 있으므로, 이에 대한 분석기법의 개발이 필요하다.

Ⅲ. 대기행렬이론(Queueing Theory)

대기행렬은 우리가 일상적으로 겪는 현상이다. 은행에서 차례를 기다리는 손님들, 고속도로 톨게이트의 대기차량들, 버스 정류장에서 버스를 기다리는 승객들, 극장 입장권을 구입하기 위한 관람객들, 막힌 지점을 통과하는 차량들이 겪는 이 모든 것은 결국 대기행렬로 설명되는 사건이다. 따라서 대기행렬은 교통시스템을 설명하는 중요한 교통류이론의 한 분야다.

대기행렬을 설명하기 위해 파악해야 하는 변수에는 대기행렬 발생시스템으로 접근하는 행태, 이를 처리하는 시스템의 처리능력과 처리방식, 시스템의 배열형태가 있다.

시스템에 접근 형태를 설명하는 변수는 구체적으로 평균도착률과 도착분포의 형태가 있다. 시스템의 처리능력은 시스템의 접근 형태를 설명하는 변수와 유사하게 시스템의 평균서비스율과 서비스분포의 형태로 설명된다. 대기행렬을 시스템에서 처리하는 방식은 대기행렬의 형성 행태와 밀접한 관계가 있다. 대기행렬의 시스템은 순서를 정하여 처리를 하느냐 그렇지 않으면 무작위(SIRO: Serviced In Random Order)로 처리하느냐로 크게 분류된다. 순서를 정하여 처리하는 방식에는 고속도로의 요금+징수대(Toll)에서와 같이 일반적인 선착순(FIFO: First In First Out) 방식과 엘리베이터와 같이 먼저 탄 사람이 가장 늦게 내리는 후착순(FILO: First In Last Out) 방식이 있다. 시스템의 배열은 대기행렬의 원인이 되는 시스템을 직렬 혹은 병렬로 연계하는 특성을 설명한다.

이상에서 설명한 대기행렬 시스템의 설명변수들이 주어지면, 대기행렬에서 대기하는 평균 대기행렬의 크기와 평균 대기시간이 파악될 수 있다. 여기에서 대기행렬의 시스템 중 교통공학 분석에 일반적으로 활용되고 다른 대기행렬 시스템에 응용되어 활용될 수 있는 선착순 처리를 하는 단일창구(single server) 시스템과 다중창구(multi server) 시스템에 대해 알아보기로 하겠다.

1. 단일창구(single server) FIFO 시스템

대기행렬 시스템에 접근하는 도착분포가 포아송분포(Poisson distribution)를 따르고 시스템의 서비스시간 분포는 지수분포(exponential distribution)를 따르며, 도착 대상은 참을성이 많아 상향한계(upper limits)가 없다고 가정하자. 대기행렬 시스템에 접근하는 평균접근율(mean arrival rate) λ가 평균서비스율(mean service rate) μ보다 적으며 시스템에서 대기행렬의 수 X가 임의의 x일 확률은 다음 식 〈17-26〉과 같다.

$$f(x) = P[X = x] = r^x(1-r) \qquad \cdots\cdots \langle 17\text{-}26 \rangle$$

$$r = \lambda/\mu$$

시스템에 있을 평균대기행렬의 규모 E[X]는 다음 식 〈17-27〉에 제시되는 바와 같다.

$$E[X] = \frac{r}{1-r} \qquad \cdots\cdots \langle 17\text{-}27 \rangle$$

시스템에 있을 대기행렬 중 순수하게 대기선(waiting line)에 있는 평균대
기행렬의 규모 $E[L_q]$는 다음 식 〈17-28〉에 제시되는 바와 같다.

$$E[L_q] = \frac{r^2}{1-r} \qquad\qquad \cdots\cdots \langle 17-28 \rangle$$

대기행렬의 대기자들이 시스템에서 소요하는 평균시간 $E[T_q]$는 다음 식
〈17-29〉와 같고, 대기선에서 소요되는 평균시간 $E[T_q]$는 식 〈17-30〉과 같다.

$$E[T] = \frac{1}{\mu - \lambda} \qquad\qquad \cdots\cdots \langle 17-29 \rangle$$

$$E[T_q] = \frac{1}{\mu(\mu - \lambda)} \qquad\qquad \cdots\cdots \langle 17-30 \rangle$$

2. 다중창구(multi server) FIFO 시스템

단일창구보다 복잡한 시스템이 다중창구 시스템이다. N개의 병렬로 연결
되어 동일한 서비스를 하는 다중창구 시스템은 단일창구에 비해 보다 많은 처
리를 할 수 있다. 시스템에 창구당 평균 서비스율을 μ라 하고 나머지 조건은
앞서 단일창구 FIFO 서비스의 전제와 동일하면, 시스템에서 대기행렬의 수
X가 임의의 x일 확률은 다음 x가 0인 경우, 1이상이고 N미만인 경우와 N을
초과하는 경우를 구분하여 다음 식 〈17-31〉을 활용하여 파악할 수 있다.

$$x=0 \text{인 경우, } p(0) = \left[\left(\sum_{x=0}^{N-1} \frac{r^x}{x!} \right) + \frac{r^N}{(N-1)!(N-r)} \right]^{-1}$$

$$1 \leq x \leq N \text{인 경우, } p(x) = \frac{r^x}{x!} p(0)$$

$$x < N \text{인 경우, } p(x) = \frac{r^x}{N! N^{x-N}} p(0) \qquad\qquad \cdots\cdots \langle 17-31 \rangle$$

시스템에 있을 평균대기행렬의 규모, $E[X]$와 순수하게 대기선의 평균대
기행렬의 규모, $E[L_q]$는 다음 식 〈17-32〉와 식 〈17-33〉과 같다.

$$E[X] = r + \left[\frac{r^{N+1}}{(N-1)!(N-r)^2} \right] p(0) \qquad\qquad \cdots\cdots \langle 17-32 \rangle$$

$$E[L_q] = \left[\frac{r^{N+1}}{(N-1)!(N-r)^2} \right] p(0) \qquad\qquad \cdots\cdots \langle 17-33 \rangle$$

대기자들의 시스템에서 소요하는 평균시간 $E[T]$는 다음 식 〈17-34〉와 같고, 대기선에서 소요되는 평균시간 $E[T_q]$는 식 〈17-35〉와 같다.

$$E[X] = \frac{E[X]}{\lambda} \qquad \qquad \cdots\cdots \langle 17\text{-}34 \rangle$$

$$E[T_q] = \frac{E[L_q]}{\lambda} \qquad \qquad \cdots\cdots \langle 17\text{-}35 \rangle$$

이야깃거리

1. 연속류를 대표하는 고속도로와 단속류를 대표하는 도시부 도로의 교통류 특성에 대해 생각해보자.

2. 교통량, 속도, 밀도 이외에 교통류의 특성을 설명할 수 있는 변수는 무엇이 있는지 생각해보자.

3. 교통량의 종류를 나열하고, 목적에 따라서 교통량을 다양하게 조사해야 하는 이유는 무엇인지 생각해보자.

4. 교통량과 속도, 밀도의 관계 그래프 상에서 안정류와 불안정류를 나타내는 부분은 어디인지 설명해보자.

5. 시간평균속도가 공간평균속도보다 클 경우와 두 개 속도가 같을 경우의 교통류 상태는 각각 어떠한지 생각해보자.

6. 차두간격과 차간간격의 차이는 무엇인지 알아보고, 차두간격과 교통량, 차간간격과 밀도의 관계는 어떠한지 생각해보자.

7. Greenshield는 속도와 밀도의 관계를 $u = u_f \left(1 - \dfrac{k}{k_j}\right)$의 식으로 도출하였다. $u_f = 60kph$이고, $k_j = 120vpk$일 때 k_m, u_m, q_{max}을 그래프를 그려 설명해보자.

8. 속도제한을 실시해야 하는 이유는 무엇이며, 속도제한이 실시되는 일반적인 사례를 알아보자.

9. 지점속도가 사용되는 용도에 대해 알아보고, 지점속도가 필요한 이유에 대해 생각해보자.

10. 교통특성이 다른 한 상태와 다른 상태의 교통류간 경계선의 특성에 따라 구분되는 충격파의 종류는 어떠한 것들이 있는지 생각해보자.

11. 충격파를 발생시킬 수 있는 상황, 기하구조, 운행특성 등은 기타 요인들은 무엇이 있는지 생각해보자.

12. 추종이론을 이용하여 설명할 수 있는 차량의 운행행태는 어떠한 것들이 있는지 생각해보자.

13. 대기행렬 시스템 중 교통공학 분석에 일반적으로 활용되는 단일창구(single server) 시스템과, 다중창구(multi server) 시스템에 대해 예를 들어 설명해보자.

14. 신호교차로에서 발생하는 대기행렬을 교통량과 시간의 그래프로 표시해보고, 특징을 알아보자.

15. 여러 가지 교통시설에서 관찰할 수 있는 다양한 차량의 대기행렬을 나열하고, 이로 인해 발생하는 지체를 감소시킬 수 있는 방안은 무엇인지 생각해보자.

16. 교통의 흐름을 원활하게 하기 위해 설치된 다양한 교통시설들을 무엇이 있으며, 그 시설의 역할과 효과에 대해서 생각해보자.

제 1 절 연속류와 단속류의 이해

교통류는 교통흐름을 통제하는 외부 영향의 유무에 따라 연속류와 단속류로 구분된다. 연속류란 고속도로를 주행하는 교통류와 같이 교통흐름을 통제하는 신호등, 교차로 등에 의해서 영향을 받지 않으며 교통류 자체 운행특성에 의해서 교통특성(속도, 밀도, 교통량 등)이 제약된다. 반면 단속류는 도시부를 주행하는 교통류와 같이 신호등을 비롯한 교통제어시설에 의해서 교통흐름이 단절되며 정지와 주행을 반복한다.

연속류와 단속류는 그 교통특성이 다르기 때문에 교통류 분석기법과 효과척도가 상이하다. 연속류는 대개의 경우 주행속도를 효과척도(measurement of effectiveness: MOE)로 하는 반면 단속류는 지체도를 효과척도로 한다.

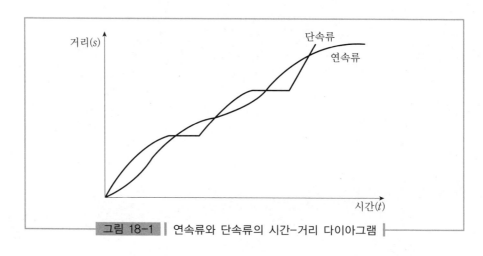

그림 18-1 │ 연속류와 단속류의 시간-거리 다이아그램

〈그림 18-1〉과 같은 연속류와 단속류의 시간-거리 다이아그램(time-space diagram)은 두 교통류간 차이를 이해하는 데 도움을 준다.

제 2 절 연속류 용량분석

Ⅰ. 용량분석의 개념과 목적

도로 또는 교차로의 소통상태를 표현하기 위해서는 객관적 척도를 필요로 한다. 여기에서 이용되는 객관적 척도를 효과척도(Measurement of Effectiveness: MOE)라고 하는데 이러한 효과척도를 도출하는 과정이 곧 용량분석과정이다. 용량분석은 교통 시설의 소통상태를 객관적으로 표현할 뿐만 아니라 시설공급의 타당성, 또는 공급량 결정(차선수 결정 등)을 위한 도구가 된다. 따라서 용량분석의 목적은 도로의 용량을 명확히 밝힘으로써 도로를 효율적으로 이용하고, 도로투자를 적절히 하도록 하는 데 있다.

효과척도는 분석대상도로의 유형에 따라서 결정되어야 하는데, 예를 들면 고속도로와 같은 연속류에서는 밀도와 같이 운전자들의 안락성, 쾌적성 등을 표현할 수 있는 것이라야 한다. 〈표 18-1〉은 연속류 도로의 도로유형별 효과척도를 우리나라의 기준에 맞추어 설립한 것이다.

연속류에 대해서는 도로구간별 상기 효과척도를 통해서 서비스수준을 결정하게 되는 데 서비스수준이란 해당도로의 소통상태를 의미한다. 따라서 서비스수준에 대한 개념을 정립해야 할 필요가 있다. 〈표 18-2〉는 이러한 서비

표 18-1 ┃ 연속류 도로의 효과척도(MOE)

도로의 구분	효과척도(MOE)
고속도로 • 고속도로 기본구간 • 엇갈림 구간 • 연결로 및 접속부	• 밀도, 교통량 대 용량비 • 평균밀도 • 밀도
다차선도로	평균통행속도
2차선 도로	총지체율

스수준별 교통류 상태를 정성적으로 표현한 것으로 분석결과를 통해서 교통류
상태를 파악하는 데 이용된다.

표 18-2 | 서비스수준별 교통류 상태

서비스수준	구　분	교통류의　상태
A	자유교통류	사용자 개개인들은 교통류 내의 다른 사용자의 출현에 실질적으로 영향을 받지 않는다. 교통류 내에서 원하는 속도선택 및 방향조작 자유도는 아주 높고, 운전자와 승객이 느끼는 안락감이 우수하다.
B	안정된 교통류	교통류 내에서 다른 사용자가 나타나면 주의를 기울이게 된다. 원하는 속도선택의 자유도는 비교적 높으나 통행자유도는 서비스수준 A보다 어느 정도 떨어진다. 이는 교통류 내의 다른 사용자의 출현으로 각 개인의 행동이 다소 영향을 받기 때문이다.
C	안정된 교통류	교통류 내의 다른 차량과의 상호작용으로 인하여 통행에 상당히 영향을 받기 시작한다. 속도의 선택도 다른 차량의 출현으로 영향을 받으며 교통류 내의 운전도 운전자가 주의를 기울여야 한다. 이 수준에서 안락감은 상당히 떨어진다.
D	안정된　교통류 높은 밀도	속도 및 방향조작 자유도 모두 크게 제한되며, 속도, 운전자가 느끼는 안락감은 일반적으로 나쁜 수준으로 떨어진다. 그리고 이 수준에서는 교통량이 조금만 증가하여도 운행상태에 문제가 발생한다.
E	용량상태　불안정 교통류	교통류 내의 방향조작 자유도는 매우 제한된 상태이며, 방향을 바꾸기 위해서는 차량이 길을 양보하는 강제적인 방법을 필요로 한다. 교통량이 조금 증가하거나 작은 혼란이 발생하여도 와해상태가 발생한다.
F	강제류 또는 와해상태	도착교통량이 그 지점, 또는 구간용량을 넘어선 상태이다. 이러한 상태에서 차량은 자주 멈추며 도로의 기능은 거의 상실된 상태이다.

Ⅱ. 고속도로 기본구간 용량분석

1. 개   요

고속도로는 중앙분리대가 있고, 방향별 2차선 이상의 도로로서, 고속도로
를 이용하는 차량은 반드시 연결로(ramp)를 통해서만 본선으로 유출입할 수
있는 완전 출입통제 방식을 취한다. 고속도로는 교통류의 특성에 따라서 고속
도로 기본구간, 엇갈림구간, 연결로 접속부로 나누어서 분석이 수행되는데 각
각의 요소별 특성은 다음과 같다.

① 기본구간: 엇갈림구간과 연결로 접속부를 제외한 구간으로서 고속도로
  유출입 교통량에 의해서 영향을 받지 않는 구간을 의미한다.

② 엇갈림구간: 교통통제 시설의 도움 없이 두 교통류가 맞물려 동일 방향으
  로 상당히 긴 도로를 따라가면서 다른 방향으로 엇갈리는 구간을 말한다.

③ 연결로 접속부: 유입연결로 또는 유출연결로가 고속도로 본선에 접속
  되는 구간을 말한다.

고속도로 기본구간의 이상적 조건은 도로의 기하구조, 교통류 구성, 그리
고 주변환경이 차량의 통행에 지장을 주지 않는 조건을 말하며, 이를 위한 조
건은 다음과 같은 것들이 있다.

① 차선폭 : 3.5m 이상

② 측방 여유폭 : 1.5m 이상

③ 승용차만으로 구성된 교통류

④ 평지

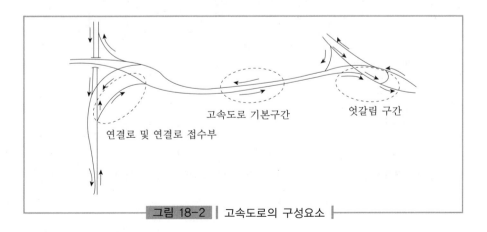

그림 18-2 │ 고속도로의 구성요소

고속도로 기본구간의 서비스수준을 결정하는 척도로 밀도와 V/C비를 사용한다. 〈그림 18-3〉과 〈그림 18-4〉는 밀도와 V/C비를 이용하여, 서비스수준을 결정하는 것을 보여 준다.

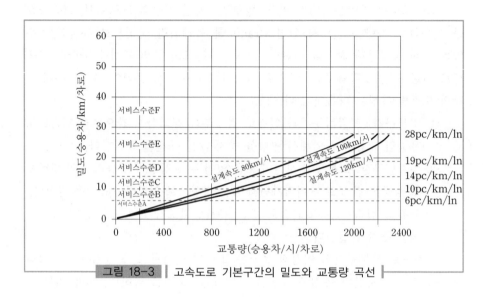

그림 18-3 ┃ 고속도로 기본구간의 밀도와 교통량 곡선

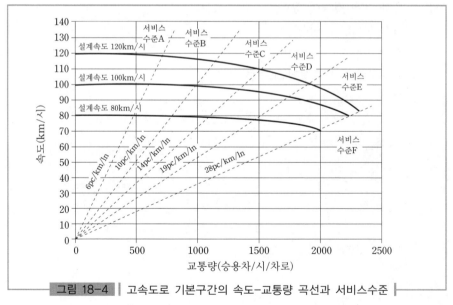

그림 18-4 ┃ 고속도로 기본구간의 속도-교통량 곡선과 서비스수준

2. 서비스 교통량 산정

고속도로 기본구간의 서비스 교통량 산정식은 다음 식 〈18-1〉과 같다.

$$SF_i = MSF_i \times N \times f_W \times f_{HV}$$
$$= C_j \times (V/C)_i \times N \times f_W \times f_{HV} \qquad \cdots\cdots \langle 18\text{-}1 \rangle$$

SF_i=서비스수준 i에서 주어진 도로 및 교통 조건에 대한 서비스 교통량
  (vph)

MSF_i=서비스수준 i에서 차로당 최대 서비스 교통량(승용차/시/차로,
  pcphpl)

N=편도 차로 수

f_W=차로폭 및 측방여유폭 보정계수

f_{HV}=중차량 보정계수

C_j=j설계 속도의 용량(pcphpl)

$(V/C)_i$=서비스 수준 i에서 교통량 대 용량비

일반지형일 경우 중차량 보정계수 산정은 식 〈18-2〉를 이용한다.

$$f_{HV} = \frac{1}{1 + P_{T_0}(E_{T_0}-1) + P_{T_1}(E_{T_1}-1) + P_{T_2}(E_{T_2}-1)} \quad \text{(평지)}$$

$$f_{HV} = \frac{1}{1 + P_{T_0}(E_{T_0}-1) + P_{T_1,T_2}(E_{T_1,T_2}-1)} \quad \text{(구릉지, 산지)} \cdots\cdots \langle 18\text{-}2 \rangle$$

특정 구배구간일 경우 중차량 보정계수 산정은 다음 식 〈18-3〉을 이용한다.

$$f_{HV} = \frac{1}{[1 + P_{HV}(E_{HV}-1)]} \qquad \cdots\cdots \langle 18\text{-}3 \rangle$$

E_{T_0}, E_{T_1}, E_{T_2}=소형, 중형, 대형 중차량의 승용차 환산계수(〈표 18-4〉)

P_{T_0}, P_{T_1}, P_{T_2}=소형, 중형, 대형 중차량의 구성비

P_{T_1,T_2}=중형 및 대형 중차량의 구성비

E_{T_1,T_2}=중형 및 대형 중차량에 대한 승용차 환산 계수 대표치

E_{HV}=중차량에 대한 승용차 환산계수(〈표 18-4〉, 〈표 18-6〉)

P_{HV}=중차량 구성비

서비스교통량은 도로구간의 서비스 특성에 따라 산정된 교통량으로 특성 계수에 의해 값이 변한다. 도로용량편람(2001)에서는 〈표 18-3〉, 〈표 18-4〉, 〈표 18-5〉와 〈표 18-6〉의 특성계수를 제시하였다.

표 18-3 | 고속도로 기본구간의 서비스수준

서비스 수준	밀도 (pcpkmpl)	설계속도 120kph		설계속도 100kph		설계속도 80kph	
		교통량 (pcphpl)	v/c비	교통량 (pcphpl)	v/c비	교통량 (pcphpl)	v/c비
A	≤6	≤700	≤0.3	≤600	≤0.27	≤500	≤0.25
B	≤10	≤1,150	≤0.5	≤1,000	≤0.45	≤800	≤0.40
C	≤14	≤1,150	≤0.65	≤1,350	≤0.61	≤1,150	≤0.58
D	≤19	≤1,900	≤0.83	≤1,750	≤0.8	≤1,500	≤0.75
E	≤28	≤2,300	≤1.00	≤2,200	≤1.00	≤2,000	≤1.00
F	>28	—	—	—	—	—	—

주: 이 표의 교통량 관련 기준은 각 설계속도 수준에서 이상적인 도로 및 교통 조건에서 정해진 것임.

표 18-4 | 고속도로 일반지형의 승용차 환산계수

차종 구분 \ 지형	평 지	구릉지	산 지
소형(E_{T_s}) (2.5톤 미만 트럭, 16인승 미만 승합차)	1.0	1.2	1.5
중형(E_{T_i}) (2.5톤 이상 트럭, 16인승 이상 버스)	1.5	3.0	5.0
대형(E_{T_s}) (세미 트레일러 또는 풀 트레일러)	2.0		

표 18-5 | 고속도로 기본구간의 차선폭 및 측방여유폭 보정계수

측방 여유폭 (m)	한쪽에만 측방여유가 확보된 경우				양쪽에 측방여유가 확보된 경우			
	차 로 폭(m)							
	3.5 이상	3.25	3.00	2.75	3.5 이상	3.25	3.00	2.75
	4차로(편도 2차로) 고속도로							
1.5이상	1.00	0.96	0.90	0.80	0.99	0.96	0.90	0.80
1.0	0.98	0.95	0.89	0.79	0.96	0.93	0.87	0.77
0.5	0.97	0.94	0.88	0.79	0.94	0.91	0.86	0.76
0.0	0.90	0.87	0.82	0.73	0.81	0.79	0.74	0.66

	6차로 이상(편도 3차로 이상)인 고속도로							
1.5이상	1.00	0.95	0.88	0.77	0.99	0.95	0.88	0.77
1.0	0.98	0.94	0.87	0.76	0.97	0.93	0.86	0.76
0.5	0.97	0.93	0.87	0.76	0.96	0.92	0.85	0.75
0.0	0.94	0.91	0.85	0.74	0.91	0.87	0.81	0.70

주: 양쪽에 측방여유가 확보된 경우, 양쪽 측방여유폭의 평균값으로 함

표 18-6 │ 고속도로 기본구간 특정 구배구간의 승용차 환산계수

경사 (%)	경사 길이 (km)	중 차 량 구 성 비 율(%)					
		<5	<10	<20	<30	<40	≥50
<2	모든 경우	1.5	1.5	1.5	1.5	1.5	1.5
<3	≤0.0~0.5	1.5	1.5	1.5	1.5	1.5	1.5
	≤0.5~1.0	1.5	1.5	1.5	1.5	1.5	1.5
	≤1.0~1.5	1.5	1.5	1.5	1.5	1.5	1.5
	≤1.5~1.8	2.0	2.0	2.0	1.5	1.5	1.5
	≤1.8~2.5	2.5	2.0	2.0	2.0	2.0	2.0
	>2.5	3.0	2.5	2.0	2.0	2.0	2.0
<4	≤0.0~0.5	1.5	1.5	1.5	1.5	1.5	1.5
	≤0.5~1.0	1.5	1.5	1.5	1.5	1.5	1.5
	≤1.0~1.2	2.0	2.0	2.0	1.5	1.5	1.5
	≤1.2~1.5	3.0	2.5	2.0	2.0	2.0	2.0
	≤1.5~1.8	2.5	3.0	2.0	2.0	2.0	2.0
	>1.8	4.0	3.0	2.5	2.0	2.0	2.0
<5	≤0.0~0.4	1.5	1.5	1.5	1.5	1.5	1.5
	≤0.4~0.5	1.5	1.5	1.5	1.5	1.5	1.5
	≤0.5~0.8	2.0	2.0	2.0	1.5	1.5	1.5
	≤0.8~1.0	4.0	3.0	2.5	2.0	2.0	2.0
	≤1.0~1.5	5.0	4.0	3.0	3.0	2.5	2.0
	>1.5	5.5	4.0	3.5	3.0	3.0	2.5
<6	≤0.0~0.4	1.5	1.5	1.5	1.5	1.5	1.5
	≤0.4~0.5	2.0	2.0	2.0	2.0	1.5	1.5
	≤0.5~0.8	4.0	3.0	2.5	2.0	2.0	2.0
	≤0.8~1.0	6.0	4.5	4.0	3.0	3.0	2.5
	≤1.0~1.5	6.5	5.0	4.0	4.0	3.0	3.0
	>1.5	7.0	5.0	4.5	4.0	3.5	3.0

	≤0.0〜0.4	2.0	2.0	1.5	1.5	1.5	1.5
<7	≤0.4〜0.5	4.0	3.0	2.5	2.0	2.0	2.0
	≤0.5〜0.8	6.0	4.5	4.0	3.0	2.5	2.5
	≤0.8〜1.0	7.5	6.0	5.0	4.5	4.0	3.5
	≤1.0〜1.5	8.0	6.0	5.5	5.0	4.0	3.5
	>1.5	8.0	6.5	5.5	5.0	4.0	3.5
<8	≤0.0〜0.4	3.0	2.5	2.0	2.0	2.0	2.0
	≤0.4〜0.5	6.0	5.0	4.0	3.0	2.5	2.0
	≤0.5〜0.8	8.0	6.0	5.0	4.5	4.0	3.5
	≤0.8〜1.0	9.0	7.5	6.5	6.0	5.0	4.0
	≤1.0〜1.5	9.5	7.5	7.0	6.0	5.0	4.0
	>1.5	9.5	7.5	7.0	6.0	5.0	4.0
≥8	≤0.0〜0.4	5.0	3.5	3.0	2.0	2.0	2.0
	≤0.4〜0.5	8.0	6.0	5.5	4.0	4.0	3.5
	≤0.5〜0.8	10.0	8.0	7.0	6.5	5.5	4.5
	≤0.8〜1.0	10.5	9.0	8.0	7.0	5.5	4.5
	≤1.0〜1.5	11.0	9.0	8.0	7.0	5.5	4.5
	>1.5	11.0	9.0	8.0	7.0	5.5	4.5

[예제] 고속도로 기본구간 – 복합경사 구간의 운영 상태 분석

▼ 분석개요

다음과 같은 도로 및 교통 조건을 갖는 지방지역 고속도로가 있다. 첨두시간 동안 오르막 방향의 운영 서비스수준을 평가하라.

도로 및 교통 조건

- 설계속도 100kph
- 양방향 4차로
- 차로폭 3.6m
- 중앙분리대쪽 측방여유는 1.0m, 노측차로끝부터 3.0m 떨어져 암벽 있음
- 1,500m의 2%와 500m의 6%의 연속된 경사를 가진 복합경사 구간
- 첨두시간계수(PHF) 0.95
- 첨두시간 교통량 2,000vph(일방향)
- 중차량 구성비 20%

가 정

- 포장상태와 기후 조건은 양호한 상태로 가정
- 중차량 구성은 2.5톤 이상의 트럭으로 가정

[해]

(1) 동등 환산 단일 경사를 산정한다.

위의 방법에 따라 산출한 동등 환산 단일 경사는 5.3%, 경사 길이 2,000m이다.

(2) 보정계수 값을 찾는다

① 차로폭 및 측방여유폭 보정계수(f_w 〈표 18-5〉 참조)

$f_w = 0.99$

② 중차량 보정계수(f_{HV}, 〈표 18-6〉 참조) : 중차량 30%, 경사 5.3%, 경사 길이 2,000m

$E_{HV} = 4.5$

$f_{HV} = 0.2$

$$f_{HV} = \frac{1}{1 + P_{HV}(E_{HV} - 1)} = \frac{1}{1 + 0.2(4.5 - 1)} = 0.59$$

(3) 교통량을 첨두시간 환산 교통량으로 바꾼다.

$$V_P = \frac{V}{PHF} = \frac{2000}{0.95} = 2,105$$

(4) 주어진 도로 및 교통 조건에 대해 용량(C)을 산출한다.

〈표 18-3〉에서 설계속도 100kph일 때 용량 $C_j = 2,200$이다.

$C = C_j \times N \times f_w \times f_{HV} = 2,200 \times 2 \times 0.99 \times 0.59 = 2,570\text{vph}$

(5) 교통량 대 용량비(V_P/C)를 산출한다.

$V_P/C = 2,105/2,570 = 0.82$

(6) 〈표 18-3〉에서 V_P/C에 상응하는 밀도값을 보간법으로 차고 서비스수준을 판정한다.

$V_P/C = 0.82 \rightarrow$ 밀도 = 19.9, 서비스수준 = E

제 3 절 단속류 용량분석

I. 단속류 용량분석의 기본개념

단속류란 교통류가 연속적으로 흐르지 못하고 신호등 또는 교통제어시설에 의해서 교통류가 단절되는 경우의 교통류를 의미한다. 따라서 교차로와 교차로간 링크에 의해서 가로망이 형성되는 도시부도로에서 용량분석은 교차로

| 표 18-7 | 단속류 도로의 효과척도(MOE) |

도 로 의 구 분		효 과 척 도(MOE)
신호교차로		제어지체와 추가지체
비신호교차로	양방향정지	평균운영지체
	무 통 제	방향별 진입교통량, 시간당 상충횟수
간 선 도 로		평균통행속도

와 링크 여건을 고려하여 수행하게 된다.

단속류의 용량분석에서 이용되는 효과척도는 신호교차로의 경우 차량당 평균제어지체(초/대)이다. 도시 및 교외 간선도로의 경우에는 비교적 연속류의 특성이 강하므로 효과척도에 평균통행속도가 적용된다.

Ⅱ. 신호교차로 분석

1. 분석의 종류

신호교차로를 분석할·때 고려되는 요소는 크게 교차로의 기하구조, 도착

| 표 18-8 | 분석의 종류 |

분석종류	분석목적	필요 자료	비　　고
운영분석	서비스수준	교통량 신호시간 교차로 구조	－
설계분석	최적 신호시간	교통량 교차로 구조	초기 신호시간을 가정한 후 이를 변화시키면서 반복계산
	최대교통량	신호시간 교차로 구조 소요 서비스수준	변수간 상호연관성 때문에 반복계산 필요
	최적 교차로 구조	교통량 신호시간 소요 서비스수준	초기 교차로의 구조를 가정한 후 이를 변화시키면서 반복계산
계획분석	적정 신호계획을 추정하고, 이때의 서비스 수준 또는 용량 적절성 파악	교통량 교차로 크기	대부분의 입력자료는 추정

교통량, 신호운영조건, 및 지체 또는 서비스 수준이다. 이들 4개의 요소 중에서 3개의 요소가 주어지면 나머지 하나는 결정이 된다. 이 조합의 구성에 따라 운영분석(operational analysis), 설계분석(design analysis), 계획분석(planning analysis)으로 구분한다. 〈표 18-8〉은 이러한 분석종류를 요약한 것이다.

2. 분석과정

분석의 종류에 상관없이 분석과정은 비교적 유사성이 있으므로 여기서는 운영분석을 중심으로 살펴보겠다. 운영분석은 5개의 모듈 즉, 입력자료 및 교통량 보정, 직진환산계수 산정, 차로군 분류, 포화교통량 산정, 서비스 수준 결정으로 나눌 수 있다. 〈그림 18-5〉는 분석방법의 기본적인 계산절차와 입력자료를 나타낸다.

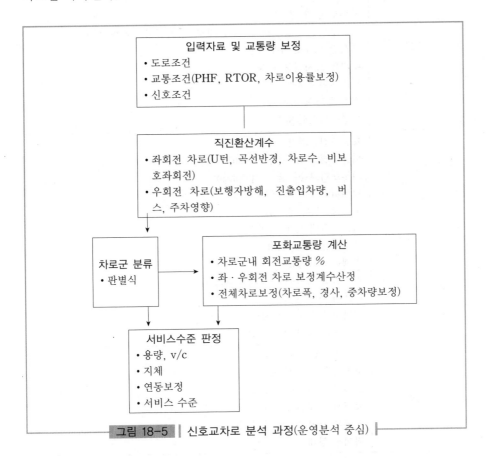

그림 18-5 │ 신호교차로 분석 과정(운영분석 중심)

3. 입력자료 및 교통량 보정

〈표 18-9〉는 신호교차로의 운영분석에 필요한 입력자료를 도로조건, 교통조건 및 교통신호조건별로 구분한 것이다.

분석에 사용되는 교통량은 분석시간대의 평균 교통류율(vph)을 말한다. 분석기간은 보통 15분이지만 시간당 교통량이 주어지는 수도 있다. 이때는 첨

표 18-9 │ 차로군 분석에 필요한 입력자료

조건형태	변 수
도로조건	차로수, N 평균차로폭, w(m) 경사, g(%) 상류부 링크 길이(m) 좌·우회전 전용차로 유무 및 차로수, 좌회전 곡선반경, R_L 우회전 도류화 유무 주변의 토지이용 특성 버스베이 유무 버스 정거장 위치, l 노상주차시설 유무
교통조건	교통조건분석기간 (시간) 이동류별 교통수요, V(vph) 기본포화교통류율, S_0(pcphgpl) 첨두시간계수, PHF 중차량 비율, P_T(%) 버스정차대수, V_b(vph) 주차활동, V_{park}(vph) 순행속도, (kph) 진·출입 차량대수, V_{ex}, V_{en}(vph) U턴 교통량 (vph) 횡단보행자 수 (인/시) 초기 대기차량 대수 (대)
신호조건	신호조건주기, C(초) 차량녹색시간, G(초) 보행자 녹색시간, G_p(초) 황색시간, Y(초) 상류부 교차로와의 옵셋(초) 좌회전 형태

두시간계수를 이용하여 첨두시간교통류율로 환산해 사용한다. 또 차로군에서 각 차로간의 교통량 분포가 일정하지 않아 교통량이 많이 이용하는 차로를 기준으로 보정을 해 준다. 분석의 대상이 되는 교통량은 녹색신호를 사용하는 것에 국한되므로 적색신호에서 우회전하는(right turn on red: RTOR) 교통량은 분석에서 제외시켜야 한다.

① 첨두시간교통류율 환산: 첨두시간교통류율은 분석시간대(보통 첨두 한 시간)내의 첨두 15분 교통량을 4배 해서 한 시간 교통량으로 나타낸 것으로서, 다음과 같이 시간당 교통량을 첨두시간계수(peak hour factor: PHF)로 나누어 얻는다.

$$V_p = \frac{V_H}{PHF} \qquad\qquad \cdots\cdots \langle 18\text{-}4 \rangle$$

   $V_p =$ 첨두시간교통류율(vph)
   $V_H =$ 시간교통량(vph)
   $PHF =$ 첨두시간계수

② 차로이용률 보정: 차로이용률의 보정은 첨두교통량에 차로이용률계수(F_U)를 곱하여 보정한다.

$$V = V_p \times F_U \qquad\qquad \cdots\cdots \langle 18\text{-}5 \rangle$$

   $V =$ 보정된 교통량(vph)
   $V_p =$ 첨두시간교통류율(vph)
   $F_U =$ 차로이용률계수

③ 우회전 교통량 보정: 정지선 부근에 우회전 도류화 시설이 없는 공용 우회전 차로와 도류화된 공용 우회전 차로 및 전용 우회전 차로를 가진 대표적인 교차로 접근로를 〈그림 18-6〉에 나타내었다. 이들 각 경우에 따른 우회전 교통량 보정계수(F_R)는 〈표 18-11〉과 같다. 주어진 전체 우회전 교통량에 이 보정계수를 곱하면 분석에 사용되는 우회전 교통량을 얻을 수 있다.

$$V_R = V_{RO} \times F_R \qquad\qquad \cdots\cdots \langle 18\text{-}6 \rangle$$

   $V_R =$ RTOR에 대해서 보정된 우회전 교통량(vph)
   $V_{RO} =$ 총 우회전 교통량(vph)
   $F_R =$ 우회전 교통량 보정계수

표 18-10 │ 차로이용률 계수(F_U)

직진의 전용차로수	차로별 평균교통량(vphpl)		설계수준	
	800 이하	800 초과	서비스수준 C, D	서비스수준 E
1차로	1.00	1.00	1.00	1.00
2차로	1.02	1.00	1.02	1.00
3차로	1.10	1.05	1.10	1.05
4차로 이상	1.15	1.08	1.15	1.08

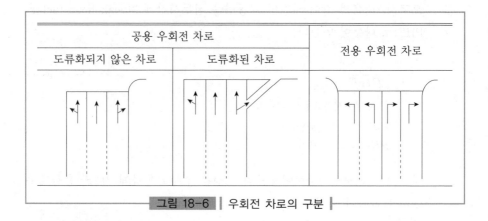

그림 18-6 │ 우회전 차로의 구분

표 18-11 │ 우회전 교통량 보정계수(F_R)

우회전 차로 구분		$F_R(V_R/V_{RO})$
4갈래 교차로	도류화 되지 않은 공용 우회전 차로	0.5
	도류화 된 공용 우회전 차로	0.4
3갈래 교차로	모든 우회전 차로	0.5

주) V_R: 분석에 사용되는 보정된 우회전 교통량
　　V_{RO}: 총 우회전 교통량

4. 직진환산계수

모든 회전 차로 및 노변차로는 교통류 내부 및 외부마찰에 의해 이동효율이 감소한다. 좌회전 차로는 내부마찰이 거의 대부분이며 우회전 차로는 내부마찰 및 외부마찰을 같이 받는다.

(1) 좌회전 차로의 직진환산계수

좌회전 차로의 직진환산계수(E_L)는 다음 식을 활용하여 파악한다.

$$E_L = E_l \times E_p \times E_u \qquad \cdots\cdots\langle 18\text{-}7\rangle$$

> E_l은 좌회전 자체의 직진환산계수
> E_p는 좌회전 곡선반경 영향 직진환산계수
> F_u는 U턴 영향 직진환산계수

좌회전 자체의 직진환산계수(E_l), 좌회전 곡선반경 영향 직진환산계수(E_p)와 U턴 영향 직진환산계수(E_u)는 각각 〈표 18-12〉, 〈표 18-14〉, 〈표 18-15〉와 〈표 18-16〉을 통하여 파악한다.

표 18-12 | 좌회전 자체의 직진환산계수(F_l)

좌회전 차로 / 신호운영	전용좌회전 차로수		공용좌회전 차로수	
	1	2	1 .	1
양방보호좌회전	1.00	1.05		
직좌 동시신호			1.00	1.02*
비보호좌회전신호	E_{13}공식**		E_{16}공식***	

주) * 왼쪽 차로가 좌회전 전용차로라 하더라도 오른쪽 차로가 공용이면 두 차로 모두 공용으로 간주

$$** \ E_{13} = \frac{2200}{V_O P} + \frac{2200(1 - g/C)V_O}{(2200N - V_O)}$$

$$*** \ E_{16} = \frac{2200}{V_O P} + \frac{1}{V_L}\left[\frac{2200(1 - g/C)V_O}{(2200N - V_O)} - \frac{3600 V_{Th}}{CNV_L}\right]$$

P: 대향직진 한 gap당 비보호좌회전할 수 있는 평균 차량대수(〈표 18-13〉)
V_O: 대향직진 교통량(vph)
N: 접근로 차로수(전용 좌회전 차로 제외)
V_L: 좌회전 교통량(vph)
V_{Th}: 직진 교통량(vph)
C: 주기(초)
g/C: 유효 녹색시간비

표 18-13 | 대향직진 교통량별 한 gap당 비보호좌회전 가능 대수

V_O	100	200	400	600	800	1,000	1,200	1,400	1,600	1,800
P	14.1	6.35	2.57	1.39	0.84	0.54	0.37	0.25	0.18	0.13

주) 보간법을 사용할 것

표 18-14 | 좌회전 곡선반경별 직진환산계수(E_p)

좌회전 곡선반경(m)	≤9	≤12	≤15	≤18	≤20	>20
직진환계수(E_p)	1.14	1.11	1.09	1.06	1.05	1.00

| 표 18-15 | U턴 %별 좌회전의 직진환산계수 – 좌회전 차로 1개(E_{u1}) |

U턴 %*	0	10	20	30	40	50	60
E_{u1}	1.10	1.21	1.39	1.64	1.97	2.55	3.25

주) * 보정되지 않은 전체 좌회전과 U턴 교통량을 합한 교통량에 대한 U턴 교통량 비율
** 보간법을 이용할 것

| 표 18-16 | U턴 %별 좌회전의 직진환산계수 – 좌회전 차로 2개(E_{u2}) |

U턴 %*	0	10	20	30
E_{u2}	1.00	1.17	1.30	1.48

주) * 보정되지 않은 전체 좌회전과 U턴 교통량을 합한 교통량에 대한 U턴 교통량 비율
** 보간법을 이용할 것

(2) 우회전 차로의 노면마찰로 인한 포화차두시간 손실

우회전 차로의 노면마찰로 인한 포화차두시간 손실(L_H)은 다음 식 〈18-8〉을 이용하여 파악한다.

$$L_H = (L_{dw} \times L_{bb} \times L_p) \times 0.3 \qquad\qquad \cdots\cdots 〈18-8〉$$

L_{dw}는 진출입차량의 방해
L_{bb}는 버스 정차로 인한 방해
L_p는 주차활동으로 인한 방해

진출입차량의 방해, 버스 정차로 인한 방해와 주차활동으로 인한 방해는 각각 다음 식 〈18-9〉, 〈18-10〉, 〈18-11〉로 파악한다.

$$L_{dw} = 0.9 \times V_{en} + 1.4 \times V_{ex} \qquad\qquad \cdots\cdots 〈18-9〉$$

L_{dw}는 이면도로 진출입으로 인한 시간당 손실시간(초)
V_{en}는 간선도로로 진입하는 교통량(vph)
V_{ex}는 간선도로에서 진출하는 교통량(vph)

$$L_{bb} = T_b \times l_b \times V_b \qquad\qquad \cdots\cdots 〈18-10〉$$

L_{bb}는 버스정류장으로 인한 시간당 손실시간(초)
T_b는 버스 1대의 정차에 따른 포화차두시간 증분(초)으로 〈표 18-16〉 참조
l_b는 버스정류장 위치계수 $= (75-l)/75$
(단, l은 정지선에서 버스정류장까지의 거리(m)이며, 이 값이 75m 이상이면 $l_b = 0$)
V_b는 시간당 버스 정차대수

표 18-17 | 버스 1대의 정차에 따른 포화차두시간 손실시간(E_b)

구 분	주행차로에 버스 정차*			별도의 버스 승차대 정차
	소	중	대	
승차인원(인/대)	4인 이하	5~8인	9인 이상	해당 없음
하차인원(인/대)	7인 이하	8~14인	15인 이상	
T_b(초)	10.8	15.3	22.8	1.4

주) * 대: 버스이용객 많음. 시장, 백화점, 버스터미널, 주요 전철역에 의한 환승지점 등
중: 버스이용객 중간. 일반적인 업무지구, 상업지구, 전철역 주변 등
소: 버스이용객 적음. 일반적인 주택지역, 기타

$$L_p = 360 + 18V_{park} \quad \text{(노상주차를 허용할 경우)} \qquad \cdots\cdots \langle 18\text{-}11 \rangle$$

$$= 0 \qquad\qquad \text{(노상주차를 금지할 경우)}$$

L_p는 주차활동으로 인한 우회전 포화차두시간의 증분값(초)

V_{park}는 시간당 주차활동(vph)

(3) 우회전 차로의 직진환산계수

도류화되지 않은 공용우회전의 직진환산계수(E_{R1})와 도류화된 공용우회전의 직진환산계수(E_{R2})는 다음 식 〈18-12〉와 〈18-13〉을 활용하여 파악한다.

$$E_{R1} = \frac{S_0}{S_{R0}} + \frac{1}{V_R}\left[\frac{f_C G_P S_0}{C} + \frac{S_0 L_H}{3600} - \frac{3600 V_{Th}}{C N_T V_R} \right]$$

$$= 1.16 + \frac{2200}{V_R}\left[\frac{f_C G_P}{C} + \frac{L_H}{3600} - \frac{1.63 V_{Th}}{C N_T V_R} \right] \qquad \cdots\cdots \langle 18\text{-}12 \rangle$$

$$E_{R2} = 1.16 + \frac{L_H}{1.63 V_R} \qquad\qquad\qquad \cdots\cdots \langle 18\text{-}13 \rangle$$

S_0는 이상적인 조건하에서의 기본 포화교통량(2,200 pcphgpl)

S_{R0}는 우회전의 기본 포화교통량(1,900 pcphgpl)

V_R은 보정된 우회전 교통량(vph)

f_c는 횡단보행신호 중에서 우회전을 방해하는 시간의 비율(〈표 18-18〉 참조)

G_P는 교차도로의 횡단보행신호(초)

C는 주기(초)

L_H는 이면도로 진출입, 버스정차, 노상주차에 의한 노변마찰(초)

V_{Th}는 직진 교통량(vph)

N_T는 직진이 가능한 차로수. $N_T = N$ (CASE 1, 2, 3, 4, 6)

$$= N - 1 \text{ (CASE 5)}$$

| 표 18-18 | 우회전이 이용할 수 없는 횡단보도 신호시간 비율(f_c) |

구 분	횡단 보행자 수(양방향)				
인/시간	≤500	≤1000	≤2000	≤3000	>3000
f_c	0.3	0.6	0.8	0.9	1.0

5. 차로군 분류

한 접근로에서 동일한 현시에 진행하는 이동류들의 차로이용률이 다를 수 있으며, 따라서 차로별 서비스수준도 다르다. 이 이용률이 같은 이용류끼리 묶어서 몇 개의 차로군으로 분류하고 분석도 이 차로군 별로 한다. 차로군 분류 방법을 정리하면 다음과 같다.

① 설사 동시신호로 운영된다 하더라도 이 차로의 v/c비가 인접한 직진차로의 v/c비와 같을 수가 없기 때문에 좌회전 전용차로(CASE 1, 2, 3)는 별개의 차로군으로 분석한다.

② 접근로 차로수(전용 좌회전 차로 제외)가 1개면 그 한 차로는 하나의 차로군을 이룬다.

③ 좌회전 공용차로가 한 개 있는 경우(CASE 4), 직진과 공용차로가 평형상태인지, 아니면 좌회전 교통량이 많아(이 차로의 v/s, v/c비가 직진차로의 그것보다 많아) 좌회전 전용차로처럼 운영되는지를 결정해야 한다.

④ 좌회전 전용차로가 공용차로와 함께 있는 경우(CASE 5)는 공용차로로

| 표 18-19 | 차로군 분류 기준 |

> ① CASE 1, 2, 3에서 전용 좌회전 차로는 별도 차로군
> ② 차로수(전용 좌회전 차로 제외)가 1개이면 하나의 통합 차로군
> ③ $V_{STL}>V_{LF}$이고 $V_{STR}>V_{RF}$이면: 직진, 좌, 우회전 모두 하나의 통합차로군
> ④ $V_{STL}<V_{LF}$이면: 실질적 전용 좌회전 차로군
> $V_{STR}<V_{RF}$이면: 실질적 전용 우회전 차로군
> ⑤ $V_{STL}>V_{LF}$이면: 직진과 좌회전 통합차로군
> $V_{STR}>V_{RF}$이면: 직진과 우회전 통합차로군

V_{LF}: 공용 좌회전 차로에서 첫 좌회전 앞에 도착하는 직진차량 대수(vph)
V_{RF}: 공용 우회전 차로에서 첫 우회전 앞에 도착하는 직진차량 대수(vph)
V_{STL}: 공용 좌회전 차로를 이용하는 직진차량의 교통량(vph)
V_{STR}: 공용 우회전 차로를 이용하는 직진차량의 교통량(vph)

간주한다. 이때는 좌회전 차로, 공용차로, 및 직진차로가 평형상태를
나타내는 경우와, 두 개의 좌회전 차로가 실질적 좌회전 전용차로가 되
는 경우(CASE 2와 같이)를 판별해야 한다.

⑤ 우회전 전용차로의 경우도 마찬가지로 직진과 우회전 공용차로가 평형
상태인지, 아니면 우회전 교통량이 많아 우회전 전용차로처럼 운영되
는지를 결정해야 한다.

6. 포화교통량 산정

포화교통류율은 조사지점마다 각각의 조건이 다르기 때문에 일정하지 않
다. 따라서 분석에 사용할 포화교통류율을 직접 현장에서 조사하는 것이 바람
직하지만, 이는 어디까지나 현재의 주어진 도로조건과 교통조건에서의 운영분
석에서만 타당성을 갖는 것이다. 장래의 도로 및 교통조건에서의 운영분석 또
는 설계분석 및 계획분석 등 많은 부분에서는 합리적인 절차에 따라 다음과 같
은 공식을 이용하여 계산된 포화교통류율 값을 사용한다.

$$S_i = S_0 \times N_i \times f_{LT}(\text{또는 } f_{RT}) \times f_w \times f_g \times f_{HV} \qquad \cdots\cdots \langle 18\text{-}14 \rangle$$

S_i는 차로군 i의 포화교통류율(vphg)

S_0는 기본포화교통류율(2,200 pcphgpl)

N_i는 i 차로군의 차로수

f_{LT}, f_{RT}는 좌·우 회전 차로 보정계수(직진의 경우는 1.0)

f_w는 차로폭 보정계수

f_g는 접근로 경사 보정계수

f_{HV}는 중차량 보정계수

차로폭에 의한 포화교통류율의 감소효과는 다음 〈표 18-20〉과 같다. 차
로군내의 차로폭이 서로 다를 때는 이들의 평균값을 사용한다.

표 18-20 │ 차로폭 보정계수(f_w)

차로폭(m)	≤2.6	≤2.9	≥3.0
f_w	0.88	0.94	1.00

신호교차로 접근부의 경사도가 포화교통류율에 미치는 영향을 나타내는
경사보정계수는 〈표 18-21〉과 같다.

표 18-21 │ 경사보정계수(f_g)

경사(%)	≤0	+3	≥+6
f_g	1.00	0.96	0.93

주) 보간법을 사용할 것

중차량 보정계수는 평균승용차환산계수 1.8을 사용하여 다음의 관계식에 의해 계산된다.

$$f_{HV} = \frac{1}{1+P(E_{HV}-1)} = \frac{1}{1+0.8P} \qquad \cdots\cdots \langle 18\text{-}15 \rangle$$

f_{HV}는 중차량 보정계수
P는 중차량의 실교통량에 대한 혼입비율
E_{HV}는 중차량 승용차환산계수(=1.8)

7. 서비스수준 결정

신호교차로에서 서비스수준 결정은 다음 단계를 거쳐 산정한다.

(1) 각 차로군별 용량 및 v/c비 계산

차로군의 용량은 다음 식을 이용하여 얻는다.

$$c_i = S_i \times \frac{g_i}{C} \qquad \cdots\cdots \langle 18\text{-}16 \rangle$$

$c_i = i$차로군의 용량(vph)
$S_i = i$차로군의 포화교통류율(vph)
$g_i = i$차로군의 유효녹색시간(초)
$C =$ 주기(초)

차로군의 v/c비는 다음 식을 이용하여 얻는다.

$$X_i = \left(\frac{V}{C}\right)_i = \frac{V_i}{S_i\left(\frac{g_i}{C}\right)} = \frac{V_i C}{S_i g_i} \qquad \cdots\cdots \langle 18\text{-}17 \rangle$$

$X_i = (v/c)_i = i$차로군의 포화도
$V_i = i$차로군의 교통량(vph)
$g_i/C = i$차로군의 유효녹색시간비

(2) 초기 대기차량이 없는 경우의 지체 파악

초기 대기차량(Q_b)이 없는 경우에 지체는 균일지체와 증분지체를 파악한다. 균일지체(d_1)식은 다음과 같다.

$$d_1 = \frac{0.5C\left(1-\frac{g}{C}\right)^2}{1-\left[\min(1,\,X)\frac{g}{C}\right]} \quad (Q_b=0 일\ 때) \qquad \cdots\cdots \langle 18\text{-}18 \rangle$$

$$= \frac{R^2}{2C(1-y)} + \frac{Q_bR}{2TS(1-y)} \quad (유형\ \text{I}\ 때\ 사용) \qquad \cdots\cdots \langle 18\text{-}19 \rangle$$

$$= \frac{R}{2} \quad (유형\ \text{II},\ \text{III}\ 때\ 사용) \qquad \cdots\cdots \langle 18\text{-}20 \rangle$$

Q_b= 초기 대기차량 대수(대)
d_1= 균일지체(초/대)
C= 주기(초)
g= 해당 차로군에 할당된 유효녹색시간(초)
X= 해당 차로군의 포화도
R= 적색신호 시간(초)
y= 교통량비(flow ratio)($=v/s$)
T= 분석기간 길이(시간)
S= 해당 차로군의 포화교통량(vphg)

증분지체(d_2)는 다음과 같다.

$$d_2 = 900T\left[(X-1)+\sqrt{(X-1)^2+\frac{4X}{cT}}\right] \qquad \cdots\cdots \langle 18\text{-}21 \rangle$$

d_2= 임의도착 및 분석기간 안에서의 과포화 영향을 나타내는 증분지체
T= 분석기간 길이(시간)
X= 해당 차로군의 포화도
c= 해당 차로군의 용량(vph)

(3) 초기 대기차량이 있는 경우 지체 파악

초기 대기차량(Q_b)이 있는 경우는 Q_b와 $(1-X)cT$를 비교하여 유형 I, II, III 중 선택하여 균일지체, 증분지체, 추가지체를 파악한다. 균일지체와 증분지체는 앞서 식 〈18-19〉, 〈18-20〉, 〈18-21〉을 이용하여 파악할 수 있다. 반면 새롭게 등장하는 유형별 추가지체 특성은 다음과 같고, 이를 그림으로 표

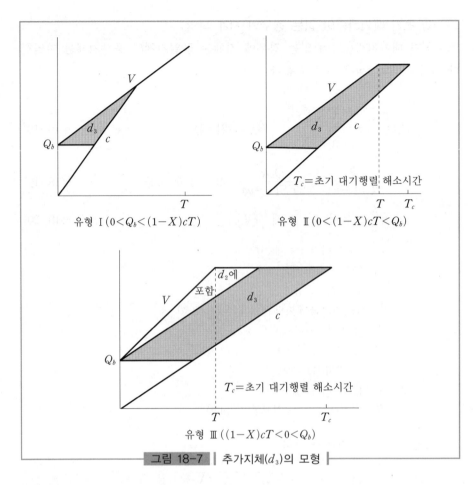

유형 I $(0 < Q_b < (1-X)cT)$

유형 II $(0 < (1-X)cT < Q_b)$

유형 III $((1-X)cT < 0 < Q_b)$

그림 18-7 │ 추가지체(d_3)의 모형

현하면 〈그림 18-7〉과 같다.

① 유형 I : 초기 대기차량이 존재하고 분석기간 이내에 도착하는 모든 교통량을 처리하고 분석기간 이후에는 대기차량이 남지 않는 경우. 즉,

$$0 < Q_b < (1-X)cT \qquad \cdots\cdots \langle 18-22 \rangle$$

② 유형 II : 초기 대기차량이 존재하고 분석기간 이후에 여전히 대기차량이 남아 있으나 그 길이가 초기 대기행렬보다는 줄어든 경우. 즉,

$$0 < (1-X)cT < Q_b \qquad \cdots\cdots \langle 18-23 \rangle$$

③ 유형 Ⅲ : 초기 대기차량이 존재하고 분석기간이 지난 후에도 여전히 대기차량이 남아 있으나 그 길이가 초기 대기행렬보다 늘어난 경우. 즉,

$$(1-X)cT < 0 < Q_b \qquad \cdots\cdots \langle 18\text{-}24 \rangle$$

(4) 연동계수(PF)를 적용하여 제어지체 계산

연동계수를 고려하여 차로군의 차량당 평균제어지체는 다음 식을 이용하여 구한다.

$$d = d_1(PF) + d_2 + d_3 \qquad \cdots\cdots \langle 18\text{-}25 \rangle$$

d＝차량당 평균제어지체(초/대)

d_1＝균일 제어지체(초/대)

PF＝신호연동에 의한 연동보정계수

d_2＝임의도착과 과포화를 나타내는 증분지체로서, 분석기간 바로 앞 주기 끝에 잔여차량이 없을 경우(초/대)

신호연동화에 따른 연동보정계수는 다음과 같다.

표 18-22 │ 고정시간신호 연동계수(PF)

TVO	g/C								
	0.1	0.2	0.3	0.4	0.5	0.6	0.7	0.8	0.9
0.0	1.04	0.86	0.76	0.71	0.71	0.73	0.78	0.86	1.06
0.1	0.62	0.56	0.54	0.55	0.58	0.64	0.72	0.81	0.92
0.2	1.04	0.81	0.59	0.55	0.58	0.64	0.72	0.81	0.92
0.3	1.04	1.11	0.98	0.77	0.58	0.64	0.72	0.81	0.92
0.4	1.04	1.11	1.20	1.14	0.94	0.73	0.72	0.81	0.92
0.5	1.04	1.11	1.20	1.31	1.30	1.09	0.83	0.81	0.92
0.6	1.04	1.11	1.20	1.31	1.43	1.47	1.22	0.81	0.92
0.7	1.04	1.11	1.20	1.31	1.43	1.56	1.63	1.27	0.92
0.8	1.04	1.11	1.20	1.31	1.43	1.47	1.58	1.76	1.00
0.9	1.04	1.11	1.15	1.08	1.06	1.09	1.17	1.32	1.59
1.0	1.03	1.01	0.89	0.80	0.74	0.71	0.71	0.81	1.08

주) *연동시스템에 속하지 않는 교차로 또는 연동되지 않는 방향(주로 직진과 다른 현시에 진행하는 좌회전)의 이동류에 대해서는 1.0 적용

**보간법 사용

(5) 접근로의 평균지체 계산과 서비스수준 판정

접근로별 교통량의 지체에 대한 가중평균을 통해 접근로의 평균지체를 다음 식 〈18-26〉을 이용하여 계산하고, 접근로의 지체 계산 결과를 활용하여 서비스수준을 평가한다.

(6) 교차로의 평균지체 계산 및 서비스수준 판정

접근로의 평균지체에 대한 교통량의 가중평균을 통해 교차로의 평균지체를 다음 식 〈18-27〉을 이용하여 계산하고, 교차로의 지체 계산 결과를 활용하여 서비스수준을 평가한다.

$$d_A = \frac{\sum d_i V_i}{\sum V_i} \qquad \cdots\cdots \langle 18-26 \rangle$$

$$d_I = \frac{\sum d_A V_A}{\sum V_A} \qquad \cdots\cdots \langle 18-27 \rangle$$

d_A＝A접근로의 차량당 평균제어지체(초/대)
d_i＝A접근로 i차로군의 차량당 평균제어지체(초/대)
V_i＝i차로군의 보정교통량(vph)
d_I＝I교차로의 차량당 평균제어지체(초/대)
V_A＝A접근로의 보정교통량(vph)

접근로 및 교차로 전체의 서비스수준 평가에는 〈표 18-23〉의 기준을 활용한다.

표 18-23 ┃ 신호교차로의 서비스수준 기준

서비스수준	차량당 제어지체
A	≤15초
B	≤30초
C	≤50초
D	≤70초
E	≤100초
F	≤220초
FF	≤340초
FFF	>340초

이야깃거리

1. 도로의 용량을 정의하고 용량을 분석하는 목적에 대해 생각해보자.
2. 용량에 영향을 미치는 기하학적 조건, 교통조건, 신호조건에 대해서 알아보자.
3. 용량은 크게 기본 교통 용량, 가능 교통 용량, 실용 교통 용량으로 나뉘는데, 각각의 의미에 대해 설명해보자.
4. 대부분의 도로시설은 용량보다 적은 교통량으로 운영되도록 설계하도록 되어 있다. 그 이유는 무엇인지 생각해보자.
5. 도로의 용량이 감소하게 되는 경우에 대해 생각해보고, 이를 개선하기 위한 방법에 대해 생각해보자.
6. 연속류 도로의 서비스수준을 평가하기 위한 효과척도가 도로 유형에 따라 달라지는 이유와 도로 유형별 특성을 대표할 수 있는 척도인지 평가해보자.
7. 교통운영의 효율성을 검정하는 효율척도에는 무엇이 있는지 생각해보자.
8. 서비스 수준은 A~F까지 6단계로 구분되어 있다. 각 서비스 수준 단계별 교통류 상태를 설명해보자.
9. 정량적 기준에 의해 산정된 서비스 수준과 실제 도로 이용자가 느끼는 서비스 수준 사이에 발생하는 Gap을 줄이기 위해 고려해야 하는 것은 무엇인지 생각해보자.
10. 연속교통류와 신호교차로 접근로의 이상적인 조건에 대해 생각해보자.
11. 고속도로 엇갈림 구간에서 나타날 수 있는 차량 운행 특성을 그림으로 나타내고, 발생할 수 있는 문제점에 대해 생각해보자.
12. 차종구성은 도로의 용량이나 서비스 수준에 많은 영향을 주는 교통류 특성 중에 하나다. 중차량이 교통의 흐름에 주는 악영향에 대해 생각해보자.
13. 도시 및 교외 간선도로는 기능적으로 고규격, 중간규격, 저규격으로 분류된다. 분류기준에 따라 3개 규격이 어떻게 다른지 생각해보자.
14. 신호교차로 서비스수준 분석과정을 흐름도로 작성하고, 각 단계에서 고려해야 하는 것은 무엇이 있는지 생각해보자.
15. 신호교차로 서비스수준 분석에 사용되는 포화교통량을 정의하고, 포화교통량을 산정하기 위해 고려해야 할 각 보정계수들의 특성을 파악해보자.
16. 어느 도로에 대한 수요(Demand)와 교통량(Volume)의 대소(大小)관계를 도로의 용량 측면에서 설명해보자.

17. 신호교차로에서 용량을 증대시킬 수 있는 교통통제조건들에는 어떠한 것이 있는지 생각해보자.

18. 양방향 2차로 도로에서 용량을 분석하기 위한 서비스수준 분석기준으로 교통량을 사용했을 때 발생하는 문제점은 무엇인지 생각해보자.

| 제 6 부 |

주차 및 보행

| 제19장 | 주　　차
| 제20장 | 보　　행

제19장 주 차

제1절 주차의 개념

I. 주차정책의 목표 및 수단

주차정책은 주차수요를 적절히 처리할 수 있도록 주차장을 공급하거나 주차규제와 같은 수단을 동원하여 집행하는 과정이다. 가령 어떤 도심지에 있어서의 주차정책목표가 주차면수의 최대한 공급이라면 그것을 달성하는 데 가장 효과적인 주차공급정책은 적절한 위치에 주차장을 공급하는 것을 주요 내용으로 할 것이다.

각 도시의 특성과 정책적 선호도 등으로 인하여 어느 도시에나 적용될 수 있는 정책목표는 있을 수 없으나, 보편적으로 주차정책목표를 살펴보면 다음과 같다.

① 주차공급 가용면적과 주차수요를 비교하여 가급적 균형을 도모
② 연도변 주차차량을 통제하여 도로의 교통처리능력 향상
③ 주차수요의 억제
④ 배달차량, 방문객차량 등 주차이용자를 구분하여 수요와 공급의 균형을 도모
⑤ 노상, 옥내, 옥외 주차장 등 주차장 형태별로 수요와 공급의 균형을 도모
⑥ 주차로 인해 도로에까지 차량대기행렬이 발생하는 현상의 방지
⑦ 연도상점의 영업피해를 최소화하는 방향으로 주차정책의 유도

아울러 주차정책의 수립방향은 주차공간의 확보, 교통안전의 향상, 교통

류의 원활화, 주차수요의 억제 등으로 설정될 수 있다.

1. 주차공간의 확보

승용차의 증가와 이에 따른 운행이 급격히 늘어남에 따라 목적지에서 일어나는 통행목적을 수행키 위해 목적지에서 주차가 필요하게 된다. 그러므로 주차에 대한 수요의 증가를 충족시키기 위해 적정 공급수준을 정하여 이 수준까지 주차공간을 확보한다.

2. 교통안전의 향상

주차장이 제대로 확보되어 있지 않으면 목적지에서 배회하는 차량이 많아지고 불법주차가 성행하게 된다. 따라서 보행인과 차량, 차량과 차량간의 충돌을 방지하는 의미에서도 주차장이 적절히 공급되어야 한다. 그러므로 교통사고의 감소를 위해서도 주차정책이 수립되어야 한다.

3. 교통류의 원활화

주차장을 적소에 공급하거나 또는 주차규제에 의해 전체 교통류의 흐름을 원활하게 처리하는 방향으로 주차정책이 수립되어야 한다.

4. 주차수요의 억제

주차공급은 여러 가지 제약조건 때문에 무한정으로 공급될 수 없다. 따라서 주차수요를 가급적 억제하여야 한다. 주차수요의 억제에는 주차요금의 조정, 단속의 강화 등의 정책을 동원할 수 있다.

Ⅱ. 주차시설의 유형

주차시설의 유형을 노외와 노상으로 구분하고 다시 이를 물리적 측면과 관리적 측면으로 분류하면 〈표 19-1〉과 같은 유형으로 정리된다. 노외주차장은 구체적으로 빌딩 건설예정 부지에 설치된 임시주차장이라든가 전용주차장과 같은 옥외주차장과 일반 빌딩 내라든가 주차빌딩 내에 설치되는 옥내주차장이 있다. 옥외 및 옥내 주차장은 공공주차장의 성격을 띠는 공용과 민간주차장인 전용으로 구분된다. 노상주차장은 모두 공용으로 정부나 공공단체에서 관리하는 주차장이 된다.

표 19-1 │ 주차시설의 유형

물리적 분류		관리적 분류	
노　외	옥　　외 (lot)	공　용	무　료
			유　료
		전　용	무　료
			유　료
	옥　　내 (garage)	공　용	무　료
			유　료
		전　용	무　료
			유　료
노　상	합　법	공　용	무　료
			유　료
	불　법		

제 2 절 주차수요추정

주차문제의 해결을 위해서는 과학적이고 합리적인 주차수요의 추계가 선행되어야 한다. 주차수요는 자동차의 보유대수, 인구동태, 건물연면적, 경제활동, 토지이용상황 등에 따라 변화하며, 이들 요소의 장래 변화로부터 장래 주차수요를 예측하게 된다. 주차수요추정방법은 다음의 다섯 가지로 대별할 수 있다.

첫째, 과거추세연장법으로서 과거의 주차수요의 패턴과 증가경향을 토대로 하여 장래까지 연장시켜 장래 발생될 주차수요를 분석하는 방법이다.

둘째, 주차원단위에 의한 방법으로서, 이 방법은 주차수요의 발생을 건물에 의존하여 각 건물의 용도에 따라 주차수요량을 산출하고, 이것을 용도별 주차 발생 원단위화하여 장래의 용도별 건축연면적에 적용하여 주차수요량을 구하는 방법이다.

셋째, 자동차 기·종점 조사에 의한 방법으로서, 이 방법은 자동차 기·종점조사 결과로부터 목표연도의 장래 자동차 통행량을 산출하고 기·종점에 주차가 발생한다는 가정하에 평균주차시간을 감안하여 주차수요량을 추계하는 방법이다.

넷째, 사람통행실태조사에 의한 방법으로서, 이 방법은 최근 교통계획을 종합적으로 입안하기 위한 시도로 인간활동(human activity)을 중심으로 발생교통량을 추정하고, 이에 따른 교통수단분담률(modal split)을 추정하는 기법이다.

다섯째, 누적주차수요추정법은 주차수요를 일정 단위 동안에 변화하는 수요변화의 과정으로 이해하고 이에 따라 단위시간 동안의 주차수요를 산정할 수 있다. 따라서 이 방법을 활용하게 되는 경우 종전에 고정화된 주차수요의 예측에 따라 발생할 수 있는 주차시설의 과소 혹은 과대 공급의 문제점을 어느 정도 극복할 수 있다.

I. 과거추세연장법

과거추세연장법은 개략적이고 단기적인 주차수요추정에 적합한 방법으로 실무자들이 이해하기 쉽고 적용이 편리한 장점이 있는 반면 너무 개괄적이므로 신뢰성이 떨어진다. 따라서 안정된 성장률을 나타내는 도시라든가 사회경제적 여건이 급격히 변하지 않는 도시지역에서는 개략적 계획의 목적으로 이용될 수 있다.

II. 주차원단위법

1. 주차발생원단위법

주차발생원단위법은 개별적인 건물의 장래 주차수요를 추정하는 데 적합한 방법이기도 하다. 그러나 이 방법은 주차이용 효율을 정확히 산출하기가 힘들고, 장래에 주차발생원단위가 변하는 경우에 신뢰성이 떨어지는 등의 약점을 내포하고 있다.

$$P = \frac{U \cdot F}{1,000e}$$

P : 주차수요(대)

U : 피크시 건물연면적 1,000m²당 주차발생량(대/1,000m²)

F : 계획 건물상면적(m²)

$$e : \text{주차이용 효율}\left(\frac{\text{주차이용대수} \times \text{주차점유시간}}{\text{용량} \times \text{총주차운영시간}}\right)$$

2. 건물연면적원단위법

건물연면적원단위법에는 두 가지 방법이 있다. 첫번째 방법은 현재의 토지이용의 용도별 연면적과 총주차대수를 회귀분석에 의해 파라미터를 도출한 다음, 장래 목표연도의 증가된 연면적을 대입시켜 장래의 총주차수요를 추정하는 방법이다.

$$Y = a_0 + a_1 X_1 + a_2 X_2 + \cdots + a_i X_i$$

　　　Y : 총주차대수

　　　a_i : 용도별 연면적 원단위(파라미터)

　　　X_i : 용도별 연면적

두 번째 방법은 용도에 따른 연면적당 주차 발생량을 구한 후 장래 용도별 연면적을 곱하여 장래 주차수요를 아래와 같이 산출하는 방법이다.

$$\text{장래 주차수요} = \hat{a}_1 X_1 + \hat{a}_2 X_2 + \cdots + \hat{a}_i X_i$$

　　　$\hat{a}_i$: 장래 i용도별 연면적 주차발생 원단위

　　　X_i : 장래 용도별 연면적

3. 교통량원단위법

사람통행실태조사에 의한 승용차의 통행량패턴과 기종점조사에 의한 승용차통행을 도심지내, 도시내, 도시내 지구간으로 구분하여 총주차대수와 관련시켜 일정한 지구의 주차수요를 구한다. 일단 차량통행에 의한 주차대수 원단위가 구해지면 장래 목표연도의 증가된 통행량에 이 주차원단위를 적용하면 주차수요가 추정될 수 있다. 원단위법은 교통여건이 비교적 안정되어 있는 지역과, 지역 혹은 지구의 경계가 분명하여 동질적인 토지이용을 지닌 곳에 적합한 방법이다.

Ⅲ. 자동차 기종점에 의한 방법

이 방법은 승용차의 기종점을 분석하여 주차수요를 추정하는 방법으로 두

가지 유형이 있다. 하나는 교통량원단위법과 같이 승용차의 기종점과 총주차
대수와의 상관관계에 따라 주차수요를 분석하는 방법이고, 또 하나는 도심지
등과 같은 특정한 지구로 진입하는 모든 도로의 출입지점을 기점으로 설정하
여 차량번호판을 기록한 후, 승용차 주차장소에서 조사원이 기록한 차량번호
와 비교하여 주차수요를 분석하는 방법이다.

두 번째 방법은 일정한 시간에 도심지나 지구로 진입하는 차량의 수와 주
차대수를 파악함으로써 차량유입대수와 주차대수간의 관계식이 성립되어 장
래 차량유입대수에 의해 장래 주차수요가 추정되는 방법이다.

Ⅳ. 사람통행(Person Trip)에 의한 수요추정

1. P요소법

이 방법은 원단위법보다 정밀화된 기법으로 여러 가지 지역특성을 포괄적
으로 고려하여 추정하는 장점을 지니고 있다. 이 방법은 지구나 도심지와 같은
특정한 장소의주차수요를 추정하는 데 적합한 방법이다.

$$P = \frac{d \cdot s \cdot c}{o \cdot e} \times (t \cdot r \cdot p \cdot pr)$$

P : 주차수요(parking space demand : 면수)

d : 주간(07 : 00∼19 : 00) 통행집중률(%)

s : 계절주차 집중계수(seasonal parking factor)

c : 지역주차 조정계수(locational adjustment factor)

o : 평균승차인원(인/대)

e : 주차이용 효율(%)

t : 1일 이용인구(인)

r : 피크시 주차집중률(%)

p : 건물이용자 중 승용차이용률(%)

pr : 승용차이용자 중 주차 차량비율(%)

그러나 P요소법은 우리나라 도시에 계절주차 집중계수에 대한 도시별 자
료가 정리되어 있지 않고, 지역특성을 반영하는 지역주차 조정계수도 미비하
여 현 단계로서는 그 적용성이 약한 방법이다.

2. 사람통행조사에 의한 수요추정

〈그림 19-1〉에서 보여 주는 절차와 같이 사람통행에 의한 주차수요추정법은 가구설문조사와 같은 방법에 의해 얻어진 기종점조사표에 의해 통행발생량을 예측하고 이를 각 교통수단으로 분류하여 승용차의 유입통행량을 토대로 하여 추정하는 방법이다.

이러한 과정을 거쳐 일단 주차수요가 추정되면 주차원단위에 의한 건물용도별로 추정된 주차수요와 비교해 본다. 비교한 결과 상호간 과다한 차이가 발생되면 사람통행실태에 의한 주차수요 방법을 다시 점검하여 문제점을 분석하거나 건물용도별 주차수요 추정과정이 적절한지를 파악해 본다. 그 결과 합리

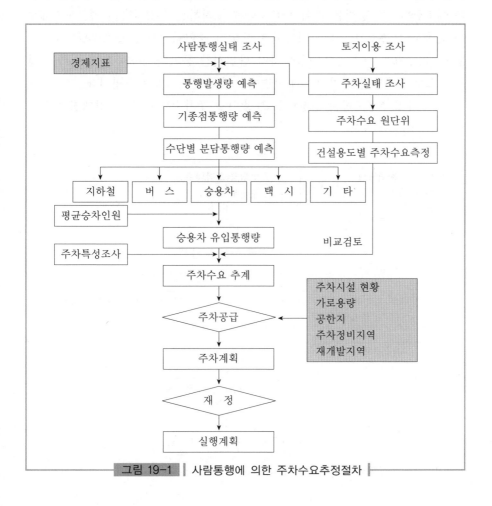

그림 19-1 │ 사람통행에 의한 주차수요추정절차

적인 수준의 주차수요가 도출되었다고 판단되면 이를 최종적인 주차수요추정
치로 확정짓는다.

이렇게 결정된 주차수요는 현재의 주차용량과 장래의 가능한 주차공급면
수를 고려해야 하는데 여기서 현재의 주차시설현황, 가로용량, 공한지, 주차장
정비지역, 재개발지역 등 모든 변수를 감안한 가용할 수 있는 주차공급량과 비
교하여 재정 및 실행계획을 수립하게 된다.

V. 누적주차수요추정법

누적주차수요추정은 〈그림 19-2〉와 같은 알고리즘을 이용하여 주차수요
를 예측한다. 이 방법은 단위시간 동안에 도착하는 주차차량의 평균도착대수
를 산출하여 총주차수요를 예측하고 용도별 주차특성의 산출에 따른 용도별
누적주차수요를 예측한다. 이에 따라 단위시간 동안의 누적주차의 변화를 알
수 있으므로 올바른 주차정책의 마련에 도움이 될 수 있는 방법이다.

주차수요추정모형은 추정모형 설정, 1일 주차수요 산출, 시간대별 유출 ·

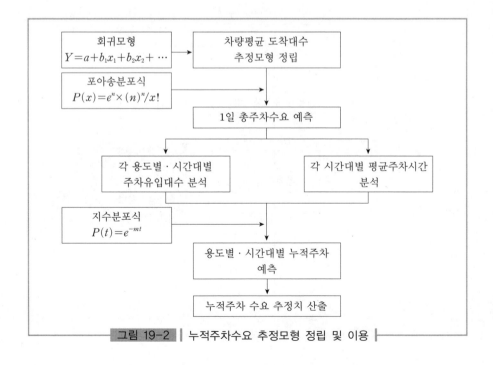

```
  [회귀모형                    →   차량평균 도착대수
   Y=a+b₁x₁+b₂x₂+ … ]              추정모형 정립

  [포아송분포식                          │
   P(x)=eⁿ×(n)ⁿ/x! ]                     ↓

                              [1일 총주차수요 예측]

          ┌──────────────────────┴──────────────────────┐
          ↓                                              ↓
   각 용도별 · 시간대별                            각 시간대별 평균주차시간
     주차유입대수 분석                                      분석

  [지수분포식              │
   P(t)=e⁻ᵐᵗ ]  ──────────→┘

                        용도별 · 시간대별 누적주차
                                 예측

                        누적주차 수요 추정치 산출
```

그림 19-2 | 누적주차수요 추정모형 정립 및 이용

입 주차비율 추정과 주차시간 분석의 4단계를 통하여 모형을 구축 이를 활용하게 된다.

추정모형의 설정단계에서는 분석모형의 기본적인 골격, 즉 종속변수인 주차수요와 독립변수인 용도별·시간대별 특성변수들의 상관관계에 대한 모형의 기본 골격을 작성하며, 독립변수로 작용하여야 할 변수들을 도출한다. 이렇게 도출된 모형을 통하여 평균도착대수를 산정하게 된다.

1일주차수요예측은 전 단계에서 산출된 평균도착대수에 근거하여 포아송 분포모형을 활용하여 산출한다. 산출시에는 도착확률을 구하고 이에 따라 도착대수를 구하게 된다.

시간대별 유출입 주차비율의 추정단계에서는 설정된 모형을 활용하여 시간대에 따른 유출입 주차차량의 비율을 알아본다. 이 단계에서는 주차시설에 대하여 기존에 조사된 조사자료에 근거하여 비율을 추정하게 된다.

마지막 단계로 주차시간의 분석이 이루어지는데 주차시간은 평균주차시간을 산정하여 이에 근거하여 주차시간이 이루는 분포를 구하고 이에 따라 세부적인 주차시간을 산정하게 된다. 주차시간이 산정되면 실제 필요한 주차시설의 양이 결정될 수 있다.

[예제] 주차장의 시간대별 유출입 교통량이 다음과 같을 때 누적주차수요 추정방법을 이용하여 주차수요를 구하여라.

시 간 대	유 입	유 출	시 간 대	유 입	유 출
07 : 00～08 : 00	73	25	13 : 00～14 : 00	161	143
08 : 00～09 : 00	214	77	14 : 00～15 : 00	155	161
09 : 00～10 : 00	155	103	15 : 00～16 : 00	153	147
10 : 00～11 : 00	163	149	16 : 00～17 : 00	163	152
11 : 00～12 : 00	171	144	17 : 00～18 : 00	138	181
12 : 00～13 : 00	153	158	18 : 00～19 : 00	129	315

[해] 누적주차수요 추정방식은 각 시간대별 유입과 유출 대수를 뺀 값을 누적하여 가장 많은 주차 대수를 나타내는 시간대와 주차수요를 추정하는 방식으로 각 시간대별 누적대수를 먼저 구한다. 여기서 가장 많은 누적대수를 나타내는 시간대는 16 : 00～17 : 00로 총 302대, 따라서, 302대가 누

적주차수요 추정방법을 이용한 주차 수요이다.

제3절 주차문제

우리나라 대도시는 자동차 위주의 도시로 변해가고 있다. 이 같은 모터화 현상은 물리적으로 한정된 도심지 공간에 갑자기 승용차가 몰려들게 되어 급기야는 이를 수용하고 처리할 공간부족 상태 등 다양한 주차문제를 야기시키고 있다. 지금까지 나타난 우리나라 대도시의 주차문제를 살펴보면 다음과 같다.

Ⅰ. 주차면 공급부족

우리나라 도시의 주차시설은 급증하는 수요에 비해 모자라는 실정에 있다. 또한 도심 교통소통의 원활화를 위해서 노상주차장이 폐쇄될 가능성이 많고, 공한지를 종전에 이용하던 주차장들이 도심 토지이용의 고밀화와 도시 재개발에 의해 타용도로 전용됨에 따라 도심지 주차시설이 점차적으로 부족하게 될 전망이다.

Ⅱ. 불법노상주차 성행

우리나라 도시의 도심지 노상불법주차는 도심 주차차량의 15~30%에 달하고 있어, 도심 교통소통의 장애는 물론 주차질서 확립에 저해요인으로 등장하고 있다. 우리나라 도시의 주차차량을 대상으로 설문조사를 해 보면 불법주차의 이유로, 주차시설이 없어서가 약 30%로 나타나고, 나머지는 습관, 주차단속 소홀, 요금절약 등 대부분 불법주차에 대한 단속의 미흡으로 인한 것으로 나타난다.

Ⅲ. 도시계획 및 공공주차장의 부족

우리나라 도시는 대부분 도시계획 및 공공주차장이 부족한 실정에 있다.

이렇게 도시계획주차장이나 공영주차장이 없는 것은 첫째, 투자재원의 부족과 용지확보난으로 노외주차장에 대한 공공투자가 이루어지지 않았고, 둘째, 민간인은 일단 도시계획에 의해 주차시설로 지정되면 타용도로의 전용이 거의 불가능하므로, 실제 주차용지로 사용하면서도 주차시설로 지정되는 것을 기피하였기 때문이다. 또한 민영주차건설이 부진한 것은 도심지가의 앙등으로 자본의 기회비용(opportunity cost)에 주차수익이 미치지 못하기 때문이다.

따라서 대도시 도심지의 주차난을 완화하기 위해서는 주차장도 도로용지와 같은 공공시설임을 인식하여 공공투자에 의한 주차시설 확충이 시급하며 아울러 민영주차장 건설을 촉진시킬 수 있는 방안이 강구되어야 한다.

제 4 절　주차개선대책

위에서 제시된 문제점을 비추어 볼 때, 우리나라 대도시의 주차정책의 기본적 과제를 올바르게 설정하여야 하며, 설정된 과제를 해결할 수 있는 개선대안의 제시가 필요하다고 하겠다. 지금까지 살펴본 문제점을 토대로 하여 주차문제가 심각한 도심 주차개선대안을 설정해 보면 다음과 같다.

Ⅰ. 도심주차수요의 억제

1. 주차요금의 차등별 실시와 현실화

도심주차수요를 억제하고 도시 전체의 균형적 조정을 위해서는 지역별로는 도심지역과 외곽지역의 주차요금에 차등을 두어야 한다. 주차형태별로는 접근이 쉽고 토지점유도가 높은 노상 및 평면주차장의 주차요금을 대폭적으로 인상함으로써 노상 및 평면주차장의 과밀이용을 줄이고 입체주차장의 이용을 높여 전체적인 주차효율을 증대시켜야 한다. 또한 주차요금을 주차시간에 따라 누진율을 적용시켜 장시간 주차를 억제한다. 이러한 차등요금제를 실시하려면 더욱 체계적이고 상세한 분석이 뒤따라야 할 것이다.

2. 대중교통수단의 정비

승용차의 주차 또는 통행억제책이 효과를 거두기 위해서는 먼저 시민들이

승용차 없이도 불편 없이 통행할 수 있는 대중교통수단의 개선이 선행되어야
한다. 지하철이나 경전철 등 고용량 대중교통수단의 건설도 도심지 주차문제
를 해결하는 데 많은 도움을 줄 수 있다.

3. 도심기능의 분산과 도시구조 개편

주차수요의 도심 집중현상은 도시구조가 도심에 집중된 데 근본적 원인이
있으므로 장기적 안목에서 도시구조를 다핵화시켜 도심기능을 분산시켜야 한다.

Ⅱ. 도심주차시설확충

1. 공공 및 도시계획주차장의 확보

도심 지가가 비싸고 공한지 부족으로 주차공간의 확보가 어려운 상황이므
로 공원, 도로, 학교운동장 등의 지하공간을 활용함과 더불어 공장, 창고, 학
교시설 등의 도심 부적격 시설이 이전되어 가는 부지를 도시계획에 의한 주차
용지로 우선적으로 지정하여 공공주차용지난을 완화시킨다.

2. 민영주차시설의 건설유도

(1) 민영주차장에 대한 행정 및 지원제도의 강화

민영주차장 확충이 부진한 이유는 도심 지가가 비싸 주차장경영에 수지가
맞지 않는 데 있다. 따라서 이러한 문제점을 해결하기 위해서는 정부의 행정,
금융, 세제상의 지원이 필요하다.

우리나라도 주차장법에서 도로, 광장공원, 지하주차장 설치시 점용료 감
면, 노외주차장 설치비용의 전부 혹은 일부 보조, 주차장 위탁관리인에 대한
관리운영비 보조 등 주차장 건설에 대한 지원제도가 강화되었으나 이를 실현
하는 구체적 시행령이나 이를 지원할 주차장특별회계가 설치되어 있지 않아
재원의 확보가 힘들어 효과를 거두지 못하고 있다.

(2) 입체다단주차장건설의 적극 권장

도심지는 토지가 부족하고 지가가 비싸기 때문에 토지이용의 효율화 측면
에서 주차시설을 입체화시켜 기계식 주차장을 적극 건설하도록 해야 한다. 그
러나 입체주차장은 건축법상 건축물로 취급되어 건폐율의 적용을 받을 뿐 아

니라 허가질차가 까다로워 이의 설치가 위축되고 있다. 따라서 건축법을 완화
시켜 현재 평면주차장으로 이용되는 공한지나 건폐율 적용으로 버려진 용지를
입체로 활용할 수 있게 하여 민영주차장을 확충시켜야 한다.

3. 건물부설주차장의 정비확충

(1) 건물부설주차장의 공동설치 유도

① 주택가 공동주차장 건설 활성화

부족한 주차공간을 확보하기 위해 주차난이 심각한 지역의 인근한 곳
에 공동주차장을 자치구나 서울시가 공급함으로써 주차난을 해결하고
자 하는 서울시의 방안으로써, 주간 업무지역의 수요를 억제하고 주택
가 지역의 주차시설 확충을 정책목표로 하고 있다.

② 내집주차장갖기 운동

주택가 주차수요의 원인을 제공한 곳에서 주차공급의 문제를 해결하기
위한 접근으로 서울시가 추진한 운동이다. 내집주차장갖기 운동은 가
장 이상적인 주차문제 해결책으로 고려되었으나, 실제 설치비용과 보
조금의 격차, 정원축소나 수목이식 등의 문제, 주택구조상의 문제, 외
부인의 접근이 용이하다는 것을 이유로 활성화되지 못하였다.

③ Green Parking 사업

사람과 환경을 먼저 생각한다는 취지아래 진행된 프로젝트로써, 차량
소유주가 스스로 주차공간을 확보하도록 도와 주택가 주차질서를 회복
하고 살아 숨쉬는 자연 친화적인 주차환경을 만드는 주차 시책이다.
Green Parking 사업은 주택가 심각한 주차난을 해소하고 마을주거환
경을 개선하며, 마을 공동체 의식회복 등의 효과를 갖는다.
사업의 내용으로는 다음과 같은 것들이 있다.

- 담장허물기 사업: 담장을 허물고 주차공간 확보 후 여유공간에 조경
조성
- 생활도로 조성사업: 도로의 기능을 보행자 중심으로 전환하여 불법
주차를 방지하고, 보행자들이 안전하게 걸을 수 있는 보도를 설치하
고, 조경수를 식재하여 녹지 확충
- CCTV설치: 보안과 불법주차 방지를 위해 골목단위 CCTV 설치

(2) 기존 건물의 주차시설 확보 촉진

기존 건물에 대한 주차시설확보를 유도함에 있어 주차장 확보기준을 합리적으로 조정하고, 주차장 추가설치가 불가능한 경우는 주차장설치비용을 분담토록 하여 이를 부근의 신축건물 내에 추가로 설치하여 공동이용토록 하거나 공공주차장 설치재원으로 활용토록 한다. 그리고 기존 건물에 입체주차장을 추가로 설치하는 경우에는 용적률계산에서 제외하여 주차장 용지확보난을 완화한다.

(3) 주택부설주차장 설치의무 강화

승용차 보유 가구수가 증가함에 따라 주택가 주차난의 근본적인 문제를 해결하기 위해 주차수요를 발생시키는 곳에서 주차공급을 해결할 수 있도록 하기 위한 서울시의 정책이다. 이는 내집주차장갖기운동의 일환으로 주차장 건설비용이 보조되고 있으나 그 효력이 미미한 점도 있다. 또한 부설주차장의 불법 용도변경을 단속하고자 주차장법에서 이행강제금제도를 도입하였다.

(4) 재개발사업의 촉진

도심 내의 건물부설주차장을 확보하는 가장 손쉬운 방법은 재개발을 통하여 확보하는 방법이다. 따라서 재개발사업을 적극 유도하여 건물부설주차장을 확충토록 한다.

4. 주차장관리제도의 개선

(1) 주차장 설치기준의 현실화와 용도의 세분화

주차시설 설치기준을 현실화하고 주차시설 설치의무 규모와 기준도 용도에 따라 좀더 세분하여 실제 주차발생과 큰 차이가 없도록 조정한다.

(2) 공영주차장의 관리제도 개선

현재 민간단체에 위임한 공영주차장을 직영화하여 주차장관리의 효율을 증진시켜 주차수익을 증대시켜야 한다.

(3) 주차장 설치절차의 간소화

노상주차장은 도시계획상의 결정 없이 설치 가능토록 도시계획법과 주차장법을 개정하여 운영에 융통성을 부여하고 사설 노외주차장을 도시계획 없이 설치토록 하여 주차용지의 도시계획 지정에 따른 타용도 전용제한에서 오는 민간의 주차장 설치 기피현상을 완화한다.

⑷ 불법주차단속 강화

불법주차단속의 효율을 높여 불법주차를 강력히 단속함으로써 주차질서를 확립하고 유료주차장의 이용률을 높인다.

⑸ 주차장 설치기금의 조성

공공주차시설의 확충과 민간주차장 건설을 지원하기 위해서는 주차장 기금의 조성이 필요하다. 이를 위해서는 주차장 특별회계를 설치하여 재원은 노상주차수입금, 불법주차벌칙금, 일반회계수입중 일부, 정부보조금 등을 통해 조정한다.

⑹ 주차전담기구의 설치

이상의 여러 주차정책을 성공적으로 수행하기 위해서는 자치구 레벨에서 주차전담기구를 결성해야 한다. 기존에 자치구에서 교통관련 업무를 전담하는 인원이 있다. 그러나 자치구의 주차장 관련 업무를 보다 효율적으로 처리하기 위해서는 주차관련부서설립 및 인원확충, 행정 · 재정적 지원이 따라 주어야 한다.

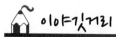

1. 주차수요추정에 사용되는 다양한 방법들은 어떠한 조건과 상황에 맞게 적용되어야 하는지 생각해보자.
2. 첨단주차정보시스템의 유형에 대해 설명해보자.
3. U-City에 적용가능한 주차시설과 관리방안에 대해 계획하고 설명해보자.
4. 주차환경개선지구로 지정된 구역에서 나타날 수 있는 지역주민의 긍정적 반응과 부정적 반응에 대해 생각해보자.
5. 본문에 제시되어 있는 주차문제 해결방안 이외에 추가로 제시할 수 있는 방법들이 있는지 국내외 우수 사례들을 검토해보고 적용방안을 생각해보자.
6. Green Parking 사업이 시행된 성공사례와 실패사례에 대해 조사하고, 성공과 실패의 원인은 무엇인지 생각해보자.
7. 지방 중소도시의 경우 재정상의 문제로 주차문제 해결에 능동적으로 대처하기 어렵다. 저예산으로 지방도시의 주차문제를 해결할 수 있는 방안에 대하여 생각해보자.
8. 주차의 수요와 공급에 영향을 미치는 환경요인에는 어떠한 것들이 있는지 생각해보자.
9. 주차시설의 수요과 공급이 적절한 균형을 이루도록 하기 위하여 이용자 측면과 공급자 측면에서 각각 고려해야 할 것들은 무엇인지 생각해보자.
10. 주거환경개선지구 설정을 위한 지표 중 주차장확보율 등의 주차수급실태 이외에 고려해야 할 사항에 대해 생각해보자.
11. 야간과 주간의 주차특성에 대해 생각하고 이를 활용한 주차이용개선방안에 대해 생각해보자.
12. 기계식 주차의 형태에 따른 장단점을 살펴보고, 기계식 주차의 이용률이 일반 노외주차장에 비해 저조한 이유에 대해 설명해보자.
13. 노상주차 해결을 위한 정책적·물리적 측면에서의 국외 사례를 살펴보고 국내 적용 가능성에 대해 생각해보자.
14. 주차환경개선지구의 관리체계를 구상함에 있어서 거주자와 비거주자, 자동차 소유자와 비소유자, 주차 운영주체와 관리주체 간의 이해관계에 대해 생각해보자.
15. 주차조사의 목적은 어떤 지역의 주차문제를 해결하기 위한 주차개선 계획을

세우기 위한 것이다. 주차조사계획시 고려해야 할 것들은 무엇인지 생각해
보자.
16. 주거, 상업, 업무지역의 주차특성은 각각 어떻게 다른지 생각해보자.

제20장 보 행

보행의 중요성에도 불구하고 지금껏 도시교통계획이나 정책은 주로 자동차교통에 주안점을 두어 왔다. 따라서 보행교통은 그 자체를 위해 정책적 노력이 강구된 것이 아니라 도시교통이라는 커다란 테두리 외에 속한 외부적 요소로서 소홀히 취급되어 온 것은 주지의 사실이다.

이 같은 관점에서 볼 때 보행에 관한 형태를 과학적으로 규명해야 할 논리적 당위성이 존재하며, 이 같은 이론을 바탕으로 하여 보행인에게 안전하고 쾌적한 보행환경과 서비스를 제공하기 위한 개선책이 필요하다고 하겠다.

제1절 보행교통계획과정

보행교통계획에 관한 정형화된 과정은 없으나 도심지와 같은 지역 중심지의 보행에 관련된 문제를 파악하여 개선대안을 수립하는 일반적인 보행교통계획 과정을 〈그림 20-1〉과 같이 설정해 볼 수 있다. 보행교통 계획과정은 크게 5단계로 나누어 수행되는바, 구체적인 접근방법은 다음과 같다.

1단계는 보행교통개선계획의 기본방향 및 방법론을 설정하는 단계이다. 여기에서는 각종 문헌 및 자료를 통하여 보행교통의 기본 목표와 원리를 고찰하고 관련상위계획과의 맥락을 검토하여 기본적 접근 방안을 설정한다.

2단계에서는 보행교통에 관련된 실태를 조사한다. 보행공간 및 시설조사에는 보행, 횡단보도와 철도건널목, 지하도와 육교, 가로변, 소공원 등과 이에 수반된 각종 구조물 및 시설물 그리고 가로수가 포함되며 기타 보행에 영향을 미치는 요소(예: 노상잡상인군)에 대한 고찰이 이루어지는 단계이다. 이와 함께 보행자들을 대상으로 보행 행태 및 의식에 대한 조사를 시행함으로써 보다 인

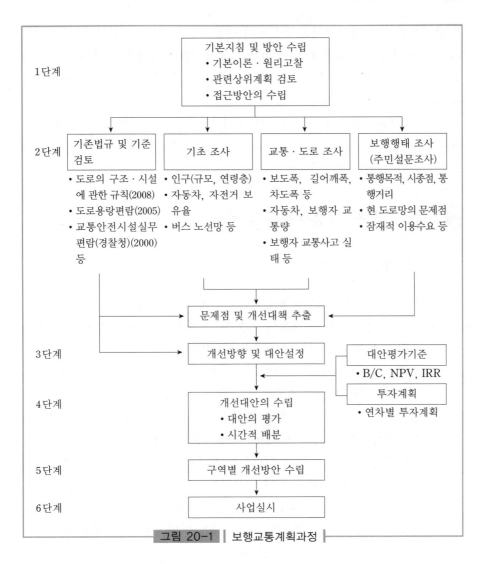

1단계

기본지침 및 방안 수립
• 기본이론 · 원리고찰
• 관련상위계획 검토
• 접근방안의 수립

2단계

기존법규 및 기준 검토	기초 조사	교통 · 도로 조사	보행행태 조사 (주민설문조사)
• 도로의 구조 · 시설에 관한 규칙(2008) • 도로용량편람(2005) • 교통안전시설실무편람(경찰청)(2000) 등	• 인구(규모, 연령층) • 자동차, 자전거 보유율 • 버스 노선망 등	• 보도폭, 길어깨폭, 차도폭 등 • 자동차, 보행자 교통량 • 보행자 교통사고 실태 등	• 통행목적, 시종점, 통행거리 • 현 도로망의 문제점 • 잠재적 이용수요 등

문제점 및 개선대책 추출

3단계

개선방향 및 대안설정

대안평가기준
• B/C, NPV, IRR

4단계

개선대안의 수립
• 대안의 평가
• 시간적 배분

투자계획
• 연차별 투자계획

5단계

구역별 개선방안 수립

6단계

사업실시

그림 20-1 | 보행교통계획과정

간적이고 행태적 계획의 기초를 마련하도록 한다. 이러한 조사와는 별도로 보행교통에 관련된 기존 제도, 즉 법규 · 행정지침 · 시설기준 등에 대한 면밀한 검토 · 평가를 함으로써 그 타당성 여부 및 문제점을 분석한다.

3단계에서는 이상의 결과를 토대로 하여 가능한 각종의 방향 및 대안이 설정된다.

4단계에서는 1단계에서의 기본목표와 원리, 상위계획 등에 준거한 평가기준에 따라 이들 개선대안을 평가하여 최적방안을 수립하며 이들 최적 방안은 단기계획, 중·장기계획을 수립하여 집행에 임할 수 있도록 한다.

5단계에서는 도심지내 각 구역별로 구체적인 개선방안을 제시하는 단계로서 각종 보행공간 및 시설물의 확보, 설비계획 및 그의 구체적 설계기준이 제시된다.

마지막으로 6단계에서는 제시된 개시방안을 토대로 사업을 실시하는 단계이다.

제 2 절 도심지 보행교통의 문제

Ⅰ. 문제진단의 준거

일반적으로 도심지 보행교통의 문제를 진단하는 준거는 아래와 같이 통행의 안전성, 접근의 체계성, 보행의 기능성, 보행시설 이용의 형평성, 보행의 쾌적성 등의 다섯 가지로 나누어 생각할 수 있다.

① 보행의 안전성: 보행공간에서는 보행인이 자동차, 각종 구조물, 타보행인과의 마찰이나 접촉 없이 안전하게 통행할 수 있어야 한다.

② 접근의 체계성: 보행의 주요 결절지점(node), 특히 공공기관, 역 및 버스정류장, 공원, 시장(shopping mall), 문화센터와 같은 공공성이 크고 시민의 집중도가 높은 장소에 쉽게 접근할 수 있도록 배려되어야 한다.

③ 보행의 기능성: 보행은 하나의 목적통행 중 일부를 구성하는 수단통행인 것이 보통이지만, 때로는 보행 그 자체가 목적인 경우도 있다. 이러한 기능의 차이에 따라 그 기능을 충분히 달성할 수 있도록 보행로나 관련시설을 설치해야 하는 것이다.

④ 보행시설이용의 형평성: 보행교통과 자동차교통이 효율적으로 조화될 수 있어야 하며, 특히 사회복지의 측면에서 보행시설의 설비에 있어 어린이, 노약자, 지체부자유자 등도 충분히 이용할 수 있도록 해야 한다.

⑤ 보행의 쾌적성: 보행에 직접적으로 영향을 주는 보행로상의 상태는 물론 주변환경도 보행자에게 쾌적감을 줄 수 있어야 한다.

⑥ 정성적 평가: 정량적인 지표만을 토대로 보행공간의 서비스 질을 평가하는 것이 아니라 보행자가 실제 느끼는(보행경관이나 보도유지관리 등)

정성적인 평가도 함께 수행함으로써 지속적인 보행환경을 개선하여야 한다.

Ⅱ. 도심지 보행교통문제의 진단

위와 같은 문제인식의 준거를 토대로 하여 우리나라 대도시 중의 하나인 대구시 도심지의 보행교통문제를 파악해 보면 아래와 같이 나타난다.

1. 보행의 안전성

① 차도와 보도의 분리 내지는 보행자 보호시설의 결여
② 횡단시설: 횡단시설의 부적절한 위치, 형태 및 유형으로 인한 안전성의 결여
③ 차량과 보행자의 상충: 차량의 옥내·노외 주차장출입 또는 세가로 출입시의 보행자와 차량의 상충
④ 택시 또는 버스정류장: 정류장에 정차하는 차량의 과다 또는 차를 기다리는 사람과 보행인의 상충으로 인한 안전성의 결여

2. 접근에 대한 체계성

횡단시설의 간격: 횡단시설의 간격이 너무 떨어져 남북 또는 동서보행교통의 연속성 결여

3. 시설의 기능성

① 보도의 폭원: 현 도시계획 시설기준상 보도의 폭은 차도 폭의 1/4이나 보도가 없는 지점도 있고, 일반적으로 폭원이 협소
② 입체횡단시설의 기능: 육교나 지하도를 횡단보도가 많은 곳에 설치한 경우 출입구의 폭이 협소하거나 경사가 급하여 그 기능을 제대로 발휘하지 못함

4. 보행환경의 쾌적성

보도의 환경: 매연, 혼잡한 간판 및 교통표지, 보도의 포장상태의 불량, 옥외 휴식공간의 결여

5. 시설이용의 형평성

① 노약자 및 신체장애자를 위한 배려의 미흡

② 자동차 위주의 교통계획

위의 안전성, 체계성, 기능성, 쾌적성, 형평성 등은 주로 정량적인 요소들을 통한 진단방식으로 이에 더불어 보행경관성이나 보도이용행태 등과 같은 보행자가 실제 느끼는 정성적인 평가의 문제점 진단이 필요하다. 또한 위와 같이 거시적인 문제점 진단의 틀을 바탕으로 하여 도심지의 도로구간별, 지점별 구체적인 문제를 들추어 내는 작업이 뒷받침되어야 한다.

제 3 절 보행속도와 밀도

보행속도와 보행밀도와의 관계는 차량의 흐름과 마찬가지로 보행밀도가 증가하게 되면 보행자 개개인이 점유할 수 있는 보행공간이 감소하게 되고 이에 따라 보행동작이 부자연스러워지고 보행속도가 감소한다.

이러한 보행속도와 보행밀도간의 관계는 다음 식과 같은 선형(Linear)곡선을 나타낸다.

$$v = A - Bk$$

v : 보행속도 (m/분)

k : 보행밀도 (인/m^2)

k_j : 한계밀도 (인/m^2)

A : 자유보행속도 (m/분)

A/B : 한계밀도 (인/m^2)

상수 A는 자유보행속도(S_f)를 나타낸다. 즉 보행밀도가 0인 상태 즉, 보행밀도에 의한 영향이 없는 이론적 최고 보행속도를 의미하고 A/B는 밀도가 높아져 보행자 흐름이 멈추게 되는 한계밀도(k_j)를 의미한다.

I. 국외 속도와 밀도 관계식

국외의 속도 밀도 관계식으로는 Older(1868), Fruin(1971), Oeding(1980)의 연구 등이 있으며, 통행목적별과 지역별로 다음과 같은 관계식을 도출하였다.

길강은 일본 동경의 토요일 은좌거리를 대상으로 하여 쇼핑통행을 분석한 결과, 다음과 같은 속도와 밀도간의 관계식을 얻었다.

$$v = 1.13 - 0.28k$$

한편 Older(1968)는 런던의 옥스퍼드 쇼핑가를 대상으로 관측한 결과에서 아래와 같은 식을 도출하였다.

$$v = 1.311 - 0.337k$$

Vavin과 Wheeler(1969)는 미국의 미주리대학 내를 관측하여 보다 경사가 급한 관계식을 도찰하였다.

$$v = 1.63 - 0.60k$$

Fruin(1971)은 출근시 보행자의 관측으로부터 다음과 같은 식을 산출하였다.

$$v = 1.356 - 0.341k$$

Oeding(1980)은 서독 도시의 일반도로의 보행자통행을 대상으로 관측한 결과 아래와 같은 식을 도출하였다.

$$v = 2.03 - 0.394k$$

II. 국내 속도와 밀도 관계식

국내의 속도 밀도 관계식으로는 박영규(1992)~이진욱(2004)의 연구 등이 있으며, 통행목적과 지역별로 보행속도와 밀도와의 관계식을 연구하여 도출하였다.

박영규(1992)는 서울시 업무중심지구를 대상으로 하여 다음의 관계식을 도출하였다.

$$v = 1.5 - 0.07k$$

도로교통안전협회(1992)는 다음과 같은 관계식을 도출하였다.

상가: $v = 1.2477 - 0.0066k$
혼합: $v = 1.2826 - 0.0077k$
업무: $v = 1.2893 - 0.0082k$
학교: $v = 1.0915 - 0.0078k$

박동주(1993)는 다음과 같은 관계식을 도출하였다.

통 행	보행속도-밀도 관계식
출퇴근	$v = 85.6 - 21.5k$
쇼 핑	$v = 74.8 - 20.9k$ $v = 63.4 - 19.7k$
위 락	$v = 77.3 - 21.0k$

서인국(1997)은 환승인구가 많은 서울역과 신도림역 환승통로를 대상으로 다음과 같은 관계식을 도출하였다.

장 소	보행속도-밀도 관계식	자유속도(m/분)	한계밀도(인/m²)
서울역 환승통로	$v = 98.45 - 28.427k$	98.45	3.46
신도림역 환승통로	$v = 77.382 - 18.544k$	77.38	4.17

이진욱(2004)은 대구시의 업무·상업활동의 중심지의 보행자 전용도로를 대상으로 다음과 같은 관계식을 도출하였다.

$$v = 1.011 - 0.185k$$

제 4 절 교통량 및 밀도

앞에서 살펴본 국외의 모리와 총구, Older, Navin & Wheeler, Fruin, Oeding의 속도와 밀도의 관계식에 위의 식을 대입하여 교통류량을 산출하는 식을 도출하면 아래와 같다.

연 구 자	도 출 식
모리, 총구(출근)	$f=60k\,(1.48-0.20k)$
Older	$f=60k\,(1.311-0.337k)$
Navin & Wheeler	$f=60k\,(1.63-0.60k)$
Fruin	$f=60k\,(1.356-0.341k)$
Oeding	$f=60k\,(2.03-0.394k$

국내의 박영규, 도로교통안전협회, 박동주, 서인국, 이진옥의 공식을 위의 식에 대입하여 교통량을 산출하는 식을 도출하면 아래와 같다.

연 구 자		도 출 식
박 영 규		$f=60k\,(1.5-0.07k)$
도로교통안전협회	쇼 핑	$f=60k\,(1.2477-0.0066k)$
	혼 합	$f=60k\,(1.2826-0.0077k)$
	업 무	$f=60k\,(1.2893-0.0082k)$
	학 교	$f=60k\,(1.0915-0.0078k)$
박 동 주	출 퇴 근	$f=60k\,(85.6-21.5k)$
	쇼 핑	$f=60k\,(74.8-20.9k)$
	쇼 핑	$f=60k\,(63.4-19.7k)$
	위 락	$f=60k\,(77.3-21.0k)$
서 인 국	서울역 환승통로	$f=60k\,(98.45-28.427k)$
	신도림역 환승통로	$f=60k\,(77.382-18.5441k)$
이 진 옥		$f=60k\,(0.011-0.185k)$

제5절 보행신호시간

Ⅰ. 국외의 보행신호시간 산정방법

미국에서 가장 대표적으로 적용되고 있는 산정식은 MUTCD, HCM 2000 에서 제시하는 보행신호시간 산정식이며, 일본에서는 교통공학연구회의에서 제시된 산정식을 주로 사용하고 있다.[1]

Virkler and Guell(1984)은 보행자군의 형태를 고려하여 다음의 산정식 을 제안하였다.

$$T = D + \frac{L}{S_p} + X \times \frac{N}{W}$$

D = 인지-반응시간(sec)

X = 평균 보행자의 Headway(Sec)

S_p = 보행속도(m/sec)

L = 횡단보도 길이(m)

N = 보행자수(인)

W = 횡단보도 폭원(m)

ITE School Crossing Guideline(1992)에서는 보행자(학생)가 열을 지어 서 통행하고, 2sec의 Headway로 5명이 나란히 진행한다는 가정하에 다음의 산정식을 도출하였다.

$$T = D + \frac{L}{S_p} + 2\left(\frac{N}{5_p} - 1\right)$$

N = Interval 동안 횡단보행자 수요(명)

D = 인지-반응시간(sec)

S_p = 보행속도(m/sec)

일본의 교통공학회(1992)는 산정식의 횡단보행속도는 보행자의 성별, 연령 층, 횡단형태, 횡단시간대 등에 의해 차이가 나며, 일반적으로 10th percentile 보행속도(전체의 90%의 보행자가 이것보다 빠른 속도로 보행함)인 1.0m/sec 적용하

---

1) 김태호(2008. 4), "혼잡지체시간 모형을 통한 표준화된 보행자 신호시간 모형개발".

며, 필요에 따라 실측 조사한 값을 사용하고 있다. 보행신호시간 산정식은 다음과 같다.

$$T = L/V + p/(S_p \times W)$$

    T＝보행자신호시간(sec)

    L＝횡단보도의 길이(m)

    W＝횡단보도의 폭(m)

    V＝횡단보행속도(m/s)

    P＝보행녹색신호 등화전의 횡단대기 보행자수요(명)

    S_p＝횡단보행자 포화교통류율(명/m/sec)

미국의 경우 MUTCD(2000)에서는 녹색신호시간(Walk Interval)을 4~7sec로 규정하고 있으며 산정방식은 다음과 같다.

$$T = 4{\sim}7\text{sec} + \frac{d}{1.2}$$

    T＝총 횡단시간(sec)

    d＝보행자 횡단거리(m)

    4~7sec＝여유시간

HCM(2000)에서는 보행자군(N_{PD})과 횡단보도의 폭(W_E)을 고려한 보행신호시간을 산정하였으며, 산정방식은 다음과 같다.

$$T = 3.2 + \frac{L}{S_p} + \left(0.81 \times \frac{N_{ped}}{W_E} \right) for\ W_E > 3.0\text{m}$$

$$T = 3.2 + \frac{L}{S_p} + \left(0.27 \times \frac{N_{ped}}{W_E} \right) for\ W_E \leq 3.0\text{m}$$

    L＝횡단보도 길이(m)

    S_p＝보행자 평균속도(m/sec)

    N_{ped}＝한주기 동안 횡단한 보행자수(명)

    W_E＝유효 횡단보도 폭(m)

Ⅱ. 국내의 보행신호시간 산정방법

국내의 보행시간 산정방법으로는 도로 교통안전 관리공단(1992), 김태호 (2002), 도로용량편람(건설교통부, 2004)의 산정식 등이 있으며, 그 내용은 아래와 같다.

도로 교통안전 관리공단(1992)의 산정식은 다음과 같다.

$$T=t+H(R-1)+\left(\frac{L}{V_P}\right)$$

t＝인지반응시간(sec)

H=대기행렬 수에 따른 지체시간(sec)

R＝보행자 대기행렬 수

V_P＝ 보행속도(m/sec)

L＝횡단보도의 길이(m)

박용규(1992)의 보행신호시간 산정식은 다음과 같다.

$$Y=1.5-0.07X$$

Y＝횡단보행속도(m/sec)

X＝보행자 밀도(인/m^2)

이병철(1997)의 보행시간 산정식은 다음과 같다.

$$T=\frac{L}{V}+B+C$$

V＝0.7m/sec(시각장애인 횡단보도 보행속도)

B＝5sec(여유시간 : 인지반응시간)

C＝보행자 밀도를 고려한 시간(일반보행자의 밀도 산정 방식 적용)

교통안전시설실무편람(경찰청, 2000)에서 제안된 보행신호시간 산정식은 다음과 같다.

$$T=t+\frac{L}{V}$$

t＝여유시간(4~7sec를 적용함)

L＝횡단보도의 길이(m)

V＝보행속도(m/sec) : 고령자, 어린이 : 0.9m/sec, 일반인 : 1.0m/sec

김태호(2002)의 보행시간 산정식은 다음과 같다.

표 20-1	토지이용별 보행신호시간 산정식

구 분	보행신호시간 산정식
업무, 혼합, 대학교지역	$PT = L/1.3 + T$
주택(주거), 상업지역	$PT = L/0.9 + T$

여유시간(T): $T = 7.65 + 16.09 \times (N/W \times L)$

N: 보행자수요(명), W: 횡단보도폭(m), L: 도로폭(m)

도로용량편람(건설교통부, 2004)은 횡단보도 형태를 고려해서 폭이 4m 이상의 횡단보도에 적용하는 보행신호시간 산정식을 적용하였다.

$$T = 3.2 + \frac{L}{S_p} + \left(0.81 \times \frac{N_{ped}}{W_E}\right), \ W_E \geq 4.0\text{m}$$

W_E = 유효 횡단보도폭(m)

S_p = 보행속도(m/sec)

N_{ped} = 보행자수(인)

제6절 보행자 서비스수준

I. Fruin 서비스수준

Fruin은 보행공간모듈(m²)과 유동계수(인/m~분)의 척도를 사용하여 서비스수준을 〈표 20-2〉와 같이 6단계(A~F)로 구분하였다. 보행점유면적이 3.5(m²/인) 이상이면 보행속도의 선택이 자유로움을 나타내며, 0.5(m²/인) 이하이면 보행공간의 마비상태에 이르게 된다.

표 20-2 | Fruin의 서비스수준

서비스 수준	보행점유면적 (m²/인)	보행유율 (인/분/m)	보행상태
A	3.5 이상	20 이하	• 보행속도의 선택이 자유로움 • 타 보행자의 추월이 자유로움
B	3.5~2.5	20~30	• 정상적인 보행속도 • 마주 오는 보행자와 약간의 접촉
C	2.5~1.5	30~45	• 보행속도의 선택과 추월에 약간 제한 • 상대방과의 접촉을 피하기 위해 보행속도 와 보행방향을 가끔 바꿈
D	1.5~1.0	45~60	• 보행속도는 제한되어 감소 • 추월시 충돌위험이 있는 상태
E	1.0~0.5	60~80	• 다른 보행자를 통과하거나 역행하기 어려움
F	0.5 이하	80 이상	• 발을 끌고 가는 상태 • 보행공간의 마비상태

자료: John J. Fruin, Pedestrian Planning and Design, 태림문화사, 1997.

Ⅱ. Pushkarev와 Zupan 서비스수준

Pushkarev와 Zupan(1975)은 교통류량(인/m-분)의 척도를 사용하고 있다. 이를 밀도로 환산하면 0.02인/m² 이하가 자유보행상태로서 보행자 상호간에 부딪히는 일이 거의 일어나지 않는다. 0.02~0.08인/m²는 보행의 집단이 형성되는 단계이나 전혀 제약이 없고 타인의 영향도 받지 않는다.

0.08~0.27인/m²는 제약적인 환경으로서 간헐적인 간섭을 받으며, 0.27~0.45인/m²는 육체적인 제약을 느끼면서 보행속도가 제한을 받기 시작하는 단계이다. 0.45~0.67인/m²는 혼잡을 느끼며 속도가 제한을 받는 단계이다. 0.67~1.0인/m²는 극히 혼잡한 상태가 되고 최고 밀도는 5인/m²으로 산출되었다.

Ⅲ. USHCM 서비스수준

USHCM(2000)은 보행자 서비스수준을 일반보도와 횡단보도로 구분하여 〈표 20-3〉과 같이 6단계(A~F)로 구분하였다. USHCM의 보행자 서비스

수준은 보행점유면적이 12.1(m²/인) 이상이면 보행속도의 선택이 자유로운 상태를 말하며, 0.6(m²/인) 이하일 경우에는 추월과 역행이 불가능한 상태를 나타낸다.

표 20-3 │ USHCM의 서비스수준

서비스 수준	일반보도구간		신호횡단보도	보행상태
	보행점유면적 (m²/인)	보행유율 (인/분/m)	평균보행자지체 (sec/인)	
A	12.1 이상	6.6 이하	<10.0 (Low)	• 보행속도의 선택이 자유롭다. • 보행자와의 상충이 전혀 없다.
B	12.1~3.7	6.6~23.0	<10.0~20.0	• 충분한 보행공간 확보 • 타 보행자를 인식하기 시작한다.
C	3.7~2.2	23.0~32.8	<20.0~30.0 (Moderate)	• 정상적인 보행속도를 선택할 수 있다. • 마주 오는 보행자와 상충 가능상태
D	2.2~1.4	32.8~49.2	<30.0~40.0	• 보행속도와 타 보행자 추월의 제약 • 마주 오는 보행자와 상충 가능성이 높고, 상충을 피하기 위해 속도 방향을 자주 바꾼다.
E	1.4~0.6	49.2~82.0	<40.0~60.0 (High)	• 모든 보행자는 정상적인 보행속도 제약 • 타 보행자의 추월이 불가능
F	0.6 이하	82.0 초과	>60.0 (Very High)	• 보행속도의 심한 제약, 발을 끌고 이동 • 추월과 역행이 불가능한 상태

자료: Highway Capacity Manual, Special Report 209, TRB, 2000.

Ⅳ. KHCM 서비스수준

KHCM(2005)은 보행자 서비스수준을 일반보도와 횡단보도로 구분하여 〈표 20-4〉와 같이 6단계(A~F)로 구분하였다. 일반보도구간의 서비스기준은 USHCM 의 일반보도구간 보행자 서비스수준과 동일하며, 신호횡단보도의 경우 그 기준 의 차이를 보인다.

표 20-4 │ KHCM의 서비스수준

서비스 수준	일반보도구간		신호횡단보도	보행상태
	보행점유면적 (m²/인)	보행유율 (인/분/m)	평균보행자지체 (초/인)	
A	12.1 이상	6.6 이하	<15.0	• 보행속도의 선택이 자유롭다. • 보행자와의 상충이 전혀 없다.
B	12.1~3.7	6.6~23.0	≤30.0	• 충분한 보행공간 확보 • 타 보행자를 인식하기 시작한다.
C	3.7~2.2	23.0~32.8	≤45.0	• 정상적인 보행속도를 선택할 수 있다. • 마주 오는 보행자와 상충 가능상태
D	2.2~1.4	32.8~49.2	≤60.0	• 보행속도와 타 보행자 추월의 제약 • 마주 오는 보행자와 상충 가능성이 높고, 상충을 피하기 위해 속도 방향을 자주 바꾼다.
E	1.4~0.6	49.2~82.0	≤90.0	• 모든 보행자는 정상적인 보행속도 제약 • 타 보행자의 추월이 불가능
F	0.6 이하	82.0 초과	>90.0	• 보행속도의 심한 제약, 발을 끌고 이동 • 추월과 역행이 불가능한 상태

자료: 도로용량편람, 2005년 개정판.

제 7 절 도시보행공간의 설계기준

I. 평균보행교통류량

도시보행공간을 계획하거나 설계하고자 할 때에는 반드시 보행자 서비스 수준을 고려해야 한다. 평균보행교통류량 이상의 상태를 군상태라고 정의한다면 군상태시의 평균보행교통류량은 교통류량의 누적곡선상의 85% 값에 해당하는 값과 유사하고, 70~80%의 보행인은 이 값 이하의 상태하에서 보행하고 있다. 또한 85% 값 부근에서 변화가 발생되므로 85%에 해당하는 교통류량은 대부분의 보행자가 처한 상태를 대표할 수 있는 공통분모적인 값이기 때문에 설계교통류량으로서 적합하다고 볼 수 있다.

평균보행교통류량과 85% 보행교통류량과의 관계는 $\overline{f}_{85}=\overline{f}+12$(인/m-분)으로 나타낼 수 있다. 85% 보행교통량을 설계보행교통량으로 이용할 수 있으므로 평균보행교통류량에서 12를 더한 보행교통류량을, 보도폭원을 결정하는 기준으로 설정하면 된다.

$$f_d=\overline{f}+12(\text{인/m-분})$$
f_d=설계보행교통류량
$\overline{f}$=15분 정도로 관측된 평균보행교통류량

일본에서는 〈표 20-5〉에 나타난 것과 같이 시간당(혹은 분당) 보행자수를 기준으로 하여 보도폭원을 결정하고 있다.

표 20-5 │ 일본의 보도 등의 폭원 산정기준

시 설 명	폭원산정식	출 처
역전 광장 지하도 지하상가, 지하보행로	$W=\dfrac{Q}{1,000}+F$ (Q=20년 후의 최대시간당 보행자수) F=여유 폭원 1m (상가에서는 1.5m)	건설성·일본국유 철도
일반도로	Q(인/시간=2,500W(m))	도로구조령의 해설 및 운용
횡단보도교	폭원　　설계보행인수(인/분) 1.5　　　　80미만 2.25　　80이상 120미만 3.0　　120이상 160미만 3.75　　160이상 200미만 4.50　　200이상 240미만	입체횡단시설 기술 수준

자료: 西坂秀博, "步道幅員に 關する硏究," 交通工學, 10, 5, 소화 50, p.23.

II. 보도시설

현행 우리나라 보도의 시설기준은 〈표 20-6〉에서 보는 바와 같이 도로구조령에 명시되어 있다.

표 20-6 │ 현행 일반도로 보도의 시설기준

도로종류		계획차량 교통량 (대/일)	차도폭 (m)	보도폭(m)			비 고
				A	B	C	
제4종	제1급	10,000 이상	19	3.00	2.25	1.50	가로수를 설치하는 경우 는 1.5m, 기타 시설의 경우는 0.5m를 가산함
	제2급	4,000~10,000	18	3.00	1.50	1.00	
	제3급	500~4,000	15	1.50	1.00	0.75	

주: A는 일반적인 경우, B는 보행교통량이 적은 경우, C는 터널에서의 기준임.
자료: 건교부, 도로구조령.

그러나 이러한 기준은 보행교통량과 지역적 특성이 고려되지 않아 〈표 20-7〉과 같이 보도의 최소폭원설정기준을 제안한다.

표 20-7	보행 최소폭원시설 기준안		(단위: m)
보행교통량(인/분)	도심지역[1]	업무 · 상업지역[2]	주거지역[3]
240 이상	7	8	−
200~240	6	7	7
160~200	5	6	7
120~160	4	4.5	5.5
80~120	3	3.5	4
80 미만	2	2.5	3

주 1) 서비스수준 C(유동계수 37.5인/m-분) 적용.
  2) 서비스수준 B~C(유동계수 30인/m-분) 적용.
  3) 서비스수준 B(유동계수 25인/m-분) 적용.

Ⅲ. 자전거도로

자전거도로의 통행용량은 자전거의 주행속도 및 자전거 통행장애 요소 등을 감안하여 산정하며, 설계속도는 자전거전용도로(30km/h)와 자전거보행자겸용도로(20km/h), 자전거자동차겸용도로(20km/h)의 세 가지로 구분하여 설계한다. 또한 자전거도로의 폭은 1.1미터 이상으로 하며, 연장 100미터 미만의 터널 · 교량 등의 경우에는 0.9미터 이상으로 할 수 있다.

육교나 지하도를 설치할 경우에는 계단양측 또는 중앙에 자전거를 끌고 올라가거나 내려갈 수 있도록 자전거경사로를 설치하여야 한다. 자전거경사로의 폭은 15센티미터 이상으로 하고 계단의 높이가 3미터 이상일 경우에는 매 3미터마다 1.2미터이상의 평면구간을 두어야 한다.

이야깃거리

1. 현재의 기준으로 보행자 서비스수준(LOS)을 산정할 때 반영하지 못하고 있
   는 요소는 무엇이 있는지 생각해보자.
2. 도심지 보행교통문제(보행의 안전성, 접근에 대한 체계성, 시설의 기능성, 보행환경
   의 쾌적성, 시설이용의 형평성)를 해결하기 위한 방안에 대해 생각해보자.
3. 보행신호기의 유형(일반신호기, 잔여신호기)에 따른 장·단점과 보행자의 심리
   적 특성을 비교하여 생각해보자.
4. 토지이용별로 보행특성이 어떻게 다른지 비교하여 생각해보자.
5. 보행자들은 이동거리 증가 등의 이유로 육교나 지하보도의 이용을 기피하고
   있는 실정이며, 이에 따라 무단횡단 등의 위법행동이 이어지게 된다. 이에
   따른 대응방안과 개선사항에 대해 생각해보자.
6. 어린이보호구역(스쿨존)과 노인보호구역(실버존)의 보행로계획시 일반보행로
   와 차별화하여야 할 요소들에는 무엇이 있는지 생각해보자.
7. 보행환경이 대중교통 이용증진에 미치는 효과에 대해 생각해보자.
8. 보행환경 개선을 위하여 시행하고 있거나 계획중에 있는 사업에 대해 조사
   하고, 사업의 효과 또는 성공가능성과 적정성에 대해 생각해보자.
9. 보행환경 개선을 통한 교통사고 감소방안에 대해 생각해보자.
10. 다가올 유비쿼터스 세상이 보행자환경을 어떻게 변화시킬지에 대하여 생각
    해보자.
11. 현재 보행자도로 설계기준의 장단점에 대해 생각해보고 단점에 대한 보완방
    법에 대해 설명해보자.
12. 보행환경에 영향을 미치는 정량적, 정성적 요소에는 어떠한 것들이 있는지
    생각해보자.
13. 우리나라뿐만 아니라 전세계적으로 보행환경 개선에 대한 관심은 점차 고조
    되어가고 있다. 국외의 보행환경 개선에 대한 노력을 살펴보고 국내 적용가
    능성에 대해 생각해보자.
14. 교통약자의 이동권 확보를 위한 노력에 대해 생각해보자.
15. 도로용량편람에 의한 보행자시설은 그 특성에 따라 보행자도로, 계단, 대기
    공간, 횡단보도의 네 가지 시설로 구분하고 있다. 각각의 시설은 어떠한 보
    행특성에 의해 구분되어졌는지 설명해보자.

16. 교통문제, 환경 및 에너지문제, 도시경관, 도시활력 측면에서 보행환경의 중
    요성에 대하여 생각해보자.

| 제 7 부 |

장단기 교통계획

| 제21장 | 도로계획

| 제22장 | 교통체계 관리기법

| 제23장 | 교통수요관리

| 제24장 | 자치구 교통개선사업

| 제25장 | 교통축계획

| 제26장 | 지구교통계획

| 제27장 | 지능형 교통체계(ITS)

제21장 도로계획

제1절 도로계획의 개념

Ⅰ. 도로의 기능

도로의 기능은 크게 교통기능, 토지이용유도기능, 공간기능의 세 가지로 나누어진다. 교통기능은 교통류의 흐름을 신속하고 원활하게 처리해 주는 기능으로 교통량의 대소에 따라 도시고속도로, 간선도로, 지구도로 등으로 구분하여 도로 본래의 기능을 유지할 수 있도록 배려해야 한다. 도로는 또한 토지이용을 유도해 줄 수 있는 기능을 지니고 있는데, 도로를 건설함에 따라 연도의 토지나 건물에 접근성이 높아지므로 토지이용패턴을 유도하게 된다.

Ⅱ. 도로계획시 기본적인 고려사항

신도로의 건설이나 기존도로의 개선 등 도로계획의 기본방향은 도시구조의 골격을 형성하는 도시고속화도로 및 간선도로와 보조간선도로 및 구획도로로 구성되는 도로의 종합적이고 체계적인 정비가 된다. 이 같은 기존방향을 충족시키기 위해서는 〈그림 21-1〉에서와 보는 바와 같이 몇 가지 고려해야 할 사항이 있다.

첫째로 도로의 기능을 고찰해야 하는데 도로는 교통량, 차량의 유형, 도로의 위치에 따라 그 기능분담이 달라지게 되므로 도로의 기능을 살펴보아야 한다. 즉 도로의 종류, 기종점 특성, 노선의 연속성, 도로망간의 간격, 화물차량의 비율, 야간차량 통행량 등 제반 요소를 고려하여 도로의 기능을 부여해야

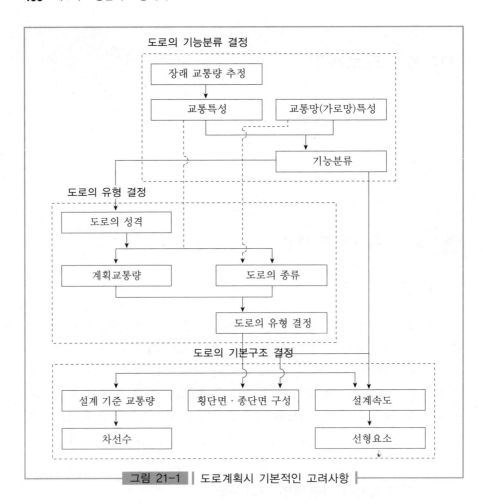

도로의 기능분류 결정

장래 교통량 추정

교통특성   교통망(가로망)특성

기능분류

도로의 유형 결정

도로의 성격

계획교통량   도로의 종류

도로의 유형 결정

도로의 기본구조 결정

설계 기준 교통량   횡단면·종단면 구성   설계속도

차선수   선형요소

그림 21-1 │ 도로계획시 기본적인 고려사항

한다.

둘째로 도로의 유형을 결정해야 하는데 일반도로, 자동차 전용도로, 보행
자전용도로, 자전거 전용도로, 고속도로, 고가도로, 지하도로 등 형태상의 유
형과 도로폭원별 유형을 감안하여 결정해야 한다. 도시계획상 도로폭원별 구
분은 〈표 21-1〉과 같다.

셋째로 도로의 기본구조를 결정해야 하는데, 계획교통량과 설계기준 교통
량에 의해 차선수를 정해야 하고, 도로의 기능 및 유형에 의해 차선폭, 중앙분
리대, 측구, 노견 등을 감안한 횡단면 구성 등이 고려되어야 한다. 또한 설계
속도를 토대로 하여 굴곡부의 곡선반경, 구배, 완화구간장, 시거 등 선형의 제
반 요소를 정하여야 한다.

표 21-1	도시계획상 도로폭원별 구분		
도 로 구 분	도 로 폭	도 로 구 분	도 로 폭
광로 1류	70m 이상	중로 2류	15m 내외
광로 2류	70~50m	중로 3류	12m 내외
광로 3류	50~40m	소로 1류	10m 내외
대로 1류	35m 내외	소로 2류	8m 내외
대로 2류	30m 내외	소로 3류	6m 내외
대로 3류	25m 내외	세 로	4m 내외
중로 1류	20m 내외		

제 2 절 노선계획과정

노선계획은 기존도로의 개선이건 신도로의 건설이건 간에 노선의 투자에 대해서 어떠한 결과가 나타나느냐 하는 사회경제적 타당성의 분석과 어떻게 하면 그 노선이 전 도시가로망의 총체적이고 종합적인 측면에서 신속하고 안전하게 교통수요를 만족시킬 수 있느냐 하는 교통체계적 분석과 노선의 우선순위의 결정, 투자계획 등 일련의 작업을 포괄하는 계획이라고 할 수 있다.

I. 현황조사 및 분석

1. 사회경제지표 및 관련계획

도시의 인구·경제·산업 및 교통부문에 관련된 자료를 수집하여 과거부터 현재까지의 사회경제 특성을 파악하여 통행발생량의 예측 및 경제성분석의 자료로 활용한다. 아울러 국토계획, 도시계획, 지구계획 등 연관계획을 검토하여 노선과 연관이 있는지를 검토한다.

2. 교통체계현황분석

도로의 연장, 포장률의 증가추세, 철도의 연장 등의 장기계획 및 이용실적 등을 파악하여 교통시설의 개발방향을 검토한다. 아울러 현재의 주요 가로망, 버스노선, 터미널시설, 지하철노선 등의 현재 교통망체계의 조사와 토지이용상태를 조사하고, 간선교통체계의 교통량과 시설용량의 비교, 주행속도와 주행시간, 서비스수준 등으로부터 현재의 교통체계에 대한 문제점을 진단한다. 또한 계획의 일관성과 합리성을 제고하기 위해 현재 수행중이거나 계획중에 있는 사업 및 계획을 검토한다.

3. 기종점(O-D)표의 구축

우선 교통존을 설정하고, 현재의 통행패턴을 파악하기 위하여 O-D 조사를 실시한다. O-D 조사자료를 정리하여 존간 교통량에 전수화계수를 적용, 통행량을 계산하고, 스크린라인 조사와 폐쇄선(cordon line)에서의 통과교통량과 비교·검증을 통해 최종 기종점표를 확장시킨다.

4. 링크(구간)별 도로시설조사

도로의 용량분석, 교통수요예측, 차량운행비용 등의 산출을 위해 구간별 도로연장, 구배, 폭원, 교차로 형식, 포장상태, 가시도, 평면선형 및 구간별 주행속도 등을 조사해야 한다.

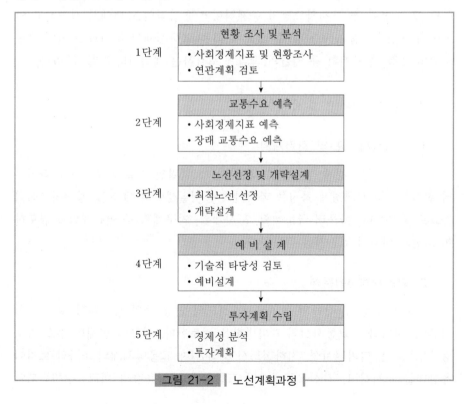

	현황 조사 및 분석
1단계	• 사회경제지표 및 현황조사 • 연관계획 검토

	교통수요 예측
2단계	• 사회경제지표 예측 • 장래 교통수요 예측

	노선선정 및 개략설계
3단계	• 최적노선 선정 • 개략설계

	예 비 설 계
4단계	• 기술적 타당성 검토 • 예비설계

	투자계획 수립
5단계	• 경제성 분석 • 투자계획

그림 21-2 │ 노선계획과정

Ⅱ. 교통수요추정

1. 사회경제지표의 예측

사회경제지표는 인구, GRP, 자동차보유대수, 고용자수, 학생수 등을 포함하며 장래 교통수요를 추정하기 위해서는 목표연도의 사회경제지표를 추정해야 한다. 사회경제지표는 해당 도시가 포함된 국토계획, 생활권계획, 도시계획에서 제시된 것들을 원칙적으로 수용해야 한다.

2. 교통수요추정모형

교통수요추정모형은 전통적으로 사용되어 오는 4단계수요추정모형을 적용한다. 그러나 사업의 특성이나 연구대상지역의 특성에 따라 개별선택모형도 적용할 수 있다. 4단계추정모형은 도시고속화 도로망과 같이 해당 도시의 기존 교통체계에 커다란 영향을 미치는 교통사업 등에 적용되는데 〈그림 21-3〉 및 〈그림 21-4〉와 같은 사람과 화물 교통수요 추정과정에 의하여 작업이 수행된다.

Ⅲ. 도로노선선정 및 개략설계

1. 도로노선망설정

단일노선을 설정하는 경우에는 노선계획이라고 할 수 있으나 여러 개의 노선을 동시에 설정할 때에는 노선망계획이라고 하는 것이 일반적이다. 이 단계는 개략적인 노선망을 설정하는 단계로서 단일안보다는 몇 개의 대안적인 노선망을 설정해야 한다. 이 단계에서 사용되는 지도의 척도는 1/50,000 혹은 1/25,000이 된다. 물론 노선망설정은 2단계까지에서 도출한 장래노선별 교통수요에 의해서 이루어진다.

2. 설계기준 및 표준단면설정

개략적인 노선망이 설정되면 계획교통량과 도로의 등급 및 성격, 지형, 지세 등을 감안하여 서비스수준을 도출, 설계기준을 설정해야 한다. 여기서는 노선망설정 단계보다 구체적인 작업이 이루어지므로 축척 1/5,000의 지형도가 필요하다. 그 다음 단계는 비교노선의 개략적 평가로부터 설정된 노선에 대하여 축척 1/5,000의 지형도를 이용하여 개략종평면도를 작성한다. 개략종평면

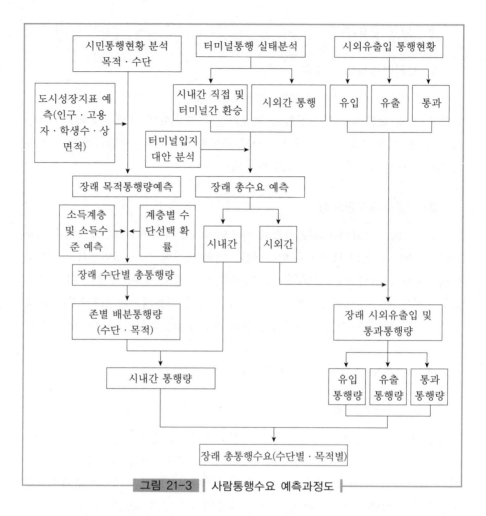

그림 21-3 │ 사람통행수요 예측과정도

도는 노선에 대한 기술적 타당성 검토, 주요 구조물의 위치 및 규격, 토공량의
산출, 선형분석, 교통용량 산출, 개략공사비 산출에 활용된다.

3. 지형 · 지질 및 수문조사

선형설계 · 기술검토 및 개략설계를 위해 지형상태, 수문, 지형 및 토질의
일반적인 특성과 기상변화 및 동결에 관한 자료를 수집하여 분석한다. 개략설
계 단계에서의 지질조사는 지질도 및 경험이나 육안에 의한 조사를 위주로 하
나 공사비에 상당한 영향을 미치는 장대교, 터널 및 연약지반이 존재할 때에는
기존 자료를 최대한 수집하여 활용하고, 필요시에는 현장조사를 실시한다.

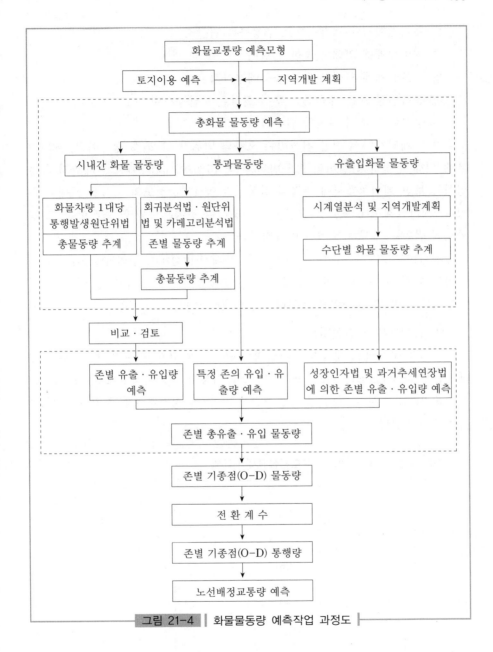

화물교통량 예측모형

토지이용 예측 ← 지역개발 계획

총화물 물동량 예측

시내간 화물 물동량 · 통과물동량 · 유출입화물 물동량

화물차량 1대당 통행발생원단위법 / 회귀분석법 · 원단위법 및 카레고리분석법 / 시계열분석 및 지역개발계획

총물동량 추계 / 존별 물동량 추계 / 수단별 화물 물동량 추계

총물동량 추계

비교 · 검토

존별 유출 · 유입량 예측 / 특정 존의 유입 · 유출량 예측 / 성장인자법 및 과거추세연장법에 의한 존별 유출 · 유입량 예측

존별 총유출 · 유입 물동량

존별 기종점(O-D) 물동량

전 환 계 수

존별 기종점(O-D) 통행량

노선배정교통량 예측

그림 21-4 | 화물물동량 예측작업 과정도 |

4. 개략공사비 및 유지관리비 산출

건설비는 도로건설을 구상하는 단계에서부터 투자가 완료되는 시기까지 노선계획에서 가장 중요한 요소로서 다음과 같이 다섯 단계에서 각각 산출된다.

① 초기계획시에 개략적으로 추정하는 건설비
② 예비설계에 의해 산출한 건설비
③ 세부설계에 의해 산출한 공사예정가격
④ 공사입찰 또는 계약협의 후에 결정된 도급공사비
⑤ 공사완료 후에 정산한 실투자비

초기 계획시에 추정한 건설비는 오차의 범위가 약 25% 정도이고, 예비설계에 의해 추정한 건설비의 오차범위는 약 15% 이내가 된다. 현재까지의 경험치를 보면 예비설계시에 추정된 건설비는 약 10% 정도의 오차를 기대할 수 있다. 예비설계시에 도출된 건설비를 이용하여 경제분석을 할 경우에는 그 정확도의 범위를 이해하는 것이 바람직하다.

건설비는 크게 공사비, 용지보상비, 부대경비(설계 및 감리비)로 나누며 공사비는 다시 세분하여, 토공, 배수공, 구조물공, 포장공, 부대시설공 등으로 나누어 공사량 및 공사비를 추정하는 것이 관례이다.

(1) 초기계획시 건설비산출

노선을 구상하고 개략적인 건설비의 규모를 알고자 하는 초기계획의 단계에서는 1/50,000 또는 1/25,000 지형도를 이용하여 개략적인 노선을 계획한 후 〈표 21-2〉에서와 같이 공종을 구분하고, 과거 실적자료를 참고로 하여 건설비를 추정한다.

표 21-2 초기 계획시 도로건설공사비 내역

공 종	단 위	수 량	단 가	금 액
1. 토 공 • 평지 및 구릉지 • 산 지	km			
2. 배수공	km			
3. 구조물공 • 교 량 • 터 널	m m			
4. 포장공	km(a)			
5. 부대시설	km			
6. 용지비	km			
7. 부대비	%			
계				

(2) 예비설계시의 건설비 산출

예비설계에서는 1/5,000의 항측도를 이용하거나 또는 지형측량을 실시하여 이와 비슷한 축척의 지형도를 제작한 후 비교노선을 선정하고 이들에 대하여 시공상의 기술적인 문제와 건설 후 유지관리상의 문제 및 경제성 등을 검토하여 최종 노선을 결정하게 된다. 공사물량은 예비설계도에 의하여 산출되어야 하며 단가는 사업구간의 공사조건을 반영하여야 하나 세부적인 분석은 피하고 과거의 유사한 사업을 참고하는 것이 좋다. 본 단계에서 가장 중요한 점은 설계기준에 부합되는 선형계획을 세워 절·성토량을 가능한 정확히 산출하여야 하며 절토부의 암 분류, 토취장 및 골재원 선정에 특히 유의해야 한다. 예비설계시의 공사비 산출과정을 보면 다음과 같다.

① 현장조사: 기본설계시의 현장조사 범위와 물공량 산출범위를 요약하면 〈표 21-3〉 및 〈표 21-4〉와 같다.

② 공사물량산출: 상기한 바와 같이 노선 선정 및 현장조사를 한 후 예비설계도를 작성하고 공사물량(물공량)을 산출해야 한다. 공사물량 산출시에 구분되는 공종은 〈표 21-4〉에서 보는 바와 같다.

③ 도로유지관리비: 교통시설물의 유지관리란 차량이 안전하고 쾌적한 주행을 할 수 있도록 시설을 유지·관리 또는 보수하는 것을 말하며 유지관리비용은 투자자산으로 산정하지 않고 경비로 분류된다. 건설부의 시행기준에 의한 도로의 유지관리비용은 다음과 같다.

표 21-3 | 예비설계시 현장조사의 범위

조 사	조 사 내 용
측 량	• 비교노선에 대한 1/5,000 지형도제작 • 비교노선의 횡단측량, 중심선 간격 50~100m, 폭 50m 내외
배수시설조사	• (1/50,000 또는 1/25,000 지형도에 의한 배수권역도 작성을 위함) • 하천의 하상상태, 제방의 유무, 현장홍수위 조사 • 댐 및 관개시설
구조물위치조사	• 교량의 위치선정을 위한 배수 및 토질조사 • 터널 위치선정을 위한 지질조사
토질 및 재료원 조사	• 주요 절토부의 암 분류, 연약지반 조사 • 토취장, 콘크리트용 골재원, 포장용 석산조사

표 21-4 예비설계시 물공량 산출범위

공 종	물 공 량 산 출 범 위	조사사항
토　공	• 예비설계도에 의한 토질별 절토량 • 예비설계도에 의한 성토량 • 매스커브(mass curve)에 의한 순성토, 사토량	• 토질조사 • 토취장조사 • 연약지반조사
배 수 공	• 규격별 배수관, 암거연장 • 형태별 측구연장	• 배수시설조사
구 조 물 공	• 교량 : 기초 및 상부구조형식에 따른 개소별 물량 • 터널 연장 및 높이별 옹벽 물량	• 구조물조사 • 토질조사
포 장 공	• 공법설계 및 이에 따른 포장층별 물량	• 토질조사
부대시설공	• 유사한 사업실적 참조	
용 지 비	• 토지용도별(전, 답, 산, 주택지 등) 면적	• 지질조사

① 유지관리 행정인건비
② 포장보수(표면처리, 小破보수, 오버레이)
③ 구조물보수(교량, 암거, 배수관 등)
④ 비탈면 보수
⑤ 재해 및 훼손의 정비
⑥ 안전시설 정비
⑦ 기타 제설, 노면청소 등

5. 운행비용의 산출

(1) 차량운행비용

차량운행비용은 노선의 경제성 평가에 없어서는 안 될 중요한 평가 항목 중에 하나로서 그 요소로는 운전사 인건비, 연료 및 잡유비, 타이어 마모비, 유지 및 정비비, 감가상각비, 기타로 구분된다.

(2) 시간가치

교통에 소비된 시간을 가치화하여 교통사업평가에 적용하는 것은 일반적인 과정으로 되어 있다. 시간가치를 환산하는 방법은 통행자의 소득을 기준으로 하여 통행에 소요된 시간을 통행자의 시간가치로 환산하는 방법이 널리 사용되고 있다.

6. 예비경제성분석

경제성분석을 실시하려면 우선 각 노선대안에 대한 장래 교통수요 예측으로부터 도출한 신설, 개량 및 기존 도로에 대한 구간별 장래 교통량을 토대로 하여 현재 도로의 용량과 장래 추정교통량과의 관계, 도로용량 초과연도의 산출, 확장 및 신설의 필요성을 검토한다. 교통량 분석이 완료되면 노선대안별, 경제적 타당성이 분석되는데, 이때 비용은 도로건설비 및 유지관리비가 포함되고 편익은 이용자편익 등이 포함된다. 노선대안의 경제적 효율성만 고려한다면 비용·편익분석법, 내부수익률, 순현재가치 등의 기법을 적용하여 대안의 우열을 가늠할 수 있다.

7. 최적노선망 및 노선확정

최적노선 선정은 도시계획 및 지역계획과 부합되고 경제성분석, 지역접근성, 교통처리효과, 지역개발효과, 환경적 영향 및 투자비 등을 종합적으로 고려하여 노선별 타당성을 검토하여 최적노선을 확정한다. 선정된 최적노선은 축적 1/5,000 지형도에 표시한다. 노선선정 원칙을 보면 다음과 같다.
① 기존 도시고속도로, 간선도로, 전철, 지하철 등과의 연계성을 최대한 고려한다.
② 수요방향 및 지역을 연결하는 노선은 가급적 보완도로를 확보하고 간선도로의 부족으로 교통혼잡과 병목현상을 일으키는 구간은 새로운 노선을 찾는다.
③ 도로의 기능별 위계(hierachy)를 최대한으로 살리는 방향에서 노선 선정이 되어야 한다.
④ 보상비가 가급적 적게 들고 시공이 용이한 노선을 선정한다.
⑤ 생활권의 분단을 가급적 피한다.
⑥ 통과교통을 우회처리할 수 있는 노선을 선정한다.
⑦ 대도시의 경우 도심기능을 분산토록 유도할 수 있는 노선을 선정한다.
⑧ 원활한 통행이 확보될 수 있는 노선을 선정한다.
⑨ 도시고속화도로나 순환도로의 경우에는 장거리통행을 신속, 안전하게 흡수하거나 처리하도록 한다.

이야깃거리

1. 도로계획시 가장 기본적으로 고려하여야 할 사항에는 어떠한 것들이 있는지 생각해보자.
2. 도로의 기능 중에서 교통의 기능 이외에 도로가 갖고 있는 기능은 무엇이 있는지 생각해보자.
3. 도로노선을 계획하는 일련의 과정에 대해 흐름도로 표현하고, 각 단계에서 고려해야 하는 것은 무엇인지 알아보자.
4. 도로를 계획함에 있어 가장 기초가 되는 사람통행수요 및 화물물동량을 예측하는 과정을 살펴보고, 예측결과가 도로계획에 끼치는 영향은 무엇인지 생각해보자.
5. 이용자 중심의 도로계획 및 운영체계 구축방안에 대해 생각해보자.
6. 친환경적 도로계획이란 무엇인지 생각해 보고, 환경 친화적인 도로를 계획함에 있어 방해가 되는 요소는 어떠한 것들이 있는지 알아보자.
7. 노선선정시 기존 도시고속도로, 간선도로, 전철, 지하철 등 즉 기존도로와 교통수단과의 연계성을 고려하는 이유에 대해 생각해보자.
8. 교통 수요추정 모형을 개발할 때 정보통신요소를 활용한다면 어떤 방법을 사용할 수 있는지 생각해보자.
9. 노선을 설계할 때 지질·지형을 고려해야 하는 이유는 무엇인지 생각해보자.
10. 경제성 분석을 실시하기위해 우선적으로 검토하여야 할 것들은 무엇들이 있는지 생각해보자.
11. 경제성 분석의 방법에는 어떠한 방법들이 있는지를 살펴보고, 각 방법의 장·단점에 대해 생각해보자.

제22장 교통체계 관리기법

교통체계 관리기법의 특성

Ⅰ. 교통체계 관리기법의 연혁

교통체계 관리기법(Transportation Systems Management: TSM)은 1950
년대부터 다루어 오던 교통공학의 기법, 즉 교차로 개선, 신호주기개선, 도로
시설물 관리 등을 토대로 하여 1970년대 초반에 들어오면서 교통에 관련된 각
양각색의 단기적 교통개선기법을 교통체계 관리기법이라는 보다 포괄적인 틀
속에 포함시켜 체계화시킨 기법이라고 볼 수 있다.

Ⅱ. 교통체계 관리기법의 의의

교통계획은 계획대상지 전체의 계획목표달성을 위하여 대상지역에서 일
어나는 교통문제를 파악하고 또 그것을 해결하는 데 필요한 종합적인 틀을 제
공하는 장기적이고 거시적인 계획도 필요하지만 이에 못지않게 단기적이고 서
비스 개선 위주의 교통관리 및 운영을 위한 계획도 수립할 필요가 있다.

이는 계획의 성격상 장기계획에서 다루어지지 못하는 구분을 적절히 배려
하여 전체계획에 반영시킬 수 있고 이미 투자된 교통시설물을 효율적으로 활
용할 수 있는 계기를 마련해 줄 수 있기 때문이다.

Ⅲ. 교통체계 관리기법의 특성

교통체계 관리기법의 특성은 그 기법과 그 기법에 따른 효과가 다양하며 여러 가지 실행방법이 있을 수 있으나 일반적으로 이들은 다음과 같은 특성을 포함하고 있다.

① 저투자비용

② 단기적 편익

③ 기존시설 및 서비스의 효율적인 활용

④ 지역적이고 미시적인 기법

⑤ 고투자사업의 보완

⑥ 고투자사업의 대치 가능

⑦ 도시교통체계의 모든 요소간의 균형에 기여

⑧ 도시교통체계의 양보다 질 위주의 전략

⑨ 차량보다는 사람의 효율적인 움직임에 역점

Ⅳ. 교통체계 관리기법의 적용요건

우리나라 도시의 맥락에서 볼 때 교통관리기법은 넓은 의미에서 첫째는 자동차 위주의 정책으로부터 사람 위주로, 둘째는, 승용차 위주의 정책으로부터 대중교통체계 위주로, 셋째는 도로공급 위주의 정책으로부터 관리·운영으로 전환함을 의미한다.

교통체계 관리기법을 적용하여 교통문제를 개선하는 데는 다음과 같은 일정한 요건을 갖출 것이 요구된다.

첫째 요건은 교통체계 관리기법의 필요성을 인식하는 것이다. 교통체계 관리기법을 적용할 때는 교통문제가 일어나는 지점, 혹은 지역의 상황을 진단하여 교통체계 관리기법이 필요한지의 여부를 판단하여야 한다. 교통축의 경우 교통량/용량비, 서비스수준, 지체도, 신호체계, 대중교통 효율성 지표 등에 의해 교통체계 관리기법을 적용할 최적시기를 판단할 수 있는 기틀을 마련해 줄 뿐만 아니라 자본집약적인 교통사업의 필요성을 제시해 줄 수 있는 여건을 조성하게 된다.

둘째 요건은 교통체계 관리기법의 통합성이다. 교통체계 관리기법은 개별적인 사업만 가지고는 교통개선의 효과가 크지 않기 때문에 여러 가지 기법을 동원하여 통합적으로 접근할 필요가 있다. 예컨대 하나의 교통축을 개선한다면 신호주기 조정, 가각정리, 버스전용차선, 가변차선, 일반통행제 중 대상 교통축에 적합한 기법을 묶어서 집행할 때 효과가 크다고 하겠다.

셋째 요건은 시행방법과 절차의 계획성과 조화성이다. 교통체계 관리기법은 우발적인 교통체증지역의 완화를 위한 비계획적인 정책이 아니라 구체적인 문제인식과 목표를 가진 사전에 계획된 교통개선사업이어야 한다. 조화성이라고 하는 것은 교통체계 관리기법을 적용함에 있어서 관련부서간의 조정 내지는 조화가 선행되어야 함을 의미한다. 이는 사업의 감독, 예산의 배정 등 교통체계 관리기법의 집행을 보다 용이하게 하기 위한 필수적인 요건이라 하겠다.

넷째 요건은 사업시공이 가능한 교통체계 관리기법이 되어야 한다. 흔히 이론적으로 훌륭한 교통체계 관리기법이 도상기법으로 그치는 수가 있는데, 이는 시공을 염두에 두지 않았기 때문에 일어날 수 있는 문제이다. 따라서 기본개선안을 도출함에 있어서는 실질적인 현장측량에 의하여 모든 기법이 적용되어야 한다.

Ⅴ. 교통체계 관리기법의 개선전략

교통체계 관리기법을 효과적으로 추진하기 위한 전략을 몇 가지 제시하기로 한다.

첫째, 우리나라 도시특성에 적합한 교통체계 관리기법의 유형을 현명하게 결정하는 문제이다. 우리나라 도시에 적합한 교통체계 관리기법을 중점적으로 적용하여 장기적·자본집약적 교통사업과 조화 있게 병행 추진해야 한다. 교통체계 관리기법은 그 자체로서도 효과가 있다는 점에서 중요하지만 기존 교통체계에 접목·수용되어 효율성을 극대화시켜 주는 역할을 수행한다는 데 보다 중요성이 있다. 따라서 우리나라 도시별 교통여건과 각 도시의 교통수요의 변화에 대한 정확한 예측을 토대로 각 도시에 가장 적합한 교통체계 관리기법을 동원하여 적용해야 할 것이다.

둘째, 교통체계 관리기법의 주역인 교통담당부서를 일원화해 나가야 할 것이다. 교통체계 관리기법의 주무부서가 이원화 또는 다원화되어 있게 되면 개선사업의 시행에 있어서 많은 문제점을 노출하게 된다. 이러한 문제점의 대표적 예로는 담당부서별 사업시기가 일치하지 않음으로써 개선효과가 반감되거나, 부처이기주의에 의해서 책임의 전가 등이 있다. 따라서 효과적으로 사업을 수행하기 위해서는 주무부서를 일원화할 필요가 있다.

셋째, 교통체계 관리기법을 분석·평가하여 집행할 수 있는 핵심요원과 교통체계 관리기법을 조직·관리할 수 있는 전문직 인력의 대폭적인 확보가 무엇보다도 시급하다.

넷째, 교통체계 관리기법이 그 본질상 많은 경비가 소요되지 않은 전략이기는 해도 소규모의 비용이 투자되는 점을 감안할 때 '필요'하고 '충분'한 재원을 동원하고 그 효율을 극대화하는 문제가 있다. 아울러 동원된 투자재원을 교통체계 관리기법의 유형별, 단계별, 지역별로 최적정배분할 수 있도록 하고 그러한 바탕 위에서 편익이 큰 기법은 중점적으로 지원해야 할 것이다.

다섯째, TSM기법의 관건은 TSM적용후 각 기법의 효과를 모니터링하고 평가하는데 달려 있다고 해도 과언이 아닐 정도로 모니터링의 역할이 중요하다. TSM을 적용할 때에는 그 효과를 사전에 예측하고 사업의 타당성이 있을 때 시행해야 하며 TSM기법을 적용한 후에는 반드시 집행 후의 성과를 모니터링을 통해서 점검해야 한다. 만약 집행 후 어느 TSM기법의 효과가 인정될 때에는 그 방법을 널리 확대시켜 적용해야 함은 말할 것도 없다.

제 2 절 교통체계 관리기법의 유형

I. 교통체계 관리기법의 유형구분

교통체계 관리기법은 정책의 목표, 적용기법의 특징, 적용대상에 따라 다양하게 구분할 수 있다. 이러한 분류척도 가운데 적용대상을 기준으로 교통체계 관리기법의 유형을 구분하면 다음과 같다.

① 도로시설 효율화방안: 자동차 도로, 보행자 도로, 자전거 도로 등의 효율화를 목적으로 하는 기법
- 교통망운영: 네트워크차원에서 교통망을 최적으로 운영하는 기법
- 교통축운영: 간선도로의 소통능력을 향상시키기 위한 기법
- 도로구간 운영: 도로구간의 용량을 증대하는 방안

- 교차로 운영: 교차로의 용량을 제고하는 방안
- 지구교통운영: 이면도로를 포함하여 블럭단위의 교통체계정비를 통해서 보행환경의 제고, 교통안전성 향상 등을 목표로 하는 방안

② 대중교통시설 효율화방안: 버스, 지하철, 택시 및 관련시설 등의 효율화를 통해서 대중교통수단의 이용을 확대하고 서비스수준을 향상시키기 위한 제반 기법
- 버스노선 조정 및 배차계획 정비
- 버스전용차선제, 버스우선신호
- 대중교통요금체계 정비
- 대중교통서비스의 다양화
- 대중교통수단간 환승체계 구축
- 버스정류장 합리적 배치

③ 주차시설 효율화 방법: 주차공급량을 주차수요에 맞게 설정하고, 요금정책을 통해서 주차시설이용의 효율화를 제고시키는 기법
- 주차요금의 지역별 시간별 차등화
- 공용주차장의 확보
- 민영주차장의 건설유도
- 건물부설주차장의 정비확충
- 역세권 주차장의 확보
- 주차규제 및 단속강화

이렇게 다양한 TSM기법 중에서 본 절에서는 도로시설의 효율화방안에 대해서만 집중적으로 살펴보기로 한다.

Ⅱ. 도로시설 효율화방안

도로시설 효율화방안은 자동차, 보행자, 자전거 등이 이용하는 기존 도로의 이용효율성을 높임으로써 용량을 제고하고, 교통안전성을 확보하는 교통공학적 기법이다.

도로시설 효율화방안은 기법의 적용범위에 따라서 크게 교통망운영, 교통축운영, 도로구간운영, 교차로운영으로 구분할 수 있다. 또한 이러한 선과 점적 개념에서 확대하여 보다 포괄적인 측면에서 지구교통계획이 포함될 수 있다.

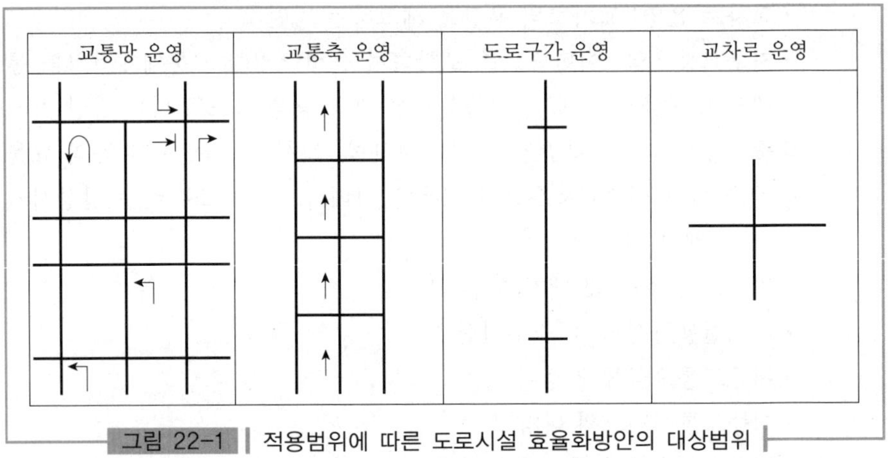

| 교통망 운영 | 교통축 운영 | 도로구간 운영 | 교차로 운영 |

그림 22-1 | 적용범위에 따른 도로시설 효율화방안의 대상범위 |

1. 교통망운영

교통망운영은 관리대상 교통망의 총통행비용을 최소화하기 위한 일련의 네트워크 관리기법이다. 총통행비용을 최소화한다는 것은 체계최적상태로 교통망을 유지하는 것을 의미한다. 일반적으로 운전자는 자신의 통행비용이 최소가 되는 경로를 선택하기 때문에 방임상태의 교통망은 이용자 최적상태를 유지하려는 속성을 지닌다. 그러나 이용자 최적상태는 체계최적상태에 비해서 총통행비용이 더 많이 소요될 뿐만 아니라 교통망에 대한 정보가 부족하기 때문에 교통망의 운영이 왜곡되어 나타나게 된다.

반면 교통망의 관리자 입장에서는 적절한 교통망관리를 통해서 총편익을 최대화하기를 원하게 되는데 체계최적으로 교통망을 관리하기 위해서는 인위적으로 교통량을 타 링크로 전환시키거나, 또는 기존 교통망의 신호운영을 목적에 부합하도록 최적화할 필요성이 있다. 이를 위해서 회전금지, 통행금지 등의 규제와 더불어 교통망 신호최적화 기법 등이 동원된다.

2. 교통축운영

도시의 가로망은 주요 축을 중심으로 형성된다. 주요 교통축은 간선도로로 구성되며 접근성보다는 이동성이 높은 교통수요가 집중하게 된다. 특히 교통수요가 용량에 비해서 월등히 높은 과포화 교통망에서는 교통축의 소통을 원활하게 처리하는 것이 무엇보다도 중요하다. 교통축을 원활하게 처리하는 방안 가운데 대표적인 것으로는 연동화와 미터링이 있다.

⑴ **연 동 화**

연동화는 축상에 위치한 교차로의 신호주기와 옵셋값을 통해서 차량의 지체를 감소시키는 기법이다. 따라서 옵셋값은 해당 도로구간을 주행하는 차량의 평균 속도와 링크길이에 의해서 결정되고 연동축상의 신호주기는 연속성을 확보하기 위하여 일정한 값으로 통일한다.

교통축상의 연동방법에는 대개 세 가지 정도가 제안되고 있는데 첫째 동시시스템, 둘째, 교호시스템, 셋째, 연속시스템이 여기에 포함된다. 〈표 22-1〉은 각각의 연동방법의 특성 및 장단점을 정리한 것이다.

연동화 신호교차로의 신호시간을 계산하는 방법으로는 시공도법, off-line computer technique, on-line computer techinque 등이 있다.

⑵ **램프 미터링**(ramp metering)

램프 미터링이란 고속도로의 유입램프에서 유입량을 조절하는 것을 말하며, 램프폐쇄의 경우도 이러한 램프 미터링의 유형에 포함된다. 유입조절량(metering rate)은 설정해 놓은 제어목적에 따라서 결정되며, 일반적으로 램프 미터링의 목적은 다음 세 가지로 요약된다.

① 램프에서 혼잡을 방지함으로써 본선으로 혼잡이 전가되는 것을 방지

② 램프에서 무제한적이고 무질서한 유입으로 야기되는 사고의 위험 저감

③ 전체 시스템이 '최적' 상황에서 운영될 수 있도록 유도

여기에서 세 번째의 '최적'은 고속도로 고유의 기능인 통과처리능력을 최대로 보존함과 동시에 시스템 운영의 효율을 향상시키는 의미가 있다.

램프 미터링의 방법은 유입조절 범위에 따라, 유입조절량을 결정할 때 램프 인접구간의 교통여건(교통량, 밀도 등)만을 고려하는 국부 미터링(local metering)과 고속도로의 시스템 전체적인 관점에서 최적유입량을 조절하는 전체 미터링(global metering)으로 나눌 수 있다.

또한 어떠한 데이터를 근거로 하여 유입량을 결정하느냐에 따라, 과거 조사된 자(historical data)에 의해 미리 결정해 놓은 유입조절량에 따라 시행하는 Open-Loop시스템과 검지기 시스템에 의해서 수입된 실시간(real time)정보에 의해서 유입량이 결정되어 실행되는 Closed-Loop시스템으로 나눌 수 있다.

표 22-1 │ 교통축 연동기법의 특성 및 장단점

연동기법	동시시스템	교호시스템	연속진행시스템
특징	• 연동축상의 전교차로에서 동일한 신호를 동시에 점등 • 옵셋=0 • 교차로 시간분할이 거의 동일함	• 인접교차로와는 반대의 신호, 그 다음의 교차로와는 동일한 신호 점등 • 옵셋=주기/2	• 연동축에 진입한 차량이 연동축을 통과하는 동안 계속적으로 녹색신호를 받을 수 있도록 하는 신호계획 시스템 • 옵셋=링크통행시간
장점	• 교차로간 거리가 짧고 연동축의 길이가 짧은 경우 효과적임 • 교통량이 아주 많은 경우 효과적임	• 정상주행을 통해서 옵셋 동안에 다음 교차로에 도달할 수 있을 정도로 교차로간 거리가 긴 경우에 효과적임 • 주방향과 부방향의 신호시간 분할이 50：50으로 가능한 경우에 적합함	• 교차로에 의한 지체를 피할 수 있음 • 연동축상의 교차로간 간격이 일정하지 않을 경우에 적용하기 적합한 기법임 • 방향별 분포비가 뚜렷한 경우 주방향을 우선적으로 처리함으로써 총통행 비용 저감
단점	• 주교차로를 위주로 현시분할이 이루어지므로 타 교차로의 운영 효율성 저하 • 교차로간 거리가 길면 연동효과를 기대할 수 없음 • 간선축이 과포화되었을 때에는 회전차량의 진입이 어렵게 됨	• 주도로와 교차하는 부도로의 신호시간비가 50：50이므로 대부분 비효율적임 • 교차로간 간격이 일정하지 않은 경우 링크주행시간과 옵셋 값이 맞지 않음 • 교통상황에 대처하기 위하여 신호시간계획을 수정하기 어려움	• 타 연동방식에 비해서 주방향의 반대방향 교통류는 연동효과가 저감됨 • 방향별 교통량 분포비가 뚜렷하지 않은 경우 적용하기 어려움
시공도			

3. 도로운영

도로운영은 교통망을 구성하는 링크(도로구간)와 노드(교차로, IC, JC) 가운데 링크를 효율적으로 운영하는 제반 기법이다. 도로를 한정된 자원으로 보게 되면 교통량은 한정된 도로자원에 대한 수요의 일부로 파악할 수 있다. 따라서 자원을 수요에 근거하여 배분하는 것이 자원의 효율성을 제고하는 방법이 된다.

도로는 교통망의 구조, 토지이용패턴, 도시민의 주거패턴, 교통망과 수요의 규모 등 여러 가지 복합적인 요인에 의해서 교통량이 부하된다. 이에 따라 해당도로를 이용하는 교통량의 방향별 분포비가 시간대별 지역별로 불균등하게 부하되는 현상이 발생하게 되는데 이러한 경우 도로를 효율적으로 활용하기 위해서는 수요에 대응하는 도로공간의 할당기법이 적용되어야 한다. 도로운영 기법에서 교통수요에 대응하는 자원할당방법으로는 일방통행제, 능률차선제, 차등차선제, 가변차선제, 좌회전포켓(주머니차선), 홀수차선제 등이 있다.

(1) 일방통행제

일방통행제는 통행속도의 증가를 통한 차량 소통능력을 증가시키기 위해 선택할 수 있는 매우 효과적인 도로운영방안이다. 일방통행제의 장단점을 살펴보면 다음과 같다.

◙ 장   점
- 용량증대: 교차로에서 상충이 줄고, 신호주기를 보다 융통성 있게 조정함으로써 교통량 처리능력을 향상시킨다. 일방통행에서는 서비스수준이 향상되므로 주변도로로부터 교통이 유입된다.

표 22-2 │ 램프 미터링 방법의 유형

공간적 범위에 의한 분류	국부미터링	램프 주변의 교통여건을 분석하여 최적 유입량 산출
	전체미터링	고속도로 시스템의 전체적인 관점에서 최적유입량 산출
이용되는 자료에 의한 분류	Open-Loop시스템	과거자료에 의해 미리 결정해 놓은 유입조절량에 따라 시행
	Closed-Loop시스템	검지기에 의해 수집된 실시간(real time) 정보에 의해 유입량이 그때그때 결정되어 실행

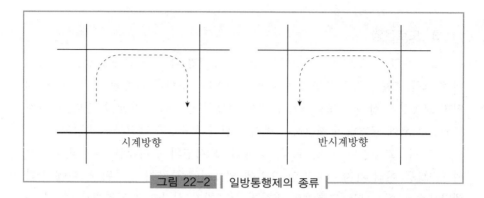

시계방향   반시계방향

그림 22-2 | 일방통행제의 종류 |

- 상충교통류 감소: 반대방향에서 회전하는 교통류가 없어지기 때문에 상
  충되는 교통류가 감소된다.
- 안전성 향상: 대향교통류가 없어지므로 정면충돌, 측면 등의 접촉사고
  가 감소된다.
- 신호시간조절 용이: 연동화가 용이해져 교통류의 연속이동을 확보해 줄
  수 있다.
- 노상주차면의 증대: 도로폭의 여유가 발생되어 노상주차면을 확보할 수
  있다.
- 도로변 토지이용의 접근성 향상: 도로변 업무 · 상업지역의 접근성이 향
  상될 수 있다.

■ 단   점

- 통행거리 증대: 일반적으로 통행거리가 증가되는 경향이 있다.
- 보행거리 증가: 일방통행 사이의 블럭이 길면 보행거리가 증가된다.
- 회전교통류 용량감소: 순환교통량이 증가되므로 좌·우회전 회전교통량
  이 많으면 지체가 증가될 수 있다.
- 도로변 영업에 악영향: 업종에 따라서는 손님이 줄어들게 되어 피해를
  보게 된다.
- 교통통제시설의 증가: 각종표지(보행표지, 진입금지, 차선통제 등)의 숫자
  가 증가될 수 있다.

⑵ **능률차선제**

능률차선제는 회전교통류에 의해서 직진교통류가 방해받음으로써 발생하
는 링크 및 교차로의 용량저하현상을 감소시킬 수 있는 방안이다. 또한 좌회전

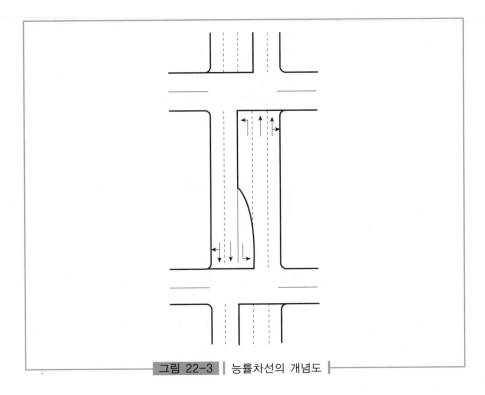

그림 22-3 │ 능률차선의 개념도

포켓에 비해서 차량의 대기공간을 충분히 확보할 수 있고 버스 및 주정차 차량에 의한 최외곽 차선의 잠식현상을 억제할 수 있다.

능률차선제는 도로구간을 홀수차선으로 구획하고 중앙차선을 방향별 좌회전 차선으로 활용하기 때문에 직진차선은 좌회전 대기차량에 의해서 영향을 받지 않으면서도 기본차선을 유지할 수 있도록 설계되며 기본 개념도는 〈그림 22-3〉과 같다.

(3) **좌회전 포켓**(주머니 차선)

좌회전 포켓은 능률차선제에 비해서 링크길이가 길거나 중앙에 화단이 설치된 경우 또는 좌회전 교통량이 많지 않은 경우에 적용하기 쉬운 기법이다. 대개의 경우 링크구간 전체를 능률차선으로 유지할 경우 링크구간의 직진차선은 기본차선을 유지할 수 있지만 차선폭의 감소를 감수해야 한다. 따라서 직진차선의 용량저하현상이 나타날 수 있다. 특히 차선폭이 종전보다 좁아진 최외곽선에서 버스와 주정차 차량에 의한 잠식현상이 일어날 수도 있다.

좌회전 포켓(주머니차선)의 기본형은 링크의 전구간은 짝수차선으로 활용

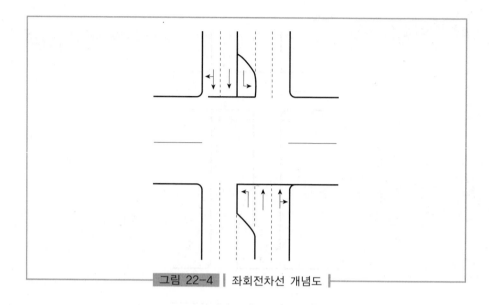

그림 22-4 | 좌회전차선 개념도

하고 교차로 부근에서 홀수차선으로 구획하여 내측 1차선을 좌회전차선으로 할애하는 방법으로서 기본개념도는 〈그림 22-4〉와 같다.

4. 교차로운영

교차로는 도로와 도로가 서로 교차함으로써 차량의 방향전환기회를 제공하는 결절점이 된다. 또한 교차로는 교통관제시설을 통해서 통행권을 부여하기 때문에 도로구간에 비해서 용량이 급격히 감소하는 지점이다. 따라서 교차로를 효율적으로 관리하지 못하면 도시 가로 전체가 도로구간의 용량에 관계 없이 비효율적으로 운영되게 된다.

교차로의 자원은 녹색시간으로 정의된다. 따라서 교통량, 또는 교통량/용량비가 높은 방향의 도로에 대해서 녹색시간을 보다 많이 부여하게 되면 자원이 효율적으로 배분되는 효과를 기대할 수 있다. 그러나 실제상황에서 녹색시간을 배분하는 것은 그리 쉬운 일이 아니다. 교통량이 많다고 해서 녹색시간을 많이 주게 되면 전체 교통망 운영이 비효율적으로 운영될 수도 있다.

최근의 신호시스템에서는 기존방식(time of day)과 달리 교통량의 변화에 신호배분이 변화하는 실시간(real time)에 의해 신호시간을 결정하는 알고리즘이 중요해진다.

(1) 신호주기와 현시

신호주기를 결정하기 위해서는 신호주기 결정과 관련되는 다음 용어에 대해서 정의할 필요가 있다.

① 현시(phase): 통행권이 부여된 교통류, 또는 동시에 통행권이 부여되는 교통류

② 주기(cycle): 신호등이 녹색신호, 황색신호, 적색신호 등, 부여된 모든 종류의 신호를 일순하는 데 소요되는 시간

③ 현시간 전이시간(clearance time): 현시가 바뀔 때 소요되는 시간(＝황색시간)

④ 출발지체시간(start-up delay): 신호가 적색에서 녹색으로 바뀐 후 첫 번째 차량이 교차로를 통과하기까지의 손실시간(통상 1~2초)

⑤ 클리어런스 지체(clearance delay): 황색신호시간동안 차량이 교차로를 통과하고 적색신호등이 점등될 때까지 교차로가 이용되지 않는 시간

⑥ 손실시간(lost time): 1주기 동안에 특정 교통류 또는 교차로 전체를 이용하지 못하는 시간(출발지체시간＋클리어런스 지체)

⑦ 유효녹색시간(effective green time): 차량이 실제로 교차로를 이용하는 시간(녹색시간＋황색시간－손실시간)

⑧ 녹색비(g/c ratio): 신호주기에 대한 녹색신호시간 비

⑨ 분할비(split): 한주기 내에서 각 현시가 차지하는 비율

⑩ 옵셋(offset): 도로축상의 신호등이 연동운영되는 경우 기준이 되는 신호등의 녹색신호 시작시간과 연동축상에 설치된 신호등의 녹색신호 시작시간과의 시간간격

일방향에서 보면 신호는 녹색과 황색, 적색으로 구성된다. 신호주기는 일정 녹색등의 점등시점에서 동일 신호 녹색등이 다음 점등될 때까지의 소요시간을 의미한다. 황색신호는 적신호가 점등되기 직전에 교차로 내의 차량을 없애기(clear) 위하여 소요되는 시간이기 때문에 이 시간 동안에는 교차로가 잠시 활용되지 않게 된다. 따라서 황색신호가 많아지게 되면 손실시간이 이에 비례해서 증가하기 때문에 교통량이 많은 경우에는 신호주기를 크게, 황색시간의 비율을 적게 함으로써 손실시간을 줄여서 운영하는 것이 효과적이다.

반면 교통량이 적은 시간대에는 녹색시간동안에 처리해야 할 차량대수가 많지 않기 때문에 적색시간을 짧게 조정하기 위해 신호주기가 짧아지도록 운

영하는 것이 효과적이다.

(2) 신호시간계획

신호시간계획이란 교통량에 따라서 신호주기, 현시, 현시의 수, 등 신호
시간에 관련된 내용을 결정하는 일련의 과정이다. 교차로 신호시간계획은 교
통량과 회전의 수, 도로폭, 정지선간 거리, 차량의 감속능력, 보행자의 보행특
성 등을 복합적으로 고려하여 〈그림 22-5〉와 같은 과정을 통해서 결정된다.

① 교통량 조사 또는 수요 추정: 과업의 목적에 따라서 기준교통량을 설
정하는 과정으로서 기존의 신호운영체계의 개선을 목표로 하는 경우
현황조사를 통해서 기준교통량을 설정하는 반면 장래 신호시간을 계획
하는 경우에는 교통수요추정과정을 통해서 해당교차로의 기준교통량
을 설정한다.

② 포화교통류 산정: 교차로의 접근로별 차선수, 차선폭, 회전차선의 운
영상태, 버스정류장의 위치, 주차허용구간, 구배, 중차량 혼입률 등을
복합적으로 고려하여 포화교통량을 산정한다.

③ 현시결정: 방향별 교통량, 버스노선의 통과 여부 등을 고려하여 현시
의 수를 결정한다(교통망 전체에서 본 교차로의 운영방식, 회전교통량이 적

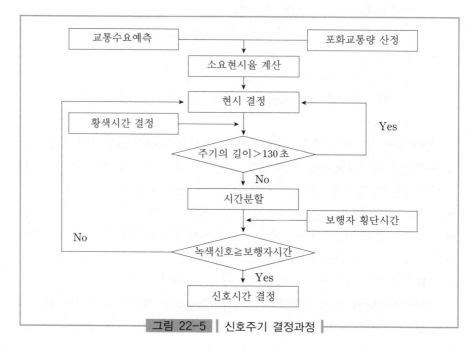

그림 22-5 │ 신호주기 결정과정

은 경우 좌회전을 금지하는 방안, 버스가 통과하는 경우 버스에 한해서 좌회전
을 허용하는 방안 등 교차로의 교통류 상황에 근거하여 결정).

④ 황색시간 결정: 교차로의 정지선간 거리와 차량의 속도, 운전자 특성
등을 복합적으로 고려하여 황색신호시간을 결정하며 산정식은 식
〈22-1〉과 같다.

$$C_P = t + \frac{V}{2a} + \frac{W+V}{L} \qquad \qquad \cdots\cdots\langle 22\text{-}1\rangle$$

C_P : 황색시간

a : 차량의 감속도(m/sec^2)

t : 운전자 인지반응시간(1-2초)

V : 차량속도(m/sec)

W : 정지선간 거리(m)

L : 차량길이(m)

보행자 신호시간은 보행자와 동일방향으로 진행하는 직진교통류의 녹
색신호시간의 최소값이 되기 때문에 차후에 계산될 현시별 녹색시간
산정결과를 검토할 때 다시 이용된다.

⑤ 신호주기 결정: 교차로의 신호주기는 식 〈22-2〉를 이용하여 산정한다.

$$C_{\min} = \frac{L}{1 - \sum_{t=1}^{n} y_i} \qquad \qquad \cdots\cdots\langle 22\text{-}2\rangle$$

$C_{\min}$: 최소신호주기(초)

L : 총손실시간

n : 현시수

$y_i = \dfrac{i\text{번째 현시에서의 최대교통량}}{\text{포화교통량}}$

또한 위 식에서 손실시간은 다음 식 〈22-3〉을 통해서 산출한다.

$$L = \sum_{t=1}^{n} l_i, \text{ 혹은 } l_i = g_i + \tau_i - g_{ie} \qquad \qquad \cdots\cdots\langle 22\text{-}3\rangle$$

L : 총손실시간

l_i : i번째 현시의 손실시간

n : 현시수

g_i : i 번째 현시의 녹색시간

τ_i : i 번째 현시의 황색시간

g_{ie} : i 번째 현시의 유효녹색시간

위에서 산정한 최소신호주기 산정방법은 실제 교차로 운영에서 적용하기에는 다소 현실성이 떨어지는 문제점을 안고 있다. 위에서 제시한 최소 신호주기 산정방법 외에도 몇 가지 산정방법이 제시되고 있는데 다음은 기존에 제시된 신호주기 산정방법들이다.

• Failure Rate Method: 이 방법은 차량의 도착분포가 균일하다고 가정하고 각 현시당 임계차선 교통량에 기초하여 신호주기를 산정하는 방법으로서 Drew와 Pinnell에 의해서 개발되었다.

$$C = \frac{3600 \times n(k-h)}{3600 - h\sum_{i=1}^{n} V_i} \qquad \cdots\cdots \langle 22\text{-}4 \rangle$$

C : 신호주기(초)

k : 출발지체시간＋손실시간(초)

h : 평균차두간격(초)

n : 현시수

V_i : 현시 i의 임계차선 교통량

• Webster방식: Webster방식은 실측자료 및 시뮬레이션 결과를 이용하여 개발되었으며 최소지체를 나타내는 신호주기 산정에 이용된다.

$$C_P = \frac{1.5L + 5.0}{1 - \sum_{i=1}^{n} \tau_i} \qquad \cdots\cdots \langle 22\text{-}5 \rangle$$

C_P : 최적신호주기(초)

L : 주기당 손실시간

n : 주기당 현시수

$\tau_i = \dfrac{\text{현시 } i\text{의 최대교통량}}{\text{현시 } i\text{의 포화교통량}}$

• Pignataro방식: 피크시 15분 동안 통과하는 차량에 필요한 총시간에 기초하여 신호주기를 산정하는 모델을 개발하였으며 교차로 교통량이 적은 경우에 적합하다.

$$C = \frac{\sum_{i=1}^{n} \tau_i + R}{1 - \sum_{i=1}^{n} V_i h_i / 2600 PHF} \qquad \cdots\cdots \langle 22\text{-}6 \rangle$$

C : 최소신호주기

τ_i : i현시의 황색시간

R : 신호주기중 총적색시간

V_i : 현시 i의 임계차선 교통량

h_i : 현시 i의 평균차두간격

PHF : 첨두시간계수

(3) 독립교차로의 신호운영방식

독립교차로의 신호운영방식은 보는 관점에 따라서 다양하게 구분할 수 있지만 대개의 고정식(pretimed signal)과 감응식(actuated signal)으로 구분하는 것이 일반적이다. 고정식 신호등은 기계획된 신호시간계획을 바탕으로 운영되는 반면 감응식 신호등은 검지된 교통량을 토대로 신호시간계획을 지속적으로 변화시키면서 운영된다.

표 22-3 | 신호등 운영방식의 비교

신호기유형	고 정 식	감 응 식
특 징	• 기계화된 신호시간대에 따라서 운영됨 • 전일 또는 시간대별 신호시간계획이 수립됨	• 시시각각 변화하는 교통량에 대응해서 신호시간계획 및 운영 • 신호등에 교통량 검지기와 신호시간계획을 수립할 수 있는 컴퓨터 및 알고리즘이 필요함
제어장치	• 과거에는 기계적 장치 활용 • 현재는 전자식 장치 활용	• 교통류검지기 및 신호시간계획용 컴퓨터 내장
장 점	• 구조가 단순하며 관리, 보수 용이 • 구입 및 설치비용 저렴 • 신호시간조절 용이 • 특별한 상황에 대해서 교통류 통제가 용이함	• 교차로의 지체를 감소시킴 • 짧은 시간 동안의 교통량 변화에도 효과적으로 대응할 수 있음 • 교차로의 용량을 증대함 • 현시가 복잡한 교차로에서 효과적으로 대응할 수 있음
단 점	• 교통량의 변화에 적절히 대응하지 못함 • 비효율적으로 교차로가 운영되는 경우가 많이 발생함	• 구입 및 설치비용이 비쌈 • 구조가 복잡하고 유지, 관리비용이 큼 • 검지기 및 알고리즘에 의존적임

이야깃거리

1. 교통체계 관리기법(TSM)의 의의와 특성에 대해 생각해보자.
2. TSM의 도입 배경에 대해 알아보자.
3. TSM의 효율적인 계획을 위한 4단계과정은 무엇인지 설명해보자.
4. TSM 중 교통류의 흐름을 개선할 수 있는 기법에 대해 알아보자.
5. '수요감소, 공급감소' 측면에서의 TSM 시행방안에 대해 알아보자.
6. 교통체계 관리기법(TSM)을 적용하여 교통문제를 개선하는 데 있어 갖추어야 할 요건은 무엇인지 알아보자.
7. 교통체계 관리기법(TSM)이 도시의 규모와 인구밀도에 따라 어떻게 달라지는지 알아보자.
8. 지속가능한 도시교통을 정립하기 위해 교통체계관리 차원에서 나아갈 방향에 대해 생각해보자.
9. 역세권이라는 지역특성에 맞는 교통체계 관리기법과 전략은 어떤 것들이 있는지 알아보자.
10. 교통축 운영방법 중 하나인 램프미터링을 실제 현장에 적용하기 위하여 미터링 알고리즘이 필수적으로 갖추어야 하는 요건은 무엇인지 생각해보자.
11. 도시 내를 가로지르는 고가에 '램프미터링'을 실시했다고 가정할 때, '램프미터링'이 가져다주는 효과에는 무엇이 있는지 생각해보자.
12. 도로시설을 효율화하는 방안으로 시행할 수 있는 교통축 연동기법의 특성 및 장·단점에 대해 알아보자.
13. 일방통행 계획시 고려되어야 할 사항과 일방통행제의 장·단점에 대해 알아보자.
14. 가변차선제도의 도입배경과 전제조건 및 장·단점에 대해 알아보자.
15. 과거 교차로 신호시스템의 문제점을 생각해 보고 신호시간 계획시 고려되어야 할 사항에 대해 알아보자.
16. 신호시간 계획에 있어서 황색시간이 가지는 의미와 역할은 무엇이며, 시간의 장(長)·단(短)에 따른 파장을 설명해보자.
17. 신호시간 계획을 할 때 손실시간을 줄일 수 있는 방안에는 무엇이 있는지 알아보자.
18. 독립교차로 신호운영방식(신호등)의 종류를 나열하고 각각의 방법을 비교해

보자.

19. 신호시간계획이란 무엇이며 계획의 각 단계에서 고려해야 하는 것은 무엇이
    있는지 생각해보자.

제23장 교통수요관리

제1절 교통수요관리의 개념과 목적

Ⅰ. 교통수요관리방안의 개념과 목표

교통수요관리(Transportation Demand Management: TDM)방안의 목표는 이용자의 통행행태의 변화를 통해서 (ⅰ) 일인승용차의 이용을 감소시키거나, (ⅱ) 직장의 출근패턴을 전환하여 대중교통을 비롯한 다인승차량 이용을 촉진하고, (ⅲ) 차량당 이용승객수를 늘림으로써 교통체계에 대한 부담을 줄여서 교통혼잡을 완화시키는 제반 관리수법을 일컫는 말이다.

기존의 교통정책은 장기적 관점에서 공급을 확대하면서 단기적으로 기존 시설의 이용효율증대에 초점을 맞추었으나 최근에는 수요의 조절을 통해서 교통체증을 완화하려는 노력이 경주되고 있고 이러한 일련의 제 시책을 교통수요관리라는 분야로 설정하였다.

교통수요관리정책의 효과는 크게 다음과 같은 다섯 가지 형태로 표출된다.

① 교통 자체의 발생 차단
② 통행수단이용의 전환
③ 통행의 시간적 재배분
④ 통행발생 및 목적지 전환에 따른 통행의 공간적 재배분
⑤ 통행의 연쇄화

교통수요관리를 시행함으로써 통행자의 행태변화를 유도하고 이에 따라 도로상의 교통량은 감소하게 되어 통행속도 증가 및 이용자 통행비용 감소, 단위시간당 처리교통량 증가, 대기오염 연료소모 감소 등, 연쇄적인 변화가 발생

함으로써 사회적인 비용이 감소하는 효과를 기대할 수 있다.

Ⅱ. 교통수요관리의 특징

초기 교통수요관리방안의 특징은 다음과 같이 요약된다.

① 경제성: 인간의 행태변화를 통해서 교통시설의 공급과 똑같은 효과를 창출할 수 있기 때문에 교통시설 건설에 필요한 막대한 비용이 소요되는 방안에 비해 훨씬 경제적이다.

② 효과의 신속성: 인간의 통행행태변화는 짧은 시간 내에 이룩될 수 있으므로 단시일 내에 교통개선효과를 기대할 수 있다.

③ 고밀도 개발가능성: 다인승차량 이용활성화로 통행수요를 전환하여 도로의 교통량을 저감하면서 수송능력을 증대하여 궁극적으로 토지의 고밀도 개발을 가능케 할 수 있다.

④ 기법의 다양성: 통행행태에 영향을 미치는 모든 요인을 대상으로 정책수립이 가능하고 정책의 시행에 시간과 돈이 많이 들지 않기 때문에 다양한 정책의 시행이 가능하다.

반면 최근의 교통수요관리방안은 인간의 통행행태를 변화시킨다는 점에서 상기의 교통수요 관리방안의 특징을 모두 포함하지만 보다 대규모 지역에 대해서 강도 높은 정책을 포함하고 있다는 점에서 초기 교통수요 관리방안과 구분된다.

최근 교통수요 관리방안의 특징을 요약하면 다음과 같다.

① 법적 규제성: 주로 환경법, 건축법에 의거해서 시행함으로써 법적 뒷받침을 받는다.

② 간접적 규제: 직접 운전자를 규제하기보다는 운전자가 속한 기관이나 건물 또는 개발사업을 추진하는 건설회사를 대상으로 하는 간접적인 규제형태를 띠고 있다.

③ 시행지역의 광역성: 대상지역을 광역화하여 규제에 따른 교통량의 전환현상을 극소화함으로써 시행효과를 광범위하게 얻을 수 있도록 하고 있다.

④ 교통수요 감축량 목표설정 및 목표미달시 벌금부과: 구체적으로 교통량 감축량을 명시하여 이를 달성하지 못했을 경우 벌금을 부과하는 방식을 채용하고 있다.

제 2 절 교통수요 관리기법 유형

교통수요 관리방안은 그 수와 내용이 매우 다양하기 때문에 효과적, 체계적으로 분류하는 데에는 많은 어려움이 있다. 황기연 박사는 정책의 효과를 중심으로 분류하여 (ⅰ) 통행 자체의 차단, (ⅱ) 수단의 전환, (ⅲ) 통행시간의 재분배, (ⅳ) 공간적 재분배 등의 커다란 카테고리로 요약하여 구분하고 있다.

또한 교통수요 관리방안의 특성을 기준으로 해서는 (ⅰ) 강제적, 명령적, 업적달성 위주의 규제적 방식, (ⅱ) 시장경제의 원리인 가격체계에 의존하는 방식으로 구분하고 이를 다시 개인에게 직접적 영향을 주는 방법, 단체나 외부효과를 통해서 간접적으로 영향을 주는 방법으로 구분하기도 한다.

다음은 교통수요 관리방안의 시행효과를 토대로 해서 교통수요 관리방안의 세부시행 방안에 대해서 기술하였다.

Ⅰ. 통행발생 자체를 차단하는 기법

통행 자체를 차단하는 방법은 다음에 나타난 바와 같다.

(1) 근무스케줄 단축
① 출근일수 단축
② 재택근무

(2) 성장관리정책
① 특정지구(교통혼잡지구 및 재개발지구) 성장억제정책
② 상업건축 가용면적의 축소
③ 예상교통량 상회시 추가건축허가 규제
④ 교통시설물 건설까지 건축허가 지연
⑤ 집과 직장간의 근거리 유도정책
⑥ 기존 도심기능의 외곽이전
⑦ 대중교통유발부담금

(3) 조세정책
① 고액의 차량등록세, 차량구입세

② 고율의 보험료

Ⅱ. 교통수단의 전환을 유도하는 정책

구체적 방법으로는 경제적 기법, 법적·제도적 장치에 의한 방법과 대체
수단 지원정책 등이 있다.

(1) 경제적 기법

① 주차요금정책: 무료주차장 폐지, 주차요금인상, 주차미터기의 설치,
　요금의 지역별 차등화, 첨두시 주차요금 할증
② 전자감응식 도심통행료 징수
③ 차량소유에 대한 도시혼잡세 징수
④ 휘발유세, 주행세
⑤ 주차세

(2) 법적·제도적 장치

① 부제운행
② 건물신축시 대량주차공간 공급억제
③ 주거지 주차허가제 및 비거주자 시간제한 주차제
④ 차량 구입시 차고지 증명
⑤ 교통량감축조례제정
⑥ 기업체교통중계제도
⑦ 교통영향평가제 활성화/지구별, block별, 건물별 교통수요통제
⑧ 지구내 건물주, 고용주의 교통수요억제 프로그램 집행 의무화
⑨ 교통유발부담금 제도강화
⑩ 교통위반시 선택적 운행정지
⑪ 불법주차단속 효율화
⑫ 주말차량제

(3) 대체수단 지원정책

① 대중교통이용 편리화: 버스전용차선제, 연계(feeder)버스 활성화, 버스
　이용 편의시설 확대, 버스의 고급화, 경쟁력 강화
② 카풀, 밴풀 이용 촉진: 회사 주도의 승용차 합승제, 합승차량전용 주차

구획선, 합승차량 주차요금 할인, 카풀·밴풀·10부제차량 할인 또는
면제, 주거지 중심 카풀정류장, 합승차량 전용차선 등
③ 자전거이용촉진: 지하철역 내에 자전거 주륜장 확보, 자전거 전용도로 확보

Ⅲ. 통행발생의 시간적 재배분

출퇴근 시간대를 유동적으로 조절함으로써 첨두현상을 완화하거나 교통
정보를 통해서 혼잡지역으로의 통행을 억제 또는 통행시작 시간 결정을 보조
하는 방안이 강구되고 있다.
① 시차제출근
② 교통정보체계를 통한 출발시간 및 노선의 조정

Ⅳ. 통행의 목적지/도착지/노선전환을 통한 공간적 재배분

특정지역으로의 진입을 금지하거나 과다한 통행료를 부과하는 방안, 또는
본선교통류의 원활한 소통을 위한 미터링 기법, 교통정보체계를 이용한 경로
변경유도 등이 여기에 속한다.
① 지역허가통행제
② 미터링(차량진입제한)
③ 주차금지구역의 확대
④ 교통방송을 통한 통행노선의 전환

제 3 절 교통수요관리의 문제점 및 극복방안

교통수요 관리방안을 현실에 적용하는 데에는 극복해야 할 몇 가지 과제
가 주어진다.
먼저 효율성 측면에서 보면
① 교통행태는 비용에 대해서 비교적 비탄력적이기 때문에 교통수요관리
를 위해서 혼잡세를 부과하여도 기대하는 것만큼의 혼잡완화효과를 얻
을 수 없다는 점

② 잠재수요로 인해서 수요관리의 효과가 지속성이 없다는 점

③ 혼잡세의 부과로 인해서 통행비용이 증가하면 지역경제에 악영향을 미친다는 점

④ 교통시설에 대한 투자 없이 수요관리만으로 문제를 해결하려 할 경우 성장 잠재력이 큰 지역에서는 효과가 적다는 점 등이 문제점으로 제기되었다.

반면 형평성 측면에서는

① 혼잡비용 부과의 수혜자가 부유층일 것이라는 점

② 혼잡요금 부과로 인해서 사회적 편익은 모두 정부의 수익금으로 전환될 것이라는 점

③ 국민의 평등한 교통권 행사를 제약한다는 점 등이다.

I. 혼잡비용부과에 관한 문제점 및 극복방안

1. 혼잡비용이론을 통한 교통수요관리

혼잡비용이론을 통한 교통수요관리의 설명은 이론적으로 상당한 수준에 이르고 있으나 실제 혼잡비용을 결정하는 것은 여러 가지 측면에서 많은 어려움을 안고 있다. 그 첫번째 제약조건은 통행비용에 대한 수요함수가 명확하지 않다는 점이다. 경제학이론에서는 가정을 통해서 수요함수를 규정하고 혼잡세를 산정할 수는 있지만 현실적으로 수요함수를 도출하는 과정에서 실제 통행에 영향을 미치는 수많은 변수들을 적절히 포함할 수 없기 때문에 명확한 수요함수가 규명되지 않는다.

시간손실에 대한 평가는 상당히 주관적이기 때문에 동일한 변수에 대해서 서로 다른 해석이 가능하며 특히 혼잡의 외부불경제(교통사고, 소음, 공해 등)를 정확하게 계량화할 수 없기 때문에 수요함수의 불명확함은 가중된다. 이로 인해서 혼잡비용의 산정은 매우 어려운 과제가 된다.

또한 과포화상태에서는 운전자에게 부과하는 혼잡비용이 과다하기 때문에 징수에 있어서 현실적으로 불가능할 수 있으며(정치적으로 수용이 되지 않음) 비용곡선의 후굴지점을 기준으로 요금을 징수한다 하더라도 현실적으로 한계비용을 충분히 고려하지 못하기 때문에(과포화 상태에서 지체모델이 명확히 규명되지 않고 있음) 혼잡완화효과를 예측할 수 없게 된다.

이러한 문제점에도 불구하고 혼잡비용부과의 효과는 이론적, 경험적으로 증명되고 있다. 또한 혼잡비용 부과에 따라 체증이 완화되면 통행시간에 대한 예측이 비교적 정확해지기 때문에 도착시간의 늦고 빠름에 따른 손실(schedule delay)이 줄어들어 시행효과는 더욱 커진다는 사실이 입증되었다.

과포화상태에서의 혼잡비용이 과다하게 부과됨에 따라서 정치적으로 수용이 불가능한 점에 대해서는 몇 가지 대안이 제시되고 있는데 그 첫번째가 Downs가 제시한 '100 small cust' 원칙으로 모든 교통수요 관리방안이 운전자에게 주는 부담은 적게 하되 그 수를 많이 하여 정치적 부담을 줄이면서 목적을 달성해야 한다는 주장이다.

이와는 달리 Else는 과포화현상이 발생하는 첨두시에 대해서 낮은 혼잡요금을 부과함으로써 매우 짧은 시간 동안이지만 혼잡완화현상이 있음을 증명하였다.

2. 혼잡비용부과와 지역경제

교통수요관리를 위한 혼잡비용 부과는 교통비용을 증가시켜 경제활동을 위축시키거나 물류비용 절감을 위한 산업의 지역적 이동현상을 초래할 수 있음을 지적하였다. 사회의 구성원들이 원활한 경제활동을 수행하기 위해서 필요한 교통량이 일정비용에서 일정 수준 유지되어야 한다면 비록 교통혼잡이라는 사회적 비효용이 있다 하더라도 지역경제를 위해 이를 모두 수용해 주어야 사회적 총효용은 극대화된다는 주장이다. 이러한 주장의 근거는 다음과 같다.

① 혼잡은 경제적인 흡인력이 큰 도시에서는 생산성을 유지하기 위한 통행의 결과 발생된다.

② 혼잡에 따른 비용발생 중 시간비용은 운전자가 차내시간을 어떻게 활용하느냐에 따라 달리 산정될 수 있다.

③ 통근교통은 필연적인 교통활동이기 때문에 통근자 개개인이 최적화된 시간 선택을 했다면 이때 소요된 시간은 일반비용에 포함되지 않으므로 혼잡에 따른 사회적 손실비용의 규모는 훨씬 적어진다.

④ 혼잡비용을 부담함으로써 생산활동의 장애에 따른 기회비용의 증가는 혼잡의 완화로 인한 사회적 효용의 증가보다 궁극적으로 클 수밖에 없다.

그러나 상기 논리는 교통수요관리에 대한 잘못된 이해에서 비롯된 것으로 여기에 대한 반박논리는 다음과 같다.

교통수요관리는 혼잡완화를 통해서 생산적 목적통행을 우대하고 타지역에 대한 비교우위를 확보함으로써 지역경제의 경쟁력을 강화시키는 데 목적이 있다. 업무시간대에 혼잡을 완화하기 위하여 혼잡세를 부과한다면 가격원리에 따라서 필수활동에 해당하는 생산적 통행은 혼잡요금을 지불함으로써 교통시설을 이용할 것이고 비생산적 교통(2분법적 시각에 의해서 레저통행, 쇼핑통행 등을 비생산적 통행으로 규정할 수는 없지만 업무시간을 대상으로 혼잡세를 부과하는 경우에 대해서 논의코자 함)은 혼잡이 없는 시간대로 전환된다. 따라서 생산적 교통은 추가비용지출에 상응하는 시간절약을 통해서 생산성을 향상할 수 있고 생산활동장애에 따른 기회비용의 증가는 별로 심각하지 않다. 이러한 예는 싱가포르와 미국의 샌프란시스코에서 검증되었다.

3. 잠재수요

교통수요관리의 효과를 지속하기 위해서는 잠재수요에 따른 통행의 수단적, 공간적 전이현상 및 경제활동의 지역적 이동을 막을 수 있어야 한다. 이를 위해서는 목적지에서의 주차요금관리, 대중교통 서비스개선, 교통수요관리대상공간의 지역적 확대 등이 동시에 추진되어야 한다.

Ⅱ. 혼잡비용부과에 따른 형평성에 관한 이슈 및 극복방안

1. 수 혜 자

일반적으로 고소득계층이 저소득계층에 비해서 시간가치를 더욱 중시하기 때문에 획일적인 혼잡비용부과는 결론적으로 고소득층이 유리한 조건에서 도로를 사용토록 하는 결과를 초래할 수 있다. 통행자를 고소득층과 저소득층으로 구분하여 통행비용에 대한 탄력성을 나타낼 수 있다. 이 경우 고소득층의 통행비용에 대한 탄력성은 비탄력적인 반면 저소득층의 통행비용에 대한 탄력성은 매우 비용탄력적인 것을 알 수 있다.

따라서 혼잡세 부과에 의해서 도로이용자의 소득계층별 비율은 고소득층에 더욱 많이 돌아가게 된다. 또한 혼잡세를 부과함에 따라 감소된 저소득층의 통행이 대중교통수단으로 흡수되었을 때 대중교통수단의 서비스수준이 열악한 경우(서울시의 경우) 기존의 대중교통이용자는 혼잡세 징수의 또 다른 피해자가 된다. 따라서 혼잡세 부과의 수혜자는 오직 부유한 승용차 이용자라는 주장이 제기되었다.

먼저 교통혼잡의 피해자와 원인제공자가 누구인가를 규명해야 한다. 정부가 교통부문에 가능한 한의 재정적 투자를 하고 있음에도 불구하고 교통혼잡이 완화되지 않는다는 것은 수송효율이 떨어지는 승용차이용의 증가에서 그 근본원인을 찾아야 한다. 즉 교통혼잡의 원인제공자는 승용차이용자들이다. 이에 대한 피해자는 노면대중교통수단(주로 버스)을 이용하는 시민들이 된다. 따라서 형평성의 원칙을 주장할 때에는 자가용승용차 이용자간의 형평성을 논의하기 이전에 자가용승용차와 대중교통용자간의 형평성을 먼저 고려하여야 한다.

2. 수 익 금

교통수요 관리방안의 시행에 따라서 감소된 사회적 비용은 수입의 형태로 발생하게 되는데 이러한 수입은 혼잡통행료, 공영주차요금, 건물주에게 지불한 주차장 사용료, 첨두시 시차제 출근으로 인해서 절약된 기회비용 등으로 구성된다. 여기에 대해서 학자들은 정부가 공공재에 대해서 투자를 행하는 대신 세수를 증대하고 재정적자를 줄이기 위하여 교통행위에 규제를 가하는 것이라고 주장한다. 또한 교통수요관리를 통해서 증대된 수입금이 적절하게 재분배되지 않으면 교통수요관리가 부유층을 위한 정책으로 전락할 위험성마저 내포하고 있다.

이러한 문제점을 해소하기 위해서는 교통수요관리를 위해서 징수된 수입금은 교통부문에 재투자되어야 하며 특히 투자의 우선순위를 대중교통 위주로 함으로써 형평성문제와 함께 수익금 이용에 따른 잡음을 해소할 수 있을 것이다.

3. 교 통 권

교통권이란 모든 사람은 평등하게 교통행위를 할 권리가 있고 정부는 이를 최대한 보장하여야 한다는 것이다. 이는 특별한 사유가 없으면 교통수단 이용자간에는 차별이 있어서는 안 되며 정부는 재정적으로 가능하면 늘어나는 교통수요를 충족시키기 위해 시설을 최대한 공급하여야 하고 원칙적으로 사용은 무료로 해야 한다는 것이다.

이와 같은 교통권을 보호하기 위해서는 혼잡이라는 특별한 사유가 없으면 정부는 승용차이용자들에게 별도의 부담을 부과해서는 안 되는 것이다. 따라서 혼잡완화를 위한 요금은 특정시간대나 지역에 대해 획일적으로 부과하면 곤란하고 가장 바람직한 것은 혼잡상황에 따라서 시간과 공간을 구분해서 부과해야 함을 의미한다.

또한 승용차 이용에 대한 빈도가 높은 통행자, 즉 업무상으로 부득이하게 도로이용이 많은 통행자에 대해서는 이용료의 할인방안과 함께 주차장에 대한 할증방안을 통해서 공평하게 통행권이 보장될 수 있는 환경을 조성해야 한다.

이야깃거리

1. 교통수요를 관리함으로써 얻고자 하는 목적은 무엇인지 생각해보자.
2. 교통수요 측면에서의 교통체계 관리와 공급 측면에서의 교통체계 관리의 차이점은 무엇인지 알아보자.
3. 교통수요를 관리함으로써 나타나는 효과에 대해 생각해보자.
4. 초기 교통수요 관리방안의 특징을 살펴보고, 최근의 교통수요 관리방안과 어떠한 차이가 있는지 알아보자.
5. 교통수요관리가 제대로 이루어지지 않았을 경우 발생할 수 있는 문제점과 이를 극복할 수 있는 방안에 대해 모색해보자.
6. 교통수요관리 차원에서 대중교통 통합거리비례요금제를 시행한 후의 교통수요 탄력성에 대해 생각해보자.
7. 교통수요관리의 이론과 실제의 차이에 대해 생각해보자.
8. 도시를 순환할 수 있는 자전거 전용도로를 만들려고 할 때 자전거도로 이용 수요를 확보하기 위한 설계기법에는 어떠한 것이 있는지 설명해보자.
9. 교통량 감축과 대기질 개선을 위해 교통수요관리 차원에서 할 수 있는 방법에는 어떠한 것이 있는지 생각해보자.
10. 교통수요관리를 위한 예비설계시 현장조사의 범위에 대해 생각해보자.
11. 혼잡비용의 징수시점과 혼잡비용의 범위에 대해 생각해보자.
12. 혼잡비용이론을 통한 교통수요관리는 이론적으로 상당한 수준에 있으나 실제 혼잡비용을 결정하는 것은 많은 어려움을 안고 있다. 왜 그런지 생각해보자.
13. 혼잡통행료 징수시 형평성을 해결할 수 있는 방안에 대해 생각해보자.
14. 교통량을 과다하게 유발시키는 대형 건축물에 대하여 이 곳에 진입하는 차량에 통행료를 징수하는 대책을 추진에 따른 효과와 장·단점에 대해 생각해보자.
15. 해외의 교통수요관리 방법에 대하여 알아보자.
16. 한계비용, 평균비용 등을 이용하여 혼잡비용을 산출해보자.

제24장 자치구 교통개선사업

제1절 자치구 교통개선사업(TIP)의 개념 및 위상

자치구 교통개선사업(Transportation Improvement Program: TIP)은 5년 이내의 구체적인 실행계획이며 교통개선계획뿐만 아니라 재정 및 투자계획도 포함된다. TIP는 자치구의 교통개선사업이므로 도시교통정비 기본계획보다는 공간적으로 범위가 작은 자치구에 한정된다. 또한 TIP는 지구단위로 실시하는 지구교통개선사업(STM)보다 넓은 공간범위를 대상으로 하게 된다.

〈그림 24-1〉에서 보듯이 TIP는 도시교통정비계획, 교통체계개선사업보다 밑에 있으면서 지구교통개선사업(STM)보다는 위에 위치함을 알 수 있다.

TIP를 교통수요관리계획, 교통체계관리기법 등과 같이 포함시켜 위상을 조명해 보면 〈그림 24-2〉와 같다.

교통계획체계 내에서도 TIP의 상위계획인 도시교통정비 기본계획은 도로망확충, 지하철건설, 터미널 건립 등 교통시설을 공급하는 계획, 교통체계관리기법(TSM), 전용차선제 등을 시행하는 교통수요 관리계획(TDM) 등을 동시

표 24-1 | 자치구 교통개선사업(TIP)

범 위	자치구 교통개선사업
공간적 범위	자치구 전역
시간적 범위	5년 이내의 구체적 실행계획
내용적 범위	• 교통개선계획(단기 · 중기) • 재정계획 • 투자계획　　　　　　　　　• 투자우선순위

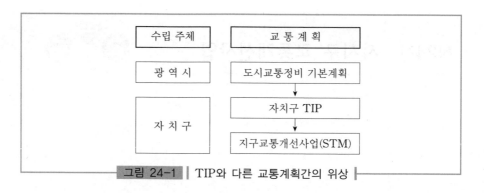

그림 24-1 | TIP와 다른 교통계획간의 위상

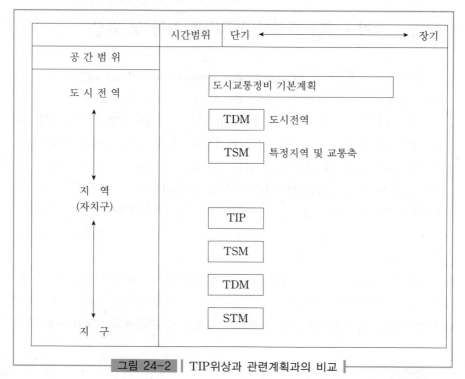

그림 24-2 | TIP위상과 관련계획과의 비교

에 수립하게 된다. TIP는 자치구의 교통시설 공급계획과 교통수요 관리계획을 포함하되, 특히 교통개선사업계획에 대한 구체적인 투자예산계획과 사업집행계획을 연결하여 도시교통정비 기본계획을 수용하고 보완하는 실천계획의 성격을 지니고 있다. TSM 사업은 간선도로 위주의 특정 교통정체지역, 병목지점, 사고다발지점 등을 개선하기 위한 단기적 실행계획의 특성을 갖고 있다.

지구교통개선사업(Site Traffic Management)

지구교통개선사업(STM)은 지구 내의 교통환경을 개선하고자 실시하는 지구레벨의 교통개선사업을 말한다. STM은 지구 내의 차량위주의 도로, 교통시설물, 교통운영방식 등을 차량과 보행자가 공존하는 사람중심의 지구교통시스템으로 개선하는 것을 목적으로 한다. STM에서는 지구 내의 도로를 생활계도로와 자동차계도로로 나누어 적절한 교통개선기법을 적용하여 개선사업계획을 세워 시행하게 된다.

STM에서는 차량의 원활한 소통보다는 지구 내 사람들의 안전성, 쾌적성에 초점을 맞추어 계획하게 된다. STM의 주된 대상공간은 도심과 부도심의 업무, 상업공간, 쇼핑지구, 거주생활공간(블럭단위)이 된다.

표 24-2 | STM의 범위

범 위	STM(지구교통개선사업)	
공간적 범위	• 거주생활공간	• 상업지구
	• 업무지구	• 쇼핑지구
	• 터미널지구	
시간적 범위	• 당해연도 실행계획	
	• 6개월~1년(계획부터 집행까지)	
내용적 범위	• 생활계도로의 정비	
	• 자동차계도로의 정비	
	• 지구전체의 교통환경개선	

제 3 절 자치구 TIP의 계획과정

Ⅰ. 제도적인 TIP 계획절차

제도적 측면에서 TIP의 계획과정을 7단계로 나누어 〈그림 24-3〉과 같이 흐름을 파악해 볼 수 있다.

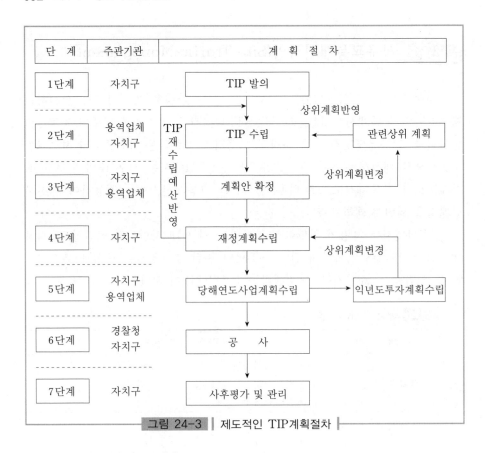

단 계	주관기관	계 획 절 차
1단계	자치구	TIP 발의
2단계	용역업체 자치구	TIP 수립 ← 관련상위 계획 (상위계획반영)
3단계	자치구 용역업체	계획안 확정 (상위계획변경)
4단계	자치구	재정계획수립 (상위계획변경)
5단계	자치구 용역업체	당해연도사업계획수립 → 익년도투자계획수립
6단계	경찰청 자치구	공 사
7단계	자치구	사후평가 및 관리

(TIP 재수립예산반영)

그림 24-3 │ 제도적인 TIP계획절차

Ⅱ. TIP 단계별 계획절차

1. TIP 발의 — 1단계

현재 상태에서 TIP를 시행하기 위해서는 구정방침에 의해 시행근거를 마련하여 실시하게 된다. 즉, 자치구별로 교통개선방향을 설정하고 TIP시행에 대한 필요성을 구청장이나 의회에 설득하여 예산을 확보하는 것이 선결되어야 한다. 그리고 장차 TIP시행에 대한 법적 및 제도적인 시행근거를 마련하여야 한다.

2. TIP 수립 — 2단계

두 번째 단계는 주로 교통전문가(용역사)에 의해 수행되는 일반적인 교통

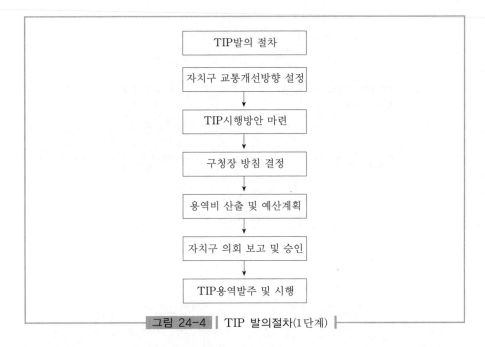

그림 24-4 │ TIP 발의절차(1단계)

계획과정으로 볼 수 있다. TIP수립(2단계)과 계획안 확정(3단계)을 분리한 이유는 2단계의 경우 기술적 측면에서 교통전문가(용역사)가 주관이 되어 수립되지만, 3단계의 경우 행정적인 측면이 강하여 자치구 주관으로 시행된다는 점에서 시행주체가 다르기 때문이다.

3. 계획안 확정 – 3단계

계획안 확정에서 중요한 단계는 공람 과정이다. TIP 사업이 일방통행, 주차 등 지역주민과 밀접한 개선계획인 점을 감안하면, 일정기간 동안 공람 단계를 거쳐 주민의견 및 관계부서의 의견을 수렴하는 절차는 중요하다. TIP사업은 투자의 우선순위가 설정되어 중기 지방재정계획 및 당해연도 투자계획에 포함된다.

4. 재정계획 수립 – 4단계

2단계의 TIP수립단계 못지않게 중요한 계획단계는 자치구의 재정규모를 판단하여 투자계획을 수립하는 중장기 재정계획 수립이라고 하겠다.

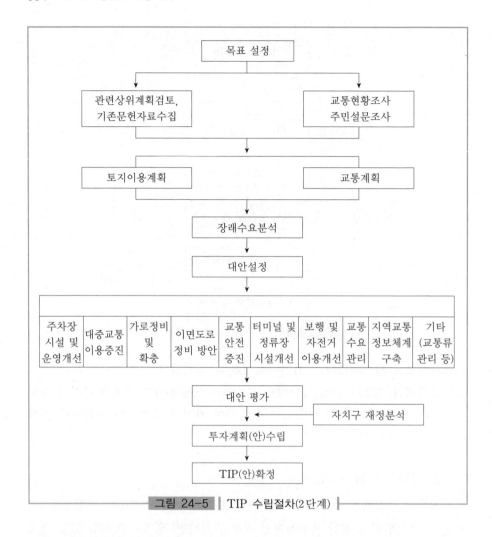

그림 24-5 │ TIP 수립절차(2단계) │

5. 당해연도 사업계획 수립 - 5단계

5개년 중기 지방재정계획에 의거 투자계획이 수립되면 당해연도 공사시행을 위한 사업실행계획을 수립하게 된다.

당해연도 사업을 분류하면, 지구교통개선사업(STM)과 기타 개선분야별 사업으로 분류할 수 있다. 여기서 STM 사업은 자치구 TIP사업의 일환으로서 자치구의 전지역을 일정한 지구로 구분하고 지구별 정비 우선순위에 의해 선정된 당해연도 해당지구를 개선하는 계획체계를 말한다. 당해연도 사업계획절차를 STM개선사업과 개선분야별 사업으로 분류하여 수립절차를 제시하면

〈그림 24-8〉과 같다.

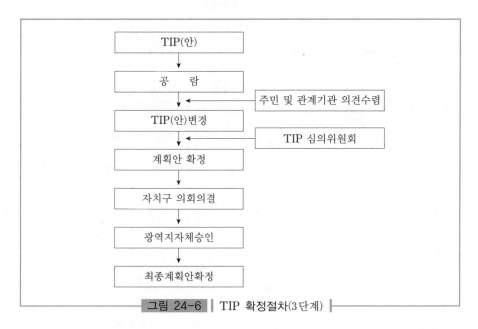

그림 24-6 │ TIP 확정절차(3단계)

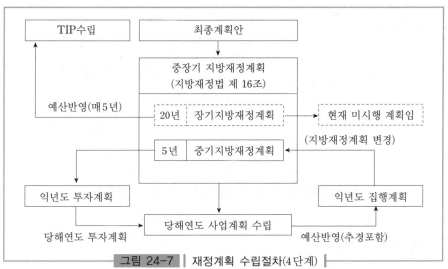

그림 24-7 │ 재정계획 수립절차(4단계)

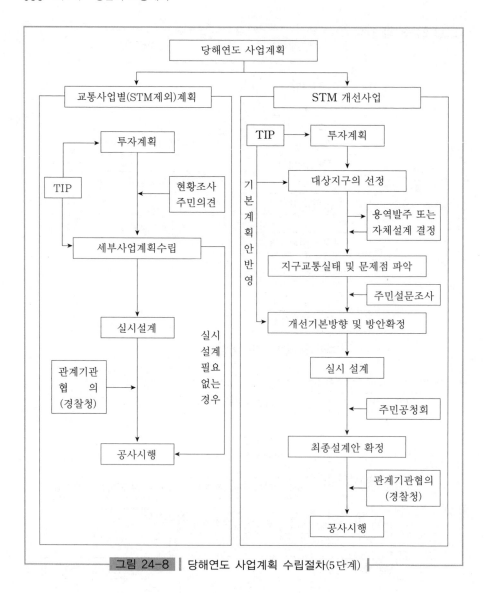

그림 24-8 | 당해연도 사업계획 수립절차(5단계)

6. 공사 - 6단계

　　TIP공사는 토목공사와 교통시설공사로 분리하게 된다. 토목공사는 자치
구에서 시행하고 있고, 교통시설공사는 지방경찰청에서 시행하고 있다. 그리
고 자치구에서 시행하는 공사도 토목과와 교통행정과로 주관부서가 분리되어
있다. 〈그림 24-9〉는 당해연도 사업계획에 의한 공사절차를 나타내고 있다.

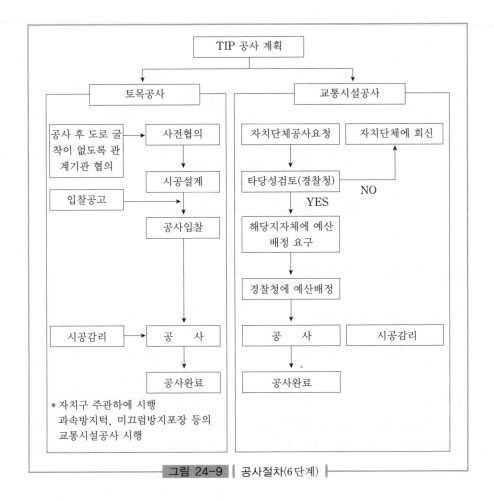

그림 24-9 │ 공사절차(6단계)

7. 사후평가 및 관리 - 7단계

개선사업 시행으로 구축된 쾌적한 교통환경을 지속적으로 유지하기 위해서는 사후관리가 필수적이다. TIP와 STM 사업이 지역주민과 밀접한 개선사업이므로 공사중 민원이 상당수에 이르기 때문에 사후평가는 이러한 민원을 해소하는 데 큰 도움이 될 것이다.

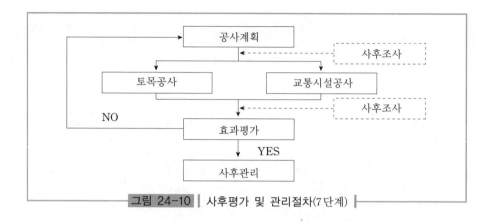

그림 24-10 │ 사후평가 및 관리절차(7 단계) │

제 4 절 TIP의 연구내용

Ⅰ. 시간적 연구범위

TIP의 시간적 범위는 TIP가 인구 10만 이상 도시의 교통정비기본계획과 유사한 계획이므로 원칙적으로 교통정비기본계획의 목표연도인 20년과 동일하게 설정하는 것이 바람직할 것이다. 광역시 차원의 교통정비기본계획에서 기본계획 개념의 중·장기 계획을 수립하고 있으므로, 자치구 TIP에서는 이들 5년~20년의 중·장기 상위계획을 수용 및 보완하고, 실제 계획은 5년 이내의 실행계획 위주로 수립해야 한다.

5년 이내의 계획은 분야별 개선계획, 재정계획, 투자계획 등 구체적 실행계획 위주의 계획을 수립한다. 5년 이후 20년까지 중장기 계획은 5년 이내의 실행계획과는 달리 기본계획 개념의 방향만을 제시하는 수준이 적합할 것이다.

Ⅱ. 공간적 연구범위

공간적 범위는 자치구 내만을 포함하는 1차적 범위와 개선사업 수립의 영향권에 해당되는 인접 자치단체(자치구)까지를 포함하는 2차적 범위로 구분하는 것이 적합할 것이다. 그리고 3단계로 구분한다면, 자치구 내를 1차적 범위로, 개선사업 수립과 직접 영향이 있는 지역을 2차적 범위로, 간접 영향이 있는 지역을 3차적 범위로 설정하는 것이 타당할 것이다.

① 2단계 범위 설정 ┌ 1차적 범위 : 해당 자치구 내
        └ 2차적 범위 : 영향권에 해당되는 지역(또는 자치단체)

② 3단계 범위 설정 ┌ 1차적 범위 : 해당 자치구 내
        ├ 2차적 범위 : 개선안 수립과 직접 영향이 있는 지역
        └ 3차적 범위 : 개선안 수립과 간접 영향이 있는 지역

Ⅲ. TIP 계획 수립시 고려사항

TIP 계획 수립시 다루어야 할 주요내용과 고려사항을 크게 목표, 자료분석, 현황·문제점분석, 수요추정, 개선분야, 대안설정, 대안평가, 재정계획 등으로 나누어 볼 수 있다.

〈표 24-3〉은 이 같은 고려사항을 구체적으로 설명해 주고 있다.

Ⅳ. TIP의 내용적 범위

일반적으로 교통개선계획 연구과업은 타당성조사, 기본계획, 기본설계, 실시설계의 4단계로 구분되어 시행되고 있다. 교통개선계획과업중 지하철 건설, 고속도로 건설 등과 같은 대규모 투자사업은 대부분 이와 같은 4단계를 모두 거치고 있다.

TSM사업은 5년 이내의 실행계획 측면이 강하여 실시설계 수준으로 시행되고 있다. TSM의 경우 초기에는 기본설계와 실시설계로 분리 시행되었으나, 기본설계나 실시설계 모두 이용 가능한 도면인 1/1200 항측도를 토대로 하기 때문에 기본설계와 실시설계 구분이 모호하여 최근에는 바로 실시설계만 시행하고 있다.

자치구 TIP는 앞에서도 논했듯이 인구 10만 이상 도시의 교통정비기본계획과 유사하므로, 기본계획수준이 타당할 것이다. 그러나 부분적으로는 TSM과 같이 5년 이내의 실행계획 측면의 기본설계 수준도 과업의 범위에 포함시켜야 할 것이다.

지금까지의 내용을 토대로 자치구 TIP의 연구내용을 보면, 도시교통정비기본계획과 같이 계획 측면이 강하고, 부분적으로는 5년 이내의 실행계획 측면이 강하므로 개선항목에 따라 방향제시, 기본계획, 기본설계 수준이 적합할

표 24-3 │ TIP 계획수립시 고려사항

구 분	주요 과업내용 및 계획수립시 고려사항
목표설정	• 각 자치구별 특성을 감안한 개선방향 및 목표를 설정하여, 그에 따른 차별적인 개선사업을 추진하여야 함
관련계획 및 기존 자료분석	• 목표와 관련된 사항에 관한 정보·자료를 수집, 분석하여 장래의 가능한 상황을 예측하는 데 기초자료로 활용함 • TIP계획에는 광역시 차원의 교통정비기본계획, TSM, 주차장 정비기본계획, 도시기본계획, 자치구 도시기본계획 등의 상위계획을 검토하여 반영하여야 함
현황 및 문제점 분석	• 현황조사 및 분석은 계획의 필수적 도구임 • 계획의 기본방향은 자치구 교통현황 및 문제점을 파악하여 이에 대한 개선대책을 수립하는 것임
수요추정	• TIP에서 수요추정은 TIP계획이 5년 단위 계획이므로 20년 및 10년의 장기 구 지표 및 교통수요 등은 광역시 차원의 교통정비기본계획, 도시기본계획 등의 상위계획 내용을 적극 수용하여야 할 것임 • 5년 이내 단기 수요는 상위계획상의 총량적 수요를 감안하여 분석 필요. 그리고 이들 수요추정에서는 지구별(세부 존), 수단별(보행, 자전거 포함), 분야별(주차, 차량, 사람 등)로 세부적인 추정과정이 필요함 • 교통수요 추정모형으로는 주로 전통적인 4단계 추정모형[1]이 사용되고 있는데, 이는 상위계획의 수요를 반영하여 구 전체 종합교통망 분석을 할 경우에 적합함 • 지구별, 수단별 등 세부분야별로 교통수요를 추정할 경우에는 4단계추정법, 직접수요추정모형(Direct Demand Model), 로짓모형(Logit Model), 과거추세연장모형 등의 모형이 이용가능함 • 주차수요 추정모형으로는 주로 원단위법, P요소법, 과거추세연장법 등이 사용되고 있음
개선분야	• 주차장 시설 및 운영개선 : 주차시설의 적정공급, 주차장 운영 개선 • 대중교통이용증진 : 버스 서비스 개선, 버스 외부운행여건 개선, 대중교통접근 및 환승편의 제고 • 가로정비 및 확충 : 도로망 체계의 정비 및 개발, 교통흐름의 연속성 제공 • 이면도로 정비방안 : 이면도로 기능체계 구축, 도로기능에 부합한 가로설계, 도로시설정비 및 운영기법 도입 • 교통안전 증진 : 차량과 보행자의 분리, 주거지 및 학교지역 교통안전 증진 • 터미널 및 정류장 개선 : 터미널, 버스정류장, 차고지 등의 시설 및 운영개선

	• 보행, 자전거 이용 개선 : 보행환경 및 자전거 통행환경의 개선
	• 교통수요 관리 : 기존 교통수요 관리방안 정착, 자치구 차원의 교통
	  수요 관리
	• 지역교통정보체계 구축 : 도로이용 정보체계 구축, 주차정보 시스
	  템 도입
	• 기타 : 교통류 관리, 제도 · 행정 · 법체계 개선, 자치구의 특성상 위
	  의 항목 외에 개선해야 할 분야

대안설정	• 개별 분야가 추구하는 목표에 부합되는 교통개선대안의 도출
	• 대안 설정방법
	  −기시행되고 있는 개선방향 중 목표달성에 부합되는 방안을 선택
	  −이해관계 당사자의 각 입장에서 실현가능한 방안을 도출
	  −상호보완적인 방법과 상충적인 방안은 그룹화(grouping)하여 설정
	  −최소한 2개 이상의 대안을 설정
	• 대안 선정시 판단기준
	  −시행상의 기술적인 어려움의 최소화 −소규모투자사업
	  −이해당사자간 갈등의 최소화 −주민의 수용가능성
	  −지역간 불균형의 최소화 −지속성의 확보
	  −주민편익과 안전성을 확보 −공해의 감소

대안평가	• B/C비, NPV, IRR 등의 평가기법을 동원하여 평가
	• 다수의 판단기준의 평가를 요하는 대안들은 Concordance Analysis,
	  비용/효과분석, Multiattribute Analysis 등의 다판단평가방법을
	  적용
	• 대안에 따라서는 단순하고 개략적인 평가방법에 의해 평가를 수행

재정 및
투자계획
수립
	• 재정여건에 따른 투자계획 수립 필요
	• 교통개선방안들을 모두 다 일시에 수행하기란 예산상의 제약으로
	  인해 불가능
	• 책정된 예산의 범위 내에서 1년간 수행할 수 있는 개선계획의 규모
	  와 사업시행 우선순위의 결정 및 연차별 집행계획의 결정
	• 개선방안에 소요될 예산규모를 추정하는 방법으로는 표준단가 추
	  산방법,[1] 시스템도입방법,[2] 블록단위방식[3] 등이 있음. 반면 구획
	  정리가 잘 되어 있지 않은 지역에서는 면적단위로 소요예산을 추정
	• 투자우선순위 결정은 각 방안간의 상호연계성을 바탕으로 검토되
	  어야 하며, 객관적인 판단이 요구될 때에는 투자효과가 가장 높은
	  방안이 우선적으로 시행

주 1) 실적이 있는 기 교통관련사업의 표준단가를 적용하여 개선사업의 규모별 예산을 추정하
   는 방법
  2) 투자규모가 추정 불가능할 경우 교통개선 시스템별로 추정예산을 정하는 방법
  3) 구획정리가 잘 되어 있어 개선방안에 따라 블록단위 소요예산을 추정할 수 있는 경우

것이다. 그리고 개선내용도 자치구에서 시행 가능한 항목을 설정하여 연구의 범위에 포함시켜야 할 것이다.

〈표 24-4〉는 TIP 사업에서 개선 가능한 항목별로 연구의 내용적 범위를 설정한 것이다.

표 24-4 ┃ TIP 내용적 범위

분 야	주요항목별 개선가능 분야	과업의 수준
주차장 시설 및 운영개선	이면도로 주차구획선 정비(신설, 삭선, 재도색, 유료화 등)	방향제시, 기본계획
	주차장 공급확대(공원, 유수지, 학교, 나대지 등)	기본계획
	공공주차장, 부설주차장의 개방유도(야간개방포함)	방향제시, 기본계획
	주거지 야간박차 확충	기본계획
	구건축 아파트 주차 확보방안	기본계획
	주차허가제(주거지 및 업무지) 시행	기본계획
	유료화방안(요금, 운영, 파킹미터기, 주차증 등)	기본계획, 기본설계
	주차수요관리(Car pool 및 10부제 차량 우선, 요금인상 등)	방향제시
	역세권 주차장 및 카풀주차장 확보방안	기본계획
	불법주차 관련(단속강화, 불법주차신고센터운영, 명예 주차단속원 제도, 주정차금지구역 설정 등)	방향제시, 기본계획
대중교통 이용증진	버스노선의 부분조정	기본계획
	셔틀버스(순환버스)운행(지하철역 및 활동거점 간 연계)	기본계획
	마을버스의 확충 및 활성화	기본계획
	버스안내체계의 구축	방향제시, 기본계획
	버스전용차선 확대방안(전용차선 단속포함)	기본계획
	다인승전용차선(HOV)설치	기본계획
	지하철이용 활성화 방안(연계버스, 자전거 노선 및 보관소 설치, 보행여건 개선 등)	방향제시, 기본계획
	도로기능 및 등급별 구성의 적정화(위계화)	기본계획
	간선가로용량분석 및 애로구간 판단	기본계획
	TSM 실시대상 지역 및 도로설정	기본계획

가로정비 및 확충	도로의 개설, 확장 및 연장	기본계획
	병목지점 해소방안(TSM방식의 개선, 고가 및 지하차도건설, 미연결도로 개설 등)	기본계획
	도로시설 정비(표지판, 가로시설물, 정차대 등)	기본계획
	가드레일 설치(택시불법승차, 불법주정차, 무단 횡단방지)	기본계획, 기본설계
	간선도로 접근관리지침(건물주차장 및 이면도로 출입로)	방향제시, 기본계획
	가변차선제, 일방통행제 시행	기본계획
이면도로 정비방안	지구교통개선사업(STM)정비방향 설정	기본계획
	지구교통개선사업(STM)정비우선순위 결정	기본계획, 기본설계
	도로기능 및 폭원에 따라 적절한 정비기법 제시	기본계획
	주요이면도로 일방통행 시행방안	기본계획, 기본설계
	이면도로 활용 간선 교차로 용량증대방안 수립	기본계획, 기본설계
	통과교통유입배제 및 도로차단기법 도입	기본계획, 기본설계
	보행공간(보도, 볼라드, 가드레일, 보행자전용 도로 등)확보	기본계획, 기본설계
	보차공존(교호주차, 볼라드, Hump 등)정비 기 법 도입	기본계획
	주차금지 표지판 및 교통안전시설 확충	기본계획
교통안전 증진	교통사고다발지점 개선	기본계획, 기본설계
	교통안전교육 및 홍보(교통공원 설치 등)	방향제시
	보차분리시설 설치(가드레일, 보도, 볼라드, 연 석 등)	기본계획, 기본설계
	과속방지시설설치(Speed Hump, 포트, 도로 구 조 개선 등)	기본계획
	학교주변 교통안전지구(School Zone) 설정 및 운영	기본계획, 기본설계
	주거지역 교통진정지구(Traffic Calming Zone) 도입	기본계획
	안전표지판 정비 및 미끄럼 방지포장 설치	기본계획, 기본설계
	복합환승센터 설치 및 운영	기본계획
	터미널 시설 및 운영개선(진출입동선, 교통수단	기본계획

터미널 및 정류장 시설개선	간 연계, 주차시설 확충 등)	
	버스정류장 개선(버스베이 설치, 위치조정, 시설 개선 등)	기본계획, 기본설계
	택시정류장 개선(택시정차대 설치, 위치조정 등)	기본계획, 기본설계
	차고지 확보방안(공영차고지 포함)	기본계획
보행 및 자전거 이용개선	보행자도로 확충 및 정비	기본계획
	보행자 전용도로 및 보행 Mall 설치	기본계획
	보행환경 개선(식재, 보도포장, 휴식시설, 조명 시설, 가드레일 설치 등)	방향제시, 기본계획
	보행동선의 연속성 유지	기본계획
	장애인을 위한 보행편의시설 확충	기본계획
	펠리칸식 및 대각선 횡단보도 설치	기본계획, 기본설계
	보행자 안내체계 구축	방향제시, 기본계획
	자전거 도로망 개발(통학, 쇼핑, 레저, 대중교통 연계)	기본계획, 기본설계
	자전거이용홍보 및 자전거 통행방법 교육	방향제시
교통수용 관리	미터링(Metering)시행방안 검토	기본계획
	교통유발부담금 제도의 강화 및 활성화	방향제시, 기본계획
	자가용 10부제, 승용차함께타기, 시차제출근제 활성화방안	방향제시
	교통영향평가 사후관리 철저	방향제시, 기본계획
	대중교통이용증진을 위한 수요관리방안	방향제시
	주차제도를 통한 수요관리방안	방향제시
지역교통 정보체계 구축	도로이용안내체계 구축(도로표지판 포함)	방향제시, 기본계획
	가변교통정보표지판 설치	방향제시, 기본계획
	지역교통방송체계 도입방안 검토	방향제시
	지구별 주차안내시스템의 운영방안	기본계획
기 타	교통류관리	기본계획
	상위계획(광역시 교통정비기본계획 등) 개선 내 용 수용	기본계획, 기본설계
	법적, 제도적, 행정적 개선방안 및 건의사항	방향제시, 기본계획
	자치구특성상 위의 항목외에 개선해야 할 분야	방향제시, 기본계획

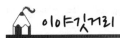 이야깃거리

1. 우리가 사는 도시에 '걷고 싶은 거리'를 조성하고자 한다. 자치구 교통개선 사업 수립단계에서의 대안들은 어떠한 것들이 있는지 설명해보자.
2. 안전한 도로교통 환경조성과 교통사고를 사전에 예방하기 위해 '교통관리 개선사업'을 실시하였다. 이와 같은 사업의 사후평가 및 관리 단계에서 해야 할 일은 무엇인지 생각해보자.
3. 교통개선사업의 대안으로 경전철, 모노레일 등과 같은 새로운 교통시스템을 도입하고자 할 때, 계획의 장·단점을 생각해보자.
4. 시간적, 공간적, 내용적 범위 내에서 자치구 개선사업(TIP)과 지구교통 개선 사업(STM)을 비교하여보자.
5. TIP, TSM, TDM, STM의 설정범위와 각 단계의 특성 및 장·단점에 대해 알아보자.
6. 자치구 교통개선사업의 해외 사례에 대해 검토해보고, 유형별 특징을 구분 해보자.
7. 자치구 차원에서 초등학교 교통안전 개선사업을 시행하려고 할 때 고려해야 할 사항과 시설에 대해 알아보자.
8. 우리나라에서 시행되었던 자치구 교통개선사업에 대해 조사해보고, 사업에 대한 평가를 통해 앞으로 나아갈 방향에 대해 모색해보자.
9. 자치구 교통개선 사업은 주민의 의견이 직접적으로 반영된다는 점에서 다른 사업과 차별화 되는데, 현재 주민의 참여 실태와 활성화 방안을 모색해보자.
10. 자치구 교통개선사업은 지역경제 성장에 어떤 영향을 주는지 생각해보자.
11. 자치구 교통개선사업을 평가할 수 있는 평가지표 및 효과척도에는 어떤 것 들이 있는지 알아보자.
12. 토지이용과 자치구 개선사업의 연관성에 대해 생각해 보고, 토지이용을 고려 한 자치구 교통개선사업의 장점은 무엇인지 생각해보자.
13. 인구밀도와 교통과의 관계를 살펴보고, 인구밀도가 높은 지역에서 수행할 수 있는 자치구 교통개선사업에는 어떠한 것들이 있는지 생각해보자.
14. 자치구 교통개선사업이 해당 지역에 미치는 긍정적인 영향에 대해 생각해 보자.
15. 자치구 교통개선사업 시행중 자치구의 예산부족으로 사업이 중지되었다면

어떻게 되는가? 또 이와 같은 일이 벌어지지 않도록 할 수 있는 방안을 모색해보자.

제25장 교통축계획

교통축계획의 과정

교통축계획은 도시교통계획보다는 개괄적이고 단기간에 계획안을 도출하는 것이 특징이라 하겠다. 〈그림 25-1〉에서 보는 바와 같이 교통축계획과정을 7단계로 나누어 체계를 세울 수 있다. 각 단계별로 구분하여 상세한 설명을 하기로 한다.

Ⅰ. 문제의 인식

흔히 교통문제를 논할 때 대부분의 도시교통문제는 교통축을 배경으로 하여 발생된다. 이는 대부분의 버스가 도심지의 주요한 간선도로를 운행하고 교통체증이 발생되는 구간과 교차로가 모두 교통축에서 일어나기 때문으로 풀이할 수 있다. 교통축을 따라 일어나는 교통문제는 일반대중의 문제점 인식, 정책담당부서의 문제점 파악과 이를 개선하려는 의지, 전문가의 제안, 매스미디어의 문제점 파악 등 여러 집단에 의해 교통문제가 인식된다.

Ⅱ. 교통축의 설정

두 번째는 교통축을 설정하는 단계로서 도심지를 향하는 방사선도로들이 교통축의 대상이 될 수 있다. 경우에 따라서는 도심지와 연결이 되지 않은 교통축도 교통축계획의 필요에 따라 설정될 수도 있기 때문에 교통축이 반드시 도심지와 연결되는 방사선도로이어야 한다는 이유는 없다.

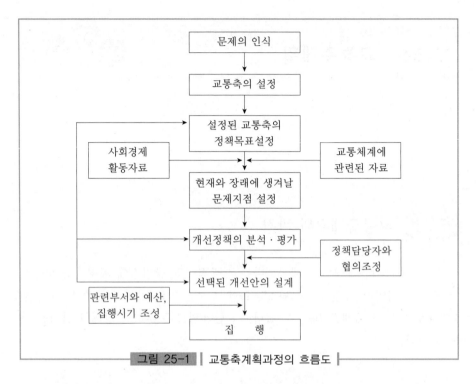

그림 25-1 │ 교통축계획과정의 흐름도 │

교통축을 설정하는 데는 다른 여러 가지의 판단기준이 필요한데 지역적인 특성에 따라 판단기준의 우선순위가 달라질 수 있다고 보여진다. 일반적으로 교통축의 영역을 설정하는 데는 다음과 같은 사항을 검토해야 할 것이다.

① 기존 교통시설물(도로, 도로폭원, 버스승강장, 교차로 시설물)

② 경제활동의 집중도

③ 하천, 철도, 고가도로와 같은 물리적 장애물

④ 인구밀도

⑤ 상가지역(시장)

⑥ 행정구역(시, 구, 동)

⑦ 수집 가능한 자료의 공간적 단위(동, 구, 시, 존)

⑧ 교통체계(버스 운행실태, 지하철, 택시)

⑨ 버스터미널 혹은 철도역

Ⅲ. 정책목표의 설정

교통축계획의 목표는 첫째, 교통체증이 심각하게 발생되는 교통축에 대하여 단기적이고 저렴한 개선대안을 제시하여 교통여건을 개선하려는 것이고, 둘째, 통행자의 통행을 원활히 하기 위하여 대중교통체계의 효율성을 제고시키는 데 있다고 하겠다.

위에서 살펴본 정책목표는 상위목표들로서 상위목표달성을 위해서는 구체적이고 계량화가 가능한 하위목표를 설정하여야 한다. 첫번째 정책목표를 달성하기 위해서는 차량주행시간의 단축, 교통사고의 감소, 에너지 소비량의 감소를 들 수 있겠고, 두 번째 정책목표를 실현하기 위해서는 대중교통수단 이용자의 통행시간 감소, 대중교통수단의 서비스수준(배차시간, 대기시간, 재차인원) 등의 하위정책목표를 설정할 수 있다.

Ⅳ. 자료수집

교통축분석을 위해 필요한 자료는 교통시설물(도로폭, 중앙분리대 또는 선, 대중교통 승강장)에 관한 자료, 교통량(회전교통량, 교통량/용량비, 교통사고, 속도)에 관련된 자료, 사회경제활동(인구, 고용, 토지이용)에 관련된 자료 등 다양한 자료가 필요하나 분석의 범위·기간·예산 등에 따라 자료 수집의 규모와 범위가 결정된다. 〈표 25-1〉은 교통축분석에 필요한 자료로서 교통축계획의 특성과 계획수단에 따라 자료의 수집 범위가 좌우될 수 있다.

Ⅴ. 문제지점(구간)설정

문제지점의 설정은 기히 설정된 계획목표에 비추어 고려함과 동시에 〈표 25-1〉의 자료중에 교통체계의 효율성지표를 판단기준으로 하여야 한다. 예컨대, 도로의 경우 서비스수준, V/C비, 교통사고의 수, 평균차량주행속도 등이 중요한 판단기준이 될 수 있고, 대중교통의 경우 평균주행속도, 승차인원, 혼잡한 상태에서의 통행시간, 배차간격 등에 준거하여 문제지점을 설정해야 한다.

표 25-1	교통축계획에 필요한 자료

도 로	대 중 교 통	사회경제활동
교차로 교통량	승객 평균통행시간	지역별 인구밀도
신호주기	승객 평균통행거리	고용실태(CBD, 지역별)
교통량	시간당 승객수	자가용 보유수준
도로용량	시간당 차량통과대수	도심·부도심의 위치
서비스 수준	통행목적	토지이용별 건물연면적
교통량/용량비	버스와 택시 혼합 정도	통행자의 연령·성별
승용차 평균재차인원	요금구조	통행자의 소득수준
O−D표	승강장 위치·상태	
통과교통량	배차간격	
속도 및 지체도	평균재차인원	
교통사고	정원초과승객 실태	
주차현황	승하차인원(정류장)	
중앙분리대	운영수입/1회 운영	
차선폭	운행비용/시간당	
도로폭	총수송인	
차선의 상태	에너지 소비량	
좌회전금지 교차로	소음수준	
소음수준		
에너지 소비량		

Ⅵ. 개선대안의 분석 및 평가

문제지점이 설정되면 이에 대한 개선책으로 개선대안을 설정하여 분석 및 평가를 해야 한다. 어떤 교통여건에도 모두 적용될 수 있는 분석방법이란 있을 수 없으나 일반적으로 비용·편익분석법 혹은 비용·효과분석법이 적용될 수 있다. 비용은 개선대안을 집행하는 데 소요되는 시설비, 인건비 등을 포함한 제반 비용이고 편익은 교통사고의 감소, 통행자의 시간절약, 주행거리의 감소, 연료소비량의 감소가 주된 편익항목이 될 수 있다.

Ⅶ. 선택된 개선안의 설계 및 집행

교통축계획은 분석으로 그치는 것이 아니라 실제 실행을 전제로 한다. 따라서 개선대안이 일단 선택되면 실질적인 집행이 가능하도록 실시설계를 하여야 한다. 설계는 각 지점과 구간의 교통특성에 알맞게 조직화하여 공사비까지 산출하는 것을 궁극적인 목표로 한다.

예컨대, 버스 전용차선제를 개선대안으로 선택하였을 경우 승강장의 구조 및 위치, 중앙분리대의 형식, 노선폭, 교차로의 처리, 전용차선제 홍보표지의 위치, 차선도색 등 실질적으로 시설물을 설치할 수 있게끔 설계하여야 한다. 이와 함께 배차간격, 노선조정(필요한 경우), 격번제 정류장 등 버스 전용차선제의 효율을 극대화시킬 수 있도록 여건을 조성해 주는 것이 필요하다.

또한 프로젝트의 규모, 소요기간, 가능한 완공의 정도, 담당부서의 프로젝트 수행방법과 사업 주체에 관한 사항 등 일련의 집행과정까지 고려하여야 한다. 우리나라 도시의 경우 교통담당부서가 여러 곳에 산재해 있기 때문에 각 부서간의 조정과 유도가 필요하게 된다. 예컨대, 교통규제와 신호체계는 시경에서, 도로시설물은 도시계획국에서, 교통운영과 기획은 교통기획과에서, 버스정책은 교통부와 시운수과에서 각각 담당하고 있으므로 각 부처간의 조정은 분석이나 평가만큼 중요하다 하겠다.

이야깃거리

1. 현재 우리가 살고 있는 도시의 교통축 형태를 살펴보고 문제점 및 제도적, 물리적 개선대안들을 분류하여 설명해보자.

2. 교통축 계획의 영역 설정시 판단기준과 고려사항에 대해 생각해보자.

3. 교통축 계획의 과정과 각 단계의 특징을 알아보자.

4. 교통축 계획으로 성공한 브라질 꾸리찌바의 교통축 계획에는 어떤 것들이 있는지 알아보고, 우리가 본받아야 할 점에 대해 생각해보자.

5. 교통축 계획이 지역 경제에 미치는 영향에 대해 생각해보자.

6. 대중교통 중심의 교통축 계획을 수립하려고 할 때, 어떠한 시설들이 고려되어야 하며, 어떠한 프로세스로 진행되어야 하는지 생각해보자.

7. 버스전용차로제를 교통축 개념으로 개선하고자 할 때 고려해야 할 사항은 어떤 것들이 있는지 생각해보자.

8. 우리나라 도시의 경우 교통담당부서가 여러 곳에 산재해 있어 교통축을 계획함에 있어 많은 어려움이 있다. 이를 해결할 수 있는 방안에 대해 생각해보자.

9. '편리한 대중교통 환승체계 구축'으로 자가용 승용차 이용자를 대중교통으로 유도, 전환해 낸다는 계획이다. 자신이 담당자라면 교통축 계획을 어떻게 진행할지 생각해보고, 대중교통 활성화 방안을 모색해보자.

10. 차량 중심으로 설계된 폭이 넓은 교통축은 운전자에게는 편리하지만 보행자에게는 매우 불편함을 준다. 운전자와 보행자를 모두 고려한 교통축 설계 방법에 대해 생각해보자.

11. 토지이용과 인구밀도를 고려한 교통축 계획의 범위에 대해 알아보고, 이외에 교통축 계획시 고려해야 하는 요소는 어떠한 것들이 있는지 알아보자.

12. 교통축을 계획함에 있어 대중교통을 중심으로 고려하는 이유에 대해 생각해보자.

13. 중·소도시의 교통축 계획시 도심지와 연결하는 방법에 대해 알아보고, 각각의 장·단점은 무엇인지 생각해보자.

14. 일반적으로 교통축을 설정하는 데 있어 검토해야 할 사항 중 교통체계(버스 운행실태, 지하철, 택시)를 검토할 때 사용되는 방법에 대해 알아보자.

15. 흔히 교통문제를 논할 때 대부분의 도시교통문제는 교통축을 배경으로 하여 발생되는데, 교통축의 설정이 교통문제 유발에 끼치는 영향에 대해 생각해보자.

제26장   지구교통계획

제1절 지구의 개념 및 연혁

E. Howard는 1898년에 최초로 근린지구를 그의 책 「내일의 전원도시」에서 개념화를 시도하였다. 이 당시 근린지구의 발상은 산업혁명 이후 대도시의 문제점 및 도시외곽부의 무질서한 팽창에 대한 우려에서 생겨난 이상도시론으로서 커뮤니티를 중심으로 하는 주거단위를 조직적으로 구성하여 중심 편익시설의 공동이용을 통하여 주민상호간의 친목을 도모하고 지역사회의 안전과 쾌적성을 유지할 수 있다는 이론이다.

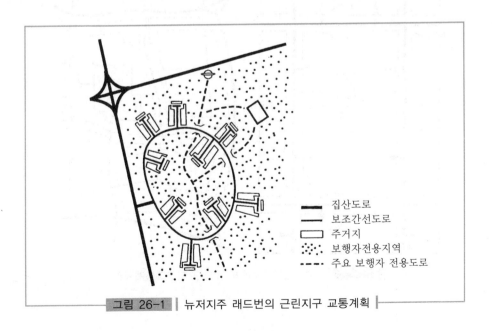

그림 26-1 | 뉴저지주 래드번의 근린지구 교통계획

이와 같은 근린지구의 개념은 1927년 C. Perry의 뉴욕지역 계획안에서 일조문제, 인동간격에 대한 이론적인 연구를 통하여 근린지구이론의 형태적 모형이 제시되었다. 그로부터 2년 후, H. Wright와 C. Stein의 뉴저지주의 래드번계획은 가장 대표적인 근린지구 개념을 실천에 옮긴 예이다. 그 후 P. Abercrombie의 대런던계획(1944)을 비롯하여 영국의 많은 뉴타운 계획에 근린지구 개념이 적용되었다.

그 후 영국의 Buchanan은 그의 저서 *Traffic in Towns*에서 도시의 구성단위와 주거환경지구라는 지구교통 개념을 발전시키기에 이르렀다. 도시의 구성단위는 〈그림 26-2〉의 (A)에서 보듯이 지구를 몇 개의 단위로 나누어 지구 내로는 차량이 통과하지 못하게 통과교통을 배제하여 구성단위를 차량소음과 매연가스 등 환경적 영향으로부터 보호하려는 개념이다. 〈그림 26-2〉의 (B)에서 보는 계획안 역시 간선도로급의 순환도로에 의해 둘러싸여 있으면서 보조간선도로나 국지도로에 의해 택지로 진입·진출하는 근린지구 환경보호 개념을 도입하였다고 할 수 있다.

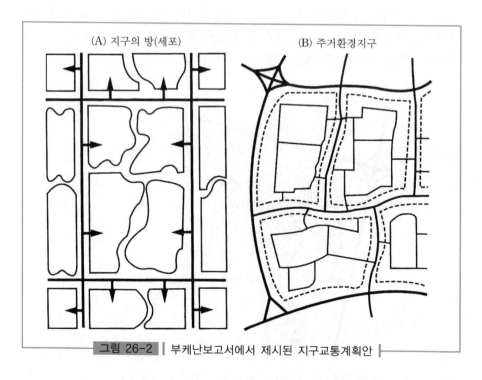

그림 26-2 │ 부케난보고서에서 제시된 지구교통계획안

제 2 절 **지구도로망**

I. 지구도로의 유형

1. 간선도로

지구주변의 골격을 형성하고 근린지구의 외곽이 되는 도로로서 근린지구 간 및 업무·상업지, 역, 공항, 유통단지 등 중요한 지점을 연결해 주는 도로 이다.

2. 보조간선도로(집산도로)

간선도로와 지구 내의 구획도로를 이어주는 집산도로의 기능을 발휘하며 근린지구 내의 간선이 되는 도로이다.

3. 구획도로

연도택지에 직접 접하여 설치되고 근린시설(편익시설 및 공공시설)에 대한 지구내 서비스를 목적으로 하여 설치되며 어린이놀이터, 공원, 학교의 생활공 간으로도 설치된다. 구획도로는 통과교통을 배제하기 위하여 막힌 도로(cul-de-sac)나 루프(loop)와 같은 도로망이 바람직하다.

4. 전용도로

자전거나 보행자를 위해 지구 내에 설치된 도로를 칭하며 자동차교통과 분리시켜야 한다.

II. 지구도로망계획

1. 도로망의 배치

도로망은 광역도시계획상 중요한 역할을 하기 때문에 토지이용계획, 철 도, 상하수도 등 도시기반시설과 조화가 되도록 구축해야 하며 도시의 역사적 환경, 문화재, 자연환경 등과도 서로 연관성을 지니면서 배치해야 할 필요가 있다.

일반적으로 간선도로의 간격은 상업 · 업무기능의 지구에서는 가구의 효율적 이용의 측면에서 300~500m, 주거지역에서는 근린지구의 주거환경보존이라는 측면에서 1,000m 정도가 합리적이다. 보조간선도로는 구획도로로부터의 교통을 효과적으로 또 안전하게 간선도로에 유도하고, 반대로 간선도로로부터의 교통을 구획도로로 분산시키는 기능을 갖는 도로로서 근린지구 내에서는 버스노선이 설치되는 도로로서 지구내 주거단지를 분할하는 역할을 한다.

보조간선도로간의 간격은 상업 · 업무기능의 지구에서는 100~300m, 주거지에서는 500m 정도가 바람직하다. 마지막으로 구획도로간의 간격은 지구마다 다르므로 정형화된 패턴은 없고, 구획도로의 폭이 6~18m이며 차도폭 6m, 보도폭 1.5~3.5m가 주류를 이루고 있다. 또한 구획도로망 형태로는 격자형, 방사환상형, 막힌 도로형(cul-de-sac), 루프형 등 다양하다. 상업 · 업무지구에서는 격자형이 비교적 유리하고 근린지구에서는 통과교통의 배제를 위해 막힌 도로형 등이 적절하다고 할 수 있다.

2. 토지이용별 도로망 배치원칙

① 도로의 위계(hierarchy)가 정립될 것
② 각 도로는 같은 급(유형)의 도로와 교차하거나 하나 위 혹은 하나 밑 위계의 도로와 교차할 것
③ 간선도로에는 집산도로만 접속시키고 연결부는 T형 교차로를 설치할 것
④ 간선도로에서 택지로의 직접적인 연결은 피할 것
⑤ 각 급의 도로는 도로설계기준, 기능, 속도 등의 제반 사항을 준수하여 설계할 것
⑥ 국지와 국지, 국지와 집산, 집산과 집산도로의 연결점은 T형 교차로로 하고 각이 예리한 Y형 교차로는 피할 것
⑦ 국지도로는 차량속도를 제한하도록 설계할 것
⑧ 교차로의 가시성이 양호할 것
⑨ 국지도로에서 발생되어 집산도로에서 처리하는 교통량이 1일 2,000~2,500대가 넘지 않도록 설계할 것
⑩ 보행자와 자전거 도로 및 부대시설이 제공될 것

표 26-1 | 토지이용별 간선도로배치시 원칙(유의사항)

토지이용구분	간선도로 배치시의 원칙
주 거 지 구	1) 근린주구의 내부에는 간선도로 이상의 도로는 배치하지 않는다. 외곽선으로 하는 것이 바람직하다. 2) 근린주구 내부의 간선은 보조간선도로에서 주로 집산기능을 하게 된다. 3) 보조간선도로는 근린주구 내에 배치하는데 주구 내를 통과하지 않도록 배치한다. 4) 학교·공원에 대해서는 방사상의 보조간선도로 또는 보행자 전용도로 등을 배치한다.
상 업 지 구	1) 간선도로는 구역 내를 통과시키지 않는 것이 원칙인데 통과시킬 때에는 상업지를 몇 개의 단위로 분할하여 그 외곽이 되도록 배치한다. 2) 상가의 경우 상업지의 일체성을 확보할 필요가 있을 때에는 간선도로를 입체화하여 횡단보도와 평면교차를 피한다. 3) 보조간선도로 및 보행자 전용도로 등은 상업지에 대해서 방사상으로 배치한다. 4) 상업지 외곽을 둘러싼 환상선의 배치를 고려한다.
공 업 지 구	1) 주택지, 상업지 등과 다른 토지이용분과의 분리를 도모하여 지역을 떼 놓을 수 있도록 간선도로 등이 배치되도록 고려한다. 2) 공업지에 집산하는 교통이 주택지·상업지를 통과하지 않고 도시간의 도로와 연결이 되도록 간선도로를 배치한다. 3) 통근자를 위한 동선을 주요 교통시설과의 관계를 고려하여 방사상으로 배치한다.

제 3 절 지구교통계획과정

지구교통계획의 수립과정은 지구가 처한 여건과 정책과제에 따라 다양하나 어느 지구교통계획에 보편적으로 적용될 수 있는 개념적인 틀은 〈그림 26-3〉에서와 같이 자료수집, 문제점 파악, 목표설정, 개선대안의 설정, 대안의 평가, 집행의 단계를 거치는 과정이라고 하겠다.

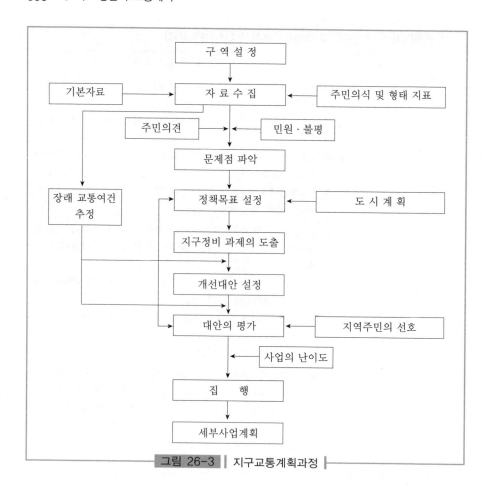

그림 26-3 │ 지구교통계획과정

Ⅰ. 자료수집

우선적으로 이 단계에서는 지구에 관련된 상위계획을 검토해야 한다. 이는 국토계획을 비롯하여 도시계획, 교통계획뿐만 아니라 교차로 교통량, 국지도로 교통량 등 미시적인 자료까지 수집하여야 한다.

(1) **교통시설에 관한 자료**
① 교차로의 위치 및 면적
② 도로의 폭원 및 연장
③ 신호등의 위치 및 신호체계
④ 도로포장상태 · 보도상태

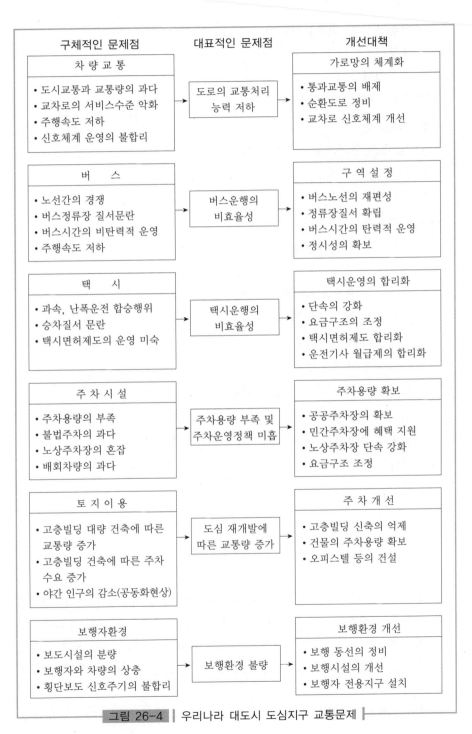

구체적인 문제점　　　대표적인 문제점　　　　　개선대책

차 량 교 통
• 도시교통과 교통량의 과다 • 교차로의 서비스수준 악화 • 주행속도 저하 • 신호체계 운영의 불합리

→ 도로의 교통처리 능력 저하 →

가로망의 체계화
• 통과교통의 배제 • 순환도로 정비 • 교차로 신호체계 개선

버 　 스
• 노선간의 경쟁 • 버스정류장 질서문란 • 버스시간의 비탄력적 운영 • 주행속도 저하

→ 버스운행의 비효율성 →

구 역 설 정
• 버스노선의 재편성 • 정류장질서 확립 • 버스시간의 탄력적 운영 • 정시성의 확보

택 　 시
• 과속, 난폭운전 합승행위 • 승차질서 문란 • 택시면허제도의 운영 미숙

→ 택시운행의 비효율성 →

택시운영의 합리화
• 단속의 강화 • 요금구조의 조정 • 택시면허제도 합리화 • 운전기사 월급제의 합리화

주 차 시 설
• 주차용량의 부족 • 불법주차의 과다 • 노상주차장의 혼잡 • 배회차량의 과다

→ 주차용량 부족 및 주차운영정책 미흡 →

주차용량 확보
• 공공주차장의 확보 • 민간주차장에 혜택 지원 • 노상주차장 단속 강화 • 요금구조 조정

토 지 이 용
• 고층빌딩 대량 건축에 따른 　교통량 증가 • 고층빌딩 건축에 따른 주차 　수요 증가 • 야간 인구의 감소(공동화현상)

→ 도심 재개발에 따른 교통량 증가 →

주 차 개 선
• 고층빌딩 신축의 억제 • 건물의 주차용량 확보 • 오피스텔 등의 건설

보행자환경
• 보도시설의 분량 • 보행자와 차량의 상충 • 횡단보도 신호주기의 불합리

→ 보행환경 불량 →

보행환경 개선
• 보행 동선의 정비 • 보행시설의 개선 • 보행자 전용지구 설치

그림 26-4 우리나라 대도시 도심지구 교통문제

⑤ 교통안전 및 교통규제시설

⑥ 교통사고현황(사고 다발지구)

⑦ 주차시설

⑧ 소음 · 진동 · 매연가스

(2) 대중교통

① 버스노선현황(일반 · 좌석 · 시외)

② 버스 및 택시정류장의 위치

③ 지하철 노선 및 역의 위치

④ 준대중교통수단

(3) 사회 · 경제적 여건의 변화

① 지구의 장래 주간활동인구 변화

② 지구의 장래 야간활동인구 변화

③ 지구의 장래 가구수의 변화

(4) 토지이용여건의 변화

① 용도별 연면적의 변화

② 신시가지 · 도시재개발 등의 변화

(5) 교통시설의 변화

① 교통을 유발하는 대규모 시설의 신설 · 증축 · 이전

② 공공시설(관공서 · 체육관 · 공원 · 학교 등) 신설 · 증축 · 이전

③ 간선도로 교통량의 장래변화

④ 도로의 구조변화(고가차도, 지하차도 등의 건설)

Ⅱ. 정책목표의 설정

지구교통계획은 크게 근린지구 교통계획, 교통혼잡지구 교통계획의 두 가지로 구분하여 정책목표를 살펴보면 근린지구 교통계획은 지구의 통과교통을 가급적 배제하여 보행자 및 주민의 안전성을 확보하고, 교통안전 시설의 정비 및 교통규제를 통해 쾌적하고 안전한 근린주거환경을 조성하는 데 그 의의가 있다.

한편 교통혼잡지구의 교통계획은 도심지나 그 밖의 사회경제활동이 집중

되는 지구, 터미널이나 역전주변의 교통규제나 버스노선의 재편성, 도로의 정비 등을 통하여 교통혼잡을 완화하고 업무, 통학, 상업활동의 원활화를 도모하여 보행자의 안전성을 확보하는 데 그 목적이 있다고 하겠다. 또한 지구교통계획의 목표는 거시적 목표와 미시적 목표로 나누어 설정할 수 있는데 이를 구체적으로 살펴보면 다음과 같다.

1. 거시적 목표

① 쾌적하고 안전한 지구내 주거환경
② 지구내 주민의 기동성 확보
③ 지구내의 생활환경의 정비
④ 지구내 도로의 기능분화 및 단계적 서열화
⑤ 대중교통수단의 접근성 확보
⑥ 해당 지구와 주변지역간의 도로망의 접근성 확보
⑦ 지구내 주차시설의 정비

2. 구체적 목표

구체적 목표는 크게 교통시설에 관련된 목표와 교통운영 및 관리에 관한 목표의 두 가지로 나누어 살펴보기로 한다.

(1) 교통시설에 관련된 목표
① 대중교통
  • 버스정류장 운영개선
  • 택시정류장 정비
  • 버스와 지하철의 연계 확보
② 차   량
  • 주차시설 정비
  • 환승시설의 확보(혹은 정비)
③ 도   로
  • 도심지구의 순환도로의 정비
  • 도심지구내 집산도로의 정비
  • 표지판(안내 · 규제)의 정비

④ 교통환경
- 보도의 정비
- 자전거도로의 정비
- 중앙분리대 · 노견 등의 정비
- 보행자 전용도로(쇼핑몰 등)의 정비

(2) **교통운영 및 관리**

① 대중교통
- 버스노선의 조정
- 버스전용차선제의 확보
- 버스우선진행 신호체계의 확보

② 차 량
- 차량의 도심지구 진입 억제
- 트럭의 도심지구 시간대별 진입 허용
- 통과교통의 배제
- 지구내 대형차량 규제

③ 도 로
- 가변차선제의 실시
- 일방통행제의 실시
- 교차로의 개선
- 지구내 도로의 정비

Ⅲ. 개선대안의 설정

〈표 26-2〉는 개선대안을 간선도로, 보조간선도로, 구획도로, 보행자 및 자전거 전용도로, 터미널시설, 주차시설로 구분하고 이들을 구체적으로 알아보았다. 이 같은 개선대안은 근린지구와 교통혼잡지구의 교통사업 대안을 포괄적으로 나타내고 있으나 지구의 특성을 고려하여 선별적으로 개선대안을 선택하여야 할 것이다.

표 26-2 지구교통계획의 개선대안

계획대상	교통시설의 정비	교통운영 및 관리
간선도로	간선도로의 설치 도로의 확폭 보도의 설치 소음차단벽 설치 교차로 개선	버스전용차선제 대형차 규제 신호등의 설치 신호주기의 최적화
보조간선도로	보조간선도로의 설치 도로의 확폭 교차로 개천	일방통행, 진입제한 속도제한 신호등의 설치 대형차 규제
구획도로	구획도로의 설치 도로의 확폭 차량금지 구획도로 설치 소방도로 확보	일방통행, 진입제한 속도제한 대형차 규제
보행자·자전거 전용도로	보행자 전용도로 설치 자전거 전용도로 설치 차량금지구역 설치	보행자 우선지구 학교지구 및 중심상업지구 통행규제
터미널 시설	역전광장의 정비 터미널주변 정리	터미널주변 신호체계 터미널 진출입로 개선
주차시설	노상주차장의 정비 노외주차장의 정비	수요의 억제(요금, 공급면수) 주차규제

Ⅳ. 평 가

평가는 지구의 유형에 따라 달라질 수 있으므로 우선적으로 평가의 대상이 되는 지구의 특성을 고려하여야 한다.

먼저 보편적으로 적용될 수 있는 지구교통계획대안의 평가기법을 고찰해 보고자 한다. 지구교통대안을 평가할 평가기법은 다양하지만 대안별 요소와 판단기준이 포괄적으로 고려될 수 있고 이해하기 쉬운 방법이어야 한다. 이 같은 점을 감안할 때, 지구교통에 활용할 수 있는 평가방법은 네 가지로 요약될 수 있다.

첫번째 방법은 경제성 분석법으로서 편익·비용분석법이 이 범주에 속한다. 이 방법은 모든 평가요소를 화폐가치로 환산하여 편익과 비용의 비를 검토

그림 26-5 │ 지구교통에서 자동차통행 제어방안

자료 : 금기정 역, 지구교통계획, 청문각, 1995에서 재정리.

함으로써 최적대안을 선택하는 방법이다. 이 방법은 평가요소와 영향이 화폐
가치로 환산될 수 없는 것들에 대해서는 평가가 불가능한 약점을 지니고 있다.

두 번째 방법은 비용·효과분석법으로서 모든 결과물(outcomes)에 대하여
효과성지표(정량적 혹은 정성적)를 설정하고, 대안간의 상쇄성을 감안하여 의사
결정자와 계획가의 상호교류에 의하여 최적대안을 설정하는 방법이다.

세 번째 방법은 서열화방법(rating or scoring)으로서 지구교통사업대안의
정책목표를 결정하고, 판단기준과 측정의 척도를 설정한 다음, 대안의 상대적
우월성에 따라 가중치를 부여하는 방법이다. 다판단기준평가방법도 넓은 범위
에서 서열화방법에 속한다고 할 수 있다.

네 번째 방법은 의사결정분석법(decision analysis)으로서 지구교통대안의
중요한 결과물들이 화폐화되고, 상쇄성, 시간선호성, 불확실성 등이 내재화되
어 의사결정자와 계획가의 교류에 의하여 최적대안을 선택하는 방법이다.

이와 같은 평가방법들을 염두에 두고 지구교통계획의 평가를 근린지구 교
통계획과 교통혼잡지구 교통계획으로 구분하여 논해 보기로 한다.

근린지구 교통계획의 평가에서 가장 골격이 되는 요소는 지구의 도로망이
다. 주거지가 위주로 된 근린지구에 적용할 수 있는 도로망의 형태는 〈그림
26-6〉과 같다. 이 같은 도로망은 루프(loop)형으로부터 격자형(grid)에 이르기
까지 다양하며, 각 도로망대안은 지구의 입지조건을 고려하여 최적의 대안이
선택되어야 한다.

여러 가지의 도로망의 유형 중에서 해당지구에 가장 알맞은 대안을 선택
하기 위해서는 평가작업을 수행해야 한다. 근린지구 내에서의 교통계획에서는

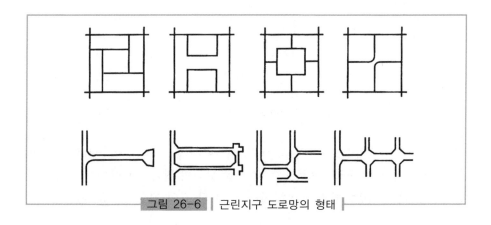

그림 26-6 │ 근린지구 도로망의 형태 │

표 26-3 | 서열화방법에 의한 지구교통계획의 평가 예제

구 분	집 단	평가항목	서열화 점수	가중치 (%)	가중화 된 점수
교 통	보행자 교통	보행거리	+1	1.5	2
		보행의 편리성	+7	3.0	21
		접근성	+4	4.0	16
		노인·불구자에 대한 편리성	0	3.5	0
	차 량 교 통	차량통행비용	+1	0.5	1
		통과교통의 배제	+1	3.0	3
		기존 교통체제의 영향	0	1.0	0
		지구의 장래 교통계획과 의 적응성	+5	1.5	8
안 전 과 환 경	안 전 성	교통사고와 사회비용	+6	3.0	18
		교통사고의 위험성	+8	2.0	16
		범 죄	+8	3.0	24
		비상차량의 접근성	+6	3.0	18
	환경·건강	보행 위주의 환경	+5	7.0	35
		대기오염의 효과	+5	4.0	20
		차량의 소음영향	+4	2.5	10
		도보의 건강성	+4	3.0	12
주거지역 상업지역 도시계획	주 거 지 역	주거지 이전	0	2.0	0
		주거지역의 사회적 결핍성	+4	6.0	24
		주거지역의 활동	+10	6.0	60
		심미적 영향	0	4.5	0
	상 업 지 역	상업시설의 매상	+4	3.5	14
		상업시설의 이전	+1	3.0	3
		물건배달의 용이성	+5	3.5	15
		상업활동에 양호한 환경	+6	5.5	33
	도 시 계 획	장래 도시개발계획과 적응성	+10	5.5	55
		계획과정에 시민참여	+6	5.5	30

보행자와 차량의 마찰, 교통사고, 대기오염 및 소음, 도로망구축에 따른 주민 및 상가의 이전 등 포괄적으로 평가해야 할 항목이 많다. 이 같은 관점에서 도로망의 대안을 서열화방법에 의해 〈표 26-3〉과 같이 가상적으로 평가해 보았

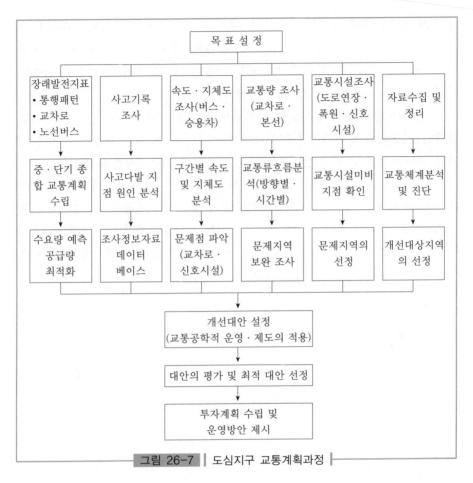

그림 26-7 | 도심지구 교통계획과정 |

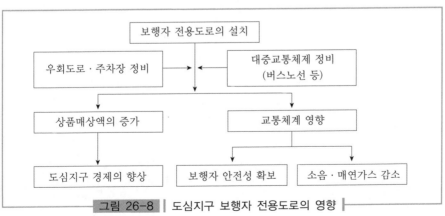

그림 26-8 | 도심지구 보행자 전용도로의 영향 |

다. 〈표 26-3〉에서 서열화점수는 분석가(혹은 의사결정자)에 의해 1부터 10까지의 서열 중 해당 평가항목에 적절한 점수이고, 가중치는 전체 항목의 가중치 합을 100%로 보고 각 항목의 가중치를 설정한 퍼센트이며, 가중화된 점수는 서열화 점수와 가중치를 곱한 결과가 된다.

이 같은 평가표를 각 가로망 대안별로 작성하여 지구에 가장 우수한 가로망대안을 도출하게 된다. 지구에 따라서는 〈표 26-3〉의 평가항목 중에서 몇 개를 제외시킬 수도 있고 반대로 새로운 평가항목을 추가시킬 수도 있다.

또한 〈표 26-3〉과 같은 평가표는 도심지 혹은 부도심과 같은 업무 · 상업지구의 교통개선사업시 지구교통계획대안의 평가에도 적용될 수 있는 평가의 틀이라고도 말할 수 있겠다. 예로서 도심지에 보행자전용지구를 설치한다든가 혹은 쇼핑몰의 설치, 통행제한지구 등 여러 가지 지구교통 정책에 활용될 수 있다고 여겨진다.

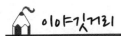

1. 지구교통계획의 유형과 분류기준에 대해 알아보자.
2. 우리나라 대도시 도심지구에서 발생하는 교통문제에 대해 생각해보자.
3. 우리나라 신도시들의 지구교통계획의 문제점을 파악하고 개선대안을 도출하려고 한다. 신도시지구의 사례를 통하여 교통문제에는 어떠한 것들이 있는지를 논하고 그 대안에는 어떠한 것들이 있는지 생각해보자.
4. 친환경적 지구교통계획을 계획하기 위한 방안은 무엇일지 생각해보자.
5. 지구교통계획의 필요성에 대해 생각해보자.
6. 토지이용별로 차등화된 간선도로 배치의 원칙에 대하여 알아보자.
7. 지구교통 계획을 평가하고자 할 때 지구교통에 활용할 수 있는 평가방법에 대해 알아보자.
8. 근린지구 교통계획의 평가에서 가장 중요한 요소는 무엇인지 생각해보자.
9. 지구교통 평가에 활용되는 평가방법 중 비용편익 분석법이란 무엇인지 알아보자.
10. 도심지 내에 있는 도로의 교통 처리능력 저하를 개선하는 방법에는 무엇이 있는지 생각해보자.
11. 중앙버스전용차로제가 도심지의 교통문제를 해결하는 데 있어 어떠한 역할을 할 수 있는지 생각해보자.
12. 장·단기적 교통계획에 있어 지구 차원에서 고려해야 할 요소와 위험요인들은 어떠한 것들이 있는지 생각해보자.
13. 지구 내를 통과하는 통과교통을 배제하기 위한 방법에는 어떤 것이 있는지 생각해보자.
14. 토지지구교통계획 과정 중 자료수집 단계에서 검토해야 할 것은 무엇들이 있는지 알아보자.
15. 토지이용, 즉 밀도와 도로용량과의 관계에 대해 생각해보자.

제27장   지능형 교통체계(ITS)

지능형 교통체계(ITS)

Ⅰ. ITS란 무엇인가

ITS(Intellegent Transport System)는 도로 · 차량 · 화물 등 교통체계의 구성요소에 첨단기술을 접목시켜 실시간으로 교통정보를 수집 · 관리 · 제공함

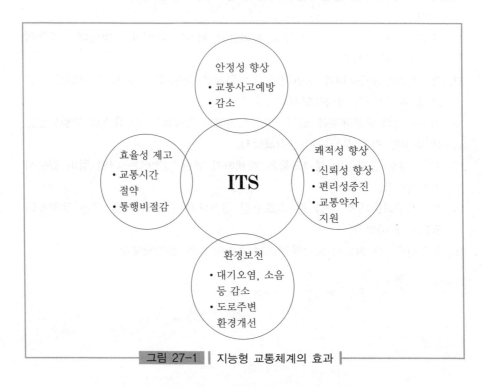

그림 27-1 | 지능형 교통체계의 효과

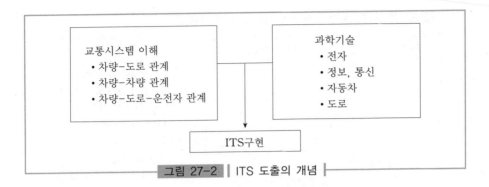

그림 27-2 | ITS 도출의 개념 |

표 27-1 | ITS의 도입 배경

배 경	세부 내용
교통문제 심각	• 교통량 증가와 교통시설 투자의 한계 • 교통사고에 따른 인적, 물적 손실 급증 • 통행시간을 포함한 사회비용 증가 • 환경 및 에너지 문제 대두
새로운 기술수준 적용 필요성	• 전자정보 통신기술의 발달 • 시스템 통합 추진 • 기존의 시설 구축에서 운영을 위한 체계 정립
국제화에 따른 국가지역의 경쟁력 확보	• 양직의 접근성 및 이동성 확보 필요 • 시스템 운영관리비용 및 노력의 절감

으로써 교통서비스를 획기적으로 개선한 최첨단 교통시스템을 말한다.

기존 도로의 운영효율을 극대화하고, 교통이용자의 편의와 안전을 제고하며 교통문제로 인한 사회적 자원낭비를 현격히 개선할 수 있는 인간 중심의 신속, 안전, 쾌적한 신교통 공간을 구현하는 데 목적을 두고 있다.

이 같은 ITS시스템 속에는 도로와 차량, 그리고 운전자가 일체화되어 있다. 이에 따라 도로교통에서 안전성, 효율성, 쾌적성 등이 향상되며, 부수적으로 교통혼잡이 완화되고, 환경이 보전되는 효과를 기대할 수 있다.

미국에서 설정한 ITS의 목표는 안전성(Safety), 생산성(Productivity), 이동성(Mobility)에 두고 있다. 이러한 목표가 달성되면 교통비용이 절감되고, 소통이 증진될 뿐 아니라, 교통사고 건수를 감소시켜 인적·물적 피해를 줄일 수 있는 부수적인 효과가 창출된다고 보고 있다.

표 27-2 │ ITS 사업의 분야별 서비스 및 기대효과

ITS 분야	서비스 제공	기대효과
교통관리최적화(ATMS)	실시간 교통류제어 및 돌발 상황 관리 교통운영 · 관리지원 전자지불	교통흐름 개선 (교통혼잡 20~30% 개선) 안전성 향상 (교통사고 60% 감소) 과속/과적 등 교통위반 단속의 자동화 교통서비스 획기적 개선 (최적 이동시간, 수단 및 경로에 대한 선택권을 부여) SOC확충에 따른 자연파괴 감소 (동일한 교통수요 처리를 위해 상대적으로 적은 도로시설보도 이용 가능)
교통정보활용극대화(ATIS)	교통정보 및 주행안내 제공 주차정보 제공 보행자, 장애자, 자전거 경로 정보제공	이용자 편익 증대 첨단산업의 국제경쟁력 강화 (전자, 통신, 제어 · 시스템통합 등 첨단기술의 자체 확보)
대중교통첨단화(APTS)	버스정보제공 및 운행관리 좌석예약관리 및 환승요금 관리 대중교통안전 및 시설관리	대중교통서비스 개선 (정시성 향상, 차내 혼잡도 개선) 혼잡완화, 대중교통의 전환을 통한 에너지 절감효과 (차량 매연발생감소-CO_2 배출량 13%)
차량 및 도로지능화(AVHS)	차량 충돌예방, 차량 간격제어 보행자 안전지원, 운전자 위험운전 방지 감속도로 구간 안전 관리	교통안전 및 차량이용자 편의증진
화물운송효율화(CV0)	화물추적 및 차량운행관리 위험물 사고처리 및 관리 화물전자통관 및 화물전자 행정	물류비절감을 통한 국가 경쟁력 제고 및 혼잡대기, 교통사고 감소

Ⅱ. ITS 구축의 필요성

고속도로 및 일반국도 등 도로의 지속적인 신설, 확장에도 불구하고 날로 증가하는 통행량으로 인한 교통소통 개선효과는 이미 한계상황에 도달했다. 교통수요가 교통용량시설을 초과하는 현실에서 교통체증을 완화하고 시민생활의 질 향상에 따른 국민의 다양한 요구를 수용하기 위해서는 지능형교통 기술을 활용한 효율적인 교통관리 방안이 어느 때보다 절실하게 필요해졌다.

① 생활의 질 향상과 첨단기술 발전에 따라 국민의 요구가 다양화 되고, 새로운 교통수요에 대응할 정책 필요성 대두
- 실시간 교통정보 제공 및 환경 친화적인 교통수요 대두
- 위험경고 등 안전하고 편리한 교통체계로의 전환 요구 증가

② 교통시설 건설비용이 재정에서 차지하는 비중이 높고 국가발전에 따른 복지 등 여타 분야의 재정수요의 증가로 기존 교통시설의 효율적인 활용방안 모색 필요성 대두

③ 교통안전시설 부족과 사고관리체계 미비로 교통사고비용이 급증함에 따라 첨단기술을 활용한 교통안전체계 구축 필요성 대두

④ 물류비 부담이 가중되고 산업의 국제경쟁력을 저해하는 만성적인 교통혼잡을 완화할 새로운 교통정책 방향 모색 필요성 대두

Ⅲ. ITS의 목적 · 특징 · 관련법

1. ITS의 목적

ITS의 목적을 크게 교통소통, 교통정보, 교통안전, 환경과 에너지, 차량 등으로 나누어 살펴보면 다음과 같다.

(1) **교통소통**
① 교통상황을 예측하여 교통체증 감소효과
② 교통소통능력의 제고
③ 교통흐름의 원활화
④ 운전자의 통행시간 단축
⑤ 목적지까지의 접근성 향상

(2) **교통정보**

① 운전자에게 실시간 정보제공

② 대중교통정보의 효과적 제공

③ 여행자에게 교통정보 제공

(3) **교통안전**

① 사고의 사전방지

② 사고시에 즉각적인 정보제공

③ 차량과 차량간의 안전거리 유지기능

(4) **환경과 에너지**

① 교통체증 감소로 인한 대기오염 등 감소

② 연료감소 등 에너지 절약효과

(5) **차량**

① 충돌우려시 운전자에게 주의경보 제공

② 교통상황에 따라 속도조절되어 사고방지효과

③ 속도자동조절로 인해 교통지체의 감소

④ 차량자동정지장치

⑤ 차로변경시 경보장치

2. ITS 요소기술 특징 및 활용분야(서울시 ITS기본계획, 2013 참조)

(1) **통신기술 분야**

① 특   징

• AVE 기술은 고속이동성, 빠른 링크접속, 고속데이터 전송 및 넓은 통신 거리를 커버 가능

• Mesh Network 기술은 확장성, 경제성, 신뢰성 등의 장점으로 유선인프라가 열악한 구간에 적용이 용이

② **활용분야**

• 무선통신으로 변화추이

• AVE, 무선 Mesh Network 통신방식 도입 검토

• 적용가능 서비스: 교통정보 수집, 교통정보 제공, 전자 지불, 버스정보 제공분야

(2) 자동차기술 분야

① 특   징

- 지능적인 차량(CPU, 첨단통신기기 등 탑재)으로 변화
- 이에 따른 통신을 활용한 서비스에 대한 연구가 활발히 진행

② 활용분야

- V2X에 가능한 Infra검토와 활용방안 검토
- 적용가능 서비스: 정지신호위반 서비스, 위험경고 서비스, 전방차량 운행정보공유, 차로이탈방지 서비스 등

(3) 단말기기술 분야

① 특   징

- 개인휴대단말(스마트폰)의 보급 확대 및 정보 확장
- 텔레매틱스 기술 고급화

② 활용분야

- 차량단말기를 활용한 개별차량의 정보수집 및 제공 방안 검토
- 적용가능 서비스: 스마트 모빌리티 신호알림 경고, 보행자알림, 전방사고알림, 구간통행시간

3. 한국의 ITS 서비스 경쟁력 평가

(1) 버스정보시스템(BIS)

세계 여러나라에서 도입 추진 중인 대표적인 서비스로 해당 기술수준은 한국이 세계최고로 판단된다.

(2) 대중교통요금전자지불시스템(EFCS)

콜롬비아 보고타시 교통카드 수출성공 사례에서 보는 바와 같이 국제경쟁력이 우수한 시스템이다.

(3) 내비게이션

운전자 이용편의성은 세계최고 수준이며 기술 및 가격경쟁력도 높아 유럽, 북미 등에 수출 중이다.

(4) 자동단속시스템(ATES)

번호판 판독과 불법주차 자동식별 등 핵심기술의 수준이 높으며 가격대비 성능이 우수하다.

(5) 첨단신호시스템

신호등제어기 등 핵심제품에 대하여 지멘스, 후지쯔 등 세계적 기업과 치열히 경쟁 중이다.

(6) 첨단교통관리시스템(ATMS)

차량검지기 등 단위제품에 대한 경쟁력은 독일, 중국, 러시아 등에 비해 다소열세이나 교통류관리 및 교통정보제공 등 서비스부문은 다소 우위이다.

V2V, V2I 등 차세대 ITS 기술은 현재 미국, 유럽, 일본 등과 경쟁 중으로 뚜렷한 우열을 가리기 힘들다.

(7) 통행료자동요금징수시스템(ETCS)

기술 및 정확성은 세계최고 수준이나 전 세계에서 범용적으로 쓰이고 있는 수동형 기술방식이 아닌 능동형으로 단말기 수출 등에 어려움을 겪는다.

4. ITS 관련 법률의 주요내용

(1) ITS 근거법 제정 및 개정관련 추진연혁

① 1999년 2월: 교통체계 효율화법 제정

② 2000년 1월: 일부개정(대규모 개발 사업에 따른 광역교통개선대책의 수립의무화)

③ 2001년 5월: 일부개정(광역계획 및 지방계획수립)

④ 2007년 6월: 지능형교통체계(ITS) 관련 법령개정을 위한 기본연구

⑤ 2009년: 교통체계효율화법 개정 및 국가통합교통체계효율화법 제정

(2) ITS 구축을 위한 근거법인 국가통합교통체계효율화법의 ITS 부분에 대한 내용

① 지능형교통체계 기본계획의 수립

② 지방자치단체의 지능형교통체계 계획수립

③ 타 계획에 반영

④ 지능형교통체계 시행계획의 수립

⑤ 교통체계지능화사업의 시행

⑥ 교통체계지능화사업 시행지침

⑦ 실시계획의 수립승인

⑧ 다른 법률에 따른 인허가 등의 의제

⑨ 준공검사

⑩ 지능형교통체계의 표준화

⑪ 지능형교통체계 표준인증 및 품질인증 및 인증취소

⑫ 지능형교통체계 표준인증기관 및 품질인증기관의 지정취소

⑬ 지능형교통체계의 성능평가 및 안전관리

⑭ 지능형교통체계를 활용한 교통정보의 제공

⑮ 민간참여 및 해외진출의 활성화

⑯ 국가통합지능형교통체계 정보센터의 구축

⑰ 한국지능형교통체계협회의 설립

⑱ 협회에서 사업 추진

5. ITS 계획의 내용(건설교통부 업무메뉴얼, 2006)

(1) ITS 기본계획

① 교통현황 및 향후전망

② ITS 추진목표 및 기본방향

③ 분야별 ITS 추진계획

④ ITS 연구개발 표준화 등 ITS 추진의 기반조성계획

⑤ ITS 추진체계 및 재원조달 분담방안

(2) 광역계획

① 광역권 교통현황 조사 분석

② 광역권 ITS 구축 및 운영현황 분석

③ 광역권 ITS 추진의 목표 및 기본방향 설정

④ 광역권 ITS 서비스 선정 및 우선순위 결정

⑤ 광역권 ITS 기반 인프라 구축 및 운영계획

⑥ 광역권 ITS 시스템 연계 및 사업추진계획

⑦ ITS 계획의 추진방안

6. ITS 계획 프로세스

① 사업의 기획: 사전조사, 마스터플랜수립, 실시계획수립

② 발주 및 시공자 선정: 개략설계, 입찰공고, 낙찰자결정

③ 실시설계: 실시설계검토, 사업비산정, 일정계획수립

④ 사업시행의 대행: 대행여부판단, 업무범위규정, 사업관리감리

⑤ 착수 및 시공: 착수보고검토, 공정관리, 품질관리

⑥ 시험운영 및 평가: 시험운영, 기술평가, 체험평가

⑦ 준공: 준공검사, 보고회개최, 향후운영계획

⑧ 사업관리 및 감리: 역할 및 범위

Ⅳ. ITS의 적용분야

ITS는 크게 다섯 가지의 세부기술로 구성되어 있으며 그 특징과 내용은 개략적으로 다음과 같다.

1. 교통관리최적화 분야(advanced traffic management systems: ATMS)

ATMS는 도로구간의 교통여건, 신호체계, 고속도로 진입통제, 차량 특성, 속도 등의 교통 정보를 감지할 수 있는 시스템을 설치하여 교통 상황을 실시간으로 분석하고 이를 토대로 도로교통의 관리와 최적 신호체계를 구현하는 동시에 여행시간 측정과 교통사고 파악, 중차량의 위험교량진입 통제 및 과적차량 단속·관리 등의 업무 자동화를 구축한다. 또한 고속도로나 간선도로를 대중교통체계와 연결시켜서 교통수요와 교통체계의 용량 및 변동하는 교통환경과의 균형을 유지시켜서 교통사고의 신속한 관리 및 교통혼잡 완화를 주내용으로 한다.

ATMS에 포함된 주요구성요소는 도시교통관리체계(UTMS), 고속도로 교통관리체계(FTMS), 교통수요관리(TDM), 자동도로요금 징수체계(ATCS)로 나누어 볼 수 있다.

(1) 첨단신호시스템: 실시간 교통제어

첨단신호시스템의 기본 신호제어 전략은 교통대응 신호제어로서, 이는 변화하는 교통상황 정보를 매 신호주기별, 현시별로 수집하여 중앙컴퓨터에서 자료를 분석·처리하여 각 교차로의 신호시간을 설정하고 인접교차로간의 신호연동을 자동으로 결정하는 교통제어시스템이다.

(2) 고속도로 교통관리(FTMS: 고속도로 교통류제어)

이 시스템은 고속도로 상에 설치된 각종 감지장치와 CCTV를 통하여 수집된 교통상황을 컴퓨터로 즉시 처리하여 도로상의 가변정보표지판을 이용,

교통정보를 실시간으로 제공함으로써 교통수요를 시간적, 공간적으로 분산유도하여 고속도로 소통증대와 국민편의를 도모하는 시스템이다. 정보수집, 처리 및 관리, 정보제공, 교통류 감시 및 제어, 시스템 유지관리와 유고관리 등 주요 6개 기능을 수행한다.

가변정보표지판   고속도로교통정보센타 상황실

(3) 도시고속도로의 교통관리(UTMS) - 올림픽대로 교통관리시스템

올림픽대로교통관리시스템은 영상검지기를 통해 본선구간의 교통정보를 실시간으로 수집하여 실시간 교통소통상태를 분석하여 여기서 가공된 정보를 가변교통정보전광판, ARS, FAX, 인터넷 등을 이용하여 운전자에게 제공한다.

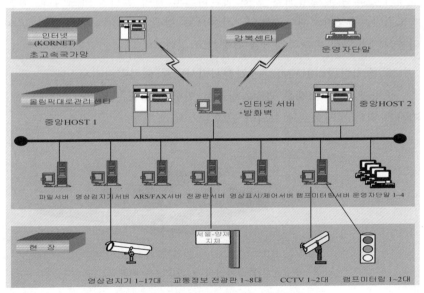

올림픽대로교통관리시스템 설치체계

영상검지기 설치장면(자료: 올림픽대로 교통관리시스템 운영현황, 서울지방경찰청)

⑷ 자동교통단속(ATES) - 과속단속, 버스전용차로 무인단속

자동교통단속시스템은 과속단속시스템과 버스전용차로 무인단속시스템이 설치되어 운영중이다. 과속단속시스템은 경찰청에 의해 설치되고 있다. 기능에서 실효성이 입증되어 향후 지속적으로 확대 설치할 계획이다. 경찰청은 속도위반, 전용차로위반 차량을 자동으로 검출하는 고정식 무인교통장비 및 이동식 자동영상 속도측정기를 확충하고 있다.

⑸ 중차량관리(HVMS) - 과천시범사업중 중차량관리시스템

중차량관리시스템은 과적차량으로 인한 도로훼손 및 도로 수명단축을 방지하기 위한 목적으로 설치되어 있다.

자동교통단속 - 과속단속 카메라

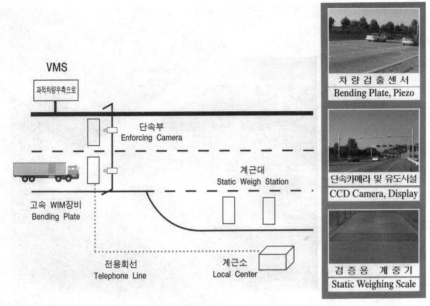

중차량관리시스템

(6) **통행료 전자지불**(HIGH PASS)

한국도로공사는 1999년 12월부터 HI-Pass라는 고유 명칭을 사용하고 있다. 그동안 전국의 모든 고속도로 톨게이트에 전자통행료징수시스템을 적용해왔고, 현재는 전국적으로 활발하게 사용되고 있다.

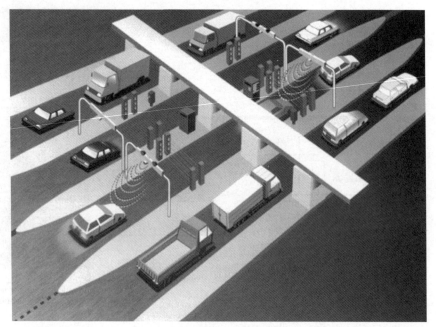

하이패스플러스카드(전자카드)를 삽입한 OBU 장착차량 요금소 진입하는 모습

(7) 요금전자지불(ETCS)

서울시의 버스카드는 선불카드로써 '1996년 7월부터 서울시 시내버스 전 노선에서 실시되고 있다. 현재 서울시 및 수도권지역은 버스, 지하철 교통카드 호환시스템 도입되었으며 실용화되고 있다.

교통카드태그판

교통카드

2. 여행자정보고급화 분야(advanced traveler information systems: ATIS)

ATIS는 통행자가 승용차 또는 대중교통수단을 이용하여 최종 목적지까지 도달하는 데 필요한 정보, 즉 교통여건, 도로상황, 출발–목적지간의 최단경로, 통행 시간, 요금, 주차장 등에 관한 각종 교통정보를 수집 · 분석하여 FM라디오 방송, 차량 내 단말기 등의 다양한 매체를 통해 운전자에게 신속, 정확하게 제공함으로써 안전하고 원활한 최적 교통환경을 지원한다.

우리나라의 교통정보제공서비스는 대체로 수도권지역을 중심으로 크게 공공기관 및 민간기업을 중심으로 이루어지고 있다. 대표적으로 서울시(교통방송, 올림픽대로 교통관리시스템), 국토교통부(건설종합교통정보센터), 경찰청(교통정보센터), 도로교통안전관리공단(교통정보서비스센터) 등이 교통정보서비스를 제공하고 있다. 휴대폰 단말기 어플, 예로시 김기사, 아틀란 등에 의해서도 여행자들은 교통정보를 제공받고 있다.

ATIS에 포함된 주요구성요소는 여행자정보체계(TIS), 주차장안내체계(PIS), 동적노선유도체계(DRGS), 동적교통정보모형(DTIM) 등으로 되어 있다.

3. 대중교통첨단화 분야(advanced pubilc transportation: APTS)

APTS는 ATMS, ATIS, AVCS 기술을 이용하여 대중교통 운영체계의 정보화를 바탕으로 대중교통 수단의 운행 스케줄, 노선 환승정보 등의 대중교통정보를 실시간으로 제공하여 이용자의 편익을 극대화하고 차량관리 및 배차정보, 모니터링 등을 제공함으로써 업무의 효율성을 극대화한다.

국내에서 진행된 대중교통부문의 ITS 사업은 주로 시내버스의 정보제공, 운행관리 등에 관한 것이다.

(1) 대중교통정보시스템

대중교통정보시스템은 정류장정보, 환승정보, 버스내정보시스템으로 구성되어 있다. 버스이용자에게 도착시간예측정보, 교통상황정보, 지역지도, 노선안내 등의 정보를 제공한다.

대중교통정보시스템

(2) 노선버스관제시스템

이 시스템은 운행중인 노선상의 버스위치를 인공위성을 이용하여 정확히 포착하며 이것은 버스내의 단말기 및 상황실 모니터를 통하여 배차관리, 운행 분석, 각종 교통장애를 육안으로 관측하고 제어할 수 있는 시스템을 개발하였다. 이 시스템의 도입으로 배차관리의 효율화를 이루었고 운임수입증가, 난폭운전감소, 사고율감소아 보험료감소, 인건비감소 등의 효과를 거두었다.

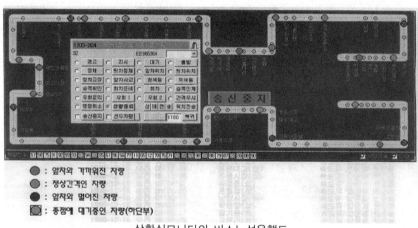

상황실모니터의 버스노선운행도

4. 화물운송효율화 분야(commercial vehicle operations: CVO)

CVO는 ITS 센터를 통해 각 화물 및 화물차량의 위치, 운행상태, 차내상황 등을 실시간으로 모니터링하여 화물운송최적화를 구현함으로써 물류비용을 절감하고, 위험물 차량관리 등을 통해 물류운송의 효율화와 안전성 제고를 도모한다.

자동차량위치시스템(automated vehicle location)이나 통행료를 자동으로

부가하는 자동차량인식시스템(automated vehicle identification) 등을 통하여
교통흐름을 개선하고 배차 등을 적절하게 조절할 수 있다.

(1)『종합물류정보전산망』: 물류서비스 개선과 국가물류비 절감

종합물류정보전산망이란 육상·해상·항공 등 개별 화물정보망과 무역·
통관·금융·보험 등 유관망, 그리고 타 국가기관 전산망 등을 상호 연계하여
물류 관련업무의 일괄처리 서비스를 제공함으로써 화물의 수송·보관·하
역·입출항 등의 업무를 자동화하는 범국가적기간망(Intra-VAN)사업이다.

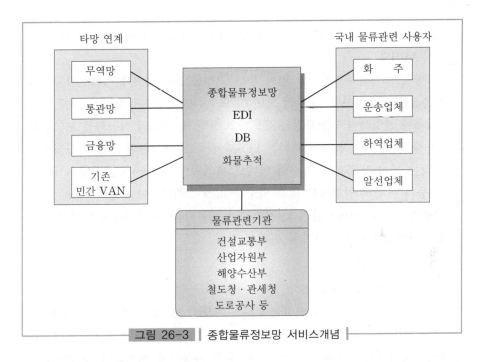

그림 26-3 ┃ 종합물류정보망 서비스개념 ┃

(2) 위험물 차량관리서비스

차량내 단말장치, 차내안전감지장치와 인공위성, 유무선통신 등을 통해
위험화물 및 위험물 적재차량에 대한 실시간 추적·관리를 가능하게 한다. 또
한 지정노선 운행여부를 파악할 수 있고 특정지역에 운행을 제한하는 등 관리
서비스와 통행에 유용한 정보 제공, 조난상황의 자동감지로 사고에 신속하게
대응하는 등의 서비스로 위험물이 안전하고 신속하게 수송되도록 한다.

(3) 화물전자 행정서비스

이 서비스에는 화물전자통관과 화물전자 행정서비스가 있다. 화물전자통

관은 운행허가차량은 지체없이 자동통관하여 화물차량 운영에 효율성을 기하는 서비스이다. 즉, 트랜스 폰더(전파를 송수신할 수 있는 장비)를 장착한 화물차량이 통과규정(차종, 중량, 운행정보 제한 등)에 적합하면 중량검색소의 검사를 하지 않고 통과하도록 한다. 화물전자 행정서비스로는 물류관련 민원업무와 업체간에 주고받는 문서를 표준화된 전자문서로 전달해주는 전자문서교환(EDI)서비스와 국내외 각종 물류관련 정보를 분석 가공하여 DB를 구축하고 정보제공자를 발굴·육성하여 필요한 정보를 제공하는 물류정보제공서비스가 있다.

5. 차량 및 도로첨단화 분야(advanced vehicle and highway system: AVHS)

차량에 교통상황, 장애물 인식 등의 고성능 센서와 자동제어장치를 부탁하여 운전을 자동화하며, 도로의 노면 및 도로주변상태를 감지·경고하는 첨단 도로체계를 설치하여 안전운전을 유도하고 차량 및 도로의 지능화를 도모한다.

차량 및 도로의 첨단화 분야는 ITS분야 중 차량기술과 가장 직접적인 관련을 갖는 분야로 도로와 차량의 연계로 획기적인 교통안전성 향상은 물론이고, 자동차 산업의 발전에도 많은 영향을 미칠 것이다. 이 사업의 목표는 차량의 예방안전기술, 피해경감기술, 차량정보 제공기술, 평가기술을 통한 차량 지능화를 구현함으로써 운전자의 편리성 향상, 교통사고 저감이 가능한 첨단차량을 개발하는 것이다.

(1) 안전운전지원 서비스

이 서비스는 도로상의 위험상황을 노변장치 및 차량제어의 자동제어기술을 통해 제어함으로써 안전운전을 지원한다. 즉 사고 발생시 자동경보나 차량 전후방·측방 충돌, 교차로에서의 충돌 등을 자동으로 제어하여 예방한다. 그외 철도 건널목 안전관리, 감속도로구간 안전관리, 차량안전 자동진단, 보행자·장애자 안전지원, 운전자시계향상, 위험운전 방지 등의 서비스가 있다. 차량의 자동제어와 자동진단을 통하여 도로상의 잦은 접촉사고 및 대형사고를 방지하여 안전성을 향상하고 보행자 및 장애자의 안전과 편의를 확보할 수 있다.

(2) 자동운전지원 서비스

도로시스템과 차량의 자동화로 차량은 부분적 자동주행단계에서 완전자동주행으로 발전해간다. 이는 차로 이탈 및 차량간격을 자동으로 제어하여 교통사고의 감소를 통해 안전성이 향상되고 도로용량은 증대하면서 혼잡은 감소되어 이에 따른 에너지 절감 및 환경개선 효과를 가져올 수 있다. 더욱 발전된 기술인 자동조향을 통한 완전자동운전과 군집운행은 운전자가 운전조작에서 완전히 자유로워질 수 있어 안전하면서도 쾌적하고 편안한 주행 환경이 실현된다.

Ⅴ. 유비쿼터스의 개념과 특징

1. 도심 속 유비쿼터스

(1) U-CITY의 정의

① U-City는 유비쿼터스 정보기술에 기반을 둔 차세대 지능화된 도시의 새로운 패러다임을 의미하며, 언제 어디서나 원하는 정보와 기능을 얻을 수 있는 친환경 · 첨단 · 자급자족 · 지속가능한 구조의 도시개념이다.

② U-City는 기본적으로 도시공간의 변화, 도시기능의 변화, 도시 삶의 변화, 그리고 도시경제의 확대 등을 도시건설의 과제로 삼고 있다.

③ 이러한 과제는 U-City의 구성요소인 공간, 시간, 인간, 사물을 융합하여 편리한 도시, 쾌적한 도시, 즐거운 도시, 발전적인 도시를 향해 가는 특징을 보여준다.

U-City 개념도

(2) 국내 U-CITY의 현황

유비쿼터스는 각종 핵심현안의 해결, 기존 추진사업의 성과 확대 및 비전 이행을 위해 첨단 정보통신 기술을 활용한 미래 도시 모델의 구현방안이 필요하다는 배경아래 추진·적용되고 있다.

현재 유비쿼터스 서비스 모델의 적용을 통하여 인근지역과의 연계, 지역별 특화서비스 제공, 민간부문 참여 유도 등의 추진전략이 도출되었으며 최근 지능형 정보제공서비스와 첨단 랜드마크 시설물 조성 등 문화·관광 서비스의 고도화를 통해 '열린 유비쿼터스 공간'으로 조성하고자 계획하여 시행중이다. 서울은 U-Seoul 마스터 플랜 수립을 통하여 '유비쿼터스 정보기술'을 적용한 서울의 미래 모습을 설계하고 이를 달성하기 위한 창의적인 사업을 발굴·제시하고 있다.

(3) 국내 U-CITY의 특징

① 중앙정부 추진 U-City

- 중앙정부 관점의 U-City는 국토의 균형개발 및 효율적인 관리를 추진하고, 첨단산업 유치 및 지원을 통해 새로운 동력 산업을 육성하기 위해 지방자치단체, 통신사업자, IT기업 SI/NI 기업 등 관련 사업자와 협력하여 정보통신 인프라 및 IT 기술을 기반으로 유비쿼터스 환경을 구현하는 정보화 도시

- 중앙정부는 국토의 균형발전 및 효율적인 개발, 신성장 동력산업 육성 및 첨단기술 유치를 목적으로 U-City를 추진하고 있으며, 이 U-City의 대상은 전체 국민과 국내외 유망기업, 첨단기술 기업이 됨

- 본 유형의 추진영역은 사업효과 분석, 지역선정, 재정지원, 사업자 선정 등의 개발계획과 U-City 추진을 위한 정책, 법규, 제도 수립과 지방자치단체, 사업자 등 관련 사업주체와의 긴밀한 협력체계 마련을 영역으로 함

② 지방자치단체 추진 U-City

- 지역 거주민의 생활환경과 기업들의 산업환경 제고를 통해 유입인구의 수를 증가시키고 기업을 유치함으로써 해당 자치 단체의 재정 자립도를 제고하고 지역민의 삶의 질을 향상시킬 수 있도록 유비쿼터스 환경을 구현하는 정보화 도시를 추진

- 지방자치단체 추진 U-City는 해당지역 거주민 및 기업에 대한 서비스

제고, 일자리 창출, 지역산업 활성화와 기업유치 등을 통한 재정자립도 제고를 목적으로 하고, 해당지역 거주민 및 기업, 주변지역 주민 및 소재기업을 추진 대상으로 함
- 사업영역은 해당지역 U-City 선정 및 개발 로드맵 작성, 민간투자 및 정부자원을 위한 각종 자금조달계획 추진, 생활과 산업환경 개선을 영역으로 함

③ 기업체 추진 U-City
- 고객서비스 수준 제고, 지속적이고 안정적인 수익의 확보를 목적으로 함
- 이에 대한 고객은 U-City 사업추진 관련주체와 서비스 이용자가 대상이 됨
- 구체적으로 사업 추진 주체로서 통신사업자/SI 사업자는 첨단 유무선 통신과 솔루션 인프라 제공을 통해 통신서비스 및 부가서비스를 사업영역으로 하여 신규 수입원 확보를 목적으로 함

2. 국내 U-CITY 사례

(1) 서 울 시

① 목   표
- U-City 구현은 시민·기업의 변화된 요구에 부응하고, 도시의 주요현안 해결과 미래상 달성 등을 지원하기 위한 필수 과제로 서울시는 지금까지의 정보화 성과를 바탕으로 U-Seoul을 구현하고자 함

② 개   요
- 서울시의 미래상을 달성하기 위한 U-Seoul의 비전은 Ubiquitous 기반의 국제 비즈니스 도시
- 서울시는 U-Seoul 비전을 달성하기 위해 뉴타운, 청계천, 서울교통관리센터, 도서관 등의 Ubiquitous 기술 적용으로 대표되는 4대 선도사업과 복지, 문화, 환경, 교통, 산업, 행정/도시 관리로 구성되는 6대 분야별 서비스 모델을 제시

U-Seoul 비전

③ 지원서비스

• U-Care(복지)

- 고령화 사회에 대비한 건강하고 생산적인 노인 복지, 믿고 맡길 수 있는 보육시스템의 아동복지, 날로 증가하는 외국인 근로자 등을 위한 사회복지체계를 마련함으로써 혜택이 필요한 계층을 집중적으로 관리하는 U-Care 서비스를 실현함

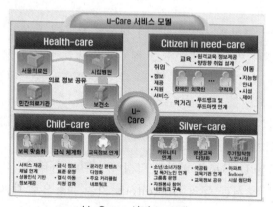

U-Care 서비스 모델

• U-Fun(문화)

- 문화예술에 대한 시민의 정보접근성을 증대하고, 청계천과 새롭게 건립될 노들섬 예술센터 등의 문화공간에 Ubiquitous 기술을 적용하여 새로운 문화 랜드마크(Landmark)를 조성하고자 함

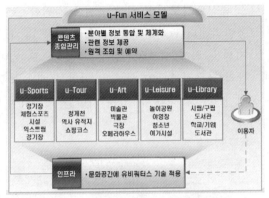

U-Fun 서비스 모델

- • U-Green(환경)
- – 대기/수질/폐기물/생활환경 등의 생활환경 정보를 실시간으로 통합관리하고 시민에게 생태체험 공간을 제공하여 자연과 인간이 공존하는 쾌적한 푸른 도시를 조성함
- – 통합환경관리센터를 중심으로 환경정보 모니터링 체계를 수립하고, Ubiquitous 기술을 활용한 지능형 기반시설과 자연 체험 · 학습 서비스 공간 조성으로 자연과 호흡하는 쾌적한 생태도시 공간을 마련하고자 함

U-Green 서비스 모델

- • U-Transport(교통)
- – 동북아 주요 인접 도시 연결, 광역교통체계 강화, 첨단도로 · 교통관리 및 통합교통 정보제공 등이 가능한 국제적 수준의 교통체계를 통해 국

제 비즈니스 중심도시로서의 위상 구현을 지원함

- 서울시 교통관리센터(TOPIS)를 중심으로 서울 내 대중교통정보와 국제 비즈니스 지원을 위해 김포국제공항을 중심으로 에어셔틀을 운행하는 등 국제·광역 교통정보를 연계하며, 다양한 채널을 통하여 도로·교통 정보를 실시간으로 제공할 수 있는 기반을 조성하여 빠르고 편리한 이동을 지원함

U-Transport 서비스 모델

- • U-Business(산업)
- 디지털 산업지원 기반을 갖춘 세계가 찾아오는 도시를 구현하기 위하여, 다양한 주체의 경제활동을 지원하고, 외국인에게 생활과 경제활동의 편의를 제공하여 글로벌 비즈니스를 지원하고자 함

U-Business 서비스 모델

- 산업발전을 위하여 재래시장 활성화를 위한 기반조성, 창업정보 제공을 실현하며, 글로벌 비즈니스 지원을 위하여 외국인을 위한 정보 및 행정서비스를 강화하고자 함
- U-Governance(행정/도시관리)
- 다양한 디지털 단말기를 통한 시간, 장소의 제약이 없는 행정서비스 체계를 마련하고, 지능화된 시설물 관리, 사전 대응적인 안전·방재·방범 서비스를 제공함
- 행정 측면에서는 시·공간 제약 없는 시민서비스 및 원격업무 수행환경을 조성하고, 도시관리 측면에서는 시설물에 대한 원격관리를 통해 언제 어디서나 현장감 있는 시설물관리가 가능해지도록 하며, 사고나 재난·재해 등에 대한 사전 감지기능 강화를 통해 지능형 안전체계를 마련하고자 함

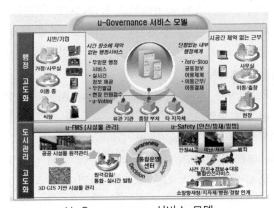

U-Governance 서비스 모델

이야깃거리

1. 지구교통계획을 함에 있어 개선대안 설정에 중요하게 작용하는 장래교통여건 추정 절차 및 방법에 대해 생각해보자.

2. 교통정보체계는 교통정보 수집 · 가공 · 전달의 3단계로 구성되어 있다. 각 단계에서 수행해야 하는 역할에 대해 알아보자.

3. GPS(Global Positioning System)의 원리와 초기 목적에 대해 알아보자.

4. GPS 이외에 차량의 위치를 추적할 수 있는 시스템에는 어떠한 것이 있는지 알아보고, GPS와 차별화 될 수 있는 특징은 무엇인지 생각해보자.

5. 수집된 교통정보는 전달하기 전에 사용목적에 맞게 가공되어야 하는데, 사용목적에 따라 정보의 종류가 어떻게 구분되는지 알아보자.

6. 교통정보 전달매체는 크게 시각매체와 청각매체로 구분할 수 있는데 이에 해당하는 매체에는 어떠한 것이 있는지 알아보고 장 · 단점에 대해 생각해보자.

7. 교통정보 전달매체 중 가변정보판(VMS)이 우리의 교통생활에 어떠한 도움을 주는지 생각해보자.

8. U-City 개발이라는 개념 속에서 교통체계의 지능화는 어떠한 효과로 나타나는지에 대하여 설명해보자.

9. 지능형 교통시스템(ITS: Intelligent Transport Systems)의 세부 기술에 따른 적용분야에 대해 알아보고, 그 특징과 내용에 대해 생각해보자.

10. 지능형 교통시스템(ITS)이 최근 국가적 사업으로 추진 및 확대되어가고 있는 원인에 대하여 알아보자.

11. 교통체계의 지능화 방안에는 어떠한 것들이 있는지 운전자 · 보행자 그리고 승용차 · 대중교통별로 구분하여 설명해보자.

12. 현재 우리 생활에서 ITS가 활용되고 있는 부분과 나아가 환경보호와 에너지 절약에 어떠한 영향을 줄 수 있는지 생각해보자.

13. 최근 전자상거래가 확대되면서 이에 따라 물류시장 또한 규모가 확대되고 있다. ITS의 도입이 물류운송 활성화에 기여하는 점은 무엇인지 생각해보자.

14. ITS를 통하여 승용차의 이용인구를 대중교통으로 전환할 수 있는 방안에 대하여 모색해보자.

15. 우리나라는 단기간에 선진국 못지않은 지능형 교통체계를 구축하였다. 국내 · 외 ITS 현황을 살펴보고, 앞으로 나아갈 방향에 대해 생각해보자.

16. 최근 지속가능한 개발이 새로운 도시계획패러다임으로 떠오르고 있다. 지속가능한 개발을 위해 ITS가 도시·교통분야에서 어떻게 기여하고 있는지 알아보자.

찾아보기

[ㄱ]

가구방문조사(home interview survey) 57

각종 기회에 대한 접근성　338

각 차로군별 용량 및 v/c비 계산　438

간선도로　555

간선도로(major arterial)과 보조간선도로(minor arterial)　12

간이역(簡易驛)　301

간편성　206

감응식(actuated signal)　515

강병기의 염주형(Rosario) TOD 구상 269

개략공사비 및 유지관리비 산출　493

개략노선검토　283

개략설계　286

개략적 수요추정방법　100

개별행태모형　143

개별행태모형의 형태　145

개별행태모형의 활용방법　150

거리비례제　208

거리요금제　208

거버넌스(협치)　22

거주자 우선주차제　19

건물부설주차장의 정비확충　459

건물연면적원단위법　451

결합로짓모델(joint logit model)　161

경전철(light rail transit: LRT)　278

경제성분석기법　352

경제적 효율성　338, 349

계획기간(planning horizon)　37

고속도로(expressway)　11

고속도로 교통관리(FTMS: 고속도로 교통류제어)　578

고속도로 기본구간 용량분석　421

고속전철(rapid rail transit)　277

고용현황　51

고정식(pretimed signal)　515

공간평균속도(space mean speed) 76, 401

공공서비스　5

공평성　206

과거추세연장법　100, 117, 450

관측속도　76

광로　14

광역계획　577

교통권　526

교통량　399

교통류　199

교외역과 도심역의 특징　299

교차로운영　510

교차로의 평균지체 계산 및 서비스수준 판정　442

교차탄력성(indirect or cross elasticity) 104

교통계획의 역할　27

교통계획의 유형　28

교통관련회사의 재무위험 평가지표
　383

교통관리최적화 분야(advanced traffic
　management systems: ATMS)
　578

교통량 및 밀도　471

교통량 조사　512

교통량, 속도, 밀도　399

교통량, 속도, 밀도의 관계　402

교통량－밀도 관계　405

교통량－속도 관계　405

교통량－속도(Q-V)곡선 방법　140

교통량원단위법　451

교통류의 해석　408

교통망운영　504

교통사고　344

교통사고조사　77

교통서비스의 질　338

교통수단선택 예측시 필요자료　132

교통수단 선택요인　133

교통수단의 전환을 유도하는 정책
　521

교통수요 관리기법의 유형　520

교통수요관리방안의 개념과 목표　518

교통수요관리의 문제점 및 극복방안
　522

교통수요관리의 특징　519

교통수요와 공급　339

교통수요추정　491

교통수요 추정과정　96

교통수요추정의 대상　96

교통영향평가　385

교통영향평가제도의 내용　386

교통운영 관리수단　36

교통운영 · 관리에 관련된 조사　74

교통정책　31

교통정책대안의 평가과정　340

교통정책의 목표에 따른 평가지표　393

교통존(traffic zone)　55

교통체계(trans-portation system)　9

교통체계 관리기법　499

교통체계 관리기법의 개선전략　501

교통체계 관리기법의 유형　502

교통체계 관리기법의 의의　499

교통체계 관리기법의 적용요건　500

교통체계 관리기법의 특성　500

교통체계의 결함인식　38

교통체계의 영향에 대한 평가지표
　394

교통축계획의 과정　547

교통축운영　504

구역요금제　208

구획도로　555

국내 U-CITY 사례　589

국내 U-CITY의 현황　588

국내 역세권 개발유형별 추진현황
　319

국내의 보행신호시간 산정방법　473

국외 속도와 밀도 관계식　469

국외의 보행신호시간 산정방법　472

국지도로(구획가로)　12

궤도승용차(personal rapid transit:
　PRT)　292

균일성장률법　124

균일요금제　207

근린지구 도로망의 형태　565

급행버스서비스 도입의 타당성 평가방법
　239

급행버스서비스 타당성 판단 과정　240

기동성(mobility) 34
기업체 추진 U-City 589
기준속도 76

[ㄴ]
내부수익률(internal rate of return)
  353
내부수익률법(internal rate of return)
  373
내일의 전원도시 553
Nested Logit Model 162
Nested Logit Model 로짓모형에 의한
  시간가치 163
노면전차(light rail transit: LRT)
  291
노선계획과정 489
노선배정(route assignment) 136
노선버스관제시스템 584
노선분리 타당성 평가방법 238
노측면접조사 60
누적주차수요추정법 454
능률차선제 508

[ㄷ]
다경로확률배정(multi-route probabilistic
  assignment)방법 140
다양성(diversity) 256
다중창구(multi server) FIFO 시스템
  414
다항 로짓모형 135
다핵화도시 35
단기도시교통계획의 자료 74
단기 버스서비스 계획과정 236
단기적 개선대안의 진단 236
단기적 목표 32

단선구간 · 대피역 301
단선구간역 301
단속류 용량분석 427
단순확률표본설계(simple random
  sampling design) 84
단일창구(single server) FIFO 시스템
  413
단핵도시 35
담당부서의 소요비용 359
당좌비율(quick ratio) 383
대기 · 소음 및 수질오염 339
대기행렬이론(queueing theory) 412
대로 14
대안설정 343
대안설정 범위의 적합성 349
대안평가 40
대중교통 노선배정(route assignment)
  180
대중교통 배정모형(public transit
  assignment model) 177
대중교통 비용모형 193
대중교통 성과지표(performance indi-
  cators) 392
대중교통수단 8
대중교통수단별 특성 172
대중교통수단 선택과정 199
대중교통수단 이용객조사 60
대중교통수단의 기능 171
대중교통수단의 유형 170
대중교통수요 추정모형 175
대중교통운영회사 194
대중교통 요금정책 206, 231
대중교통 이용형태에 따른 분류 170
대중교통의 성과(performance) 194
대중교통의 의의 169

대중교통정보시스템   583

대중교통 존과 노선망의 설정   177

대중교통지향형개발(TOD)의 내용
    249

대중교통첨단화분야(advanced pubilc
    transportation: APTS)   583

대차대조표(balance sheet)   365

대합실   303

도로계획   487

도로계획시 기본적인 고려사항   487

도로노선망설정   491

도로노선선정 및 개략설계   491

도로망수단   35

도로시설 효율화방안   503

도로운영   507

노로의 기능   487

도로의 위계(hierarchy)   17

도시고속도로(urban expressway)   11

도시고속도로의 교통관리(UTMS)   579

도시보행공간의 설계기준   479

도시의 형태   281

도시정책적 수단   35

도시철도 노선계획   280

도시철도 노선계획과정   282

도시철도 수요추정   285

도시철도역 설계시 고려사항   300

도심주차시설확충   458

도심지구 보행자 전용도로의 영향   567

도심지 보행교통의 문제   466

독립교차로의 신호운영방식   515

등교통행   6

디자인(design)   257

디트로이트방법   125

[ㄹ]

램지(ramsey)요금   213

램지요금 문제점   213

램프 미터링(ramp metering)   505

레버리지 비율(leverage ratio)   369,
    384

레버리지분석(leverage analysis)   378

레버리지분석 종류   379

로짓모형의 도출   147

로짓모형의 탄력성   148

[ㅁ]

매출액이익률(return on sales: ROS)
    377

Mc Lynn 모형   109

모노레일(monorail)   291

모니터링(monitering)   21

모던도시와 포스트모던도시의 특징
    257

모집단평균의 추정   85

모형의 검토   157

무인자동대중교통수단(automated
    guided transit: AGT 또는 auto-
    mated people mover: APM)   290

밀도(density)   256, 402

[ㅂ]

Baumol-Quandt 모형   106

배차간격 조정방법   199

버스노선체계개편   228

버스운영체계개편   229

버스운행체계의 대안   226

버스운행특성   226

버스정보시스템(bus information system:
    BIS)   23

버스정책 221

버스종합사령실 운영 232

버스체계개편 228

버스회사규모 226

법적 · 행정적 타당성 349

병목현상(bottleneck) 19

보행 464

보행자 37

보도시설 480

보조간선도로(집산도로) 555

보행교통계획과정 464

보행속도와 밀도 468

보행신호시간 472

보행지 서비스수준 475

복선구간 · 대피역(대피선 2선) 302

복합용도 기반 TOD 257

복합용도 기반 TOD의 효과 260

복합용도 기반 TOD 접근방법 258

복합환승센터 315

복합환승센터의 기능 316

부분적 논스톱(deadheading) 242

부채비율 384

브라질 꾸리찌바 TOD 264

비관련대안의 독립성 159

비관련대안의 독립성 극복방안 161

BRT(bus rapid transit) 292

비용 183, 359

비용의 최소화 207

비용 · 효과분석법(cost-effectiveness analysis) 355

비용 · 효과분석의 적용 예 361

비유동(고정)비율(fixed ratio) 385

비유동장기적합률 385

[ㅅ]

4단계추정법 112

사람통행(person trip)에 의한 수요추정 452

사람통행실태조사 53

사람통행실태조사 형식 62

사람통행조사에 의한 수요추정 453

사업계획 282

사회적 목표와의 일치성 207

생산과정(production process) 225

서비스수준 결정 438

서비스의 신뢰성 196

서비스의 질 196

서비스의 쾌적성 196

서비스의 편리성 196

서비스 척도 195

선형유도모터(linear induction motor: LIM) 290

설계기준 및 표준단면설정 491

설계속도(design speed) 400

설계요소 300

성과(performance) 42

성과기준의 설정 40

성과산출의 결과물(consequences of performance outputs) 357

성과자료(performance data) 38

성장률법 123

세베로(Robert Cevero)의 3D 255

세부계획(programming) 27

세부기획(programming) 42

소로 14

속도 400

속도-밀도 관계 402

속도특성조사 76

손익계산서(income statement) 366

손익계산서 사례   366

손익분기점분석(break-even point)
    379

쇼핑통행   6

수요와 공급의 평형상태   89

수요와 비용   183

수요탄력성과 차등요금 구조   210

수요탄력성법(elasticity model)   101

수요탄력성 파악   209

수익금   526

수익성 비율   371

수익성 평가기법   372

수입의 증대   206

수직 동선시설   304

수혜자   525

순운전자본(net working capital)
    383

순현재가치(net present value)   353

순현재가치법(net present value)   372

스웨덴 하마비 허스타드 TOD   267

스크린라인조사   62

승강장   304

승강장시설의 검토기준   306

승강장시설의 산정방법   308

승강장의 폭원 산정기준   306

승객기종점(O-D) 및 환승조사   78

승객통행량 조사   78

시간가치   496

시간평균속도(time mean speed)   77,
    401

시외유출입 통행실태조사   66

신교통수단 서비스유형별 용량과 노선
    길이   293

신교통수단의 개념 및 유형분류   288

신호교차로 분석   428

신호등 운영방식의 비교   515

신호시간계획   512

신호주기 결정   513

신호주기와 현시   511

[ㅇ]

ITS   570

ITS 계획의 내용   577

ITS 계획 프로세스   577

ITS 관련 법률의 주요내용   576

ITS 구축의 필요성   573

ITS 사업의 분야별 서비스 및 기대효과
    572

ITS 요소기술 특징 및 활용분야   574

ITS의 도입 배경   571

ITS의 목적   573

ITS의 목적·특징·관련법   573

ITS의 적용분야   578

안전성   196, 206

안전운전지원 서비스   586

Arlington시의 Bull's Eye 형태의 TOD
    261

업무통행   6

엇갈림 구간(weaving distance)   17

에너지소비   345

여행자정보 고급화 분야(advanced
    traveler information systems:
    ATIS)   583

역(驛)의 정의   296

역방향 논스톱(deadheading)   241

역방향 논스톱의 유형   242

역세권 개발의 개념변화   247

역세권 개발의 6가지 유형   321

역세권 관련법규   323

역세권시설 계획의 평가지표   314

역세권의 개발 및 이용에 관한 법률
323
역세권 환승시설계획 312
역에 필요한 기능과 기능별 시설 298
역의 유형 및 분류 297
연동화 505
연속류와 단속류의 이해 418
연속류 용량분석 419
영업용차량조사 60
영향분석 343
영향평가 348
예비경제성분석 497
예비설계 287
All-or Nothing 방법 137
완전 논스톱(deadheading) 242
외곽순환고속도로(circumferential
expressway) 11
외국의 TOD 사례 261
요금구조 207
요금수준 209
요금전자지불(ETCS) 582
요금징수 속도 207
용량(capacity)분석 197
용량분석의 개념과 목적 419
용량제한최단경로 139
우리나라 국가교통 DB 모형 112
우회전 차로의 노면마찰로 인한 포화차
두시간 손실 434
우회전 차로의 직진환산계수 435
운영비용 194
운영속도(operating speed) 400
운영수입 195
운정신도시 TOD 계획 270
운행비용의 산출 496
운행속도(travel speed) 401

원단위법 118
Webster방식 514
위례 대중교통전용지구(transit mall)의
특징 273
위례신도시 TOD 계획 273
위험물 차량관리서비스 585
유도방식 203
유동비율(current ratio) 383
유동성 비율(liquidity ratio) 369, 383
유발된 수요(derived demand) 3
U-Business(산업) 592
U-Care(복지) 590
U-CITY 587
U-Fun(문화) 590
U-Governance(행정/도시관리) 593
U-Green(환경) 591
U-Transport(교통) 591
USHCM 서비스수준 476
유효길이 306
융통성 207
융통성과 적응성 339
이동성(mobility) 4
이용자비용 359
이윤 183
이윤극대화 상태 190
이윤·한계수입·한계비용 189
이익률 평가지표 374
이자보상비율 384
이중제약모형 131
인구 및 고용밀도 281
일방통행제 507

[ㅈ]
자기부상열차(magnetic levitation:
maglev) 293

자기자본 이익률(return on equity: ROE) 374

자동교통단속(ATES)   580

자동운전지원 서비스   586

자동차 기종점에 의한 방법   451

자본분기점분석   381

자산수익률(return on asset: ROA) 375

자원   195

자유속도(free speed)   400

자전거도로   481

자치구 교통개선사업   529

자치구 TIP의 계획과정   531

잠재수요   525

장기도시교통계획   47

장기적인 목표   32

재무분석   364

재무비율분석(financing ratio)   368

재무재표   364

재정적 타당성   349

적정규모(optimum size)   226

전수화과정   67

전용도로   555

접근로의 평균지체 계산과 서비스수준 판정   442

접근성과 토지이용 패턴에 대한 영향 345

정류장   198

정보   207

정차장내 시설별 면적산정방법   303

정차장의 구성요소   303

정차장의 유형결정요인   305

정책목표   31

제약 없는 중력모형   128

제어방식   203

조화성(compatibility)   34

존의 설정   50

종합적 평가   348

좌회전 포켓(주머니 차선)   509

주차개선대책   457

주차문제   456

주차발생원단위법   450

주차수요추정   449

주차시설의 유형   448

주차원단위법   450

주차장관리제도의 개선   460

주차정책의 목표 및 수단   447

주행속도(running speed)   400

준대중교통수단(paratransit)   8

중로   14

중간대피역   301

중간소역   301

중간재(intermediate goods)   3

중력모형법   127

중앙버스전용차로   233

중앙버스전용차로의 운영방식   233

중앙버스전용차로의 특성   233

중앙정부 추진 U-City   588

중차량관리(HVMS)   580

증감률법   117

지구교통개선사업(site traffic management)   531

지구교통계획과정   557

지구교통계획의 개선대안   563

지구교통에서 자동차통행 제어방안 564

지구도로망   555

지구도로망계획   555

지구도로의 유형   555

지구의 개념 및 연혁   553

지능형교통체계(ITS)   18, 570

지방자치단체 추진 U-City   588

지역영향   339

지역의 가치(community values)   361

지원서비스   590

지원시설   305

지점속도(spot speed)   401

지지방식   203

지하철 및 경전철의 특성 비교   279

지형 · 지질 및 수문조사   492

직장방문조사   60

직접수요모형(direct demand model)   105

직접수요탄력성(direct demand elas-ticity)   104

직진환산계수   432

집계   158

집계속도   76

집락확률표본설계(cluster random sampling design)   84

집산도로(collector or distributor street)   12

[ㅊ]

차량   198

차량번호판조사   62

차량 및 도로 첨단화 분야(advanced vehicle and highway system: AVHS)   586

차량운행비용   496

차로군 분류   436

철도건설법   330

철도산업발전기본법   327

철도역 관련시설 심볼   311

철도역 길찾기(wayfinding)   309

철도역 길찾기 정보체계   309

철도역의 종합적 사인 시스템   311

첨단신호시스템: 실시간 교통제어   578

총가변비용(TVC)   184

총고정비용(TFC)   184

총대중교통-km   214

총비용(total cost)   184, 216

총수입(total revenue)   216

총수입-km(total passenger-km)   215

총연간비용   192

최대 재차인원수의 비율방법   238

최우추정법(maximum likelihood method)   154

최적노선망 및 노선확정   497

최종산출물(output)   225

추가비용(점진적 비용)   360

추종이론(car following theory)   408

추진방식   203

출근통행   6

출입시설   303

충격파이론(shock wave theory)   410

층화확률표본설계(stratified random sampling design)   84

친교 · 여가통행   6

[ㅋ]

카테고리분석법   120

칼소프(Calthrope)의 TOD 계획철학   249

KHCM 서비스수준   478

KTX 역세권 개발   317

KTX 역세권 개발범위와 전략   318

KTX 역세권 개발유형   318

KTX 역세권 개발유형과 해당도시 319

KTX 역세권 유형과 전략 317

[ㅌ]

터미널 승객동선 300

터미널 승객조사 60

토지이용별 도로망 배치원칙 556

통근전철(commuter rail system 혹은 suburban rail) 278

통행로 198

통행로(right-of-way)방식 202

통행료 전자지불(HIGH PASS) 581

통행목적(trip purpose) 6

통행발생(trip generation)예측 117

통행발생의 시간적 재배분 522

통행발생 자체를 차단하는 기법 520

통행배정(trip assignment) 136

통행분포(trip distribution)예측 122

통행비용(교통비용) 196

통행수단분담(modal split)예측 132

통행유출량 제약모형 129

통행의 구성요소 93

통행의 목적지/도착지/노선전환을 통한 공간적 재배분 522

투입의 결과물(consequences of inputs) 357

투자자본이익률(return on investment: ROI) 377

트립엔드(trip end)모형 134

트립인터체인지모형(O-D pair 모형) 134

TIP 계획수립시 고려사항 540

TIP 내용적 범위 542

TIP 단계별 계획절차 532

TIP의 연구내용 538

TOD(transit oriented development) 246

TOD가 생겨난 배경 246

TOD 계획요소 252

TOD 계획의 기본 원리 251

TOD 관련 요소별 전략 254

TOD 목표 및 원리 249

TOD에 영향을 미치는 도시 패러다임 248

TOD의 목표 250

TOD의 요소 251

TOD 평가지표 253

TOD 효과 254

[ㅍ]

판교신도시 TOD 계획 271

판단기준(criteria) 337

판별분석법(discriminant analysis) 153

Failure Rate Method 514

편익-비용비(benefit-cost ratio) 352

평가의 개념 335

평균가변비용(AVC) 185

평균고정비용(AFC) 185

평균내부보조금(average cross subsidy) 217

평균보행교통류량 479

평균비용(AC) 185, 186

평균성장률법 124

평균요금(average fare) 217

평균탑승거리(average travel distance) 216

평균통행시간(average travel time) 217

폐쇄선(cordon line)　54

폐쇄선조사　62

포스트모더니즘　246

포화교통량 산정　437, 512

폭원정수의 기준　307

표본설계　84

표본추출　84

표본크기　85

표본크기의 결정　86

프라타방법　125

프랑스의 TGV 역세권 개발　320

Fruin 서비스수준　475

Pushkarev와 Zupan 서비스수준　476

Pignataro방식　514

P요소법　452

[ㅎ]

한계비용(marginal cost)　187

한계비용요금　211

한국의 ITS 서비스 경쟁력 평가　575

할인요금　207

현금(cash)　367

현금흐름표(statement of cash flows)
　367

현시결정　512

현재패턴법　123

현황조사 및 분석　489

형평성　349

혼잡비용부과에 따른 형평성에 관한 이슈
　및 극복방안　525

혼잡비용부과와 관한 문제점 및 극복
　방안　523

혼잡비용부과와 지역경제　524

혼잡비용이론을 통한 교통수요관리
　523

화물교통조사　70

화물운송효율화 분야(commercial
　vehicle operations: CVO)　584

화물전자 행정서비스　585

화성동탄 TOD　273

환경영향　344

환승시설계획과정　312

환승지원시설 계획과정　313

활동성 비율　370

황색시간 결정　513

회귀분석법(regression)　119, 153

효과 및 결과물　357

효과성(effectiveness)　42

효과의 표현양식　358

효과항목　357

효율성(efficiency)　34, 42

저자약력

원제무

한양대 공대, 서울대 환경대학원, 미국 UCLA 도시건축대학원을 거쳐, 미국 MIT에서 도시 및 교통공학을 전공하여 박사학위를 받았다.

KAIST 교통계획실장, 서울시정개발연구원 교통연구부장, 서울시립대 도시공학과 교수, 대한 국토도시계획학회장 등을 역임하면서 도시와 교통 분야의 연구, 정책제안 그리고 강의를 해 오고 있다.

한양대 도시대학원장을 역임하고 한양대 도시대학원에서 도시교통, 도시재생, 창조도시, 프로 젝트 파이낸싱 등에 관한 강의를 담당하고 있다.

주요저서

주요 저서로는 알기 쉬운 도시교통(박영사, 2009), 도시, 건설, 부동산 프로젝트 파이낸싱(박영 사, 2008), 창조도시 예감(한양대출판부, 2011), 도시문화 오디세이(청아출판사, 2004), 탈근 대 도시재생(환경과 조경, 2009), 지속가능한 녹색도시(환경과 조경, 2010), 문화가 도시를 살 린다(P&D 미디어, 2014) 등이 있다.

제5전정판
도시교통론

초판발행	1987년 9월 20일
전정판발행	1995년 9월 30일
제 2 전정판발행	1999년 9월 20일
제 3 전정판발행	2005년 4월 15일
제 4 전정판발행	2009년 3월 15일
제 5 전정판발행	2015년 8월 30일
중판발행	2021년 9월 10일

지은이	원제무
펴낸이	안종만 · 안상준

편 집	김효선
기획/마케팅	오치웅
표지디자인	홍실비아
제 작	고철민 · 조영환

펴낸곳	(주) **박영사**
	서울특별시 금천구 가산디지털2로 53, 210호(가산동, 한라시그마밸리)
	등록 1959. 3. 11. 제300-1959-1호(倫)
전 화	02)733-6771
f a x	02)736-4818
e-mail	pys@pybook.co.kr
homepage	www.pybook.co.kr
ISBN	979-11-303-0226-3 93350

* 파본은 구입하신 곳에서 교환해 드립니다. 본서의 무단복제행위를 금합니다.
* 저자와 협의하여 인지첨부를 생략합니다.

정 가   38,000원